Traduction de l'anglais par R.T.F. Gantès
et par Madeleine et George King

Collaboration scientifique
de Hubert Gillet, maître de conférences
au laboratoire d'ethnobotanique du
Muséum national d'Histoire naturelle

Conseils des Etablissements Lionel Doré
pour le choix des terres.

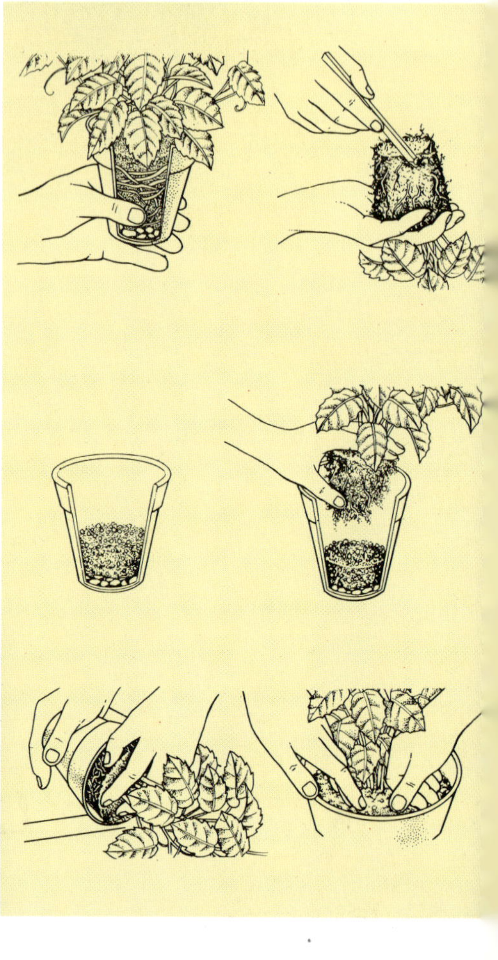

David Longman est un spécialiste des plantes. Il a fait ses études à l'école de la *Société royale d'horticulture* à Wisley (Grande-Bretagne). Il est membre du conseil d'Interflora et directeur, en Grande-Bretagne, du *Flower and Plant Council.*

comment soigner vos plantes d'intérieur

david longman

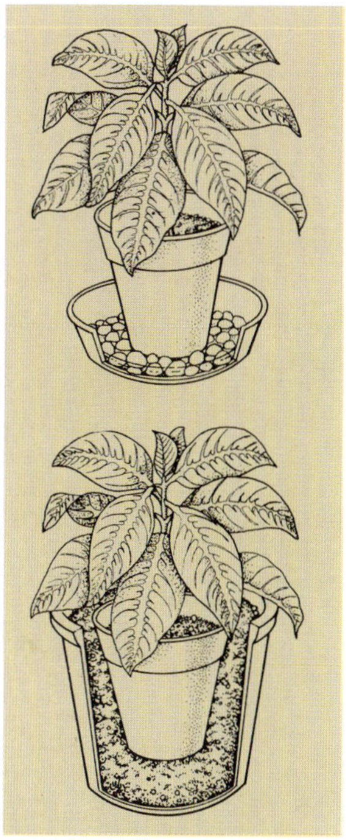

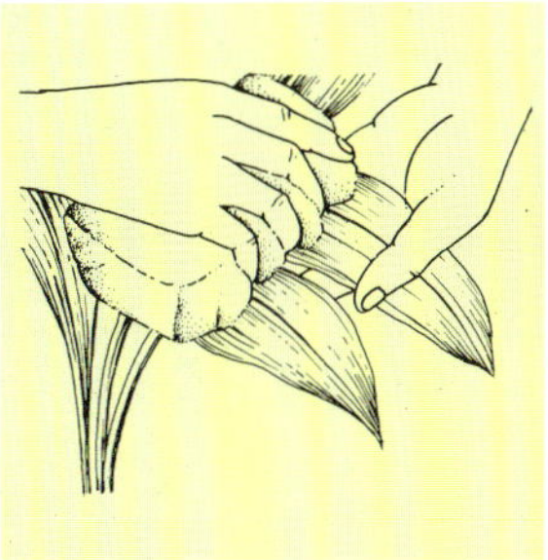

BORDAS

Hibiscus rosa-sinensis

Platycerium alcicorne

Sommaire

Titre original de l'ouvrage :
The Care of House Plants
© 1979 Eurobook Limited
pour l'édition originale et les illustrations
ISBN 0 85654 621 6

Édition française :
© Bordas. Paris 1991.
ISBN 2-04-019974-8
Dépôt légal de la première édition : août 1980.
Dépôt légal : mars 1993.

Imprimé par Rotolito Lombarda S.p.A., Milan
en Janvier 1993.

Illustration de la couverture : Marie-Hélène Pons.

Pages

Azalea indica

Ficus radicans variegata et *Pilea cadierii*

Cyclamen persicum

Un ouvrage pratique

Ici chaque plante est traitée en tant qu'individu. Nous vous la présentons, nous vous racontons son histoire, nous vous expliquons comment acheter un bon spécimen. Nous vous précisons les dimensions qu'elle atteint, sa vitesse de croissance, si et quand elle fleurit, la quantité de lumière, de chaleur, d'eau, d'humidité et de nourriture qu'il lui faut. Nous vous disons quand l'empoter, la rempoter, la tailler, comment la reproduire, quelle est sa durée de vie, avec quelles autres plantes elle s'entend le mieux et si elle est facile à cultiver. Pour les soins courants, de nombreux croquis vous guident pas à pas, et pour chaque espèce, des illustrations en couleur vous font voir exactement ce qui peut se produire quand la plante n'est pas heureuse. Et bien sûr, nous vous donnons des conseils pour lui rendre la santé. Tout cela est exprimé dans un langage simple, illustré de dessins précis et détaillés.

La plupart des plantes dont nous parlons se vendent couramment chez les fleuristes ou les horticulteurs. Toutefois certaines sont plus difficiles à trouver. Nous les mentionnons quand même, car nous pensons qu'elles le méritent. Ce sont des plantes que tout collectionneur aimerait avoir et, l'expérience venant, encouragé par vos succès, vous voudrez sûrement vous mesurer à des variétés nouvelles, plus difficiles et plus intéressantes à cultiver.

Un peu d'histoire

Faire pousser des plantes chez soi ou dans des pots devant sa maison n'est certes pas nouveau. Nous savons que les Chinois, voici déjà cinq mille ans, ornaient leurs palais avec des plantes en pots. Et des bas-reliefs datant de 1400 avant J.-C. prouvent que les Egyptiens faisaient de même. Les jardins suspendus de Babylone se composaient de plantes cultivées dans des pots sur les terrasses, et il est indubitable qu'on trouvait des plantes d'intérieur dans les demeures grecques et romaines et même dans les monastères du Moyen-Age. Nous devons admettre cependant que les moines cultivaient des plantes médicinales plutôt que des plantes décoratives.

Le XIXe siècle marqua un apogée pour les collectionneurs et les cultivateurs. L'art de construire des serres chauffées était alors bien développé. C'était à qui aurait chez soi les plantes les plus exotiques et les plus rares pour impressionner ses invités. Des pépiniéristes tels que Veitch et Sanders dépêchaient des chercheurs à travers le monde entier à la découverte de nouvelles espèces et variétés. L'invention par Nathaniel Ward, en 1834, de la cantine botanique, petite serre portative, contribua grandement à l'importation de spécimens rares.

Avec le XXe siècle, les grandes collections privées furent dispersées ou détruites. Les modes et coutumes avaient changé. Bien des plantes disparurent entre les deux guerres. Cependant toutes ne furent pas perdues, car le goût de la culture en chambre commençait déjà à se populariser. Vers la fin des années 50, la verdure se réinstalla dans nos salons, nos bureaux, nos salles d'attente... Et aujourd'hui les plantes d'intérieur font partie de notre cadre quotidien.

Tuteurs pour soutenir les plantes élevées, pinceau pour nettoyer les feuilles veloutées ; un petit déplantoir et une fourche sont utiles, mais de vieilles fourchettes et cuillères de cuisine peuvent les remplacer.

Les plantes élevées ou grimpantes ont besoin d'un support. Les tiges peuvent être fixées à des tuteurs ou à des treillis par des attaches, des bagues ou du raphia, mais ne doivent jamais être serrées.

Outils pour tailler. Les couteaux, ciseaux et sécateurs doivent être bien aiguisés pour ne pas endommager la plante. Utiliser une lame de rasoir pour les ablations délicates, un sécateur pour couper les tiges ligneuses, les ciseaux pour enlever les fleurs mortes et les feuilles abîmées.

Quelques principes de base

Comment définir les plantes d'intérieur ? Ce sont des plantes cultivées dans nos maisons pour leur feuillage ornemental, ou leurs fleurs, ou pour les deux. Elles doivent non seulement survivre, mais encore pousser là où nous vivons et travaillons, dans des conditions

Des plantes différentes ont besoin de terreaux différents pour prospérer.

Des tuteurs moussus soutiennent les grandes plantes et permettent aux racines aériennes d'absorber un surplus d'humidité.

Le long bec de l'arrosoir passe à travers le feuillage jusqu'au sol. Il facilite aussi l'arrosage des plantes sur des étagères élevées et dans des paniers suspendus.

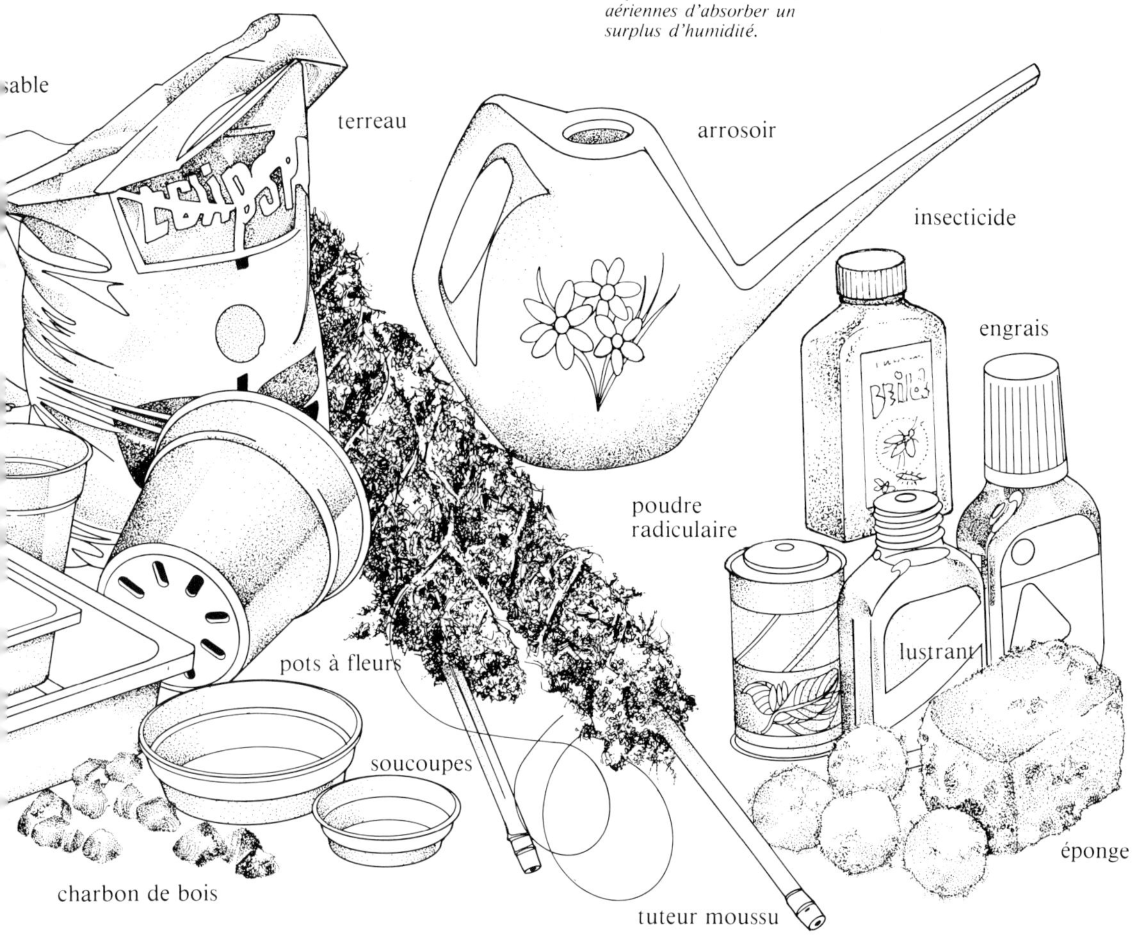

Certaines plantes attrapent facilement des parasites ou des maladies et doivent être vaporisées avec des produits du commerce. Presque toutes, en période de croissance, tirent profit des engrais. Les poudres radiculaires contiennent des hormones qui stimulent la pousse des racines. Gardez tous ces produits dans un lieu sûr.

Les feuilles doivent être propres pour pouvoir absorber la lumière. Il existe des liquides lustrants qui les protègent de la poussière, mais il faut s'assurer que votre plante les tolère. Ils sont néfastes à certaines espèces.

Récipients. Les graines et les boutures démarrent dans des germoirs avant d'être plantées dans les plus petits pots. Il leur en faudra de plus grands à mesure que les plantes pousseront. Les cache-pot sont décoratifs et conservent l'humidité. Les soucoupes protègent le mobilier et peuvent servir quand on arrose par le bas.

Pour le drainage, placer au fond des pots et baquets des débris de vaisselle ou de briques concassées. Des morceaux de charbon de bois empêchent l'eau de croupir : à utiliser quand le récipient n'a pas d'écoulement et pour les jeunes boutures qui développent leurs premières racines dans l'eau.

climatiques changeantes qui n'étaient pas prévues pour assurer leur bien-être.

Que faut-il à une plante pour subsister et grandir ? Essentiellement une forte lumière du jour (qu'on peut produire ou compléter artificiellement en employant des ampoules ou des tubes spéciaux). Cependant, la plupart d'entre elles craignent, en été, le soleil direct de midi qui peut brûler leurs feuilles. Plus elles sont vertes, plus elles ont de chance de pouvoir vivre à l'intérieur sous un faible éclairage. Les espèces aux couleurs vives demandent un emplacement bien éclairé. Les plantes ont besoin d'air (sans pour autant apprécier les courants d'air), aussi faut-il éviter de les enfermer dans une pièce inutilisée. Elles n'apprécient pas les écarts de température, difficiles à éviter en hiver quand on éteint le chauffage central pour la nuit. Certaines plantes supportent mieux le chauffage central que d'autres, mais l'humidité atmosphérique est ce qui leur manque le plus. Les humidificateurs leur apportent un certain soulagement. Quand c'est possible, poser les pots sur des cailloux dans une soucoupe avec un fond d'eau, ou dans un autre récipient contenant de la tourbe ou de la mousse humides.

Qu'elles poussent à l'intérieur ou à l'extérieur, toutes les plantes, de temps à autre, ont besoin d'eau. Il est important de connaître les besoins des nôtres et de les arroser aussi souvent qu'il le faut. La plupart des espèces (mais pas les fougères et quelques autres) arrivent à survivre en période de soif, mais le surarrosage tue plus de plantes d'intérieur que toute autre cause. Si vous avez surarrosé votre plante, laissez-la sécher naturellement dans une pièce aérée. Ne cherchez pas à accélérer le processus en la mettant à la chaleur.

Les plantes à fleurs, à quelques importantes exceptions près, ne sont pas faites pour vivre à demeure sous votre toit. Les unes, telles les cinéraires, sont irrécupérables après la floraison ; d'autres, comme les azalées, doivent retourner en serre. Il existe toutefois quelques vraies plantes d'intérieur qui fleurissent et ont aussi un beau feuillage.

Dans la nature, les plantes ne poussent pas dans des pots... or comme les vôtres s'y trouvent, elles exigent de temps en temps certains soins pour rester en bonne forme.

Tout d'abord le rempotage, pour la santé des racines. Il faut savoir s'il y a toujours assez de terre dans le pot ou si celui-ci ne contient plus qu'un écheveau de racines. Parfois l'aspect de la plante laisse deviner son malaise : elle peut paraître trop grande pour son récipient, elle peut ne plus donner de pousses, elle peut même faire saillir une racine par le trou au fond du pot. Pour voir ce qui se passe, renversez la plante, tapez le bord du pot contre une surface dure pour détacher la motte, ensuite soulevez le pot pour inspecter les racines. Il faut toujours bien arroser une plante avant de la rempoter, et permettre à l'eau excédentaire de s'écouler. Après le rempotage il est recommandé de la laisser deux ou trois jours sans eau, afin d'inciter les racines à se propager dans le nouveau terreau à la recherche d'humidité. Protégez les plantes fraîchement rempotées contre la lumière directe du soleil.

Malgré les rempotages, certaines espèces, en particulier celles qui croissent rapidement, ne trouvent pas toujours assez de nourriture dans leur pot. Ou encore elles sont devenues si grandes qu'on ne peut plus les rempoter. Il devient alors nécessaire de les nourrir aux périodes de croissance et quand elles fleurissent. Il existe, dans le commerce, divers produits convenant aux plantes d'intérieur qu'il suffit d'ajouter à l'eau d'arrosage. Il en existe encore qui se vaporisent sur les feuilles. De toute façon, il ne faut jamais en mettre plus que les quantités indiquées, et dans bien des cas il vaut mieux en mettre moins.

La plupart des plantes ont besoin, périodiquement, d'un petit coup de ciseaux ou de sécateur. Pour certaines, il s'agit simplement d'enlever les fleurs et les feuilles mortes. Tailler vraiment une plante répond à deux soucis : d'abord garder à la plante un aspect ordonné et touffu ; ensuite l'encourager à fleurir. En supprimant ses pointes de végétation, on peut l'inciter à consacrer ses énergies à la production de fleurs plutôt que de feuilles. Parfois, en gardant des plantes dans des pots juste un peu trop étroits, on arrive au même résultat. Taillez-les toujours avec un couteau aiguisé ou un sécateur et n'ayez pas peur de vous en servir. Si la sève s'écoule, enduisez la coupure de vaseline.

Choisir le bon terreau

C'est une question vitale pour certaines plantes, alors que d'autres se contentent d'à peu près n'importe quoi. Attention à la terre des jardins, qui contient presque toujours de mauvaises graines, souvent des parasites, et n'est probablement pas bien drainée. Il vaut presque toujours mieux acheter son terreau.

Traditionnellement, l'art des terreaux est empreint de mystère. Les vieux jardiniers gardaient jalousement leur secret. Mais la plupart des amateurs achèteront leur terre dans le commerce, qui n'en offre que quelques sortes : terreau, terre de bruyère, terre à cactées... Pour chaque plante, nous indiquons ce qui convient le mieux pour la santé de la plante, pour le rempotage, éventuellement pour les semis et le bouturage. Si un mélange s'impose, nous indiquons les proportions. Le faux philodendron par exemple demande un mélange à parts égales de terreau et de terre de bruyère. Pour la violette d'Usambara (page 158), on choisira de la tourbe. Si certains mélanges conseillés sont un peu plus complexes, ils sont toujours facilement réalisables. Ainsi on donnera au capillaire (page 16) un mélange contenant un tiers de tourbe, un tiers de terreau et un tiers de sable, et on enrichira cette mixture d'un peu d'engrais. Pour la culture en bocal, la grande règle est d'utiliser un terreau tourbeux (un mélange moitié terreau, moitié tourbe).

Les parasites et les maladies

Quand votre plante pousse bien, il est fort irritant de la voir attaquée par des parasites ou une maladie. Ces phénomènes apparaissent pour diverses raisons qui ne sont pas toutes compréhensibles. La plus courante est qu'ils sont contagieux et passent d'une plante à l'autre, de la nouvelle venue à vos vieilles compagnes et même du jardin à la maison. Dans d'autres cas ils étaient déjà sur la plante mais ne s'étaient pas manifestés. Puis l'atmosphère sèche et chaude de votre demeure ou encore les soins que vous donnez à la plante les réveillent. Ceci est plus fréquent pour les maladies que pour les parasites. Si vous avez des ennuis, il serait sage de prendre des mesures préventives en vaporisant vos pensionnaires avec un insecticide ou un fongicide dilué dans de l'eau tous les 14 à 21 jours pendant les mois d'été. On peut éviter beaucoup de parasites et de maladies en n'achetant que des plantes saines et en les faisant vivre dans les conditions qui leur conviennent. Prévenir vaut mieux que guérir. Si, toutefois, vous aviez des problèmes, commencez par les identifier en vous référant à la rubrique « **S.O.S.** » de manière à savoir ce qu'il faut faire.

La plupart des produits chimiques peuvent être dangereux si on les utilise sans discernement. Choisissons toujours l'option la plus sûre : la poudre de derris et la poudre de pyrèthre sont les moins risquées puisque ce sont des substances naturelles. Les petites colonies de pucerons peuvent être détruites à la main, et un coup de coton imbibé d'alcool dénaturé enlève les cochenilles.

Si vous devez vous servir d'un produit plus fort, suivez soigneusement les instructions, aussi bien pour votre sécurité que pour éviter la pollution.

La multiplication

Si vos plantes poussent bien, vous voudrez peut-être les reproduire — pour vous-même ou pour en offrir à vos amis. Personne ne peut se dire jardinier s'il ne sait multiplier ses plantes. Il existe plusieurs méthodes qui conviennent plus ou moins suivant les plantes.

La plus utilisée par les horticulteurs professionnels consiste à semer les graines. Malgré quelques difficultés avec les plantes hybrides (produits de croisement entre espèces différentes), c'est souvent la méthode la moins onéreuse. Aussi toutes les plantes annuelles et la plupart des palmiers sont-ils cultivés en semis. L'amateur de plantes d'intérieur trouve, chez les marchands spécialisés, une variété toujours plus grande de semences. Toutefois, chez certaines espèces, une reproduction par graines donne des produits moins beaux que les parents. Dans ces cas, on pratique généralement le bouturage de jeunes pousses avec une ou deux feuilles et une pointe de végétation, provenant soit du pied soit d'une tige. Le bouturage est une opération qui exige une température relativement chaude (ajouter environ 5° à la température recommandée à la rubrique « **Température** »). Il faut de l'humidité (arroser) et il importe d'éviter les courants d'air. Avec certaines plantes, on peut découper la tige en tronçons d'environ 5 cm : si le tronçon porte un œilleton, il prendra racine et se développera. Dans ce cas, la tige devrait être assez ligneuse. Une seule tige peut ainsi produire plusieurs nouveaux pieds. Chez de nombreuses espèces, la bouture peut être une feuille avec une parcelle de tige et un bourgeon qu'on plantera dans le terreau : le bourgeon se développera pour donner la

De nombreuses plantes tropicales sont cultivées pour leur feuillage verdoyant. Beaucoup, parmi les plus populaires, appartiennent soit au genre Ficus, *soit au genre* Philodendron.

→ *Ficus diversifolia.* Ce parent de l'hévéa a un feuillage plus original et produit de petits fruits. Comme la plupart des plantes à feuilles vertes, il se contente d'un faible éclairage. Ses feuilles font penser à du cuir. Ils résistent à la sécheresse et même aux fumées.

Les plantes d'appartement au feuillage bariolé ont généralement besoin de plus de lumière que les autres plantes à feuilles vertes. Reléguées dans un coin sombre, leur feuillage vire au vert.

→ *Croton pictum.* Tous les crotons ont besoin de soleil.

Certaines espèces à fleurs sont disponibles sur le marché toute l'année. D'autres n'y apparaissent que saisonnièrement.

→ *Cyclamen persicum* est très recherché à Noël. Comme beaucoup de plantes à fleurs, il a besoin de fraîcheur pour bien fleurir.

Les fougères, très prisées à l'époque victorienne, reviennent à la mode. Elles font bel effet mêlées à des plantes à fleurs ou dans une salle de bains.

→ Fronde d'*Adiantum*, le populaire capillaire ou cheveu de Vénus. Comme chaque petite feuille n'a que quelques cellules d'épaisseur, les fougères ont tendance à se flétrir à l'air sec.

Les plantes grimpantes peuvent monter le long de tuteurs simples ou moussus, ou tout autre support. Sans support, elles deviennent rampantes ou même pendantes. Beaucoup se développent bien dans des paniers suspendus.

→ *Ficus pumila.*

nouvelle plante. Chez d'autres espèces, c'est la feuille seule, ou des morceaux de feuilles, qu'on placera sur du sable humide. Si l'on incise les veines principales avec un couteau aiguisé, les plantes bourgeonneront au niveau des incisions.

On peut morceler certaines plantes en deux, trois et parfois quatre parties en séparant soigneusement, à deux mains, leurs racines ainsi que leurs parties aériennes ; un petit coup de couteau est parfois nécessaire. Si les plantes ont des tubercules, ceux-ci peuvent être découpés en autant de morceaux qu'ils portent d'œilletons : chaque œilleton germera. Il existe des plantes qui, adultes, produisent obligeamment de petites plantes à leur image, qu'on peut cueillir ou ramasser quand elles tombent d'elles-mêmes. Le marcottage consiste à faire pousser des racines à une jeune branche ou tige alors qu'elle est toujours rattachée à la plante-mère. On peut y parvenir en l'incisant à sa base et en enveloppant cette incision de sphaignes humides. Quand il s'agit d'une plante rampante, par exemple, il suffit d'approcher un autre pot, d'y coucher la portion qu'on désire prélever, d'en enfoncer une partie sous terre en laissant dépasser la pointe. D'autres plantes, enfin, comme les broméliacées, font naître des rejetons autour de leur base.

Un outillage approprié facilite les opérations. Nous avons déjà mentionné le couteau aiguisé. Importants, aussi, sont : la poudre radiculaire aux hormones, le soufre en poudre, la vaseline ou le goudron pour enduire les blessures de la plante-mère, un terreau composé de 50 pour 100 de sable et de 50 pour 100 de tourbe ou de terre, et de petites plaques de verre ou des feuilles de polyéthylène pour recouvrir les pots ou les baquets. Il ne faut pas oublier de retourner ou de soulever ces plaques tous les jours pour renouveler l'air et empêcher les plantes de pourrir. Le germoir est un article utile mais plus onéreux. C'est un plateau chauffant électrique de faible voltage qui maintient le terreau à la température souhaitable. Il comporte un couvercle en plastique pour maintenir l'humidité. Il s'avère particulièrement utile pour les jeunes boutures qui ont du mal à développer leurs racines. De nombreuses plantes les développeront aussi dans l'eau. C'est une méthode qui demande à être expérimentée avec les différentes espèces.

La culture dans l'eau

On a récemment préconisé une nouvelle méthode de culture pour les plantes d'appartement — l'hydroculture, où la terre est remplacée par de l'eau. L'idée était dans l'air depuis quelque temps, mais jusqu'à présent il était difficile de régler l'absorption des fertilisants par le système radiculaire. On a fini par mettre au point un système où les éléments nutritifs sont libérés par les échanges ioniques. Le fertilisant, sous forme de granulés, est placé au fond du récipient et les additifs chimiques introduits dans l'eau du robinet (l'eau de pluie et les eaux douces ne conviennent pas) réagissent sur ces granulés pour libérer les éléments nutritifs quand la plante en demande. Ainsi la plante ne craint plus d'être trop arrosée (une des causes les plus fréquentes de mort chez celles que l'on cultive en terre), ni d'être sous-alimentée. De plus, on peut la laisser pendant de longues périodes sans s'en occuper.

Danger ! Insecticides

Attention : les insecticides peuvent contenir des produits mortels ; se conformer toujours aux instructions du fabricant et aux règles générales données ci-après.

Choisir toujours le moins dangereux des traitements proposés.

Ranger produits et vaporisateurs en un lieu sec, à l'abri du gel.

Les garder loin des aliments, hors de portée des enfants et des bêtes.

Ne pas mélanger des produits de nom ou de marque différents.

Ne pas transvaser les produits dans d'autres bouteilles et surtout pas dans de vieilles boîtes de conserve.

Se conformer au mode d'emploi en dosant les mélanges : ni trop concentrer, ni trop diluer.

Ne préparer que la quantité à utiliser sur-le-champ.

Ne vaporiser qu'à l'air libre, mais pas quand il fait du vent.

Ne pas respirer le nuage de liquide vaporisé.

Ne pas permettre à ce nuage d'atteindre le linge qui sèche ou les pièces d'eau. Le derris est nuisible aux poissons.

Vaporiser le soir quand les abeilles sont couchées. Le malathion et certains autres produits leur sont nuisibles.

Bien nettoyer le vaporisateur, intérieurement et extérieurement, après usage.

Laver les bouteilles ayant contenu les produits. Ne pas verser ces eaux de lavage dans les canalisations : c'est la pollution directe. S'en débarrasser dans la nature, mais pas à proximité de cultures alimentaires ni là où elles pourraient contaminer des sources d'eau.

Jeter à la poubelle les bouteilles et paquets vides, ainsi que les vieux vaporisateurs.

Se laver à l'eau chaude, avec un détergent, après les vaporisations.

Si vous recevez de l'insecticide dans la bouche ou les yeux, lavez-les à grande eau et allez vite consulter un médecin.

Ces plantes proviennent soit de boutures élevées dans l'élément liquide dès l'origine, soit de plantes terrestres converties. La conversion prend dans les six semaines et comprend des lavages de racines et la pousse de nouvelles racines. Les plantes se trouvent dans des pots spéciaux ouverts contenant une matière inerte appelée Leca, composée de particules d'argile gonflées.
Comme pour toutes les méthodes, il y a des inconvénients, le principal étant que toutes les plantes ne s'y prêtent pas. Il est particulièrement regrettable que la plupart des plantes à fleurs ne puissent être cultivées de cette façon. Autre problème : l'eau refroidit plus vite que la terre. En hiver, dans un intérieur mal chauffé, une vague de froid peut provoquer des lésions au niveau des racines. Il est, par ailleurs, difficile de caser un grand nombre de ces plantes dans un baquet, et il faut encore que ces pots soient approximativement de la même hauteur, sans quoi on risque de se tromper dans les niveaux d'eau. Malgré tout, il s'agit là d'une technique de culture nouvelle et intéressante qui offre beaucoup de points positifs. Elle apporte, notamment, une facilité aux gens qui ne savent pas ou ne peuvent pas arroser convenablement et aux personnes qui s'absentent. Nous la recommandons pour les bureaux surchauffés.

Pots, bacs et autres récipients

Les plantes hydrocultivées sont ancrées dans des pots alourdis par l'eau qu'ils contiennent. Quand il n'y a pas ou plus de place au sol ni sur les tables, buffets ou étagères, il est encore possible d'héberger les pensionnaires dans des pots ou paniers suspendus garnis de plantes qui pousseront dans du terreau. S'il s'agit de plantes vertes, il est préférable de les choisir de même type, et les pots en plastique, avec leur soucoupe collectrice, sont tout à fait appropriés. Les paniers tissés sont fort décoratifs. Ils sont prévus pour contenir une, deux ou même trois plantes. Pour l'esthétique des plantes rampantes les garniront.
Si vous essayez de cultiver des plantes dans une atmosphère particulièrement sèche, rappelez-vous que ces organismes produisent de l'humidité, qu'ils cherchent à recréer le microclimat qui favorise leur croissance. Une des meilleures façons de leur permettre de conserver cette humidité est la culture en bocal. On en vend, de nos jours, qui sont spécialement conçus dans ce but, avec une ouverture assez large pour que l'on puisse y passer la main. Pour réussir ce genre de culture, il faut être extrêmement sélectif dans le choix des plantes et éliminer toutes celles qui ont une croissance rapide (les lierres sont à bannir), sans quoi le jardin sera dominé par une ou deux espèces qui étoufferont toutes les autres. Parmi les plantes recommandables, citons *Chamaedorea, Cryptanthus, Fittonia* et de petits rejetons de *Vriesia.*
Une autre façon d'assurer une certaine humidité aux plantes est de les cultiver collectivement. Les jardinières mélangées sont toujours un plaisir pour l'œil et un sujet d'intérêt, aussi bien au foyer qu'au bureau. Intérêt que l'on peut entretenir en y incorporant passagèrement des plantes à fleurs. Toutefois, il faut savoir bien choisir les plantes destinées à vivre ensemble. Tout d'abord, le bac doit être étanche ou doté d'un plateau pour que ne s'abîme pas la surface sur laquelle il est posé. Si le bac est étanche, nous devons en tapisser le fond d'une bonne couche de drainage (cailloux, briques concassées, etc.) à laquelle nous ajouterons quelques morceaux de charbon de bois pour empêcher l'eau de croupir. Les plantes sélectionnées ne doivent pas seulement s'harmoniser sur le plan esthétique, mais aussi sur celui de leurs besoins. Pour prendre deux cas extrêmes, nous ne pouvons faire cohabiter un cactus, adapté à la sécheresse, et *Cyperus* qui prospère dans un bain de pieds perpétuel. En plantant, assurez-vous que chaque sujet se trouve en bonne position et dispose du tuteur dont il pourrait avoir besoin. La surface du terreau peut être recouverte de mousse, de pierres décoratives, de morceaux d'écorce ou de bois.
Ces recommandations sont valables aussi bien pour la plante dans son pot individuel que pour les plantes groupées. Il se pourrait bien qu'après avoir réussi le pot à pot, vous désiriez tenter des cultures de groupe. Parmi les espèces que vous apprendrez à connaître, vous aurez sûrement des préférées. Nous vous souhaitons bonne chance.

Le nom des plantes

Beaucoup de plantes ont reçu, à côté de leur nom scientifique latin, un nom usuel. Mais ces noms communs n'ont pas la rigueur des noms botaniques, et certains prêtent à confusion.
C'est pourquoi le Comité International de Nomenclature Horticole a adopté un système précis qui évite toute méprise. Les plantes sont désignées selon le genre, l'espèce et la variété. Les plantes appartenant au même genre sont assez proches. Les plantes de la même espèce sont semblables sur le plan botanique ; une variété diffère légèrement des plantes de l'espèce principale. Elle peut par exemple avoir des fleurs d'une autre couleur ou des feuilles aux nervures différentes. Les variétés peuvent naître naturellement ou être obtenues par culture (ce sont alors des cultivars). Prenons un exemple. L'asparagus plumeux appartient au genre *Asparagus* — *Asparagus plumosus* et *Asparagus falcatus* sont deux espèces différentes du genre *Asparagus, Asparagus plumosus* « Nanus » est une variété de l'espèce *Asparagus plumosus* et pousse de manière plus touffue. Les noms de genres et d'espèces sont toujours en italique, contrairement au nom de la variété ou du cultivar.
Lorsque le nom de genre a été cité, il est courant de l'abréger en indiquant seulement la première lettre.

Multiplication

GRAINES *Solanum*

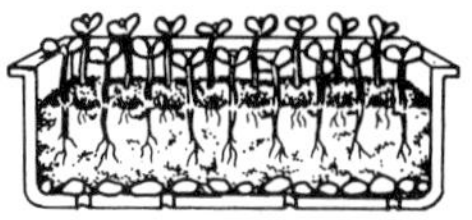

BOUTURES DE TIGE
Sinningia

SECTIONS DE TIGE
Dracaena

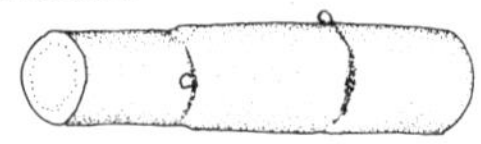

BOUTURE DE FEUILLE ET TIGE

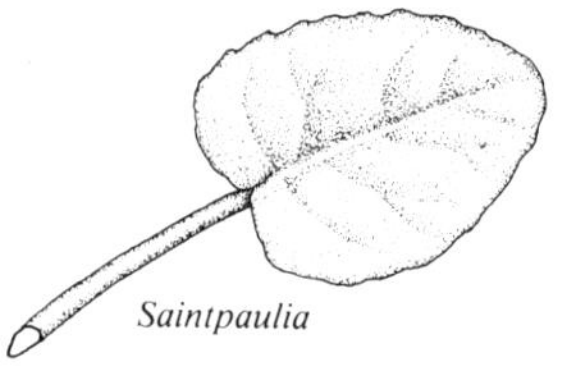

Saintpaulia

DIVISION
Anthurium

DIVISION DES TUBERCULES
Sinningia

BOUTURE D'UNE POUSS
DE LA BASE

Aglaonema

BOUTURE D'UN BOURGEON DE PÉTIOLE

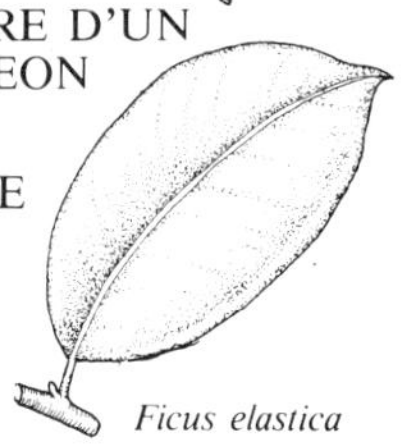

Ficus elastica

BOUTURES
DE FEUILLE

Streptocarpus

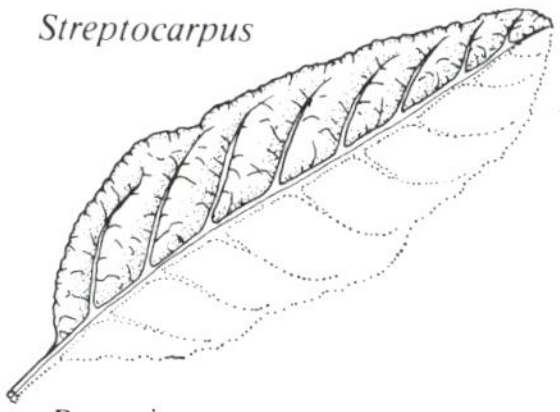

Begonia rex

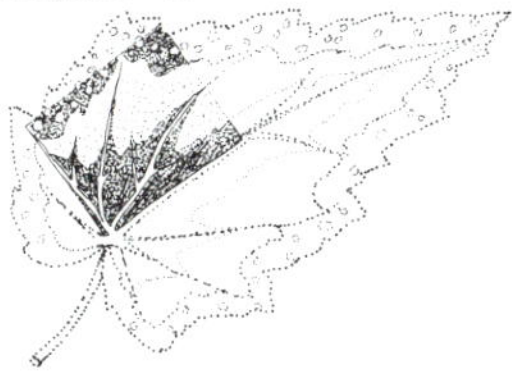

Sinningia

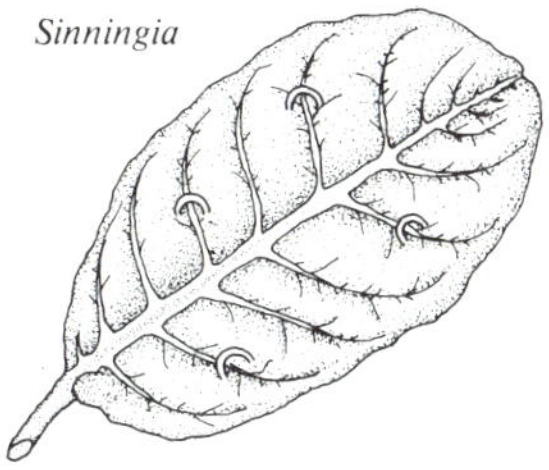

PLANTULES

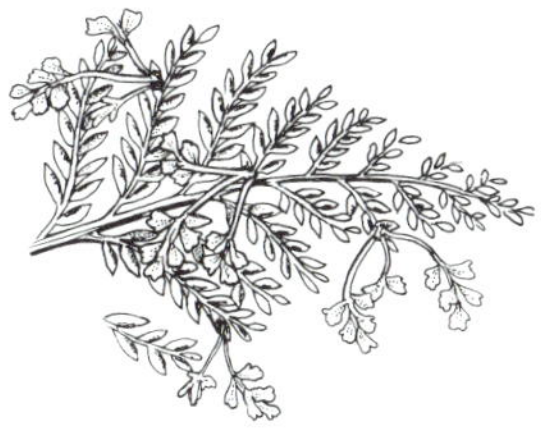

sur feuille-mère
Asplenium

issues des tiges
Chlorophytum

MARCOTTAGE
D'UNE TIGE
DRESSÉE
Ficus elastica

MARCOTTAGE
D'UNE TIGE
RAMPANTE
Hedera

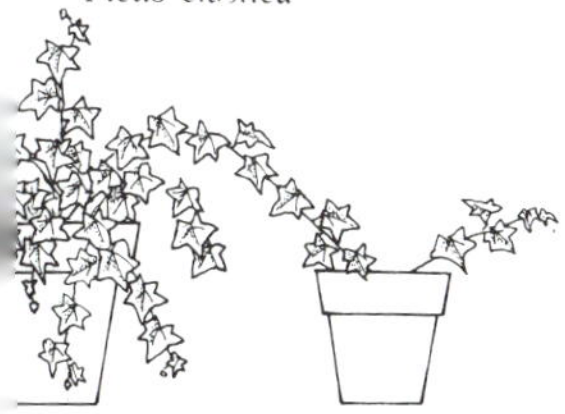

REJETONS
Ananas

→ *Cette* Vriesia, *comme toutes les broméliacées, se développe plus rapidement à partir de rejetons qu'à partir des graines.*

Les plantes se nourrissent de différentes manières.

← *Dionaea muscipula,* l'attrape-mouches, est insectivore.

↓ Ce spécimen de *Dracaena deremensis* est hydrocultivé. Il tire sa subsistance d'un fertilisant ajouté à l'eau.

La méthode pratiquée pour obtenir de jeunes sujets dépend de la biologie de la plante.

→ Saxifraga sarmentosa *produit des stolons au bout desquels se forme la jeune plante.*

Comment et quand arroser une plante ?

De toutes les causes qui peuvent provoquer la mort d'une plante d'intérieur, l'arrosage excessif est la principale. Les besoins de chaque plante sont exposés dans les pages qui suivent, mais nous donnons ici quelques règles générales.

Tâter le terreau avant d'arroser. Il doit paraître sec et friable. Y enfoncer le doigt pour voir s'il n'est pas mouillé sous la surface. Pour les fougères et quelques autres plantes hydrophiles, le terreau doit toujours être humide.

Ne pas oublier que les plantes ont besoin de plus d'eau au printemps et en été, surtout quand il fait chaud, qu'en hiver.

Pour la plupart des plantes, l'eau doit être versée sur le terreau. Chez certaines cependant, les feuilles pourrissent au contact de l'eau. Pour celles-ci, il faut tremper le fond du pot dans l'eau.

En arrosant une plante, il faut remplir le pot à ras bord. L'eau ruissellera à travers le terreau, et l'excédent sera recueilli par la soucoupe. Laisser la plante réabsorber ce qu'il lui faut. Si, au bout de quinze minutes, il reste encore de l'eau, vider la soucoupe. Il ne faut jamais laisser le fond du pot séjourner dans l'eau.

Dans le cas d'une plante qui doit recevoir son eau par le bas, on peut verser l'eau dans la soucoupe et laisser les racines l'absorber. Ou on peut aussi plonger le pot dans l'eau jusqu'au bord. Le retirer après quinze minutes et le laisser s'égoutter.

Eviter d'arroser « peu et souvent ». Les plantes apprécient un bon arrosage suivi d'une période de sécheresse qui permet au sol de s'aérer. Car si les racines doivent boire, elles doivent aussi respirer.

CAPILLAIRE

Cette fougère est sans doute la plus fine et la plus délicate de toutes celles qui se trouvent dans ce livre. Son léger feuillage vert pâle entre souvent dans la composition des gerbes de mariage et des couronnes mortuaires. Mais elle se fane vite quand on la coupe et, de ce fait, est moins utilisée de nos jours.

Les adiantes font partie de la famille des polypodiacées, comprenant quelque deux cents espèces vivant dans les régions tropicales et tempérées.

Ce ne sont pas des plantes d'intérieur difficiles, mais elles n'aiment pas être déplacées. Elles se portent mieux quand on les laisse dans leur position initiale sans plus les bouger. La terre doit être humide, mais toujours bien drainée et, avec le chauffage central, elles ont besoin d'être vaporisées tous les jours, de préférence à l'eau de pluie. S'il arrive que les frondes ses dessèchent, ne vous désespérez pas : coupez-les, poursuivez les vaporisations, et vous verrez bientôt apparaître de nouvelles pousses.

Deux variétés sont communes chez nous. *A. capillus veneris* est la plus facile à trouver et il en existe bien des formes sur le marché. *A. cuneatum,* plus robuste, a un feuillage un peu moins élégant.

Choisissez, quand vous l'achetez, un spécimen touffu et portant de jeunes pousses.

Dimensions. Les fougères se plantent généralement dans des pots de 12 cm, où elles atteignent un diamètre de 60 cm, et ne dépassent jamais 30 à 38 cm de hauteur.

Croissance. Assez rapide ; doublent facilement au cours d'une saison.

Floraison. Nulle. Les fougères ne fleurissent pas.

Parfum. Inodore.

Lumière. Les adiantes supportent mal le soleil direct, mais prospèrent sur une fenêtre exposée au nord. Dans une serre, où il fait humide, elles poussent bien sous un échafaudage.

Température. Elles sont assez tolérantes, et la plupart des variétés commerciales peuvent être sorties l'été. La température ne doit pas dépasser 21° (sauf en atmosphère humide), ni tomber audessous de 10°.

Arrosage. Garder la terre toujours humide, mais ne pas laisser les pots tremper dans l'eau. Arroser deux fois par semaine l'été, si possible avec de l'eau de pluie. Ces plantes supportent un peu plus de sécheresse en hiver : un arrosage hebdomadaire devrait suffire. Il existe certaines variétés caduques, qui ne sont normalement pas vendues comme plantes d'intérieur, et qui perdent leurs feuilles en hiver. Ne les laissez pas se dessécher complètement.

Engrais. Pendant l'été, ajouter la moitié de la dose d'engrais liquide recommandée, tous les quinze jours, à l'eau d'arrosage.

Humidité. Elles adorent une humidité élevée. Placer le pot sur une soucoupe pleine de cailloux mouillés ou dans un autre pot plein de tourbe ou de mousse humide. Avec le chauffage central, les vaporiser quotidiennement à l'eau de pluie.

Nettoyage. La vaporisation quotidienne devrait suffire. Ne jamais utiliser de ces produits qui font briller les feuilles.

Atmosphère. Elles n'aiment pas les fumées.

Terre. Un bon terreau tourbeux est ce qu'il y a de mieux. Préparation : mélanger, à parties égales, de la tourbe fibreuse, du terreau et du sable avec un peu d'engrais.

Empotage. Elles préfèrent les petits pots où l'on pourrait les croire à l'étroit. Les rempoter au printemps quand elles sont vraiment trop grandes pour le pot. Ne pas trop tasser la terre : les fougères aiment avoir de l'air autour des racines.

Taille. N'enlever que les frondes endommagées ou très vieilles. Si, par malchance, plante et frondes se desséchaient, couper tout et vaporiser la touffe restante 2 fois par jour : de jeunes frondes apparaîtront bientôt.

Multiplication. Les vieilles plantes peuvent être dédoublées au début de l'été, mais le résultat n'est pas toujours satisfaisant, car les deux souches mettent souvent du temps à retrouver vigueur. Il vaut mieux élever de jeunes pousses à partir des spores qu'on trouve sous les frondes. Les spores se sèment au début du printemps à une température de 21°, la chaleur venant du bas si possible. Une source simple donne les meilleurs résultats.

Longévité. Une fois installées dans un intérieur, seules la négligence et la sécheresse peuvent les tuer.

Sociabilité. Les adiantes se développent bien mélangées à d'autres plantes d'intérieur, mais poussent encore mieux seules ou en compagnie d'autres fougères.

Facilités/difficultés. C'est une plante facile, mais qui n'aime pas être déplacée. Trouvez l'endroit où elle pousse le mieux, et ne la bougez plus.

← Les spores d'*Adiantum* apparaissent sous les frondes et brunissent en mûrissant.

→ *Adiantum capillus veneris* ou Cheveu de Vénus, la plus populaire des fougères grâce à son feuillage délicat.

↓ *Adiantum cuneatum,* une des variétés les plus robustes.

Humidité

Deux manières d'assurer aux adiantes l'humidité qu'elles adorent.
Placer dans un récipient contenant de la tourbe humide
ou
sur une soucoupe remplie d'eau et de cailloux ou de gravier. S'assurer que le fond du pot ne trempe pas dans l'eau.

Division des racines

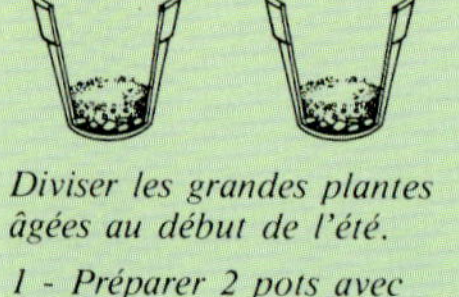

Diviser les grandes plantes âgées au début de l'été.

1 - Préparer 2 pots avec couche de drainage et du terreau.

3 - Diviser délicatement les racines et les tiges.

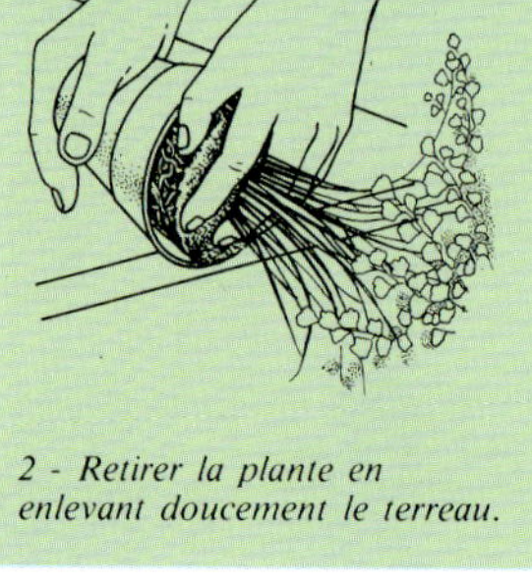

2 - Retirer la plante en enlevant doucement le terreau.

4 - Rempoter les deux moitiés à la manière habituelle.

S.O.S.

1 - Les feuilles se fripent et leurs bords brunissent. *Trop sec. Arroser et vaporiser. Le phénomène peut aussi être provoqué par des fumées.*

2 - Toutes les feuilles tombent. *Trop sec. Couper tout, arroser et vaporiser quotidiennement jusqu'à l'apparition de nouvelles frondes.*

2

3

3 - Frondes étiolées en été. *La plante manque d'engrais.*

4

4 - Les feuilles sont pâles. *Trop de soleil direct.*

5

5 - Les feuilles se recroquevillent mais ne sèchent pas. *Trop de froid et d'eau. Placer dans un endroit plus chaud. N'arroser que quand le terreau paraît sec au toucher.*

Culture par spores

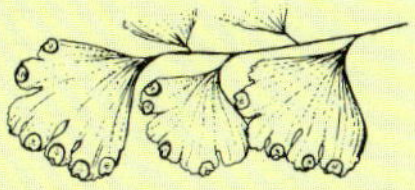

1 - Les spores se développent sur les frondes et sont prêtes à être semées au printemps.

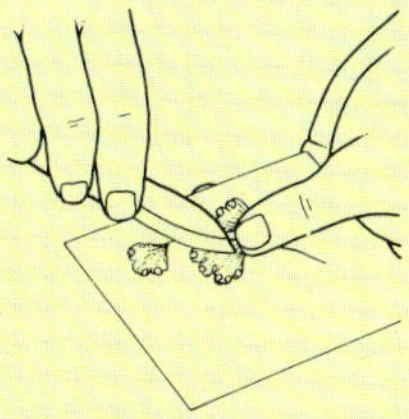

2 - Racler une petite fronde pour faire tomber les spores sur un morceau de papier.

3 - Eparpiller les spores sur une couche bien arrosée préparée dans un germoir et comprenant une couche de drainage sous le terreau stérilisé.

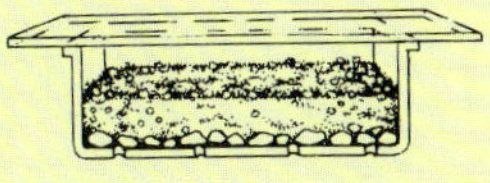

4 - Recouvrir d'une plaque de verre et placer dans un lieu obscur à une température de 21°, la chaleur venant du bas si possible.

5 - Retourner la plaque chaque jour pour éviter le pourrissement. Ne pas laisser le terreau se dessécher. Garder dans le noir jusqu'à l'apparition des écailles et des pousses (4 à 12 semaines).

6 - Placer à la lumière et retirer le verre.

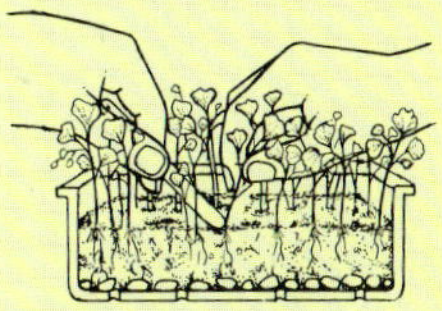

7 - Quand les plantes peuvent être manipulées, enlever les moins robustes en laissant 2,5 cm entre les pieds.

8 - Quand ils sont bien partis, les répartir par 2 ou 3 dans des pots de terreau tourbeux.

Empotage

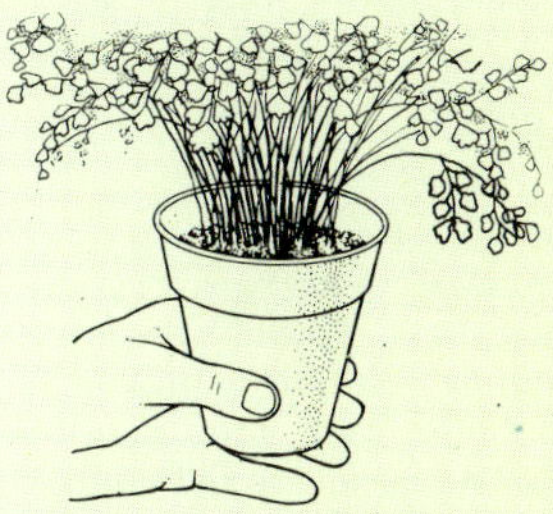

1 - Rempoter au printemps, quand les plantes commencent à paraître à l'étroit dans leur pot. Bien les arroser.

2 - Utiliser des pots de la taille supérieure avec une couche de terreau tourbeux humide.

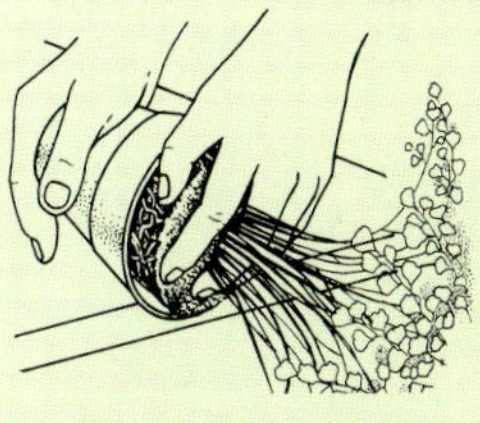

3 - Tenir le pot d'une main en maintenant le terreau. Tapoter le bord du pot en le penchant : plante et terreau sortiront d'un bloc.

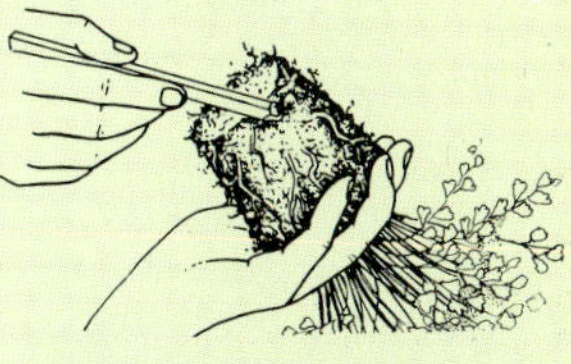

4 - Avec un crayon ou un bâtonnet, dégager la terre sans endommager les racines.

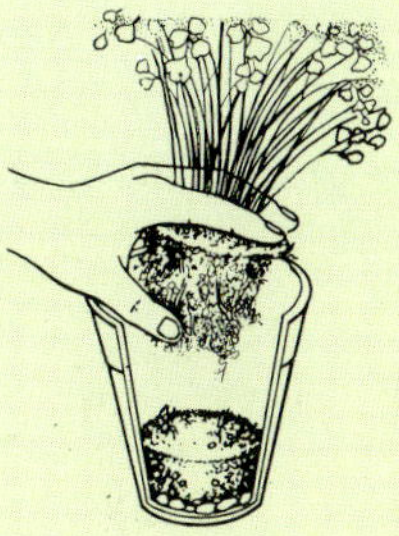

5 - Placer la plante au centre du nouveau pot, les racines posées sur le fond du terreau.

6 - Remplir de terreau frais. Recouvrir toutes les racines sans trop tasser. Laisser la plante à l'ombre, sans eau, pendant 2 jours, pour favoriser l'enracinement.

Arrosage

1 - Tâter le terreau. S'il est léger et friable, l'arroser : il ne doit pas sécher.

2 - Verser de l'eau (de pluie si possible) sur le terreau. Vider la soucoupe au bout de 15 minutes.

Vaporisation

Vaporiser finement tous les jours avec de l'eau de pluie si possible. Opérer à une distance de 15 cm environ.

AECHMEA FASCIÉ

Les aechmeas, proches parentes des ananas, appartiennent à la famille des broméliacées, qui compte environ 1400 espèces. La plupart d'entre elles sont des épiphytes : à l'état naturel, elles se fixent et se développent sur d'autres plantes, en général sur des arbres. Elles poussent dans les creux de l'écorce où elles trouvent de l'eau et des aliments provenant de la décomposition des substances organiques qui s'y amassent. A la maison, elles peuvent vivre normalement dans du terreau ou encore, à condition d'être bien arrosées, sur un morceau de liège.

A. fasciata (connue aussi sous le nom de *Billbergia rhodocyanea*) nous vient de Rio de Janeiro où elle fut découverte en 1826. Son feuillage, en forme de rosette, est vert, mais recouvert d'un dépôt pulvérulent blanchâtre. Ce dépôt doit être gardé car il contraste agréablement avec la teinte rose de la hampe qui s'élève au centre de la rosette et porte les fleurs. Les fleurs elles-mêmes, qui s'épanouissent au sommet de la hampe, sont pourpres. Il existe aussi des variétés rares aux feuilles panachées de vert et de jaune-vert.

Comme chez tous les bromélias, chaque rosette d'*A. fasciata* ne fleurit qu'une fois, produisant une succession de petites floraisons durables. Après la mort des dernières fleurs, la rosette de même se fane et meurt, mais non sans avoir produit deux et parfois trois jeunes rosettes pour la remplacer. Elle peut alors être retirée et les rejetons seront mis en pot séparément. Les nouvelles plantes ne fleuriront pas avant un an ou davantage.

A. fulgens, autre espèce vendue comme plante d'intérieur, a des feuilles d'un vert vif et la hampe rouge. Ses fleurs sont pourpres, comme celles de *A. fasciata,* mais plus dispersées le long de la tige.

A l'achat, choisir des spécimens dont la hampe commence à émerger. Vérifier qu'il n'y a pas de pourrissement à la base de la rosette ou dans la hampe.

Dimensions. Une belle plante peut atteindre 60 cm de diamètre et 30 cm de hauteur.

Croissance. Les jeunes rosettes séparées de leur mère atteindront leur taille de floraison en deux ans.

Floraison. Elle a lieu, la plupart du temps, en été ; il arrive cependant qu'une rosette fleurisse n'importe quand. On a dit qu'un trognon de pomme, placé au centre d'une jeune plante, dégage des gaz qui favorisent la floraison.

Parfum. Inodore.

Lumière. Plante très tolérante supportant aussi bien le soleil direct que la lumière indirecte.

Température. Pas moins de 12° et pas plus de 27°.

Arrosage. Le terreau doit être assez humide, en particulier au début de la floraison. Deux arrosages par semaine devraient suffire. Utiliser de l'eau de pluie si possible. La rosette centrale doit contenir environ 2,5 cm d'eau qui sera changée toutes les trois semaines. Dans la nature, cette réserve est renouvelée par les pluies tropicales.

Engrais. Leur emploi n'est pas nécessaire.

Humidité. Plante très tolérante, sans besoins spéciaux.

Nettoyage. Inutile. Ne jamais utiliser de lustrants pour feuillage.

Atmosphère. Rien à signaler.

Terre. N'importe quel terreau poreux non calcaire.

Empotage. Après séparation de la plante-mère, placer les jeunes rosettes dans de petits pots individuels. Changer de pot quand elles vont fleurir. En fait, le pot ne sert qu'à maintenir la plante droite, et les rosettes peuvent aussi bien être attachées à un morceau d'écorce de liège.

Taille. Il suffit de couper la hampe quand elle est bien morte.

Multiplication. La plupart des sujets qu'on achète ont été obtenus à partir de la graine, mais c'est là un travail de pépiniériste professionnel. Pour garnir sa maison, il suffit de prélever les jeunes rosettes après la mort de la plante-mère. Attendre que celle-ci soit complètement desséchée avant de procéder au sevrage.

Longévité. La rosette meurt lentement après la floraison. Chaque rosette peut vivre 2 ou 3 ans suivant l'âge auquel elle fleurit.

Sociabilité. Quoi qu'elles soient plus belles seules dans un pot en céramique, on peut fort bien les cultiver avec diverses autres plantes vertes telles que philodendrons, caoutchoucs, marantes, etc.

Facilités/difficultés. Plante très facile à cultiver.

← *Aechmea fulgens discolor.* Les fleurs ouvertes sont pourpres. Elles sont remplacées par des baies.

→ La rosette d'*Aechmea fasciata* forme une coupe. Dans son milieu naturel, elle est toujours pleine d'eau.

↓ Sa fleur peut rester belle plus de six semaines.

Multiplication par rejetons

1 - Attendre que les fleurs et les feuilles de la plante meurent avant de détacher les rejetons. Le rejeton devrait avoir à peu près la moitié de la taille de la plante-mère.

2 - Préparer un petit pot avec une couche de drainage et du terreau tourbeux humide.

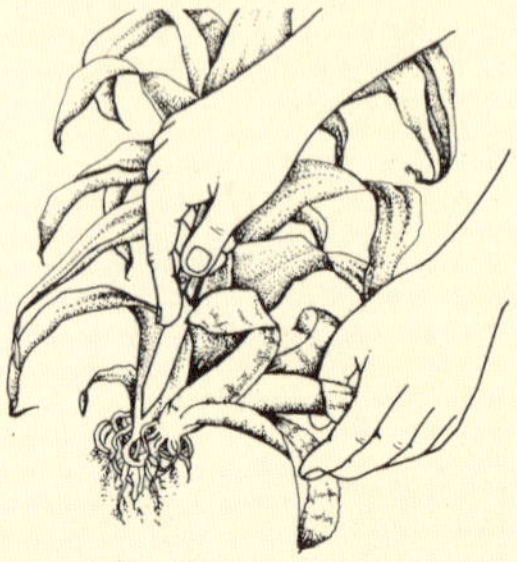

3 - Séparer le rejeton avec ses racines (couteau aiguisé).

4 - Le rejeton doit avoir ses propres petites racines, sans quoi il ne poussera pas.

5 - Installer le rejeton en tassant le terreau autour de la base. Bien arroser.

S.O.S.

1 - La rosette ou la hampe pourrissent. *Trop d'eau et température trop basse. Vider la rosette et laisser sécher le terreau. Installer la plante dans un endroit plus doux et aéré.*

2 - Les feuilles se ratatinent. *Trop chaud et sec. Arroser le terreau et vérifier que le milieu de la rosette est plein. Vaporiser, de préférence à l'eau de pluie.*

3 - Feuilles déformées et infestées de pucerons. *Pulvériser du pyrèthre ou un insecticide systémique.*

4 - Les feuilles meurent. *Tous les aechmeas meurent après avoir fleuri. Planter les rejetons.*

5 - La hampe florigène se dessèche et prend une teinte rose sale. *Température trop basse. Les mêmes symptômes se produisent après 7 ou 8 semaines de floraison.*

Empotage

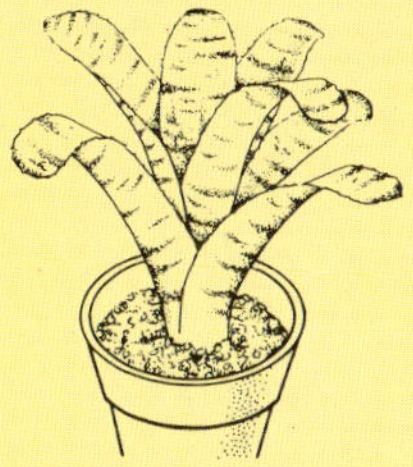

1 - Rempoter les jeunes plantes dès qu'elles paraissent trop grandes pour leur pot. Il est inutile de rempoter une plante achetée en fleurs.

2 - Préparer un pot plus grand avec un drainage et une couche de terreau non calcaire. Bien arroser.

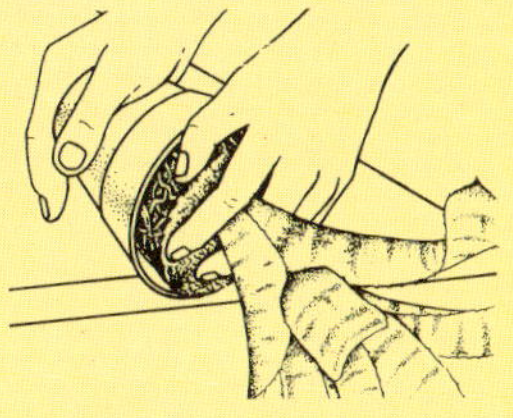

3 - Tenir le pot d'une main en maintenant le terreau. Tapoter le bord du pot en le penchant : plante et terreau sortiront d'un bloc.

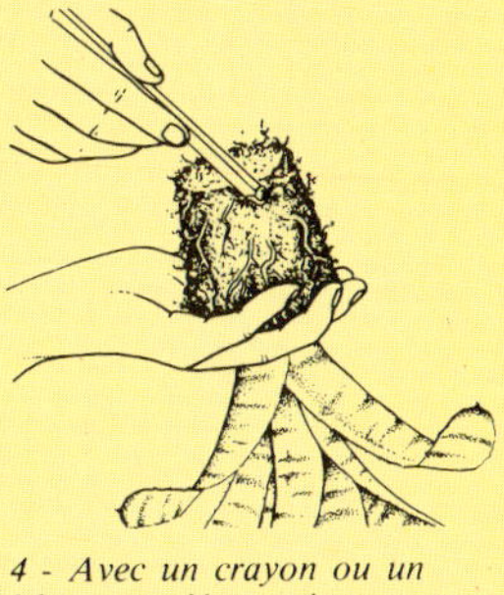

4 - Avec un crayon ou un bâtonnet, dégager la terre sans endommager les racines.

5 - Placer les racines sur le terreau du nouveau pot.

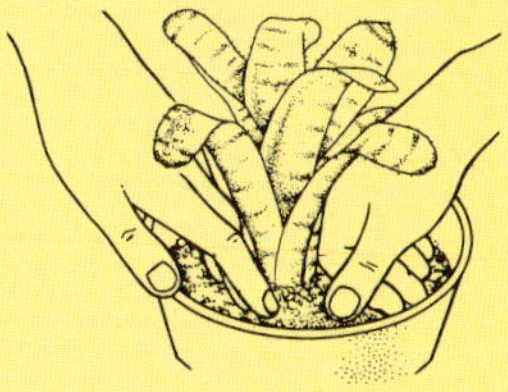

6 - Remplir de terreau frais. Recouvrir toutes les racines sans trop tasser. Laisser la plante à l'ombre, sans eau, pendant 2 jours pour favoriser l'enracinement.

Arroser et enlever la hampe

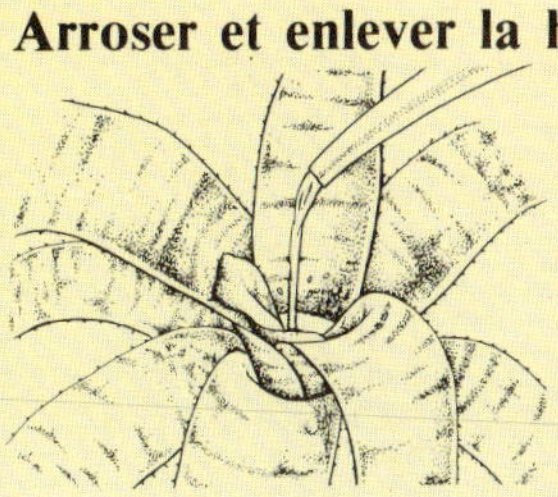

Maintenir environ 2,5 cm d'eau dans le creux central de la rosette. Vider et renouveler toutes les trois semaines. L'eau de pluie est recommandée.

Quand les fleurs sont mortes, couper la hampe à sa base avec un sécateur.

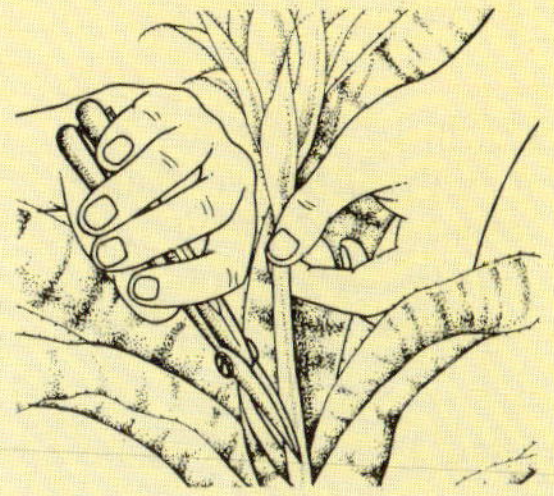

Sur un morceau d'écorce

Les aechmeas ont belle allure fixés à des morceaux d'écorce ou de bois.

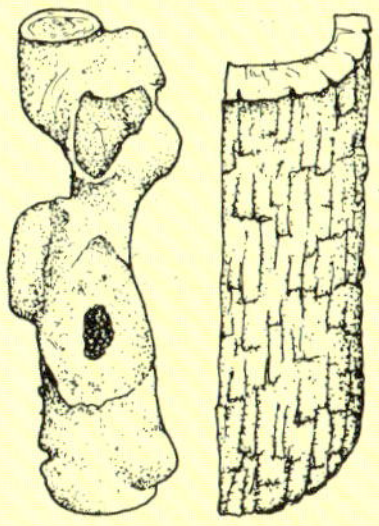

1 - Choisir un joli morceau d'écorce ou de bois.

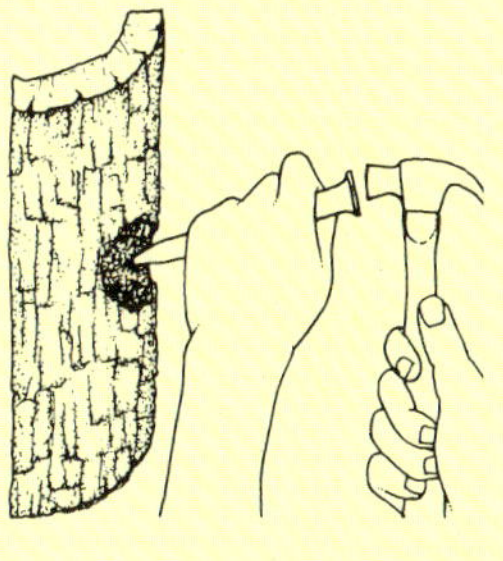

2 - S'il n'offre pas de creux susceptible de recevoir la plante, en faire un.

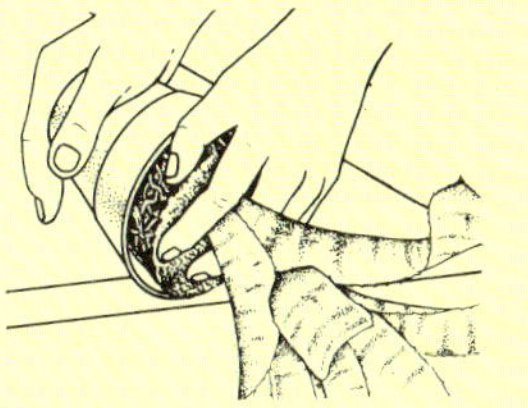

3 - Retirer la plante du pot en conservant la terre autour des racines.

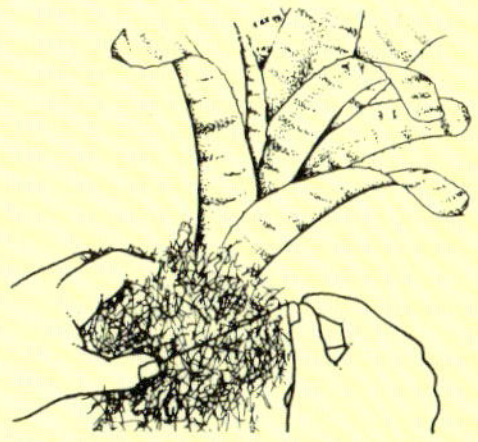

4 - Envelopper les racines de sphaigne humide et maintenir avec du fil de fer plastifié.

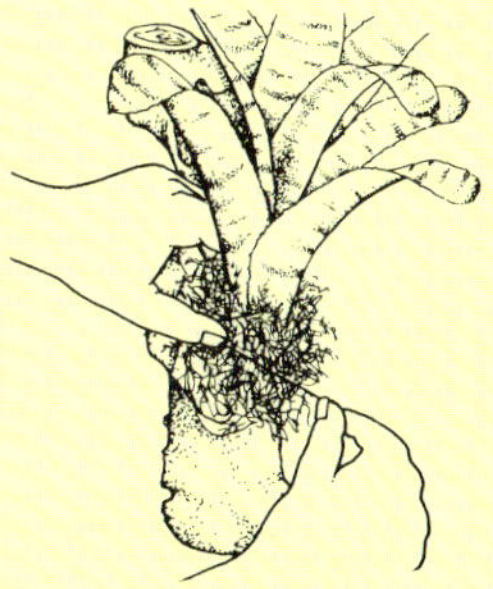

5 - Avec du fil de fer, fixer les racines enveloppées au morceau de bois ou d'écorce.

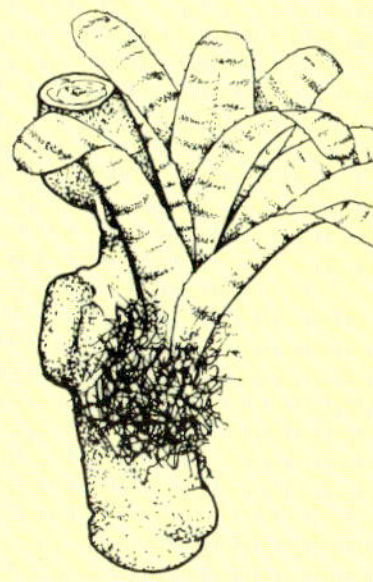

6 - Placer l'ensemble en s'assurant que la plante est bien droite. Humidifier les racines et garder le centre de la rosette plein d'eau. Vaporiser régulièrement.

AGLAONEMA DE TREWB

Les aglaonemas appartiennent à la famille des arums ou aracées comprenant une quinzaine d'espèces. Le nom vient du grec *aglaos* (brillant) et *nema* (fil). La plupart sont originaires du Sud-Est asiatique et les trois que nous citons de Malaisie. Elles furent découvertes vers la fin du siècle dernier.

Ce sont de bonnes plantes d'intérieur, qui mériteraient d'être plus répandues. Elles posent peu de problèmes à part le jaunissement occasionnel d'une feuille si elles sont sous-alimentées en été ou insuffisamment chauffées en hiver. L'hydroculture leur réussit très bien. Il est possible d'y adapter des spécimens cultivés en terre, mais les résultats sont meilleurs avec des plantes élevées dans l'eau dès l'origine.

A. trewbii est probablement la meilleure variété pour la maison. Ses feuilles, longues de 12 à 15 cm, sont vertes avec des taches d'un vert argenté foncé. Citons ensuite *A. pseudo-bracteatum* dont les feuilles sont un peu plus grandes et marquées, sur les deux faces, d'éclaboussures jaune d'or sur fond vert. *A. pictum* a les feuilles plus redressées. Elles sont vertes avec des petites taches crème, comme si un peintre y avait secoué son pinceau.

Les aglaonemas font partie du petit nombre de plantes coloriées qui se contentent de peu de lumière. Ainsi changent-ils agréablement des philodendrons, caoutchoucs et autres plantes vertes, habituées des endroits mal éclairés. A l'origine plus fragiles, l'horticulture les a rendus assez robustes pour supporter l'atmosphère sèche de la plupart des maisons.

A l'achat, choisir une plante jeune dont les feuilles se tiennent bien et ne montrent aucun signe de jaunissement.

→ *Aglaonema trewbii* est l'espèce la plus courante. Ses feuilles sont élégamment marquées. Elle réussit bien dans l'eau et c'est un bon sujet pour s'initier à l'hydroculture.

← *Aglaonema pseudo-bracteatum* est la seule espèce qui porte des marques jaune d'or sur ses feuilles.

← *Aglaonema roebelinii* porte des bariolages argentés sur ses élégantes jeunes feuilles.

← Il est parfois possible de se procurer d'autres espèces et des hybrides. Ce sont toutes d'excellentes plantes bariolées qui peuvent vivre dans l'ombre. Leurs coloris égayeront le vert uniforme des plantes qu'on réserve généralement aux lieux sombres.

Dimensions. Pas vraiment grandes, ces plantes forment une touffe d'environ 25 cm de haut.

Croissance. Chaque pied produit 5 à 6 feuilles par an, si tout va bien.

Floraison. Les fleurs blanches ou jaunes, assez insignifiantes, éclosent en été. Chez *A. trewbii,* elles produisent des baies d'un rouge foncé.

Parfum. Inodore.

Lumière. Ces plantes prospèrent à l'ombre et supportent aussi une dose appréciable de soleil direct.

Température. Elles tolèrent des températures relativement basses et survivent à 10° si on les maintient assez sèches, mais une température de 15° leur convient mieux. Elles apprécient des chaleurs de 24° en été pourvu que l'humidité soit élevée.

Arrosage. Les arroser 2 fois par semaine en été pour garder la terre humide. En hiver, un arrosage par semaine suffit. Elles s'hydrocultivent bien.

Engrais. Ajouter de l'engrais liquide à l'eau d'arrosage tous les 15 jours en été.

Humidité. Elles apprécient une humidité moyenne en été. On peut les vaporiser 2 fois par semaine ou poser dans une soucoupe sur un lit de cailloux mouillés. En hiver, elles supportent une atmosphère sèche.

Nettoyage. Nettoyer à la main avec de l'eau tiède. Pas de produits lustrants.

Atmosphère. Elles n'aiment pas les fumées. Elles apprécient l'air mais pas les courants glacés.

Terre. Utiliser un mélange composé de 2/3 de terreau et de 1/3 de terre de bruyère.

Empotage. Les rempoter chaque printemps. Ne pas trop tasser le terreau. Elles n'aiment pas les sols compacts.

Taille. Elle n'est pas nécessaire, mais il faut enlever les feuilles abîmées.

Multiplication. Elle se fait par division. Si possible prendre de jeunes pousses ayant feuilles et racines. Les séparer vers avril-mai et leur assurer une température d'au moins 21° jusqu'à ce qu'elles aient repris. Des boutures d'extrémités de tiges mettent un peu plus longtemps à repartir. Se servir si possible d'un germoir à 24°. C'est en partant des graines que la reproduction est la plus longue. Les semer au printemps à 27° et ne garder que les meilleurs spécimens.

Longévité. Elles commencent à perdre leur vigueur au bout de 2 ou 3 ans et il vaut mieux alors recommencer avec des boutures.

Sociabilité. Elles s'accordent bien avec les plantes d'appartement : caoutchoucs, cordylines, philodendrons, etc. Leur feuillage original est beau dans les jardinières.

Facilités/difficultés. Plantes faciles.

Division des racines

A la fin du printemps, diviser les jeunes pousses qui portent feuilles et racines.

1 - Préparer 2 pots avec couche de drainage et terreau.

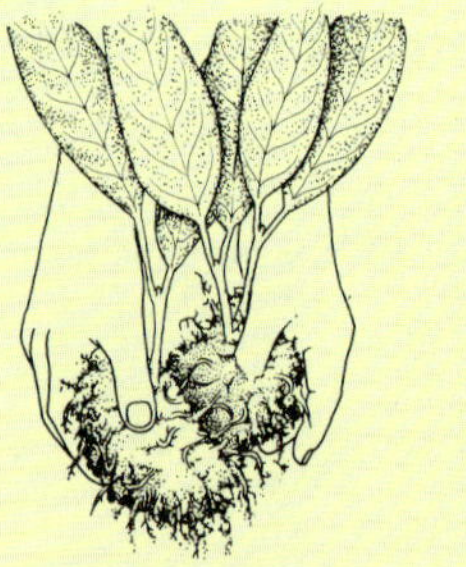

3 - Avec les mains, séparer les racines et les tiges en tirant doucement.

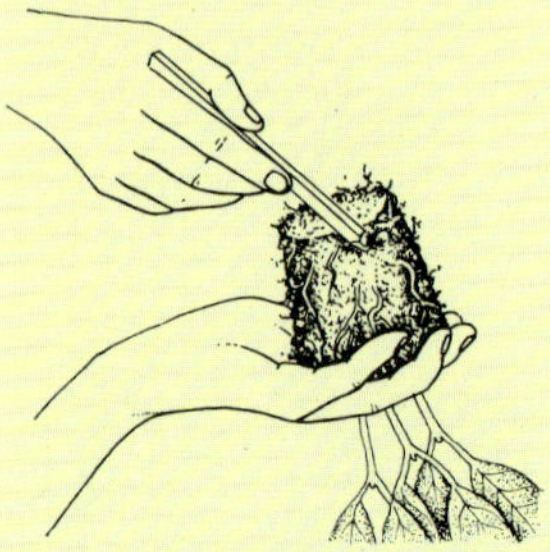

2 - Retirer la plante et enlever délicatement le terreau.

4 - Rempoter chaque moitié et garder au chaud (21°) jusqu'à la reprise.

Nettoyage des feuilles

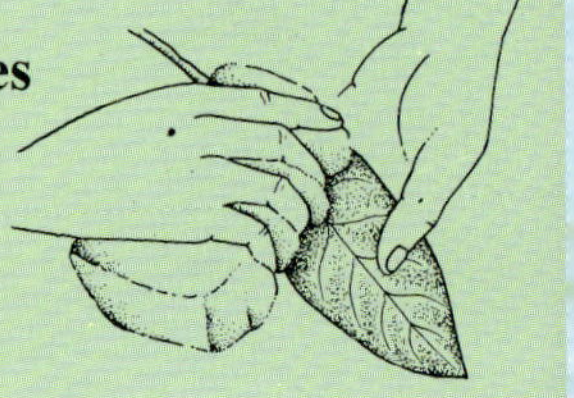

Pour enlever la poussière, essuyer avec une éponge ou un chiffon doux imbibés d'eau tiède, en soutenant la feuille. Ne pas employer de produits lustrants.

S.O.S.

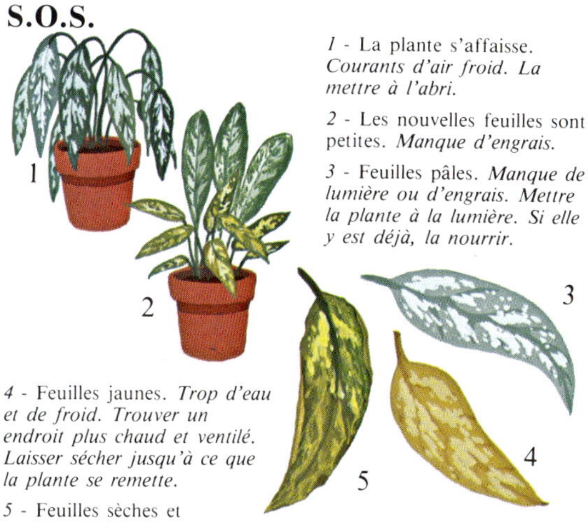

1 - La plante s'affaisse. *Courants d'air froid. La mettre à l'abri.*

2 - Les nouvelles feuilles sont petites. *Manque d'engrais.*

3 - Feuilles pâles. *Manque de lumière ou d'engrais. Mettre la plante à la lumière. Si elle y est déjà, la nourrir.*

4 - Feuilles jaunes. *Trop d'eau et de froid. Trouver un endroit plus chaud et ventilé. Laisser sécher jusqu'à ce que la plante se remette.*

5 - Feuilles sèches et cassantes. *Trop chaud et sec. Endroit plus aéré. Arroser régulièrement et vaporiser.*

6 - Plaques laineuses blanches sous les feuilles et sur les pétioles. *Cochenilles. Les enlever avec un tampon imbibé d'alcool dénaturé ou pulvériser du malathion ou un insecticide systémique.*

7 - Feuilles tachées de jaune, surtout le long des nervures ; araignées rouges sous les feuilles et sur les tiges. *Les enlever avec un tampon imbibé d'alcool dénaturé ou pulvériser un insecticide systémique.*

8 - Taches brunes sur les feuilles. *Gaz polluants ou fumées. Trouver un endroit abrité.*

Bouturage

Les aglaonemas auraient besoin d'un germoir, mais leurs feuilles étant trop grandes pour les modèles simples, nous suggérons d'utiliser un pot ordinaire recouvert d'un sac en polyéthylène. Placer sur un radiateur ou la chaudière pour que la chaleur soit constante et provienne du bas.

1 - Préparer le pot avec une couche de drainage et un mélange moitié tourbe et moitié sable.

2 - Choisir une plante avec plusieurs tiges saines et couper une tige au ras du sol avec un couteau tranchant.

3 - Plonger l'extrémité coupée dans de la poudre radiculaire aux hormones. Secouer pour enlever l'excédent.

4 - Faire un trou dans le terreau avec un crayon ou un bâtonnet. Le trou doit être assez profond pour recevoir la tige jusqu'à la naissance de la feuille.

5 - Installer la bouture dans le trou, la base des feuilles au ras du terreau.

6 - Bien arroser et recouvrir avec le polyéthylène soutenu par un arceau de fil de fer. Retirer la protection 5 minutes par jour. Le terreau ne doit pas sécher. Garder à 24°.

7 - Après 21 jours, enlever la couverture. Quand la jeune plante a bien démarré, la rempoter dans du terreau frais.

Empotage

1 - Rempoter au printemps. quand la plante paraît trop petite pour son pot. Bien l'arroser.

2 - Préparer un pot de la taille supérieure avec un drainage et une couche de terreau frais humide.

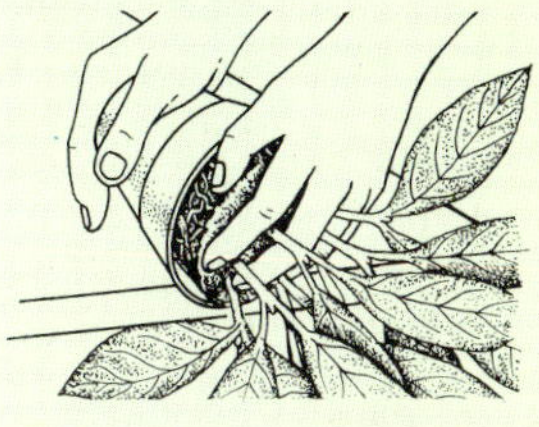

3 - Tenir le pot d'une main en maintenant le terreau. Tapoter le bord du pot en le penchant : plante et terreau sortiront d'un bloc.

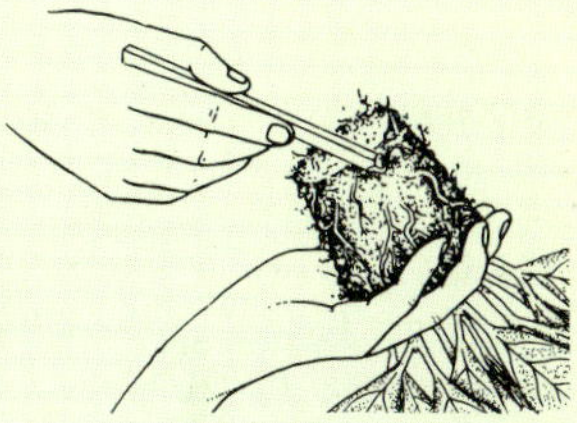

4 - Avec un crayon ou un bâtonnet, dégager la terre sans endommager les racines.

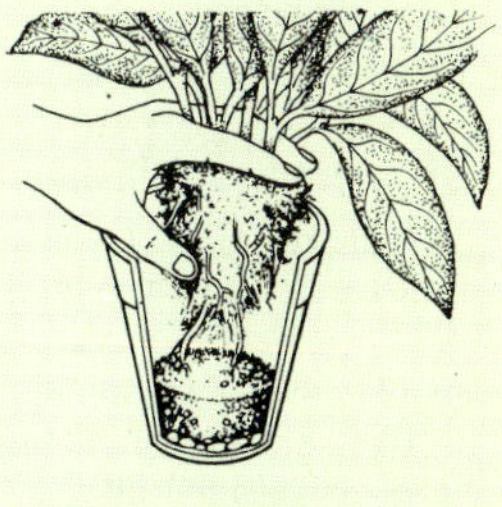

5 - Placer les racines sur le terreau du nouveau pot.

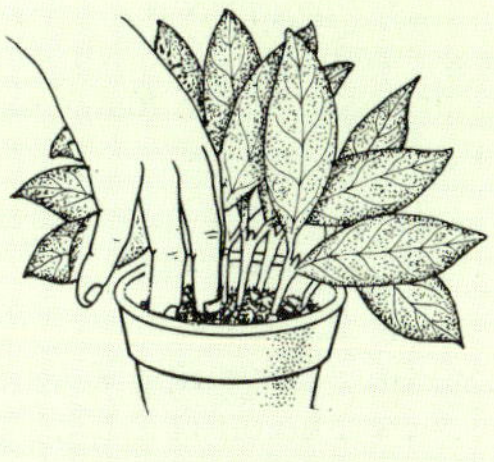

6 - Remplir de terreau frais. Recouvrir toutes les racines sans trop tasser. Laisser la plante à l'ombre, sans eau, pendant 2 jours, pour favoriser l'enracinement.

ANANAS COMMUN

L'ananas est une très bonne plante d'intérieur, surtout les variétés coloriées, jolies et gaies. Il fait partie des broméliacées. Originaire du Brésil, il fut introduit en Europe vers la fin du XVIIe siècle. Quelque trente ans plus tard, il fructifiait en Angleterre et fut, dès lors, régulièrement cultivé dans des serres, avec les oranges et les raisins, pour la délectation des riches. Les livres de jardinage du XIXe siècle donnent des instructions détaillées sur la manière d'obtenir une longue succession de fruits. Vers 1870, on commença à le produire en plein air, aux Açores. Chez nous, de nos jours, on ne le cultive qu'en tant que plante d'ornement, et quand il nous donne un petit fruit, c'est en prime. La fleur est insignifiante, mais doit être laissée pour que le fruit apparaisse.

A l'encontre des autres broméliacées, l'ananas vit au sol et tire sa subsistance de la terre. Il faut manipuler cette plante précautionneusement, car les bords de ses feuilles dentelées et coupantes déchirent facilement la peau et les vêtements.

Trois espèces sont cultivées comme plantes d'intérieur. *A. comosus* est vert avec des feuilles étroites ; le fruit aussi est vert. *A. comosus* « Variegatus » est plus petit ; ses feuilles, plus larges, ont les bords jaunes et forment une rosette. Il fructifie beaucoup plus rarement. Enfin *A. bracteatus* « Striatus », beaucoup plus grand, a aussi des feuilles jaunes et vertes qui contrastent agréablement avec ses fruits à moitié roses.

A l'achat, choisir un spécimen aux couleurs vives et aux feuilles vigoureuses dont le pointes ne brunissent pas. Les grandes plantes qui produisent des rejetons ont déjà fleuri et ne le feront plus. Cependant les rejetons pourront être détachés et cultivés ultérieurement.

↑ Le feuillage éclatant de *Ananas comosus* « Variegatus ».

← La belle fructification rose de *Ananas bracteatus* « Striatus ».

→ *Ananas comosus* a besoin de chaleur pour bien fructifier. On peut obtenir des jeunes en plantant la calotte du fruit.

Dimensions. *A. comosus* ne dépasse guère 25 à 30 cm de diamètre. *A. bracteatus* « Striatus » peut dépasser 1 m de diamètre.

Croissance. Les jeunes plantes doublent leur taille en un an.

Floraison. Les fleurs sont petites et presque insignifiantes : le fruit est la grande attraction. Il apparaît normalement au printemps.

Parfum. Inodore, sauf pour le fruit.

Lumière. Le plein soleil est nécessaire à la bonne coloration des feuilles.

Température. Tenir au chaud, surtout en hiver. 18 à 21° est la température idéale. Pour avoir des spécimens de petite taille, il faut les garder dans de petits pots et baisser la température de 5°. 24° est un maximum.

Arrosage. Arroser une ou deux fois par semaine l'été, suivant la température. Le terreau doit sécher entre deux arrosages. Il faut moins d'humidité en hiver : pas plus d'un arrosage par semaine.

Engrais. Ajouter de l'engrais liquide à l'eau d'arrosage une fois par semaine quand le fruit se forme.

Humidité. Vaporiser 2 fois par semaine en été, une fois seulement en hiver.

Nettoyage. Essuyer les feuilles à la main. Porter des gants. Pas de lustrant.

Atmosphère. Plantes tolérantes, mais éviter les courants d'air froid.

Terre. Utiliser un bon terreau.

Empotage. Rempoter deux fois la plante au cours de sa croissance, la première fois trois mois après la séparation du rejeton, la seconde fois un an plus tard. Porter toujours des gants, les feuilles sont très coupantes. Choisir un pot plutôt petit et assurer un bon drainage. Eviter de trop tasser le terreau.

Taille. Inutile. Enlever seulement les feuilles sèches ou abîmées.

Multiplication. Le plus simple est d'empoter les rejetons. A une température de 24° ils poussent plus vite. On peut parfois obtenir de nouvelles plantes à partir de fruits frais. Ceux-ci doivent encore avoir leur couronne de feuilles. Découper la calotte avec sa couronne et la mettre dans un pot garni de tourbe et de sable à une température de 24°. C'est une méthode beaucoup plus lente que celle des rejetons. On peut aussi cultiver les ananas en partant de la graine.

Longévité. Comme chez toutes les broméliacées, la rosette meurt après avoir fleuri et fructifié. Entre-temps, elle aura produit deux ou trois rejetons. Le cycle complet dure à peu près deux ans.

Sociabilité. Les ananas sont si beaux dans les plantations mixtes parce que leurs coloris tranchent avec ceux de la plupart des autres plantes d'appartement.

Facilités/difficultés. Plante facile.

Multiplication

1 - Choisir un fruit frais avec sa touffe de feuilles intacte, y compris les feuilles centrales.

2 - Préparer un pot avec une couche de drainage et une couche moitié tourbe moitié sable. Le pot doit pouvoir recevoir la calotte.

3 - Décalotter le fruit au couteau. La calotte doit avoir à peu près 1 cm d'épaisseur.

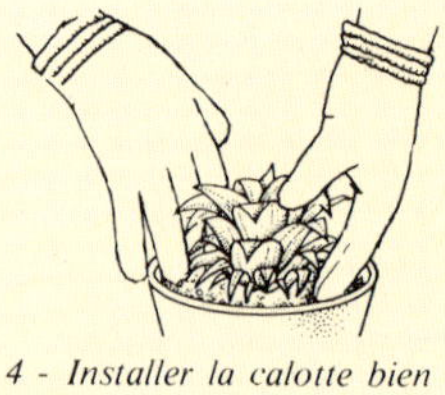

4 - Installer la calotte bien à plat dans le pot et la recouvrir de terreau. Seule la touffe doit dépasser.

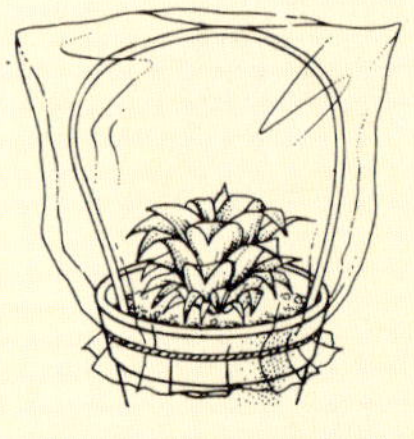

5 - Arroser et recouvrir de polyéthylène tenu par un arceau. Retirer la couverture 5 minutes par jour. Ne pas laisser le terreau se dessécher. Bonne température : 24°.

6 - Enlever le polyéthylène quand le centre produit de nouvelles feuilles.

S.O.S.

1 - Les feuilles se ratatinent. *Trop chaud et sec. Arroser, vaporiser et installer dans un lieu plus frais.*

2 - Les couleurs des feuilles s'estompent. *Pas assez de lumière.*

3 - Feuilles tachetées de jaune, surtout le long des nervures ; insectes écailleux bruns sous les feuilles et sur les tiges. *Cochenilles. Les enlever avec un tampon imbibé d'alcool dénaturé ou pulvériser un insecticide systémique.*

4 - Pointes des feuilles sèches et brunes. *Air trop sec. Vaporiser et humidifier.*

5 - Croissance lente, pas de fleurs. *Sous-alimentation.*

6 - Les feuilles basses se ratatinent. *Courants d'air. Abriter davantage.*

7 - Pourriture de la base. *Trop froid et mouillé. Choisir un lieu plus doux et aéré et laisser au sec jusqu'à la reprise. Si le mal est avancé, la plante est perdue.*

8 - Les feuilles meurent. *Tous les ananas meurent après avoir fleuri. Planter les rejetons.*

Les rejetons

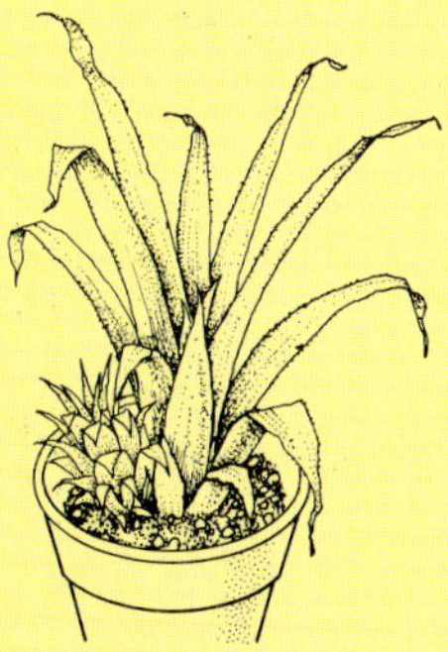

1 - Dès que les fleurs et les feuilles sont mortes, on peut prélever le rejeton. Il devrait avoir à peu près la moitié de la taille de la plante-mère.

2 - Préparer un petit pot avec une couche de drainage et du terreau humide.

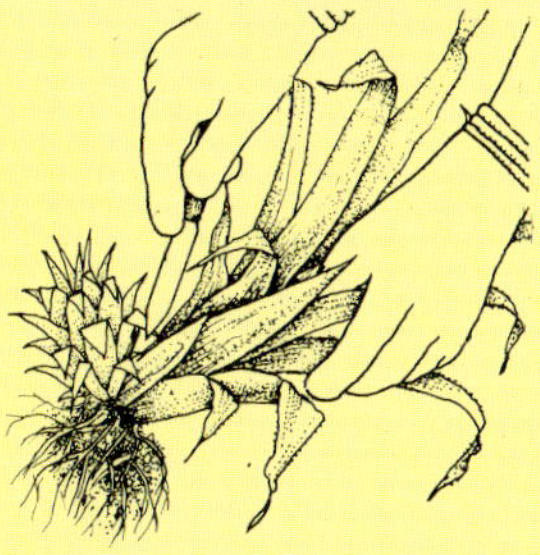

3 - Détacher le rejeton et ses racines avec un bon couteau. Porter des gants : les feuilles peuvent blesser.

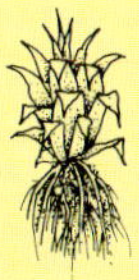

4 - Le rejeton doit avoir déjà des racines, autrement il ne grandira pas.

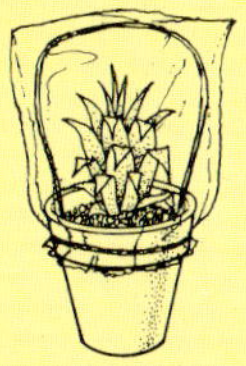

5 - Bien arroser et recouvrir de polyéthylène soutenu par un arceau. Découvrir 5 minutes par jour. Ne pas laisser le terreau se dessécher. Température : 24°. Enlever la couverture après 21 jours.

Empotage

1 - Empoter les boutures au bout de 3 mois, puis un an plus tard. Arroser abondamment. Ne pas oublier de porter des gants.

2 - Préparer un pot plus grand avec une couche de drainage et du terreau humide.

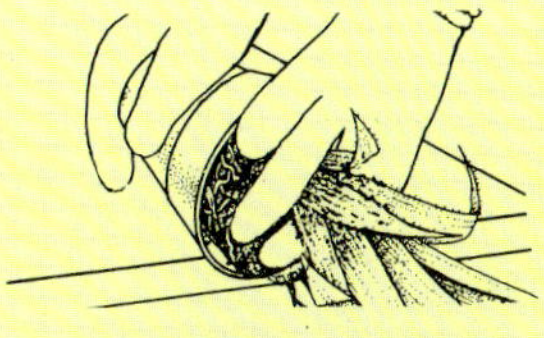

3 - Tenir le pot d'une main en maintenant le terreau. Tapoter le bord du pot en le penchant : terreau et racines sortiront d'un bloc.

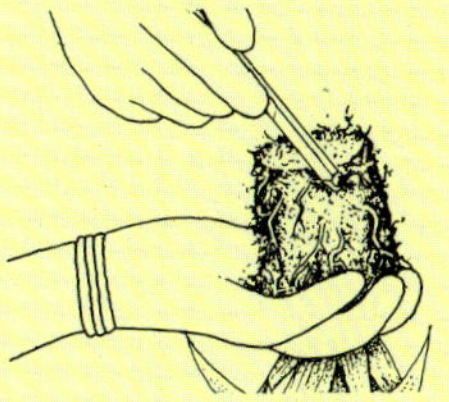

4 - Avec un crayon ou un bâtonnet dégager la terre sans endommager les racines.

5 - Placer les racines sur le terreau du nouveau pot.

6 - Remplir de terreau frais. Recouvrir toutes les racines sans trop tasser. Laisser la plante à l'ombre, sans eau, pendant 2 jours pour favoriser l'enracinement.

Nettoyage et vaporisation

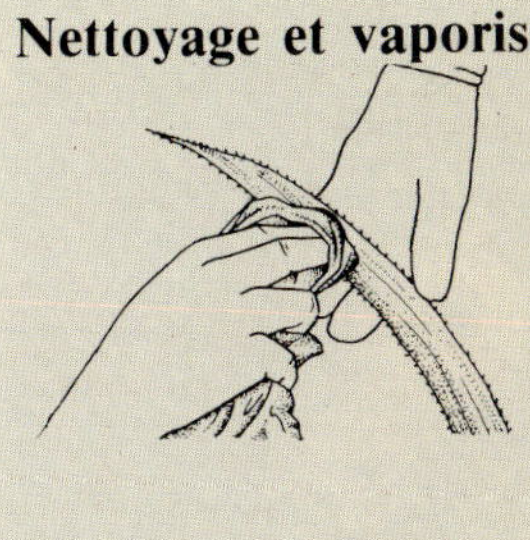

Essuyer les feuilles avec un tampon doux imbibé d'eau tiède. Soutenir la feuille de l'autre main. Porter des gants. Produits lustrants prohibés.

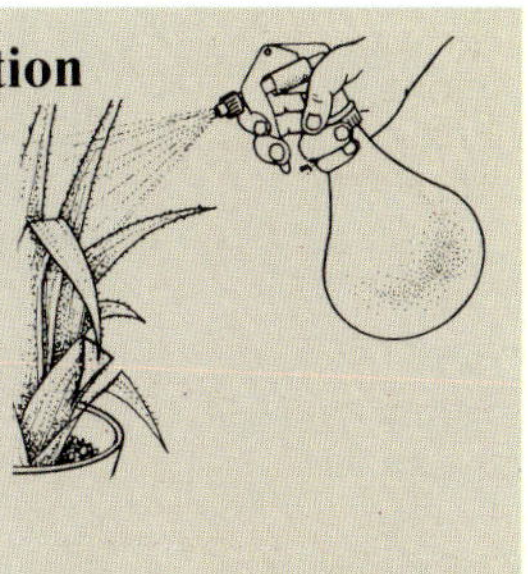

Vaporiser à l'eau deux fois par semaine en été, une fois en hiver. Opérer à une distance d'une quinzaine de cm.

Feuilles

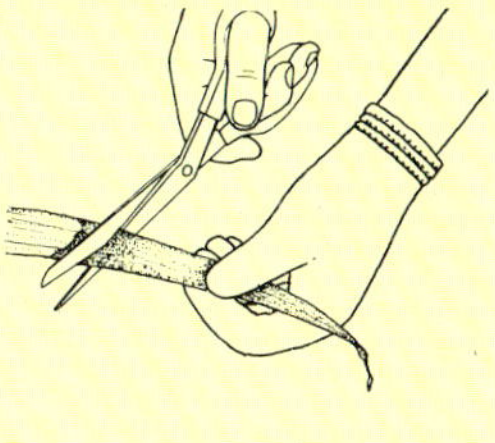

Si le bout des feuilles brunit et sèche, il faut le couper avec de bons ciseaux, juste au-dessus des tissus sains.

ANTHURIUM DE SCHERZER

Les anthuriums font partie de la famille des arums ou aracées comme tant d'autres jolies plantes d'appartement. Ce sont des plantes plus exigeantes, qui ont besoin de chaleur et d'humidité, mais qui méritent bien les peines qu'on leur consacre.

Le genre comprend quelque cinq cents espèces, originaires, pour la plupart, d'Amérique centrale. Son nom dérive du grec *anthos* (fleur) et *oura* (queue), et, au vu de la fleur, on peut dire qu'elle est bien nommée. Trois variétés surtout sont cultivées comme plantes d'intérieur. La plus demandée est *A. scherzerianum,* une plante assez désordonnée dont les longues feuilles étroites jaillissent du centre sous les angles les plus divers. Les fleurs, en général rouges, mais parfois roses, blanches ou tachetées, sont le clou de la plante. Elles émergent du centre sous l'aspect d'un fer de lance rouge et, une fois le départ donné, la floraison ne cessera plus. Les fleurs sont parfois trop lourdes pour leur tige, et l'on peut leur donner une meilleure position à l'aide d'un support caché.

Les deux autres espèces sont du domaine des experts et ont besoin d'un climat plus chaud. *A. andreanum* a de plus grandes fleurs avec un spadice droit au centre. Elles durent longtemps après avoir été coupées et sont prisées, de ce fait, pour composer un bouquet. *A. crystallinum* est cultivé pour ses belles feuilles d'un vert velouté veinées d'argent. Ces deux variétés sont assez difficiles. L'hydroculture convient à la plupart des anthuriums.

Ces plantes sont généralement vendues en fleurs. S'assurer qu'il pousse encore des boutons et que les feuilles sont fermes et saines. Des feuilles molles indiquent que cette plante hydrophile s'est desséchée.

↑ Le feuillage spectaculaire d'*Anthurium crystallinum*.

→ *A. scherzerianum.*

↓Fleur de *A. andreanum*

↓Fleur de *A. scherzerianum.*

Dimensions. *A. scherzerianum* est assez modeste et ne dépasse guère 22 à 25 cm de hauteur et 38 cm de diamètre. Les deux autres peuvent atteindre 60 cm de hauteur et 50 cm de diamètre.

Croissance. Lente. S'estimer heureux de le conserver en vie.

Floraison. Elle dure toute l'année mais s'amplifie en été.

Parfum. Inodore.

Lumière. Une bonne lumière est nécessaire, mais pas de soleil direct.

Température. Les anthuriums n'aiment pas les brusques chutes de température nocturnes : une température régulière est donc essentielle, surtout l'hiver. Il faut au moins 15° pour *A. scherzerianum* et 21° pour les deux autres. 29° est un maximum avec une forte humidité.

Arrosage. Bien arroser l'été, au moins deux fois par semaine. En hiver ces plantes demandent un milieu plus sec ; un arrosage hebdomadaire doit suffire. L'eau de pluie convient le mieux.

Engrais. Ajouter de l'engrais liquide à l'eau d'arrosage tous les 15 jours en été quand la plante pousse et que la floraison s'amplifie.

Humidité. Une forte humidité est essentielle. Placer le pot sur des cailloux mouillés ou dans un deuxième pot plein de mousse ou de tourbe humides. Vaporiser chaque jour à l'eau de pluie.

Nettoyage. Essuyer les feuilles à la main. Un produit lustrant peut être utilisé tous les deux mois.

Atmosphère. Des courants d'air froid peuvent tuer ces plantes qui, autrement, sont tolérantes.

Terre. Il est très important d'avoir un bon mélange. Utiliser des terreaux à base de tourbe additionnés d'un volume de tourbe blonde pour trois volumes de terreau.

Empotage. Les anthuriums se rempotent à peu près tous les deux ans. S'assurer que la calotte de la plante est bien au-dessus du sol. Avec la croissance, la calotte aura tendance à remonter, et les racines exposées devront être recouvertes de mousse.

Taille. Inutile.

Multiplication. C'est un travail d'expert, mais on peut tenter la division en janvier ou février. Garder la plante à 21° après l'opération. On peut aussi faire germer les graines à 24°.

Longévité. Indéfinie si tout va bien ; sinon moins d'un an.

Sociabilité. Il est préférable de ne pas mélanger les anthuriums à d'autres plantes sauf dans une serre chaude. On peut alors les mêler à des crotons et à certaines orchidées.

Facilités/difficultés. Ce ne sont pas des plantes pour débutants. Il faut que toutes les conditions optimales soient réunies.

Empotage

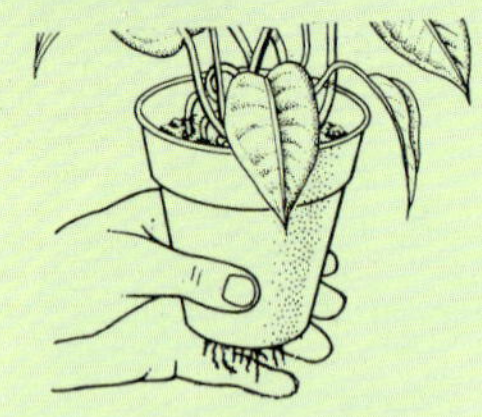

1 - Rempoter au printemps quand les racines se mettent à sortir par le trou du pot. Bien arroser.

2 - Préparer un pot plus grand avec drainage et un mélange composé de 1/3 de terreau et 2/3 de tourbe.

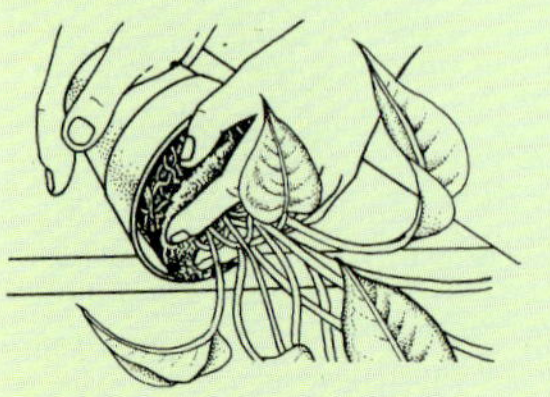

3 - Tenir le pot d'une main en maintenant le terreau de l'autre. Tapoter le bord du pot : plante et terreau sortiront d'un bloc.

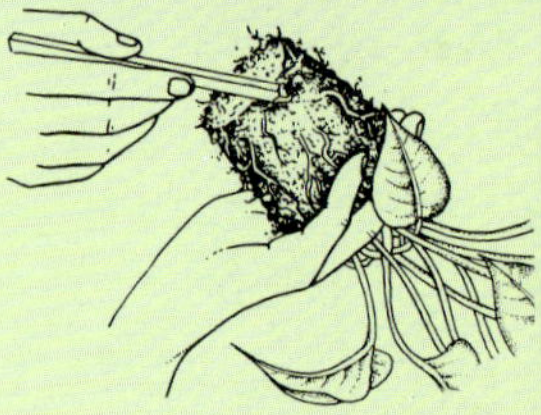

4 - Avec un crayon ou un bâtonnet, dégager la terre sans endommager les racines.

5 - Placer les racines sur le terreau du nouveau pot.

6 - Remplir de terreau frais. Recouvrir toutes les racines. Bien tasser. Laisser à l'ombre, sans eau, pendant 2 jours pour favoriser l'enracinement.

S.O.S.

1 - Les feuilles jaunissent et s'inclinent en hiver. *Trop froid et mouillé. Choisir un endroit plus doux et aéré. Laisser au sec jusqu'à la reprise. Le phénomène peut faire suite à une brusque chute de température.*

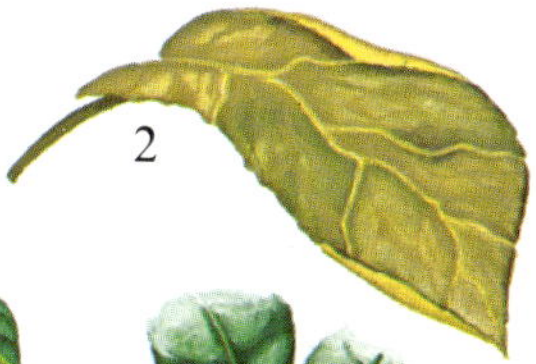

2 - Feuilles sèches et parcheminées, souvent jaunes. *Trop sec. Arroser, humidifier.*

3 - Les feuilles penchent et tombent. *Courants d'air. Choisir un emplacement abrité.*

4 - Racines apparentes à la base des tiges. *Rempoter. Couvrir de mousse en attendant.*

5 - Produit des feuilles réduites et ne donne plus de fleurs. *Sous-alimentation.*

6 - Les feuilles ont des points bruns. *Champignons. Vaporiser avec un fongicide.*

7 - Plaques laineuses blanches sous les feuilles et sur les pétioles. *Cochenilles. Les enlever avec un tampon imbibé d'alcool dénaturé ou pulvériser du malathion ou un insecticide systémique.*

Arrosage

1 - Tâter le terreau. S'il est léger et friable, la plante a besoin d'eau.

2 - Arroser par le haut, avec de l'eau de pluie si possible. Vider la soucoupe au bout d'un quart d'heure.

Nettoyage des feuilles

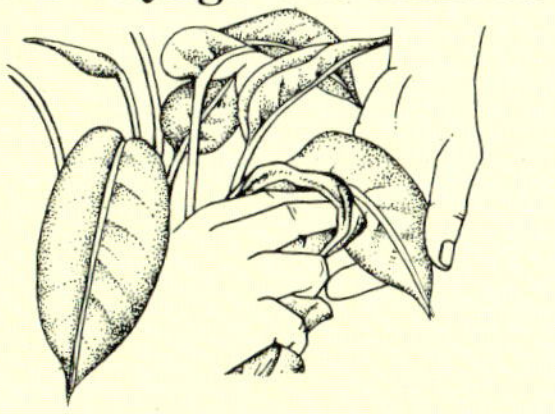

Enlever la poussière à l'eau tiède, avec une éponge ou un chiffon doux. Soutenir la feuille de l'autre main. Appliquer un lustrant, mais tous les 2 mois seulement.

Vaporisation

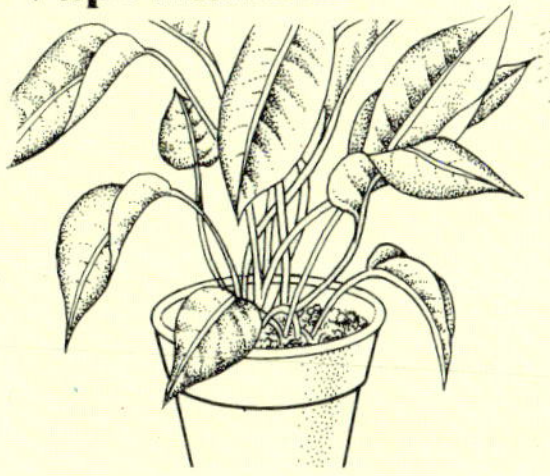

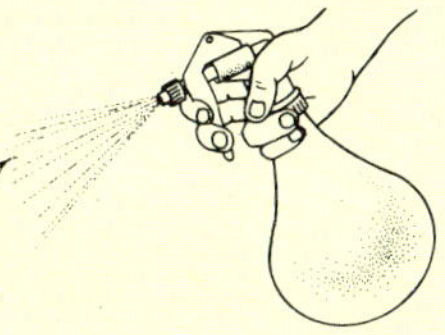

Vaporiser finement tous les jours d'une distance de 15 cm, avec de l'eau de pluie si possible.

Humidité

Placer le pot dans une soucoupe avec de l'eau et des cailloux. Le pot ne doit pas toucher l'eau.

Placer le pot dans un pot plus grand plein de tourbe humide.

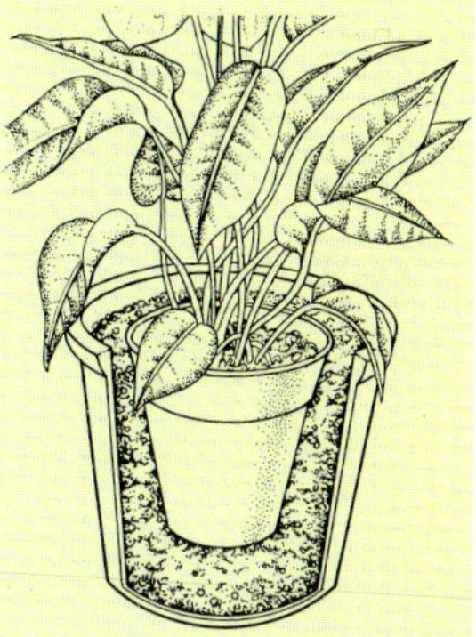

Division des racines

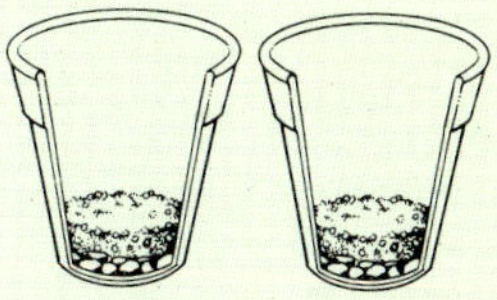

1 - Préparer deux pots avec une couche de drainage et du terreau.

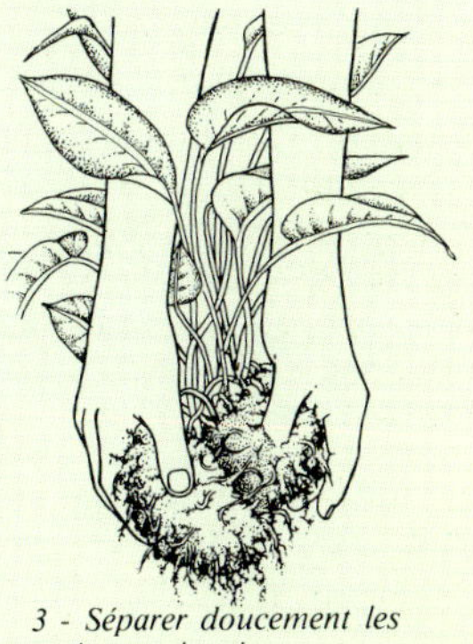

3 - Séparer doucement les racines et les tiges.

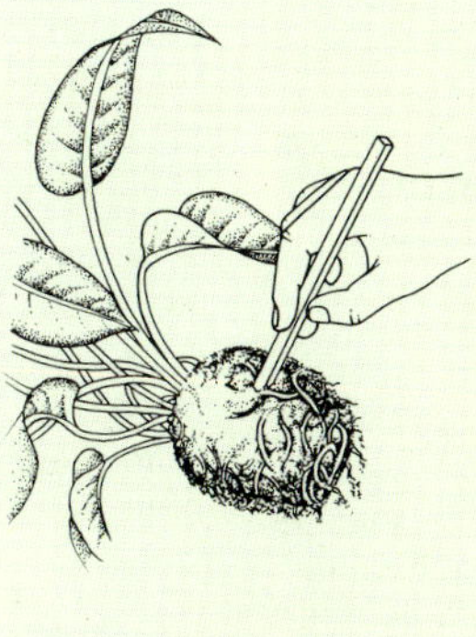

2 - Enlever la plante de son pot et dégager la terre des racines.

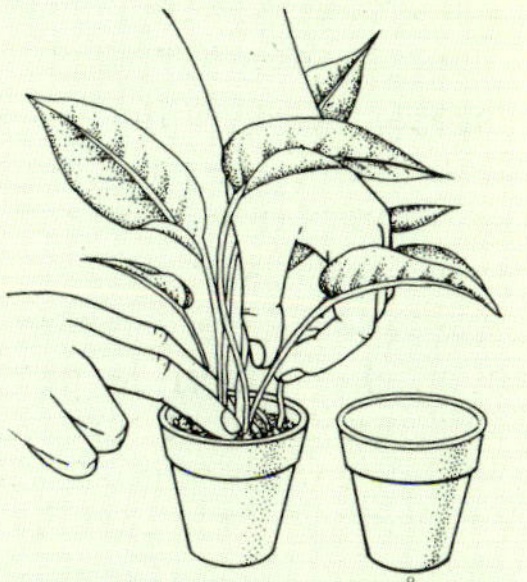

4 - Rempoter normalement les deux moitiés.

Aphelandra squarrosa

APHELANDRA

← Le bourgeon de l'aphelandra met souvent plusieurs semaines à s'épanouir.

→ Le feuillage d'*Aphelandra squarrosa* « Louisae » est spectaculaire. On peut obtenir de nouvelles plantes à partir des pousses qui pointent sur la tige sous les feuilles.

↓ Certains hybrides ont des feuilles argentées.

C'est une plante qui frappe les yeux, avec ses grandes belles feuilles vertes veinées de jaune. Les fleurs, d'un jaune vif, sortent de bractées d'un jaune vert constituant une grappe en forme d'épi.

Les aphelandras font partie de la famille des acanthacées comprenant une soixantaine d'espèces, la plupart tropicales. L'étymologie de leur nom vient de deux mots grecs signifiant *simple* et *homme* et qui se rapportent aux caractéristiques botaniques de la fleur. *A. squarrosa* est la seule espèce qu'on propose généralement à l'amateur, quoique d'autres soient cultivées. Elle est originaire du Brésil et a dû être découverte par un Belge, car l'une des variétés porte le nom d'une reine des Belges (« Louisae ») et une autre celle d'un roi (« Leopoldi »).

A. squarrosa « Louisae » est la variété la plus couramment cultivée. *A. squarrosa* « Dania » est une lignée améliorée qui pousse de manière plus compacte et a des feuilles plus courtes. Il existe aussi une variété aux veinures argentées, mais qui fleurit un peu moins bien.

La plante est, en principe, vendue en fleurs ou sur le point de fleurir, et l'on prétend souvent qu'elle n'est plus récupérable après floraison. En lui prodiguant quelques soins, il est pourtant possible de la conserver, de la faire refleurir et d'en tirer de jeunes plantes.

A l'achat, choisir des plantes au feuillage frais, ferme et lustré. Des feuilles molles ou brunissantes trahissent une plante qui a probablement souffert du froid ou s'est asséchée.

Dimensions. Elles atteignent dans les 30 cm de hauteur et 18 à 20 cm de diamètre au moment de la première floraison. Elles doublent leur taille et produisent 4 à 5 pousses la seconde année.

Croissance. Plutôt rapide. Les boutures de mars fleurissent en fin d'été.

Floraison. Elle a lieu au cours de l'été, suivant l'âge des boutures.

Parfum. Inodore.

Lumière. Cette plante aime la lumière, mais le soleil direct risque de brûler ses feuilles.

Température. 15° et un peu plus. Après floraison, baisser à 12°. Maximum toléré par forte humidité : 24°.

Arrosage. Bien arroser, au moins deux fois par semaine, pendant toute la durée de la croissance. Si elle sèche, elle perdra ses feuilles. Après floraison, pas plus d'un arrosage par semaine et la laisser se reposer pendant 4 à 5 semaines. Reprendre les arrosages bihebdomadaires quand vous désirez qu'elle reprenne sa croissance.

Engrais. Ajouter des engrais liquides à l'eau tous les 15 jours dès qu'elle commence à bourgeonner.

Humidité. C'est une plante de la jungle qui apprécie l'humidité. Vaporiser tous les jours. Poser le pot sur une soucoupe pleine de cailloux mouillés ou entourer le pot de tourbe humide. Réduire l'humidité après floraison en supprimant tourbe et cailloux : les fleurs, ainsi, tiendront plus longtemps.

Nettoyage. Le nettoyage des feuilles est assuré par les vaporisations. On peut utiliser des lustrants tous les deux mois.

Atmosphère. Plante très tolérante sauf à l'égard des courants d'air.

Terre. Le terreau frais est recommandé.

Empotage. Rempoter les boutures au moins deux fois avant la floraison. Ne la rempoter ensuite qu'après sa période de repos en enlevant ce qu'on peut de vieille terre.

Taille. Après floraison couper la hampe florigène. Au printemps la plante aura produit de nombreuses pousses. Celles-ci doivent être réduites à quatre ou cinq.

Multiplication. Bouturer les pousses au printemps. Les saupoudrer de poudre radiculaire aux hormones et les planter dans un terreau composé de sable fin et de terre végétale ou de tourbe à une température de 24°.

Longévité. On ne la conserve généralement qu'un an, mais elle peut durer deux ans et fleurir une seconde fois. Il vaut mieux ensuite recommencer avec des boutures.

Sociabilité. Elle se développe bien en culture mixte avec toutes les plantes vertes, telles que les caoutchoucs, les hédéras, les philodendrons et les broméliacées. Les retirer après floraison.

Facilités/difficultés. Ni peu ni trop. La plante n'est pas aussi difficile qu'on le croit souvent.

Empotage

1 - Rempoter au printemps. Si les nouvelles feuilles sont petites et que les racines sortent du trou du fond, la plante est à l'étroit.

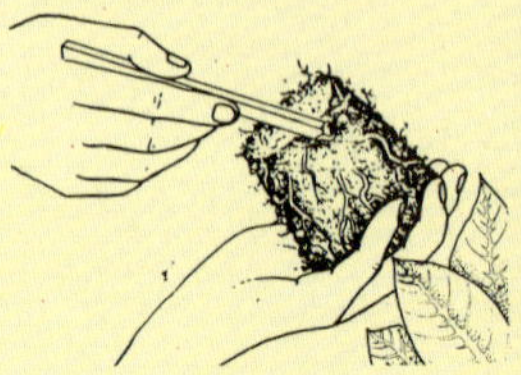

2 - Préparer un pot plus grand avec drainage et une couche de terreau humide. Bien arroser.

3 - Tenir le pot d'une main en maintenant le terreau de l'autre. Tapoter le bord du pot. Plante et terreau sortiront d'un bloc.

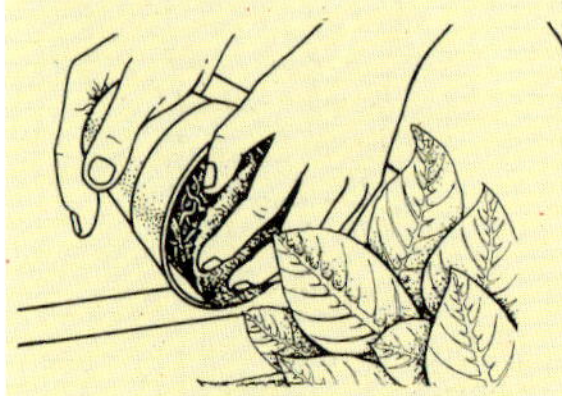

4 - Avec un crayon ou un bâtonnet, dégager la terre sans endommager les racines.

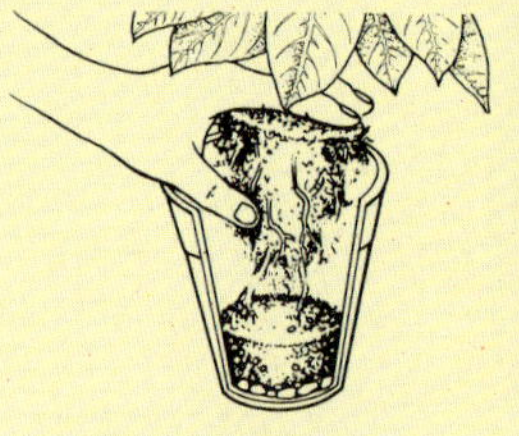

5 - Placer les racines sur le terreau du nouveau pot.

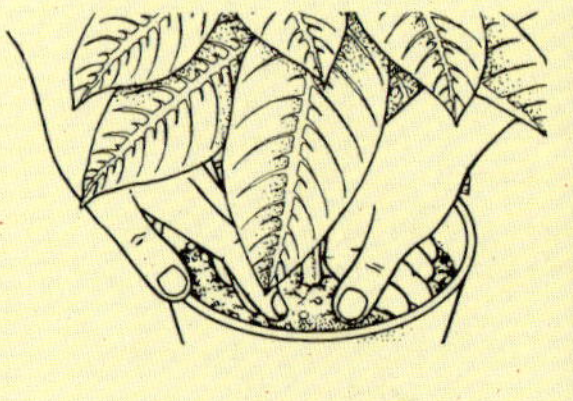

6 - Remplir de terreau frais. Recouvrir toutes les racines. Bien tasser. Laisser à l'ombre, sans eau, pendant 2 jours, pour favoriser l'enracinement.

S.O.S.

1 - Les feuilles s'inclinent. *Trop chaud et sec. Arroser, vaporiser, trouver un emplacement plus aéré.*

2 - Feuilles et plante affaissées. *Courants d'air. Trouver un endroit plus abrité.*

3 - Pourriture à la base. *Trop d'eau et de froid. Trouver un endroit plus chaud. Laisser sécher jusqu'à la reprise.*

4 - Les nouvelles feuilles sont petites, pas de fleurs. *Sous-alimentation.*

5 - Points bruns sur les feuilles. *Trop de soleil.*

6 - Les feuilles brunissent. *Fumées. Trouver un autre emplacement.*

7 - Plaques laineuses blanches sous les feuilles et sur les pétioles. *Cochenilles. Les enlever avec un tampon imbibé d'alcool dénaturé ou pulvériser du malathion ou un insecticide systémique.*

8 - Feuilles mouchetées de jaune, surtout le long des nervures ; insectes marron écailleux sous les feuilles et sur les tiges. *Autre variété de cochenilles. Même remède que précédemment.*

9 - Feuilles déformées et gluantes, couvertes d'insectes verts. *Pucerons. Pulvériser du pyrèthre ou un insecticide systémique.*

10 - Les feuilles jaunissent et tombent ; filaments sur leur face inférieure. *Araignées rouges. Pulvériser du derris ou un insecticide systémique. Humidifier.*

Bouturage

1 - Au printemps, la plante produit de jeunes tiges qu'on peut prélever comme boutures. Préparer un petit pot avec drainage et un mélange de sable et de terreau frais.

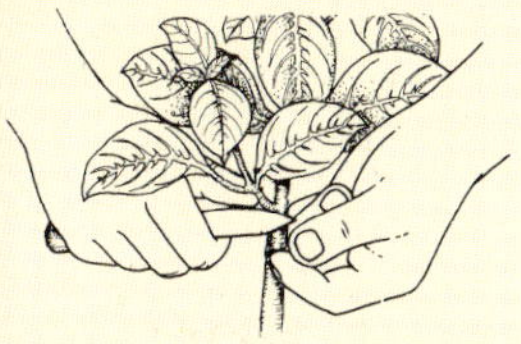

2 - Choisir une jeune tige portant au moins 2 paires de feuilles saines et une pointe de végétation. Couper sous la 2e paire, près de la tige-mère. Longueur : 8 à 10 cm.

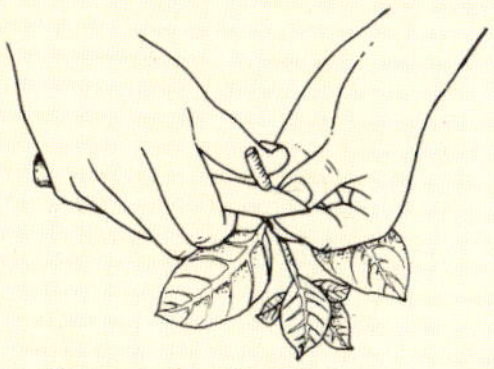

3 - Couper la tige juste au-dessous d'une feuille.

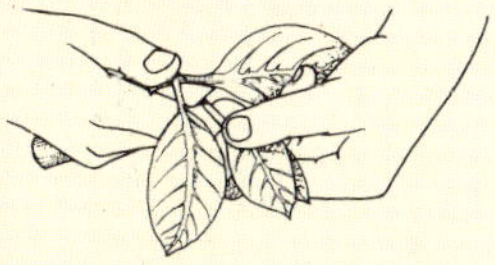

4 - Enlever la paire de feuilles inférieure.

5 - Plonger la coupe dans de la poudre radiculaire aux hormones. Secouer l'excédent.

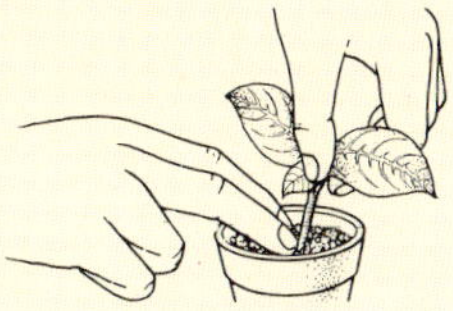

6 - Faire un trou dans le terreau avec un crayon ou un bâtonnet. Y introduire la bouture en laissant dépasser les feuilles.

7 - Bien arroser. Recouvrir de polyéthylène sur arceau. Découvrir 5 minutes par jour. Ne pas laisser dessécher. Conserver à 24°. Retirer la couverture après 21 jours quand les boutures ont pris. Rempoter en terreau normal.

Enlever les fleurs fanées

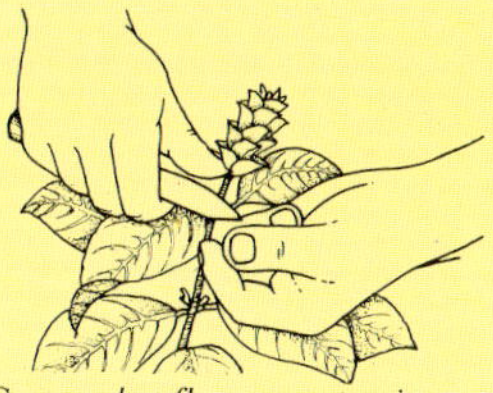

Couper les fleurs mortes juste au-dessus de la dernière paire de feuilles.

Humidité

Il y a trois façons de fournir aux aphelandras l'humidité qu'elles adorent.

1 - Poser le pot sur un lit de cailloux ou gravillons qui baignent dans l'eau. Le pot ne doit pas être au contact de l'eau.

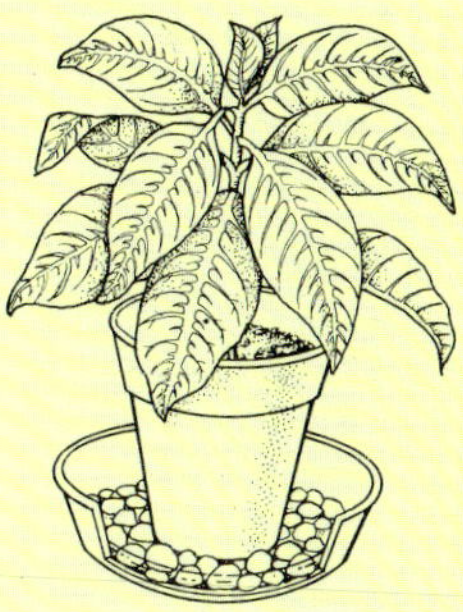

2 - Vaporiser quotidiennement les feuilles.

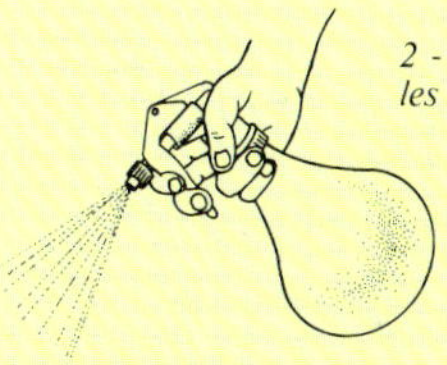

3 - Poser le pot dans un récipient plus grand bourré de tourbe humide. Enlever cailloux ou tourbe quand la plante fleurit mais continuer les vaporisations.

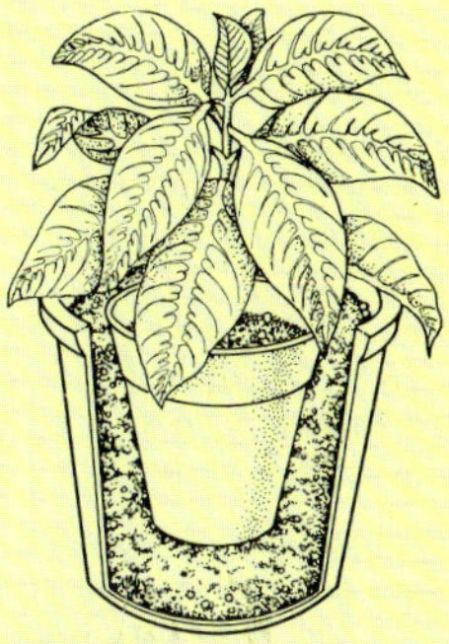

ARALIA DU JAPON

Les aralias forment un petit groupe de plantes qui s'adaptent très bien aux demeures humaines. Ils font partie des araliacées. Le genre *Aralia* comprend une vingtaine d'espèces résistantes provenant d'Asie, d'Amérique et d'Australie.

Deux espèces nous intéressent ici. La première se nomme *Aralia japonica* (mais aussi *Aralia sieboldii* et *Fatsia japonica*). C'est une plante très tolérante qui peut vivre en plein air dans les climats doux, garnissant terrasses et patios. Ses feuilles, d'un vert soutenu, sont profondément lobées et font penser à des mains. Elle fut découverte au Japon en 1838. Il en existe une variété dont les extrémités des feuilles sont crème.

L'autre porte le nom de *A. elegantissima* ainsi que celui, plus difficile à prononcer, de *Dizygotheca elegantissima.* Elle n'est pas tout à fait aussi facile que *A. japonica* et ses feuilles bronzées tranchent sur les autres feuillages. La plante est curieuse car elle peut porter trois formes de feuilles différentes. Il y a d'abord, juste au-dessus du sol, les premières feuilles qui poussent après la germination, ensuite les feuilles juvéniles découpées en forme de palmes et enfin les feuilles adultes, semblables à celles des autres aralias mais bronzées. Elle provient des Nouvelles-Hébrides.

A l'achat, choisir des spécimens aux formes harmonieuses et aux feuilles brillantes avec de bonnes couleurs. Ecarter ceux qui perdent leurs feuilles. *A. japonica* a parfois besoin de s'acclimater à la vie en plein air. La sortir dans son pot deux ou trois jours avant de la planter en terre.

↑ *Aralia elegantissima,* jeune plante arborant son feuillage juvénile.

Aralia japonica *est une plante d'intérieur presque rustique, qui peut vivre en plein air.*

← *Aralia japonica* « Variegata ».

→ *Aralia* (ou *Fatsia*) *japonica.*

Dimensions. A l'intérieur, *A. japonica* peut atteindre 1 m avec des feuilles de 45 cm et *A. elegantissima* 1,20 m, avec des feuilles de 30 cm. En plein air, *A. japonica* devient deux fois plus grande.

Croissance. Assez rapide ; ces plantes doublent facilement dans l'année.

Floraison. *A. japonica* ne fleurit qu'en plein air ou en serre. Elle porte des grappes de fleurs blanches à l'automne et au début de l'hiver. Il est improbable qu'*A. elegantissima* fleurisse.

Parfum. Inodore.

Lumière. *A. japonica* peut vivre dans des pièces assez sombres. La variété « Variegata » et *A. elegantissima* ont besoin d'un meilleur éclairage, mais pas de soleil direct.

Température. Pour *A. japonica,* l'idéal est 10 à 12°. Supporte des chutes allant jusqu'au gel. N'aime pas dépasser les 18°. Pour *A. elegantissima,* 15° en hiver et pas plus de 21° en été.

Arrosage. Garder constamment l'humidité en été en arrosant 2 fois par semaine au moins. L'hiver, un arrosage hebdomadaire suffit. Attention : la terre ne doit jamais sécher complètement.

Engrais. Ajouter de l'engrais liquide à l'eau tous les 15 jours en saison de croissance.

Humidité. Vaporiser le feuillage tous les jours avec une eau douce. Pour *A. elegantissima* c'est vital.

Nettoyage. Nettoyer les feuilles d'*A. japonica* à l'éponge ; lustrant tous les deux mois. Pour *A. elegantissima,* les vaporisations suffisent ; jamais de lustrant.

Atmosphère. Les deux espèces sont tolérantes. *A. japonica* apprécie une bonne ventilation.

Terre. Un bon terreau frais.

Empotage. Rempoter au printemps, quand commence l'époque de croissance, en utilisant un pot pas trop grand.

Taille. A pratiquer après le rempotage quand la plante paraît dégingandée.

Multiplication. Les deux espèces peuvent être reproduites par graines, au printemps, et par boutures. Il faut 13° à *A. japonica* et 21° à *A. elegantissima. A. japonica* « Variegata » ne se reproduit que par boutures.

Longévité. Au moins trois ou quatre ans.

Sociabilité. *A. japonica* pousse mieux seule. *A. elegantissima* se porte mieux dans des groupes mixtes où l'humidité est plus forte, par exemple avec des philodendrons, des caoutchoucs, des hederas.

Facilités/difficultés. *A. japonica* est très facile. *A. elegantissima* un peu moins.

Nettoyage

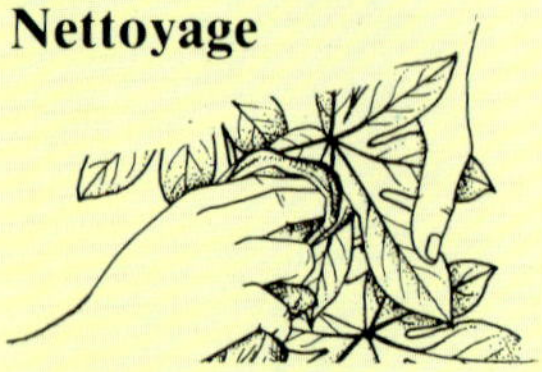

*Essuyer les feuilles d'*A. japonica *avec une éponge ou un chiffon doux humecté d'eau tiède. Vaporiser quotidiennement celles d'*A. elegantissima *avec une eau douce.*

Humidité

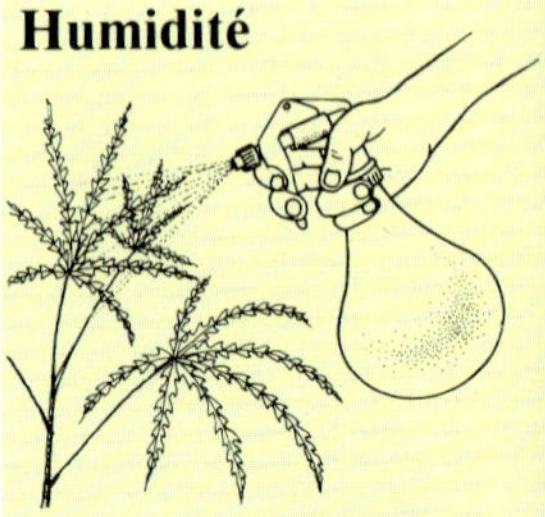

*Vaporiser tous les jours le feuillage d'*A. elegantissima.

Taille

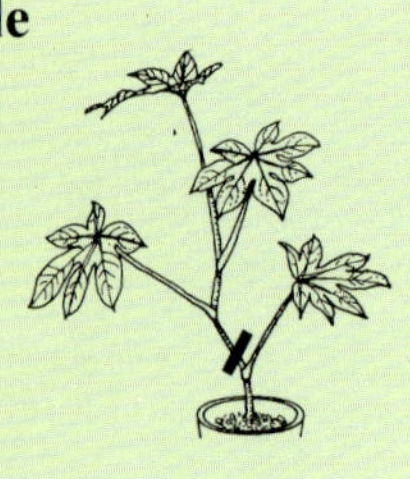

1 - La plante a développé de longues tiges à feuilles éparses.

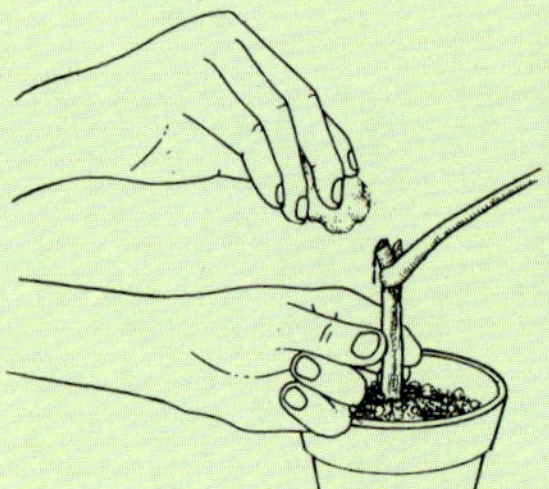

3 - Saupoudrer avec du soufre.

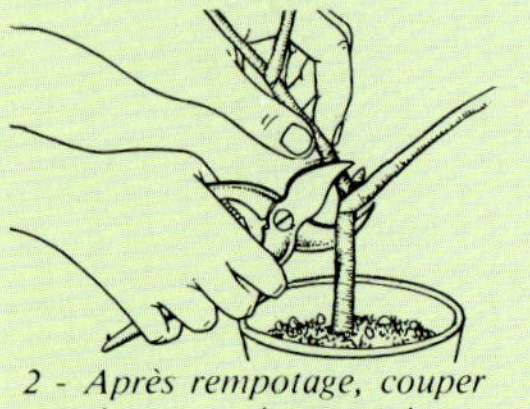

2 - Après rempotage, couper ces tiges en ménageant le bourgeon à la base.

4 - Ses nouvelles pousses donneront une plante plus vigoureuse et touffue.

S.O.S.

Aralia japonica

1 - Longues tiges faibles, feuilles espacées. *Chaleur excessive, ventilation insuffisante. Choisir un emplacement plus frais et aéré.*

2 - Feuilles pâles. *Sous-alimentation.*

3 - Les feuilles pendent. *Trop sec ou trop mouillé. Tâter le terreau. Arroser ou laisser sécher selon le cas.*

4 - La plante s'affaisse, les jeunes feuilles noircissent. *Gel. La plante est perdue.*

A. elegantissima

1 - Feuilles sèches et cassantes. *Trop sec et chaud. Choisir un emplacement plus frais, arroser, vaporiser.*

2 - Les feuilles pendent. *Terreau gorgé. Laisser sécher. Arroser moins souvent.*

3 - Les feuilles tombent. *Trop froid ou trop chaud, pas assez humide. Vérifier la température. Vaporiser et humidifier davantage.*

4 - Croissance lente, feuilles petites. *Sous-alimentation.*

Feuilles déformées et collantes, insectes verts. *Pucerons. Pulvériser (pyrèthre ou insecticide systémique).*

Empotage

1 - Rempoter au printemps quand la croissance reprend et que les racines envahissent le pot. Bien arroser.

2 - Préparer un pot plus grand avec couche de drainage et terreau humide.

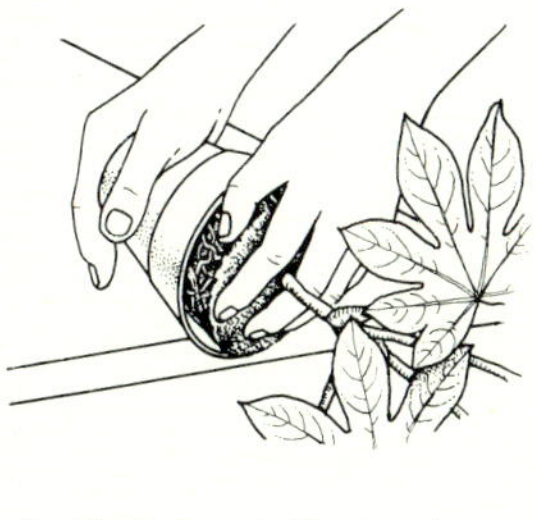

3 - Tenir le pot d'une main en maintenant le terreau. Tapoter le bord du pot : terreau et plante sortiront d'un bloc.

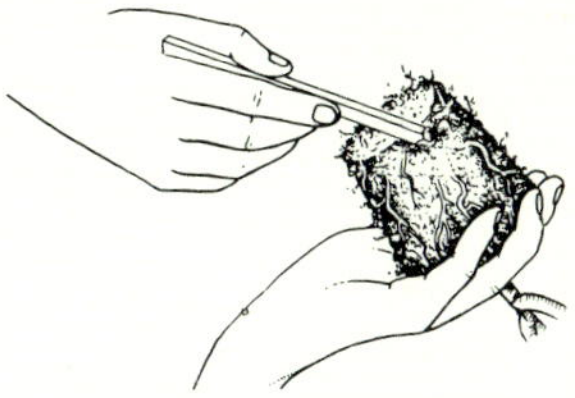

4 - Avec un crayon ou un bâtonnet, dégager la terre sans endommager les racines.

5 - Placer les racines sur le terreau du nouveau pot.

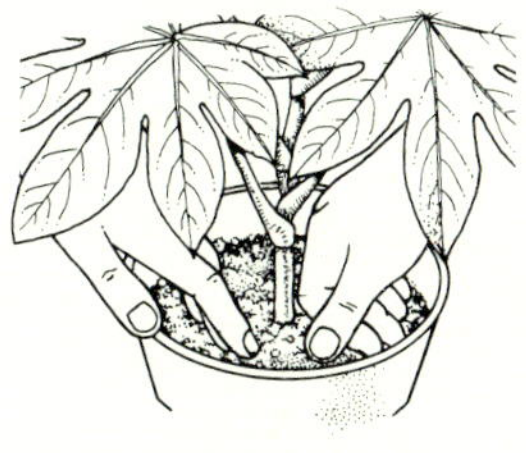

6 - Remplir de terreau frais. Recouvrir toutes les racines. Bien tasser. Laisser à l'ombre, sans eau, pendant 2 jours pour favoriser l'enracinement.

Culture en semis

1 - Préparer un germoir avec couche de drainage et terreau stérilisé pour semences. Semer régulièrement. Recouvrir d'une couche de terreau pas plus profonde que les graines. Bien arroser.

2 - Recouvrir d'un tissu opaque ou mettre à l'ombre sous verre. Garder le sol humide. Retourner la vitre chaque jour. Garder au chaud.

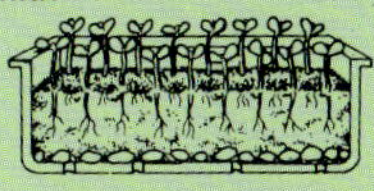

3 - A la germination, donner de la lumière et enlever la vitre.

4 - Quand les pousses sont assez grandes, enlever les plus débiles en laissant 2,5 cm entre celles qui restent.

5 - Quand elles ont bien pris, empoter les pousses séparément.

Bouturage

Aralia elegantissima *demande une température de 21° et le germoir est recommandé. A défaut de germoir, utiliser un pot recouvert d'un sac en polyéthylène.*

1 - Préparer un pot avec couche de drainage et un mélange de tourbe et de sable à parts égales.

2 - Choisir une jeune tige saine portant au moins 2 paires de feuilles. Couper au-dessous de la deuxième paire, près de la tige principale. La bouture doit avoir 8 à 10 cm.

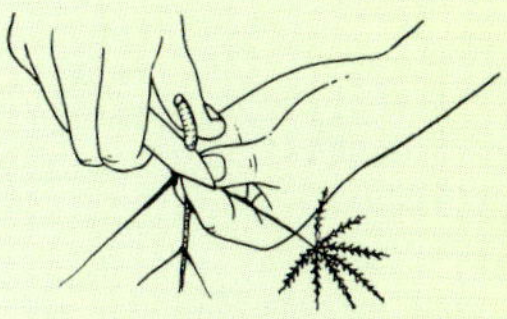

3 - Tailler la tige juste en dessous d'une feuille.

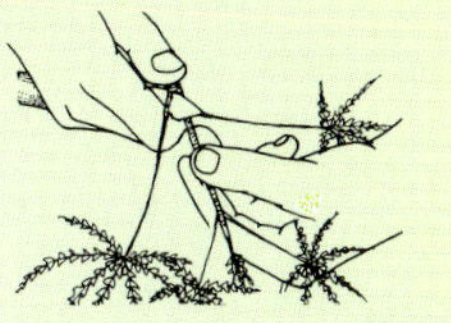

4 - Enlever la paire de feuilles du bas.

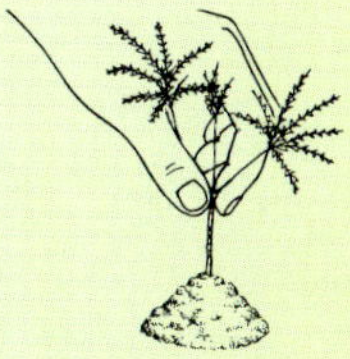

5 - Plonger la coupe dans de la poudre radiculaire aux hormones. Secouer l'excédent.

6 - Faire de petits trous dans le terreau le long du bord du pot. La tige des boutures doit toucher le fond, la première feuille être au ras du sol.

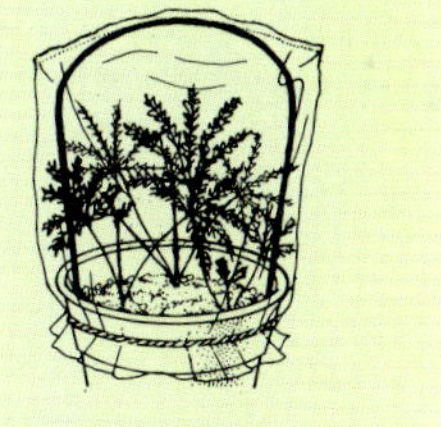

7 - Bien arroser et couvrir de polyéthylène supporté par un arceau. Découvrir 5 minutes par jour. Le terreau ne doit pas sécher. Température : 21°. Enlever la couverture après 21 jours. Quand les boutures ont bien pris, rempoter dans du terreau normal.

ARAUCARIA ÉLEVÉ

Araucaria excelsa est un des rares conifères qu'on peut cultiver en intérieur. C'est une belle plante aristocratique qui, dans son milieu naturel, peut atteindre 60 m de haut. Sa croissance, heureusement, est très lente, et il est rare qu'elle atteigne 1,50 m dans une maison. Elle fut découverte sur l'île Norfolk dans le Pacifique, en 1793. Ses branches jaillissent horizontalement, un peu à la manière du cèdre, et elle convient très bien comme arbre de Noël au milieu d'une table. Mais abstenons-nous de guirlandes électriques qui risquent de brûler ses tendres aiguilles.

Quelle que soit sa taille, cet arbre est toujours à son avantage quand il pousse seul. De plus, il bénéficie mieux ainsi de la circulation d'air. Le chauffage central ne lui convient pas trop, surtout si la température dépasse 21° ; en revanche, il se plaît dans une pièce claire sans chauffage ou dans une serre. Il s'affaiblit sous une trop forte chaleur et risque d'être attaqué par les cochenilles. Une invasion de ces insectes peut tuer un arbre de 2 m.

A. excelsa a un cousin, *A. araucana,* qu'on voit souvent dans les vieux jardins aristocratiques. Il provient des montagnes du Chili. Les deux espèces ont le caractère commun de perdre leurs branches basses en grandissant, mais les aiguilles d'*A. excelsa* sont plus pâles et plus tendres que celles de son piquant cousin.

Malgré une popularité croissante, les araucarias sont parfois difficiles à trouver. A l'achat, choisir les spécimens aux aiguilles bien vertes, denses et souples et qui tiennent bien aux branches du bas. 30 cm est une bonne taille normale quoiqu'on vende parfois de jeunes plants. Les arbres de plus de 1,20 m sont très chers.

→ Jeune *Araucaria excelsa.*

← Cime de l'arbre montrant la disposition étagée des branches.

↓ Le feuillage juvénile est d'un vert pâle qui fonce avec l'âge.

Dimensions. L'arbre se vend généralement quand il a une trentaine de cm. Peut atteindre 1,50 m.

Croissance. Très lente. Environ 15 cm (une couronne de branches) par an.

Floraison. Nulle.

Parfum. Inodore.

Lumière. Apprécie les fenêtres exposées au sud, mais lui éviter le soleil de midi en été. Tolère un certain degré d'ombre à condition de bénéficier, périodiquement, de séjours en un lieu bien éclairé.

Température. Presque rustique. Peut pousser à l'extérieur sous un climat doux. Minimum en hiver : environ 5°. Maximum en été : 13°.

Arrosage. Deux fois par semaine en été. En hiver il suffit de garder la terre humide : pas plus d'un arrosage par semaine. Utiliser une eau non calcaire.

Engrais. En été, ajouter à l'eau, tous les 15 jours, la moitié de la dose recommandée d'engrais liquide.

Humidité. Apprécie une vaporisation d'eau (non calcaire) au moins deux fois par semaine en été et une fois par semaine en hiver quand le chauffage central est en marche.

Nettoyage. Inutile, les vaporisations suffisent. Ne jamais employer de lustrant.

Atmosphère. La plante supporte à peu près tout sauf les courants d'air glacé et le manque de ventilation.

Terre. A besoin d'un terreau assez riche.

Empotage. Rempoter tous les deux ans pendant la jeunesse. Quand l'arbre dépasse 1 m, laisser dans le même pot et renouveler la couche supérieure du terreau.

Taille. Inutile sauf si les branches basses perdent leurs aiguilles. Dans ce cas couper les branches mortes. Ne jamais étêter l'arbre.

Multiplication. A partir de graines, normalement, en automne ou au printemps, à une température de 10 à 13°. Il est possible d'y parvenir avec des boutures de tiges, à 18° dans un germoir à haut taux d'humidité.

Longévité. Pratiquement indéfinie quand la plante est bien soignée. Elle atteint 60 m de haut dans son milieu naturel.

Sociabilité. Cet arbre pousse mieux seul. Cependant les adultes qui ont perdu leurs branches du bas forment un bel ensemble derrière une rangée de leurs jeunes congénères.

Facilités/difficultés. Plante très facile pourvu qu'elle reçoive les quelques soins qu'elle demande et qu'elle n'ait pas trop chaud en hiver.

Empotage

1 - Quand la plante est jeune, rempoter un printemps sur deux. Bien arroser d'abord.

2 - Préparer un pot plus grand avec couche de drainage et terreau humide.

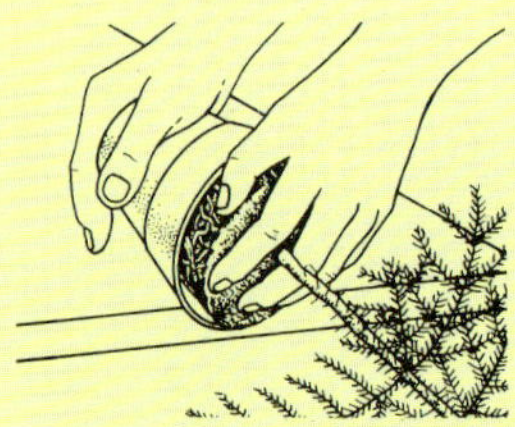

3 - Tenir le pot d'une main en maintenant le terreau de l'autre. Tapoter le bord du pot : plante et terreau sortiront d'un bloc.

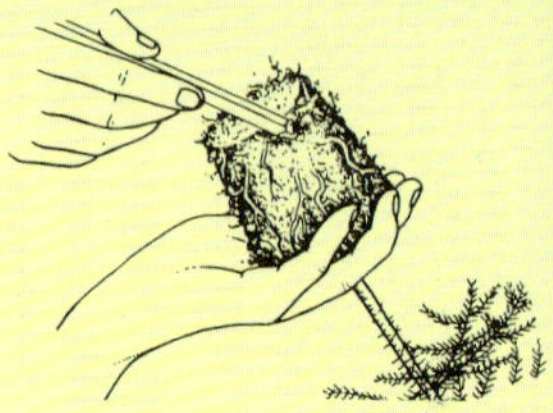

4 - Avec un crayon ou un bâtonnet, enlever la terre sans endommager les racines.

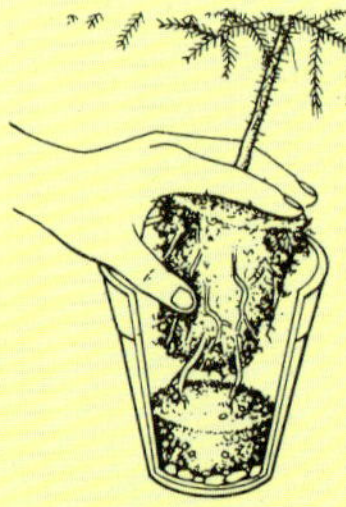

5 - Placer les racines sur le terreau du nouveau pot.

6 - Remplir de terreau frais. Recouvrir toutes les racines. Bien tasser. Laisser à l'ombre sans eau pendant 2 jours pour favoriser l'enracinement.

S.O.S.

1 - Aiguilles sèches et jaunes. Elles tombent. *Trop chaud et sec, ventilation insuffisante. Arroser et placer dans un lieu frais et aéré.*

2 - Croissance lente, feuillage pâle. *Sous-alimentation.*

3 - Plaques laineuses blanches sur les aiguilles et les tiges. *Cochenilles. Les enlever avec un tampon imbibé d'alcool dénaturé ou pulvériser du malathion ou un insecticide systémique.*

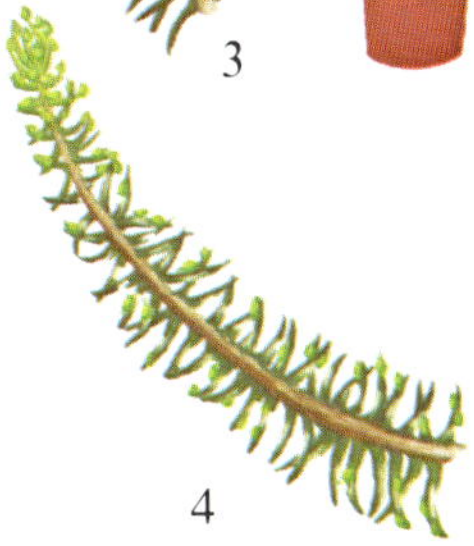

4 - Insectes verts et substance collante sur les aiguilles. *Pucerons. Pulvériser du pyrèthre ou un insecticide systémique.*

Changer la terre de surface

1 - Quand la plante dépasse 1 m, ne plus rempoter. Arroser puis enlever le terreau sur une profondeur de 2,5 cm sans abîmer les racines.

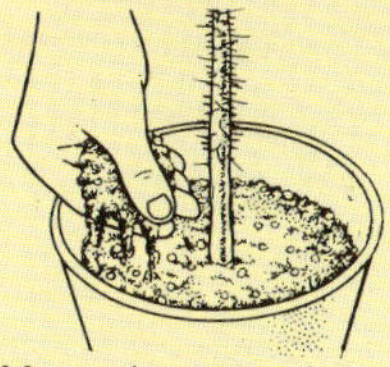

2 - Mettre du terreau frais.

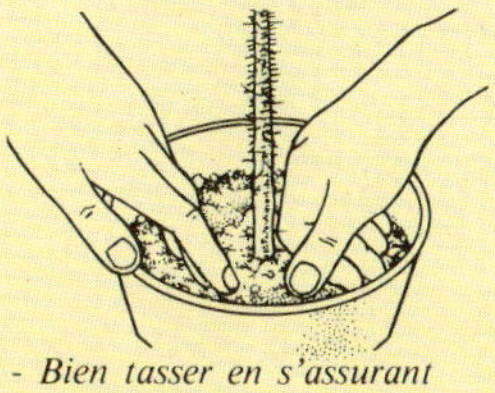

3 - Bien tasser en s'assurant que toutes les racines sont recouvertes.

4 - Laisser à l'ombre 2 jours sans eau pour favoriser l'enracinement.

Taille

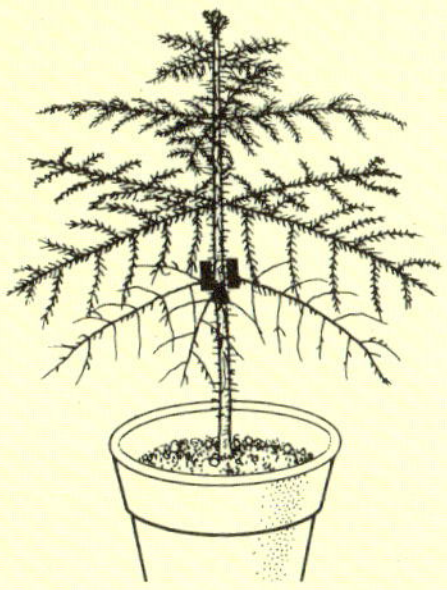

1 - Avec la croissance de l'arbre, les basses branches perdent leurs aiguilles.

2 - Couper les branches dénudées bien nettement au ras du tronc. Tamponner la blessure avec du soufre pour éviter l'attaque des champignons.

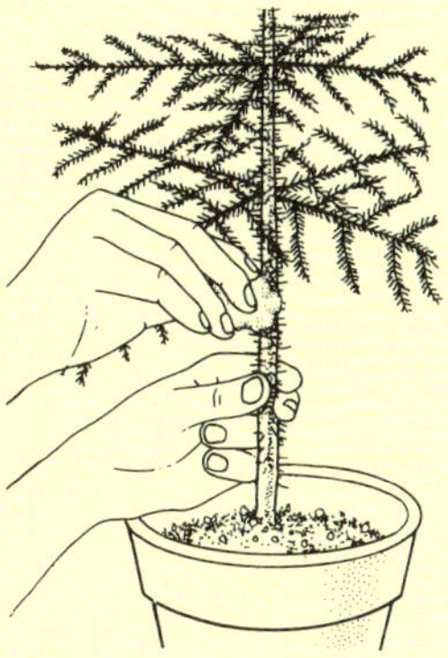

3 - Si la plaie suinte, l'enduire de vaseline avec un tampon d'ouate.

Culture en semis

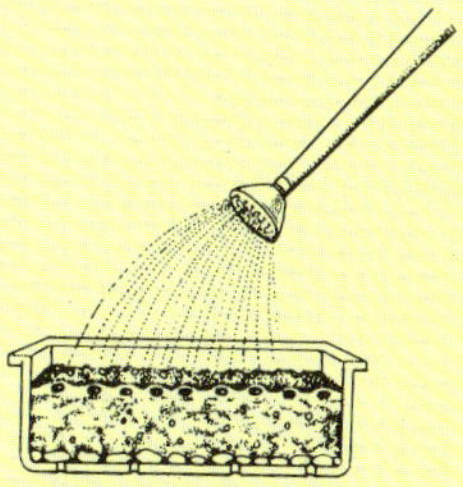

1 - Préparer un germoir avec une couche de drainage et une couche de terreau pour semences. Semer régulièrement. Recouvrir d'une couche de terreau pas plus épaisse que les graines. Bien arroser.

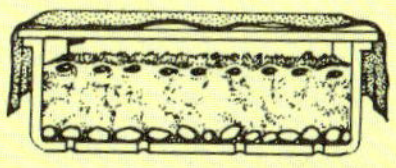

2 - Recouvrir d'une vitre et mettre à l'ombre ou recouvrir d'une toile opaque. Garder le sol humide. Retourner la vitre chaque jour. Température : 10 à 13°.

3 - A la germination, donner de la lumière et enlever la vitre.

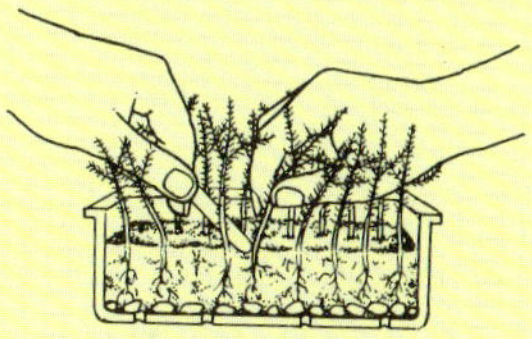

4 - Quand les pousses sont assez grandes, enlever les plus débiles en laissant à peu près 2,5 cm entre celles qui restent.

5 - Empoter les pousses séparément quand elles ont bien démarré.

Vaporisation

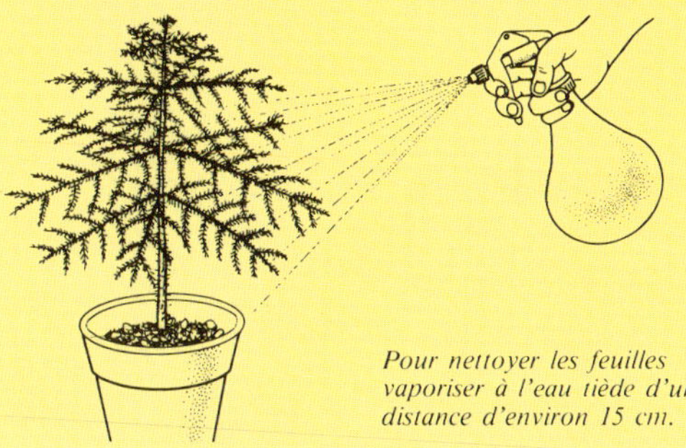

Pour nettoyer les feuilles vaporiser à l'eau tiède d'une distance d'environ 15 cm.

ASPARAGUS PLUMEUX

Beaucoup confondent, à tort, les asparagus et les fougères. En fait, avec leurs feuilles qui ressemblent à des aiguilles, ce sont des phylloclades. Le genre *Asparagus* fait partie des liliacées et comprend une centaine d'espèces. Ce sont de belles plantes d'intérieur, plus faciles que la plupart des vraies fougères, et particulièrement indiquées pour garnir les paniers suspendus. Elles furent récoltées pour la première fois en Afrique du Sud à la fin du XIXe siècle.

Il en existe plusieurs espèces courantes. *A. plumosus* a des frondes douces et plumeuses comme sa parente l'asperge comestible, *A. officinalis,* et toutes deux entrent souvent dans les décorations florales. Cette plante pousse en hauteur et, dans sa jeunesse, a un aspect un peu déplumé. Les spécimens plus fournis sont plus décoratifs, et une forme naine et dense, *A. plumosus* « Nanus », est la variété le plus souvent vendue.

A. sprengeri est l'espèce la plus facile à cultiver comme plante d'appartement et peut vivre dehors en été. Ses frondes tombantes et abondantes sont d'un bel effet aux fenêtres et dans des pots suspendus. Son feuillage est piquant. Chez *A. sprengeri* « Meyerii », les aiguilles sont similaires mais molles et si rapprochées que les frondes ressemblent à des goupillons à bouteilles. Sa croissance est beaucoup plus lente mais c'est une plante spectaculaire dans sa maturité.

A. falcatus, enfin, est une espèce très rustique, aux tiges droites et au feuillage " tous azimuths ". Elle mériterait d'être plus connue et appréciée.

A l'achat, choisir les spécimens au feuillage épais et bien vert, si possible avec une nouvelle pousse. S'abstenir quand les feuilles jaunissent.

↑ Le feuillage d'*Asparagus falcatus* rappelle celui du bambou. Attention : cette espèce a des épines.

↑ *Asparagus sprengeri* est une plante facile et touffue.

↓ La croissance d'*Asparagus sprengeri* « Meyerii » est lente. Ici pousse une jeune fronde.

→ De toutes les espèces, *A. plumosus* a le feuillage le plus fin. A cultiver quand on a du mal à faire pousser de vraies fougères.

Dimensions. Ces plantes sont généralement cultivées dans des pots de 8 à 10 cm de diamètre ou des paniers suspendus de 30 cm de diamètre. Les grandes peuvent atteindre 45 cm de long.

Croissance. Quand elles ont été bien arrosées pendant un an, les plantes adultes produiront une bonne douzaine de nouvelles frondes dans l'année.

Floraison. Les fleurs blanches sont insignifiantes, mais produisent de jolies baies rouges.

Parfum. Inodore.

Lumière. Supportent des emplacements assez sombres. *A. sprengeri* peut passer l'été dehors, ce qui améliore la coloration de son feuillage.

Température. Tolèrent des températures assez basses en hiver : jusqu'à 8°. Ont besoin de 10 à 15° en été. Se portent mal quand la température excède 21°, sauf ventilation excellente.

Arrosage. Deux à trois fois par semaine en été. Ne jamais laisser sécher. Une fois par semaine en hiver, ou moins s'il fait froid.

Engrais. Ajouter à l'eau, en été, la moitié de la dose recommandée d'engrais liquide tous les 15 jours.

Humidité. Tout comme la plupart des plantes, les asparagus apprécient les vaporisations. Ils prospèrent dans les cultures mixtes qui accroissent le taux d'humidité au niveau des feuillages.

Nettoyage. Les vaporisations suffisent. Les lustrants ne conviennent pas.

Atmosphère. Extrêmement tolérants.

Terre. Un mélange composé de 1/3 de terreau et 2/3 de tourbe ou de terre de bruyère. Mais il ne doit pas être trop riche en engrais.

Empotage. Ils aiment les petits pots. Attendre donc que les racines traversent le trou avant de rempoter. Ils préfèrent les pots de terre aux pots en plastique.

Taille. Il suffit de couper les frondes âgées ou mortes. Si la plante a séché, couper toutes les tiges, tremper le pied et la pousse reprendra.

Multiplication. La reproduction par graines, qu'on sèmera en avril, est la meilleure. On peut aussi diviser la vieille plante en cinq ou six portions, mais celles-ci sont souvent lentes à démarrer.

Longévité. Au bout de trois ou quatre ans, la plante perd de sa vigueur et a l'air fatigué. Il vaut mieux alors prévoir sa relève et semer des graines. Mais les vieilles plantes peuvent encore durer, même si elles ne sont plus aussi belles.

Sociabilité. Les asparagus se plaisent en culture mixte et ils contrastent agréablement au milieu d'espèces à feuilles larges.

Facilités/difficultés. Plantes faciles pour le débutant à condition qu'il ne les laisse pas se dessécher.

Ranimer une plante

1 - Si une plante végète ou s'est desséchée, il est facile de la ranimer.

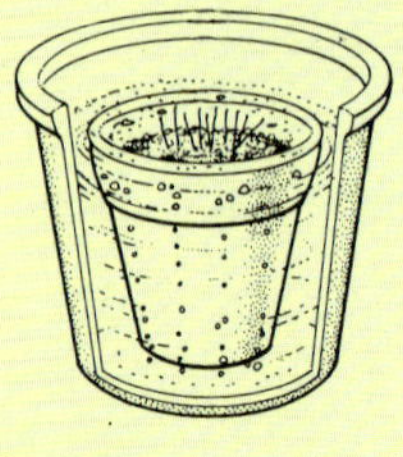

3 - Tremper le pot dans un seau d'eau jusqu'à ce qu'il n'en sorte plus de bulles. Laisser ensuite s'égoutter.

2 - Avec de bons ciseaux, couper les tiges à ras le terreau.

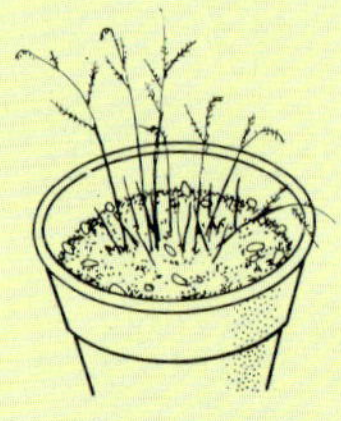

4 - Garder au frais (13°) jusqu'à l'apparition des nouvelles pousses.

Vaporisation

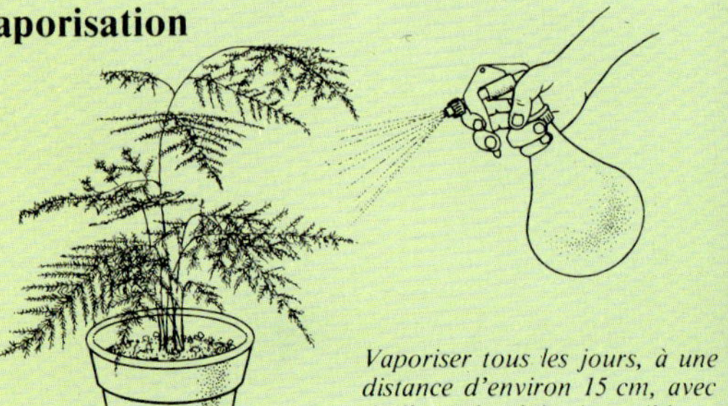

Vaporiser tous les jours, à une distance d'environ 15 cm, avec de l'eau de pluie si possible.

S.O.S.

1 - Les feuilles jaunissent, les aiguilles tombent. *Chaleur ou sécheresse excessive et/ou manque d'engrais et de lumière. Vérifier le terreau, l'emplacement et la nourriture.*

2 - Feuilles tachetées de jaune, surtout le long des nervures ; insectes écailleux bruns sous les feuilles et sur les tiges. *Cochenilles. Les enlever avec un tampon imbibé d'alcool dénaturé ou vaporiser avec un insecticide systémique.*

3 - Les feuilles jaunissent et tombent. Filaments sous les feuilles. *Araignées rouges. Pulvériser du derris, du malathion ou un insecticide systémique. Augmenter l'humidité.*

4 - Les folioles tombent si la plante est dehors. *Excès de froid, gel. Pour ranimer, couper les tiges et porter la température à 13°.*

Culture en semis

Semer les graines au printemps.

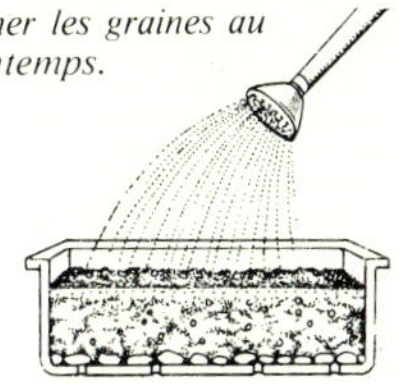

1 - Préparer un germoir avec couche de drainage et terreau pour semences. Semer régulièrement. Recouvrir d'une couche de terreau pas plus épaisse que les graines. Bien arroser.

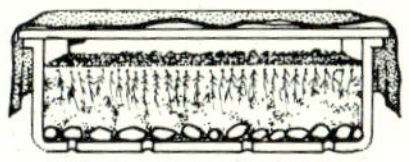

2 - Recouvrir d'une vitre et mettre à l'ombre ou recouvrir d'une toile opaque. S'assurer que le terreau ne sèche pas et retourner la vitre tous les jours. Température : 16°.

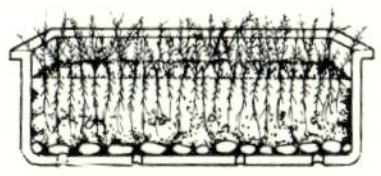

3 - A la germination, donner de la lumière et enlever la vitre.

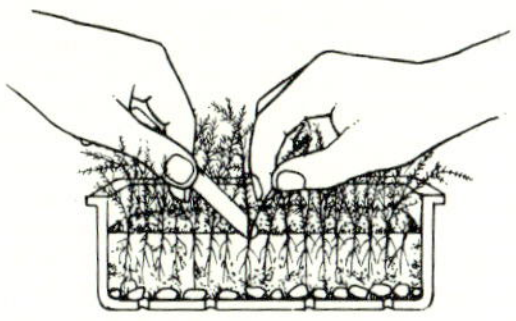

4 - Quand les pousses sont assez grandes, enlever les plus débiles en laissant 2,5 cm entre celles qui restent.

5 - Quand elles ont bien démarré, planter les pousses dans de petits pots individuels.

Empotage

1 - Rempoter quand la plante passe ses racines par le trou et ne produit plus de frondes. Bien arroser.

2 - Préparer un pot plus grand avec couche de drainage et terreau.

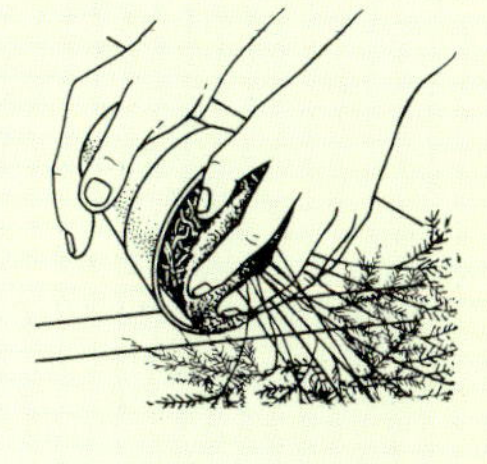

3 - Tenir le pot d'une main en maintenant le terreau de l'autre. Tapoter le bord du pot : plante et terreau sortiront d'un bloc.

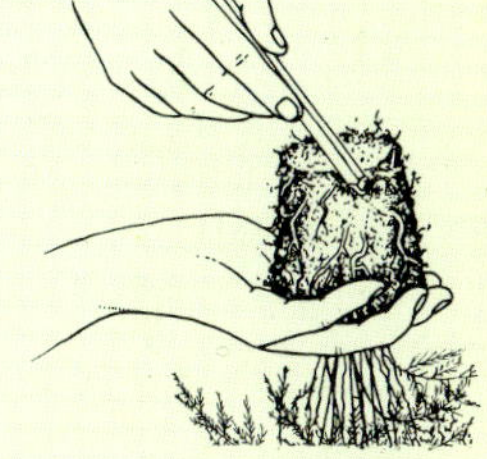

4 - Avec un crayon ou un bâtonnet, dégager la vieille terre des racines sans les abîmer.

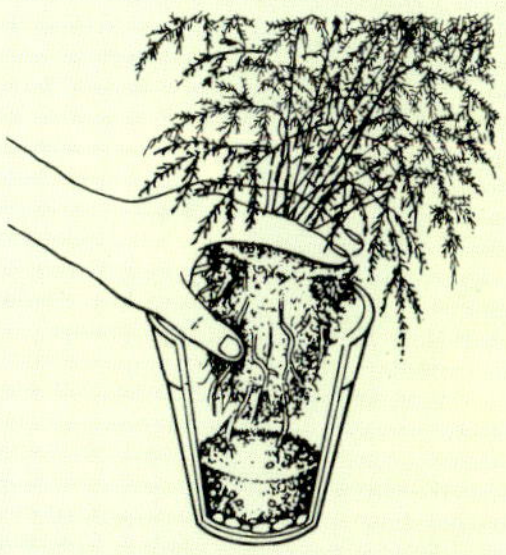

5 - Placer les racines sur le terreau du nouveau pot.

6 - Remplir le pot de terreau frais, en recouvrant bien toutes les racines.

7 - Bien tasser. Laisser à l'ombre sans eau pendant 2 jours pour favoriser l'enracinement.

Arrosage

1 - Tâter le terreau. S'il est léger et friable, la plante a besoin d'eau.

2 - Verser de l'eau (de pluie si possible) sur le terreau. Vider la soucoupe au bout de 15 minutes.

Division des racines

1 - Préparer 2 pots avec couche de drainage et terreau.

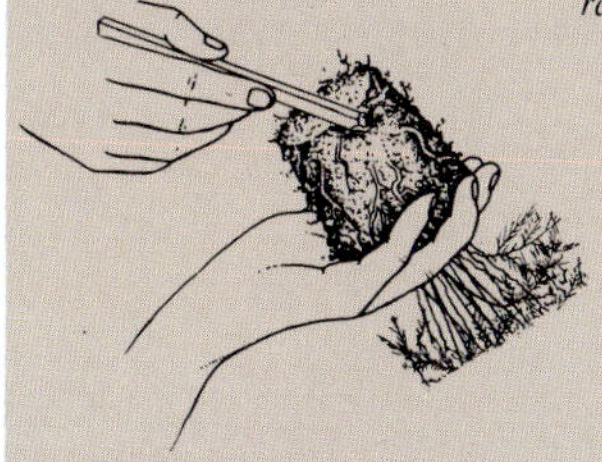

2 - Sortir la plante et dégager la terre des racines.

3 - Séparer doucement les racines et les tiges.

4 - Rempoter normalement les deux moitiés.

ASPIDISTRA ÉLEVÉ

Les aspidistras font partie de la famille des liliacées ; nous en connaissons quatre espèces, originaires de l'Himalaya, de Chine et du Japon. La seule qui soit cultivée est *A. elatior* (ou *lunida*). Elle fut découverte en Chine en 1822. Il en existe une variété à feuilles rayées, produit d'une mutation naturelle, mais les rayures n'apparaissent que si la plante est cultivée dans un sol pauvre et un pot plutôt étroit. Elle a besoin de plus de lumière que la variété verte. La fleur, en forme de coupe, est charnue et d'un pourpre vif. Elle n'a presque pas de tige et s'épanouit au ras du sol. Elle est très rare et ne dure qu'un jour ou deux.

L'aspidistra pousse lentement mais c'est une plante extrêmement robuste qui résiste au manque de soins et même aux mauvais traitements. Elle supporte la fumée de cigares, les émanations de gaz, les brusques sautes de température et même le fait d'être abandonnée pendant les vacances. Mais elle n'aime pas du tout les lustrants, pourtant indiqués pour les plantes aux grandes feuilles épaisses.

Comme les aspidistras poussent mieux seuls, il est recommandé de choisir une plante ayant une silhouette élégante et des feuilles harmonieusement arquées. Refuser les plantes aux feuilles fendues ou dont les bords ont été retaillés. Les spécimens aux feuilles tachetées ou décolorées risquent d'être infestées par des araignées rouges.

Dimensions. Les feuilles mesurent entre 30 et 45 cm suivant les variétés. La plante prospère mieux dans un pot étroit. Un pot de 12 cm peut déjà contenir de nombreuses feuilles.

Croissance. Quatre ou cinq feuilles par an.

Floraison. Les fleurs apparaissent irrégulièrement, normalement en été.

Parfum. Inodore.

Lumière. La plante survit dans des coins sombres. Le plein soleil lui brûle les feuilles.

Température. 10 à 15° est l'idéal ; mais la plante peut survivre à des températures bien plus basses pourvu qu'elle soit protégée du gel.

Arrosage. Bien arroser (2 fois par semaine) en été. Pas plus d'une fois par semaine en hiver.

Engrais. Il est facile de forcer la dose. Ajouter des engrais liquides à l'eau chaque mois ou tous les deux mois en été. Arrêter pour toute la saison si les feuilles se fendent. Pas d'engrais pour la variété rayée.

Humidité. Les aspidistras aiment être vaporisés avec une eau douce une fois par semaine. Cependant ils tolèrent l'air sec.

Nettoyage. Eponger les feuilles avec une eau douce dès qu'elles paraissent poussiéreuses. Ne jamais employer de lustrant.

Atmosphère. Ces plantes supportent n'importe quelle atmosphère respirable.

Terre. Pour un rempotage normal utiliser du terreau frais.

Empotage. Devrait se pratiquer tous les deux ou trois ans, pas plus. Une plante qu'on ne rempote pas finira par affirmer ses besoins en brisant son pot. Comme toutes les liliacées, les aspidistras ont des rhizomes. En rempotant, s'assurer que ceux-ci sont complètement enfouis dans le terreau.

Taille. Inutile.

Multiplication. Elle se pratique par division des vieilles plantes au printemps.

Longévité. Une des plus durables parmi les plantes d'appartement.

Sociabilité. Se cultive généralement seule, toutefois elle pousse bien en compagnie d'autres plantes hydrophiles.

Facilités/difficultés. La plus facile de toutes les plantes d'intérieur.

← Les fleurs d'*Aspidistra* sont rares. Elles s'épanouissent au niveau du sol.

→ *Aspidistra elatior* de grande taille. Après une saison de croissance, cette plante pourra être divisée.

↓ Pour garder ses rayures, *Aspidistra elatior* « Variegata » doit être moins nourrie et mieux éclairée que la forme verte.

Division des racines

Diviser les vieilles plantes au début du printemps.

1 - Préparer deux pots avec couche de drainage et terreau.

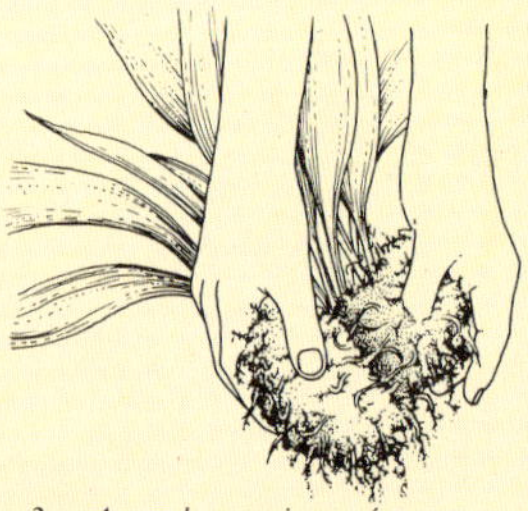

3 - Avec les mains, séparer délicatement les racines et les feuilles.

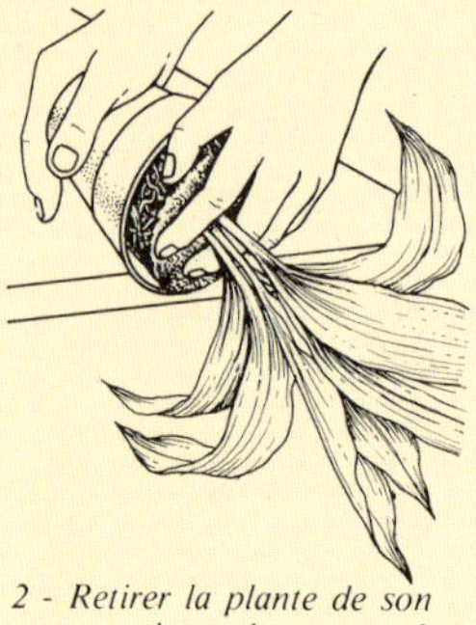

2 - Retirer la plante de son pot et enlever doucement la vieille terre.

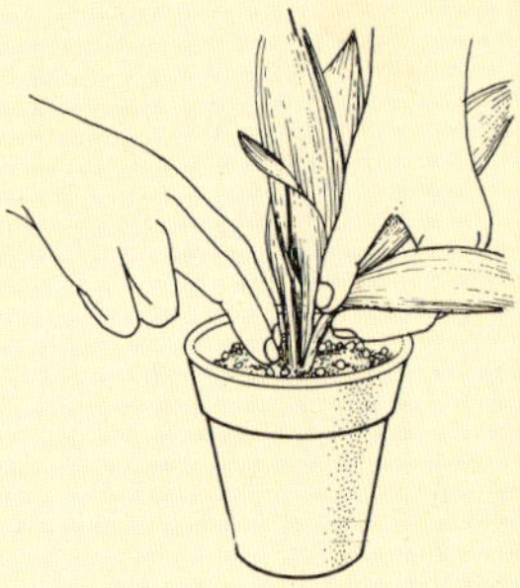

4 - Rempoter les deux moitiés.

S.O.S.

1 - Taches brunes et brûlées. *Trop de soleil direct. Trouver un emplacement plus abrité.*

2 - Les feuilles se fendent. *Suralimentation. Supprimer tout engrais pour le restant de la saison. Reprendre avec la moitié de la dose recommandée.*

3 - Feuilles tachetées de jaune, surtout le long des nervures ; insectes écailleux bruns sous les feuilles et sur les tiges. *Cochenilles. Les enlever avec un tampon imbibé d'alcool dénaturé ou pulvériser un insecticide systémique.*

4 - Feuilles décolorées, filaments en dessous. *Araignées rouges. Pulvériser du derris, du malathion ou un insecticide systémique.*

5 - Plaques laineuses blanches sous les feuilles. *Cochenilles. Les enlever avec un tampon imbibé d'alcool dénaturé ou pulvériser du malathion ou un insecticide systémique.*

Arrosage

1 - Tâter le terreau. S'il est léger et friable, la plante a besoin d'eau.

2 - Verser de l'eau (de pluie si possible) sur le terreau. Vider la soucoupe au bout de 15 minutes.

Nettoyage et vaporisation

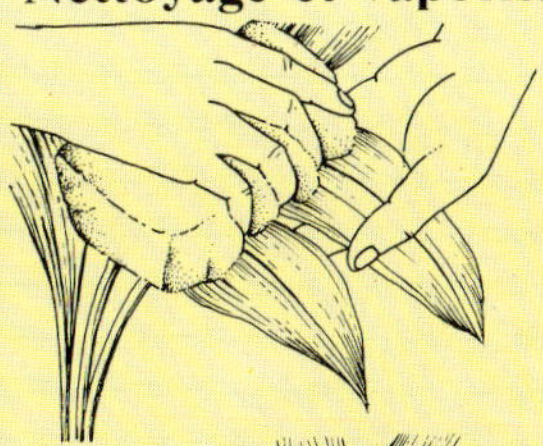

Enlever la poussière des feuilles à l'eau tiède, avec une éponge ou un chiffon doux. Soutenir la feuille de l'autre main. Ne pas utiliser de lustrants.

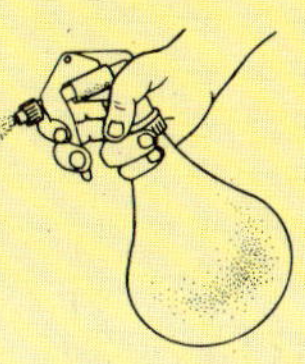

Les aspidistras peuvent vivre dans un air sec, mais aiment être vaporisés une fois par semaine.

Empotage

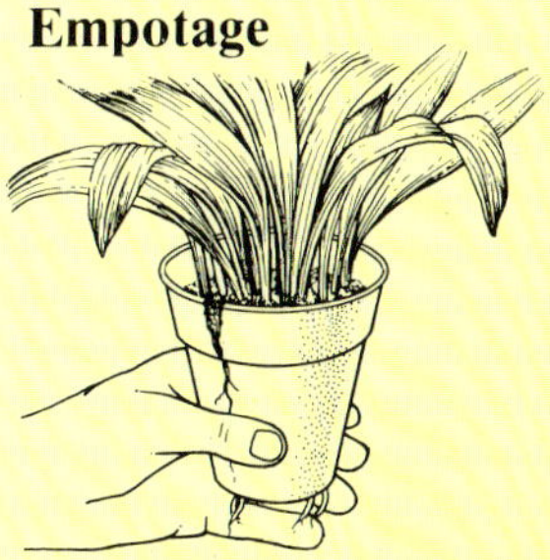

1 - Ne rempoter que tous les 2 à 3 ans. Une plante à l'étroit dans son pot peut le briser avec ses racines. Bien arroser.

2 - Préparer un pot plus grand avec couche de drainage et couche humide de terreau frais.

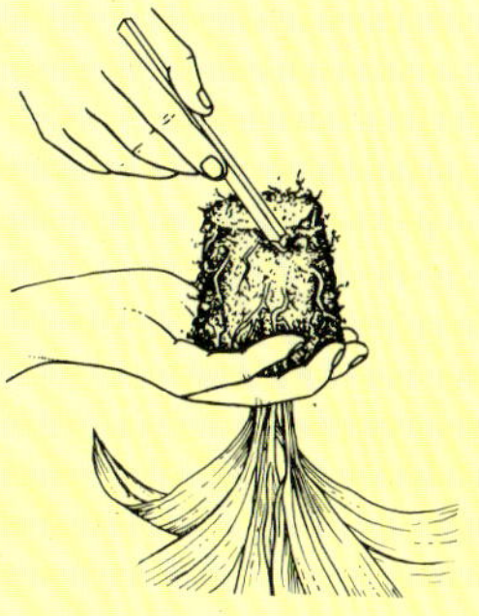

4 - Avec un crayon ou un bâtonnet, enlever la terre sans endommager les racines.

6 - Remplir le pot de terreau frais. S'assurer que les racines sont toutes recouvertes.

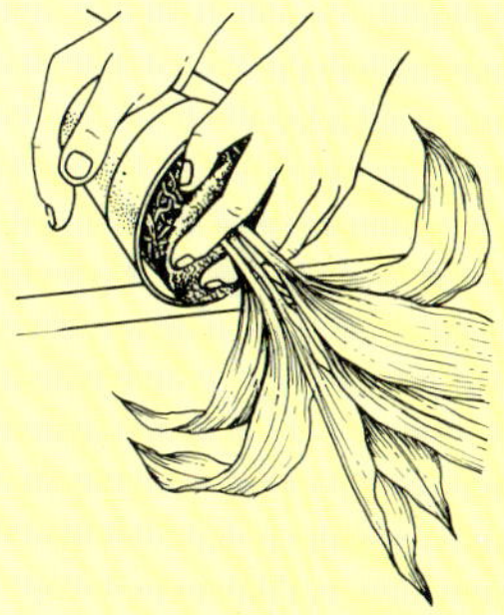

3 - Tenir le pot d'une main en maintenant le terreau de l'autre. Tapoter le bord du pot : plante et terreau sortiront d'un bloc.

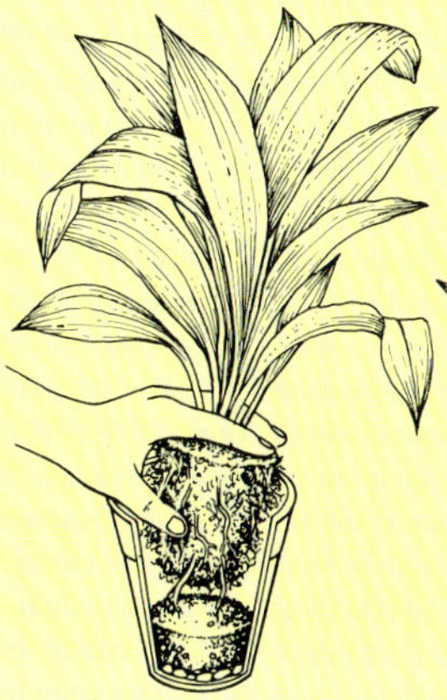

5 - Placer les racines sur le terreau du nouveau pot.

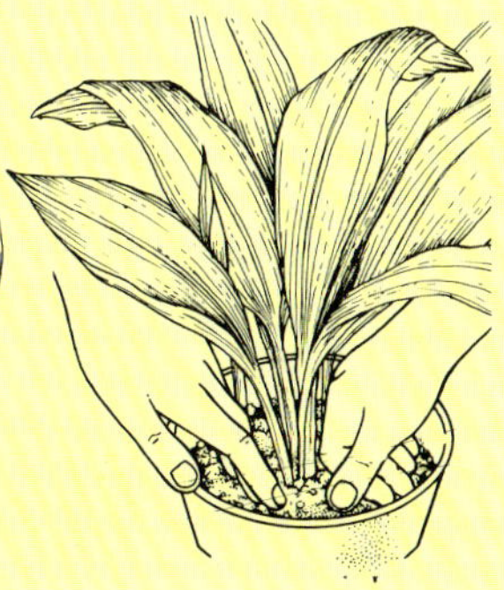

7 - Bien tasser. Laisser à l'ombre et sans eau pendant 2 jours pour favoriser l'enracinement.

ASPLENIUM NID D'OISEAU

Les aspleniums constituent une vaste famille de fougères, les aspleniacées, comprenant près de sept cents espèces. On les trouve sous tous les cieux depuis l'Afrique tropicale jusqu'à la Nouvelle-Zélande tempérée. Leur nom dérive du grec *spleen* (rate), car en ce temps-là, leurs fibres étaient utilisées pour combattre les maladies de la rate.

Deux espèces intéressantes et jolies sont cultivées comme plantes d'intérieur. Elles réussissent bien dans l'atmosphère humide des salles de bains et sont particulièrement indiquées pour la culture en bocal. La première est *Asplenium nidus avis,* l'asplenium nid d'oiseau, ainsi nommé à cause de la disposition de son feuillage. Ses feuilles, d'un vert vif, rappellent un peu le cuir au toucher. Elles ont, particulièrement bien développée vers la base et sur le dos, une forte nervure centrale brune, en relief. L'espèce est un épiphyte et provient du nord de l'Australie où ses feuilles peuvent atteindre près de 1,50 m.

L'autre espèce est *A. bulbiferum,* pas tout à fait aussi jolie mais tout aussi intéressante. Celle-ci est originaire de Nouvelle-Zélande et des contreforts de l'Inde. Les jeunes plantes se forment sur les bords des frondes adultes. Elles se détachent facilement et se développent vite quand on les plante dans un terreau sableux.

Comme toutes les fougères, les aspleniums demandent un emplacement humide et assez ombragé. *A. nidus avis* est splendide à voir dans un éclairage de sous-bois, avec des taches de lumière qui traversent ses pâles feuilles vertes.

Choisir des sujets au feuillage bien frais. S'abstenir quand les feuilles sont mal formées ou ont des bouts bruns.

Dimensions. Les frondes atteignent 60 cm de long et 20 cm de large, quoique la plupart des spécimens vendus n'aient encore que la moitié de cette taille. Les plantes sont plus petites quand on les garde dans de petits pots.

Croissance. Assez rapide. Les plantes atteindront leur taille adulte en une saison.

Floraison. Nulle.

Parfum. Inodore.

Lumière. Les aspleniums aiment les emplacements semi-ombragés. *A. nidus avis* supporte le plein soleil mais ses feuilles pâlissent et perdent leur brillant.

Température. Plantes assez tolérantes. 15° en moyenne en hiver est l'idéal. *A. bulbiferum* est presque rustique et supporte 1°. En été, la température ne devrait pas excéder 21 à 24° pour *A. nidus avis* et 18° pour *A. bulbiferum.*

Arrosage. Maintenir l'humidité en toutes circonstances sauf si la température tombe au-dessous de 10° en hiver. Ce qui implique un ou deux arrosages par semaine. Le temps froid exige plus de sécheresse : arroser tous les sept à dix jours.

Engrais. En été, ajouter à l'eau la moitié de la dose recommandée d'engrais liquide.

Humidité. Les deux espèces apprécient l'atmosphère humide que créent les fougères poussant en groupes. Si elles sont cultivées individuellement, poser leur pot dans une soucoupe pleine de cailloux mouillés.

Nettoyage. Il suffit de vaporiser le feuillage avec une eau non calcaire, si possible quotidiennement. Jamais de lustrants : *A. nidus avis* y réagit très mal et noircit.

Atmosphère. Plantes tolérantes sauf à l'égard des courants d'air froid en hiver. Supportent mal les déplacements fréquents.

Terre. Un mélange contenant 1/3 de terreau et 2/3 de tourbe.

Empotage. Annuel, de préférence au printemps.

Taille. Inutile, sauf pour enlever les frondes sèches ou abîmées.

Multiplication. Pour *A. nidus avis,* elle se fait à partir des spores qui se forment sur la face inférieure des frondes. Mais c'est un travail de professionnel. La reproduction d'*A. bulbiferum* est bien plus aisée. Les jeunes apparaissent sur les bords des frondes matures. Les détacher et les empoter dans un mélange de sable et de tourbe, de préférence au printemps.

Longévité. Grande. Quand, au bout de quelques années, la plante vieillit, la multiplier.

Sociabilité. *A. nidus avis* s'adapte bien aux cultures mixtes et paraît apprécier l'ambiance humide de la cohabitation. Sa couleur vert pâle et sa forme de volant contrastent bien avec les autres plantes. *A. bulbiferum* est un solitaire qu'il est préférable de cultiver isolément.

Facilités/difficultés. Aucune des deux espèces n'est difficile. *A. bulbiferum* est la plus facile.

↑ *Asplenium bulbiferum* produit de jeunes plantes sur ses frondes.

↓ *Asplenium bulbiferum* est une jolie plante qui supporte les températures basses.

Asplenium nidus avis ↑ → fait jaillir de jeunes frondes de son centre. Dans la nature, cette espèce vit en épiphyte sur les arbres ; elle recueille l'eau et la nourriture en son centre.

Humidité

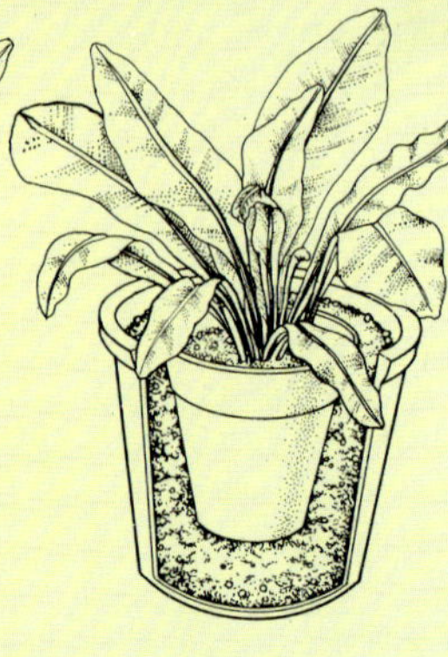

Il y a deux façons de fournir aux aspleniums l'humidité qu'ils aiment.

1 - Poser le pot dans une soucoupe avec eau, cailloux ou gravier. Le fond du pot ne doit pas toucher l'eau.

2 - Placer le pot dans un pot plus grand bourré de tourbe humide.

Vaporisation

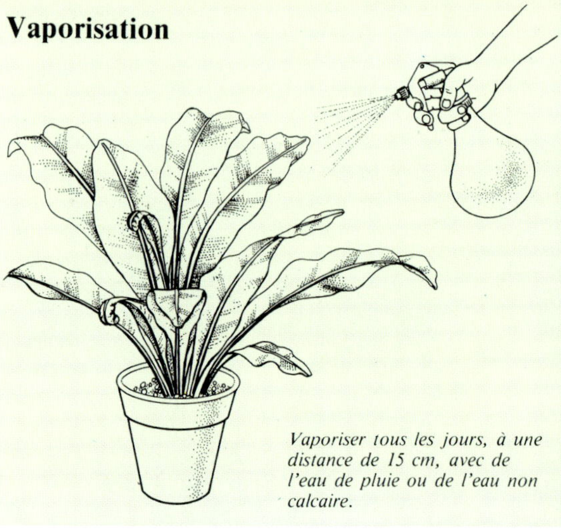

Vaporiser tous les jours, à une distance de 15 cm, avec de l'eau de pluie ou de l'eau non calcaire.

S.O.S.

1

1 - Feuilles pâles. *Trop de soleil. Supprimer le soleil direct. Ou manque d'engrais.*

2 - Taches brunes sur les feuilles, partant des pointes. *Trop froid. Placer dans un endroit plus chaud à l'abri des courants d'air.*

2

3

4

3 - Les feuilles se ratatinent et leur bord noircit. *Trop chaud. Placer dans un endroit frais et humidifier.*

4 - Feuilles ternes et sans vie. *Trop sec ou ventilation insuffisante. Vérifier l'humidité du terreau et placer dans un lieu mieux aéré.*

5 - Feuilles tachetées de jaune, surtout le long des nervures ; insectes écailleux bruns sous les feuilles et sur les tiges. *Cochenilles. Les enlever avec un tampon imbibé d'alcool dénaturé ou vaporiser avec un insecticide systémique.*

5

Jardinière de fougères

Les aspleniums poussent bien dans un grand bac en compagnie d'autres fougères.

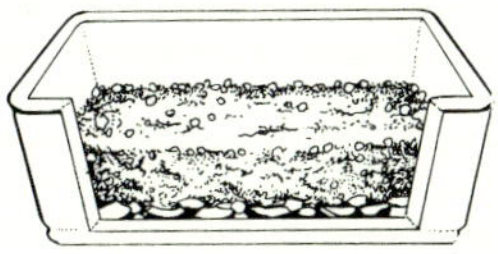

1 - Préparer le bac avec couche de drainage et couche de terreau tourbeux. S'il n'y a pas de trou d'évacuation, ajouter du charbon de bois et de la tourbe blonde. Celle-ci absorbera l'excès d'eau, et le charbon empêchera l'eau de croupir.

2 - Enlever les plantes des pots et détacher la vieille terre des racines.

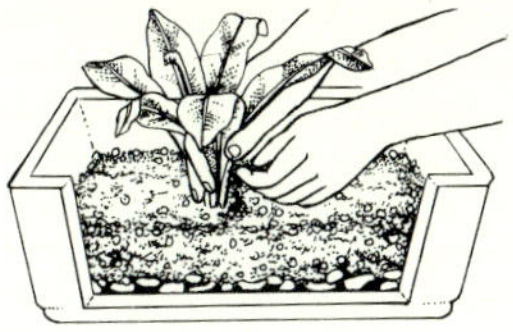

3 - Planter la première fougère dans le bac et recouvrir les racines de terreau.

4 - Disposer les autres plantes autour en leur ménageant de l'espace pour grandir.

5 - Couvrir les racines de terreau et maintenir les plantes. Ne pas trop tasser.

6 - Laisser deux jours à l'ombre sans eau.

Multiplication

*1 - Les petites pousses qui apparaissent sur les frondes d'*A. bulbiferum *deviendront de nouvelles plantes.*

2 - Préparer un petit pot avec drainage et un terreau composé à moitié de sable et de tourbe. Y faire un trou avec un crayon ou un bâtonnet.

3 - Cueillir, avec les doigts, une pousse bien développée, l'installer dans le trou. Tasser légèrement le terreau tout autour.

Empotage

1 - Rempoter au printemps si la plante paraît trop grande et ne produit plus de nouvelles feuilles. Bien arroser.

2 - Préparer un pot plus grand avec couche de drainage et un mélange contenant 1/3 de terreau et 2/3 de tourbe.

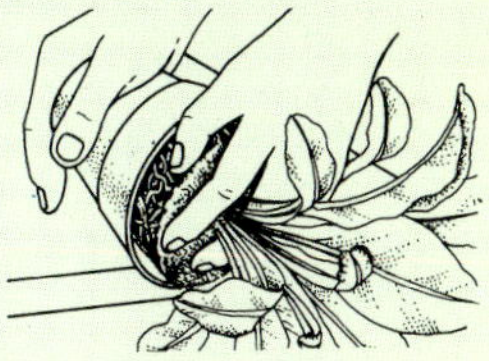

3 - Tenir le pot d'une main en maintenant le terreau de l'autre. Tapoter le bord du pot : plante et terreau sortiront d'un bloc.

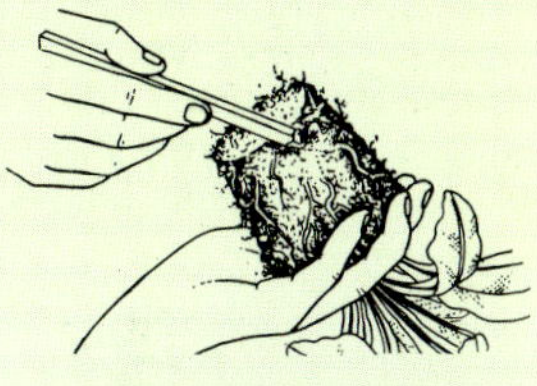

4 - Avec un crayon ou un bâtonnet, dégager la terre sans abîmer les racines.

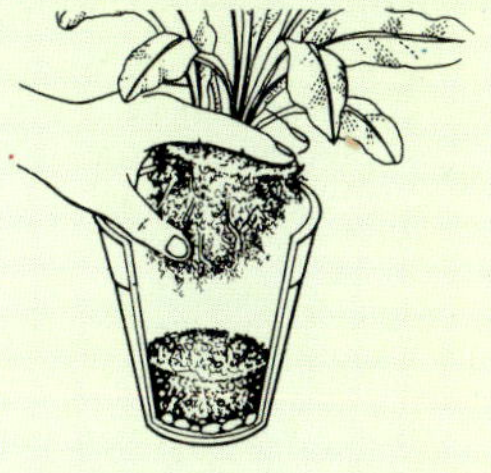

5 - Placer les racines sur le terreau du nouveau pot.

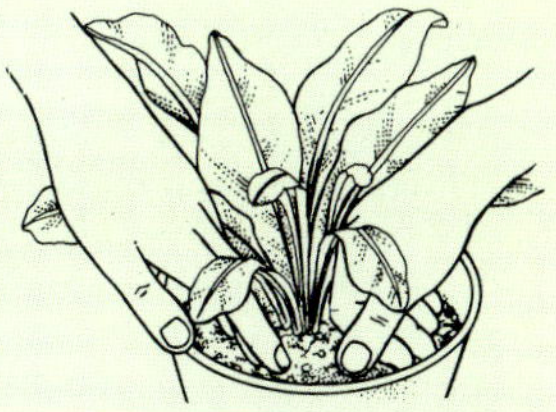

6 - Remplir le pot avec du terreau frais. Bien recouvrir toutes les racines, sans trop tasser. Laisser à l'ombre sans eau pendant 2 jours pour favoriser l'enracinement.

AZALÉE DE L'INDE

De toutes les plantes à fleurs d'hiver qu'on peut rentrer, les azalées sont peut-être les plus sophistiquées. Celles que nous achetons à Noël sont couramment appelées *Azalea indica,* mais leur vrai nom est *Rhododendron simsii.* Ces plantes sont originaires de Chine où elles furent récoltées pour la première fois en 1708. Comme les autres azalées, elles appartiennent au genre *Rhododendron* qui comprend quelque cinq cents espèces distribuées à travers l'Europe, l'Asie, l'Amérique du Nord et l'Australie. On peut les faire vivre un certain temps à l'intérieur, mais il leur faut une atmosphère humide et elles perdront vite leurs feuilles si on ne les vaporise pas, au moins une fois par jour, avec de l'eau non calcaire.

La plupart des plantes proviennent de régions où le sol riche et tourbeux favorise leur culture. La floraison naturelle a lieu au printemps, mais on les force généralement à fleurir à Noël et au cours des premiers mois d'hiver. Elles ne sont pas rustiques et ne doivent pas rester dehors s'il y a le moindre risque de gel. Il faut, cependant, les planter en plein air pendant l'été si l'on veut les conserver. Leur croissance est très lente, et c'est pour cela qu'elles coûtent cher. Les grands spécimens peuvent être taillés en n'importe quelle forme.

L'autre espèce cultivée comme plante d'appartement est *A. japonica* ou *Rhododendron obtusum.* C'est une plante assez maigre, au feuillage clairsemé, mais elle a de ravissantes fleurs aux coloris pastel. Elle est un peu plus rustique que sa flamboyante cousine *A. indica,* mais il est plus difficile d'en obtenir des floraisons forcées. Aussi est-il rare de la voir en magasin avant le mois de février. Certaines variétés sont rustiques et peuvent être cultivées en plein air, même sous des climats frais.

A l'achat, choisir les spécimens de forme régulière, portant de nombreux boutons sur le point d'éclore. S'assurer que les feuilles ne tombent pas.

Dimensions. Les plantes vendues ont habituellement entre 12 et 40 cm de diamètre et un tronc de 7 à 30 cm. Elles peuvent devenir bien plus grandes.

Croissance. Très lente. Les plus petits spécimens vendus ont au moins deux ans.

Floraison. Floraison naturelle en avril/mai. Mais des floraisons forcées peuvent être obtenues à partir de l'automne par des variations appropriées de conditionnement.

Parfum. N'existe que chez les variétés vivant en plein air.

Lumière. Bon éclairage sans soleil direct.

Température. 13° en hiver est idéal. Dans des pièces plus chaudes, les azalées se dessèchent et les fleurs meurent vite.

Arrosage. Les azalées en fleurs ont besoin de beaucoup d'eau non calcaire et devraient être arrosées tous les 2 jours. Ne jamais les laisser se dessécher ; vérifier au moins 2 fois par semaine. Si besoin est, plonger le pot dans un seau d'eau tiède jusqu'à ce qu'il ne fasse plus de bulles.

Engrais. Tous les quinze jours, quand la plante fleurit ou en été quand elle grandit, ajouter de l'engrais liquide à l'eau. Utiliser de l'eau non calcaire.

Humidité. Vaporiser au moins une fois par jour avec de l'eau non calcaire et poser le pot dans une soucoupe sur des cailloux mouillés.

Nettoyage. Enlever régulièrement les feuilles mortes et tombées. Pas de lustrant.

Atmosphère. La plante peut supporter la plupart des mauvaises conditions pendant de courtes périodes. Eviter les courants d'air, surtout après arrosage.

Terre. Terre de bruyère avec un peu d'engrais.

Empotage. Rempoter après la période de dormance estivale. Il est cependant préférable de garder les plantes dans de petits pots et de bien les nourrir. Les pots en terre conviennent mieux que ceux en plastique.

Taille. Nécessaire seulement pour garder sa forme à la plante. Couper les tiges efflanquées et les pousses vertes qui dépassent.

Multiplication. Par boutures de tiges, mais il vaut mieux laisser cela aux experts.

Longévité. Des années si l'azalée est transplantée au jardin chaque été.

Sociabilité. Les petits spécimens font bien dans des bacs mixtes mais les grands présentent mieux seuls.

Facilités/difficultés. Plante facile dans une serre non chauffée, mais difficile à garder longtemps dans les maisons, où l'atmosphère est généralement trop sèche et chaude. Si possible, remettre en serre dès que les fleurs se fanent.

← Les fleurs d'*Azalea indica* peuvent avoir des teintes vives ou pastel.

→ Un bel exemplaire jeune d'*Azalea indica.*

↓ *Azalea japonica* a des fleurs aux teintes pastel. Elle peut passer l'hiver dehors, dans un endroit abrité, si elle y a été plantée en mai.

Plantation

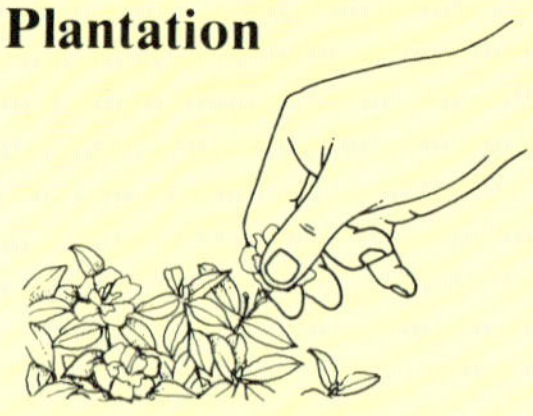

1 - Après floraison, enlever les fleurs fanées. Mettre la plante à l'abri du gel. Arroser une fois par semaine.

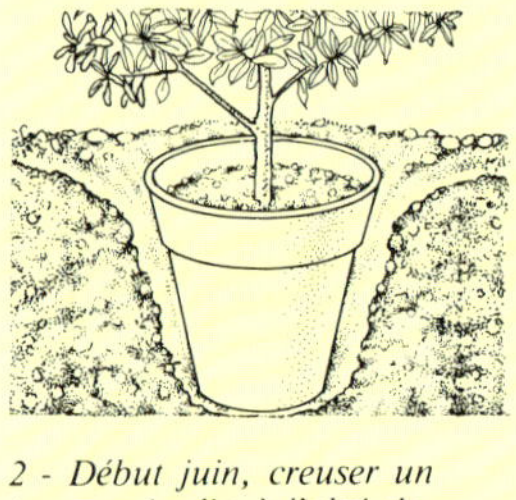

2 - Début juin, creuser un trou au jardin à l'abri du soleil de l'après-midi. Mettre le pot dans le trou et recouvrir de terre.

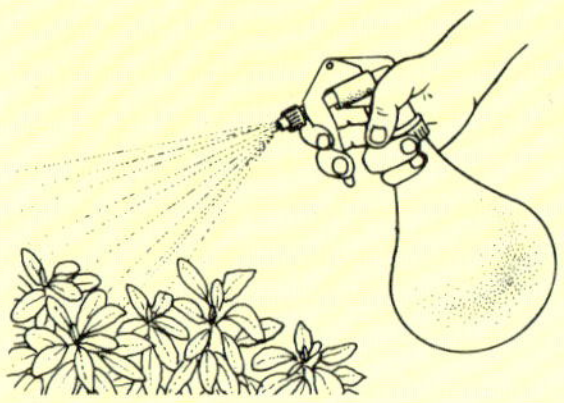

3 - Arroser tous les jours et vaporiser quand il fait très chaud.

4 - Déterrer début septembre. Rempoter si les racines sortent du trou. Sinon, remplacer la couche de surface.

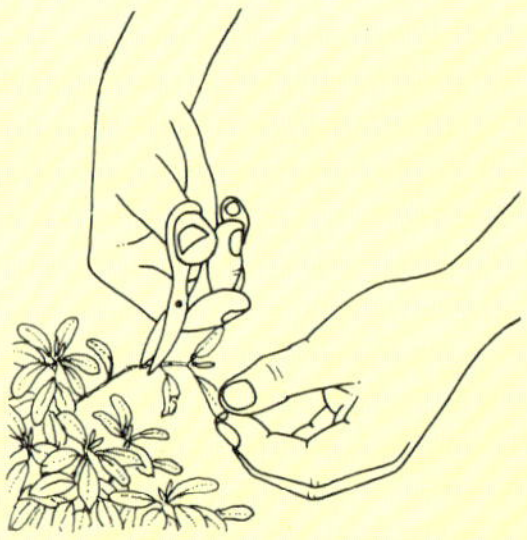

5 - Enlever les feuilles et les ramilles mortes.

6 - Placer dans une pièce fraîche jusqu'à l'éclosion des boutons de fleurs.

S.O.S.

1

1 - Les feuilles sèchent et tombent. *Chaleur et sécheresse excessives. Vaporiser à l'eau non calcaire. Arroser régulièrement. Placer en un lieu plus frais.*

2

2 - Les fleurs ne s'ouvrent pas. *Plante gorgée d'eau ou ayant subi un courant d'air après arrosage. La laisser sécher à l'abri des courants d'air jusqu'à ce qu'elle se remette. Ensuite l'arroser moins souvent.*

3

3 - Feuilles tachetées de jaune avec des filaments en dessous. *Araignées rouges. Pulvériser du derris, du malathion ou un insecticide systémique. Augmenter l'humidité.*

4

4 - Galeries et marques blanches sur les feuilles. Parfois présence de chenilles. *Mineuse de feuilles. Pulvériser du malathion.*

5

5 - Les nouvelles feuilles sont petites, il n'y a plus de fleurs. *Sous-alimentation.*

Empotage

1 - Examiner la plante quand vous la rentrez après l'été. Si elle paraît trop grande et que les racines sortent du trou, il faut la rempoter.

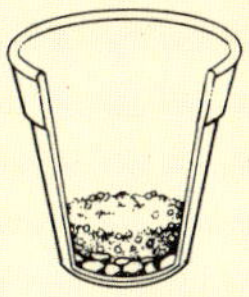

2 - Préparer un pot plus grand avec couche de drainage et terre de bruyère. Arroser.

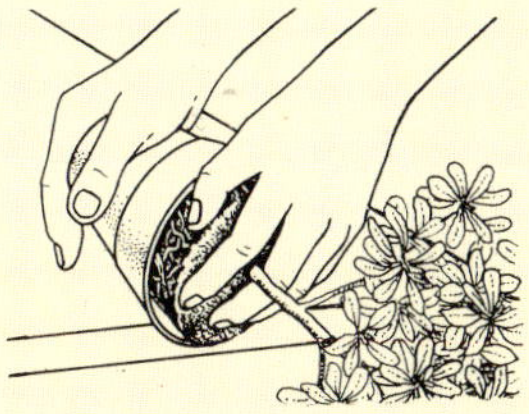

3 - Tenir le pot d'une main en maintenant le terreau de l'autre. Tapoter le bord du pot : plante et terreau sortiront d'un bloc.

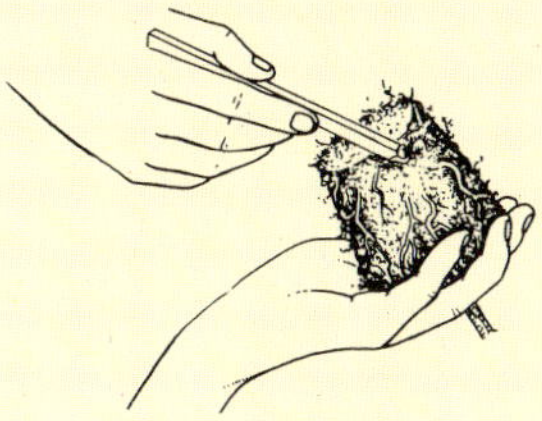

4 - Avec un crayon ou un bâtonnet, enlever la terre sans abîmer les racines.

5 - Placer les racines sur le terreau du nouveau pot.

6 - Remplir le pot de terreau frais. Bien recouvrir toutes les racines.

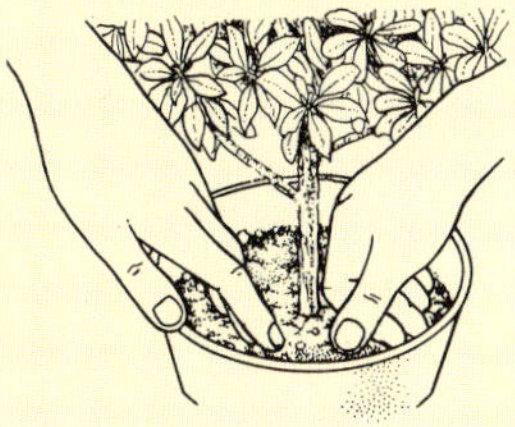

7 - Bien tasser. Laisser à l'ombre et sans eau pendant 2 jours pour favoriser l'enracinement.

Arrosage

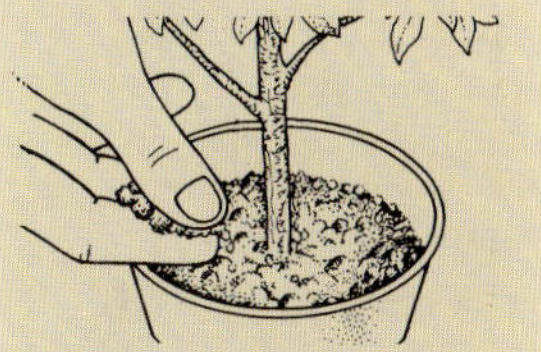

1 - Si le terreau est léger et friable au toucher, arroser.

2 - Plonger le pot jusqu'au bord dans un seau plein d'eau pendant 15 minutes. Le laisser s'égoutter.

Taille

1 - Une plante hirsute a besoin d'être taillée.

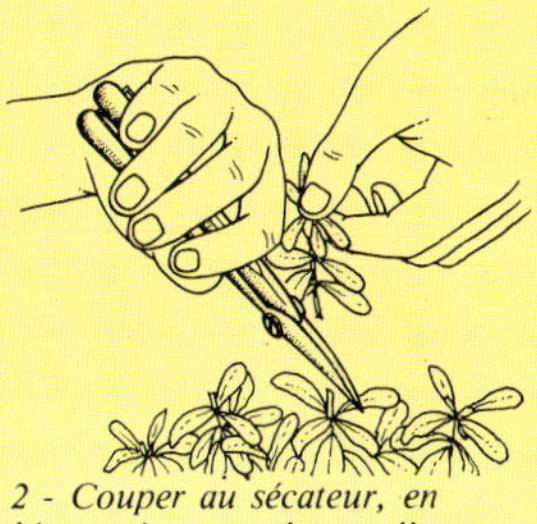

2 - Couper au sécateur, en biseau, juste au-dessus d'un bourgeon ou d'une pousse latérale.

3 - La plante poussera de manière plus touffue et régulière.

4 - Pour lui donner une forme d'arbuste, couper les tiges latérales basses à mesure qu'elles se forment.

BÉGONIA REX et BÉGONIA CROIX DE FER

Le genre *Begonia* (famille des bégoniacées) comprend quelque neuf cents espèces d'où l'on a tiré de multiples hybrides. Les bégonias viennent de la plupart des pays tropicaux et subtropicaux. Ils furent nommés d'après Michel Begon, un botaniste amateur français qui fut gouverneur de Saint-Domingue. Ils se divisent en trois types principaux suivant leurs racines, qui peuvent être tubéreuses, fibreuses ou rhizomateuses. *B. rex* appartient à cette dernière catégorie. La plante, qui provient de l'Assam, fut introduite en Grande-Bretagne en 1858, et James Veitch, le célèbre pépiniériste du XIXe siècle, en tira de nombreuses variétés. Le nom de certaines variétés, telles que « König Heinrich » et « Isolde », nous font croire que les Allemands cultivaient eux aussi cette espèce.

B. rex est uniquement cultivé pour ses feuilles aux formes harmonieuses, ornées de jolis motifs colorés. *B. masoniana,* une autre espèce rhizomateuse, a été surnommé « Croix de Fer » parce que ses feuilles vertes portent une marque noire qui rappelle la décoration militaire allemande. Il fut importé de Malaisie vers la fin des années 1940 et nommé d'après le collectionneur bien connu Maurice Mason. *B. masoniana* est un peu plus délicat que *B. rex* mais les deux nécessitent les mêmes soins. Ce sont de bonnes plantes d'intérieur, mais aussi de serre, où elles peuvent garnir le sol sous les étagères, car il leur faut peu de lumière.

A l'achat, choisir les sujets aux feuilles parfaitement saines et sur le point de produire une nouvelle pousse. S'assurer qu'il n'y a pas de pourriture ou de taches brunes sur les feuilles et les tiges. Choisir la plante pour la beauté de sa feuille, car les coloris et les motifs sont transmis aux descendants quand la reproduction est faite par boutures de feuille ou par division de la racine.

↑↓→ Le coloriage des feuilles de *Begonia rex* varie considérablement. Les feuilles saines sont lustrées et chatoyantes.

↑ Les feuilles de *Begonia masoniana* « Croix de Fer » sont velues. Ne jamais essayer de les nettoyer.

Dimensions. Les bégonias ne deviennent pas très grands en appartement, atteignant au plus 30 cm de haut et 45 cm de large. *B. masoniana* ne dépasse guère 20 cm.

Croissance. 5 à 6 nouvelles feuilles par an.

Floraison. Estivale. La plante produit de petites fleurs rose pâle. Pour améliorer le feuillage, il faut les enlever dès qu'elles apparaissent.

Parfum. Les fleurs dégagent un très faible parfum.

Lumière. Une bonne lumière, mais pas de soleil direct. Ne pas mettre aux fenêtres sauf si elles font face au nord.

Température. Pas moins de 13° en hiver et 15° en été. *B. masoniana* apprécie une température légèrement plus élevée en hiver (16°). Pourvu que l'air ne soit pas trop sec, il est improbable qu'ils souffrent de la chaleur dans un climat tempéré.

Arrosage. 2 fois par semaine en été avec de l'eau non calcaire. En hiver, entretenir l'humidité du terreau en arrosant tous les 10 jours. Ne pas mouiller les feuilles.

Engrais. D'avril à septembre, ajouter de l'engrais liquide à l'eau tous les 15 jours.

Humidité. En été, entretenir l'humidité en vaporisant ou en plaçant le pot sur de la tourbe ou des cailloux humides. Par temps froid, trop d'humidité fait pourrir la tige.

Nettoyage. Inutile. Jamais de lustrant.

Atmosphère. Les bégonias aiment être aérés, mais craignent les courants d'air. Les gaz polluants les tuent.

Terre. Ils aiment les mélanges légers. Les terreaux tourbeux qu'on trouve dans le commerce conviennent. Ou un mélange composé de 2 parts de terreau frais, 2 de tourbe, 1 d'humus.

Empotage. Ils poussent bien dans de petits pots, mais quand ils s'y trouvent vraiment trop à l'étroit, on peut les rempoter au printemps. Attention : les feuilles sont fragiles.

Taille. Inutile.

Multiplication. Par boutures de feuille à la fin du printemps. Les maintenir à 21°, dans un germoir si possible.

Longévité. Les bégonias durent rarement plus de 2 ans en appartement. Ils vivent plus longtemps en serre.

Sociabilité. Ils conviennent bien dans des cultures mixtes et s'adaptent à la plupart des autres plantes. Les pépéromias, les hederas et les petits palmiers du genre *Chamaedorea* s'entendent bien avec les bégonias.

Facilités/difficultés. Ce sont des plantes assez faciles si elles reçoivent les soins appropriés. Eviter la lumière directe et les courants d'air. Elles doivent être manipulées avec précaution car leurs feuilles sont extrêmement fragiles.

Multiplication : boutures de feuille 1

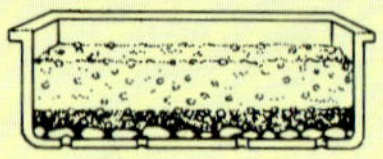

1 - Préparer un germoir avec une couche de drainage, une couche de terreau et 1 cm de sable.

2 - Couper une feuille saine à la base.

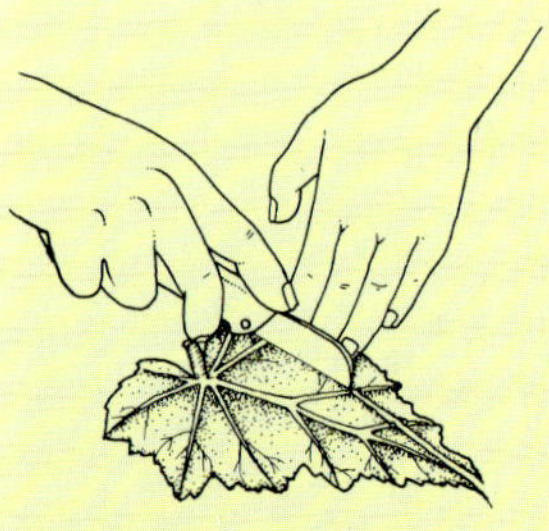

3 - Poser la feuille à l'envers sur une surface dure et rectifier les bords.

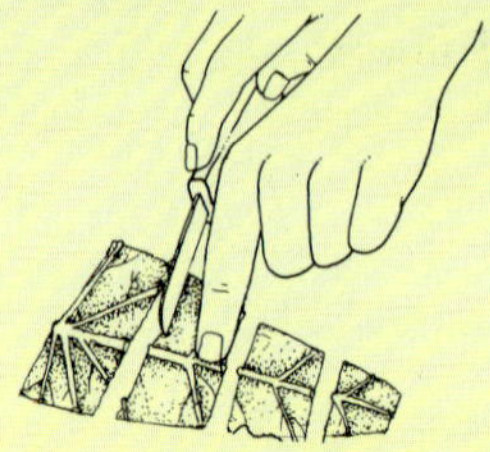

4 - La découper en carrés de 5 cm. Chaque portion doit inclure une partie de la nervure principale.

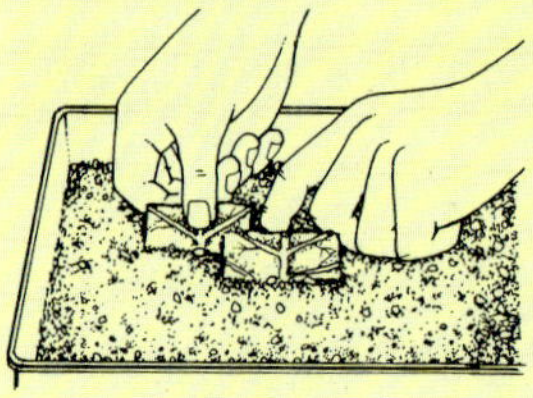

5 - Enfoncer chaque portion verticalement dans le sable. La moitié enfouie doit être celle qui était la plus proche de la tige.

6 - Bien arroser et maintenir à 21°. Couvrir de polyéthylène et conserver l'humidité. Découvrir pendant 5 minutes tous les jours. Les jeunes plantes pousseront à partir des portions.

7 - Quand les jeunes plantes auront 2 ou 3 feuilles, les tirer du terreau et les détacher délicatement de la portion de feuille. Les empoter séparément.

S.O.S.

1 - Les feuilles se recourbent et leurs bords se dessèchent. *Trop chaud et trop sec. Arroser et placer dans un endroit plus frais.*

2 - Les feuilles tombent en hiver. *Trop froid. Placer dans un endroit plus chaud.*

3 - La plante s'incline, les feuilles mollissent. *Gaz polluants. La plante en meurt. La mettre tout de suite ailleurs.*

4 - Les nouvelles feuilles sont petites. *Manque d'engrais.*

5 - Les feuilles sont ternes, avec des filaments en dessous. *Araignées rouges. Pulvériser du derris, du malathion ou un insecticide systémique.*

6 - Tige et cœur pourrissent à la base de la plante. *Trop d'eau. Laisser sécher la plante jusqu'à ce qu'elle se remette. Ensuite l'arroser moins souvent.*

7 - Feuilles décolorées, enflures sur les racines. *Nématodes (anguillules). Pas de remède. Détruire la plante.*

8 - Plaques poudreuses gris-brun sur les feuilles et les fleurs. *Pourriture grise. Pulvériser un fongicide au bénomyl. Choisir un emplacement plus sec et aéré.*

9 - Plaques poudreuses blanches sur les feuilles et les tiges. *Mildiou. Pulvériser un fongicide au bénomyl. Choisir un emplacement plus sec et aéré.*

10 - Cercles jaunes et taches sur les feuilles qui se déforment. *Mosaïque du concombre. Pas de remède. Détruire la plante immédiatement.*

11 - Les racines noircissent et pourrissent. *Maladie cryptogamique provoquée par un excès d'eau. Pulvériser un fongicide au bénomyl.*

Empotage

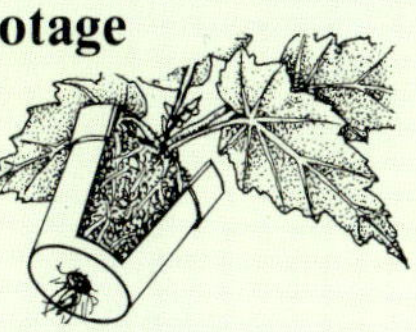

1 - Rempoter au printemps si la plante paraît trop grande, ne produit plus que de petites feuilles et que ses racines sortent du trou.

2 - Préparer un pot plus grand, avec drainage et un mélange composé de 2 parts de terreau, 2 parts de tourbe et 1 part d'humus.

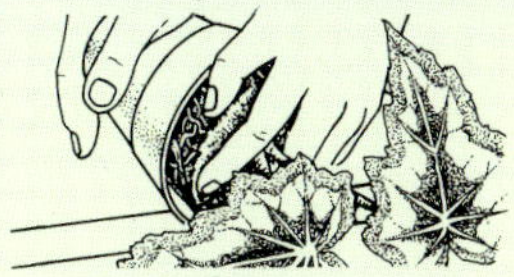

3 - Tenir le pot d'une main en maintenant le terreau avec l'autre. Tapoter le bord du pot : plante et terreau sortiront d'un bloc.

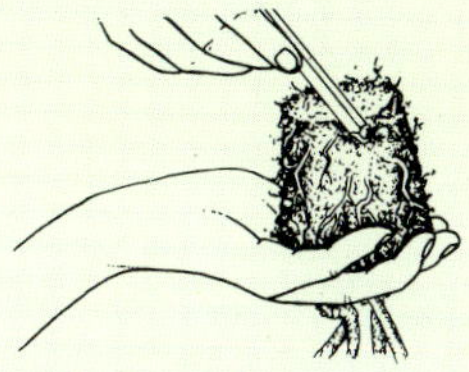

4 — Avec un crayon ou un bâtonnet, enlever le terreau sans abîmer les racines.

5 - Placer les racines sur le terreau du nouveau pot.

6 - Remplir le pot avec du terreau frais. S'assurer que toutes les racines sont couvertes. Bien tasser. Laisser à l'ombre et sans eau pendant 2 jours pour favoriser l'enracinement.

Multiplication : boutures de feuille 2

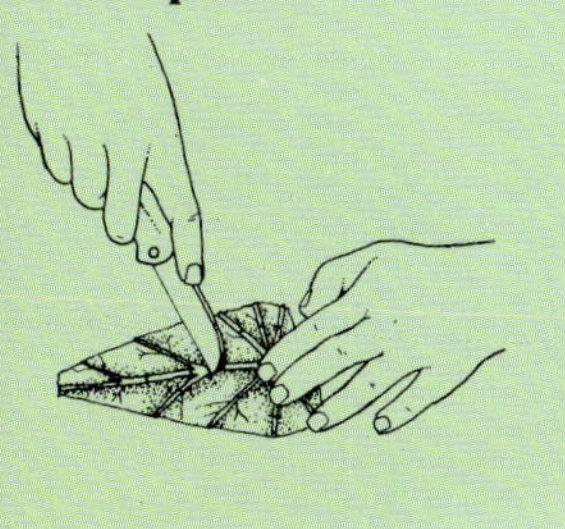

1 - On peut aussi utiliser la feuille entière. La poser à l'envers sur une surface dure. Inciser les grosses nervures juste au-dessous de leurs points de jonction.

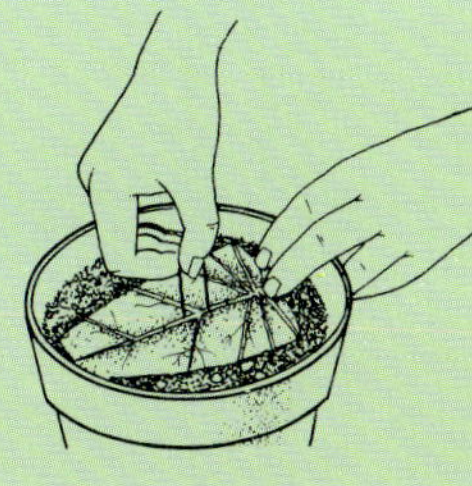

2 - La poser soigneusement à l'endroit sur le sable. La fixer à plusieurs endroits avec du fil de fer en « U ». Vérifier que les nervures sont bien en contact avec le sable.

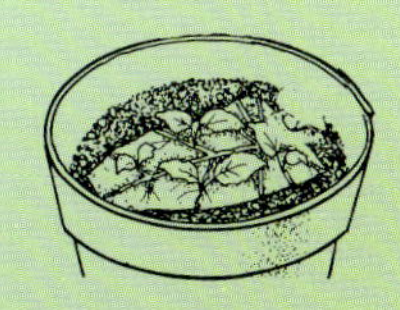

3 - Bien arroser et maintenir à 21°. Recouvrir d'une vitre ou de polyéthylène. Le terreau ne doit pas sécher. Les jeunes plantes sortiront des nervures incisées.

4 - Quand les pousses ont 2 ou 3 feuilles, les retirer du sable, les détacher délicatement de la feuille-mère et les empoter séparément.

Suppression des fleurs

De petites fleurs peuvent apparaître en été. Les pincer pour améliorer la pousse des feuilles.

Humidité

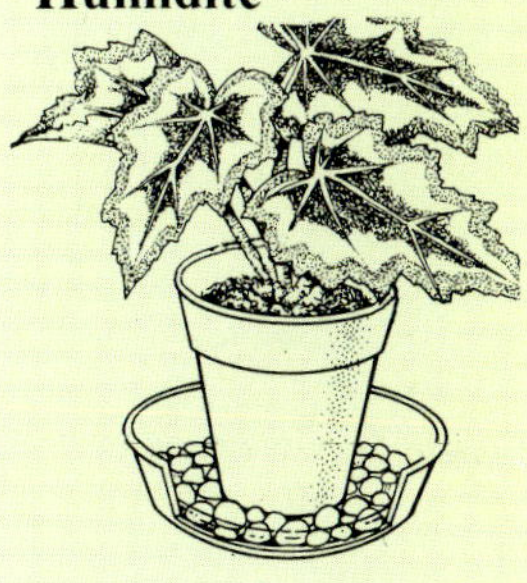

Poser le pot dans une soucoupe avec de l'eau et des cailloux ou du gravier. S'assurer que le fond du pot ne touche pas l'eau.

BÉGONIA SCHWABENLAND

La plupart des bégonias à fleurs ont des racines tubéreuses ou fibreuses. Pendant des années, les variétés « Gloire de Lorraine », à racines fibreuses, et leurs successeurs, ont égayé nos Noëls. Ces belles plantes peuvent atteindre une quarantaine de centimètres, avec une masse de petites fleurs roses et blanches entourées d'une collerette de feuilles vertes lustrées. Au cours de ces dernières années, on a vu se répandre les hybrides *Schwabenland,* également à racines fibreuses. Ils fleurissent pratiquement toute l'année et sont de très bonnes plantes d'appartement.

De nombreux bégonias à racines tubéreuses *(Begonia x tuberhybrida)* ne conviennent que dans des plates-bandes en été, mais les variétés *semperflorens* sont aussi de bonnes plantes d'intérieur. Elles sont touffues et fleurissent tout au long de l'été.

Enfin il y a les bégonias en forme d'arbrisseau qui, de nos jours, sont plutôt des plantes de collection. Ils ont de grandes feuilles en cœur et produisent, en été, des masses de fleurs rose tendre. *B. haageana* a des feuilles velues, vertes au-dessus et pourprées en dessous. *B. coccinea* « Président Carnot » a des feuilles tachetées d'argent et *B. metallica* des feuilles plus petites avec des poils argentés. Ce sont de fort belles plantes, mais difficiles à commercialiser et, par conséquent, pas toujours faciles à trouver. Les amis se les transmettent généralement par boutures. Ces boutures développent volontiers des racines dans l'eau.

Les bégonias sont très sujets aux mycoses car leurs tiges contiennent beaucoup d'eau. Au cours de la seconde année, il est recommandé de pulvériser les races « Lorraine » et « Schwabenland » avec un fongicide à base de bénomyl avant la floraison. Et aussi de les reproduire abondamment pour pouvoir remplacer les victimes de cette maladie.

Les hybrides Schwabenland, *de couleurs diverses, se vendent toute l'année.*

Toutes les parties de ces plantes sont charnues et fragiles. Les manipuler avec soin : les blessures pourrissent facilement.

Dimensions. Entre 5 et 8 cm et jusqu'à 45 cm. Certaines espèces arborescentes atteignent 2 m de haut et ont généralement besoin d'un tuteur.

Croissance. Rapide. Qu'ils proviennent de graines ou de boutures, ils fleurissent souvent dans l'année.

Floraison. Dès qu'ils atteignent une certaine taille, la floraison est plus ou moins continue. La plupart des grandes espèces fleurissent en été.

Parfum. Inodore.

Lumière. Beaucoup de lumière mais pas de soleil direct. Les feuilles mouillées sont brûlées par le soleil.

Température. Pour la plupart des espèces pas moins de 15° en hiver. 18° en été est bon. Jamais plus de 21°.

Arrosage. Une ou deux fois par semaine en été, mais trop d'eau en hiver peut les faire pourrir. S'il fait froid, un arrosage tous les 10 jours doit suffire.

Engrais. Ajouter de l'engrais liquide à l'eau une fois par mois pendant la floraison.

Humidité. Supportent l'atmosphère normale d'une maison, mais se portent mieux si leur pot est posé sur des cailloux mouillés. Vaporiser la plante hebdomadairement, mais pas les fleurs, qui pourriraient.

Nettoyage. S'abstenir : les feuilles sont trop fragiles.

Atmosphère. Ces plantes supportent mal une atmosphère confinée où elles sont attaquées par des champignons. Leur éviter les gaz polluants.

Terre. Terreau frais.

Empotage. Une fois en fleurs, ne rempoter qu'une fois. Attention : les tiges sont fragiles et cassantes.

Taille. Si la plante devient hirsute, la tailler à 4 cm du sol : elle repoussera.

Multiplication. Se fait en général à partir des graines. Des boutures de feuilles et de tiges réussissent bien au printemps et en été. 21° pour les boutures.

Longévité. Un an est une bonne moyenne *(Begonia semperflorens),* mais beaucoup peuvent vivre davantage.

Sociabilité. Les petits bégonias peuvent entrer dans des cultures mixtes. Les grands, tels que *Schwabenland* et les variétés tubéreuses à grandes fleurs, se cultivent mieux seuls.

Facilités/difficultés. Tous ces bégonias sont assez faciles pourvu qu'ils aient de l'air.

Empotage

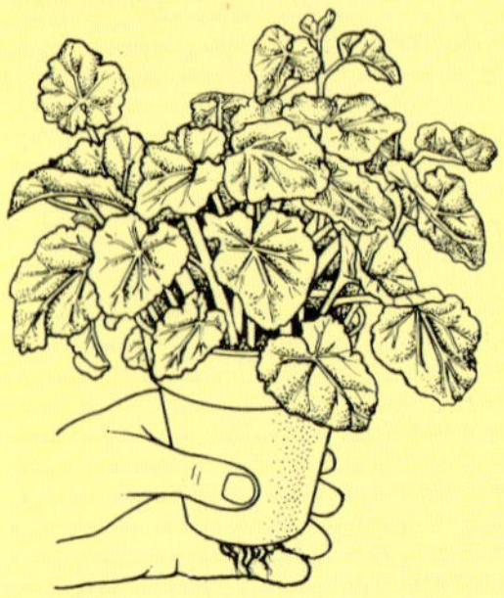

1 - Ne rempoter que quand les plantes sont de taille à fleurir. Attention, les tiges sont fragiles.

2 - Préparer un pot plus grand, avec une couche de drainage et une couche de terreau humide. Bien arroser la plante.

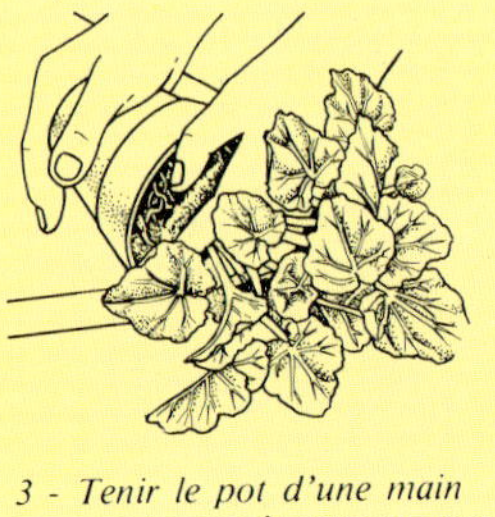

3 - Tenir le pot d'une main en maintenant le terreau avec l'autre. Tapoter le bord du pot : plante et terreau sortiront d'un bloc.

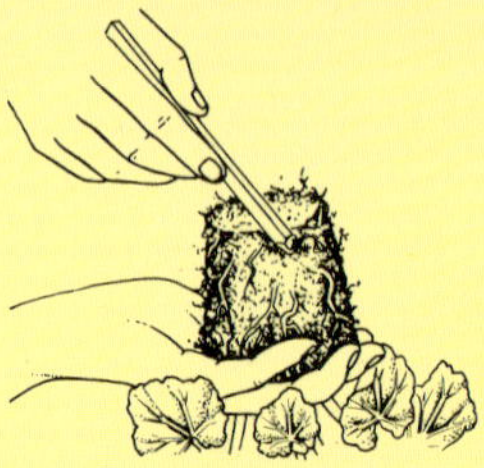

4 - Avec un crayon ou un bâtonnet, enlever la terre sans abîmer les racines.

5 - Placer les racines sur le terreau du nouveau pot.

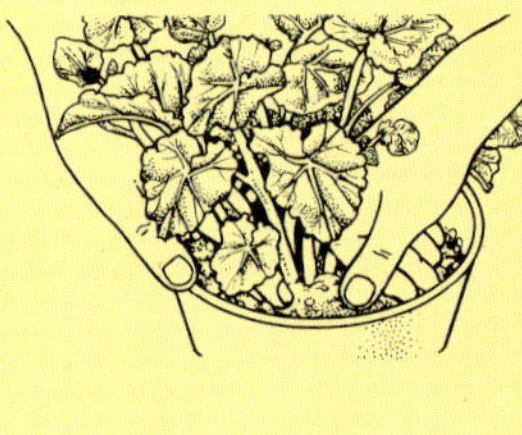

6 - Remplir de terreau frais. S'assurer que toutes les racines sont couvertes. Ne pas trop tasser. Laisser la plante à l'ombre, sans eau, pendant 2 jours, pour favoriser l'enracinement.

S.O.S.

1 - Ne fleurit plus et les nouvelles feuilles sont petites. *Manque d'engrais.*

2 - Les feuilles sèchent et pendent. *Trop sec et trop chaud. Arroser. Placer dans un endroit plus frais.*

3 - Feuilles jaunies et molles. *Trop froid et trop humide. Laisser sécher et récupérer. Placer dans un endroit plus chaud.*

4 - Espèces de petites cloques qui se rejoignent. La feuille noircit. *Mal blanc bactérien. Pulvériser un fongicide systémique.*

5 - Plaques blanches douces sur les feuilles. *Mildiou. Pulvériser un fongicide systémique.*

6 - Taches brunes/noires sur les feuilles et pourriture. *Botrytis. Trop d'eau et pas assez d'air. Pulvériser un fongicide au bénomyl. Mettre la plante dans une pièce plus sèche et mieux aérée.*

7 - Ronds ou taches jaunes sur les feuilles. *Mosaïque du concombre ou tachetures de la tomate. Aucun remède, détruire la plante.*

8 - Pourriture à la base des tiges. *Trop d'eau. Laisser sécher. Ensuite arroser moins souvent.*

9 - Pourriture sur les feuilles, les fleurs ou les boutons. *Vaporisations. Les arrêter.*

Bouturage

1 - Au printemps, la plante produit de nouvelles pousses qui peuvent servir de boutures. Préparer un petit pot avec une couche de drainage et un mélange de sable et de terreau.

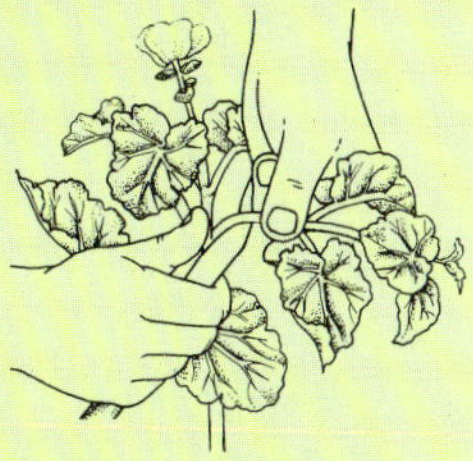

2 - Choisir une pousse ou tige de 8 à 10 cm avec au moins 2 paires de feuilles saines et une pointe de végétation. Couper sous la 2e paire de feuilles, près de la tige principale.

3 - Tailler la tige juste au-dessous d'une feuille.

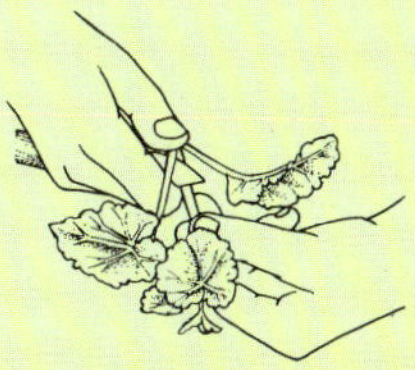

4 - Enlever la paire de feuilles inférieure.

5 - Tremper la coupe dans de la poudre radiculaire aux hormones. Secouer l'excédent.

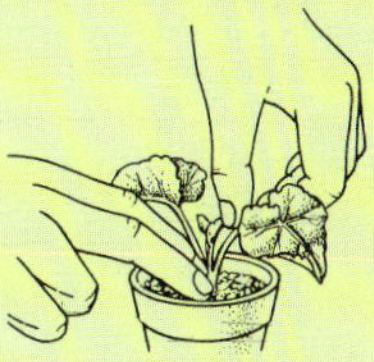

6 - Avec un crayon ou un bâtonnet, faire un trou dans le terreau et y mettre la bouture, l'extrémité de la tige au fond, les feuilles au ras du sol.

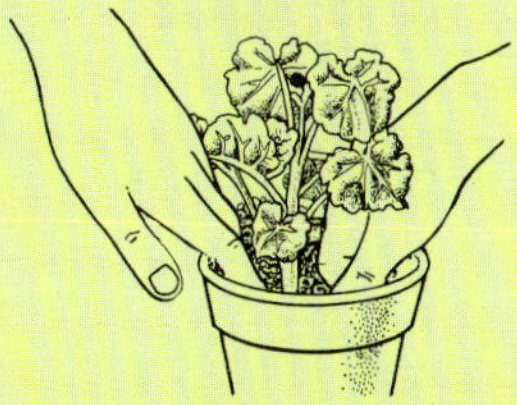

7 - Bien arroser. Recouvrir de polyéthylène soutenu par un arceau. Enlever la protection 5 minutes par jour. Garder le terreau humide à 21°. Découvrir après 21 jours. Si la bouture a pris, rempoter dans du terreau normal.

Culture en semis

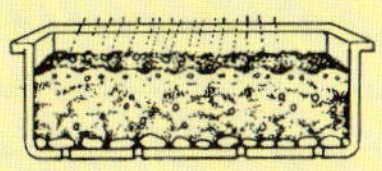

1 - Préparer un bac ou un germoir avec couche de drainage et terreau pour semis. Ensemencer régulièrement et ajouter une couche de terreau pas plus épaisse que les graines. Bien arroser.

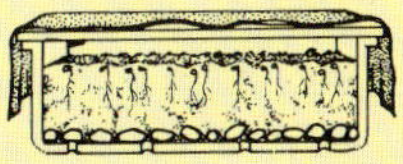

2 - Recouvrir d'une vitre et mettre à l'ombre ou sous une toile opaque. Retourner la vitre tous les jours. Le terreau ne doit pas sécher. Chaleur : 21°.

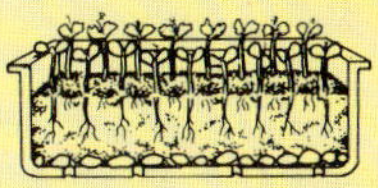

3 - Quand les graines germent, les exposer à la lumière et enlever la vitre.

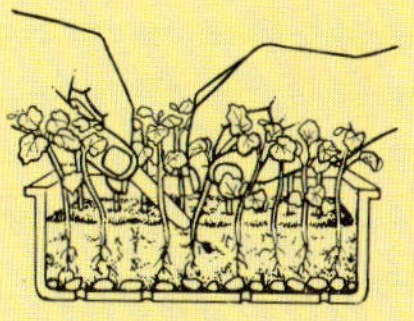

4 - Quand les pousses sont assez grandes pour être manipulées, enlever les plus faibles en laissant 2,5 cm entre celles qui restent.

5 - Quand celles-ci poussent bien, les empoter séparément dans de petits pots.

Beloperone guttata

BÉLOPÉRONE TACHETÉ OU PLANTE AUX CREVETTES

Cette plante fait partie des soixante arbrisseaux à feuilles persistantes originaires d'Amérique centrale et appartenant à la famille des acanthacées. Son nom dérive du grec *belos* (flèche) et *perone* (lien) à cause de la forme des feuilles quand elles émergent des tiges. Une seule espèce est couramment cultivée comme plante d'intérieur, c'est *B. guttata.* Elle fut introduite en Europe en 1936 en provenance du Mexique. C'est une bonne plante d'appartement qui aime la lumière, supporte le soleil et se plaît en compagnie d'autres plantes. On la désigne sous le nom de « plante aux crevettes » parce que les bractées roses qui abritent les fleurs blanches ressemblent à des crevettes. Sa floraison est à peu près continue durant tout l'été. En hiver, quand elle ne fleurit pas, la plante offre peu d'attraits ; elle profitera d'une période de repos dans une pièce fraîche. Ne pas s'inquiéter alors si elle perd ses feuilles, c'est normal.
Il existe une espèce aux bractées jaunes, *B. lutea,* rare et difficile à trouver. On voit parfois chez les fleuristes des plantes étiques aux feuilles et bractées pâles : ce ne sont pas des *B. lutea* mais des *B. guttata* manquant de lumière. *Pachystachys lutea* (v. p. 136) ressemble beaucoup à *Beloperone* ; on l'appelle parfois familièrement « plante aux crevettes jaunes ». A l'achat, choisir des spécimens touffus, avec des bractées bien colorées. S'assurer qu'il n'y a pas de bractées noircissantes, de feuilles jaunissantes et tombantes, ni de traces de mildiou au centre. La plante est parfois vendue sous le nom de *Drejerella guttata.*

↑ La forme jaune de *Beloperone guttata.*

← La vraie fleur, blanche, sort des bractées de couleur. La forme des bractées fait penser à une crevette.

→ Un beau spécimen touffu de *Beloperone guttata.*

Dimensions. Ces plantes sont plus jolies petites (12 à 15 cm de haut et 10 à 12 de large). Elles présentent un aspect désordonné si on les laisse grandir.

Croissance. Lente, 8 à 10 cm par an. Les petites plantes fleurissent mieux.

Floraison. Tout l'été.

Parfum. Inodore.

Lumière. En été, ces plantes ont besoin d'une bonne lumière, y compris le plein soleil, pour donner des couleurs aux bractées. Pendant le repos d'hiver, les éloigner des fenêtres.

Température. Température ambiante normale des maisons en été, mais pas plus de 24°. Pendant le repos d'hiver, 7° suffisent.

Arrosage. Le terreau doit être très humide en été, mais il est essentiel que le drainage soit bon. Arroser une ou deux fois par semaine. En hiver, arroser tous les 15 jours pour entretenir l'humidité. Ne jamais laisser sécher.

Engrais. Rien en hiver. En été, ajouter de l'engrais liquide à l'eau tous les 21 jours.

Humidité. Placer le pot sur un lit de cailloux mouillés ou dans un plat plein de tourbe humide. Ne jamais vaporiser quand la plante est en fleurs : les bractées pourriraient.

Nettoyage. Inutile. Enlever les vieilles bractées. Jamais de lustrant.

Atmosphère. Plante tolérante. Aime les pièces aérées.

Terre. Un bon terreau.

Empotage. La plante adulte doit être rempotée chaque printemps, ceci pour changer le terreau plutôt que pour lui donner un pot plus grand. Veiller au drainage.

Taille. Régulariser les tiges au printemps, ou si la plante est devenue trop hirsute, couper tout à 3 ou 5 cm de hauteur et laisser repousser.

Multiplication. Au printemps, prélever des boutures de 8 à 10 cm, les planter dans du sable et un peu de tourbe. Mettre dans un germoir ou couvrir d'un sac de polyéthylène et garder à une température de 18 à 21°. Dès que les racines sont formées, empoter par 5 dans un pot de 9 cm. A mesure qu'elles grandissent, pincer les pointes de végétation pour favoriser le buissonnement.

Longévité. Ces plantes vivent longtemps, mais il est préférable de rajeunir la culture tous les 2 ans à l'aide de boutures.

Sociabilité. Prospèrent dans des bacs avec d'autres plantes aimant la lumière. Le manque de lumière fait pâlir les bractées.

Facilités/difficultés. Une bonne plante pour les amateurs qui ont franchi le premier échelon. Sans être vraiment difficile, il faut un peu de savoir-faire pour la maintenir au mieux de sa forme.

Bouturage

1 - Au printemps, prélever des boutures de tige de 8 à 10 cm. Préparer un petit pot avec couche de drainage et du sable avec un peu de tourbe.

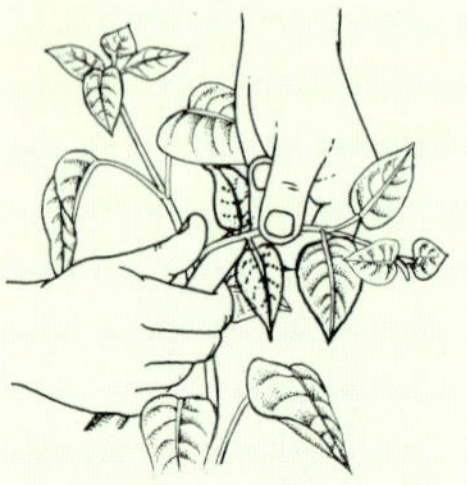

2 - La pousse ou l'extrémité de tige doit avoir au moins 2 paires de feuilles saines et un point de végétation. Couper au-dessous de la 2e paire de feuilles, près de la tige principale.

3 - Tailler la tige juste au-dessous d'une feuille.

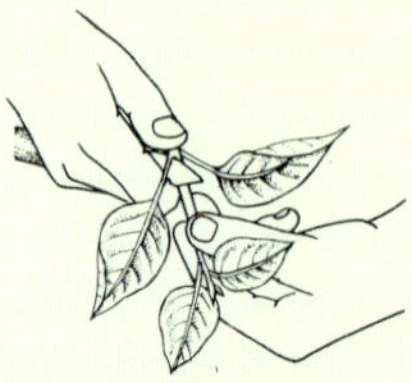

4 - Enlever la paire de feuilles inférieure.

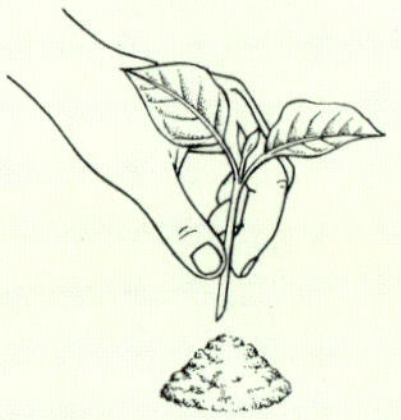

5 - Tremper la coupe dans de la poudre radiculaire aux hormones. Secouer l'excédent.

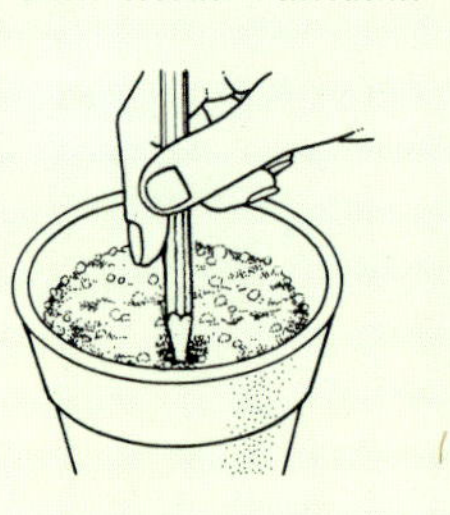

6 - Avec un crayon ou un bâtonnet, faire de petits trous dans le terreau sur le pourtour du pot.

S.O.S.

1 - Les bractées noircissent. *C'est provoqué par les vaporisations. Enlever les bractées noires.*

2 - Les feuilles jaunissent. *Trop d'eau. Laisser sécher. Ensuite arroser moins souvent.*

3 - Les feuilles tombent. *Trop sec ou, en hiver, trop froid. Tâter le terreau et arroser s'il est sec. S'il est humide, trouver un endroit plus doux.*

4 - Les feuilles sont pâles. *Manque d'engrais.*

5 - Les bractées sont pâles. *Manque de lumière. Trouver un endroit plus éclairé mais pas ensoleillé.*

6 - Feuilles jaunies avec des filaments en dessous. *Araignées rouges. Pulvériser du derris, du malathion ou un insecticide systémique. Humidifier.*

7 - Feuilles déformées et collantes, avec des insectes verts. *Pucerons. Pulvériser du pyrèthre ou un insecticide systémique.*

8 - La plante « s'efflanque » en grandissant. *Trop chaud. Trouver un endroit plus frais.*

7 - Y mettre les boutures, l'extrémité de la tige au fond, les feuilles au ras du sol.

8 - Bien arroser et recouvrir de polyéthylène soutenu par un arceau. Enlever la protection 5 minutes par jour pour empêcher la pourriture. Ne pas laisser sécher. Garder à 18°.

9 - Retirer le polyéthylène après 21 jours. Quand les plantes ont bien pris, rempoter dans du terreau normal.

Taille

1 - Une plante échevelée peut être taillée au printemps, avant la floraison.

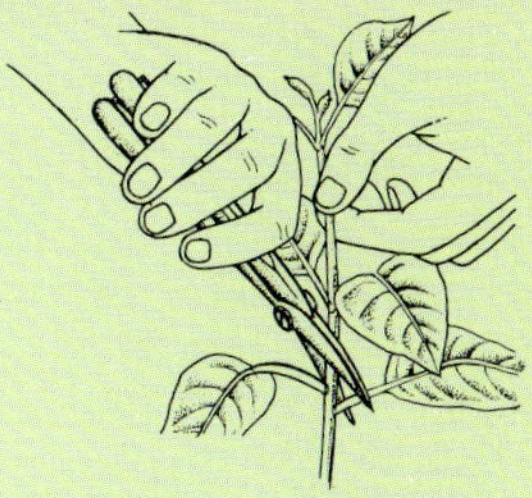

2 - Couper juste au-dessus du pétiole.

3 - Une plante bien proportionnée avec fleurs et bractées.

Enlever les bractées

Enlever en pinçant les bractées mortes.

Empotage

1 - Rempoter les plantes adultes chaque printemps. Le terreau est épuisé quand il ne retient plus l'eau.

2 - Préparer un pot de la même taille avec un drainage et une couche de terreau humide.

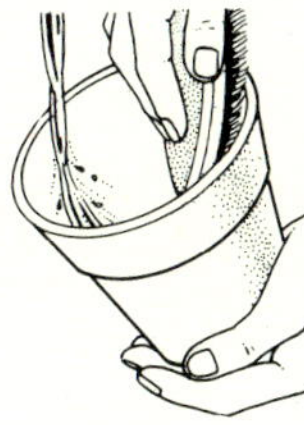

3 - Si c'est le vieux pot qui est réutilisé, bien le laver au préalable.

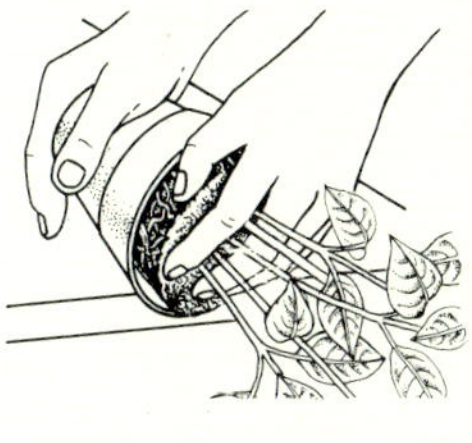

4 - Tenir le pot d'une main en maintenant le terreau de l'autre. Tapoter le bord du pot : plante et terreau sortiront d'un bloc.

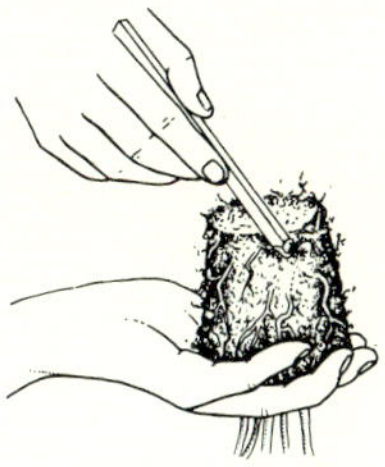

5 - Avec un crayon ou un bâtonnet, enlever le vieux terreau sans abîmer les racines.

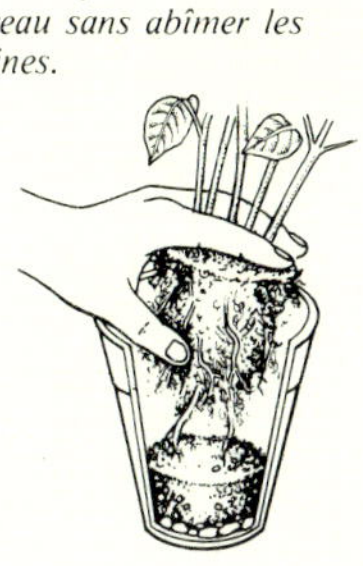

6 - Placer les racines sur le terreau du nouveau pot.

7 - Remplir de terreau frais. S'assurer que toutes les racines sont couvertes.

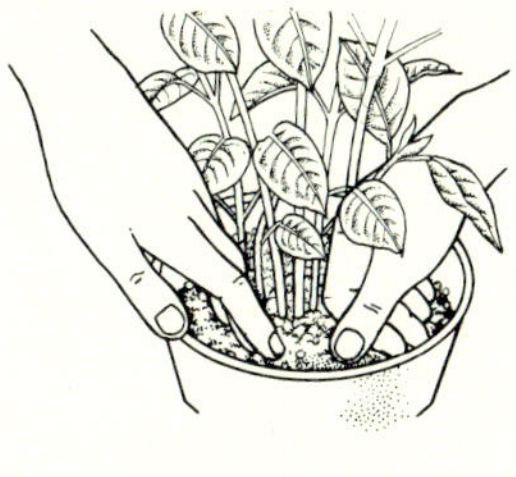

8 - Bien tasser. Laisser à l'ombre, sans eau, pendant 2 jours pour favoriser l'enracinement.

BOUGAINVILLÉE GLABRE

← Les véritables fleurs sont petites et jaunes, au milieu des somptueuses bractées qui sont des feuilles modifiées.

→ *B. glabra* ne fleurit bien qu'en plein soleil.

↓ *Bougainvillea* « Mrs Butt » a des bractées rosâtres qui deviennent lilas en se fanant.

Le nom de bougainvillée évoque les romans romantiques et les tièdes jardins méditerranéens. Sous des climats plus froids, c'est dans une serre ensoleillée que cette belle plante pousse le mieux. Toutefois, on peut la faire vivre dans un petit pot si elle est bien taillée et palissée et reçoit assez de soleil pour fleurir. Elle appartient à la famille des nyctaginacées. Nommé d'après le navigateur français Louis Antoine de Bougainville, le genre comprend sept ou huit espèces, toutes buissonnantes ou même arborescentes, dont deux seulement nous intéressent ici. Elles sont originaires du Brésil d'où elles furent introduites vers le milieu du XIXe siècle. La mieux connue est *B. glabra,* qui a des bractées d'un mauve vif et de petites fleurs jaunes. Elle fleurit à profusion durant tout l'été. L'autre espèce est *B. spectabilis* et ses hybrides « Mrs Butt », aux bractées d'un rose soutenu, et « Kiltie Campbell », aux bractées orange. Ses bractées (et ses feuilles) sont plus grandes mais moins prolifiques que celles de *B. glabra.*

B. glabra peut pousser en pleine terre dans les régions méditerranéennes, ainsi que plus au nord si l'on recouvre le pied de paille et de polyéthylène en hiver. *B. spectabilis* est beaucoup plus fragile.

Les bougainvillées sont généralement vendues en fleurs et palissées sur un arceau en fil de fer. Choisir des spécimens au feuillage brillant, d'un vert foncé. Dans des pots de terre, ces plantes risquent moins de souffrir d'un arrosage excessif qui fait jaunir les feuilles.

Dimensions. Ces plantes atteignent 3 à 4 m en serre et peuvent être palissées le long du plafond. En pot, il vaut mieux les palisser sur des tuteurs ou des arceaux. Elles atteignent normalement 38 à 45 cm dans un pot de 12 cm.

Croissance. 30 à 45 cm en début de saison, même en pot.

Floraison. Estivale. Quoiqu'apparaissant par vagues, des fleurs sont toujours présentes durant tout l'été.

Parfum. Inodore.

Lumière. Les bougainvillées demandent beaucoup de lumière, sans quoi elles perdent leurs feuilles et ne fleurissent pas l'été suivant.

Température. Elles supportent jusqu'à 7 ou 5° pendant le repos d'hiver. Elles perdront alors leurs feuilles qui ne repousseront qu'au printemps. En été, pas plus de 21°.

Arrosage. Garder le terreau très humide en été : au moins 3 arrosages par semaine. Le drainage doit être bon. En hiver, le terreau doit être à peine mouillé, surtout s'il fait froid. Un arrosage par semaine doit suffire. L'eau calcaire est conseillée.

Engrais. Ajouter à l'eau la moitié de la dose recommandée d'engrais liquide tous les 15 jours.

Humidité. Vaporiser tous les 3 ou 4 jours quand la plante se prépare à fleurir. Ne pas vaporiser les fleurs. Poser le pot sur des cailloux mouillés.

Nettoyage. Inutile. Jamais de lustrant.

Atmosphère. Ces plantes tolèrent, pour une courte période, toute atmosphère dans laquelle nous pouvons vivre. Elles aiment une bonne aération.

Terre. Terreau enrichi d'engrais.

Empotage. Rempoter les adultes à chaque printemps pour renouveler le terreau. Ne rempoter qu'exceptionnellement dans un pot plus grand : la plante fleurit mieux quand elle est un peu à l'étroit.

Taille. Couper les tiges anarchiques au printemps, mais pas trop car la plante fleurit sur le bois qu'elle a fabriqué l'été précédent.

Multiplication. Un travail d'expert. Les boutures sont prélevées au printemps et placées dans une atmosphère très humide (21 à 24°).

Longévité. 20 à 30 ans en serre, environ 5 ans dans un pot. La plante devient alors trop ligneuse et fleurit mal.

Sociabilité. Il vaut mieux la cultiver seule.

Facilités/difficultés. Plus facile à cultiver en serre, mais elle se portera bien à une fenêtre très ensoleillée.

Palissage sur un arceau

1 - Enfoncer un des bouts d'un arceau flexible dans le terreau, le long du pot et jusqu'au 2/3 de sa profondeur.

2 - Faire de même de l'autre côté.

3 - Enrouler délicatement les tiges autour de l'arceau sans les abîmer.

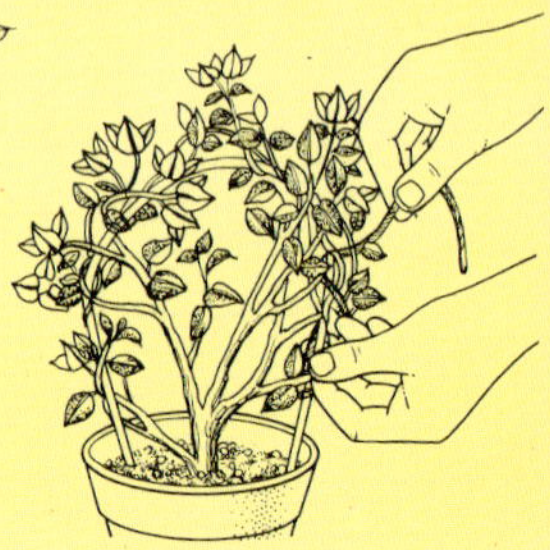

4 - Si nécessaire, attacher les tiges avec une ficelle.

5 - La plante continuera à pousser le long de l'arceau et peut être repalissée de façon à faire le parcours en sens inverse.

S.O.S.

1 - Croissance arrêtée. *Mauvais drainage, le terreau s'est tassé. Rempoter avec une bonne couche de drainage.*

2 - Pas de fleurs. *Pas assez de lumière et d'air, ou trop d'eau. Placer en un lieu plus clair et aéré. Si humide, laisser sécher. Les vieilles plantes aux tiges ligneuses ne fleurissent plus en intérieur.*

3 - Les feuilles tombent. *Normal en hiver pendant le repos. Mettre la plante plus au chaud. En été, manque de lumière. Trouver un endroit plus clair et aéré.*

4 - Feuilles et fleurs sèchent et tombent, ne laissant que les bractées. *Trop chaud et sec. Arroser, vaporiser.*

5 - Les nouvelles feuilles sont petites. *Manque d'engrais.*

6 - Les feuilles jaunissent. *Trop d'eau. Vérifier le drainage. Laisser sécher. Ensuite arroser moins souvent.*

7 - Plaques blanches douces sur les feuilles. *Mildiou, provoqué par les vaporisations dans une pièce mal aérée. Trouver un endroit mieux aéré.*

8 - Plaques laineuses blanches sur les feuilles. *Cochenilles. Les enlever une à une avec un tampon imbibé d'alcool dénaturé ou pulvériser du malathion ou un insecticide systémique.*

9 - Les feuilles jaunissent et tombent, filaments sur l'envers. *Araignées rouges. Pulvériser du derris, du malathion ou un insecticide systémique.*

10 - Feuilles tachetées de jaune, surtout le long des nervures. Insectes écailleux bruns sous les feuilles et sur les tiges. *Autre espèce de cochenilles. Même remède que n° 8.*

Taille

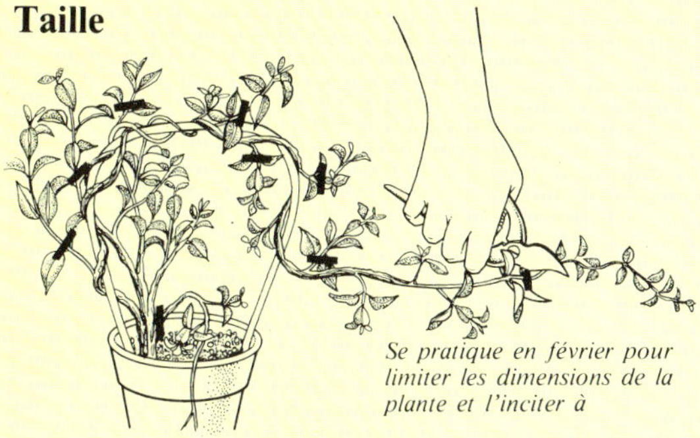

Se pratique en février pour limiter les dimensions de la plante et l'inciter à buissonner. Ramener le bois nouveau à 5 ou 7 cm. Il est facile à reconnaître parce que la vieille tige est plus épaisse et ligneuse. Couper entièrement les tiges latérales maigres. Tailler les autres au-dessus de la première feuille. Couper toujours au-dessus d'une feuille ou d'un bourgeon.

Empotage

1 - Rempoter au printemps pour renouveler le terreau. Si la plante est trop grande ou que les racines sortent par le trou, prendre un pot plus grand. Bien arroser.

2 - Mettre une couche de drainage et une couche de terreau. Si l'on utilise le même pot, bien le laver d'abord.

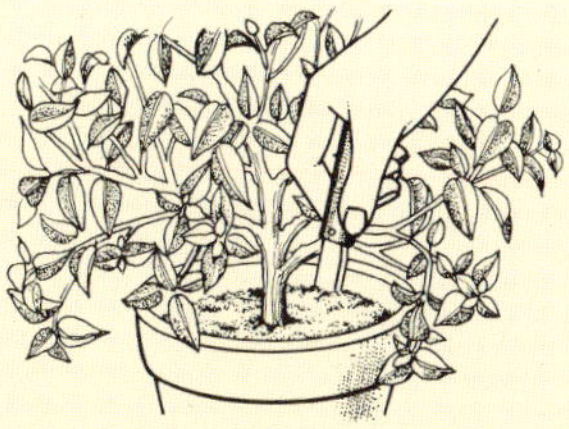

3 - Passer une lame entre le pot et le terreau.

4 - Soulever la plante par la base de la tige, en maintenant la partie supérieure.

5 - La coucher sur une table. Avec un crayon ou un bâtonnet, enlever le terreau sans abîmer les racines.

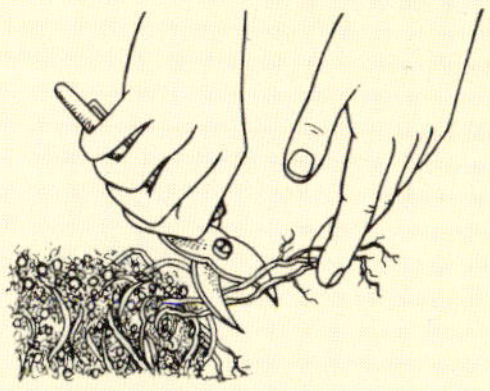

6 - S'il y a trop de racines pour le pot, couper les plus longues au sécateur.

7 - Placer les racines sur le terreau du nouveau pot. Remplir de terreau frais.

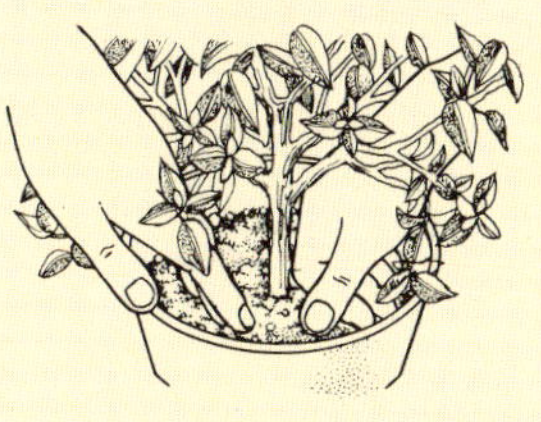

8 - Bien tasser. Laisser à l'ombre, sans eau, pendant 2 jours pour favoriser l'enracinement.

Arrosage

1 - Tâter le terreau. S'il est friable et léger, la plante a besoin d'eau.

2 - Arroser par le haut, avec de l'eau de pluie si possible. Vider la soucoupe au bout de 15 minutes.

CALADIUM BICOLORE

C'est un membre de la famille des aracées dont tant d'espèces sont cultivées pour la seule beauté de leurs feuilles. Celles du caladium sont lancéolées et aussi minces que du papier, frappantes par leurs coloris comprenant diverses teintes de blanc, de rose, de rouge et de vert ; elles ont parfois une mince bordure vert pâle et les nervures sont généralement très voyantes. En fin d'été, la plante produit une fleur insignifiante qui ressemble à un arum vert.

Le caladium est originaire du Brésil et tire son nom d'un mot indien, « kelady ». Le genre comprend à peu près seize espèces connues, dont *C. bicolor,* avec ses hybrides, est la plus courante.

On ne devrait pas vraiment les considérer comme des plantes d'appartement vivaces, car ils ont besoin d'énormément d'humidité et il est très difficile de les conserver plus d'un an. On les cultive à partir de rhizomes qui commencent à se développer au printemps par une température élevée. A la fin de l'été, les parties aériennes meurent et les rhizomes doivent être soigneusement conservés durant l'hiver. Afin de profiter le plus longtemps possible de la plante, il faut l'acheter à la fin du printemps ou au début de l'été quand elle est pleinement épanouie.

Choisir les caladiums pour la beauté de leur feuillage. S'assurer qu'aucune des grandes tiges n'est cassée et qu'il n'y a pas de pucerons. Bien les envelopper pour les protéger des courants d'air en les transportant.

Les coloris de diverses variétés de *C. bicolor* sont spectaculaires. En général, les nervures ont les couleurs les plus intenses. Ce sont les plus délicates de toutes les aracées. Ils produisent parfois une spathe : →

Dimensions. Ces plantes se cultivent en général dans des pots de 12 cm à raison de 2 à 3 rhizomes par pot. Elles atteignent ainsi 45 cm de haut et 30 de large.

Croissance. A peu près 10 à 12 feuilles par saison.

Floraison. La fleur, insignifiante, apparaît à la fin de l'été.

Parfum. Inodore.

Lumière. Un bon éclairage entretient les couleurs des feuilles, mais le soleil de la mi-journée les brûle.

Température. En été, pas moins de 15 à 18° et pas plus de 24° avec une forte humidité. Pour garder les rhizomes en hiver, 13° est un minimum.

Arrosage. La plante doit être bien arrosée (2 à 3 fois par semaine) pendant sa croissance. Réduire peu à peu à un arrosage par semaine quand elle ne fait plus de feuilles. En hiver, un arrosage par quinzaine doit suffire à garder la terre humide.

Engrais. Pendant la croissance, ajouter la moitié de la dose recommandée d'engrais liquide à l'eau toutes les 3 semaines.

Humidité. Les caladiums en demandent beaucoup et apprécient la compagnie d'autres plantes, mais pas les vaporisations.

Nettoyage. Ne jamais essuyer : les feuilles sont trop fines. Enlever les feuilles mortes. Pas de lustrant.

Atmosphère. Eviter les courants d'air.

Terre. Un mélange riche contenant 3/4 de tourbe.

Empotage. Une fois les rhizomes en pot, il vaut mieux ne plus les toucher de la saison.

Taille. Inutile.

Multiplication. L'expert peut multiplier par semis, mais il est facile de diviser les rhizomes qui ont hiverné. Parfois, en cours de croissance, la plante produit de petites pousses qui peuvent être empotées séparément. Pour faire pousser les rhizomes au printemps, une température de 21° est indispensable.

Longévité. Un été entre les mains d'un amateur moyen, plusieurs entre celles d'un expert.

Sociabilité. Dans des bacs mixtes, les caladiums bénéficient de l'humidité que produisent les autres plantes, mais celles-ci doivent supporter la lumière et le drainage doit être bon. Cependant leur feuillage est si spectaculaire qu'il vaut mieux les garder seuls. Les placer près du sol pour mettre en valeur le dessus des feuilles.

Facilités/difficultés. Il est difficile de faire passer l'hiver à un caladium. Quand les feuilles meurent, à l'automne, il faut conserver les rhizomes dans un sol légèrement humide et à une température assez élevée. L'amateur moyen doit considérer le caladium comme une plante annuelle. Il pousse plus facilement dans une serre où l'humidité est plus élevée.

Entretien hivernal et empotage

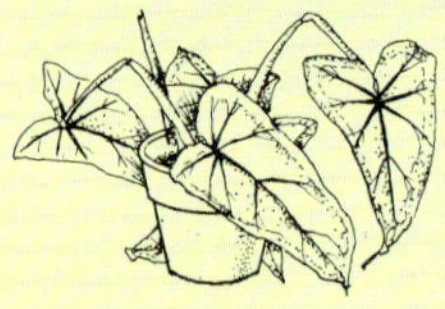

1 - Quand, à la fin de l'été, les feuilles commencent à mourir et qu'il n'en pousse plus, réduire peu à peu l'arrosage. En hiver, garder la terre juste humide : un arrosage par quinzaine. Température : 13° minimum.

2 - Au printemps, mélanger 1/4 de terreau et 3/4 de tourbe. Préparer un nouveau pot avec couche de drainage et terreau.

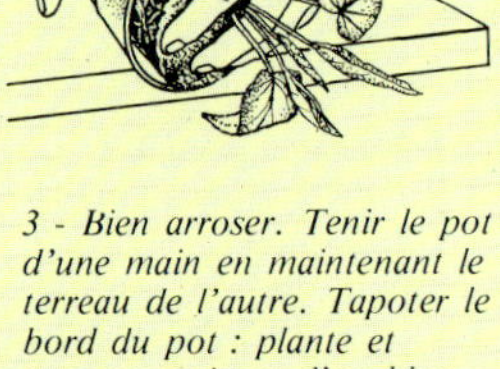

3 - Bien arroser. Tenir le pot d'une main en maintenant le terreau de l'autre. Tapoter le bord du pot : plante et terreau sortiront d'un bloc.

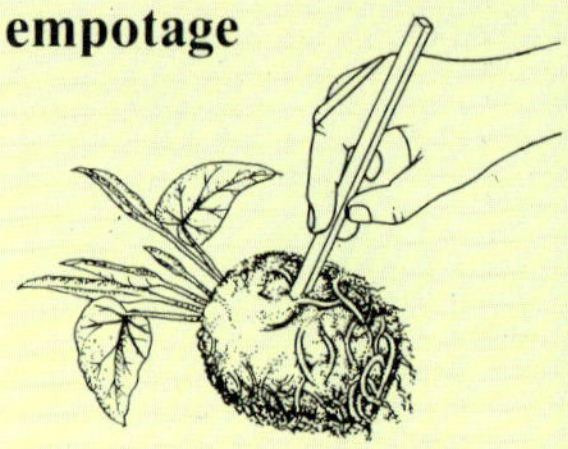

4 - Avec un crayon ou un bâtonnet, enlever le terreau sans abîmer les racines.

5 - Placer les racines sur le terreau du nouveau pot.

6 - Remplir de terreau frais. Bien couvrir toutes les racines. Bien tasser. Laisser 2 jours à l'ombre, sans eau, pour favoriser l'enracinement.

S.O.S.

1 - Moisissures sur les feuilles et le haut du pot. *Trop d'eau et des courants d'air froid. Laisser sécher et placer en un lieu abrité. Arroser moins souvent.*

2 - Les feuilles se ratatinent. *Trop chaud et sec ou des courants d'air. Tâter le terreau. S'il est sec, arroser, vaporiser, humidifier. Placer en un lieu abrité.*

3 - Feuilles parcheminées avec les bords bruns. *Un peu trop froid. Chauffer jusqu'à 15° au moins.*

4 - Les feuilles s'affaissent, se recroquevillent et meurent. La croissance s'arrête. *Trop froid. Trouver un endroit plus chaud.*

5 - Feuillage aux couleurs délavées. *Pas assez de lumière. Trouver un endroit mieux éclairé, mais pas directement au soleil.*

6 - Feuilles et pousses déformées et collantes, insectes verts. *Pucerons. Pulvériser du pyrèthre ou un insecticide systémique.*

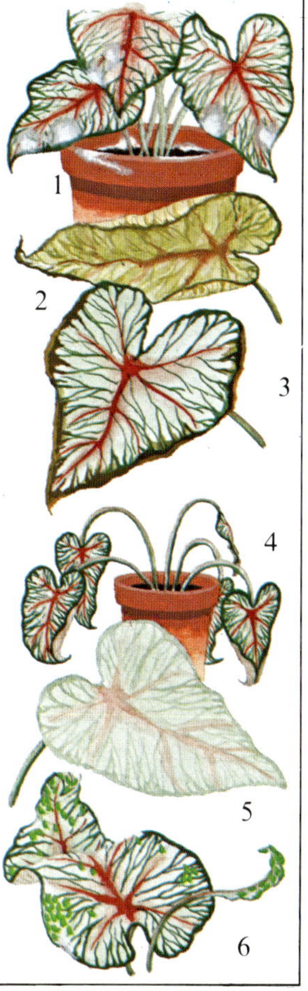

Division des rhizomes

On peut diviser les rhizomes au moment où ils commencent à repartir après l'hiver. Il leur faut au moins 21° et une forte humidité. Sans germoir, la réussite est improbable.

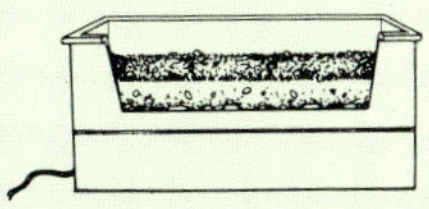

1 - Préparer le germoir avec couche de drainage, terreau et une couche de 2,5 cm de sable.

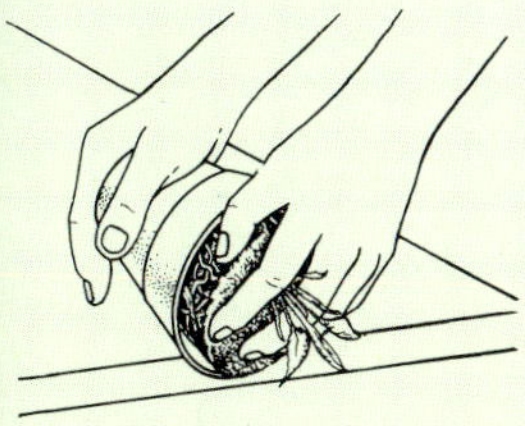

2 - Retirer la plante du pot.

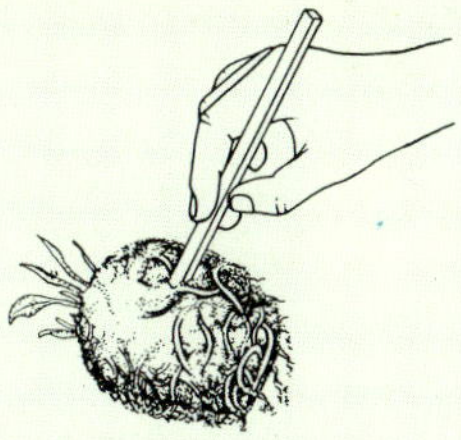

3 - Avec un crayon ou un bâtonnet, enlever délicatement la vieille terre.

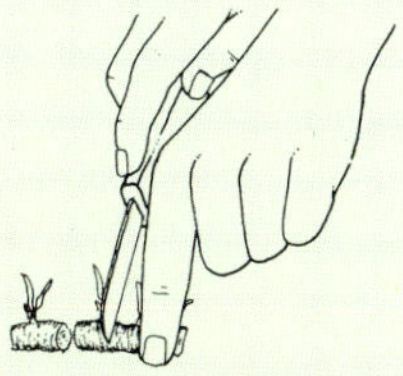

4 - Sur une surface plate et dure, couper le rhizome en tronçons. Chaque portion doit avoir au moins une feuille.

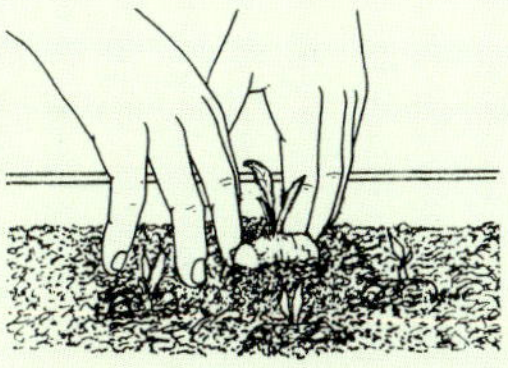

5 - Enfoncer les tronçons dans le sable, bien arroser et recouvrir. Maintenir l'humidité et découvrir 5 minutes chaque jour. Quand ils poussent bien, les empoter dans de petits pots.

Enlever les feuilles mortes

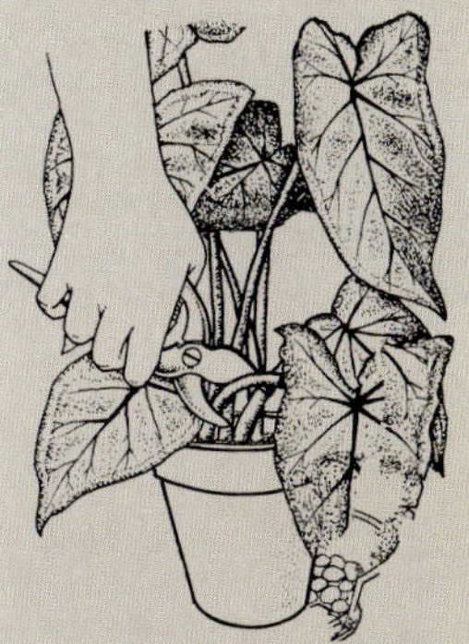

Quand une feuille est tout à fait sèche, la couper à la base du pétiole avec un sécateur.

Arrosage

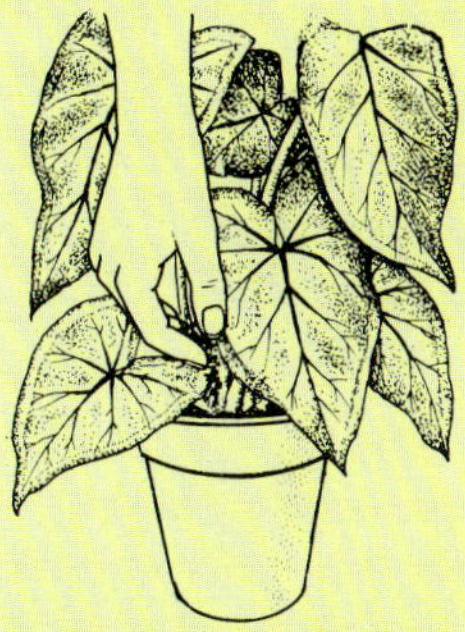

Tâter le terreau. S'il est friable et léger, ajouter de l'eau.

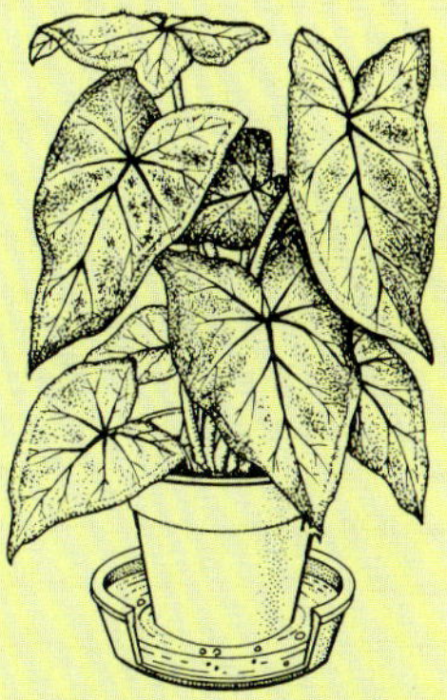

Les caladiums doivent être bien arrosés, 2 à 3 fois par semaine, pendant leur croissance. Quand les feuilles meurent, diminuer peu à peu l'arrosage.

Humidité

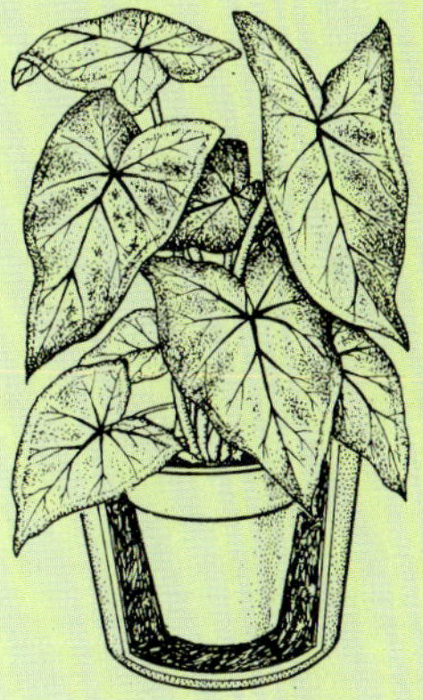

Il y a deux façons de l'entretenir.
Placer le pot dans un pot plus grand rempli de tourbe humide.
Placer le pot dans une soucoupe sur des cailloux ou du gravier trempant dans l'eau. S'assurer que le fond du pot ne touche pas l'eau.
Ne pas vaporiser les feuilles, ne jamais utiliser de lustrant.

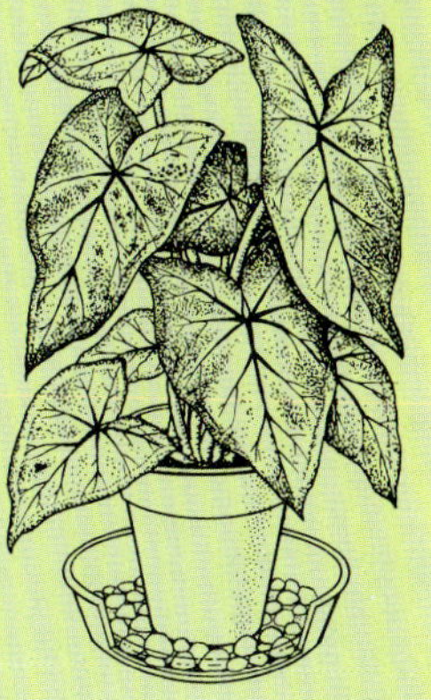

ÉTOILE DE MARIE

Campanula isophylla appartient à la famille des campanulacées comprenant quelque deux cent cinquante espèces dont les diverses campanules de nos prés et jardins. La plupart sont originaires des côtes septentrionales de la Méditerranée, encore que quelques-unes vivent plus au nord. L'étoile de Marie, appelée parfois aussi étoile de Bethléem ou étoile d'Italie, provient du nord de l'Italie et fleurit abondamment en été.
C'est une espèce rampante qui convient parfaitement aux paniers suspendus. En enlevant judicieusement les pointes de végétation et en la palissant, on peut aussi la faire pousser en hauteur. Il en existe deux variétés, une blanche et une bleue, la première étant la plus robuste.
C'est une plante ravissante, couverte d'une masse de fleurs en forme de clochettes qui se succèdent tout le long de l'été si l'on a soin d'enlever celles qui se fanent. On l'apprécie d'autant mieux que la liste des plantes d'intérieur rampantes est courte. Elle se vend en juillet-août, alors qu'elle est en pleine floraison, et coûte alors assez cher, mais une fois qu'on la possède, sa reproduction est facile. Choisir des spécimens d'une jolie forme, portant de nombreux boutons et de jeunes pousses. Eviter les plantes aux tiges anarchiques et ligneuses portant des feuilles jaunes.

↑ *Campanula isophylla* est une plante rampante très appréciée qui fleurit en été. La variété blanche « Alba ».

← et → La variété bleue. Enlever les fleurs mortes pour stimuler la floraison. La plante est superbe dans un panier suspendu.

Dimensions. Le mieux est de cultiver la plante dans un pot de 12 cm. Réunir 5 à 6 boutures pour avoir une masse assez touffue.

Croissance. 30 à 38 cm chaque été. La plante doit être taillée au printemps si l'on veut qu'elle reste touffue.

Floraison. Les fleurs se succèdent sur les jeunes tiges tout au long de l'été pourvu qu'on les enlève quand elles se fanent.

Parfum. Inodore.

Lumière. Pour être au mieux de sa forme, la plante a besoin d'une bonne lumière. La placer devant une fenêtre ou la sortir en été. Il faut toutefois lui éviter le soleil direct en plein été.

Température. La plante s'accommode bien de la fraîcheur (16° et au-dessous). Elle peut vivre dehors en été et, si l'on ne l'arrose pas, elle supporte même 8° en hiver.

Arrosage. Arroser souvent pendant la croissance. Au moins une fois par jour si la plante est devant une fenêtre exposée au sud, tous les 2 ou 3 jours si la fenêtre est au nord. En hiver, il suffit d'entretenir l'humidité en arrosant tous les 7 à 10 jours suivant la température. L'eau de pluie est recommandée.

Engrais. Pendant la croissance, ajouter de l'engrais liquide à l'eau tous les 15 jours.

Humidité. Cette plante aime une atmosphère humide. Vaporiser une fois par semaine, mais pas sur le dessus pendant la floraison.

Nettoyage. Inutile. Il suffit d'enlever les feuilles et les fleurs mortes. Pas de lustrant.

Atmosphère. Une plante tolérante dans l'ensemble.

Terre. Un bon terreau frais avec un peu d'engrais.

Empotage. Une fois les boutures empotées, pas d'autre rempotage la même saison. Avec les plantes plus âgées, il est bon de remplacer une partie du terreau au départ de chaque saison, mais inutile de les mettre dans un pot plus grand.

Taille. En fin d'hiver, couper toutes les tiges jusqu'à une seule paire de feuilles. Pendant la croissance, pincer les bourgeons centraux de chaque pousse pour obtenir une plante touffue et droite.

Multiplication. Les tiges coupées peuvent servir de boutures. Les retailler pour qu'elles aient 8 à 10 cm de long et les placer, par 5 ou 6, dans un pot de 12 cm. Enfermer dans un germoir ou recouvrir d'un sac en plastique jusqu'au début de la croissance.

Longévité. Si la plante est taillée en hiver, elle repoussera vigoureusement au printemps. Il est conseillé de renouveler son stock avec des boutures tous les 2 à 3 ans, car les vieilles plantes deviennent ligneuses.

Sociabilité. Elles vont bien avec d'autres plantes dans des récipients de 25 à 30 cm de diamètre, pourvu qu'elles aient beaucoup de lumière. Les grands bacs ne leur conviennent pas.

Facilités/difficultés. Une plante facile, mais qui n'est vraiment décorative que pendant sa floraison.

Taille

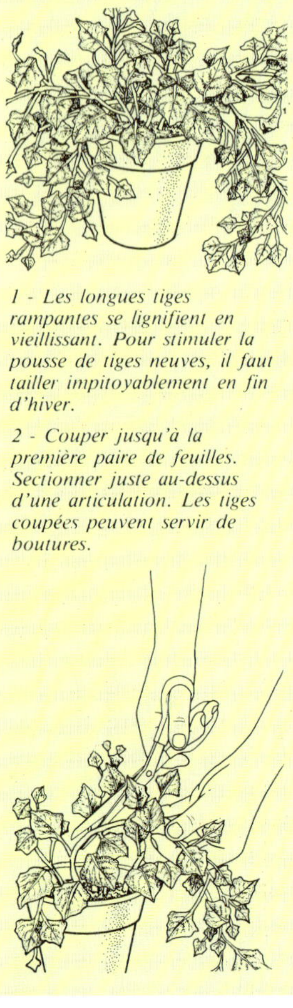

1 - Les longues tiges rampantes se lignifient en vieillissant. Pour stimuler la pousse de tiges neuves, il faut tailler impitoyablement en fin d'hiver.

2 - Couper jusqu'à la première paire de feuilles. Sectionner juste au-dessus d'une articulation. Les tiges coupées peuvent servir de boutures.

Changer la terre de surface

1 - Ne pas rempoter les plantes adultes mais renouveler le terreau de surface au printemps. Arroser, puis enlever une couche de 2,5 cm sans abîmer les racines.

2 - Remplir de terreau frais.

3 - Bien tasser. S'assurer que toutes les racines sont couvertes.

4 - Laisser à l'ombre, sans eau, pendant 2 jours pour favoriser l'enracinement.

S.O.S.

1 - Les feuilles jaunissent. *Manque de lumière ou d'engrais. Placer en un lieu mieux éclairé. Nourrir régulièrement.*

2 - Les feuilles jaunissent et tombent, filaments sur l'envers. *Araignées rouges. Pulvériser du derris, du malathion ou un insecticide systémique. Augmenter l'humidité.*

3 - Plante efflanquée, pas de fleurs. *Trop chaud, pas assez d'air. Trouver un endroit plus frais et aéré.*

4 - Les feuilles jaunissent, sèchent et se ratatinent. Les fleurs meurent. *Trop sec. Arroser régulièrement.*

5 - Pourriture à la base. *Trop humide. Laisser sécher.*

6 - Pas de nouvelles pousses. Les feuilles meurent. *Trop froid. Trouver un endroit plus chaud.*

7 - Les fleurs pourrissent et ne s'ouvrent pas. *Trop froid et humide. Trouver un endroit plus chaud et laisser sécher jusqu'à la reprise.*

8 - Les feuilles noircissent. *Gelées de printemps ou d'automne.*

Buissonnement

1 - La plante sera plus touffue si l'on supprime les bourgeons principaux.

2 - Une plante bien taillée.

Arrosage

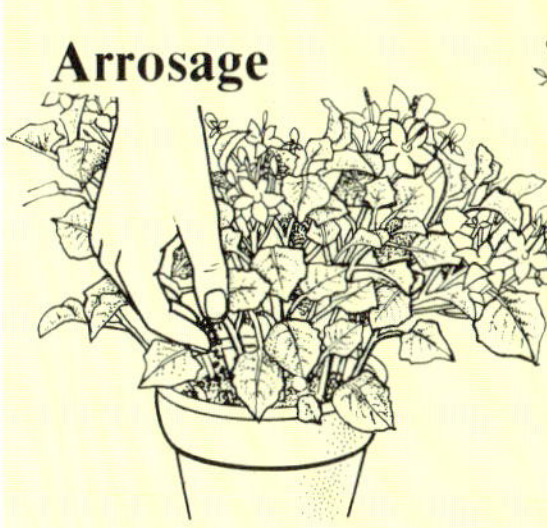

1 - Tâter le terreau. S'il est friable et léger, la plante a besoin d'eau.

2 - Arroser par le haut, avec de l'eau de pluie si possible. Vider la soucoupe au bout de 15 minutes.

Enlever les fleurs mortes

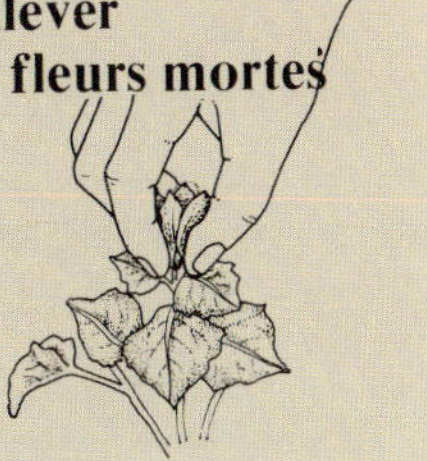

Enlever, d'un pincement, les fleurs mortes.

Bouturage

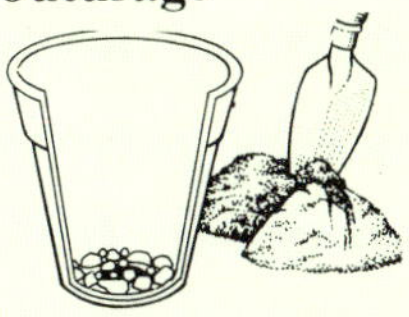

1 - Préparer un pot avec drainage et une couche moitié tourbe, moitié sable.

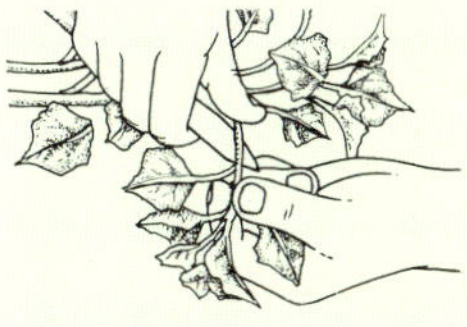

2 - Choisir une pousse ou une extrémité de tige de 8 à 10 cm, ayant au moins 2 paires de feuilles saines et un bourgeon. Couper au-dessous de la 2e paire de feuilles, près de la tige principale.

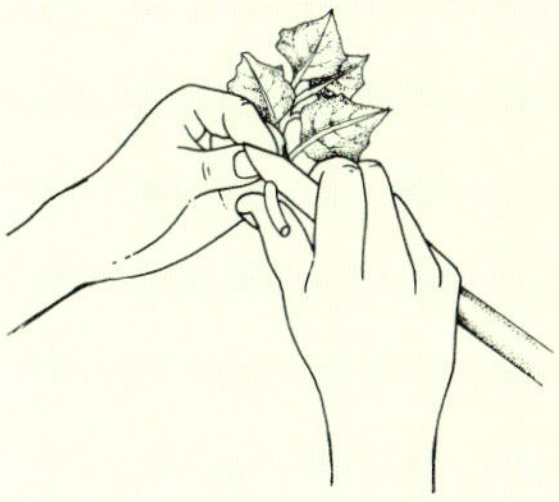

3 - Tailler la tige juste au-dessous de la feuille.

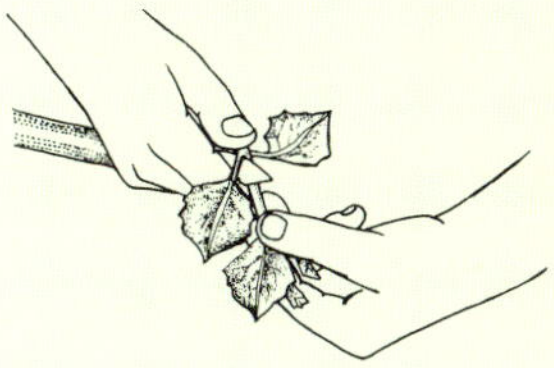

4 - Enlever la paire de feuilles inférieure.

5 - Tremper la coupe dans de la poudre radiculaire aux hormones. Secouer l'excédent.

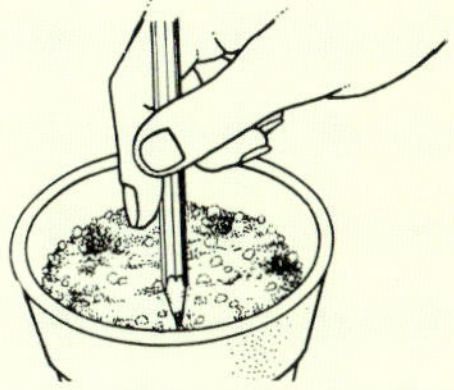

6 - Faire de petits trous dans le terreau sur le pourtour du pot.

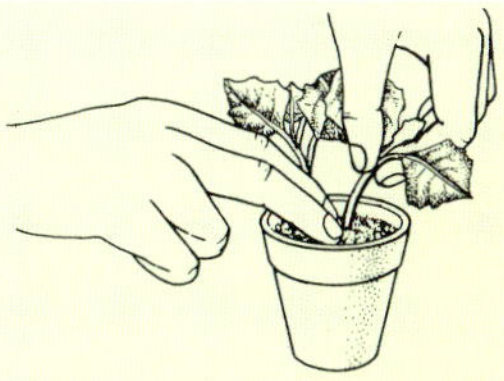

7 - Y placer les boutures, l'extrémité de la tige au fond, les feuilles au ras du sol. Bien arroser. Température : 13 à 16°.

8 - Quand les boutures poussent bien, les rempoter séparément dans de petits pots avec du terreau.

PIMENT ANNUEL

Voici une plante annuelle fort prisée pour ses jolis fruits dont les vives couleurs égayent nos automnes. Elle vient d'Amérique tropicale et fait partie des solanacées. Le nom dérive du grec *kapto,* « mordre », par allusion aux fruits qui sont comestibles, mais pimentés. Des variétés de cette plante sont cultivées pour la consommation : le fruit, ou piment, entre dans la composition de nombreux plats exotiques ; on en tire le paprika et le poivre de Cayenne.

A moins qu'on ait une serre, le piment est difficile à cultiver, aussi vaut-il mieux acheter la plante quand elle porte déjà ses fruits à l'automne. On en vend plusieurs variétés, toutes tirées de *C. annuum.* Parmi les cultivars, « Vœux de Noël » a des fruits verts, violets, jaunes ou rouges ; ceux de « Fiesta » sont pointus et passent du jaune à l'orange, puis au rouge en mûrissant ; et les fruits de « Soleil Levant » sont rouges comme des tomates. Tous sont annuels et doivent être jetés à la fin de la saison qui se situe aux environs de Noël. Une autre plante qui lui ressemble apparaît alors sur le marché ; c'est *Solanum pseudocapsicastrum,* vivace. Il faut être bien sûr de la plante qu'on acquiert, car si les fruits de *Capsicum* sont comestibles, ceux de *Solanum* sont très toxiques.

A l'achat, choisir des spécimens touffus, bien garnis de fruits. Les feuilles doivent être d'un vert vif et vigoureuses.

Les hybrides de Capsicum annuum *portent en automne des fruits aux couleurs vives.*

→ Les fruits passent du jaune à l'orange et au rouge en mûrissant. On peut les associer temporairement à d'autres plantes, ainsi à ce groupe de jeunes cinéraires ↓.

Dimensions. Ils poussent bien dans des pots de 9 cm et atteignent 20 à 25 cm de haut.

Croissance. Le cycle de vie complet ne dure qu'une saison.

Floraison. De petites fleurs quelconques, blanches ou verdâtres, apparaissent au début de l'été. Les fruits se forment à la fin de l'été ou au début de l'automne et se colorent rapidement.

Parfum. Inodore.

Lumière. Les piments demandent beaucoup de lumière et quelques heures de soleil matinal tous les jours.

Température. Température ambiante, mais pas moins de 10°, pas plus de 21°.

Arrosage. Pendant la croissance, bien arroser 2 fois par semaine. Si la température est élevée, presque tous les jours. Ne pas les laisser se dessécher s'ils sont en plein soleil. Quand ils sont en fruits, arroser 2 à 3 fois par semaine.

Engrais. Pendant la croissance, ajouter de l'engrais liquide à l'eau toutes les semaines. Arrêter dès que commence la fructification.

Humidité. Vaporiser une fois par semaine. Après la floraison, les vaporisations favorisent la formation des fruits.

Nettoyage. Inutile. Ne pas employer de lustrant.

Atmosphère. Tolérants pourvu que l'aération soit bonne.

Terre. Terreau frais.

Empotage. Empoter au sortir du germoir. Rempoter une seule fois ensuite au cours de la croissance.

Taille. Ne pas tailler pendant la croissance. Si, toutefois, les feuilles tombaient par excès de sécheresse, couper les tiges avec les fruits pour les incorporer à des arrangements floraux séchés.

Multiplication. Par semis dans un germoir, au début du printemps. Délicate à réaliser. Ils requièrent une température de 18°.

Longévité. Une saison.

Sociabilité. Les piments peuvent être placés temporairement dans une culture mixte pour donner de la couleur. A la fin de l'été et au début de l'automne, ils sont beaux dans des jardinières en plein air.

Facilités/difficultés. Ils ne sont pas difficiles à élever si l'on dispose de l'équipement nécessaire. Si l'on n'en veut que quelques exemplaires, mieux vaut les acheter adultes, vers la fin de l'été.

Culture en semis

Quoique les graines n'aient pas besoin d'une température élevée, l'opération n'est pas facile à réussir. Un germoir augmentera les chances de succès.

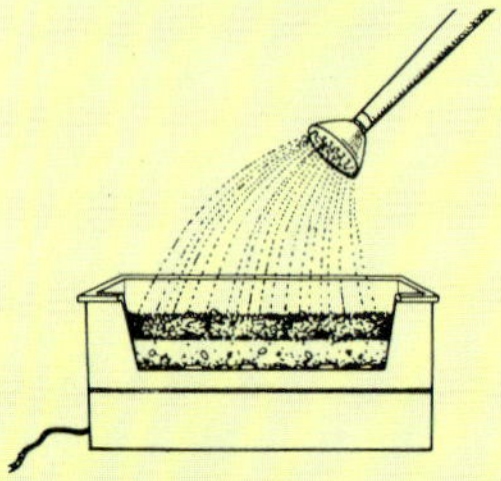

1 - Au début du printemps, préparer un germoir avec couche de drainage et terreau stérilisé pour semis. Ensemencer régulièrement et ajouter une couche de terreau pas plus épaisse que les graines. Bien arroser.

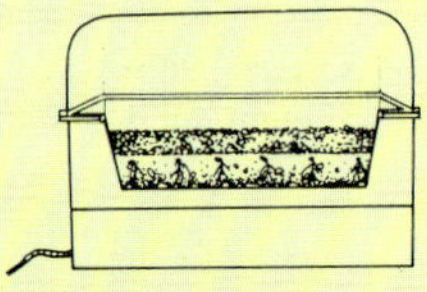

2 - Couvrir et placer dans l'obscurité ou sous une toile opaque. S'assurer que le terreau ne sèche pas. Retirer la vitre 5 minutes par jour. Température : 18°.

3 - A la germination, exposer à la lumière et enlever la vitre.

4 - Quand les pousses sont assez grandes pour être manipulées, enlever les plus fragiles en laissant 2,5 cm entre celles qui restent.

5 - Quand elles poussent bien, les empoter séparément dans de petits pots.

S.O.S.

1 - La plupart des feuilles tombent. *Terreau gorgé d'eau ou trop de chaleur. Si, au toucher, le terreau est trop mouillé, laisser sécher jusqu'à ce que la plante se remette. S'il est normal, trouver un endroit plus frais.*

2 - Les feuilles jaunissent. *Manque d'eau. Arroser régulièrement.*

3 - Croissance arrêtée. *La plante a froid. Lui trouver un coin plus chaud.*

4 - Feuilles déformées et collantes, insectes verts. *Pucerons. Pulvériser du pyrèthre ou un insecticide systémique.*

5 - Feuilles pâles, ni fleurs ni fruits. *Manque d'engrais.*

6 - Plante échevelée. *Trop chaud. Lui trouver un endroit plus frais.*

7 - Les feuilles jaunissent, filaments en dessous. *Araignées rouges. Pulvériser du derris, du malathion ou un insecticide systémique.*

8 - De petites mouches s'envolent quand on touche la plante. *Mouches blanches. Pulvériser du derris, du resmethrin, ou un insecticide systémique.*

Empotage

1 - Rempoter en période de croissance, à la mi-été quand la plante devient trop grande pour son pot. Bien arroser.

2 - Préparer un pot plus grand avec un drainage et une couche de terreau humide.

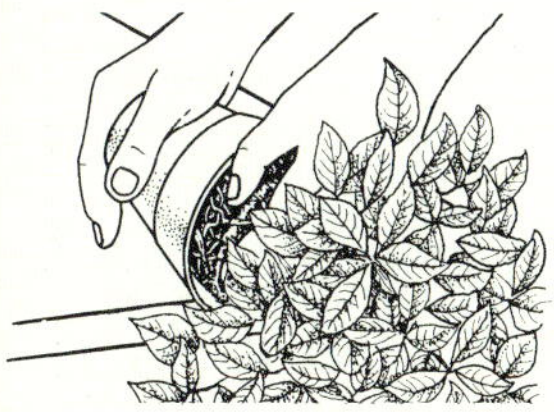

3 - Tenir le pot d'une main en maintenant le terreau de l'autre. Tapoter le bord du pot : plante et terreau sortiront d'un bloc.

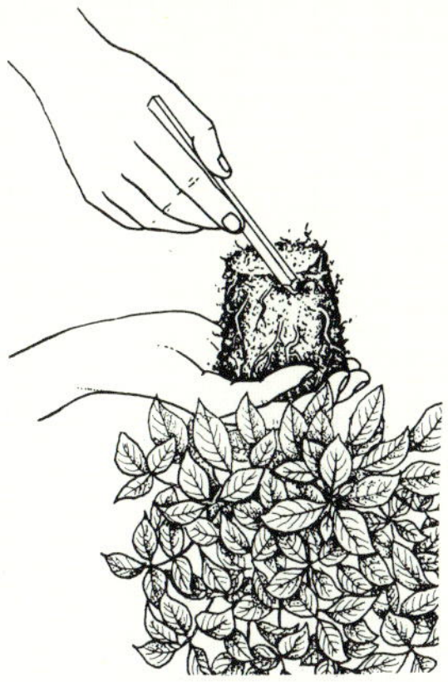

4 - Avec un crayon ou un bâtonnet, enlever le terreau sans abîmer les racines.

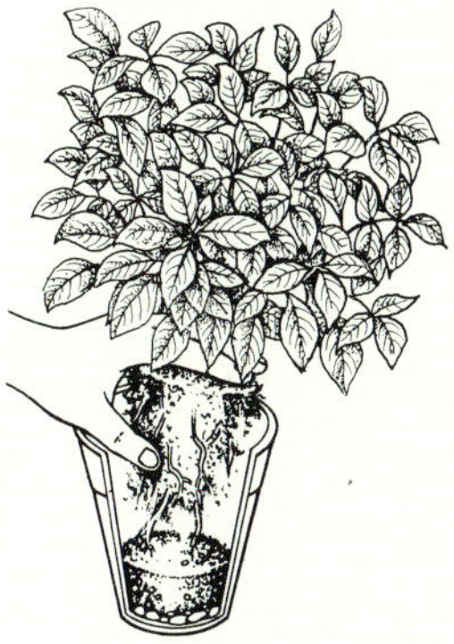

5 - Placer les racines sur le terreau du nouveau pot.

6 - Remplir de terreau frais, s'assurer que toutes les racines sont couvertes.

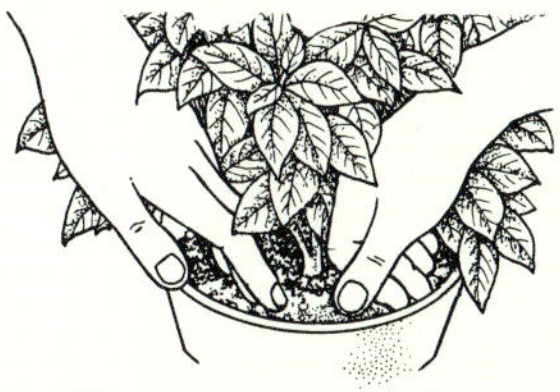

7 - Bien tasser autour de la base.

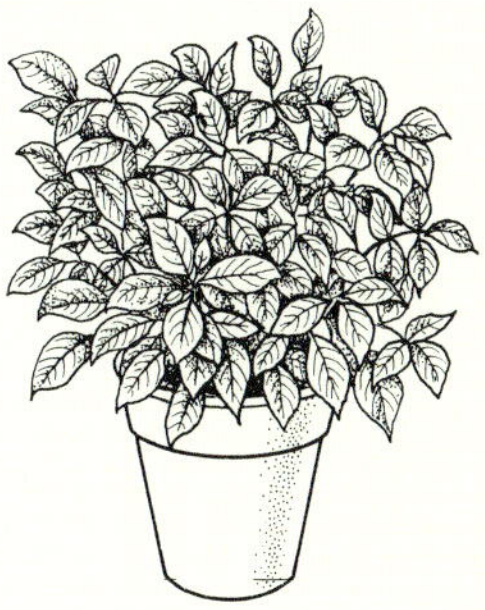

8 - Laisser 2 jours à l'ombre, sans eau, pour favoriser l'enracinement.

Arrosage

En été, il faut arroser pratiquement tous les jours. Ne jamais laisser dessécher. Arroser moins souvent quand les fruits apparaissent : 2 ou 3 fois par semaine devraient suffire.

Arroser par le haut, avec de l'eau de pluie si possible. Vider la soucoupe après 15 minutes.

Vaporisation

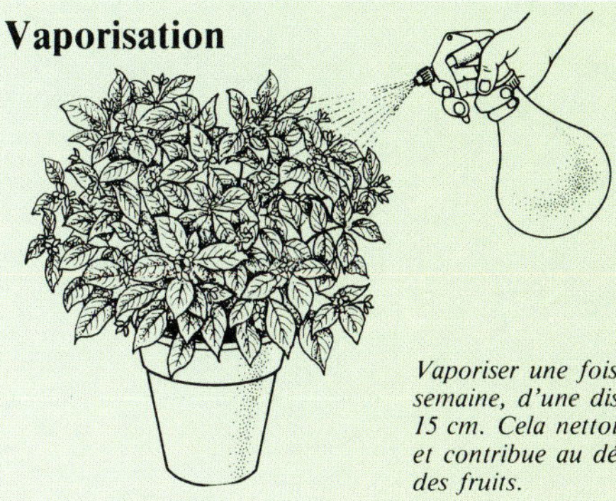

Vaporiser une fois par semaine, d'une distance de 15 cm. Cela nettoie les feuilles et contribue au développement des fruits.

CHAMAEDOREA ÉLEVÉ OU PALMIER DE MONTAGNE

C'est un palmier nain, à croissance lente, convenant aussi bien aux grandes qu'aux petites pièces. Ses palmes gracieuses n'ont que 30 à 60 cm de long. Il porte aussi le nom de *Neanthe bella*. Il est originaire du Mexique d'où il fut importé en 1873.

Les exigences de cette plante sont modestes, la plus importante étant son besoin d'eau. Il faut la garder humide été comme hiver. Elle est, autrement, très tolérante et se marie à tous les styles d'ameublement, qu'ils soient anciens ou modernes. Fait étonnant : le palmier fleurit assez tôt dans sa vie. Il produit une hampe ramifiée couverte de petites fleurs, qui font penser à celles du mimosa. Elles donnent naissance à de petits fruits ressemblant à des baies.

Dans son milieu naturel, il vit à l'ombre des grands arbres, si bien qu'à ce point de vue, il n'est pas dépaysé dans une maison. Quand il est petit, il est tout indiqué pour la culture en bocal. Par ailleurs, l'hydroculture lui convient.

A l'achat, choisir des spécimens au feuillage frais avec une nouvelle croissance. Vérifier qu'il n'y a pas de pointes qui brunissent. Il est possible d'acheter trois sujets et de les planter dans le même pot pour étoffer l'ensemble. Les petits spécimens ne coûtent pas cher, mais comme tous les palmiers, les grands atteignent un prix élevé car leur croissance est très lente.

Chamaedorea elegans est un des palmiers qui poussent le plus facilement dans une maison. Sa croissance est lente, mais il produit, assez jeune, une inflorescence. Les fleurs donneront des baies. ↓

→ Deux sujets dans le même pot forment un ensemble plus touffu. Les jeunes palmes sont vert pâle et foncent en grandissant.

Dimensions. Ces palmiers atteignent au maximum 1,20 m de haut, mais ceux qu'on vend ne dépassent généralement pas 60 cm. Les palmes ont 30 à 60 cm de long suivant l'âge. 2 ou 3 sujets sont souvent placés dans le même pot pour former un ensemble plus touffu.

Croissance. Très lente. La plante produit au mieux 2 ou 3 palmes par an. A mesure qu'elle avance en âge, les palmes s'allongent.

Floraison. L'inflorescence contraste agréablement avec les palmes et peut apparaître en n'importe quelle saison.

Parfum. Inodore.

Lumière. Pas de soleil direct, mais un éclairage normal. Si l'emplacement est sombre, la croissance sera encore plus lente.

Température. En été, autour de 16°, mais pas plus de 18°. En hiver, pas moins de 13°.

Arrosage. Cette plante a besoin d'humidité en toute saison, ce qui implique 2 à 3 arrosages par semaine en été et à peu près un en hiver.

Engrais. En été, ajouter la moitié de la dose recommandée d'engrais liquide à l'eau tous les 15 jours.

Humidité. Améliorer l'humidité en essuyant le feuillage au moins une fois par semaine.

Nettoyage. Essuyer doucement les palmes avec un chiffon humide pour enlever la poussière. Ne jamais employer de lustrants, qui sont néfastes à tous les palmiers, dont ils font brunir les palmes.

Atmosphère. Ces palmiers supportent à peu près tout, y compris la fumée et les gaz polluants, mais ils apprécient une bonne ventilation.

Terre. Ils aiment les mélanges frais composés de 3 parts de terreau frais pour 1 part de tourbe.

Empotage. Chaque année, de préférence en mars. Ne pas les mettre dans un pot trop grand : ils poussent mieux quand ils sont un peu à l'étroit.

Taille. Inutile, sauf pour enlever les palmes mortes du bas.

Multiplication. Par semis au printemps. Il faut une humidité et une température élevées (27°) et, à moins de pouvoir créer ces conditions, il vaut mieux laisser ce travail aux spécialistes. Un germoir chauffé par en bas peut donner d'heureux résultats.

Longévité. Au moins 5 ou 6 ans.

Sociabilité. Ces palmiers s'accordent bien avec la plupart des plantes vertes et contrastent agréablement avec les espèces à feuilles larges telles que caoutchoucs, phylodendrons, cordylines et aralias. Petits, on peut les introduire dans des cultures en bocal.

Facilités/difficultés. Une plante facile pour le débutant, pourvu qu'il entretienne l'humidité.

Trois plantes dans un pot

1 - Préparer un grand pot avec un drainage et une couche de terreau.

2 - Enlever les plantes de leurs pots individuels.

3 - Placer la première au milieu du nouveau pot.

4 - Disposer les autres autour en ménageant de la place pour les racines.

5 - Remplir de terreau en tassant bien entre les racines et autour. S'assurer qu'elles sont toutes couvertes.

6 - Tremper dans un seau d'eau.

S.O.S.

1

1 - Les pointes des folioles brunissent. *Manque d'eau, excès de soleil. Arroser, vaporiser, abriter du soleil.*

2

2 - Les folioles jaunissent et tombent, filaments sur l'envers. *Araignées rouges. Pulvériser du derris, du malathion ou un insecticide systémique.*

3

4

3 - Les palmes se dessèchent, se fanent et meurent. *Excès de chaleur. Trouver un endroit plus frais. Vaporiser.*

4 - Les palmes pourrissent au niveau du sol et tombent. *Excès de froid et d'eau. Placer dans un lieu plus chaud et laisser sécher jusqu'à ce que la plante se remette.*

5 - Croissance arrêtée. *Excès de froid et d'eau, ou, au printemps, manque d'engrais. Placer dans un lieu plus chaud et laisser sécher jusqu'à ce que la plante reprenne.*

5

Enlever les palmes mortes

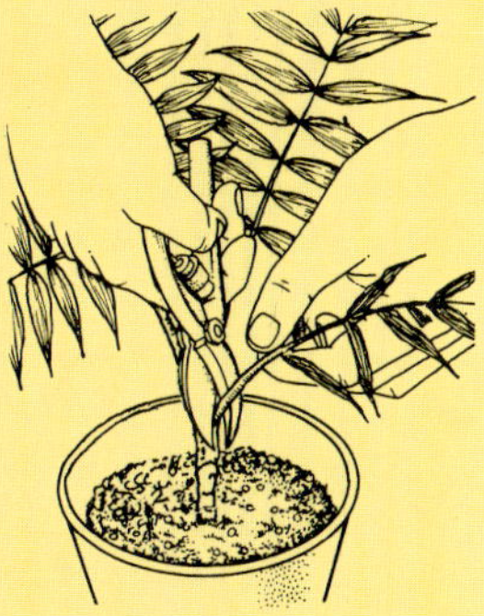

Si les palmes du bas se fanent et meurent, les couper au sécateur, le plus près possible du tronc.

Empotage

1 - Rempoter au début du printemps quand la plante paraît trop grande et que les racines sortent du trou. Bien arroser.

2 - Préparer un pot plus grand avec une couche de drainage et une couche d'un mélange de 3 parts de terreau et d'une part de tourbe.

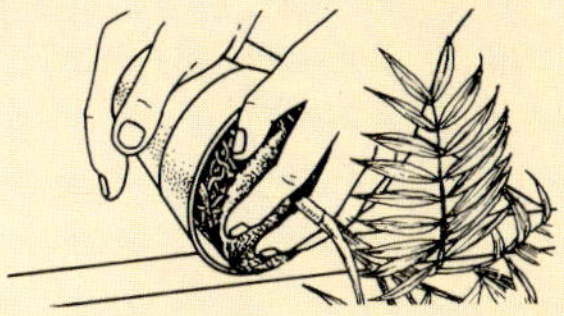

3 - Tenir le pot d'une main en maintenant le terreau de l'autre. Tapoter le bord du pot : plante et terreau sortiront d'un bloc.

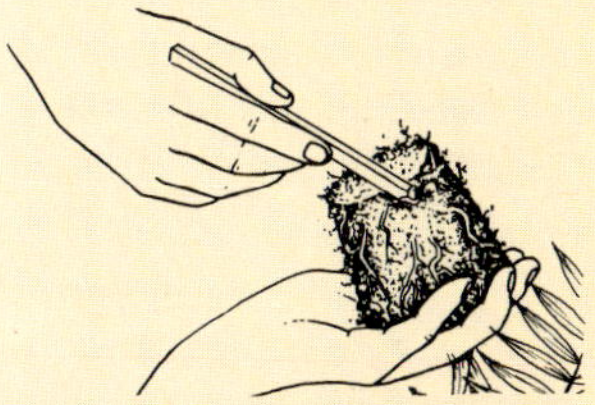

4 - Avec un crayon ou un bâtonnet, enlever le terreau sans abîmer les racines.

5 - Placer les racines sur le terreau du nouveau pot.

6 - Remplir avec le mélange. Couvrir toutes les racines. Bien tasser. Laisser 2 jours à l'ombre, sans eau, pour favoriser l'enracinement.

Arrosage

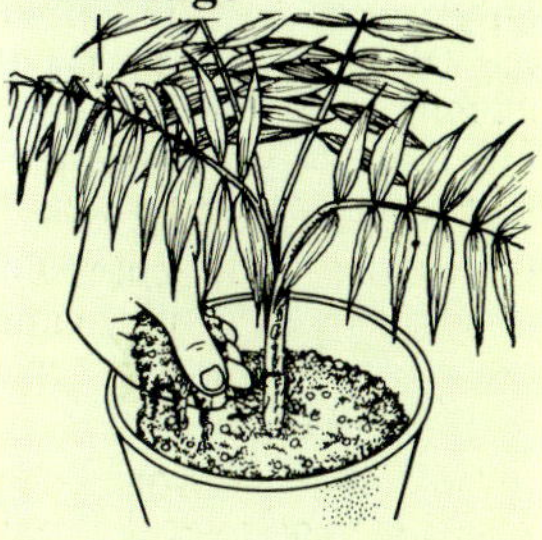

1 - Tâter le terreau. S'il paraît léger et friable, la plante a besoin d'eau.

2 - La placer dans un seau rempli d'eau jusqu'au bord du pot. Enlever le pot après 15 minutes et laisser s'égoutter.

Tailler les folioles

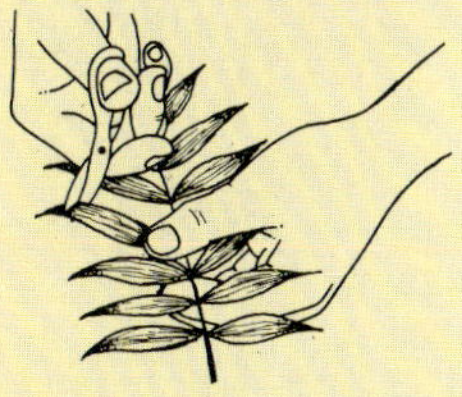

Si les pointes des folioles brunissent, tailler une nouvelle pointe au ras du tissu sain mais sans l'entailler.

Nettoyage et vaporisation

Enlever la poussière à l'eau tiède avec un chiffon doux ou une éponge. Soutenir la feuille de l'autre main. Ne pas utiliser de lustrant.

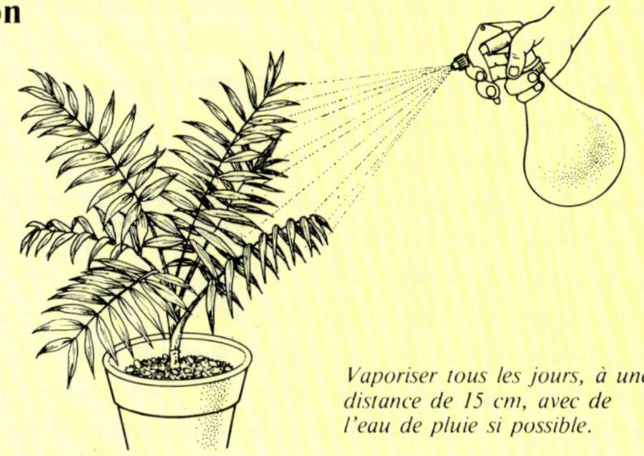

Vaporiser tous les jours, à une distance de 15 cm, avec de l'eau de pluie si possible.

Chlorophytum comosum

PHALANGIUM

C'est une des plantes d'intérieur les plus faciles et les plus accommodantes. Le genre fait partie des liliacées et comprend une quarantaine d'espèces.
Celle qui nous intéresse ici, *C. comosum,* est également connue sous le nom de *elatum* ou *capense.* Le nom générique *Chlorophytum* signifie « plante verte », et, en effet, toutes les espèces non cultivées ont des feuilles vertes. La variété ornementale, *C. comosum* « Variegatum », a des feuilles bicolores. La plante, originaire d'Afrique du Sud, fut introduite en Europe vers le milieu du XIXe siècle.
Le phalangium a de longues feuilles étroites de 30 à 45 cm de long et jusqu'à 2,5 cm de large ; en principe elles sont vertes avec une large bande jaune clair au milieu, encore que le contraire puisse se produire. Les fleurs blanches, très insignifiantes, s'épanouissent au bout d'une longue hampe crème. Elles font place à de jeunes plantes qui, en temps voulu, pourront être empotées individuellement. Pour l'esthétique, il est toutefois conseillé d'en laisser quelques-unes rattachées à la plante-mère, surtout si elle est dans un panier suspendu. Quatre ou cinq jeunes, dans un panier de 30 cm de diamètre, forment un ensemble très spectaculaire. Ces plantes peuvent vivre en plein air en été. Elles poussent bien dans l'eau et s'adaptent facilement à l'hydroculture.
Les phalangiums se vendent tout le long de l'année. Choisir des spécimens aux feuilles charnues et un peu brillantes. Si la nervure médiane de certaines feuilles est endommagée, celles-ci ne se remettront pas, et la plante aura rapidement un aspect désordonné.

Dimensions. Une plante moyenne remplira un pot de 12 cm. Une plante-mère peut atteindre 45 cm de haut et autant de large.

Croissance. A partir d'une bouture, la plante mettra un an pour remplir un pot de 12 cm.

Floraison. Fleurs, pousses et jeunes plantes peuvent apparaître en toutes saisons, mais plus probablement en été.

Parfum. Inodore.

Lumière. La plante accepte les pièces sombres, mais ses teintes sont plus contrastées quand elle reçoit une bonne lumière.

Température. Pourvu qu'il ne gèle pas, le phalangium n'est pas difficile. Il peut être planté dehors en été. Température maximale en été en intérieur : 18°.

Arrosage. 2 ou 3 fois par semaine en été, une fois en hiver. La plante supporte les courants d'air et ne meurt pas s'il vous arrive de l'oublier. La sécheresse peut même l'inciter à croître et fleurir.

Engrais. En été, ajouter de l'engrais liquide à l'eau tous les 15 jours.

Humidité. En été, vaporiser tous les jours. Eviter à ce moment le soleil direct.

Nettoyage. La vaporisation et un coup de plumeau occasionnel suffisent. Les feuilles sont trop cassantes pour être essuyées, et la plante réagit mal aux lustrants.

Atmosphère. Plante très tolérante. Apprécie une bonne ventilation.

Terre. Terreau frais. L'hydroculture aussi réussit bien.

Empotage. Rempoter à peu près 2 fois par an. Les enflures blanches sur les racines sont des rhizomes, non des maladies.

Taille. Couper les feuilles abîmées.

Multiplication. Les jeunes se développent au bout des hampes qui jaillissent du centre de la plante. Ils peuvent être mis dans des pots de 8 cm ou hydrocultivés. On peut diviser une grande plante en prenant soin de ne pas abîmer les feuilles.

Longévité. Indéfinie. Au bout de 3 ou 4 ans, si une plante paraît fatiguée, il vaut mieux la remplacer.

Sociabilité. Le phalangium s'entend bien avec pratiquement toutes les plantes d'appartement.

Facilités/difficultés. C'est une excellente plante pour débuter.

Chlorophytum comosum « Variegatum » est une plante facile et courante. C'est dans un pot ou un panier suspendus → que les jeunes pousses au bout de leurs tiges sont le mieux mises en valeur.

↓ Jeunes plantes.

Empotage

1 - Quand il y a trop de feuilles et que les racines sortent par le trou, il faut changer de pot. Bien arroser.

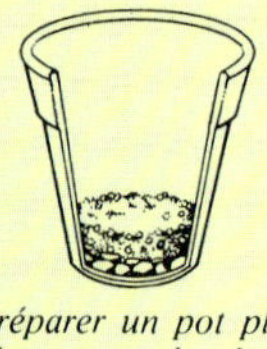

2 - Préparer un pot plus grand avec couche de drainage et couche de terreau humide.

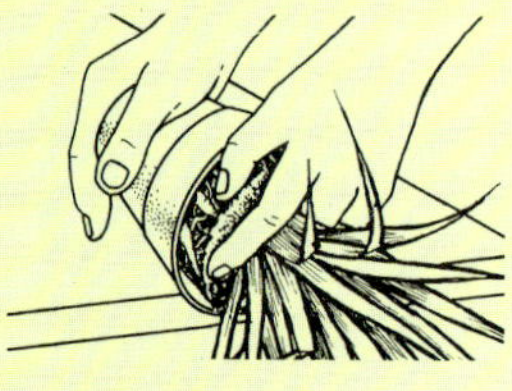

3 - Tenir le pot d'une main en maintenant le terreau de l'autre. Tapoter le bord du pot : plante et terreau sortiront d'un bloc.

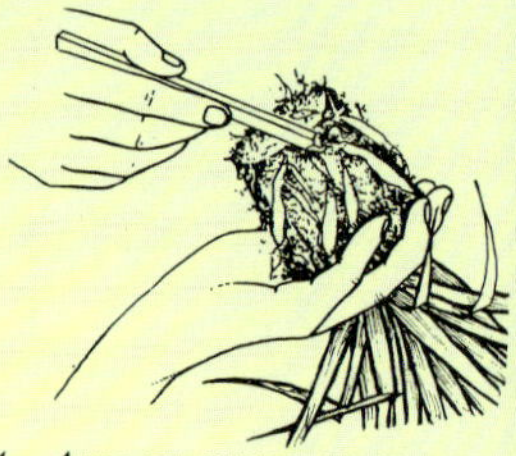

4 - Avec un crayon ou un bâtonnet, enlever la terre sans abîmer les racines.

5 - Placer les racines sur le terreau du nouveau pot.

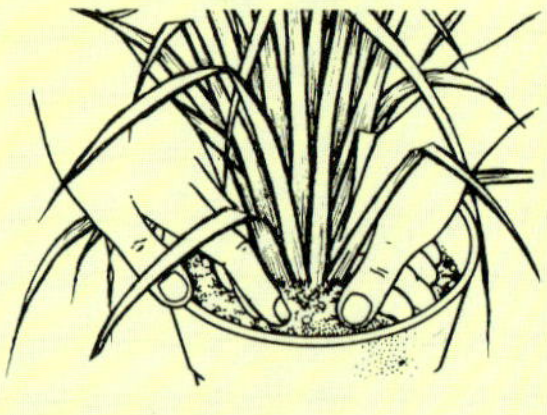

6 - Remplir de terreau frais. S'assurer que toutes les racines sont couvertes. Bien tasser. Laisser 2 jours à l'ombre, sans eau, pour favoriser l'enracinement.

S.O.S.

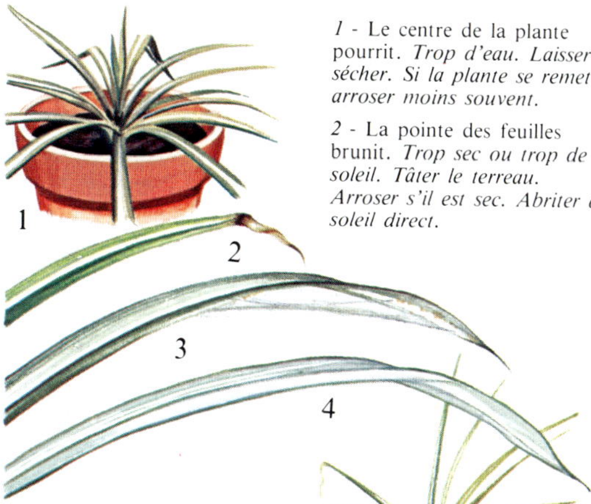

1 - Le centre de la plante pourrit. *Trop d'eau. Laisser sécher. Si la plante se remet, arroser moins souvent.*

2 - La pointe des feuilles brunit. *Trop sec ou trop de soleil. Tâter le terreau. Arroser s'il est sec. Abriter du soleil direct.*

3 - Les feuilles sont ternes et grisâtres. *Araignées rouges. Pulvériser du derris, du malathion ou un insecticide systémique. Augmenter l'humidité.*

4 - Les couleurs se fanent. *Pas assez de lumière.*

5 - Croissance faible, feuilles ratatinées et sèches. *Trop chaud. Mettre au frais.*

6 - La plante est « fatiguée ». *Manque d'engrais.*

7 - Feuilles transparentes et blettes. Croissance arrêtée. *Trop froid, plante probablement gelée.*

Vaporisation

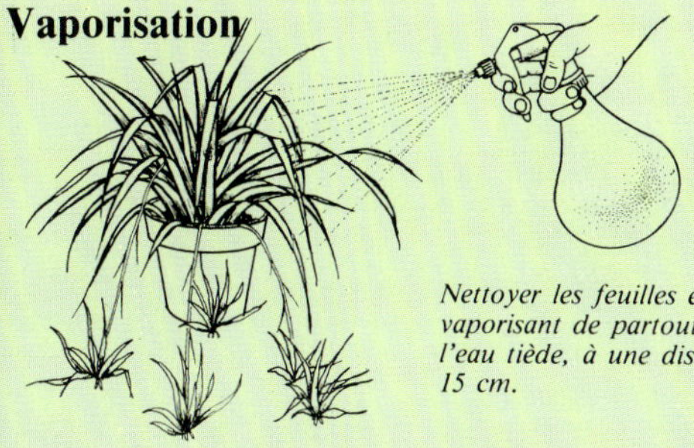

Nettoyer les feuilles en les vaporisant de partout, avec de l'eau tiède, à une distance de 15 cm.

Enlever les feuilles mortes

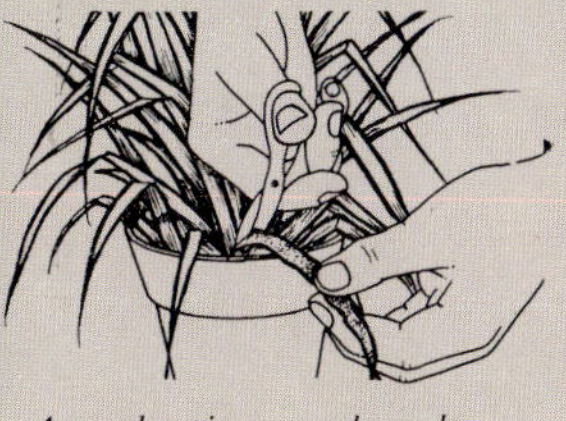

Avec des ciseaux enlever la partie abîmée sans couper la partie saine.

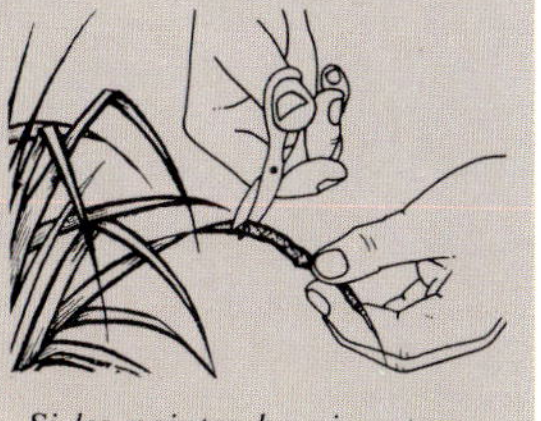

Si les pointes brunissent, couper au ras du tissu sain sans l'entailler.

Multiplication

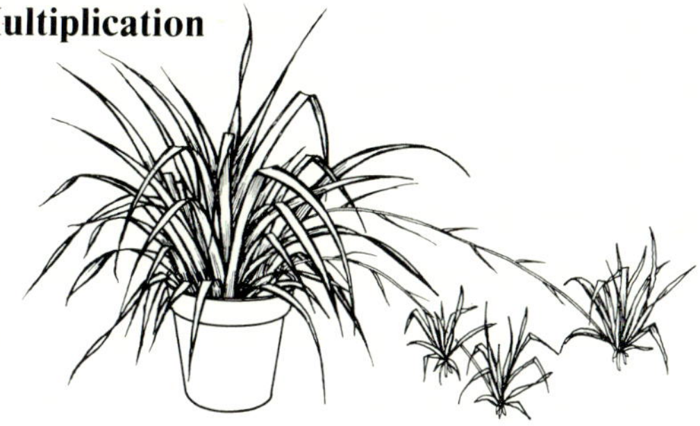

C'est une des plantes les plus faciles à reproduire. Les fleurs sont remplacées par de petites plantes qu'on peut laisser pendre quelque temps au bout de leur hampe où elles forment, avec leur mère, un groupe attrayant. A mesure que les jeunes grandissent et développent leurs racines, ils peuvent être plantés auprès de leur mère dont on les séparera par la suite.

1 - Préparer un petit pot avec couche de drainage et terreau frais.

2 - Placer ce petit pot à côté de la plante-mère. Infléchir la tige jusqu'à ce qu'elle repose sur le terreau du petit pot. L'y maintenir en la fixant avec du fil de fer plastifié. Tasser légèrement le terreau autour du pied.

3 - Quand le jeune aura produit de nouvelles feuilles, couper la hampe qui le relie à la mère.

Division des racines

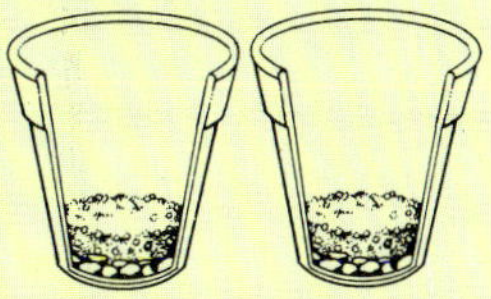

1 - Préparer deux pots avec couche de drainage et terreau.

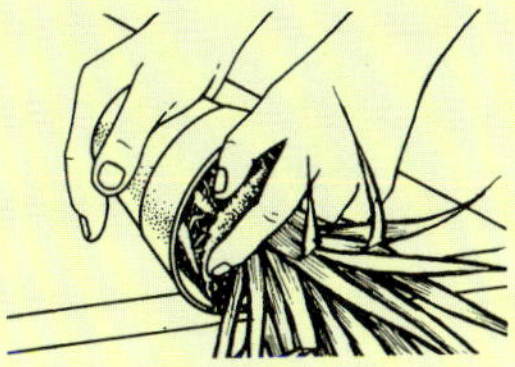

2 - Retirer la plante de son pot.

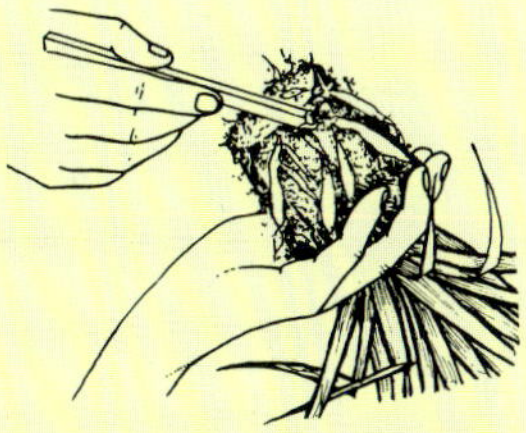

3 - Enlever la vieille terre des racines sans les abîmer.

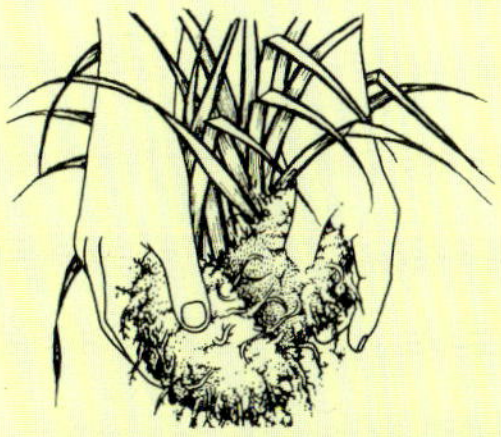

4 - Des deux mains, séparer doucement les racines et les tiges.

5 - Empoter les deux moitiés comme d'habitude.

VIGNE KANGOUROU

Les *Cissus* sont une des rares vignes qu'on puisse cultiver en appartement. Le genre comprend quelque deux cents espèces, mais trois ou quatre d'entre elles seulement sont cultivées couramment. Le nom vient du mot grec désignant le lierre.

Trois espèces sont commercialisées. *C. antarctica* vient d'Australie, ainsi que le laisse deviner son nom de vigne kangourou. C'est un grimpant vigoureux dont les vrilles s'agrippent bien à tuteurs et treillages. Ses feuilles ont un limbe vert vif, rugueux, ovale, mesurant entre 5 et 8 cm, et un pétiole brunâtre. Elle n'est pas difficile, pousse particulièrement bien avec une lumière indirecte, mais ne doit pas être trop arrosée, surtout en hiver. Elle couvrira vite tout un pan de mur si on lui fournit un support approprié, mais elle produit aussi un très joli effet dans un panier suspendu.

C. striata, aux feuilles beaucoup plus petites (3 à 4 cm), mais aux besoins similaires, fut découverte en 1878 au Chili. Ses feuilles se présentent par groupes de cinq, chacun avec sa propre vrille.

L'espèce la plus attrayante, mais aussi la plus difficile à faire vivre à l'intérieur, est *C. discolor.* Le dessus de ses feuilles est vert, avec des motifs d'argent, et le dessous pourpré ; leurs bords sont beaucoup plus lisses que chez *C. antarctica.* Elle provient de Java et du Cambodge. Elle a tendance à perdre ses feuilles en hiver quand il fait trop froid et demande une certaine humidité.

A l'achat, choisir des spécimens touffus avec des pousses vigoureuses. Eviter ceux qui perdent leurs feuilles ou dont le feuillage brunit et se parchemine. *C. discolor* est, malheureusement, difficile à trouver.

Dimensions. *C. antarctica* atteint facilement 3 m à 3,50 m. Les autres espèces sont bien plus petites.

Croissance. 60 cm à 1 m par an.

Floraison. Généralement, ces plantes ne fleurissent pas en appartement.

Parfum. Inodore.

Lumière. De préférence, une exposition au nord ou à l'est, sans soleil direct.

Température. 12 à 16° en hiver, 18 à 21° en été.

Arrosage. En principe 2 fois par semaine en été, mais vérifier l'humidité du sol au toucher. L'excès d'eau fait apparaître des taches brunes parcheminées sur les feuilles. En hiver, entretenir seulement l'humidité par un arrosage tous les 15 jours.

Engrais. En été, ajouter de l'engrais liquide à l'eau toutes les 2 semaines.

Humidité. En été, une vaporisation par semaine. Placer le pot sur des cailloux mouillés. *C. discolor* demande une vaporisation quotidienne.

Nettoyage. Une vaporisation hebdomadaire à l'eau de pluie est ce qu'il y a de mieux. Lustrant liquide pas plus d'une fois tous les 2 mois. Pas de lustrant pour *C. discolor* dont les feuilles sont très fragiles.

Atmosphère. Plantes très tolérantes. *C. discolor* n'aime pas les gaz polluants.

Terre. Terreau frais.

Empotage. Rempoter une ou deux fois par an, suivant la vitesse de croissance, jusqu'à ce que la plante ait atteint la taille requise. Ensuite maintenir la vigueur par des apports réguliers d'engrais.

Taille. Aux périodes de croissance, pincer les tiges qui poussent trop vite, afin que la plante reste touffue. Si elle devient échevelée, tout couper à 23 cm du sol.

Multiplication. Les extrémités des jeunes tiges, avec deux feuilles et un bourgeon, prendront racine au printemps ou en début d'été, dans un mélange de terreau et de sable à parts égales. Utiliser un germoir si possible. Température : 16 à 18°.

Longévité. Au moins 5 à 6 ans.

Sociabilité. En culture mixte, les *Cissus* s'entendent bien avec la plupart des plantes à condition d'être arrosées comme il faut.

Facilités/difficultés. Sauf *C. discolor,* ce sont des plantes assez tolérantes et faciles.

↑ *Cissus discolor* est un très beau grimpant, mais demande chaleur et humidité.

↓ → *Cissus antarctica* est moins exigeante.

Empotage

1 - Rempoter au printemps quand la plante paraît trop grande pour son pot et ne produit plus de feuilles. Les vieilles feuilles peuvent avoir l'air fané. Bien arroser.

2 - Préparer un pot plus grand avec couche de drainage et couche de terreau frais humide.

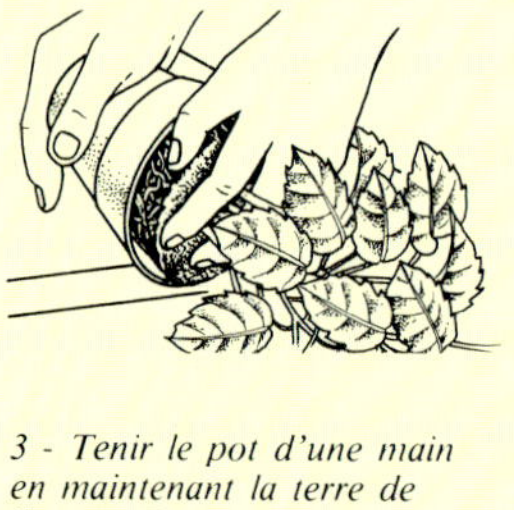

3 - Tenir le pot d'une main en maintenant la terre de l'autre. Tapoter le bord du pot : plante et terreau sortiront d'un bloc.

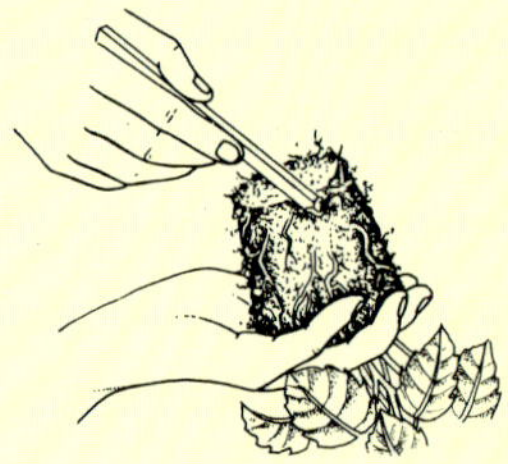

4 - Avec un crayon ou un bâtonnet, enlever la terre sans abîmer les racines.

5 - Placer les racines sur le terreau du nouveau pot.

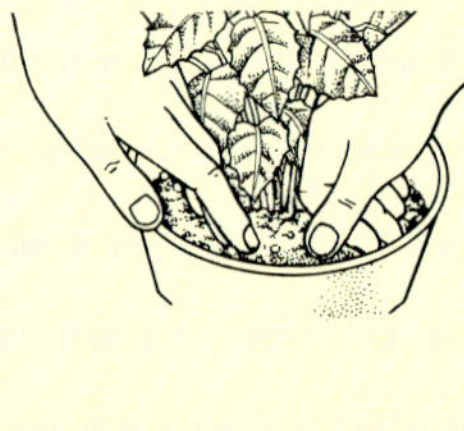

6 - Remplir de terreau frais. Couvrir toutes les racines. Bien tasser. Laisser 2 jours à l'ombre, sans eau, pour favoriser l'enracinement.

S.O.S.

1 - La croissance s'arrête, les feuilles tombent. *Trop froid. Trouver un endroit plus chaud.*

2 - Feuillage délavé, pas de pousses au printemps. *Manque d'engrais.*

3 - Taches brunes parcheminées sur les feuilles, qui tombent. *Trop d'eau. Laisser sécher jusqu'à récupération. Ensuite, arroser moins souvent.*

4 - Les feuilles jaunissent, filaments sur l'envers. *Araignées rouges. Pulvériser du derris, du malathion ou un insecticide systémique. Augmenter l'humidité.*

5 - Feuilles déformées et collantes, insectes verts. *Pucerons. Pulvériser du pyrèthre ou un insecticide systémique.*

6 - Les feuilles se ratatinent. *Trop chaud et sec. Trouver un emplacement plus frais. Arroser et vaporiser régulièrement.*

Bouturage

1 - Au printemps, la plante produit des pousses qui peuvent servir de boutures. Préparer un petit pot avec couche de drainage et couche d'un mélange de sable et de terreau frais.

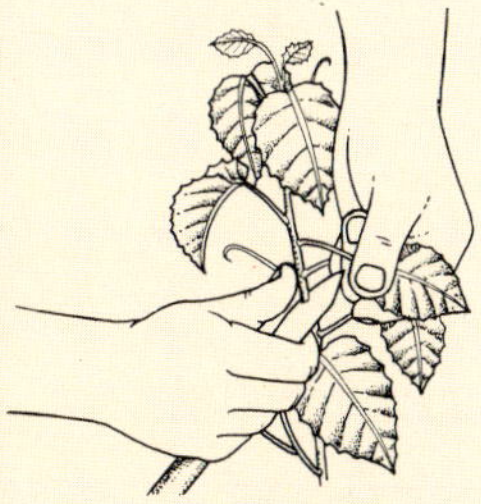

2 - Prélever le bout d'une tige avec au moins 2 paires de feuilles saines et un bourgeon. Couper au-dessous de la 2ᵉ paire, près de la tige principale. Longueur : 8 à 10 cm.

3 - Tailler la tige juste au-dessous d'une feuille.

4 - Enlever la paire de feuilles inférieure.

5 - Tremper la coupe dans de la poudre radiculaire aux hormones. Secouer l'excédent.

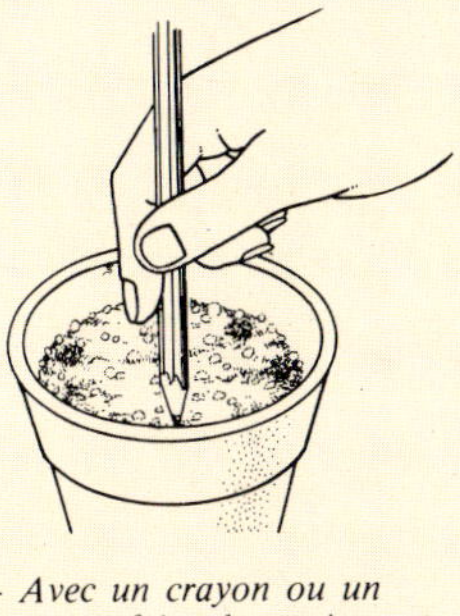

6 - Avec un crayon ou un bâtonnet, faire des petits trous sur le pourtour du pot.

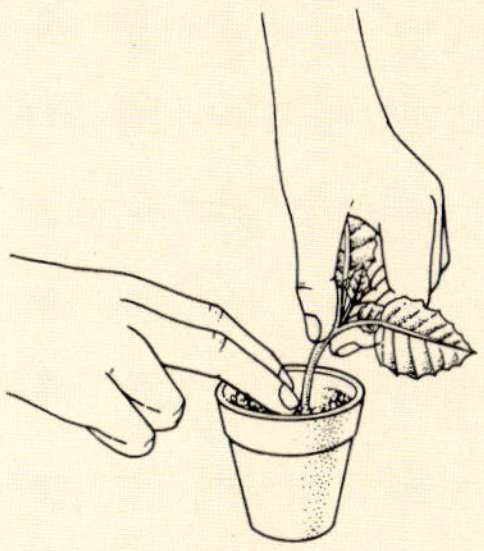

7 - Y introduire les boutures jusqu'à la base des feuilles. La tige doit reposer au fond du trou. Tasser du sable autour.

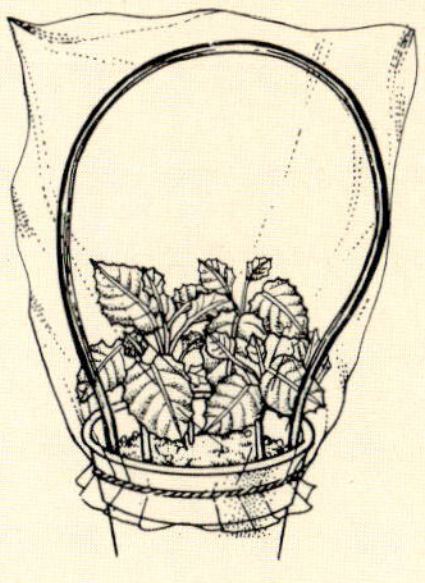

8 - Bien arroser. Recouvrir d'un sac en polyéthylène soutenu par un arceau. Enlever le sac 5 minutes tous les jours. Le terreau ne doit pas sécher. Température : 16 à 18°. Après 21 jours, quand les boutures ont bien pris, les rempoter dans du terreau frais.

Humidité

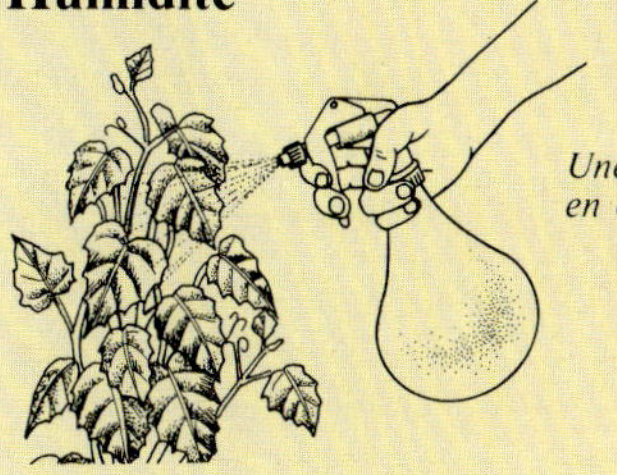

Une vaporisation par semaine en été.

Fixation au support

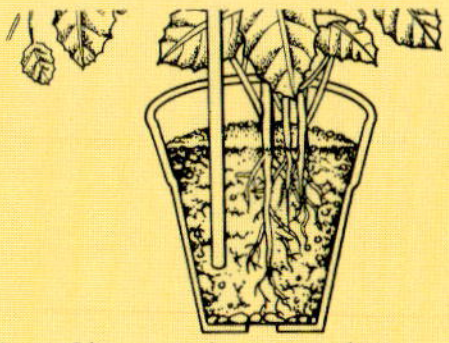

Les Cissus grimpent vite et ont besoin d'un tuteur ou d'un treillage.

1 - Enfoncer doucement le tuteur dans le terreau jusqu'aux 2/3 du pot.

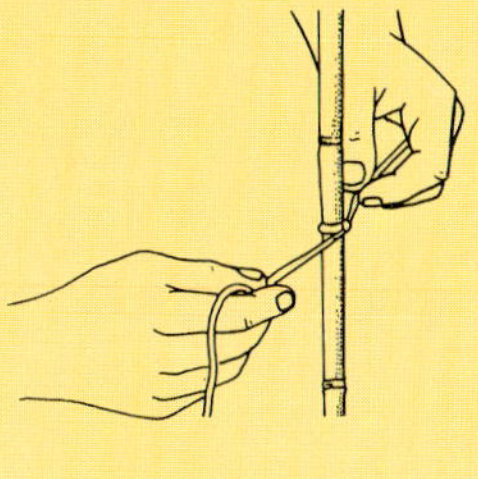

2 - Prendre 20 cm de ficelle et l'attacher solidement au tuteur du côté de la tige.

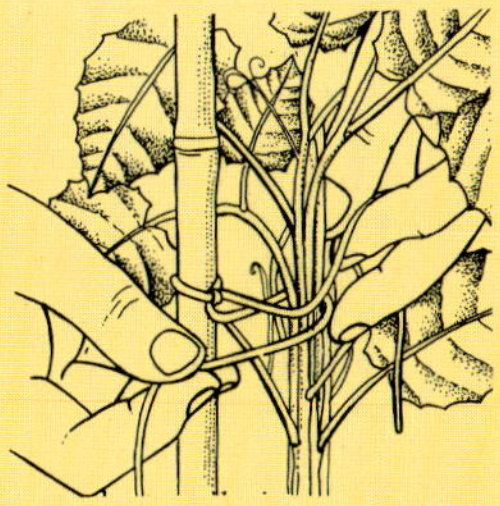

3 - Passer la ficelle autour de la tige.

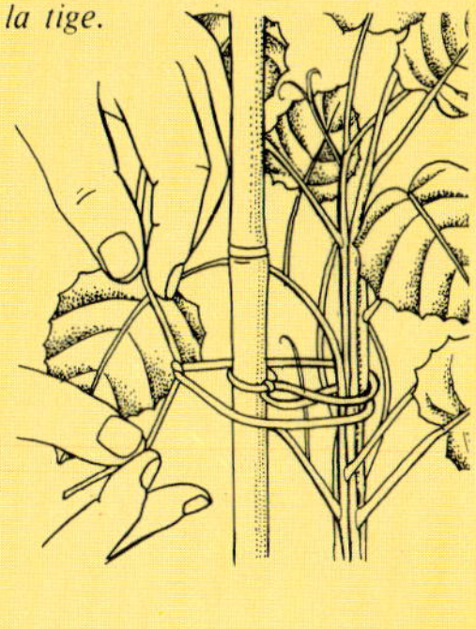

4 - L'attacher au tuteur. Recommencer plus haut, à intervalles réguliers.

CITRUS MICROCARPA

Il y a quelque chose d'exotique et d'extravagant à cultiver des citronniers et des orangers. Cela remonte peut-être à l'époque où les amateurs étaient assez fortunés pour pouvoir faire construire des orangeries auprès de leurs gentilhommières, où ils abritaient leurs précieux spécimens pendant l'hiver. C'étaient de grands arbres qu'ils mettaient dans des baquets afin de pouvoir les sortir à la belle saison. Aujourd'hui, les dimensions de ces variétés les rendent impropres à la vie en appartement. *Citrus microcarpa,* en revanche, est une miniature qui nous vient des Philippines, d'où elle fut importée dès 1595. Comme tous les agrumes, ce citronnier fait partie de la famille des rutacées.

A part la taille, ce nain a toutes les caractéristiques de ses grands cousins. Il a de ravissantes fleurs blanches, très parfumées, et ses fruits sont comestibles, quoique assez amers. Il lui arrive de porter en même temps des fleurs, des fruits verts et des fruits mûrs. Il aime passer l'été en plein air et l'hiver sous abri.

Des plantes déjà en fruits sont souvent en vente à Noël, mais quelques précautions doivent être prises quand on achète à cette époque. Premièrement, il faut vérifier que le spécimen a de bonnes racines, car certains sont cultivés en plein air en Floride et ont très peu de racines pour les sustenter à la maison. Deuxièmement, choisir un spécimen ayant une belle forme et dont les feuilles ne tombent pas. Enfin, faire attention que la plante ne prenne pas froid lorsqu'on la ramène chez soi.

← Les fleurs de *Citrus microcarpa* sont très parfumées. Sans polllinisation, elles ne donneront pas de fruits.

→ Un sujet bien taillé portant des fruits verts.

↓ Le fruit passe du vert à l'orange en mûrissant.

Dimensions. Ce petit arbuste dépasse rarement 60 cm à 1 m.

Croissance. Très lente : 10 à 12 cm par an.

Floraison. Se produit surtout en été, mais des boutons peuvent apparaître en toutes saisons. Si la floraison a lieu en intérieur, loin des insectes, il faudra assurer la pollinisation avec un pinceau.

Parfum. Très fort pendant la floraison.

Lumière. La plante a besoin de lumière et, loin d'une fenêtre, elle dépérit.

Température. En hiver, 13 à 15° de préférence, mais la plante se contente de moins tant qu'il ne gèle pas. En été, elle se porte mieux en plein air. Si elle reste à l'intérieur, pas plus de 18° et une bonne ventilation.

Arrosage. Pratiquement tous les jours en été. En hiver, à peu près tous les 10 jours à moins que la pièce ne soit très chaude : dans ce cas, tous les 5 jours. Toutefois la plante n'aime pas avoir les racines détrempées ; veiller à un bon drainage. Elle aime l'eau calcaire.

Engrais. Au cours de la croissance estivale, ajouter de l'engrais liquide à l'eau tous les 15 jours.

Humidité. Vaporiser souvent, tous les jours si possible.

Nettoyage. Les vaporisations suffisent. Pas de lustrant.

Atmosphère. La plante apprécie une bonne ventilation mais pas les courants d'air directs. N'aime pas les gaz polluants.

Terre. Terre de jardin ou mélange composé de 2/3 de terre à cactées et de 1/3 de terreau. Ne pas oublier une bonne couche de drainage au fond.

Empotage. Rempoter les plantes adultes une fois par an au printemps. Ou alors renouveler la terre de surface.

Taille. Pas vraiment nécessaire vu la lenteur de la croissance. Egaliser au sécateur toute branche qui dépasse.

Multiplication. Se fait le plus souvent par boutures, dans une serre chaude. Un travail d'expert. Les pépins d'oranges et de citrons de consommation courante peuvent donner des arbres mais qui ne fleuriront et ne fructifieront pas avant d'atteindre 1,50 à 2 m. La greffe est également possible, mais là encore, c'est un travail de professionnel.

Longévité. Une plante bien soignée peut vivre très longtemps.

Sociabilité. Il vaut mieux laisser l'arbuste seul dans son pot.

Facilités/difficultés. Une plante modérément facile, mais pas pour le novice.

Vaporisation et nettoyage des feuilles

Nettoyer les feuilles en les vaporisant à l'eau tiède d'une distance d'environ 15 cm. Pas de lustrant.

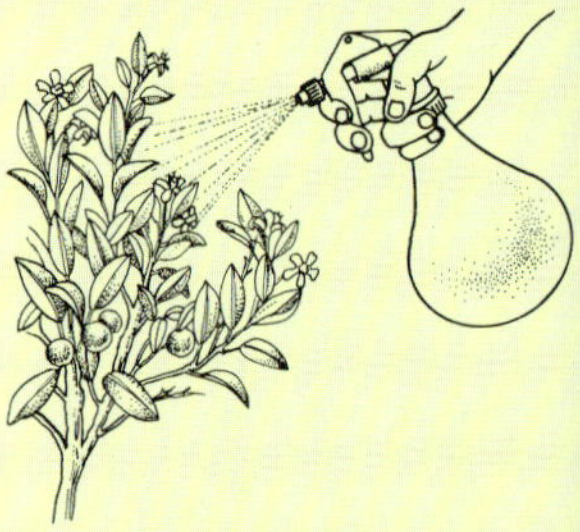

Taille

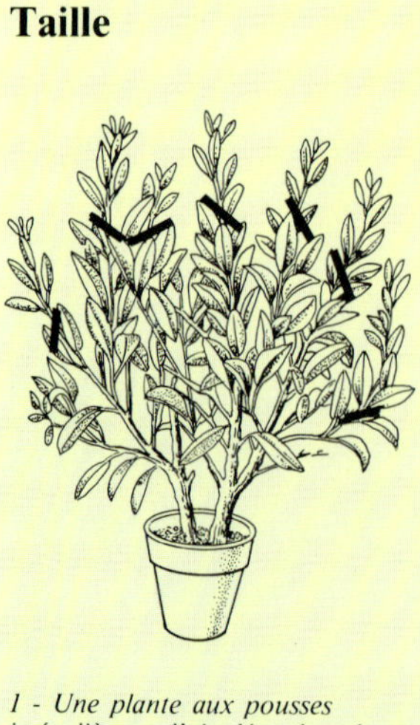

1 - Une plante aux pousses irrégulières a l'air désordonné et doit être taillée.

2 - Couper au sécateur juste au-dessus d'un bouton, d'une feuille ou d'une pousse latérale. Sectionner en biais comme indiqué dans le dessin.

3 - La plante poussera de façon plus touffue et régulière.

S.O.S.

1 - Les feuilles tombent. *Trop sec et manque d'humidité. Ou encore mauvais drainage et racines gorgées d'eau. Tâter le terreau pour savoir s'il faut arroser et vaporiser ou bien laisser sécher.*

2 - Croissance désordonnée. *Chaleur excessive et ventilation insuffisante. Trouver un endroit plus frais et aéré. Si la plante ne produit pas de fleurs, elle manque peut-être de lumière. Changer d'emplacement.*

3 - La plante ne pousse plus, ses feuilles tombent. *Trop froid. Mettre au chaud.*

4 - Les feuilles se recourbent, leurs bouts brunissent. *Courants d'air froid. Mettre dans un endroit plus abrité.*

5 - Les feuilles pâlissent. *Manque d'engrais.*

6 - Plaque laineuses blanches sur les feuilles. *Cochenilles. Les enlever avec un tampon imbibé d'alcool dénaturé ou pulvériser du malathion ou un insecticide systémique.*

7 - Insectes écailleux bruns sous les feuilles et sur les tiges. *Autre espèce de cochenilles. Mêmes remèdes, excepté le malathion.*

8 - Taches jaunes sur les feuilles. *Parasites orthoptères. Pulvériser un insecticide systémique.*

9 - Les feuilles jaunissent. Des insectes blancs s'envolent quand on touche la plante. *Mouches blanches. Pulvériser du derris ou un insecticide à base de resmethrin.*

10 - Moisissures noires sur les feuilles. *Essuyer avec un chiffon humide. Pulvériser un fongicide systémique.*

Empotage

1 - Rempoter au printemps quand les racines sortent du trou et que l'absence de jeunes feuilles indique que la terre est usée. Bien arroser.

2 - Préparer un pot plus grand avec une couche de drainage et une couche de terreau frais humide.

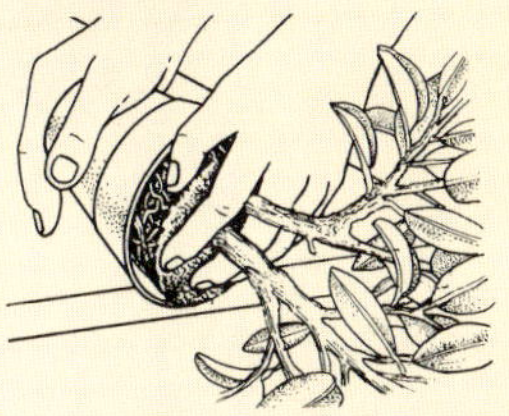

3 - Tenir le pot d'une main en maintenant le terreau de l'autre. Tapoter le bord du pot : plante et terreau sortiront d'un bloc.

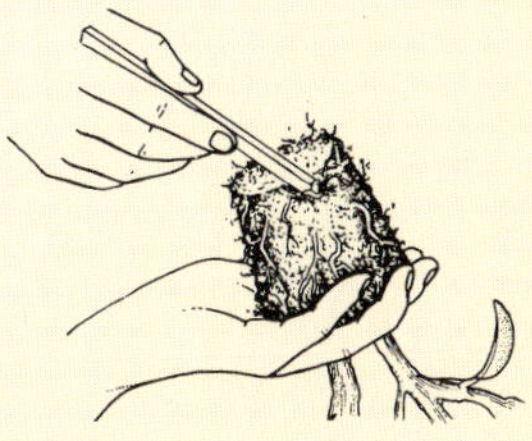

4 - Avec un crayon ou un bâtonnet, enlever la terre sans abîmer les racines.

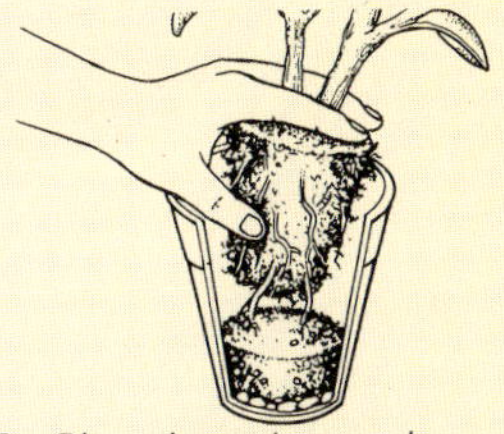

5 - Placer les racines sur le terreau du nouveau pot.

6 - Remplir de terreau frais. Couvrir toutes les racines. Bien tasser. Laisser 2 jours dans l'ombre, sans eau, pour favoriser l'enracinement.

Pollinisation

Pour que la plante porte des fruits, il faut que les fleurs puissent échanger leur pollen. On peut y parvenir de 2 façons :

1 - Vaporiser la plante avec une eau douce tous les jours pendant la floraison

OU

2 - Récolter, avec un pinceau doux, du pollen sur les étamines d'une fleur épanouie

pour le transférer à une autre. Traiter ainsi toutes les fleurs.

Multiplication

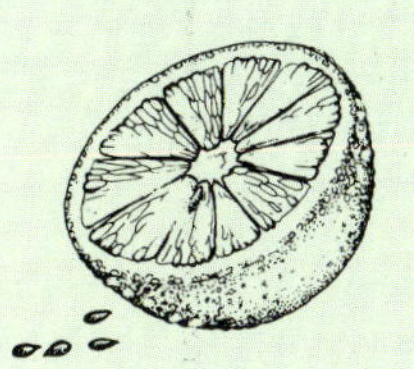

1 - Recueillir les pépins d'un grand fruit mûr.

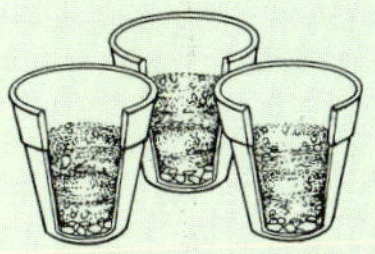

2 - Préparer des pots de 8 cm avec couche de drainage et du terreau pour semis.

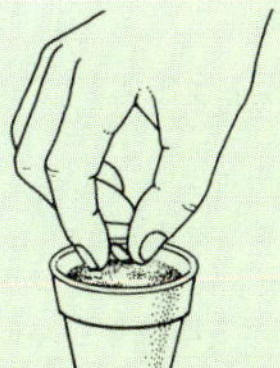

3 - Planter un pépin dans chaque pot. Recouvrir d'une mince couche de terreau (environ 2 mm).

4 - Garder humide, à une température de 16°. Quand les jeunes plantes auront bien démarré, les rempoter dans du terreau frais.

CLIVIE VERMILLON

Cette plante était déjà une habituée des salons cossus de la Belle Epoque, mais ses longues feuilles lustrées sont aussi attrayantes, sinon plus, dans un décor moderne. Chaque année, au printemps, elle fait jaillir une hampe au bout de laquelle s'épanouit un bouquet de belles fleurs orange du plus agréable effet.

Originaire du Natal, en Afrique du Sud, *Clivia* fut introduite en Europe au début du XIXᵉ siècle. Elle fait partie de la famille des amaryllidacées. Pour des raisons dont nous ne conservons plus la trace, ce genre porte le nom d'une duchesse de Northumberland, née Clive.

Par des sélections et des croisements, les horticulteurs ont réussi à créer des variétés dont les fleurs vont du jaune pâle à l'orange foncé et dont la corolle peut être plus ou moins ouverte, mais aucun nom ne désigne ces lignées. L'espèce la plus courante est *C. miniata,* avec une variété *C. miniata* « Variegata » dont les feuilles portent des rayures longitudinales crème.

Les clivies sont vendues au printemps et au début de l'été, quand l'inflorescence apparaît au centre de la plante. Vérifier le bon état du bouton. Choisir des spécimens au feuillage sombre et brillant. La reproduction par division ou par rejetons donne des individus identiques à la plante d'origine. Mais les graines d'une même plante produisent des plantes de qualité très inégale dont les fleurs peuvent ne pas avoir la même couleur. Si l'on permet à la plante de produire des graines, elle ne fleurira probablement pas l'année suivante. Semer les graines produites à domicile pendant que le fruit est rouge. Celles qu'on achète doivent être le plus fraîches possible.

← *C. miniata* var. citrina, une forme aux fleurs jaune pâle.

→ Jeune *C. miniata,* fleurissant probablement pour la première fois. La plante sera à l'aise des années durant dans un pot de cette taille, et les dimensions des inflorescences ↓ devraient s'accroître.

Dimensions. En principe, la plante ne dépasse pas 50 cm.

Croissance. 5 à 6 feuilles par an.

Floraison. Début février/mars. L'inflorescence doit être coupée dès qu'elle se fane pour empêcher la formation des graines qui fatigue la plante.

Parfum. Inodore.

Lumière. La plante est tolérante à cet égard, mais fleurit mieux devant une fenêtre au nord.

Température. 7 à 10° au début de l'hiver. Monter à 15° quand l'inflorescence apparaît. Température maximale en été : 21°.

Arrosage. Pendant le repos hivernal, le terreau doit être assez sec : un arrosage par quinzaine. Arroser au moins une fois par semaine quand la plante fleurit et, ensuite, grandit.

Engrais. Pendant la croissance estivale, ajouter de l'engrais liquide à l'eau une fois par semaine.

Humidité. Comme la plupart des plantes, les clivies apprécient l'humidité atmosphérique. Poser le pot sur des cailloux mouillés.

Nettoyage. Essuyer les feuilles avec un chiffon humide. Ne pas utiliser de lustrant.

Atmosphère. Plante tolérante.

Terre. Terreau frais.

Empotage. Les jeunes doivent être rempotés chaque année au printemps. Les plantes adultes doivent rester dans leur pot autant que possible, mais le terreau de surface devrait être renouvelé tous les 2 ou 3 ans. En rempotant, éviter d'abîmer les racines charnues et ne pas prendre un pot trop grand.

Taille. Inutile, sauf pour enlever les feuilles du bas à mesure qu'elles meurent.

Multiplication. Par division des grandes plantes, par prélèvement de rejetons après la floraison, ou encore par semis à 18°. La graine, toutefois, doit mûrir sur la plante, ce qui peut durer 10 mois.

Longévité. Peut vivre très longtemps.

Sociabilité. Quoique présentées individuellement le plus souvent, les clivies peuvent être associées à toutes les plantes vertes en culture mixte.

Facilités/difficultés. Une plante facile, mais qui produit de plus belles fleurs quand elle est bien soignée.

Empotage

1 - Elle pousse mieux un peu à l'étroit. Rempoter quand de nombreuses racines sortent du trou et que la croissance est arrêtée. Bien arroser.

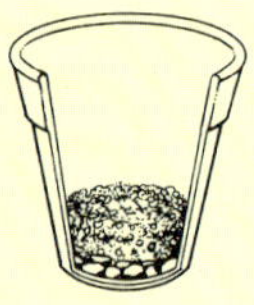

2 - Préparer un pot plus grand avec couche de drainage et couche de terreau frais humide.

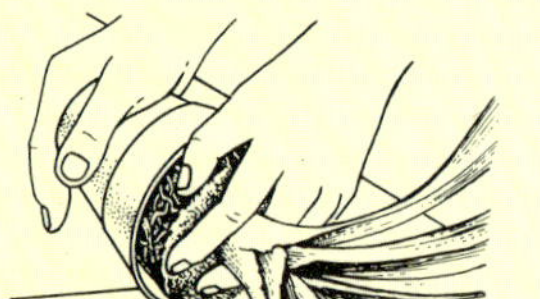

3 - Tenir le pot d'une main en maintenant le terreau de l'autre. Tapoter le bord du pot : plante et terreau sortiront d'un bloc.

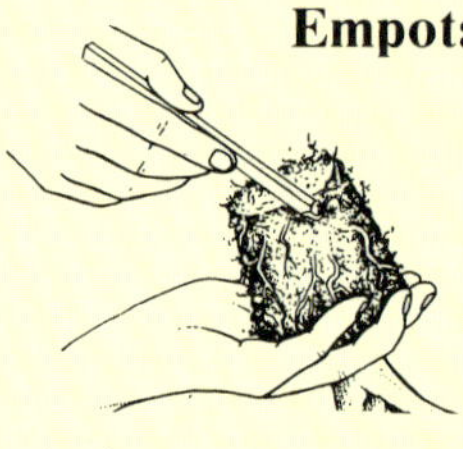

4 - Avec un crayon ou un bâtonnet, enlever la terre sans abîmer les racines charnues.

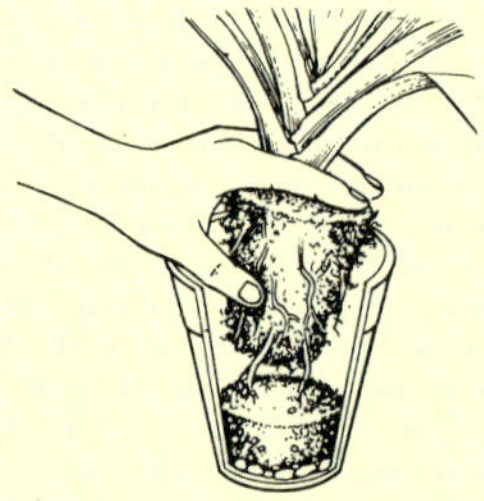

5 - Placer les racines sur le terreau du nouveau pot.

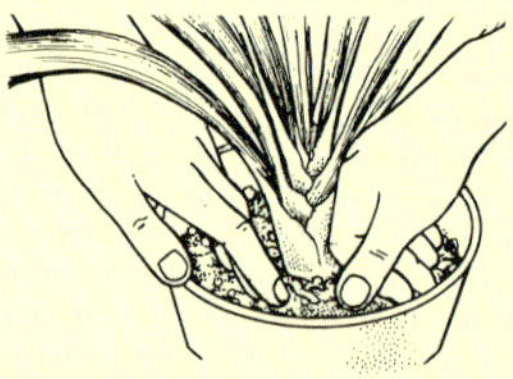

6 - Remplir de terreau frais. Couvrir toutes les racines. Bien tasser. Laisser 2 jours à l'ombre, sans eau, pour favoriser l'enracinement.

S.O.S.

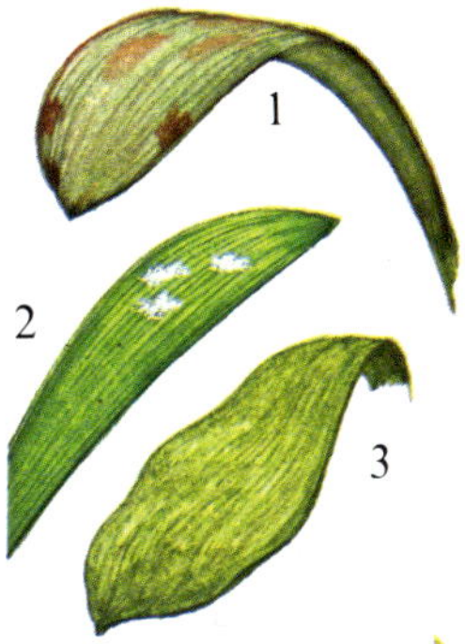

1 - Feuilles brunes et brûlées. *Soleil direct sur feuillage mouillé. Abriter du soleil. Ne pas arroser au soleil.*

2 - Plaques laineuses blanches sur les feuilles. *Cochenilles. Les enlever avec un tampon imbibé d'alcool dénaturé ou pulvériser du malathion ou un insecticide systémique.*

3 - Les feuilles se ratatinent. *Trop sec. Arroser et vaporiser tout de suite, et plus souvent à l'avenir.*

4 - Nouvelles feuilles faibles, pas de fleurs. *Trop chaud. Trouver un emplacement plus frais.*

5 - Croissance arrêtée. *Trop froid. Trouver un emplacement plus chaud.*

6 - Feuillage pâle et peu de fleurs. *Manque d'engrais.*

7 - La plante pourrit à sa base. *Elle est détrempée d'avoir été trop arrosée. La laisser sécher et récupérer. Ensuite, arroser moins souvent.*

Multiplication par rejetons

1 - Quand les fleurs se fanent, la plante produit des rejetons.

2 - Préparer un petit pot avec couche de drainage et terreau frais humide.

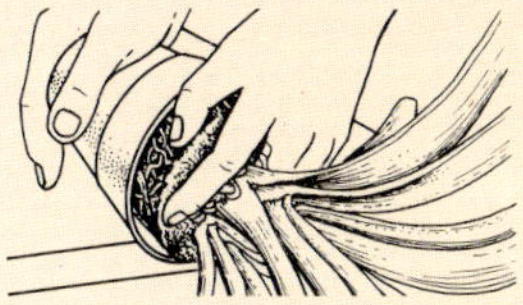

3 - Tenir le pot d'une main en maintenant le terreau de l'autre. Tapoter le bord du pot : plante et terreau sortiront d'un bloc.

4 - Séparer le rejeton à l'aide d'un bon couteau.

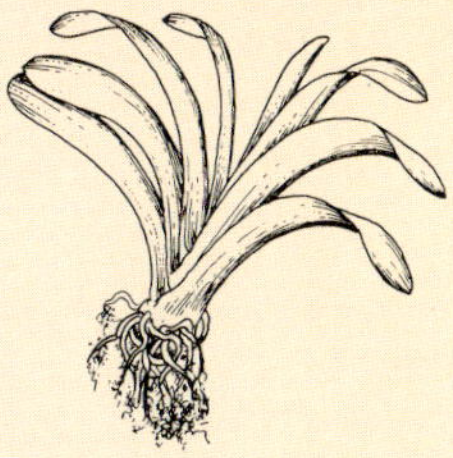

5 - Le rejeton doit avoir ses propres racines, sinon il ne poussera pas.

6 - L'empoter, tasser le terreau autour de la base. Bien arroser.

Humidité

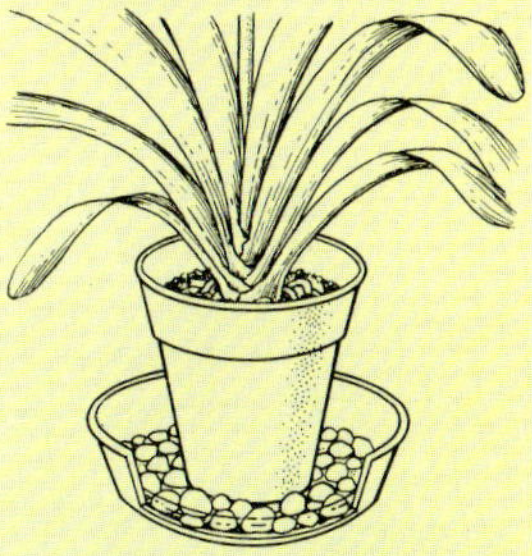

Placer le pot dans une soucoupe sur une couche de cailloux ou de gravillons trempant dans l'eau. Le fond du pot ne doit pas toucher l'eau.

Nettoyage

Enlever la poussière en essuyant les feuilles à l'eau tiède avec un linge doux ou une éponge. Soutenir la feuille avec l'autre main. Pas de lustrant.

Division des racines

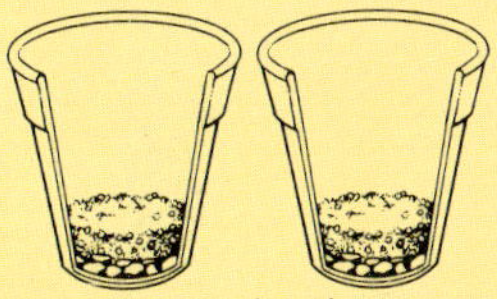

Diviser les grandes plantes adultes au début du printemps.

1 - Préparer 2 pots avec couche de drainage et terreau.

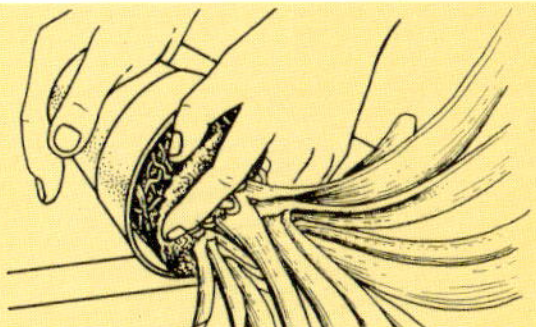

2 - Retirer la plante de son pot et enlever la vieille terre sans abîmer les fragiles racines.

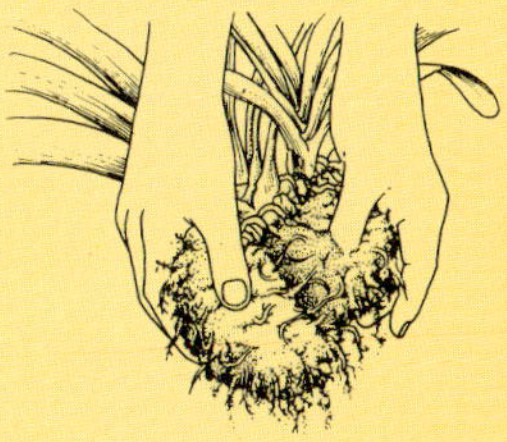

3 - Des deux mains, séparer doucement les racines et les tiges.

4 - Rempoter normalement les deux moitiés.

Enlever la hampe

Quand les fleurs sont fanées, couper la hampe à sa base.

COCOS

Cette plante, qui appartient à la famille des palmiers, est une des rares espèces dont le nom ne dérive pas du grec. *Coco* veut dire singe en portugais, et fait allusion au fruit qui ressemble à une tête de singe.
Le cocotier du commerce, *Cocos nucifera,* est originaire d'Amérique tropicale où il fut recueilli pour la première fois en 1690. Il est aujourd'hui répandu dans toutes les régions tropicales, soit que l'homme l'y ait transporté, soit que les noix y soient parvenues naturellement en flottant de rivage en rivage.
Deux espèces seulement sont cultivées comme plantes d'intérieur : une grande et une petite. La grande est le véritable cocotier, *C. nucifera* qui, surtout dans sa jeunesse, fait bel effet dans un appartement. La plante éclôt d'une noix qui repose à moitié enfouie dans un pot. Les palmes juvéniles sont minces et fines, et le tronc n'apparaît que chez les sujets adultes. Les chances de faire mûrir les fruits en intérieur, même dans une serre tropicale, sont des plus faibles.
La petite espèce, *C. weddeliana,* est un palmier nain aux palmes légères garnies de fines folioles. Dans sa prime jeunesse, la plante fait merveille dans une culture en bocal. Elle est parfois désignée sous le nom de *Microcoelum* ou *Syagrus weddeliana.*
En achetant *C. nucifera,* s'assurer que la pousse est vigoureuse et qu'il n'y a pas de pourriture à sa base ou dans la noix. En principe, *C. weddeliana* ne pose pas de problèmes, mais éviter les spécimens qui sont dans un sol trop sec et dont les palmes sont brunes et parcheminées. Aucune des deux espèces n'est facile à conserver longtemps dans une maison, mais toutes deux se développent bien dans l'atmosphère plus humide d'une serre.

↑ *Cocos nucifera* juvénile. A cet âge, les palmes ressemblent à des queues de poisson.

← La noix de *Cocos nucifera* ne doit pas être enfouie. Ici, le tronc adulte commence à se former.

→ *Cocos weddeliana,* le cocotier nain aux palmes fines et légères.

Dimensions. En plein air sous les tropiques, *C. nucifera* atteint 30 m. En intérieur : 3 m. *C. weddeliana* se vend généralement quand il a 30 à 40 cm de haut. Il peut, au bout de 20 ans, arriver à 1,20 m.

Croissance. Lente : quelques centimètres par an.

Floraison. Nulle en appartement.

Parfum. Inodore.

Lumière. Les cocotiers aiment la lumière et supportent le soleil à condition que leurs palmes ne soient pas mouillées.

Température. Autour de 18° en hiver, 21° en été.

Arrosage. Au moins 2 fois par semaine en été pour garder une bonne humidité. En hiver, arroser moins, en tenant compte de la température de la pièce. Une fois par semaine suffira probablement, mais jamais laisser sécher les racines.

Engrais. Pendant la croissance estivale, ajouter la moitié de la dose recommandée d'engrais liquide à l'eau toutes les 3 semaines.

Humidité. Ces plantes aiment une atmosphère humide. Poser le pot dans une soucoupe sur un lit de cailloux mouillés ou dans un pot plus grand plein de tourbe humide.

Nettoyage. Vaporiser à l'eau tiède. Ne pas utiliser de lustrant.

Atmosphère. Plantes assez tolérantes, mais une chaleur sèche en hiver fera mourir les folioles.

Terre. Un mélange moitié terre de bruyère, moitié terreau.

Empotage. Rempoter les plantes chaque année au printemps. Laisser les plantes adultes dans le même pot, mais les nourrir et renouveler le terreau de surface.

Taille. Inutile, sauf pour enlever à l'occasion les palmes qui meurent.

Multiplication. A partir des noix ou des graines, au printemps, à 21° et un haut degré d'humidité. C'est un travail de professionnel.

Longévité. Les deux premières années sont les plus difficiles. Une fois passé ce cap, la plante a toutes les chances de jouir d'une longue vie.

Sociabilité. Laisser *C. nucifera* seul, vu sa taille. *C. weddeliana* se plaît en culture mixte, avec les lierres, les crotons, les fougères. Sa petite taille et sa croissance lente le recommandent pour la culture en bocal.

Facilités/difficultés. Plantes modérément difficiles, exigeant quelques soins.

Empotage

1 - Rempoter au printemps si les racines sortent du trou et que l'arrêt de croissance indique que le terreau est usé.

2 - Préparer un pot plus grand, avec drainage et une couche moitié terreau humide, moitié terre de bruyère. Choisir un pot étroit et profond.

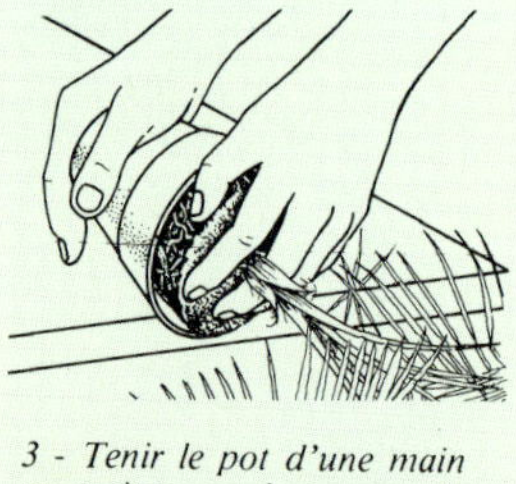

3 - Tenir le pot d'une main en maintenant le terreau de l'autre. Tapoter le bord du pot : plante et terreau sortiront d'un bloc.

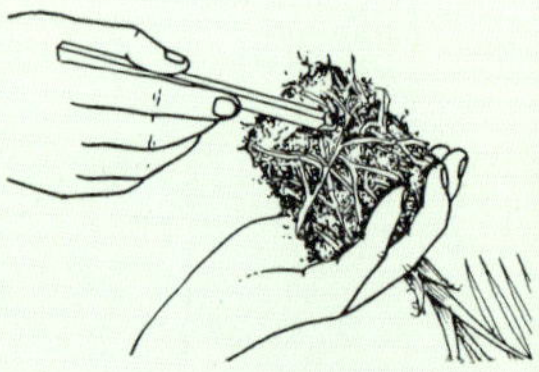

4 - Avec un crayon ou un bâtonnet, enlever le terreau sans abîmer les racines.

5 - Placer les racines sur le terreau du nouveau pot.

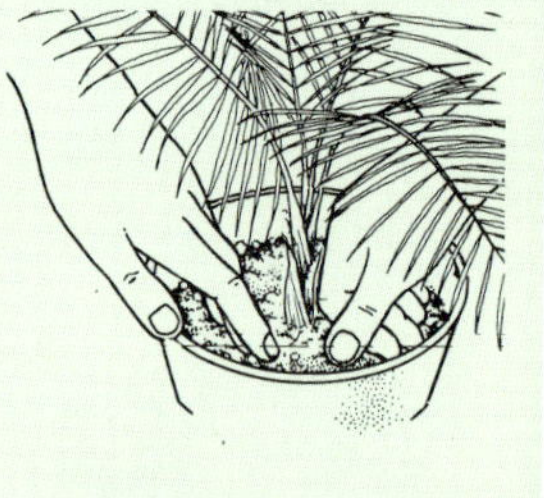

6 - Remplir de mélange frais. Couvrir toutes les racines. Bien tasser. Laisser 2 jours à l'ombre, sans eau, pour favoriser l'enracinement.

S.O.S.

Cocos weddeliana

1 - Les feuilles se ratatinent. *Trop sec. Tremper le pot dans un seau d'eau. Ensuite, arroser plus souvent.*

2 - Pas de nouvelle pousse au printemps. *La plante a probablement besoin d'être nourrie et/ou rempotée. S'assurer qu'elle n'a pas froid.*

2

3

4

5

3 - La pointe des folioles brunit. *Pas assez humide. Vaporiser tous les jours. Placer le pot dans un pot plus grand plein de tourbe humide.*

Cocos nucifera

4 - Les palmes brunissent et sèchent. *Atmosphère trop chaude et sèche. Améliorer la ventilation et vaporiser tous les jours.*

5 - La noix noircit et pourrit. *Trop d'eau. Peut-être trop froid. En principe la plante est perdue, mais il arrive qu'elle reprenne si on la laisse sécher.*

Culture en bocal

1 - Préparer : grand bocal ou bonbonne, gravier et charbon de bois pour le drainage, terreau humide, journal, cuillère en bois, bobine vide et pinceau doux, ces derniers attachés à un bâton. Diverses petites plantes, comme Cocos, Begonia, Cryptanthus.

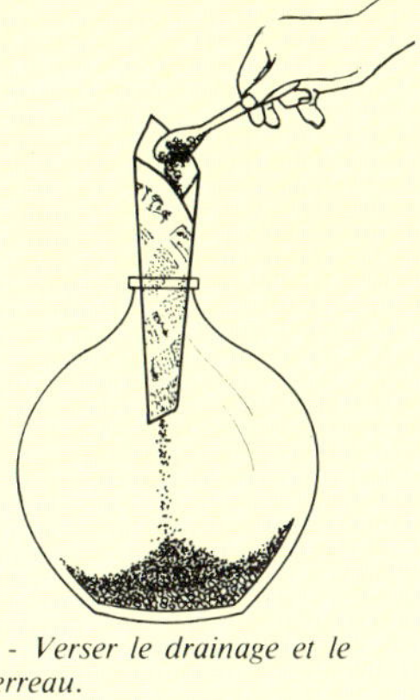

2 - Verser le drainage et le terreau.

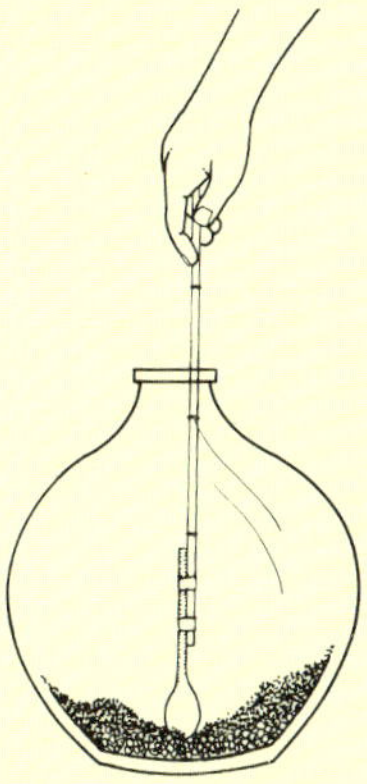

3 - Creuser des trous avec la cuillère.

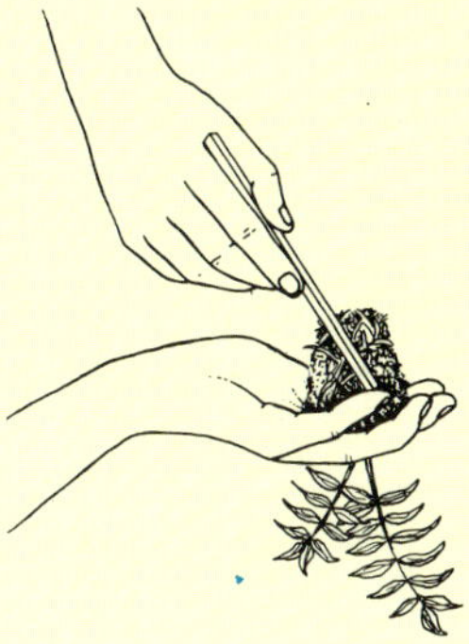

4 - Sortir les plantes de leurs pots. Dégager la terre des racines. Si la motte est trop grande, en enlever délicatement une partie.

5 - Lâcher une plante en visant un trou.

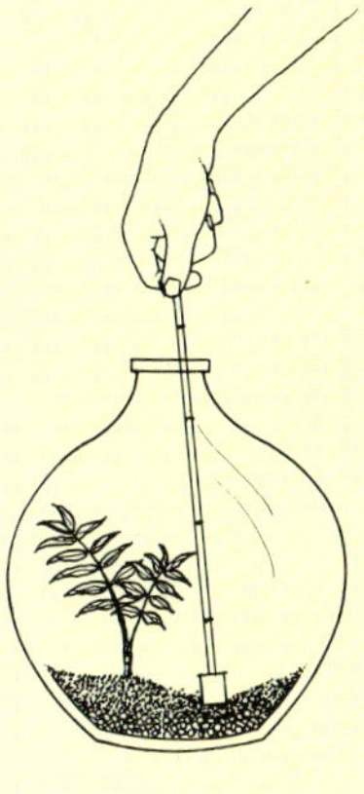

6 - Avec la bobine tasser la terre autour de la plante. Installer les autres plantes de la même façon.

7 - Epousseter avec le pinceau.

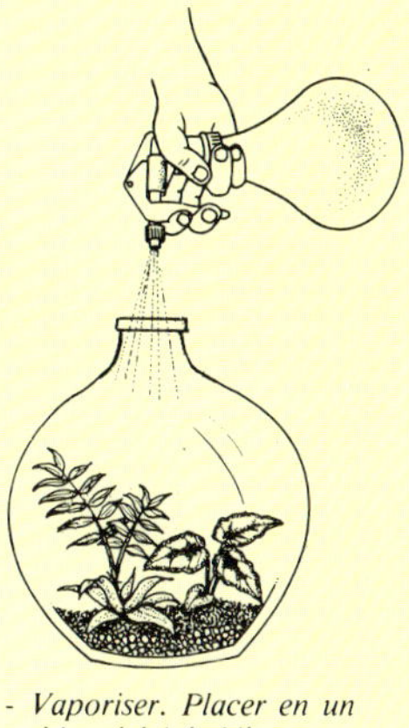

8 - Vaporiser. Placer en un lieu bien éclairé. N'arroser que si les plantes commencent à s'affaisser. Elles produisent leur propre humidité.

Changer la terre de surface

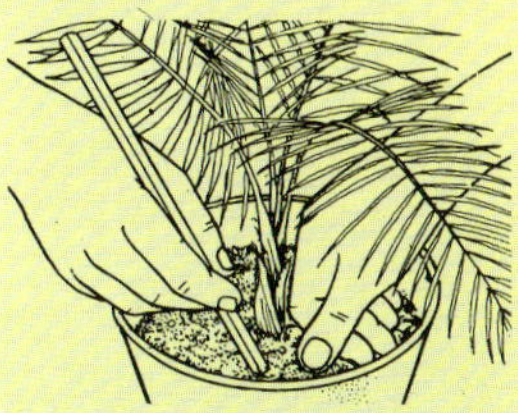

1 - Quand la plante dépasse 1 m, ne plus rempoter. Arroser, puis enlever 2,5 cm de terreau sans abîmer les racines.

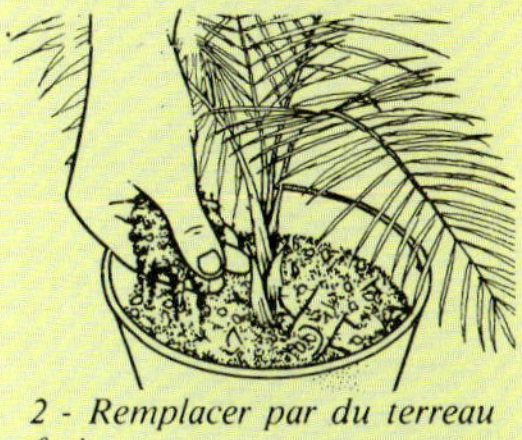

2 - Remplacer par du terreau frais.

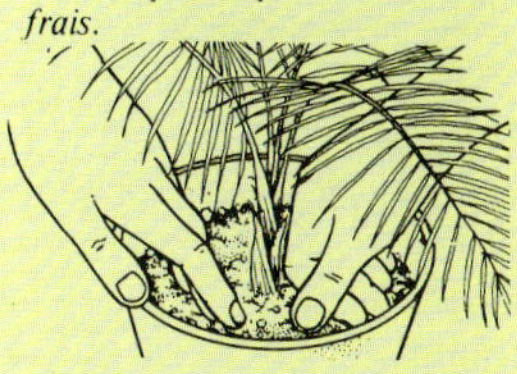

3 - Bien tasser. Couvrir toutes les racines.

4 - Laisser 2 jours à l'ombre, sans eau, pour favoriser l'enracinement.

CROTON PANACHÉ

Codiaeum variegatum pictum, pour lui donner son nom complet, fait partie de la famille des euphorbiacées. Il nous vient des Indes et de Malaisie et fut importé au début du XIXe siècle. Son nom générique vient du mot *Kodiho,* par lequel les indigènes le désignent. C'est une des plantes d'intérieur dont le feuillage est le plus coloré. On en a tiré de nombreuses variétés, les unes avec les feuilles en forme de rubans, d'autres avec les feuilles lancéolées, comme le laurier, ou lobées, comme le chêne, et bien d'autres encore. Toutes sont de couleurs vives et ont de fortes nervures jaunes. Le nom de croton, par lequel on désigne souvent cette plante, appartient, en fait, à un autre genre, et on l'appelle parfois *Croton-codiaeum,* combinaison des deux noms.

On pensait encore tout récemment que les crotons avaient besoin d'une température élevée et ne pouvaient donc faire que de courts séjours en appartement. Ils se sont popularisés depuis qu'on s'est aperçu qu'ils supportaient des températures bien plus fraîches. Il est toutefois difficile de leur faire passer l'hiver sans qu'ils perdent leurs feuilles du bas. Une température égale est une des conditions de réussite.

Les crotons sont une des rares plantes d'intérieur qui ont besoin d'être vraiment bien éclairées. Les choisir pour la beauté de leur feuillage, qui doit être frais, sain et bien fourni à la base. Veiller à ce qu'ils ne prennent pas froid lorsqu'on les ramène chez soi en hiver.

↑ *Croton* « Brava ».

↑ *Croton poullini.*

La forme et la coloration du croton sont variables. Une belle plante, mais qui n'est pas facile.

→ Un cultivar de *Croton variegatum pictum.*

↓ *Croton holufiana.*

Dimensions. Environ 25 cm dans des pots de 9 cm, et 50 cm dans des pots de 13 cm. Ils peuvent atteindre 1 m de haut et autant de large.

Croissance. Chaque tige s'accroît de 20 à 25 cm par an.

Floraison. Les plantes adultes produisent, en été, un long et mince épi de petites fleurs assez insignifiantes.

Parfum. Inodore.

Lumière. Plus le croton reçoit de lumière, plus ses couleurs sont vives. Il supporte le soleil, mais il ne faut pas vaporiser en plein soleil : cela brûle ses feuilles.

Température. Une température égale est essentielle. 15° en hiver est l'idéal, 13° est supportable à condition qu'il n'y ait pas d'écarts. 27° est un maximum.

Arrosage. Arroser 2 ou 3 fois par semaine en été. Ne jamais laisser sécher. Arroser tous les 4 à 5 jours à l'eau tiède en hiver.

Engrais. Pendant la croissance estivale, ajouter de l'engrais liquide à l'eau tous les 15 jours.

Humidité. En été, les crotons apprécient une vaporisation quotidienne, mais pas au moment où ils sont au soleil. De temps à autre, poser leur pot sur un lit de cailloux mouillés.

Nettoyage. En vaporisant avec de l'eau ou, pas plus d'une fois par mois, avec un lustrant.

Atmosphère. Eviter les courants d'air et les chauffages au gaz.

Terre. Terreau frais.

Empotage. En avril ou mai de préférence. Eviter les pots trop grands.

Taille. Les plantes qui ont tendance à devenir échevelées et qui ont perdu des feuilles peuvent être taillées au printemps quand la croissance reprend. Saupoudrer les coupures au charbon de bois pour arrêter l'écoulement de la sève.

Multiplication. Par boutures de tiges au printemps, à 24° et dans une atmosphère humide. Si possible utiliser un germoir.

Longévité. Très aléatoire quand la plante est entre les mains d'un novice. Toutefois, dans de bonnes conditions, un spécimen adulte peut vivre de longues années.

Sociabilité. Les crotons réussissent bien dans des cultures mixtes qui font ressortir leurs couleurs.

Facilités/difficultés. Une bonne pratique est nécessaire pour maintenir cette plante en vie d'année en année.

Empotage

1 - Rempoter en avril/mai si les racines sont à l'étroit et les jeunes feuilles petites. Arroser. Préparer un pot plus grand avec couche de drainage et terreau frais.

2 - Dégager le terreau au couteau sur le pourtour du pot.

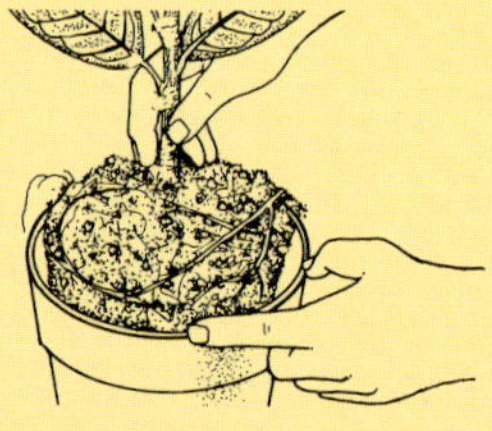

3 - Saisir la base de la tige et soulever la plante.

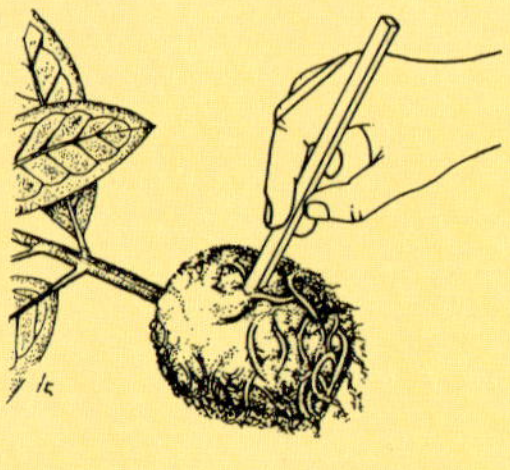

4 - La coucher sur une table et enlever la vieille terre sans abîmer les racines.

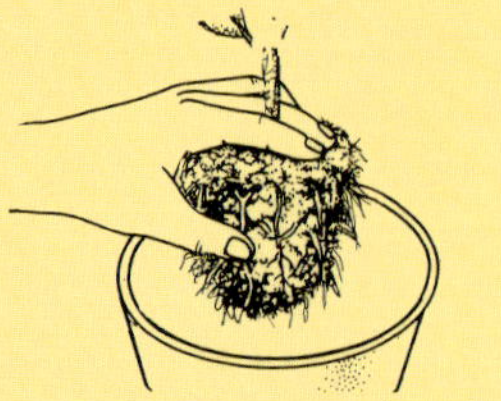

5 - Placer les racines sur le terreau du nouveau pot.

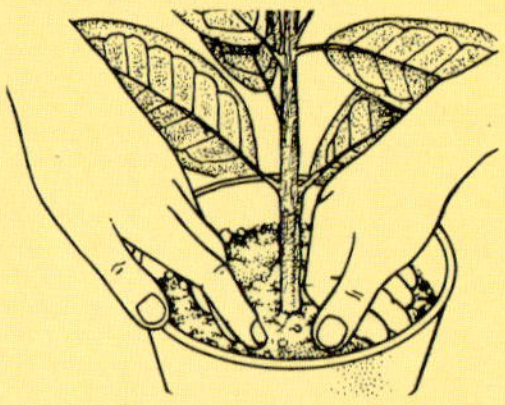

6 - Remplir de terreau frais en le tassant au fur et à mesure. Couvrir toutes les racines. Laisser 2 jours à l'ombre, sans eau, pour favoriser l'enracinement.

S.O.S.

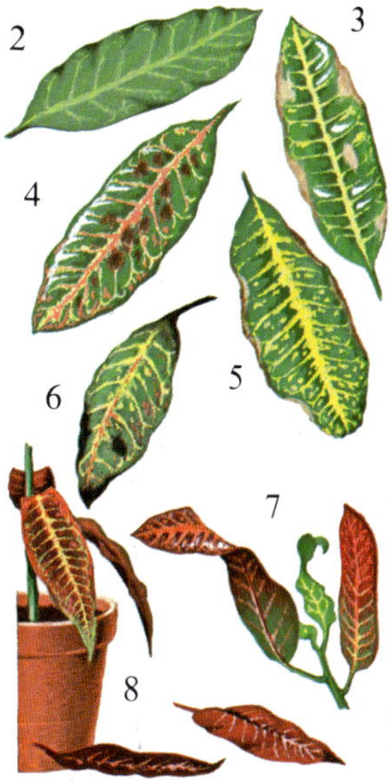

1 - Les feuilles du bas tombent. *Atmosphère trop sèche et froide. Trouver un coin plus chaud. Humidifier, vaporiser.*

2 - Feuilles ternes et délavées ou devenant vertes. *Manque de lumière. Trouver un emplacement mieux éclairé.*

3 - Feuilles brunes et brûlées. *Soleil direct sur feuilles mouillées. Ne pas vaporiser au soleil.*

4 - Feuilles tachées et affaissées. *Gaz polluants. Changer de pièce.*

5 - Les feuilles se ratatinent. *Trop chaud et sec. Trouver un coin plus frais, humidifier, vaporiser.*

6 - Les feuilles pendent et s'affaissent. Les tiges pourrissent. *Trop d'eau. Laisser sécher. Ensuite, arroser moins souvent.*

7 - Les nouvelles feuilles sont petites et déformées. *Manque d'engrais.*

8 - Les feuilles tombent. *Température fluctuante. Essayer de maintenir une température égale.*

9 - Les feuilles jaunissent, filaments sur l'envers. *Araignées rouges. Pulvériser du derris, du malathion ou un insecticide systémique. Accroître l'humidité.*

10 - Feuilles décolorées. Insectes écailleux bruns sous les feuilles et sur les tiges. *Cochenilles. Les enlever avec un tampon d'ouate imbibé d'alcool dénaturé ou pulvériser un insecticide systémique.*

11 - Plaques laineuses blanches sur les feuilles et à leur aisselle. *Cochenilles. Les enlever avec un tampon d'ouate imbibé d'alcool dénaturé ou pulvériser du malathion ou un insecticide systémique.*

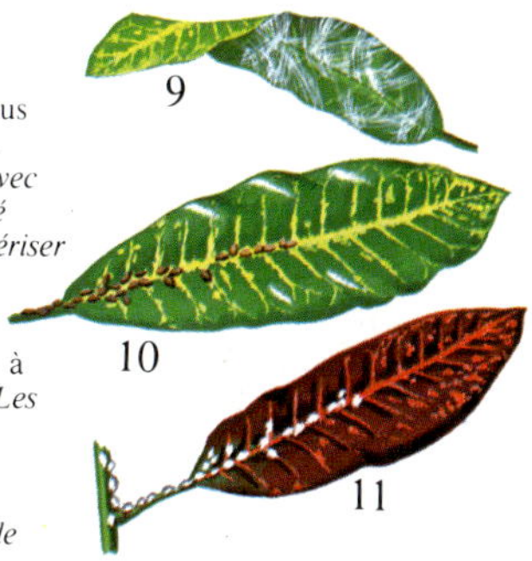

Bouturage

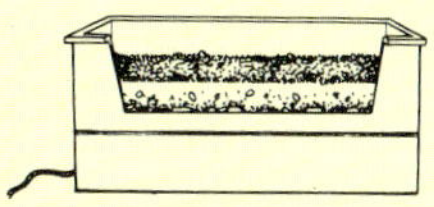

1 - Prélever des pointes de jeunes tiges au printemps. Utiliser un germoir garni d'un drainage et d'un mélange moitié sable, moitié terreau frais. Porter des gants : la sève est irritante.

2 - Choisir une pointe avec au moins 2 paires de feuilles saines et un bourgeon. Couper au-dessous de la 2ᵉ paire. Longueur : 8 à 10 cm.

3 - Tailler la tige juste au-dessous d'une feuille.

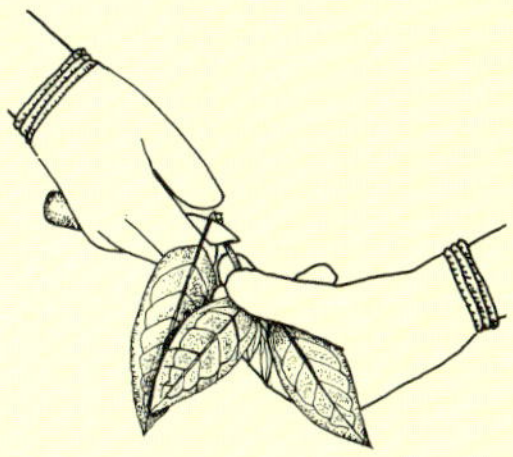

4 - Enlever la paire de feuilles inférieure.

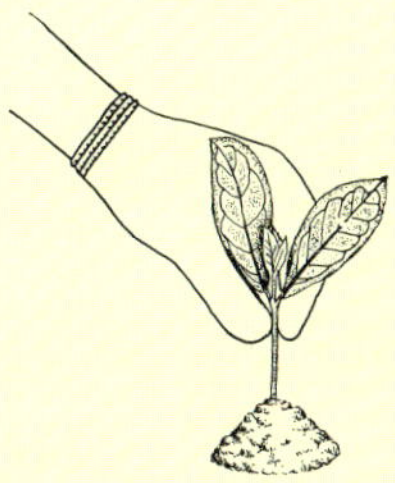

5 - Tremper la coupe dans de la poudre radiculaire aux hormones. Secouer l'excédent.

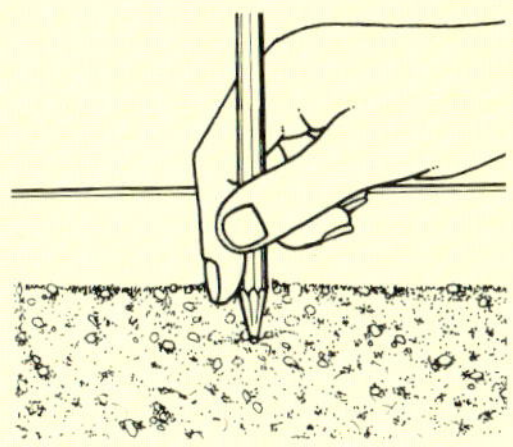

6 - Avec un crayon ou un bâtonnet, faire de petits trous dans le terreau.

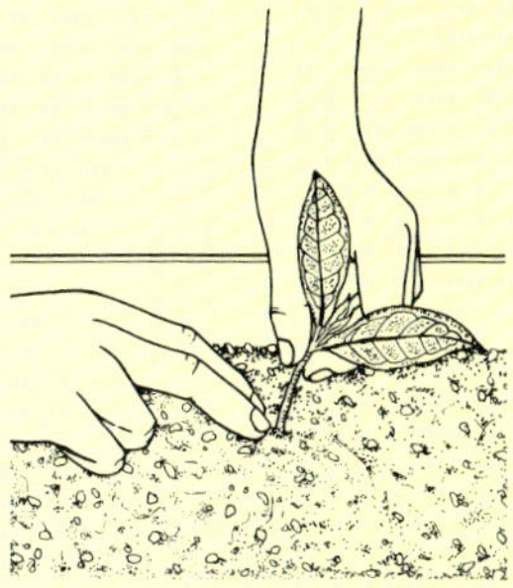

7 - Y introduire les boutures, la tige au fond du trou, les feuilles au ras du sol.

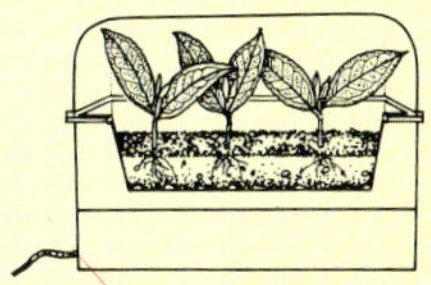

8 - Bien arroser et recouvrir. Découvrir 5 minutes tous les jours pour éviter la pourriture. S'assurer que le terreau ne sèche pas. Température : 24°.

9 - Découvrir définitivement après 21 jours. Quand les boutures ont bien pris, les empoter dans du terreau frais.

Arrosage et humidité

1 - Vaporiser tous les jours, à l'eau de pluie si possible, d'une distance d'environ 15 cm.

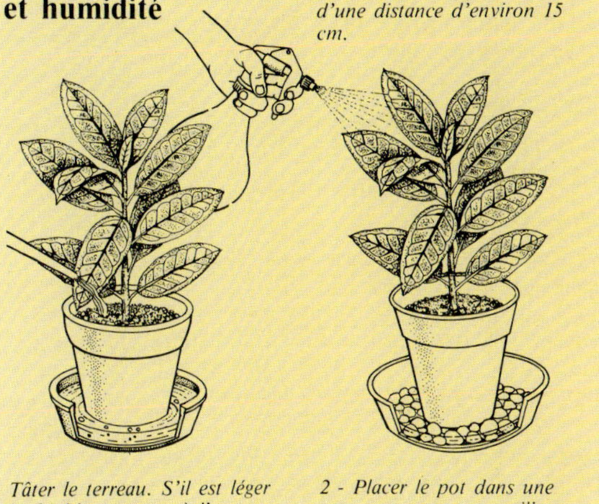

Tâter le terreau. S'il est léger et friable, arroser, à l'eau tiède en hiver. Ne jamais laisser sécher.

2 - Placer le pot dans une soucoupe avec eau, cailloux ou gravier. Le pot ne doit pas toucher l'eau.

COLUMNEA À PETITES FEUILLES

Les columneas sont de belles plantes rampantes ou pendantes à feuilles persistantes qui, si elles sont bien soignées, nous récompensent en produisant, au printemps, de spectaculaires fleurs orange. Elles appartiennent à la famille des gesnériacées et le genre comprend un centaine d'espèces originaires, pour la plupart, d'Amérique tropicale. Elles furent nommées en l'honneur du naturaliste italien Fabius Columna qui publia un des premiers livres de botanique à Naples en 1592.

Les columneas sont particulièrement attrayantes dans des paniers suspendus. Ce sont des épiphytes qui, dans la nature, poussent sur des arbres ou des bois morts. Elles y cherchent un support mais ne s'en nourrissent pas. Les feuilles sont petites, ovales, disposées par paires le long des tiges pendantes qui peuvent dépasser 60 cm. Les fleurs, à corolle tubulaire dont la couleur peut varier entre l'orange et l'écarlate, éclosent au printemps. Sans être difficiles, ces plantes demandent une bonne lumière.

Deux espèces sont cultivées couramment. *C. microphylla* a des tiges plus longues, des feuilles plus courtes et des fleurs orange. *C. gloriosa* a des feuilles plus sombres et allongées, des tiges plus courtes et des fleurs écarlates. Les horticulteurs en ont tiré de nombreuses variantes telles que *C. gloriosa* « Purpurea » aux feuilles pourprées. Les soins sont les mêmes pour toutes les variétés.

Très proches des columneas, les espèces du genre *Aeschynanthus* (ou *Trichosporum*) ont les mêmes exigences. Elles fleurissent plus tard, de mai à septembre, et proviennent toutes de Java. La plus connue est *Aeschynanthus lobbianus,* aux fleurs carmin. Les deux genres se ressemblent tellement qu'on les confond souvent, mais les aeschynanthus coûtent plus cher.

On vend les columneas au printemps, au moment de la floraison. Choisir des spécimens aux pousses luxuriantes et charnues, portant de nombreux boutons.

Dimensions. Les tiges atteignent entre 45 cm et 1 m de long.

Croissance. 38 à 50 cm par an.

Floraison. Mars/avril. Pour qu'elle soit belle, la plante doit avoir connu en hiver une période de repos, suivie d'un séjour dans une atmosphère tiède et humide.

Parfum. Inodore.

Lumière. Pour prospérer, la plante doit être près d'une fenêtre ou recevoir un éclairage similaire. Le feuillage ne doit pas toucher la vitre. Protéger du soleil de midi en été.

Température. 13 à 15° est l'idéal. S'il fait plus chaud, vaporiser tous les jours. La plante souffre au-delà de 24°.

Arrosage. Sauf pendant le mois de repos en hiver, ces plantes exigent beaucoup d'humidité. Arroser au moins 2 fois par semaine en été, davantage s'il fait chaud. En hiver, un arrosage par semaine, et moins pendant la dormance.

Engrais. En été, ajouter de l'engrais liquide à l'eau tous les 15 jours.

Humidité. Une humidité élevée est nécessaire pour une belle floraison. Placer une plante en pot sur des cailloux mouillés ou dans un autre pot plein de tourbe humide. Si elle est dans un panier suspendu, conserver un peu d'eau dans la soucoupe. Vaporiser le feuillage à l'eau tiède non calcaire.

Nettoyage. La vaporisation suffit. Les feuilles étant velues, pas de lustrant.

Atmosphère. Eviter les courants d'air.

Terre. Terreau frais.

Empotage. Rempoter au maximum tous les 2 ans en juin. S'assurer que le drainage est bon. Attention : les longues tiges se cassent facilement.

Taille. Après la floraison, raccourcir de près de la moitié pour inciter la plante à pousser en épaisseur.

Multiplication. Par boutures de tiges.

Longévité. 5 à 6 ans. La plante devient alors désordonnée et il vaut mieux la remplacer.

Sociabilité. Quoique les columneas s'entendent bien avec la plupart des autres plantes d'intérieur, leurs mœurs rampantes conviennent mal aux cultures mixtes.

Facilités/difficultés. Ce n'est pas une plante difficile si elle reçoit la lumière et l'humidité voulues. Il est plus facile de les lui fournir en serre.

← Le feuillage régulier de *C. microphylla,* sans doute une des espèces les plus attrayantes.

→ *Columnea microphylla.* C'est dans des paniers suspendus que ces plantes se présentent le mieux.

↓ Les fleurs des columneas sont aussi belles qu'étranges. Ici, *C. gloriosa.*

Empotage

1 - Ne rempoter que tous les 2 ans, après la floraison. Enlever toutes les fleurs mortes. Bien arroser.

2 - Préparer un pot plus grand avec drainage et du terreau frais.

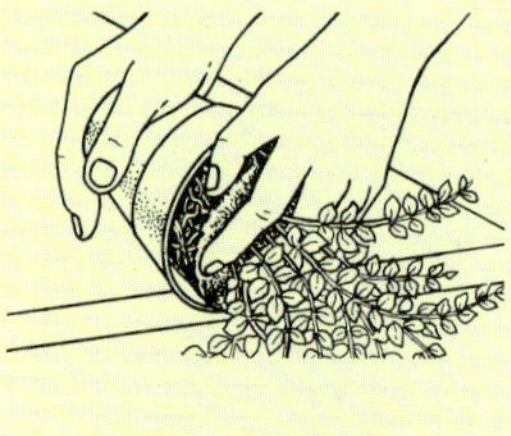

3 - Tenir le pot d'une main en maintenant la terre de l'autre. Tapoter le bord du pot : plante et terreau sortiront d'un bloc.

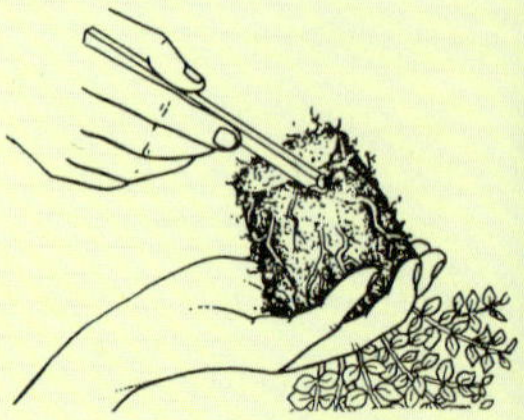

4 - Avec un crayon ou un bâtonnet, enlever le terreau sans abîmer les racines.

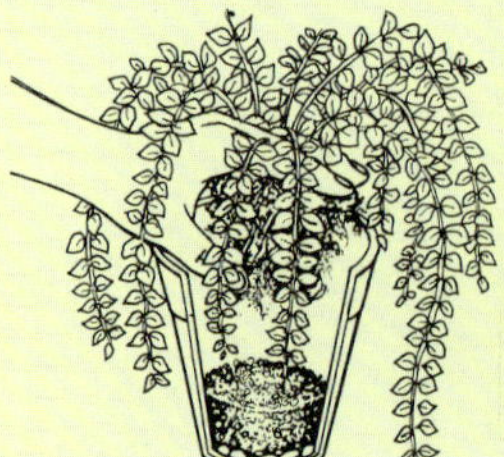

5 - Placer les racines sur le terreau du nouveau pot.

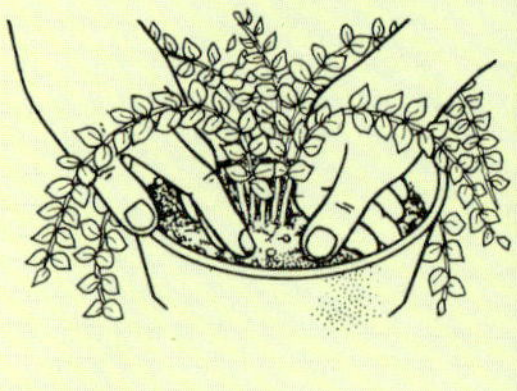

6 - Remplir de terreau frais. Couvrir toutes les racines. Bien tasser. Laisser 2 jours à l'ombre, sans eau, pour favoriser l'enracinement.

S.O.S.

1 - Les feuilles sèchent, la plante a l'air fatigué. *Manque d'humidité. Vaporiser régulièrement.*

2 - Croissance étique. *Manque d'engrais.*

3 - Tiges maigres et allongées. *Manque de lumière. Trouver un endroit mieux éclairé.*

4 - Pas de fleurs. *Manque de lumière. Changer de place.*

5 - Les feuilles tombent, les tiges pourrissent. *Excès de froid et d'eau. Trouver un endroit plus chaud et laisser sécher. Ensuite arroser moins souvent.*

6 - Les feuilles se ratatinent. *Terreau trop sec. Arroser immédiatement.*

7 - Feuilles rabougries, croissance malingre, pas de fleurs. *Excès de chaleur et manque d'air. Trouver un endroit plus frais et mieux ventilé.*

8 - Feuilles jaunes avec filaments en dessous. *Araignées rouges. Pulvériser du derris, du malathion ou un insecticide systémique. Vaporiser régulièrement.*

Humidité

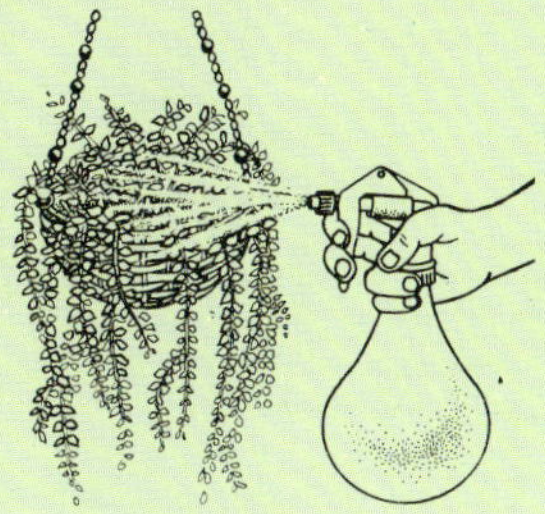

L'humidité des plantes dans des paniers suspendus peut être entretenue par une vaporisation quotidienne à l'eau tiède non calcaire. Les plantes en pot ont, elles aussi, besoin d'une humidité constante.

Placer le pot dans une soucoupe sur un lit de cailloux baignant dans de l'eau. Le fond du pot ne doit pas toucher l'eau.

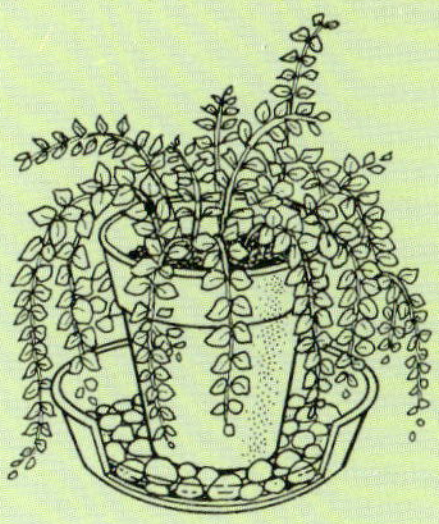

Arrosage

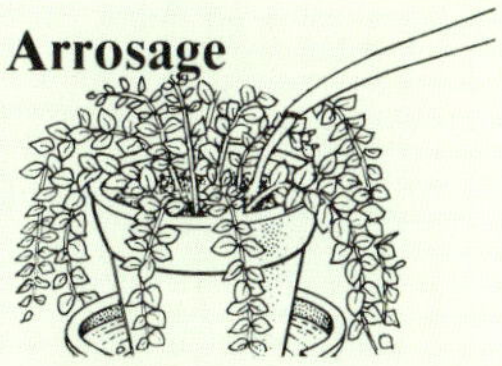

Tâter le terreau. S'il est friable et léger, la plante a besoin d'eau. Vider la soucoupe après 15 minutes.

Taille

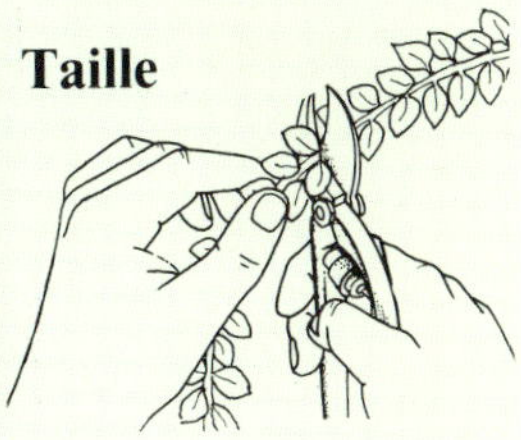

Après floraison, raccourcir les tiges de moitié pour obtenir une croissance plus touffue. Couper juste au-dessus d'une aisselle.

Bouturage

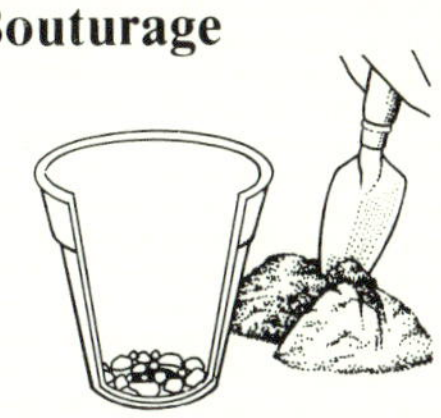

1 - Prélever les boutures quand la floraison est finie. Préparer un pot avec drainage et un mélange moitié sable et moitié terreau frais.

2 - Couper un bout de tige d'environ 10 cm. Sectionner juste au-dessus d'une paire de feuilles.

3 - Tailler la tige juste au-dessous d'une feuille.

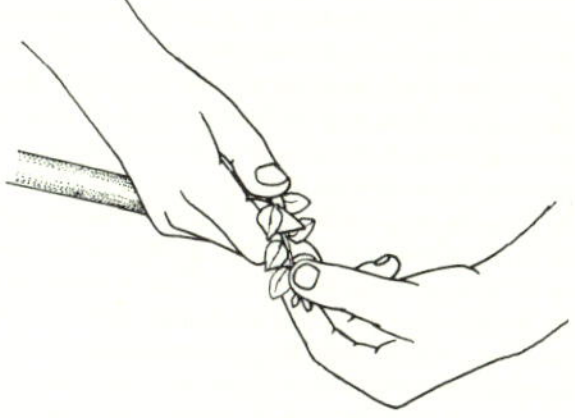

4 - Enlever les feuilles du bas afin d'avoir assez de tige à mettre en terre.

5 - Tremper la coupe dans de la poudre radiculaire aux hormones. Secouer l'excédent.

6 - Faire de petits trous dans le terreau en suivant le bord du pot. Y planter les boutures. Les feuilles du bas doivent être au ras du sol, la tige au fond du trou.

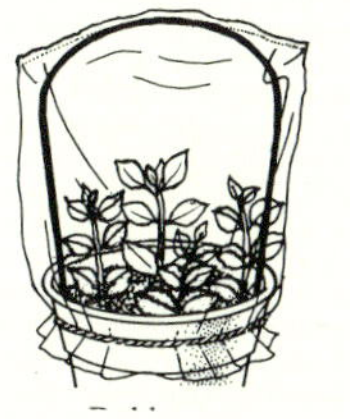

7 - Bien arroser. Couvrir de polyéthylène soutenu par un arceau. Découvrir 5 minutes tous les jours. Ne jamais laisser sécher le terreau. Température : 21°. Enlever la couverture après 21 jours. Quand les boutures ont bien pris, les empoter dans du terreau frais.

CORDYLINE OU DRACAENA DES HORTICULTEURS

Le nom vient du grec *kordyle,* « massue », à cause de la racine épaisse de certaines espèces. Le genre comprend une douzaine d'arbres et d'arbustes à feuilles persistantes, originaires de l'Amérique du Sud tropicale, de la Nouvelle-Zélande tempérée, de l'Australie, de la Polynésie, de la Malaisie et de l'Inde. Les cordylines sont de proches parents des dracaenas et il se produit bien des confusions quand leurs variétés sont nommées.

Les cordylines, avec leurs grandes feuilles aux teintes variées, sont prisés comme plantes d'appartement aussi bien que de serre. Ils sont faciles, et ceux au feuillage vert foncé supportent les coins mal éclairés. Quoiqu'ils puissent atteindre une belle taille, les spécimens proposés sur le marché n'ont généralement guère plus de 50 cm de haut.

Il en existe plusieurs variétés. *C. terminalis* « Prince Albert » a des feuilles rouge vif et vert foncé qui contrastent magnifiquement au milieu d'autres plantes vertes. *C. terminalis* « Red Edge », aux coloris semblables, est tout petit, avec des feuilles de 13 cm de long sur 2 cm de large. Ils présentent très bien à trois dans un pot ou dans des plantations mixtes. Les feuilles de *C. terminalis* « Lord Robertson » sont rouges, crème et vertes. Il devient un peu plus grand que « Prince Albert » mais n'est pas aussi robuste, et ses feuilles se meurtrissent plus facilement. *C. rubra congesta* est le plus robuste des cordylines ; ses feuilles sont plus étroites et d'un vert foncé.

Choisir des spécimens aux couleurs franches. Les feuilles ne doivent pas être tachées de brun ni avoir les pointes brunes. Préférer les sujets qui n'ont pas perdu leurs feuilles du bas.

← Robuste et solide, *Cordyline volkartii* supporte les emplacements sombres.

Les cordylines colorés ont le caractère commun de produire de jeunes feuilles aux couleurs claires qui foncent avec l'âge.

↙ *C. terminalis* « Lord Robertson ».

↓ *C. terminalis* « Red Edge ».

→ Un jeune et beau spécimen de *C. terminalis* « Prince Albert ».

Dimensions. Atteint 30 à 60 cm de haut et jusqu'à 45 cm de large dans une maison.

Croissance. 10 à 15 cm par an.

Floraison. Seules les plantes adultes fleurissent. Au cours de l'été elles produisent une longue hampe portant des fleurs blanches en forme d'étoile.

Parfum. Les fleurs dégagent un très fort parfum tropical.

Lumière. Il faut beaucoup de lumière pour entretenir les couleurs des feuilles, mais pas le plein soleil de midi en été. Les variétés vertes se contentent de moins de lumière.

Température. 18 à 21° en hiver, mais ces plantes supporteront un minimum de 13° si l'on réduit l'eau. Elles tolèrent un maximum de 24° en été à condition que l'humidité soit forte.

Arrosage. Arroser une ou deux fois par semaine en été et une fois en hiver. Ne jamais laisser la plante séjourner dans l'eau ni s'assécher complètement.

Engrais. Ajouter de l'engrais liquide à l'eau tous les 15 jours.

Humidité. Vaporiser 2 fois par semaine, mais pas quand la plante est en plein soleil.

Nettoyage. Les feuilles peuvent être essuyées avec un chiffon humide. On peut utiliser un lustrant, mais pas plus d'une fois tous les 2 mois. Pas de lustrant pour la variété « Red Edge ».

Atmosphère. Plantes assez tolérantes, mais qui n'aiment pas les courants d'air froid.

Terre. Terreau frais.

Empotage. De préférence en mars, tous les 2 ou 3 ans au plus. Vérifier le drainage.

Taille. Inutile, sauf pour enlever les feuilles sèches ou abîmées. Une plante échevelée peut être raccourcie au printemps.

Multiplication. Par boutures de pointes et de sections de tiges.

Longévité. Les cordylines vivent longtemps, même quand les feuilles du bas tombent, laissant la tige à nu. Ceci est provoqué par la sécheresse atmosphérique.

Sociabilité. Se plaisent en compagnie de la plupart des autres plantes vertes. Leurs feuilles colorées contrastent agréablement avec le feuillage vert des caoutchoucs, philodendrons, lierres, etc.

Facilités/difficultés. Ce ne sont pas des plantes difficiles, mais leur bon entretien demande quelques connaissances de base.

Empotage

1 - Quand les feuilles et les tiges sont serrées et que les racines passent par le trou, la plante a besoin d'être rempotée. Arroser.

2 - Préparer un pot plus grand avec couche de drainage et couche humide de terreau frais.

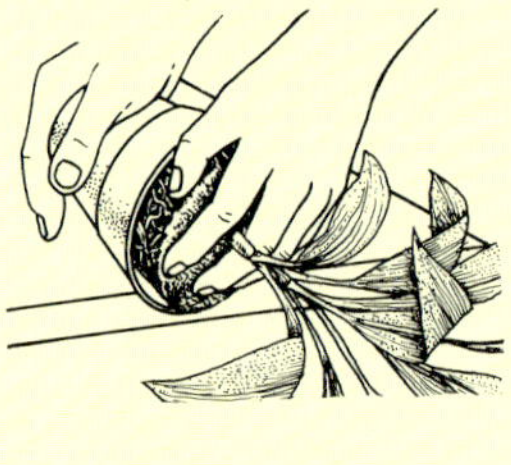

3 - Tenir le pot d'une main en retenant la terre de l'autre. Tapoter le bord du pot : plante et terreau sortiront d'un bloc.

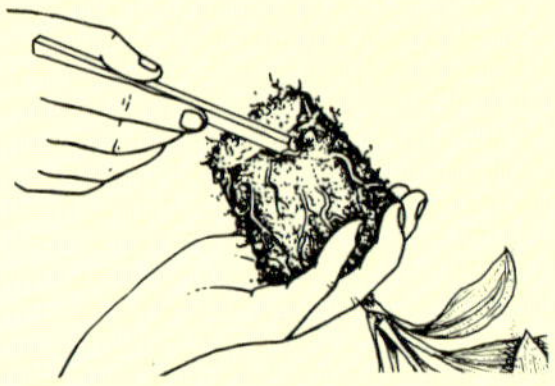

4 - Avec un crayon ou un bâtonnet, enlever la terre sans abîmer les racines.

5 - Placer les racines sur le terreau du nouveau pot.

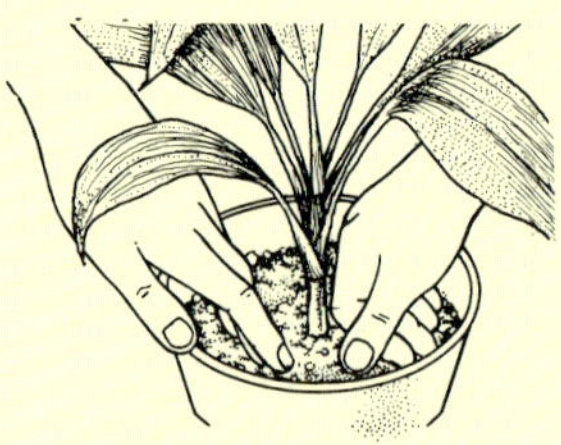

6 - Remplir de terreau frais. Couvrir toutes les racines. Bien tasser. Laisser 2 jours à l'ombre, sans eau, pour favoriser l'enracinement.

S.O.S.

1 - Les bouts des feuilles brunissent, celles du bas tombent. *Manque d'humidité, en général provoqué par le chauffage central. Humidifier, vaporiser régulièrement.*

2 - Feuilles délavées. *Manque de lumière. Trouver un coin mieux éclairé.*

3 - Les feuilles tombent, pourrissent. Croissance arrêtée. *Excès de froid et d'eau. Trouver un endroit plus chaud. Laisser sécher et récupérer. Arroser moins souvent.*

4 - Jeunes feuilles difformes ou petites. *Manque d'engrais.*

5 - Feuilles jaunes avec filaments en dessous. *Araignées rouges. Pulvériser du derris, du malathion ou un insecticide systémique. Augmenter l'humidité.*

6 - Insectes écailleux bruns sous les feuilles et sur les tiges. *Cochenilles. Les enlever avec un tampon d'ouate imbibé d'alcool dénaturé ou pulvériser un insecticide systémique.*

7 - Feuilles déformées et collantes, insectes verts. *Pucerons. Pulvériser du pyrèthre ou un insecticide systémique.*

Nettoyage

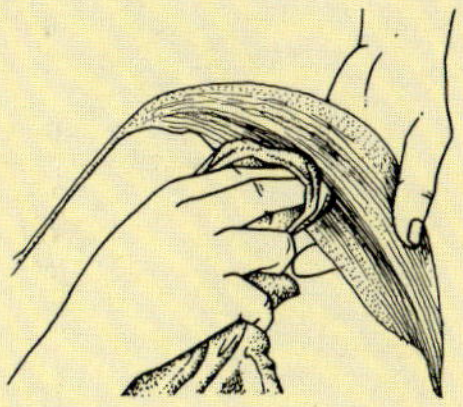

Epousseter les feuilles à l'eau tiède, avec une éponge ou un linge doux. Soutenir la feuille de l'autre main.

Humidité

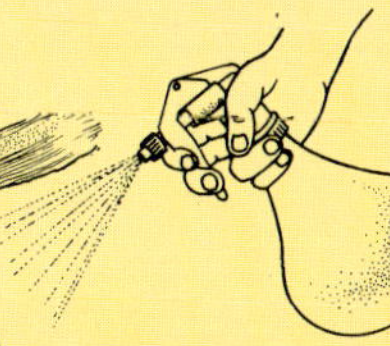

Poser le pot dans une soucoupe, sur un lit de cailloux mouillés. S'assurer que le fond du pot ne touche pas l'eau.

Vaporiser 2 fois par semaine avec un nébuliseur.

Tailler les feuilles

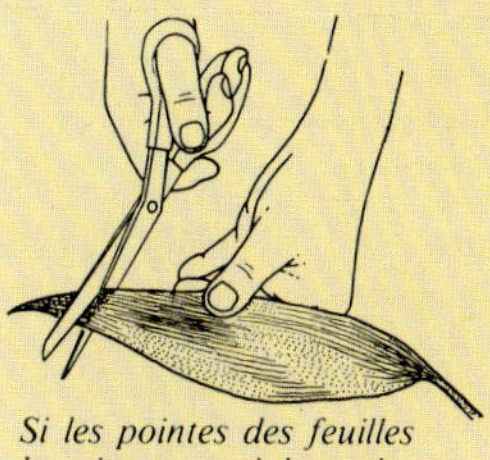

Si les pointes des feuilles brunissent et sèchent, les couper aux ciseaux au ras des tissus sains.

Taille

1 - Une plante échevelée qui a perdu ses feuilles du bas peut être décapitée au printemps.

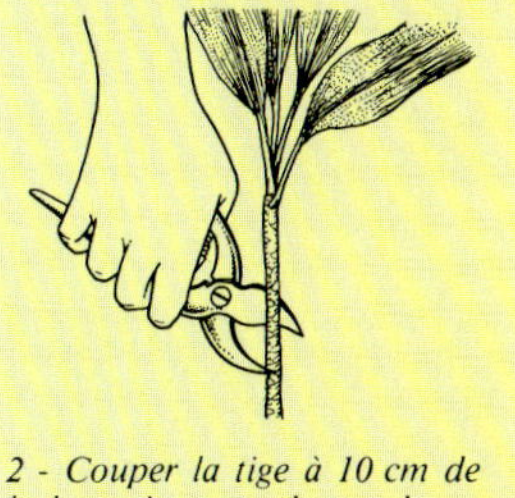

2 - Couper la tige à 10 cm de la base, juste au-dessus de l'articulation d'une ancienne feuille.

3 - De nouvelles feuilles pousseront plus bas sur la tige.

Sections de tiges

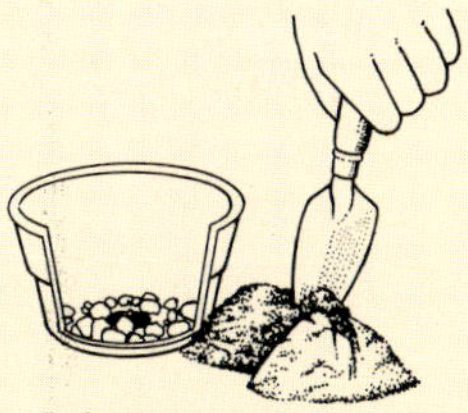

1 - Préparer un pot avec couche de drainage et un mélange de tourbe et de sable à parts égales.

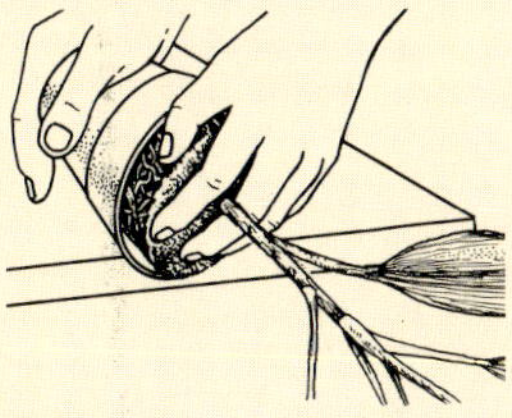

2 - Retirer la plante du pot.

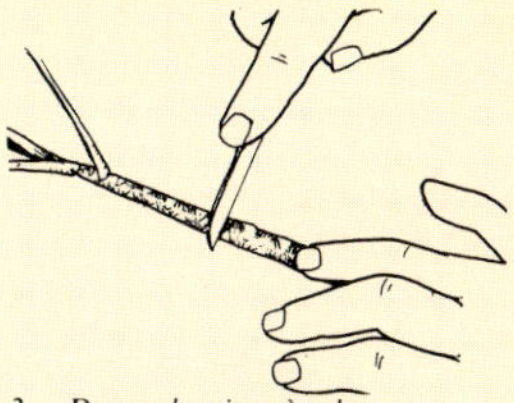

3 - Poser la tige à plat sur une surface dure et la découper en segments d'environ 7 cm chacun comprenant l'articulation d'une feuille.

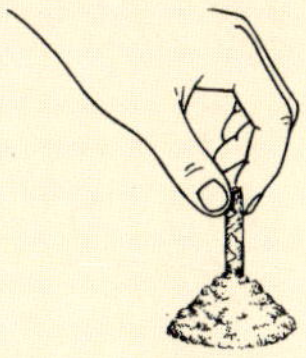

4 - Tremper l'extrémité inférieure dans de la poudre radiculaire aux hormones.

5 - Planter chaque segment dans le terreau en s'assurant que le côté qu'on enfonce est bien celui qui était le plus proche de la base.

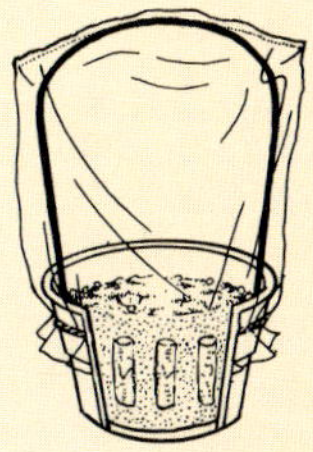

6 - Bien arroser. Recouvrir de polyéthylène soutenu par un arceau. Découvrir 5 minutes tous les jours pour empêcher la pourriture et s'assurer que le terreau ne sèche pas. Température : 24°.

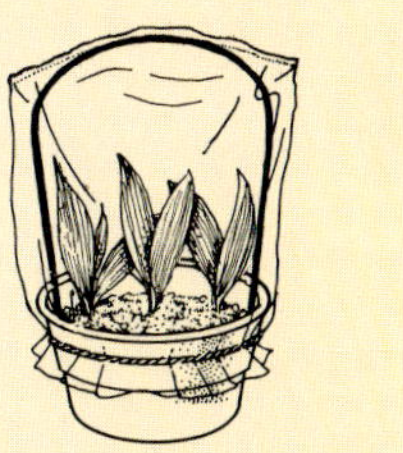

7 - Chaque segment produira de jeunes pousses. Quand elles auront bien pris, les empoter normalement.

Crossandra

C'est une jolie petite plante avec des feuilles pointues vert foncé et des fleurs qui s'épanouissent au bout d'une hampe en forme d'épi. Elle est originaire des Indes et fut introduite en Europe au début du XIXᵉ siècle. Membre de la famille des acanthacées, le genre comprend une douzaine d'espèces.

Malheureusement, ce n'est pas une plante facile et le moindre excès d'humidité peut la tuer, surtout en hiver. Ce n'est toutefois pas un obstacle insurmontable pour l'amateur expérimenté et, une fois maîtrisées les subtilités de son entretien, on arrive à lui faire passer l'hiver. Il est conseillé de produire de jeunes plantes chaque année au printemps, pour remplacer leurs aînées qui ont tendance à devenir désordonnées en vieillissant.

Les sujets bien entretenus ont une floraison longue, qui peut durer de mai jusqu'en septembre. Les fleurs éclosent à tour de rôle tout le long de l'épi, de bas en haut, et tombent à mesure qu'elles se fanent.

Seule, *C. undulaefolia* (qui s'appelle aussi *C. infundibuliformis*) est cultivée. On en a tiré quelques variétés améliorées dont la plus répandue est « Mona Walhed ».

Choisir des spécimens aux feuilles intactes et brillantes. Il ne doit y avoir aucune trace de pourriture sur la hampe, les feuilles ou à la base des tiges. Un feuillage mou trahit une plante qui a été trop arrosée : il est rare qu'elle s'en remette.

↓ *Crossandra undulaefolia* est une attrayante combinaison de feuilles sombres et brillantes et de fleurs vivement colorées. La hampe ressemble à un épi de blé. De nombreuses fleurs y éclosent successivement.

→ Le cultivar *C. undulaefolia* « Mona Walhed ».

Dimensions. 15 à 25 cm de haut le plus souvent. Mais la plante peut atteindre 1 m si on la fait vivre assez longtemps.

Croissance. Les boutures, au bout d'une saison de croissance, ont la taille de fleurir.

Floraison. De mai à septembre.

Parfum. Inodore.

Lumière. La plante a besoin d'une bonne lumière, devant une fenêtre exposée au sud de préférence. La protéger du soleil de la mi-journée en été.

Température. 18° en hiver est l'idéal ; 13° est tolérable à condition de maintenir une certaine sécheresse. Température maximale en été : 21°.

Arrosage. Toujours à l'eau tiède. L'eau froide du robinet peut tuer la plante. Arroser modérément et seulement quand le sol paraît sec. Ce qui veut dire à peu près une fois par semaine en été et tous les 14 à 16 jours en hiver. L'excès d'eau est mortel.

Engrais. En été, ajouter de l'engrais liquide à l'eau tous les 15 jours.

Humidité. La plante aime être sèche. Ne pas vaporiser.

Nettoyage. Epousseter doucement ou essuyer avec un linge. Pas de lustrant.

Atmosphère. Eviter les exhalaisons du chauffage au gaz et les courants d'air.

Terre. Un mélange moitié terreau, moitié terre de bruyère.

Empotage. Rempoter au printemps. S'assurer que le drainage est excellent.

Taille. Pendant la période de croissance, pincer toutes les nouvelles pousses afin de favoriser la floraison. Enlever les fleurs tombées pour éviter la pourriture.

Multiplication. Par boutures de pointes de tiges. Egalement en semant les graines en mars, à une température de 16°.

Longévité. Il vaut mieux traiter les crossandras comme des plantes annuelles et repartir avec de nouvelles boutures chaque année. Au bout de 2 ou 3 ans, la plante prend une allure désordonnée et peut aussi bien être jetée.

Sociabilité. Plantes difficiles à associer vu leur tendance à pourrir dans l'humidité. On peut toutefois essayer de les mélanger avec des *saintpaulias :* les deux genres sont de tailles compatibles et leurs couleurs contrastent bien. Mais leurs besoins en eau diffèrent et la cohabitation ne peut être que temporaire.

Facilités/difficultés. Il faut du savoir-faire pour réussir à conserver ces plantes pendant l'hiver.

Empotage

1 - Rempoter au printemps, avant la floraison, quand la plante est trop grande pour son pot et que le feuillage est pâle. Bien arroser.

2 - Préparer un pot plus grand avec couche de drainage et un mélange moitié terreau, moitié terre de bruyère. Le drainage doit être bon.

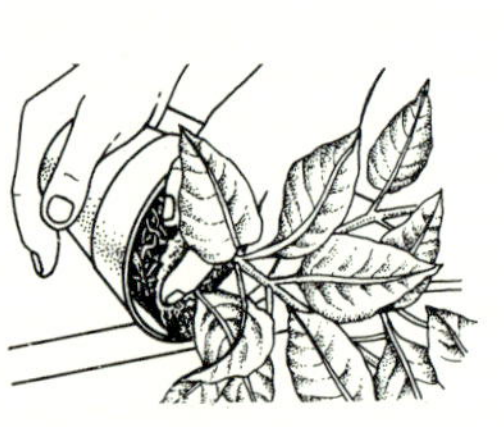

3 - Tenir le pot d'une main en maintenant la terre de l'autre. Tapoter le bord du pot : plante et terreau sortiront d'un bloc.

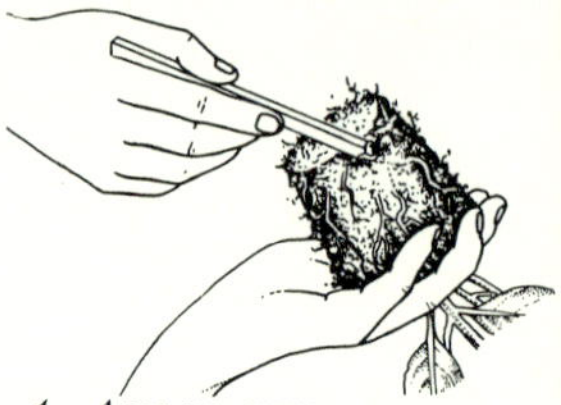

4 - Avec un crayon ou un bâtonnet, enlever la terre sans abîmer les racines.

5 - Placer les racines sur le terreau du nouveau pot.

6 - Remplir avec du terreau frais. Couvrir toutes les racines. Bien tasser. Laisser 2 jours à l'ombre, sans eau, pour favoriser l'enracinement.

S.O.S.

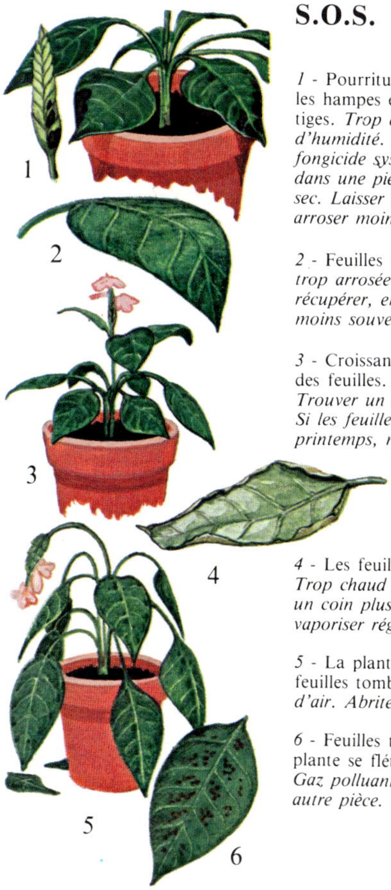

1 - Pourriture sur les feuilles, les hampes et à la base des tiges. *Trop d'eau et d'humidité. Pulvériser un fongicide systémique et mettre dans une pièce à l'air plus sec. Laisser sécher, ensuite arroser moins souvent.*

2 - Feuilles molles. *Plante trop arrosée. Laisser sécher et récupérer, ensuite arroser moins souvent.*

3 - Croissance arrêtée, chute des feuilles. *Trop froid. Trouver un coin plus chaud. Si les feuilles sont petites au printemps, manque d'engrais.*

4 - Les feuilles se ratatinent. *Trop chaud et sec. Trouver un coin plus frais. Arroser et vaporiser régulièrement.*

5 - La plante se flétrit, les feuilles tombent. *Courants d'air. Abriter la plante.*

6 - Feuilles tachetées. La plante se flétrit et s'affaisse. *Gaz polluants. Choisir une autre pièce.*

Taille

1 - Les crossandras tendent à devenir anarchiques au bout de 2 ans. Les raccourcir d'un tiers au printemps pour obtenir une croissance plus touffue.

2 - En cours de croissance, la plante produit des pousses latérales qui ne fleuriront pas. Les pincer pour favoriser la production de fleurs.

Bouturage

1 - Prélever les pointes de tiges en mars. Préparer un pot avec une couche de drainage et un mélange moitié humus, moitié sable.

2 - Choisir une tige ou pousse ayant au moins 2 paires de feuilles saines et un bourgeon. Couper au-dessous de la 2ᵉ paire, près de la tige principale. La bouture doit avoir 8 à 10 cm de long.

3 - Tailler la tige juste au-dessous d'une feuille.

4 - Enlever la paire de feuilles du bas.

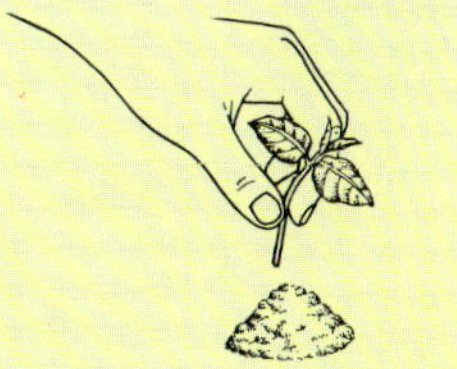

5 - Tremper la coupe dans de la poudre radiculaire aux hormones. Secouer l'excédent.

6 - Faire de petits trous dans la terre en suivant le bord du pot et y installer les boutures, les feuilles au ras du sol, la tige au fond du trou.

7 - Bien arroser. Recouvrir d'un sac en polyéthylène soutenu par un arceau. Découvrir 5 minutes tous les jours et ne jamais laisser sécher le terreau. Température : 21°.

8 - Enlever le sac après 21 jours. Quand les boutures ont bien pris, les empoter par 3 dans du terreau frais.

Enlever les fleurs mortes

Quand les dernières fleurs sont mortes, couper la hampe juste au-dessus de la dernière paire de feuilles.

Nettoyage

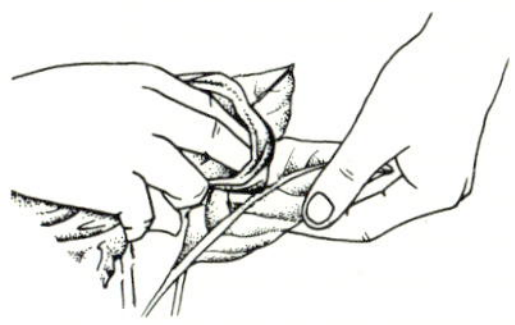

Epousseter les feuilles en les essuyant à l'eau tiède avec une éponge ou un chiffon. Soutenir la feuille de l'autre main. Pas de lustrant.

Arrosage

1 - Tâter le terreau ; s'il est friable et léger, la plante a besoin d'eau.

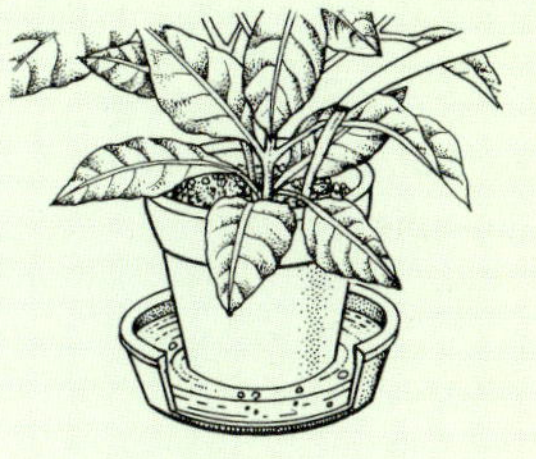

2 - Verser un peu d'eau tiède dans le pot et vider aussitôt la soucoupe. Les crossandras craignent l'excès d'eau.

CRYPTANTHUS

Les cryptanthus sont les plus petits représentants de la famille des broméliacées. Le nom vient du grec *krypto,* « caché », et *anthos,* « fleurs ». En effet, les quelques petites fleurs s'ouvrent dans le creux central de la plante et sont souvent difficiles à distinguer. Ces plantes sont cultivées pour leur feuillage. La plupart d'entre elles viennent du Brésil et furent introduites en Europe pendant la deuxième moitié du XIXe siècle.
Les cryptanthus sont de vrais amoureux du soleil : plus ils en reçoivent et plus leurs couleurs sont vives. Ils ne retiennent pas d'eau au centre de leur touffe, comme la plupart des autres broméliacées, mais il faut néanmoins les arroser par le haut. Leurs racines sont réduites et il est facile de les attacher à des morceaux de bois ou d'écorce en imitation de leur habitat naturel. Ils sont aussi très indiqués pour la culture en bocal.
Trois espèces sont cultivées couramment. *C. bivittatus* a des rayures vert foncé le long du milieu des feuilles. *C. tricolor,* la plus colorée des trois, a des feuilles rayées longitudinalement de crème, de rose et de vert. *C. fosterianus,* la plus grande des trois espèces, a des feuilles zébrées rouge et gris. Toutes les espèces produisent des rejetons qui apparaissent à l'aisselle des feuilles et se détachent facilement en avril. A la différence des autres broméliacées, les cryptanthus ne périssent pas après cet événement.
Ces plantes posent vraiment très peu de problèmes et sont généralement vendues en bonne santé. On peut souvent en acheter qui portent déjà des rejetons. Cependant, les petits sujets dans des pots de 5 cm coûtent moins cher.

Dimensions. La longueur des feuilles va de 10 cm *(C. bivittatus)* à près de 40 cm *(C. fosterianus).*

Croissance. Lente en intérieur : 2 à 3 feuilles par an.

Floraison. Estivale. Les fleurs sont espacées et peu nombreuses, souvent cachées sous les feuilles au centre de la plante.

Parfum. Inodore.

Lumière. Plus il y a de lumière, mieux la plante se porte et se colore.

Température. Ces plantes tolèrent 15° en hiver, mais préfèrent 18°. En été, 24° est un maximum.

Arrosage. Bien arroser en été, 2 à 3 fois par semaine suivant la température. En hiver, garder plutôt sec, arroser à peu près une fois tous les 10 jours.

Engrais. Pas vraiment nécessaire, mais un petit apport toutes les 3 semaines en été n'est pas mal accueilli. Ajouter l'engrais liquide à l'eau.

Humidité. Vaporiser quand il fait chaud. Le manque d'humidité fait brunir la pointe des feuilles.

Nettoyage. La vaporisation devrait suffire. Pas de lustrant.

Atmosphère. Ce sont des plantes tolérantes.

Terre. Un mélange moitié terreau, moitié terre de bruyère.

Empotage. Vu leurs racines réduites, ces plantes sont généralement cultivées dans de petits pots et n'ont pas souvent besoin d'en changer. On peut aussi entourer leurs racines de mousse et les attacher à des morceaux d'écorce ou de bois. Si on ne les laisse pas sécher, elles s'y plairont bien.

Taille. Inutile.

Multiplication. Comme pour toutes les broméliacées, à partir de rejetons détachés au printemps. Ceux-ci n'ont pas besoin d'avoir de racines. Les planter dans un mélange de terreau et de sable, dans un germoir ou un pot recouvert de polyéthylène à une température de 24°. Découvrir 5 minutes tous les jours. Quand ils commencent à pousser, les mettre dans de petits pots individuels.

Longévité. Ces plantes sont pratiquement immortelles.

Sociabilité. Les cryptanthus poussent bien avec d'autres petites plantes et fougères dans un bocal ou sur le devant d'un bac mixte.

Facilités/difficultés. Plantes faciles.

Les cryptanthus sont de petites broméliacées qu'on cultive pour leur feuillage. Ils ont des racines réduites et présentent bien attachés à une écorce.

↑ *Cryptanthus bivittatus.*

→ Le spectaculaire *Cryptanthus fosterianus.*

↓ *Cryptanthus tricolor.*

Sur un morceau d'écorce

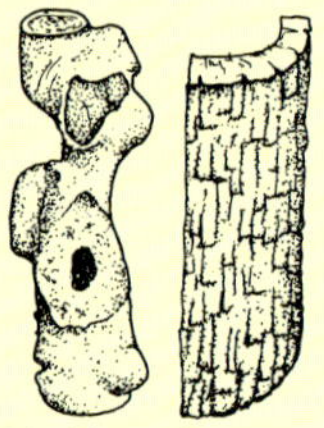

1 - Choisir un beau morceau de bois ou d'écorce de liège.

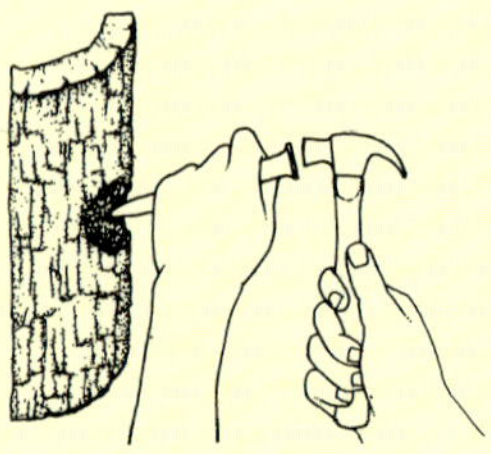

2 - S'il n'offre par de creux susceptible de recevoir la plante, en faire un.

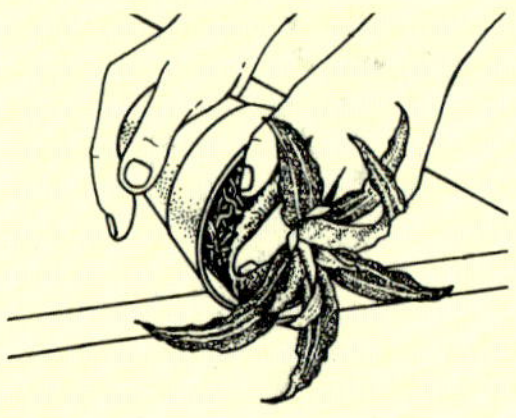

3 - Dépoter la plante en gardant la terre autour des racines.

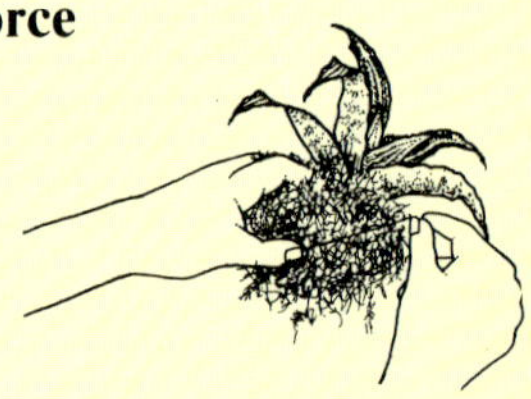

4 - Envelopper les racines de sphaigne humide, attacher avec un fil de fer plastifié.

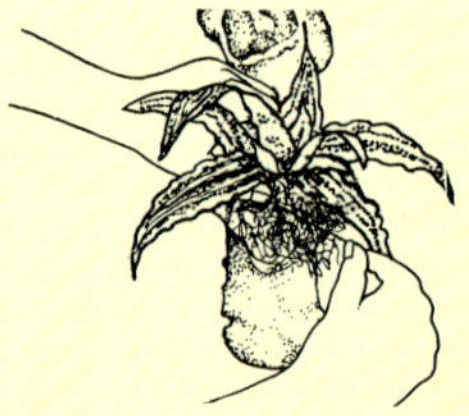

5 - Fixer le tout au support avec un fil de fer gainé.

6 - Placer l'ensemble contre le mur ou sur un meuble. S'assurer que la plante est bien debout. Vaporiser. Humidifier régulièrement les racines.

S.O.S.

1

1 - Feuilles ternes, plante fatiguée. *Trop sombre et sec. Trouver un endroit plus clair. Arroser si le terreau est sec. Vaporiser les feuilles.*

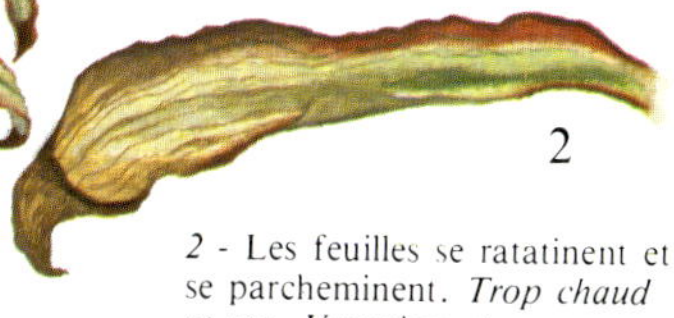

2

2 - Les feuilles se ratatinent et se parcheminent. *Trop chaud et sec. Vaporiser et arroser régulièrement.*

3 - La plante pourrit à la base. *Excès de froid et d'eau. Trouver un endroit plus chaud, laisser sécher jusqu'à ce que la plante se remette. Ensuite, arroser moins souvent.*

3

Tailler les feuilles

S'il fait trop sec et trop chaud, la pointe des feuilles peut brunir et se parcheminer. Couper au ras de la partie saine sans l'entamer — cela provoquerait la formation de tissus de cicatrisation et un nouveau brunissement.

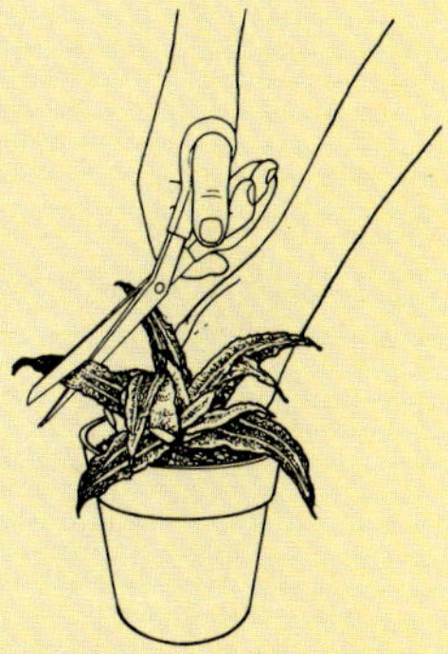

Culture en bocal

1 - Préparer : grand bocal ou bonbonne, gravier et charbon de bois pour le drainage, terreau tourbeux humide, journal, cuillère en bois, bobine vide, pinceau, ces derniers attachés à un bâton. Petites plantes comme Cocos, Begonia, Cryptanthus.

2 - Verser le drainage et le terreau.

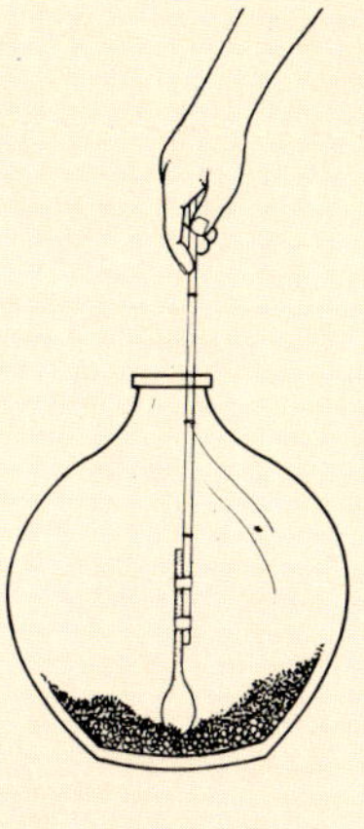

3 - Creuser des trous avec la cuillère.

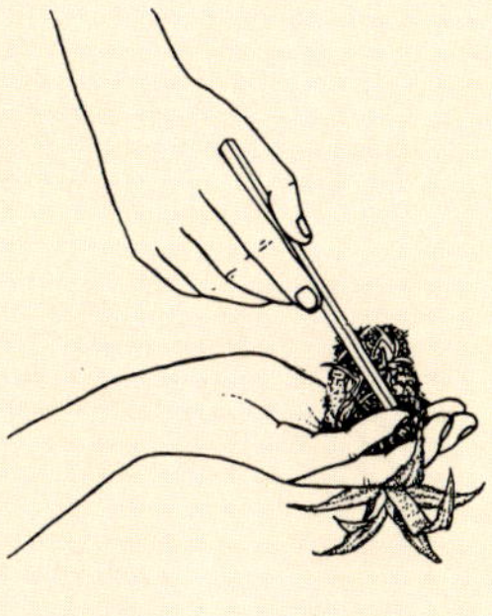

4 - Sortir les plantes de leurs pots. Dégager la terre des racines. S'il y a trop de racines, en arracher délicatement une partie.

5 - Lâcher la plante en visant un trou.

6 - Avec la bobine tasser la terre autour de la plante. Installer les autres plantes de la même façon.

7 - Epousseter avec le pinceau.

8 - Vaporiser. Placer en un lieu bien éclairé. N'ajouter de l'eau que si les plantes commencent à s'affaisser. Elles produisent leur propre humidité.

Arrosage

1 - Tâter le terreau. S'il est friable et léger, la plante a besoin d'eau.

2 - Arroser par le haut, avec de l'eau de pluie si possible. Vider la soucoupe au bout de 15 minutes.

Contrairement à de nombreuses autres broméliacées, les cryptanthus n'ont pas besoin qu'on arrose leur creux central. S'ils poussent sur un morceau d'écorce, les vaporiser régulièrement et s'assurer que la mousse autour des racines ne sèche pas.

CYCLAMEN DE PERSE

De toutes les plantes qui fleurissent en hiver, c'est sans doute la plus belle et celle qui procure le plus de satisfaction à ceux qui réussissent à la faire vivre chez eux. Innombrables, hélas, sont les amateurs qui l'ont vue mourir sous leurs yeux, malgré les soins prodigués.

Le secret de la réussite est de parvenir à acclimater son cyclamen à sa maison. Il faut d'abord le garder longtemps dans une pièce fraîche et maintenir une forte humidité en plaçant le pot sur une soucoupe pleine de sable mouillé ou en l'entourant de tourbe humide. Plus il fait frais, plus le cyclamen durera.

Le nom vient du grec *kuklos,* « circulaire », à cause de la façon dont la hampe de certaines espèces se met en spirale quand la graine est formée. *Cyclamen persicum* est la seule des 16 espèces qui soit commercialisée. Elles proviennent presque toutes de la région méditerranéenne. *C. persicum* est originaire d'Asie Mineure où il fut découvert en 1731. Il a d'élégantes petites fleurs et des feuilles pratiquement toutes vertes. Il en existe de nombreuses variétés modernes dont les fleurs vont du blanc le plus pur au rouge foncé en passant par toutes les teintes de rose et dont les feuilles portent divers motifs argentés. Ces races modernes, résultats de soigneuses sélections, sont souvent plus faciles à conserver en appartement que les anciennes.

Une bonne plante doit être ferme au point de pouvoir tenir debout à l'envers sur son feuillage. Cette fermeté s'obtient grâce à une température très fraîche. Les plantes molles s'affaissent dans les maisons. Il faut aussi qu'il y ait de nombreux boutons en formation au cœur de la plante. Le tubercule doit émerger partiellement du terreau, et l'on peut vérifier l'absence de pourriture en écartant doucement le feuillage.

Dimensions. Hauteur maximale 30 à 38 cm, fleurs comprises.

Croissance. Les cyclamens produisent une profusion de fleurs et de feuilles. Tout se fane après la floraison.

Floraison. De l'automne jusqu'au printemps. Les graines semées en été fleuriront à l'automne de l'année suivante.

Parfum. Seule l'espèce sauvage a un parfum.

Lumière. Beaucoup de lumière, mais pas de soleil direct. Une fenêtre exposée à l'est convient bien.

Température. L'idéal serait 7 à 13° pendant la journée et 5° la nuit. En été, les cyclamens peuvent être plantés en plein air.

Arrosage. Le terreau doit rester humide mais le pot ne doit pas séjourner dans l'eau. Arroser par le bas pour ne pas mouiller le tubercule. 2 fois par semaine quand la plante pousse et fleurit. Après la floraison, la laisser reposer dans un endroit froid, à l'abri du gel. Un arrosage par semaine doit suffire, mais ne pas laisser le terreau sécher complètement. A la reprise, arroser plus souvent et mettre dans un endroit frais et aéré.

Engrais. Quand la plante grandit et fleurit, ajouter de l'engrais liquide à l'eau tous les 15 jours.

Humidité. Garder les plantes humides. Poser le pot sur des cailloux mouillés ou l'entourer de tourbe humide. Ne pas vaporiser.

Nettoyage. Epousseter les feuilles avec un pinceau doux. Jamais de lustrant.

Atmosphère. Eloigner ces plantes du feu et surtout des chauffages au gaz. Pas de fumée de cigares, pas de courants d'air.

Terre. Un mélange moitié terreau, moitié terre à cactées.

Empotage. Rempoter après floraison, quand les vieilles feuilles sont mortes et que les jeunes commencent à pousser. Les cyclamens fleurissent mieux dans un pot un peu étroit.

Taille. Inutile.

Multiplication. Par semis ou par division des vieux tubercules.

Longévité. Dans de bonnes conditions, les cyclamens peuvent vivre des années. Avec l'âge, les fleurs tendent à rapetisser.

Sociabilité. Mieux vaut les cultiver seuls, mais les petits sujets peuvent faire de courts séjours dans une culture mixte.

Facilités/difficultés. Pas une plante facile pour le débutant. A Noël, aucune autre plante n'enregistre un taux de mortalité aussi élevé que le cyclamen.

Toutes les variétés de Cyclamen persicum *vivent mieux au frais. Les fleurs varient du blanc au rouge foncé.*

↓ Une variété à fleurs blanches.

→ Une variété moderne aux feuilles marquées d'argent. C'est un beau spécimen.

↓↓ Panachures d'une variété aux feuilles vertes.

↓ Un cyclamen nain adulte, variété aujourd'hui très demandée.

Division des tubercules

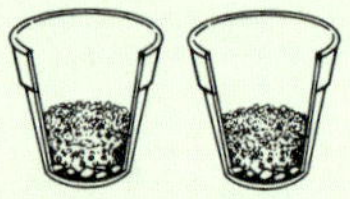

1 - Diviser les vieux tubercules quand les feuilles sont mortes. Préparer 2 petits pots avec drainage et terreau frais.

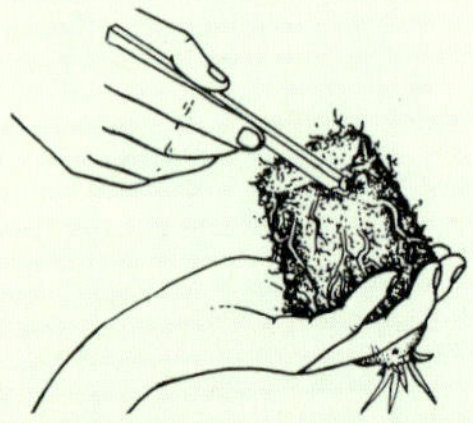

2 - Retirer le tubercule et enlever doucement la terre.

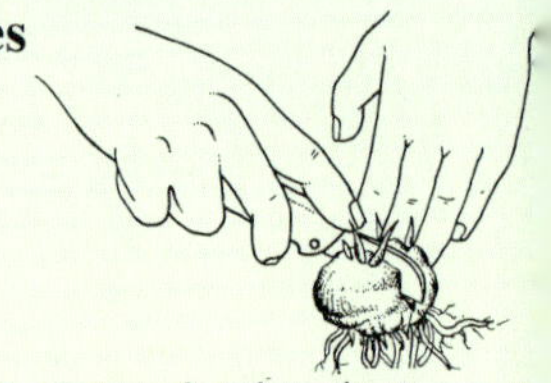

3 - Couper le tubercule en deux. Chaque moitié doit porter des bourgeons. Saupoudrer de soufre.

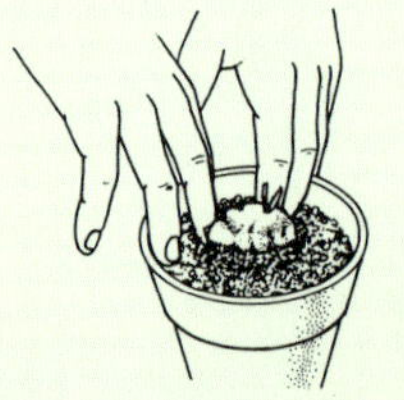

4 - Rempoter normalement les deux moitiés. Température : 13 à 16°.

Humidité

Les cyclamens en appartement ont besoin d'humidité mais il ne faut pas les vaporiser.

Poser le pot dans une soucoupe sur des cailloux trempant dans de l'eau. Le fond du pot ne doit pas toucher l'eau. Ou mettre le pot dans un plus grand garni de tourbe humide.

S.O.S.

1 - Les feuilles neuves sont petites, pas de fleurs. *Manque d'engrais.*

2 - Les feuilles se ratatinent et s'affaissent. *Trop chaud et sec. Arroser, trouver un endroit plus frais.*

3 - Les feuilles jaunissent et s'écartent. *Trop chaud et sombre. Trouver un coin plus clair, frais et aéré. Les gaz et les fumées peuvent aussi faire jaunir les feuilles.*

4 - Feuilles brûlées. *Les feuilles ont été mouillées en plein soleil. Abriter la plante du soleil et ne l'arroser que par le bas.*

5 - Feuilles déformées et collantes, insectes verts. *Pucerons. Pulvériser du pyrèthre ou un insecticide systémique.*

6 - Moisissure grise sur les feuilles. *Botrytis. Pulvériser un fongicide à base de bénomyl.*

7 - Le tubercule pourrit. *Il a été mouillé. Si la plante est en période de dormance, sans feuilles, couper la zone pourrie avec un bon couteau et saupoudrer avec du soufre. Autrement, la plante est perdue.*

Arrosage

1 - Tâter le terreau. S'il est friable et léger, la plante a besoin d'eau

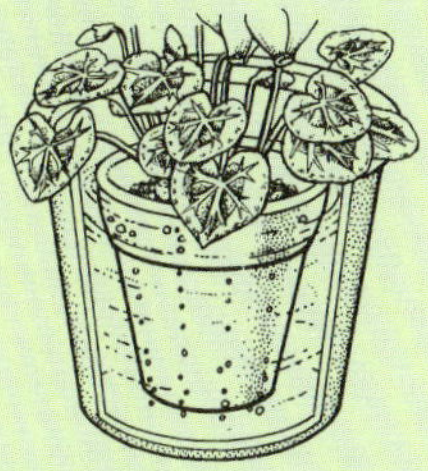

2 - Mettre la plante dans un seau. Remplir d'eau jusqu'au bord du pot. Le sortir au bout de 15 minutes et laisser égoutter. L'eau ne doit jamais atteindre le tubercule.

Nettoyage

Epousseter les feuilles avec un pinceau fin, à sec. Jamais d'eau ni de lustrant.

Culture en semis

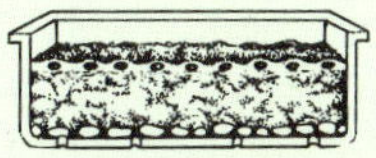

1 - Préparer un germoir avec couche de drainage et terreau pour semis. Ensemencer et recouvrir d'une couche de terreau pas plus épaisse que les graines. Bien arroser.

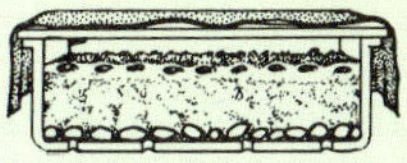

2 - Couvrir d'une vitre et placer à l'obscurité ou sous une toile opaque. S'assurer que le terreau ne sèche pas. Retourner la vitre chaque jour. Température : 13 à 16°.

3 - A la germination, exposer à la lumière et enlever la vitre.

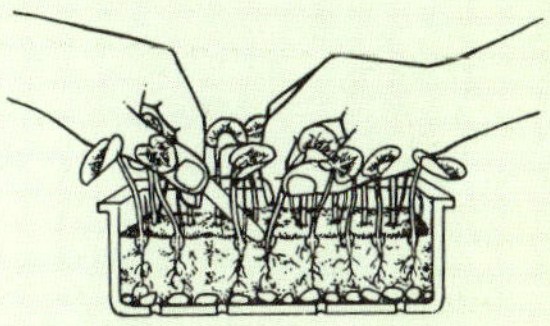

4 - Quand les pousses sont assez grandes pour être manipulées, enlever les plus fragiles en laissant 2,5 cm entre celles qui restent.

5 - Quand elles poussent bien, les planter individuellement dans de petits pots. Les garder dans un endroit frais.

Empotage

1 - Rempoter les jeunes sujets quand leurs racines commencent à s'embrouiller. Les plantes plus âgées doivent être rempotées après la mort des feuilles et des fleurs, à l'apparition des nouvelles feuilles. Enlever toutes les vieilles feuilles et fleurs avant de rempoter.

2 - Pour les jeunes, prendre un pot plus grand. Pour les vieux, un pot de la même taille. Le garnir d'une couche de drainage et de terreau frais.

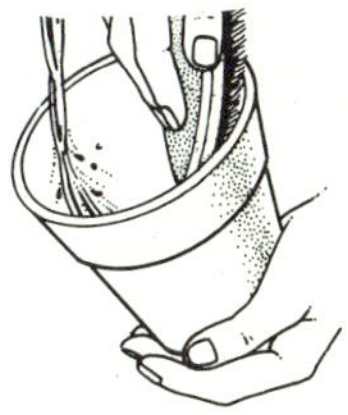

3 - Si l'on utilise le même pot, bien le laver.

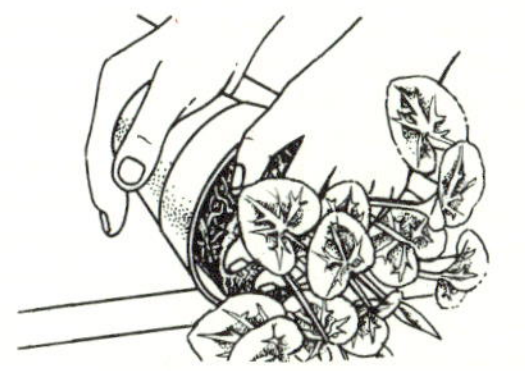

4 - Tenir le pot d'une main en maintenant la terre de l'autre. Tapoter le bord du pot : plante et terreau sortiront d'un bloc.

5 - Laisser les racines avec leur terre pour ne pas risquer de les abîmer.

6 - Placer les racines sur le terreau du nouveau pot.

7 - Remplir avec du terreau frais. Le tubercule ne doit être qu'à moitié enfoui. Laisser 2 jours à l'ombre, sans eau, pour favoriser l'enracinement.

SOUCHET DIFFUS

La famille des cypéracées comprend quelque quatre cents espèces qui vivent dans toutes les régions tropicales et subtropicales. Ce sont, pour la plupart, des plantes vivaces à port d'herbes ou de roseaux. Parmi elles, le papyrus dont les anciens Egyptiens faisaient du parchemin. Une autre espèce produit des tubercules souterrains. Toutes aiment avoir les pieds dans l'eau et poussent dans les marécages ou au bord des lacs et des rivières lentes. Elles sont une bénédiction pour les amateurs à la main lourde, car on ne peut trop les arroser. Et, bien sûr, l'hydroculture leur convient. Les fleurs, pas particulièrement belles mais fascinantes, sont écailleuses et brunes et se développent au sommet de la couronne de feuilles.

Les deux espèces qui sont cultivées comme plantes d'intérieur sont originaires de Madagascar et furent introduites en Europe dans les années 1870. *C. alternifolius* est la plus touffue des deux et atteint 30 à 45 cm de haut. *C. diffusus* est plus frappant, avec ses tiges d'un mètre coiffées d'une touffe de longues feuilles souples. La variété *C. alterniflorius* « Albo Variegata » a des rayures blanches le long des feuilles.

Les deux espèces se reproduisent facilement et peuvent être recommandées au débutant. Cependant, elles sont parfois difficiles à trouver. Comme elles ont tendance à se faner en hiver, elles sont généralement vendues en été. Choisir des spécimens qui ont l'air frais et pleins de sève. Eviter ceux dont les feuilles jaunissent ou brunissent.

Le genre Cyperus *comprend de jolies plantes palustres.*

← Les fleurs herbeuses de *Cyperus alternifolius.*

→ Les jeunes feuilles vert pâle de *Cyperus diffusus* montent du sol.

↓ *Cyperus alternifolius* a des folioles étroites.

Dimensions. Dans un pot de 12 cm, *C. alternifolius* atteint plus de 45 cm de haut pour une largeur d'environ 25 cm. *C. diffusus* atteint 1 m de haut et au moins 45 cm de large. Dans sa jeunesse, *C. alternifolius* doit être garni de tuteurs, car les tiges se plient quand on les heurte et ne s'en remettent pas.

Croissance. Assez rapide : 5 à 6 nouvelles feuilles par saison.

Floraison. Tout le long de l'été.

Parfum. Inodore.

Lumière. Les souchets n'aiment pas le chaud soleil de la mi-journée en été, mais ont besoin de beaucoup de lumière. Un emplacement devant une fenêtre donnant au nord ou à l'est est l'idéal.

Température. Un minimum de 12° en hiver leur convient ; ils supporteront plus si l'on augmente l'humidité. En été, environ 20°, mais pas plus de 25°.

Arrosage. Garder ces plantes toujours humides. En fait, leur pot peut baigner dans l'eau. Si elles sèchent, elles jauniront en 24 heures.

Engrais. En été, ajouter de l'engrais liquide à l'eau tous les 15 jours.

Humidité. Vaporiser tous les jours si possible. Laisser leur pot baigner dans l'eau ou bien l'entourer de tourbe mouillée.

Nettoyage. Par vaporisations. Ou en sortant la plante en été quand il pleut. Pas de lustrant.

Atmosphère. Tenir la plante éloignée du feu, des radiateurs, etc.

Terre. Terreau frais.

Empotage. Rempoter à chaque printemps. Eviter de prendre un pot trop grand.

Taille. Couper simplement les feuilles qui meurent de vieillesse.

Multiplication. Par division, en séparant la plante en deux et en empotant chaque moitié. Par la feuille trempant dans de l'eau tiède à 16°. Par la graine, semée au printemps à une température de 18 à 21°.

Longévité. Les souchets vivent longtemps et produisent de nouvelles feuilles pour remplacer celles qui meurent. En hiver, ils peuvent dépérir dans une pièce froide. La tige jaunit, les feuilles tombent. Si cela se produit, tout couper. La plante repartira au printemps.

Sociabilité. Poussent bien en culture mixte pourvu qu'il y ait assez d'humidité.

Facilités/difficultés. Ce sont de bonnes plantes pour les débutants et pour tous ceux qui ont tendance à trop arroser.

Empotage

1 - Rempoter au printemps si les tiges paraissent serrées et que de nouvelles pousses n'apparaissent pas. Bien arroser.

2 - Préparer un pot plus grand avec couche de drainage et couche de terreau frais humide.

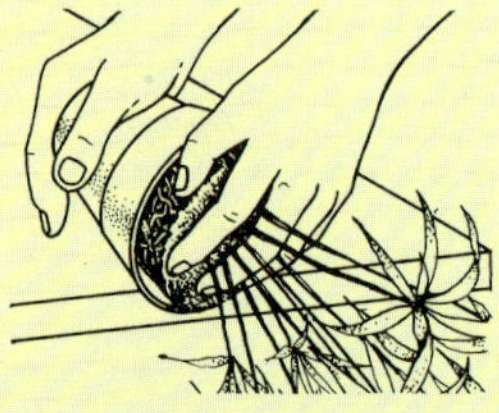

3 - Tenir le pot d'une main en maintenant la terre de l'autre. Tapoter le bord du pot : plante et terreau sortiront d'un bloc.

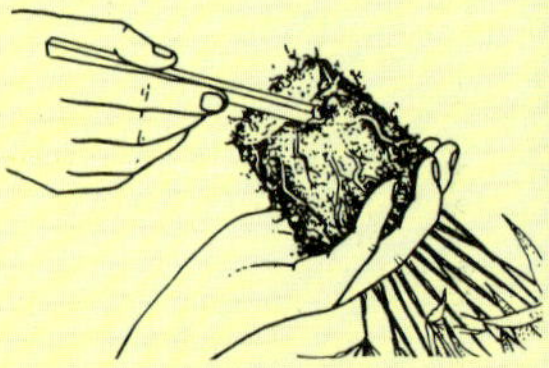

4 - Avec un crayon ou un bâtonnet, enlever la terre sans abîmer les racines.

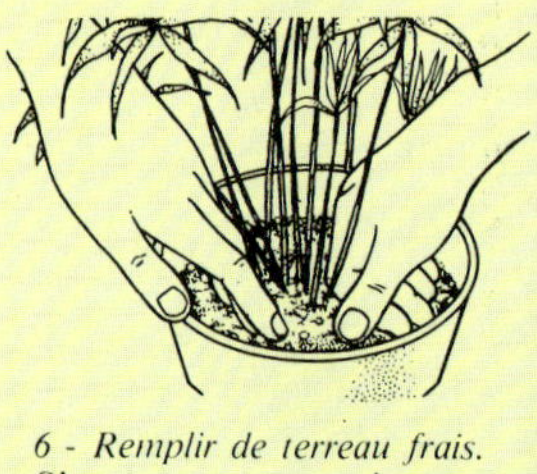

5 - Placer les racines sur le terreau du nouveau pot.

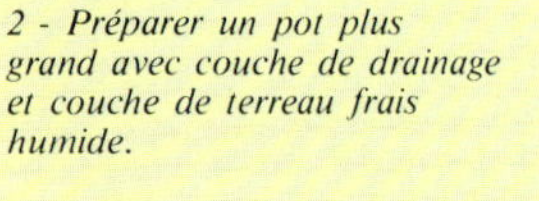

6 - Remplir de terreau frais. S'assurer que toutes les racines sont couvertes. Bien tasser. Placer le pot dans de l'eau.

S.O.S.

1 - Les feuilles jaunissent ou brunissent rapidement. *La plante a séché. Bien arroser immédiatement. Poser le pot dans de l'eau.*

2

1

2 - Les feuilles meurent en hiver, les tiges jaunissent. *Trop froid. Tout couper. La plante repartira au printemps.*

3 - Feuilles ternes et fatiguées. *Manque de lumière. Trouver un endroit mieux éclairé.*

4 - Feuilles collantes, insectes verts. *Pucerons. Pulvériser du pyrèthre ou un insecticide systémique.*

3

5

4

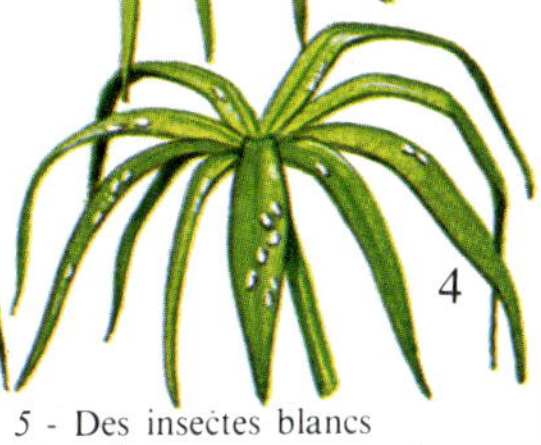

5 - Des insectes blancs s'envolent quand on touche aux feuilles. *Mouches blanches. Pulvériser du derris ou un insecticide au resmethrin.*

Humidité

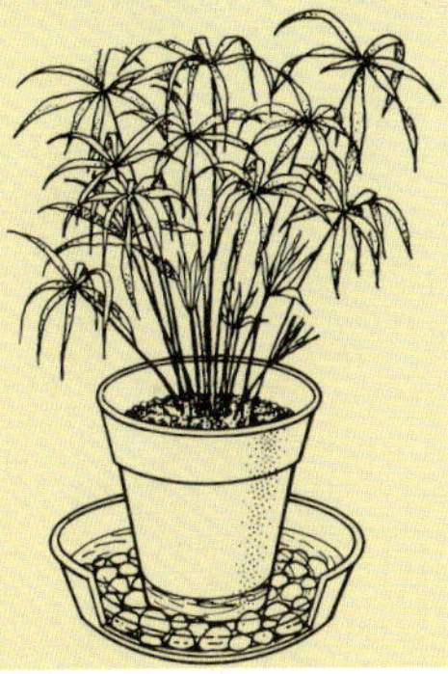

Les Cyperus *sont des plantes palustres et ont besoin d'un apport constant d'eau et d'humidité. Placer le pot dans une soucoupe sur des cailloux recouverts d'eau. Le fond du pot doit toujours être submergé.*

Vaporisation

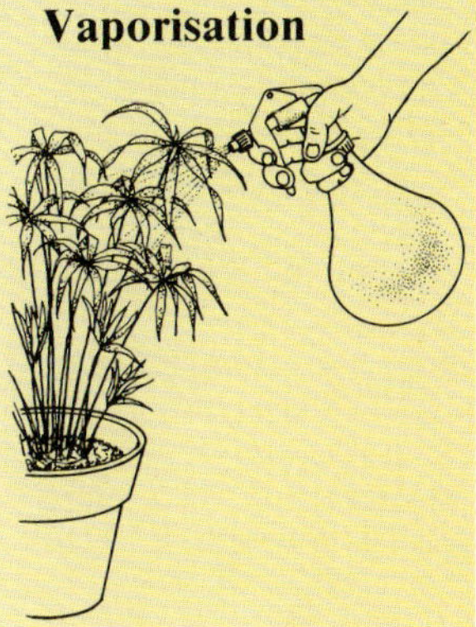

Vaporiser tous les jours d'une distance de 15 cm, avec de l'eau de pluie si possible.

Multiplication

1 - Choisir une tige qui a fini de fleurir. Tailler les feuilles à la moitié de leur longueur.

2 - Verser de l'eau tiède et quelques morceaux de charbon de bois dans une cuvette.

3 - Courber la tige de façon à plonger les feuilles coupées dans l'eau. La tige peut être cassée mais elle ne devrait pas être complètement sectionnée.

4 - Garder au chaud et changer l'eau tous les 4 à 5 jours. Des petits plantes se formeront à l'aisselle des feuilles.

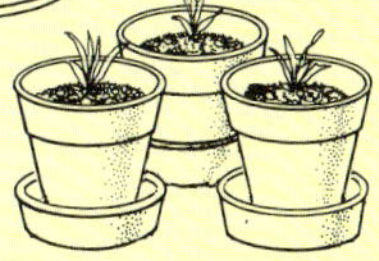

5 - Quand les jeunes auront 3 ou 4 feuilles, les enlever doucement et les planter dans de petits pots individuels posés dans des soucoupes d'eau. Couper la tige-mère à sa base.

Division des racines

Diviser les grandes plantes au début du printemps.

1 - Préparer 2 pots avec couche de drainage et terreau.

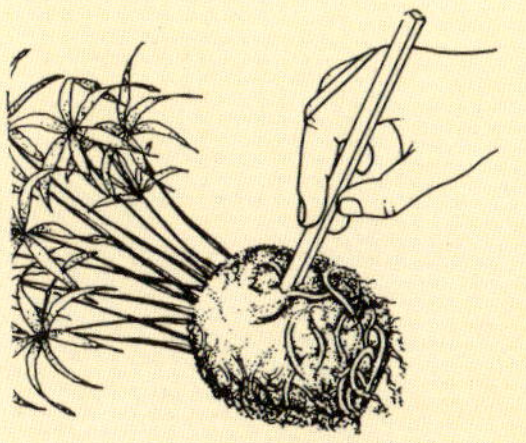

2 - Retirer la plante de son pot et enlever délicatement la terre.

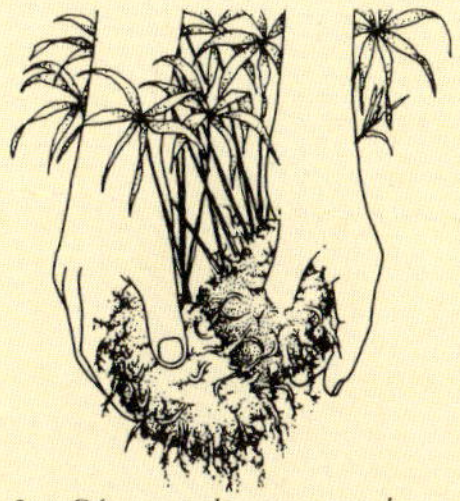

3 - Séparer doucement les racines et les tiges.

4 - Rempoter normalement les deux moitiés.

Taille

1 - Si la température tombe trop bas en hiver, les tiges peuvent mourir. Les couper au ras du sol. Garder le pot dans de l'eau.

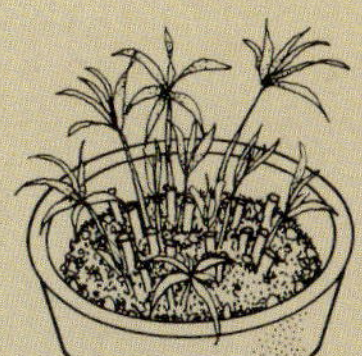

2 - La plante repartira au printemps.

DIEFFENBACHIA DE SANDER

Cette très belle plante nous vient du Brésil. Le genre, qui comprend une vingtaine d'espèces, appartient à la famille des aracées. Il fut nommé en l'honneur de J.F. Dieffenbach (1790-1863), responsable des jardins du palais impérial de Schönbrunn à Vienne.

Les dieffenbachias ont de grandes feuilles larges diversement marquées suivant les espèces. Jusqu'à une époque récente, on ne pouvait les conserver qu'en serre chaude, mais les nouvelles variétés peuvent, avec un peu de soin et de savoir-faire, vivre dans nos maisons. On peut aussi en faire l'hydroculture. Comme les *Aglaonema* (p. 20), ils supportent mieux la pénombre que la plupart des autres plantes à feuilles panachées. On a donc avantage à les placer parmi d'autres espèces à grandes feuilles vertes, dans les coins assez mal éclairés.

La sève est très toxique, et si elle atteint la bouche, elle fait enfler la langue, gênant ainsi l'élocution. Il est conseillé de se laver les mains après les manipulations.

A mesure qu'ils grandissent, les dieffenbachias perdent leurs feuilles du bas. Si l'on trouve alors que leur tronc devient trop important, il suffit de le couper : de nouvelles pousses jailliront de la portion qui reste.

La plupart des dieffenbachias qu'on trouve dans le commerce, sont des hybrides ou variétés de *D. picta.* Ceux à larges feuilles dérivent de *D. amoena.* Choisir des sujets trapus aux couleurs soutenues. Ceux dont les feuilles du bas commencent à jaunir sont à écarter, tout comme ceux qui ont des feuilles abîmées ou cassées.

↑ *Dieffenbachia* « Exotica perfecta ».

↑ *Dieffenbachia* « Pia », le cultivar le plus coloré.

↓ *Dieffenbachia* « Tropic Snow » a des feuilles épaisses et charnues.

→ *Dieffenbachia amoena,* un bel exemplaire bien touffu.

Dimensions. Les petites variétés sont généralement vendues dans des pots de 12 cm et atteignent environ 60 cm. Les grandes peuvent facilement mesurer 1,20 m.

Croissance. Assez rapide : 30 à 45 cm par an en intérieur suivant la variété.

Floraison. La plante adulte peut produire une fleur. Elle ressemble à un arum vert et mince et n'est pas très spectaculaire. Elle est souvent supprimée par les horticulteurs professionnels.

Parfum. Inodore.

Lumière. Quoique ces plantes n'aient pas besoin d'être devant une fenêtre, elles apprécient la lumière, surtout celles à feuilles panachées. En effet, si elles survivent dans la pénombre, le jaune devient moins vif, et elles peuvent même devenir entièrement vertes.

Température. Plantes tolérantes, plus qu'on ne le pensait autrefois. 15 à 18°. Peuvent supporter des baisses jusqu'à 10°, mais pas longtemps. Cela peut faire tomber leurs feuilles du bas. Maximum 24° en été avec une forte humidité.

Arrosage. A l'eau de pluie si possible. La tiédir en hiver. Bien arroser (2 à 3 fois par semaine) au printemps et en été. En hiver, garder à peine humide, pas plus d'un arrosage tous les 7 à 8 jours.

Engrais. En été, ajouter de l'engrais liquide à l'eau une fois par mois.

Humidité. Placer le pot sur des cailloux mouillés, sans le laisser tremper dans l'eau.

Nettoyage. Nettoyer les feuilles avec une éponge toutes les 2 à 3 semaines. Les soutenir de l'autre main pour qu'elles ne se cassent pas.

Atmosphère. Plantes tolérantes sauf envers les exhalaisons pétrolières et les courants d'air froid.

Terre. Moitié terreau, moitié terre de bruyère.

Empotage. Rempoter chaque printemps dans un pot 2 tailles au-dessus.

Taille. Enlever les feuilles du bas quand elles meurent. Si la plante devient désordonnée, la couper à 10 cm de sa base, elle repartira. Utiliser les tiges coupées comme boutures. Porter des gants pour se protéger du suc.

Multiplication. Pour certaines variétés, par les pousses qui jaillissent de la base en été. Pour la plupart, par boutures de tiges qu'on laisse sécher 2 jours environ avant de les mettre en terre, dans un germoir à une température de 21 à 24°. Porter des gants.

Longévité. Ces plantes peuvent vivre longtemps. Toutefois, perdant naturellement leurs feuilles du bas, elles deviennent moins jolies et il vaut mieux les remplacer tous les 3 à 4 ans.

Sociabilité. Les petites variétés poussent bien dans des cultures mixtes avec la plupart des autres plantes vertes. Les grandes sont mieux dans un pot individuel.

Facilités/difficultés. Il faut une certaine expérience pour réussir avec ces plantes.

Empotage

1 - Rempoter au printemps, quand la plante semble à l'étroit et ne produit plus de feuilles. Bien arroser.

2 - Préparer un pot plus grand avec drainage et mélange moitié terreau, moitié terre de bruyère.

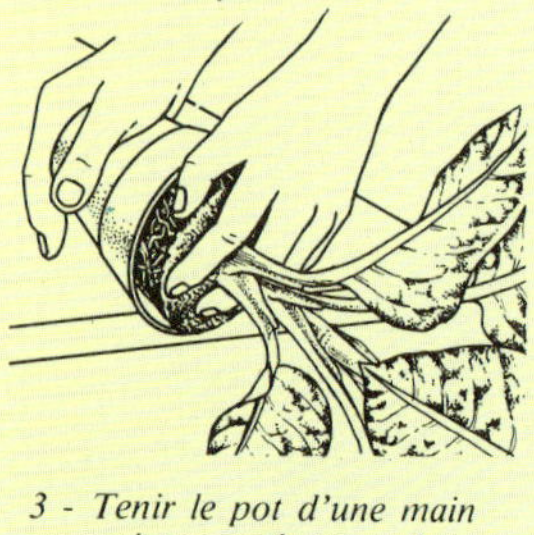

3 - Tenir le pot d'une main en maintenant la terre de l'autre. Tapoter le bord du pot : plante et terreau sortiront d'un bloc.

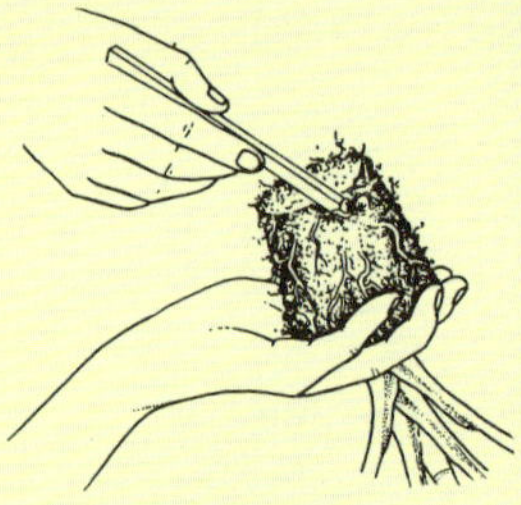

4 - Avec un crayon ou un bâtonnet, enlever la terre sans abîmer les racines.

5 - Placer les racines sur le terreau du nouveau pot.

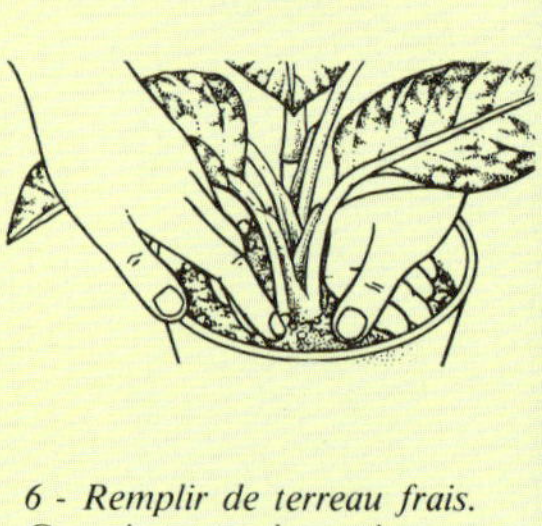

6 - Remplir de terreau frais. Couvrir toutes les racines. Bien tasser. Laisser 2 jours à l'ombre, sans eau, pour favoriser l'enracinement.

S.O.S.

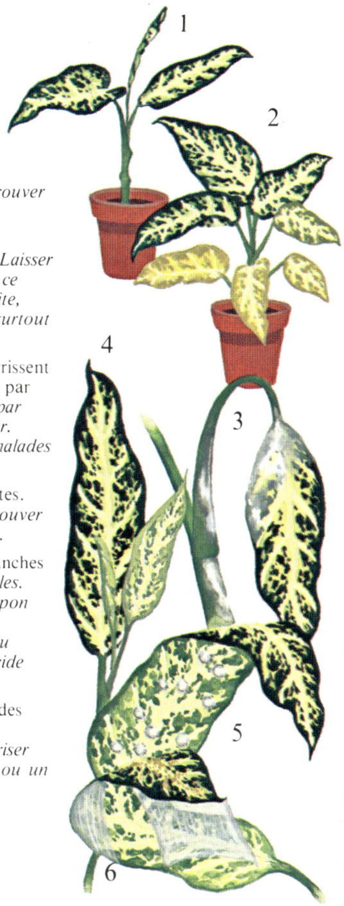

1 - Les feuilles du bas tombent. *Trop froid. Trouver un endroit plus chaud.*

2 - Les feuilles du bas jaunissent. *Trop d'eau. Laisser sécher la plante jusqu'à ce qu'elle se remette. Ensuite, arroser moins souvent, surtout en hiver.*

3 - Feuilles et tiges pourrissent et deviennent visqueuses par endroits. *Vaporisations par temps trop froid. Arrêter. Saupoudrer les parties malades de fleur de soufre.*

4 - Feuilles du haut petites. *Lumière insuffisante. Trouver un endroit mieux éclairé.*

5 - Plaques laineuses blanches sur les feuilles. *Cochenilles. Les enlever avec un tampon trempé dans de l'alcool dénaturé ou pulvériser du malathion ou un insecticide systémique.*

6 - Feuilles jaunes avec des filaments en dessous. *Araignées rouges. Pulvériser du derris, du malathion ou un insecticide systémique. Augmenter l'humidité.*

Bouturage

Une vieille plante qui a perdu la plupart de ses feuilles peut servir au bouturage.

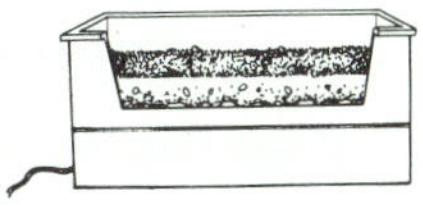

1 - Préparer un germoir avec un mélange de tourbe et de terreau à parts égales.

2 - Enlever la plante du pot. Porter des gants car le suc est très toxique.

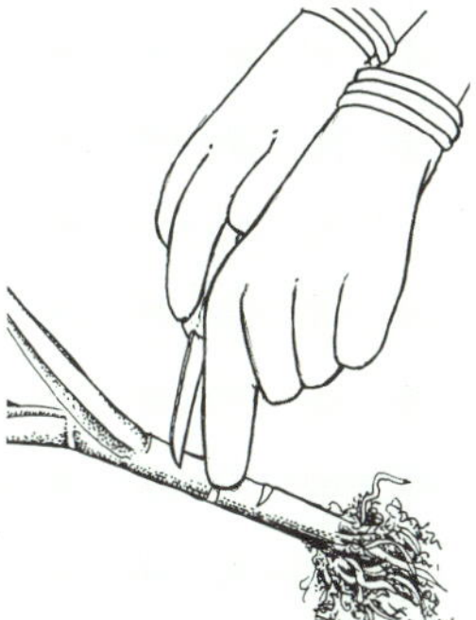

3 - Coucher la tige sur une surface dure et la couper en tronçons de 7 cm, chacun portant le point d'attache d'une feuille.

4 - Tremper l'extrémité du bas dans de la poudre radiculaire aux hormones.

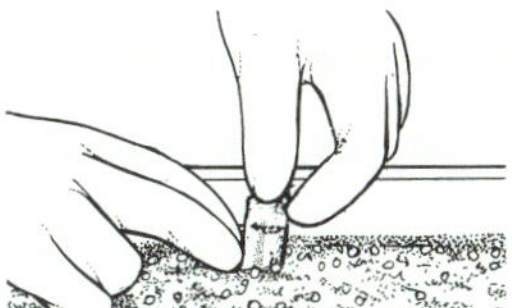

5 - Planter chaque tronçon verticalement dans le terreau en s'assurant que l'extrémité enterrée est bien celle du bas.

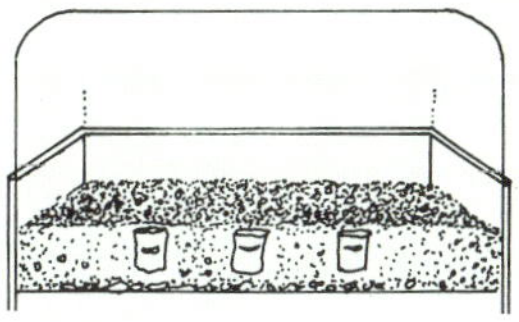

6 - Bien arroser et recouvrir. Découvrir 5 minutes tous les jours et s'assurer que le terreau ne sèche pas. Température : 21 à 24°.

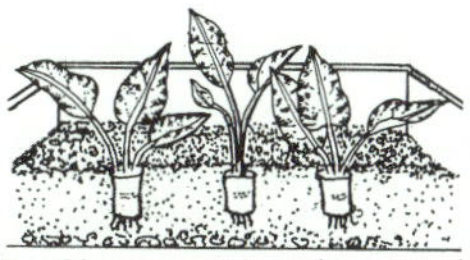

7 - Chaque section donnera de nouvelles pousses. Quand elles auront bien pris, les empoter normalement.

Humidité

Poser le pot sur un lit de cailloux baignant dans de l'eau. S'assurer que le fond du pot ne touche pas l'eau.

Nettoyage

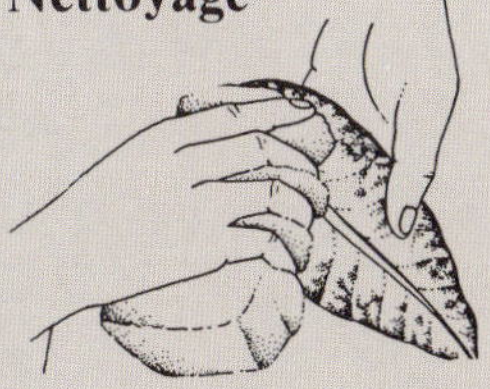

Epousseter les feuilles à l'eau tiède, avec un chiffon doux ou une éponge. Soutenir la feuille de l'autre main. Pas de lustrant.

Le suc du dieffenbachia est très toxique. S'il entre en contact avec les lèvres ou la langue, il provoque des enflures et des étouffements. Il faut toujours porter des gants pour manipuler la plante et bien se laver les mains après.

Taille

1 - Une plante qui a perdu ses feuilles du bas peut être taillée au printemps.

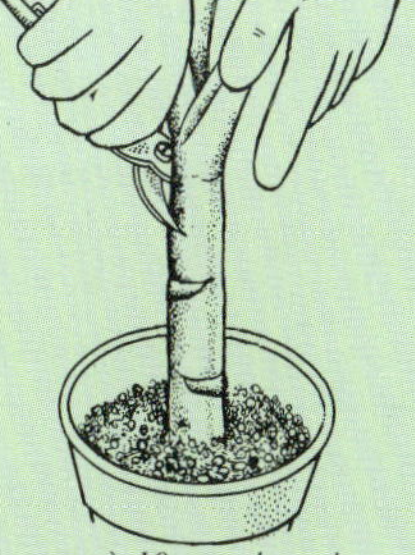

2 - Couper à 10 cm du sol, juste au-dessus de l'ancien point d'attache d'une feuille.

3 - Bien arroser. Température : 15° minimum. De nouvelles feuilles pousseront.

DIPLADENIA DE SANDER

C'est une plante grimpante pour serres dont on peut faire une petite plante d'intérieur touffue en la taillant comme il faut. Membre de la famille des apocynacées, le genre comprend une quarantaine d'espèces qui viennent presque toutes de l'Amérique du Sud tropicale. Le nom vient du grec *diploos,* « double », et *aden,* « glande », par allusion aux deux glandes qui se trouvent dans l'ovaire de la fleur. Les feuilles sont ovales et poussent par paires le long de la tige. Les fleurs, en forme de trompette, éclosent l'une après l'autre au bout d'une hampe qui peut en produire 3 ou 4.

Les dipladenias sont essentiellement des plantes grimpantes qui auront vite besoin d'être palissées si on les laisse pousser à leur guise. Si on les taille après la floraison, il est possible de leur conserver une forme buissonnante et touffue pendant quelques années.

Il en existe deux variétés courantes. *Dipladenia sanderi* « Rosea » (appelée parfois *Mandevilla splendens*) a de jolies fleurs roses de 8 cm de diamètre avec un tube jaune à l'intérieur. *D. boliviensis* a des fleurs plus petites, blanches et très parfumées.

Ce ne sont pas des plantes faciles à garder en appartement car elles ont besoin d'une humidité élevée. Elles sont parfois, aussi, difficiles à trouver. Les acheter à partir de juin. Choisir des spécimens au feuillage frais et aux fleurs en bouton. Ecarter les plantes aux feuilles ternes ou jaunies.

← Les fleurs blanches de *Dipladenia boliviensis* sont parfumées.

→ Les dipladenias ont besoin d'être palissés sur un support quand on les cultive en pot.

↓ *Dipladenia sanderi* « Rosea » a des fleurs roses et jaunes.

Dimensions. En taillant ces plantes soigneusement, il est possible de les maintenir à 45 cm ; sinon, elles atteindront vite 5 m de long.

Croissance. Elles grandissent facilement de 60 cm par an si on ne les taille pas.

Floraison. Du début de l'été au début de l'automne.

Parfum. Les fleurs de *D. boliviensis* ont un parfum agréable.

Lumière. Ces plantes ont besoin de beaucoup de lumière et supportent un peu de soleil.

Température. 15° en hiver. On peut descendre à 13° en gardant la plante presque sèche. 18° en été et jusqu'à 21° si l'humidité est élevée.

Arrosage. Bien arroser en été (2 à 3 fois par semaine). En hiver, arroser à peine. Attendre que la plante soit presque flasque avant de le faire. L'eau tiède est conseillée en toutes saisons.

Engrais. En été, ajouter la moitié de la dose recommandée à l'eau tous les 15 jours.

Humidité. Ces plantes aiment une atmosphère très humide. Poser le pot sur des cailloux mouillés. Si possible, vaporiser à l'eau tiède tous les jours de l'année.

Nettoyage. La vaporisation quotidienne devrait suffire. Pas de lustrant.

Atmosphère. Plantes assez tolérantes pourvu que l'humidité soit élevée. Apprécient une bonne ventilation pendant la floraison.

Terre. Terreau frais.

Empotage. Au cours de la première année, une plante qui pousse bien peut avoir besoin d'être rempotée 2 ou 3 fois. Par la suite, rempoter ou renouveler le terreau de surface chaque printemps.

Taille. Si l'on veut que la plante pousse en forme de buisson, il faut la tailler chaque année après la floraison en ne laissant que 5 cm de bois nouveau. Si l'on veut qu'elle pousse en grimpant, laisser croître la tige principale et ne tailler que les tiges latérales.

Multiplication. Par boutures de pointes de tiges au printemps. Les boutures fleuriront dans l'année.

Longévité. Ces plantes peuvent vivre longtemps si elles sont bien soignées, et durer moins d'un mois dans le cas contraire. Une forte et constante humidité est la clef du succès.

Sociabilité. Quoiqu'ils poussent mieux seuls, on peut introduire temporairement les dipladenias dans une culture mixte pour lui donner des couleurs.

Facilités/difficultés. Ce ne sont pas des plantes pour débutants, et à vrai dire, il leur faudrait une serre.

Humidité

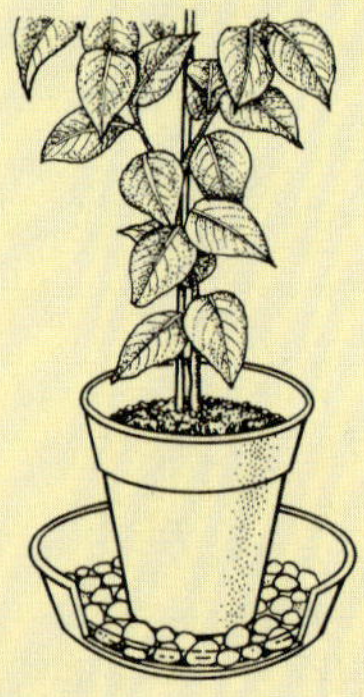

Poser le pot sur un lit de cailloux baignant dans l'eau. S'assurer que le pot ne touche pas l'eau

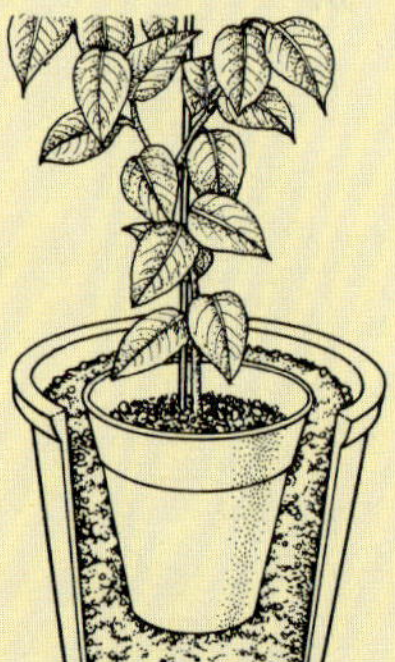

ou placer dans un pot plus grand garni de tourbe humide.

Taille

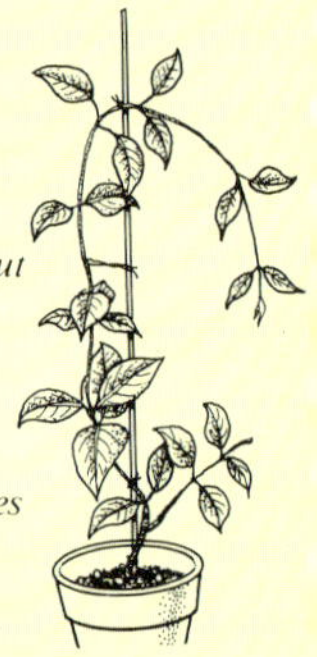

1 - Si l'on veut qu'un dipladenia buissonne, il faut, après floraison, couper les tiges en ne laissant que 5 cm du bois nouveau.

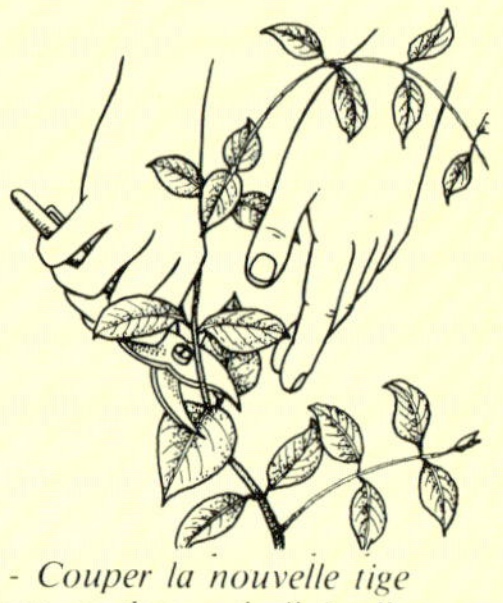

2 - Couper la nouvelle tige juste au-dessus de l'aisselle d'une feuille.

3 - De nouvelles pousses apparaîtront plus bas sur la tige.

S.O.S.

1

1 - Les feuilles jaunissent et tombent. *En hiver : trop froid. Trouver un endroit plus chaud. En été : manque d'humidité. Vaporiser tous les jours à l'eau tiède.*

2 - Plaques laineuses blanches sur les feuilles. *Cochenilles. Les enlever avec un tampon imbibé d'alcool dénaturé ou pulvériser du malathion ou un insecticide systémique.*

2

3

3 - Feuilles jaunies, filaments en dessous. *Araignées rouges. Pulvériser du derris, du malathion ou un insecticide systémique. Augmenter l'humidité par des vaporisations quotidiennes.*

4 - Feuilles décolorées, insectes écailleux bruns sous les feuilles et sur les tiges. *Autres cochenilles. Les enlever avec un tampon d'alcool ou pulvériser un insecticide systémique.*

4

Bouturage

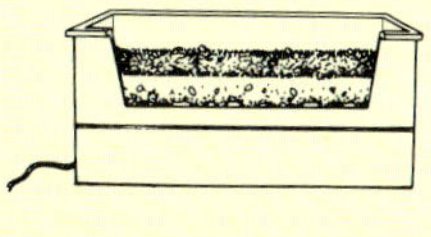

1 - Préparer un germoir avec un mélange de tourbe et de terreau à parts égales.

2 - Choisir une tige ou pousse avec au moins 2 paires de feuilles saines et un bourgeon. Couper au-dessous de la 2ᵉ paire, près de la tige principale. Longueur de la bouture : 8 à 10 cm.

3 - Tailler la tige juste au-dessous d'une feuille.

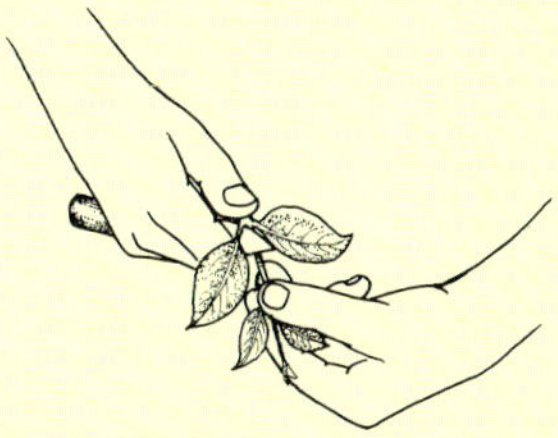

4 - Enlever la paire de feuilles du bas.

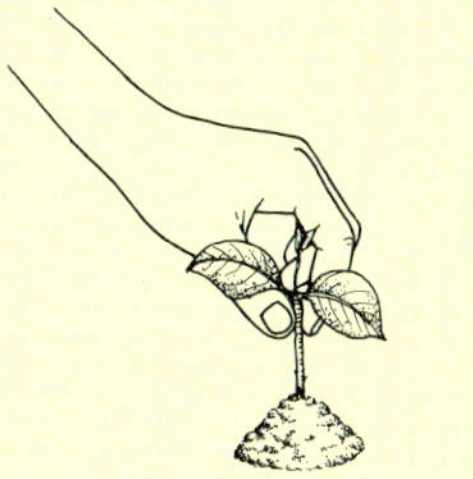

5 - Tremper la coupe dans de la poudre radiculaire aux hormones. Secouer l'excédent.

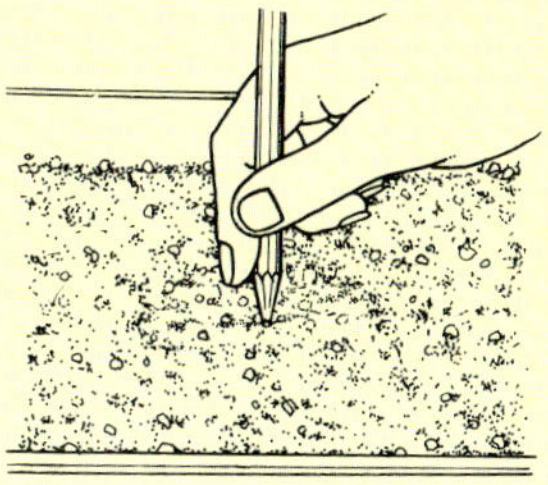

6 - Avec un crayon ou un bâtonnet, faire de petits trous dans la terre.

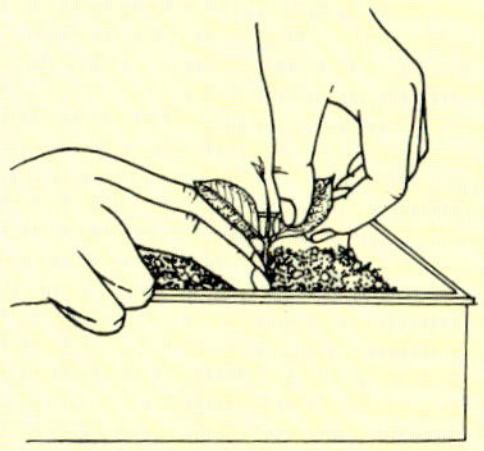

7 - Installer les boutures : les feuilles doivent être au ras du sol quand la tige est au fond du trou.

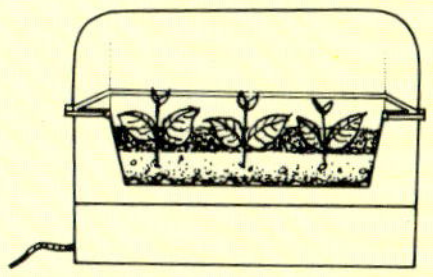

8 - Bien arroser, recouvrir. Découvrir 5 minutes tous les jours pour empêcher le pourrissement et s'assurer que la terre ne sèche pas. Température : 25°.

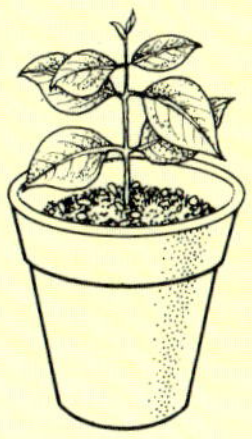

9 - Enlever le couvercle après 21 jours. Quand les boutures poussent bien, les empoter dans du terreau frais.

Empotage

1 - Rempoter au printemps si les racines traversent le trou du pot et qu'il n'y ait plus de croissance. Bien arroser.

2 - Préparer un pot plus grand avec couche de drainage et couche de terreau humide.

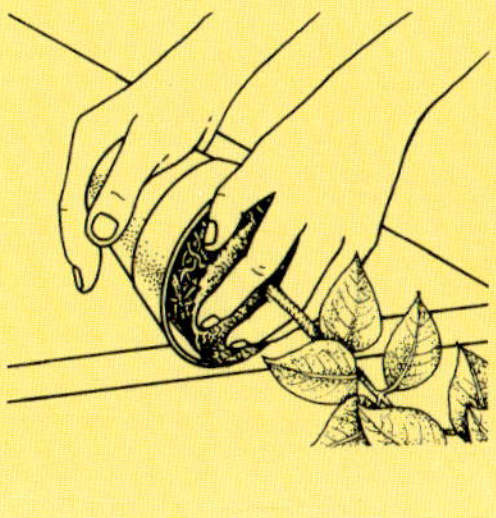

3 - Tenir le pot d'une main en retenant la terre avec l'autre. Tapoter le bord : plante et terreau sortiront.

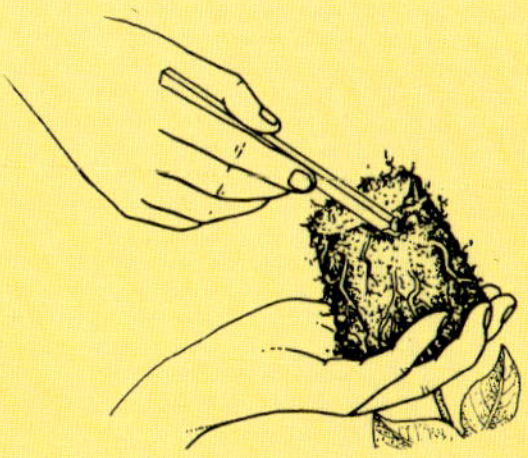

4 - Avec un crayon ou un bâtonnet, enlever la terre sans abîmer les racines.

5 - Placer les racines sur le terreau du nouveau pot.

6 - Remplir de terreau frais. S'assurer que toutes les racines sont couvertes. Bien tasser. Laisser 2 jours à l'ombre, sans eau, pour favoriser l'enracinement.

DRACAENA DE SCHRYVER OU DRAGONNIER

Les dragonniers font partie de la famille des liliacées. Le genre comprend une quarantaine d'espèces tropicales originaires d'Afrique et d'Asie. Le nom vient du grec *drakaina,* « femelle de dragon ».

Ces plantes à l'allure de palmiers sont très demandées comme plantes d'intérieur. Elles sont assez robustes, supportent des températures variées, et certaines espèces peuvent vivre dehors dans des climats tempérés. Les dracaenas sont apparentés aux cordylines et le nom générique des uns est souvent prêté aux autres, provoquant ainsi de nombreuses confusions. Les dragonniers, dans l'ensemble, ont des coloris moins spectaculaires.

Dans la nature, ils peuvent atteindre 6 m de haut et ont de gros troncs. En tant que plantes d'appartement, ils ne dépassent guère 45 à 60 cm. Il y a eu récemment tendance à importer des segments de plus de 2,5 cm de diamètre et de 30 cm à 1 m de long et à les faire prendre sous verrière afin qu'ils produisent un jeu de nouveaux panaches à leur sommet.

Les feuilles de *D. deremensis* ont des rayures vertes et grises alors que celles de *D. schryveriana* sont vertes et jaunes. *D. fragrans,* ainsi nommée à cause de la fleur très parfumée que produit la plante adulte, a de larges feuilles vertes et se prête à la culture des segments mentionnée ci-dessus. Il en existe une variété panachée : *D.f.* « Massangeana ». *D. marginata* est gracile, avec des feuilles cuivrées qui font un bel effet dans une culture mixte. *D. m.* « Tricolor » est très jolie mais un peu fragile. *D. sanderiana* est une espèce naine aux feuilles rayées vert et crème. Elle convient aux petites jardinières mixtes de table.

Il y a aussi deux espèces qui peuvent vivre dans des patios ou des jardins abrités. Ce sont *D. parrii* et *D. indivisa,* aux feuilles en forme de courroies qui se recourbent vers l'extérieur.

Choisir des spécimens au feuillage fourni et intact. Les variétés panachées doivent avoir des couleurs franches.

↑ *Dracaena fragrans.*

↑ Une forme très colorée de *Dracaena schryveriana.*

↓ Un spécimen de *Dracaena marginata* à têtes multiples.

→ *Dracaena schryveriana.*

Dimensions. Généralement 45 à 60 cm de haut. Quand ce sont des segments cultivés, la plante peut atteindre 1,20 m. L'envergure de la feuille varie avec les espèces ; elle peut atteindre 1 m.

Croissance. Assez lente : 10 à 15 cm par an.

Floraison. Les plantes matures peuvent fleurir en été. Elles produisent une hampe portant de nombreuses fleurs crème en forme d'étoile.

Parfum. Les fleurs ont un lourd parfum tropical.

Lumière. Il faut beaucoup de lumière pour conserver les couleurs des feuilles. Eviter le soleil de midi en été.

Température. 18 à 21°, mais il est possible de descendre à 13° en réduisant l'eau. Maximum en été : 24°.

Arrosage. En été, une ou deux fois par semaine, une fois en hiver. Ne jamais laisser la plante séjourner dans l'eau ni sécher complètement.

Engrais. En été, ajouter de l'engrais liquide à l'eau tous les 15 jours.

Humidité. 2 vaporisations par semaine mais jamais au soleil.

Nettoyage. On peut nettoyer les feuilles avec un chiffon humide. On peut les lustrer, mais pas plus d'une fois tous les 2 mois.

Atmosphère. Plantes assez tolérantes, sauf pour les courants d'air froid.

Terre. Un mélange moitié terreau, moitié tourbe.

Empotage. Rempoter tous les 2 ou 3 ans au plus, de préférence en mars. S'assurer que le drainage est bon.

Taille. Inutile, sauf pour enlever les feuilles abîmées ou mortes.

Multiplication. Par boutures d'extrémités et de sections de tiges.

Longévité. Au moins 5 ou 6 ans. Toutefois, la base de la tige peut se dénuder quand l'air est trop sec.

Sociabilité. Les dragonniers présentent bien dans des cultures mixtes et s'entendent avec la plupart des autres plantes de serre. Leurs feuilles panachées se marient bien avec le feuillage vert des caoutchoucs, philodendrons, lierres, etc.

Facilités/difficultés. Ce ne sont pas vraiment des plantes difficiles.

Empotage

1 - Ne rempoter que tous les 2 ou 3 ans, quand la plante paraît trop grande pour le pot et que les racines sortent par le trou. Bien arroser.

2 - Préparer un pot plus grand avec un bon drainage et un mélange moitié terreau, moitié tourbe.

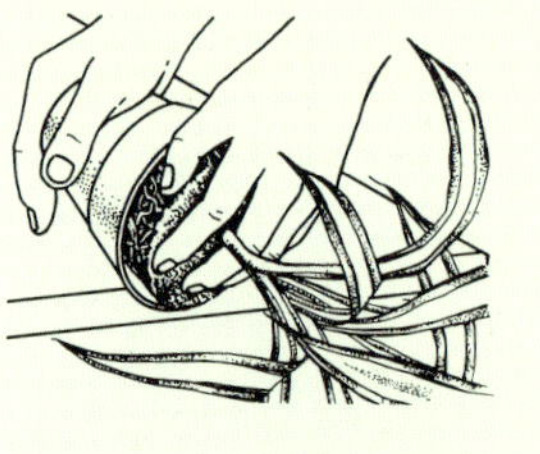

3 - Tenir le pot d'une main en retenant la terre avec l'autre. Tapoter le bord du pot : plante et terreau sortiront d'un bloc.

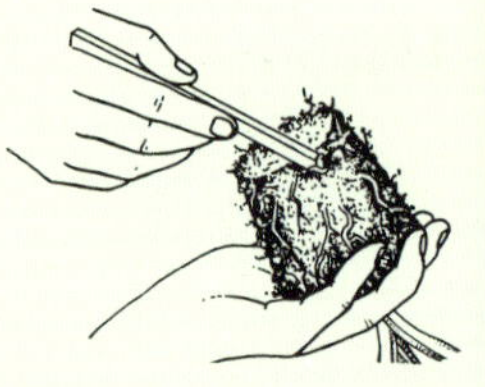

4 - Avec un crayon ou un bâtonnet, enlever la terre sans abîmer les racines.

5 - Placer les racines sur le terreau du nouveau pot.

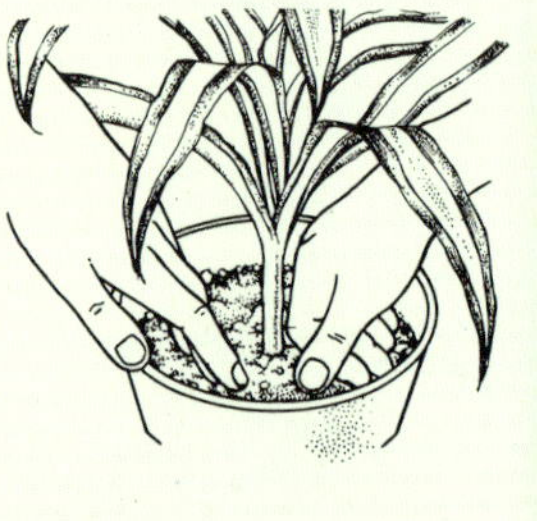

6 - Remplir avec du terreau frais. S'assurer que toutes les racines sont couvertes. Bien tasser. Laisser 2 jours à l'ombre, sans eau, pour favoriser l'enracinement.

S.O.S.

1 - Les feuilles du bas tombent. *Trop sec et chaud. Arroser, vaporiser.*

2 - Les couleurs se fanent. *Pas assez de lumière. Trouver un endroit plus clair.*

3 - Feuilles décolorées, insectes écailleux bruns sous les feuilles et sur les tiges. *Cochenilles. Les enlever avec un tampon imbibé d'alcool dénaturé ou pulvériser du malathion ou un insecticide systémique.*

4 - Feuilles jaunies, filaments en dessous. *Araignées rouges. Pulvériser du derris, du malathion ou un insecticide systémique. Augmenter l'humidité.*

5 - Taches gris-brun sur les feuilles. *Champignons parasites des feuilles. Pulvériser un fongicide systémique.*

6 - La plante perd ses feuilles et ne pousse plus. *Trop froid. Trouver un endroit plus chaud.*

7 - La plante s'affaisse, les feuilles pourrissent et parfois aussi les racines. *Trop d'eau. Laisser sécher et récupérer. Ensuite, arroser moins souvent.*

8 - Les nouvelles feuilles sont petites et difformes, pas de nouvelle croissance au printemps. *Manque d'engrais.*

Bouturage

Un germoir est ce qu'il y a de mieux, mais on peut essayer avec un sac en polyéthylène soutenu par un arceau. Poser sur un radiateur chauffant par le bas.

1 - Préparer un germoir avec un mélange moitié tourbe, moitié terreau.

2 - Choisir des pousses avec au moins 2 paires de feuilles saines et un bourgeon. Couper au-dessous de la 2ᵉ paire de feuilles. Longueur des boutures : 8 à 10 cm.

3 - Tailler la tige juste au-dessous d'une feuille.

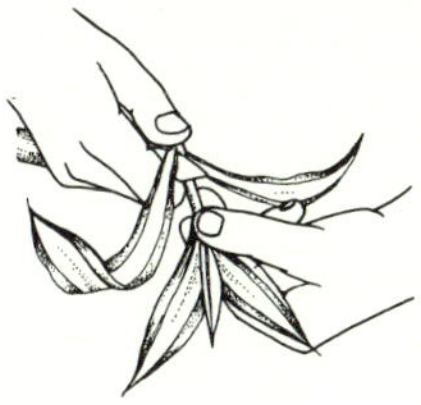

4 - Enlever la paire de feuilles inférieure.

5 - Tremper la coupe dans de la poudre radiculaire aux hormones. Secouer l'excédent.

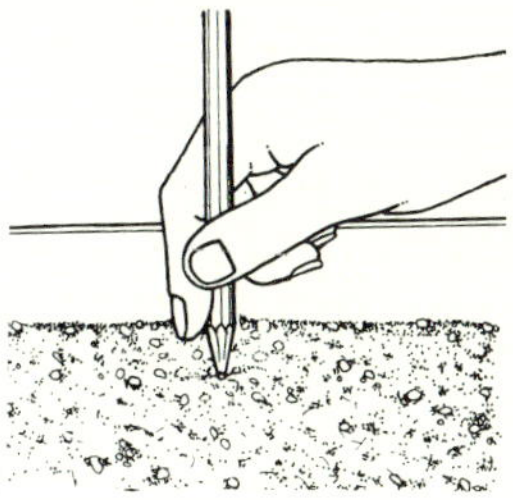

6 - Avec un crayon ou un bâtonnet, faire de petits trous dans la terre.

7 - Y installer les boutures, les feuilles au ras du sol, la tige au fond du trou.

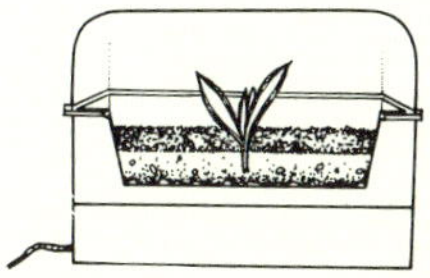

8 - Bien arroser. Recouvrir. Découvrir 5 minutes tous les jours. Ne jamais laisser la terre sécher. Température : 24°.

9 - Enlever le couvercle après 21 jours. Quand la bouture pousse bien, l'empoter dans du terreau frais.

Tailler les feuilles

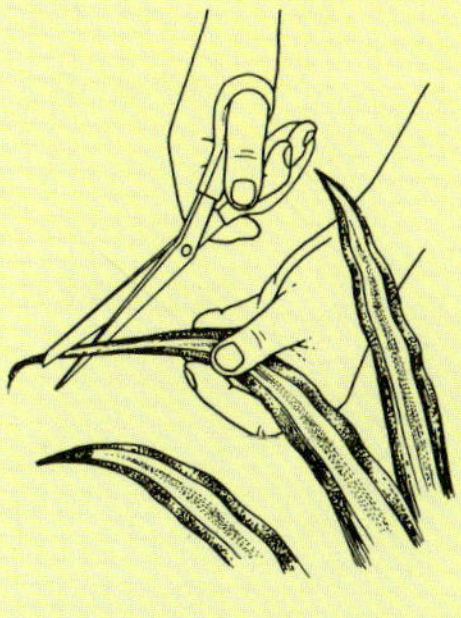

Si les pointes des feuilles brunissent, les couper au ras des tissus sains mais sans entamer ceux-ci.

Vaporisation

Vaporiser deux fois par semaine d'une distance d'environ 15 cm.

BRUYÈRE D'HIVER

Le genre *Erica* comprend quelque 500 espèces dont 470 sont originaires d'Afrique du Sud, 7 ou 8 d'Afrique tropicale et le reste d'Europe. Malheureusement les bruyères d'hiver qu'on vend en pot ne peuvent séjourner que passagèrement dans nos maisons qui, en hiver, sont généralement trop chaudes pour elles. D'un autre côté, elles supportent mal le gel et ne peuvent passer l'hiver dehors dans des climats froids. Finalement, il vaut mieux les considérer comme des plantes à fleurs produites par les horticulteurs pour agrémenter notre intérieur durant quelques semaines et que l'on jette ensuite. Elles apportent ainsi aux maisons une merveilleuse touche de couleur en fin d'automne et au début de l'hiver, juste avant la floraison des azalées.

Si l'on veut néanmoins conserver ces plantes, il faut les garder dans la pièce la plus fraîche pendant qu'elles fleurissent et ensuite les laisser reposer à 7°. Les planter au jardin en mai, mais les rentrer fin septembre avant l'apparition des boutons.

E. gracilis, importée en 1774, a des fleurs d'un rose foncé. Il en existe une variété à fleurs blanches, *E. gracilis* « Alba », appelée parfois *E. nivalis.* Ce sont les premières à être mises en vente, suivies, un peu avant Noël, par *E. hyemalis* aux fleurs plus allongées, roses et blanches. Toutes ont des fleurs très durables. *E. gracilis* peut rester dehors en hiver. Même après avoir fleuri, la plante demeure belle car, sous l'effet du froid, elle devient entièrement rousse.

Choisir les bruyères d'hiver au moment où elles commencent à fleurir. Vérifier que les fleurs sont fraîches et que le feuillage est souple. Secouer la plante pour s'assurer que les feuilles ne tombent pas. Les spécimens cassants qui se sont desséchés pourraient ne pas se remettre.

Conserver les bruyères d'hiver dans une pièce froide.

↓ Certains hybrides peuvent être reproduits à partir de graines.

↑ *Erica* « Limelight ».

→ *Erica hyemalis.*

Empotage

1 - Rempoter au printemps, après floraison, quand la plante paraît trop grande et ne produit pas de nouvelles pousses. Bien arroser.

2 - Préparer un pot plus grand, avec couche de drainage et couche de terre de bruyère humide. Les pots en plastique, plus étanches, sont préférables.

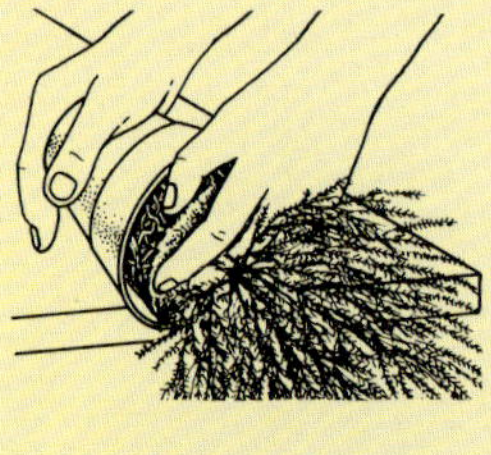

3 - Tenir le pot d'une main en maintenant la terre. Tapoter le bord du pot : plante et terreau sortiront d'un bloc.

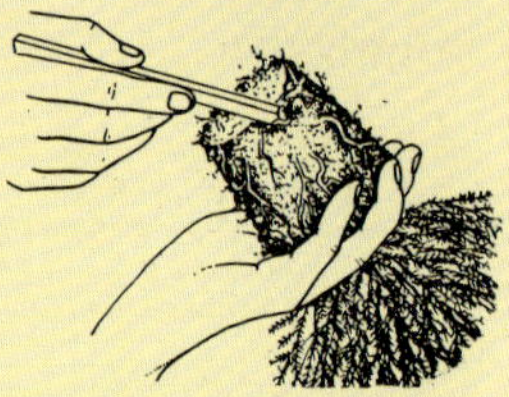

4 - Avec un crayon ou un bâtonnet, enlever la terre sans abîmer les racines.

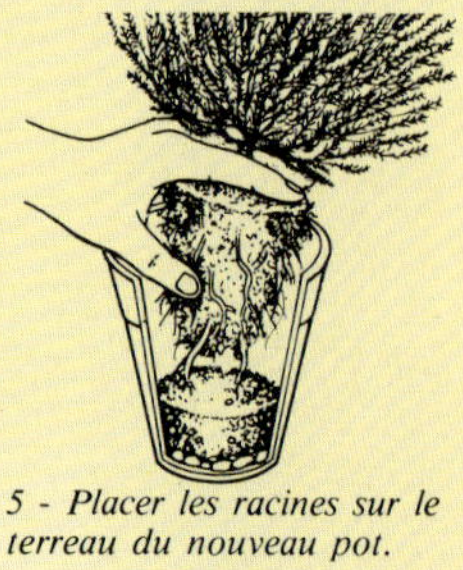

5 - Placer les racines sur le terreau du nouveau pot.

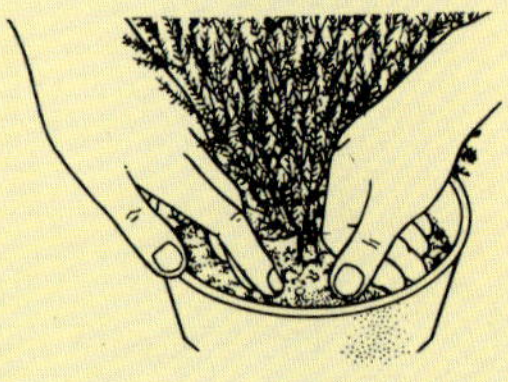

6 - Remplir de terre de bruyère fraîche. Couvrir toutes les racines. Bien tasser. Laisser 2 jours à l'ombre, sans eau, pour favoriser l'enracinement.

Dimensions. *E. gracilis* atteint environ 45 cm et *E. hyemalis* 60 cm.

Croissance. A peu près 25 cm en une saison.

Floraison. Fin automne, début hiver. *E. gracilis* fleurit la première.

Parfum. Inodore.

Lumière. Ces plantes ont besoin d'une très bonne lumière. Les placer devant une fenêtre si l'on veut qu'elles fassent plus d'une saison.

Température. 7° est l'idéal, 15° le maximum. Plus la température est basse, plus la plante durera.

Arrosage. 2 à 3 fois par semaine à l'eau de pluie ou, en tout cas, non calcaire. Garder les racines toujours très humides.

Engrais. Inutile si on ne veut pas conserver la plante longtemps. Autrement, ajouter de l'engrais liquide à l'eau tous les 15 jours pendant la période de croissance.

Humidité. Poser le pot sur des cailloux mouillés ou l'entourer de tourbe humide.

Nettoyage. Inutile, encore qu'une vaporisation hebdomadaire avec de l'eau douce soit bénéfique. Pas de lustrant.

Atmosphère. Elles n'aiment pas l'air chaud et sec et ont besoin d'une bonne aération. Elles devraient passer l'été dehors et recevoir une vaporisation par semaine.

Terre. Terre de bruyère.

Empotage. Rempoter chaque printemps. Utiliser des pots en plastique qui sont plus étanches. Bien tasser la terre au-dessus des racines.

Taille. Tailler vigoureusement après floraison. Réduire la hauteur de près de la moitié.

Multiplication. Par boutures de tiges en fin d'été.

Longévité. Ces bruyères sont à traiter comme des plantes saisonnières. Si on les plante au jardin en été, elles peuvent parfois vivre une deuxième année.

Sociabilité. Ces plantes sont de belles « visiteuses » dans une culture mixte avec des plantes vertes.

Facilités/difficultés. Plantes faciles à conserver pendant une courte période. En tant que plantes vivaces, une pépinière leur convient mieux qu'une maison.

S.O.S.

1 - La plante devient cassante. *Trop sec. Tremper dans un seau d'eau. Succès incertain.*

2 - Insectes écailleux bruns sous les feuilles et sur les tiges. *Cochenilles. Les enlever avec un tampon imbibé d'alcool dénaturé ou pulvériser un insecticide systémique.*

3 - Les feuilles tombent, le sol sent le moisi. *Pourriture des racines causée par la saturation. Pas de remède.*

Humidité

Poser le pot dans une soucoupe sur des cailloux mouillés. Le fond du pot ne doit pas toucher l'eau

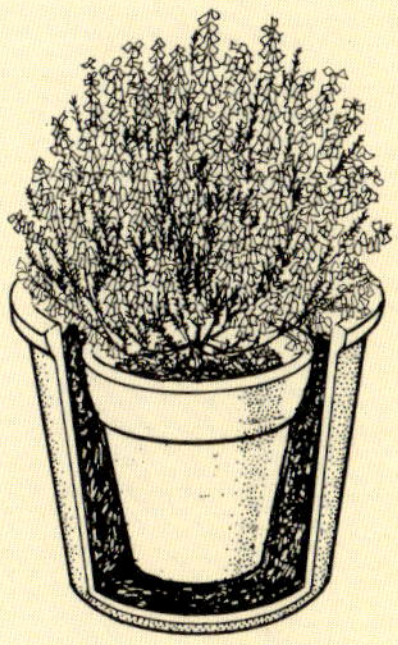

ou
placer le pot dans un autre pot garni de tourbe humide.

Bouturage

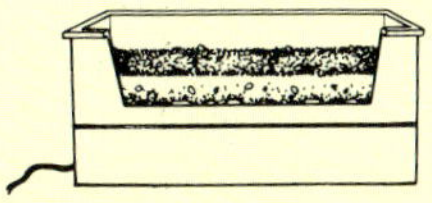

1 - Prélever les pointes de tiges en fin d'été. Une forte humidité étant nécessaire, un germoir est recommandé. Le garnir d'un mélange moitié tourbe, moitié sable.

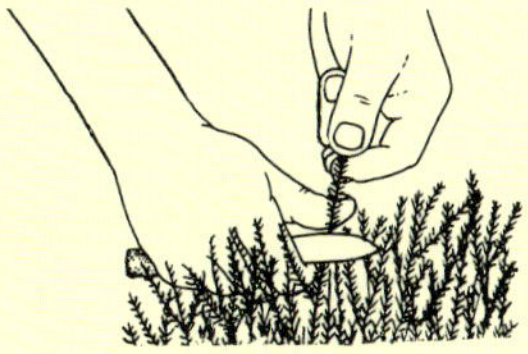

2 - Choisir une tige saine, sans fleurs. En prélever 2,5 cm.

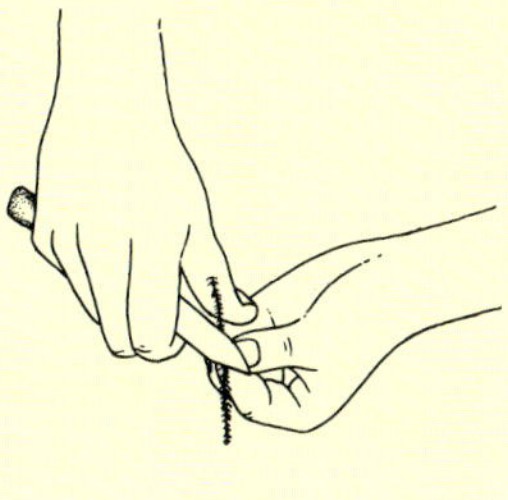

3 - Effeuiller le tiers du bas.

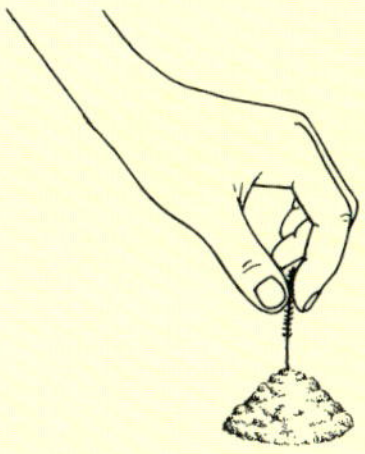

4 - Tremper la coupure dans de la poudre radiculaire aux hormones. Secouer l'excédent.

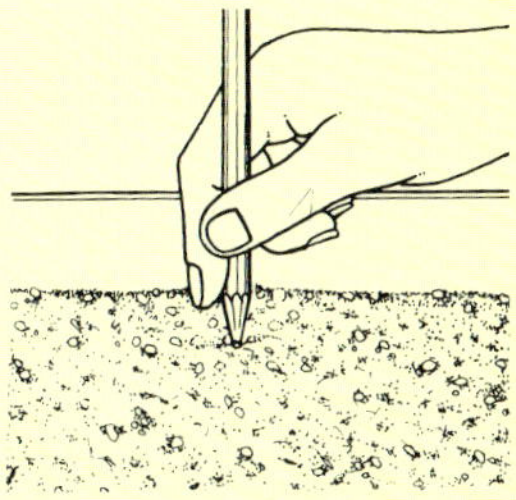

5 - Avec un crayon ou un bâtonnet, faire de petits trous dans le terreau.

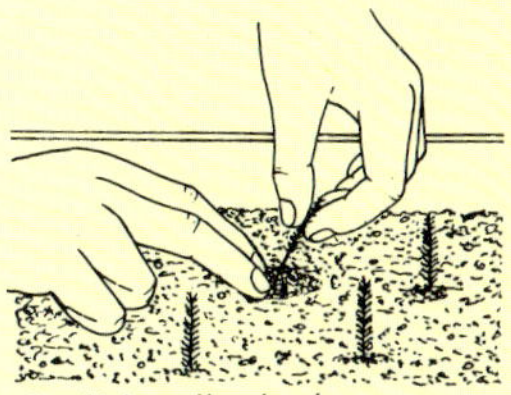

6 - Y installer les boutures. Les feuilles doivent être au ras du sol quand le bout de la tige est au fond du trou.

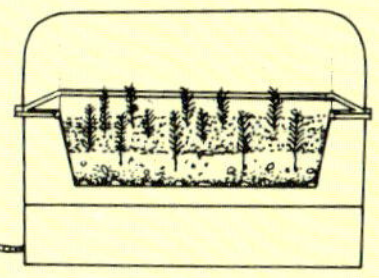

7 - Bien arroser. Recouvrir. Découvrir 5 minutes tous les jours pour empêcher la pourriture. Le terreau ne doit pas sécher. Température : 15°.

8 - Après 21 jours, enlever le couvercle. Quand les boutures poussent bien, les empoter dans du terreau frais.

Taille

1 - Retailler sévèrement après floraison, surtout si la plante est devenue hirsute. Ne pas couper les vieux bois.

2 - Tailler régulièrement tout le pourtour avec un sécateur ou des cisailles.

3 - La plante poussera d'une façon plus régulière et aura de meilleures chances de survie. Après l'avoir taillée, il faut la sortir pour l'été ou la mettre devant une fenêtre où elle recevra une bonne lumière.

POINSETTIA OU ÉTOILE DE NOËL

Les poinsettias sont connues à travers le monde entier pour leurs grandes inflorescences flamboyantes qu'elles portent à l'époque de Noël. Les fleurs elles-mêmes sont petites et assez insignifiantes. Tout l'éclat de la plante vient des grandes bractées colorées qui les entourent.

Le genre *Euphorbia* compte près d'un millier d'espèces et comprend une grande diversité de types. On y trouve des plantes annuelles, des vicaces, des arbrisseaux, de vrais arbres et même des plantes grasses. Toutes contiennent un suc laiteux qui est tenu pour toxique.

E. pulcherrima (*pulcherrima* signifiant « superlativement belle ») est originaire du Mexique où elle fut découverte en 1834. Dans son milieu naturel, c'est un arbrisseau qui peut atteindre 5 m de haut.

Jusqu'à la fin des années 1950, les poinsettias étaient surtout des plantes pour spécialistes et ne survivaient guère en appartement : la sécheresse faisait, très vite, tomber toutes les feuilles. L'horticulteur californien Paul Ekke réussit cependant à produire une lignée qui supporte l'atmosphère des maisons et même des températures bien plus basses que celles qu'on y trouve normalement. Ses feuilles ne tombent pas et, avec un minimum de soins, elle conserve ses bractées pendant de longues semaines. On en trouve aujourd'hui des variétés diversement colorées.

A l'achat, choisir les poinsettias quand leurs bractées sont épanouies. Une plante saine aura des feuilles fraîches et vertes. Ecarter celles dont les feuilles tombent. Les spécimens avec 5 à 9 têtes sont probablement ceux dont la taille convient le mieux pour la plupart des intérieurs.

Dimensions. Fort variables. Vont de la petite plante à tête unique au grand spécimen à tiges multiples portant 10 à 20 inflorescences. Ce dernier peut atteindre 50 cm de haut.

Croissance. 30 à 45 cm pendant la période de croissance qui précède la floraison. Elle s'arrête alors pour la saison.

Floraison. De la fin de l'automne jusqu'en hiver et parfois jusqu'au printemps. Ces plantes aiment les journées courtes : il leur faut de longues périodes d'obscurité pour que les bractées se colorent bien.

Parfum. Inodore.

Lumière. Une bonne lumière naturelle. En hiver, elles supportent le plein soleil. Pendant la croissance, pas de soleil direct.

Température. Entre 12 et 21° quand les bractées sont épanouies. Moins en d'autres temps, mais jamais de gel, qui est mortel.

Arrosage. Garder le terreau bien humide durant la période de croissance et la floraison (2 arrosages par semaine). Après floraison, laisser la plante reposer plusieurs semaines dans une terre plutôt sèche (1 arrosage par semaine). Augmenter l'apport d'eau après la taille et le rempotage.

Engrais. Pendant la croissance et la floraison, ajouter de l'engrais liquide à l'eau tous les 15 jours.

Humidité. Pour garder leur fraîcheur aux feuilles, les vaporiser à l'eau tous les jours.

Nettoyage. Inutile, les vaporisations suffisent. Jamais de lustrant.

Atmosphère. Plantes assez tolérantes, mais leur éviter les courants d'air froid. Peuvent souffrir des chauffages au gaz.

Terre. Mélange composé de terreau et de tourbe à parts égales.

Empotage. Rempoter après la taille de la mi-été. Attention : tiges et racines sont cassantes. Si, en vidant le pot, vous constatez que la plante est enracinée dans un petit pot en treillage, le laisser et l'empoter comme s'il faisait partie des racines. Rempoter à nouveau 4 à 6 semaines plus tard, avant que la plante n'atteigne la taille de fleurir. Ne jamais tasser la terre.

Taille. Couper les pousses du haut après la floraison et avant de rempoter, pour favoriser la production de nouvelles pousses.

Multiplication. De petites pousses peuvent être bouturées en été. Plus tôt ce sera fait, plus les plantes seront grandes au moment de la floraison d'hiver.

Longévité. A moins d'être un horticulteur expérimenté disposant d'une serre, il vaut mieux considérer les poinsettias comme des plantes annuelles.

Sociabilité. Les grands spécimens sont mieux seuls. Les petits, à une seule tige, font bel effet mêlés à des plantes vertes.

Facilités/difficultés. Plantes faciles à garder quelques mois, mais difficiles à conserver d'année en année. Les professionnels les reproduisent chaque année et utilisent un retardateur de croissance pour les maintenir touffues.

↑ Les poinsettias ont de petites inflorescences jaunes bordées de vermillon, entourées de bractées aux couleurs vives. On trouve aujourd'hui des variétés blanches et roses en plus des rouges.

← Les fleurs avec leur collerette de bractées.

→ Un beau spécimen d'*Euphorbia pulcherrima*.

Empotage

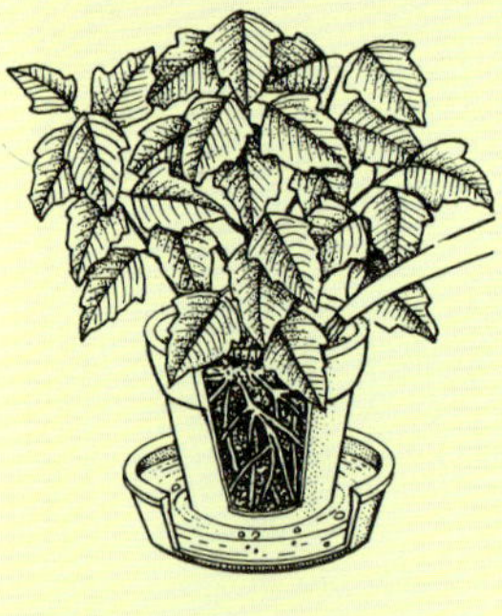

1 - Rempoter à la mi-été, après la taille, si la plante est trop grande pour son pot et si les racines sont à l'étroit. Bien arroser.

2 - Préparer un pot plus grand avec couche de drainage et un mélange moitié terreau, moitié tourbe.

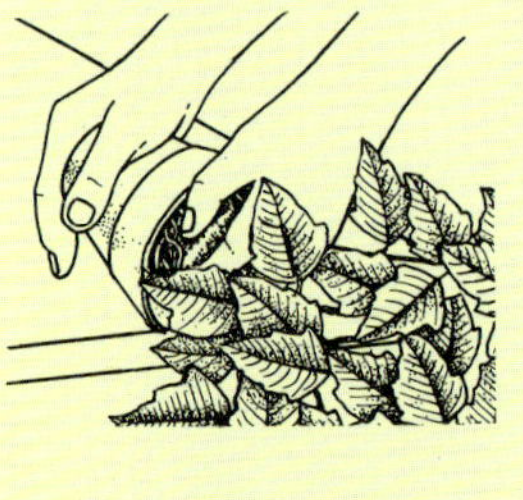

3 - Tenir le pot d'une main en retenant la terre de l'autre. Tapoter le bord du pot : plante et terreau sortiront. Attention : les tiges sont cassantes.

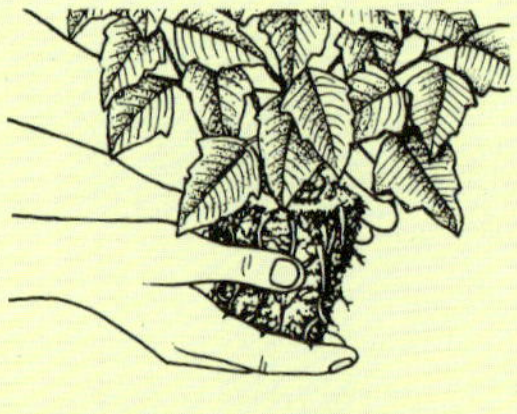

4 - Garder la vieille terre et, éventuellement, le pot en treillage.

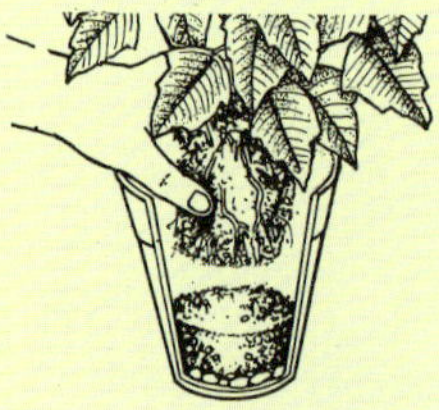

5 - Placer les racines sur le terreau du nouveau pot.

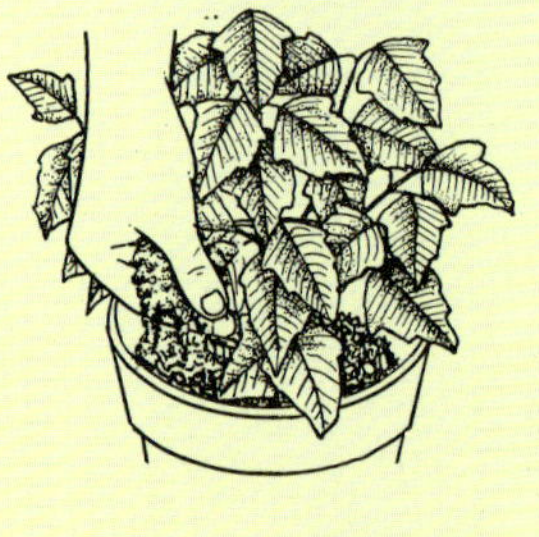

6 - Remplir de mélange frais. S'assurer que toutes les racines sont couvertes. Ne pas trop tasser. Laisser 2 jours à l'ombre, sans eau, pour favoriser l'enracinement.

S.O.S.

1 - Les feuilles jaunissent, se recroquevillent et tombent. *Trop chaud et sec ou manque de lumière. Arroser, vaporiser et nourrir régulièrement. Trouver un endroit mieux éclairé.*

2 - Les feuilles se ratatinent et sèchent. *Chauffage au gaz. Changer de pièce.*

3 - Feuilles et bractées s'inclinent. *Courants d'air. Mettre la plante à l'abri.*

4 - Feuilles déformées et collantes, insectes verts. *Pucerons. Pulvériser du pyrèthre ou un insecticide systémique.*

5 - Feuilles marbrées d'argent. *Maladie du plomb. Pas de remède. Détruire la plante.*

Bouturage

1 - Prélever les boutures en été. Préparer des pots en treillage avec un mélange à parts égales de sable, de terreau et de tourbe, enrichi d'engrais. Porter des gants, le suc est irritant.

2 - Choisir des pousses avec au moins 2 paires de feuilles saines et un bourgeon. Couper au-dessous de la 2e paire de feuilles. Longueur des boutures : 8 à 10 cm.

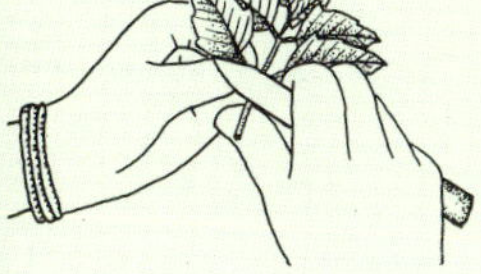

3 - Tailler la tige juste au-dessous d'une feuille.

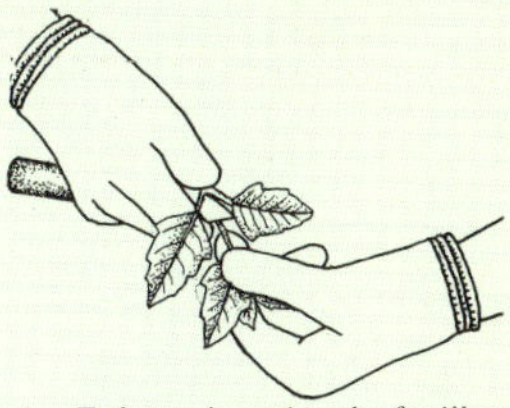

4 - Enlever la paire de feuilles du bas.

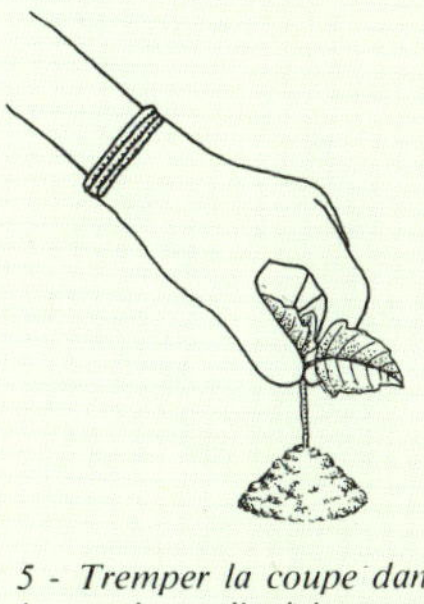

5 - Tremper la coupe dans de la poudre radiculaire aux hormones. Secouer l'excédent.

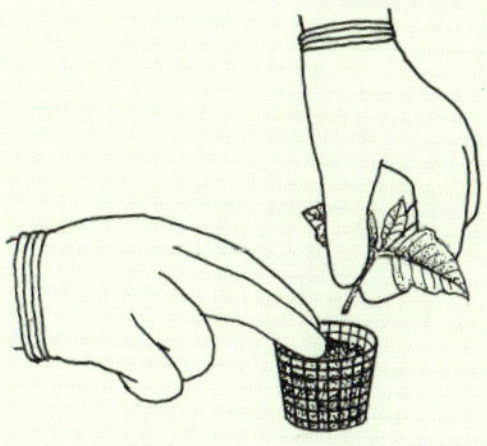

6 - Ces plantes ayant des racines fragiles, installer chaque bouture dans un pot en treillage de 5 cm.

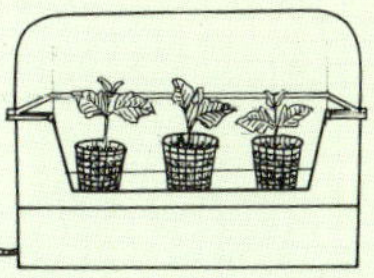

7 - Placer les pots dans un germoir. Arroser. Recouvrir. Découvrir 5 minutes chaque jour pour empêcher la pourriture. Ne pas laisser sécher. Température : 21°.

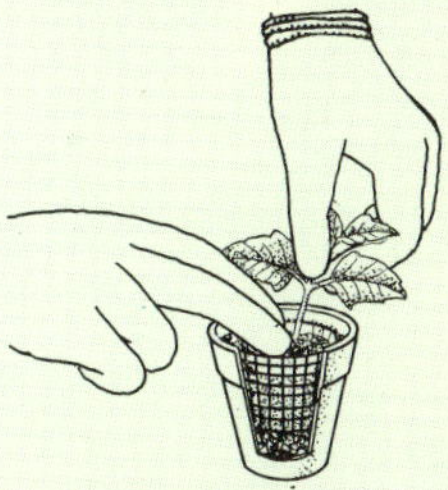

8 - Enlever le couvercle après 21 jours. Quand les boutures poussent bien, les installer, avec leur pot, dans un pot plus grand. Remplir avec du mélange. Ne pas tasser.

9 - Les boutures faites à la mi-été fleuriront l'hiver suivant.

Humidité

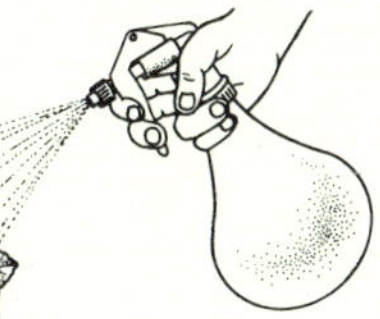

Placer le pot sur des cailloux dans une soucoupe avec de l'eau. Le fond du pot ne doit pas toucher l'eau. Vaporiser tous les jours d'une distance de 15 cm, à l'eau de pluie si possible. Ne pas vaporiser les bractées.

Taille

1 - Tailler la plante à la fin de la floraison pour favoriser la croissance. Porter des gants.

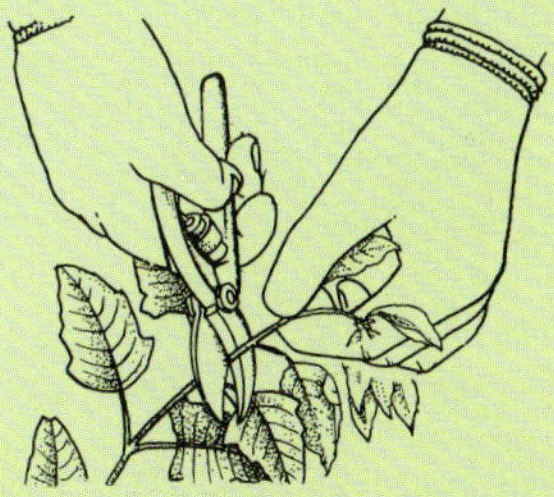

2 - Couper juste au-dessus de l'aisselle d'une feuille. Si le suc coule, enduire les coupures de vaseline avec un tampon d'ouate.

ARALIA-LIERRE

Voici un des rares exemples d'hybrides à qui l'on attribue un genre propre au lieu de le classer dans celui de l'un et l'autre de ses parents. Le genre *Fatshedera* résulte d'un croisement entre une plante du genre *Fatsia* ou *Aralia* (p. 28) et une plante du genre *Hedera* (p. 106), en l'occurrence *Fatsia japonica* « Moseri » et *Hedera helix* « Hibernica ». Le croisement fut réalisé en France en 1910, enrichissant d'une nouveauté intéressante notre liste de plantes d'intérieur. L'aralia-lierre fait partie des araliacées. Ses feuilles sont plus petites, mais de même forme, que celles des aralias. Il grimpe verticalement, comme les lierres, et a normalement besoin d'un support. On peut en faire monter trois le long d'un tuteur gainé de mousse. La plante supporte bien les faibles éclairages.

Alors que les aralias et les lierres sont rustiques, l'aralia-lierre ne l'est pas. Si l'on peut, en été, le sortir dans un patio ou sur un balcon, il faut le rentrer en hiver. Attention aux excès d'eau qui peuvent faire tomber ses feuilles.

La variété verte est la plus robuste, mais il en existe une variété attrayante aux feuilles bordées de crème dont les pointes, malheureusement, ont tendance à brunir en hiver.

Choisir des spécimens touffus qui sont souvent vendus à plusieurs par pot. Les tiges doivent être garnies de feuilles sur toute leur longueur et aucune des feuilles ne doit être jaune.

Dimensions. Ces plantes atteignent facilement 2,50 m.

Croissance. Assez rapide : 30 cm par an et plus dans une maison. Deux fois plus en serre.

Floraison. Les plantes adultes produisent, en fin d'été, de petites fleurs vertes ressemblant à celles du lierre.

Parfum. Inodore.

Lumière. Quoique cette plante se porte mieux en lumière directe, elle survit et pousse même dans des coins sombres.

Température. La plante aime la fraîcheur et sera encore heureuse à 7°. Maximum en été : 18°.

Arrosage. Bien arroser (2 à 3 fois par semaine) en été. Ne pas laisser le pot tremper dans l'eau. En hiver, pas plus d'un arrosage tous les 7 à 10 jours, surtout si la température est basse. Ne jamais, cependant, laisser sécher les racines.

Engrais. En été, ajouter de l'engrais liquide à l'eau tous les 15 jours.

Humidité. Vaporiser régulièrement avec de l'eau, au moins une fois par semaine.

Nettoyage. Si les vaporisations ne suffisent pas, enlever la poussière à la main. Les lustrants sont tolérés, mais pas plus d'une fois tous les 2 mois.

Atmosphère. La plante tolère à peu près tout sauf la chaleur sèche. Elle ne supporte donc pas le chauffage central.

Terre. Terreau frais.

Empotage. Rempoter chaque année en mars ou avril.

Taille. Si la plante devient trop échevelée, on peut la couper à 30 cm du sol. Le haut peut fournir des boutures.

Multiplication. Par boutures de tiges. Il est également possible de marcotter le sommet de la plante.

Longévité. Au moins 6 à 7 ans.

Sociabilité. L'aralia-lierre s'associe bien en culture mixte avec toutes les plantes vertes d'intérieur.

Facilités/difficultés. Plante intéressante pour un débutant.

Tuteurage

1 - Trois aralias-lierres dans un même pot palissés à un tuteur gainé de mousse font bel effet.

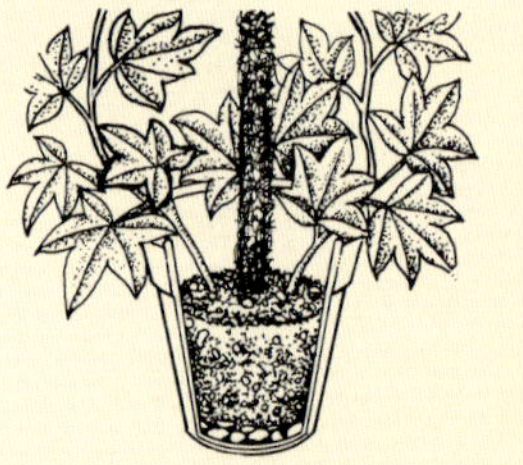

4 - Disposer les plantes autour du tuteur.

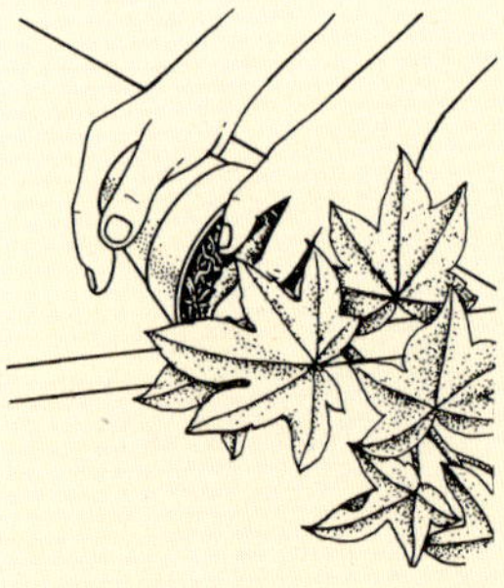

2 - Dépoter les plantes et enlever un peu de terre des racines.

5 - Remplir avec du terreau frais. S'assurer que toutes les racines sont couvertes.

3 - Placer le tuteur au milieu du nouveau pot et ajouter un peu de terreau pour le maintenir debout.

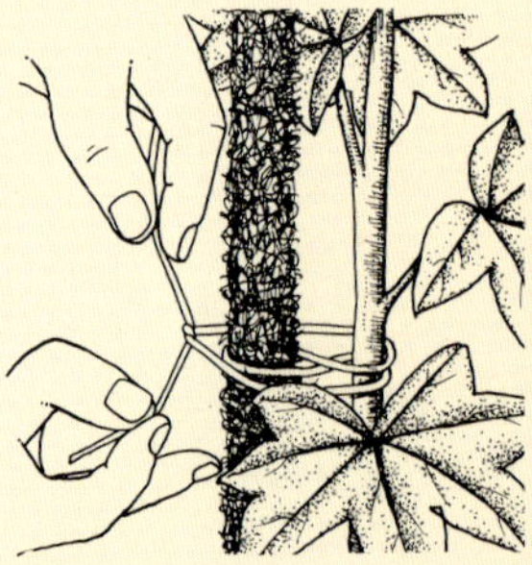

6 - Palisser les tiges au tuteur avec de la ficelle ou du raphia.

Les Fatshedera *sont des hybrides qui ont des feuilles comme celles des* Fatsia *et qui grimpent comme les* Hedera *(lierres).*

→ Un beau spécimen de *Fatshedera* sur son tuteur gainé de mousse.

← Le feuillage vert uni de *F. lizei.*

← Les feuilles de *F. lizei* « Variegata » ont diverses teintes de vert.

S.O.S.

1 - Les feuilles jaunissent. *Trop d'eau. Laisser sécher. Ensuite, arroser moins souvent.*

2 - Pousses démesurément longues, feuilles espacées. *Manque de lumière. Trouver un endroit plus clair. Peut-être trop de chaleur : vérifier la température.*

3 - Feuilles jaunes, filaments en dessous. *Araignées rouges. Pulvériser du derris, du malathion ou un insecticide systémique. Trouver un endroit plus frais. Vaporiser tous les jours à l'eau pour augmenter l'humidité.*

Bouturage

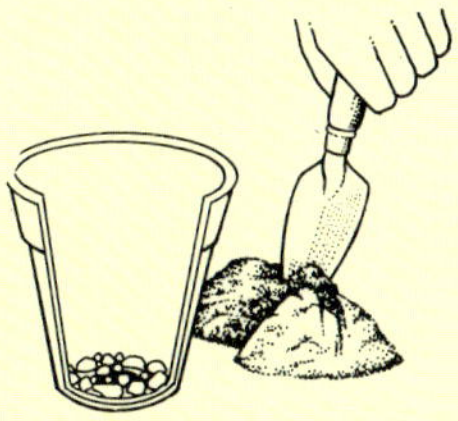

1 - Prélever les boutures au printemps. Préparer un pot avec un mélange moitié sable, moitié terreau.

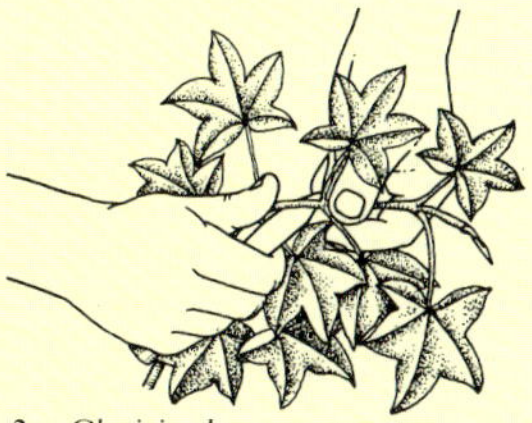

2 - Choisir des pousses avec au moins 2 paires de feuilles saines et un bourgeon. Couper au-dessous de la 2ᵉ paire. Longueur des boutures : environ 15 cm.

3 - Tailler la tige juste au-dessous d'une feuille.

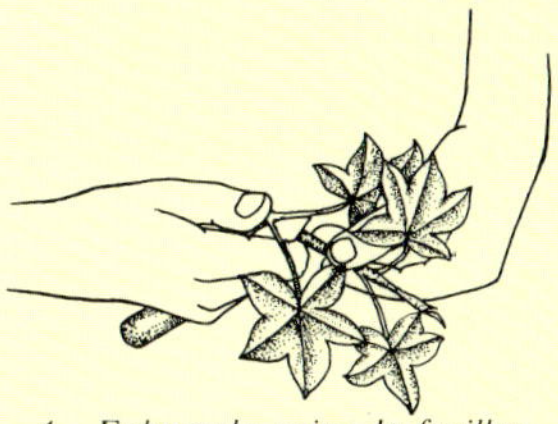

4 - Enlever la paire de feuilles du bas.

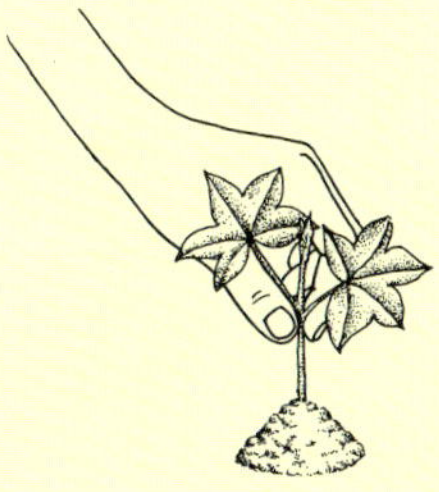

5 - Tremper la coupe dans de la poudre radiculaire aux hormones. Secouer l'excédent.

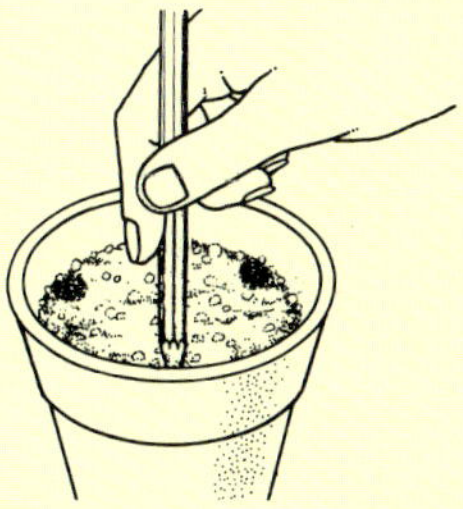

6 - Avec un crayon ou un bâtonnet, faire de petits trous dans le terreau.

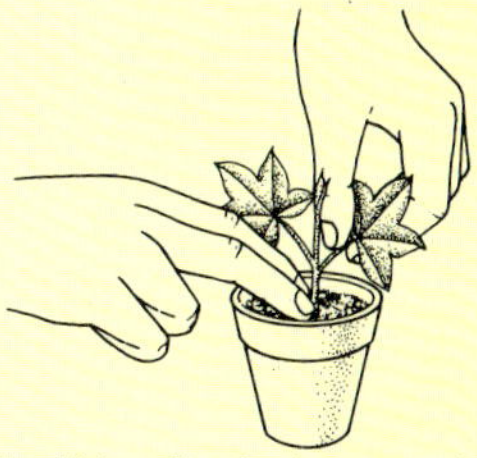

7 - Y installer les boutures, les feuilles au ras du sol, le bout de la tige au fond.

8 - Bien arroser. Recouvrir d'un sac en polyéthylène soutenu par un arceau. Découvrir 5 minutes tous les jours. Ne jamais laisser sécher le terreau. Température : 13 à 16°.

9 - Enlever le sac après 21 jours. Quand les boutures poussent bien, les rempoter dans du terreau frais.

Empotage

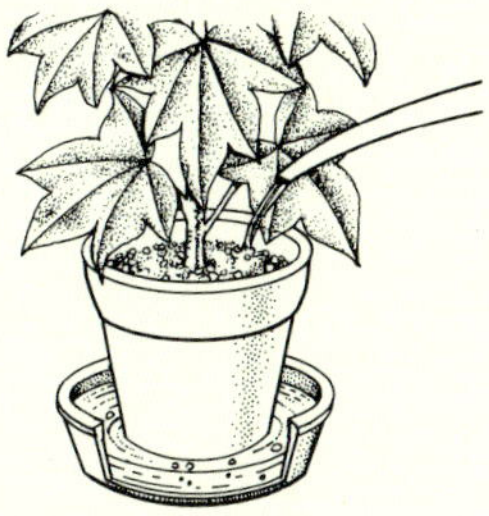

1 - Rempoter au printemps quand la plante paraît trop grande pour son pot, avec des feuilles pâles et sans nouvelles pousses. Bien arroser.

2 - Préparer un pot plus grand avec drainage et terreau frais humide.

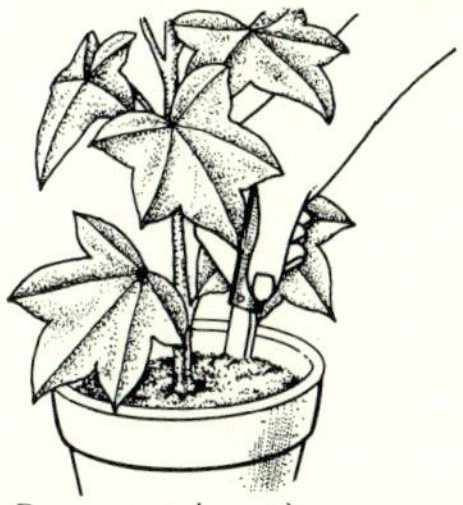

3 - Passer une lame à l'intérieur du vieux pot pour dégager le terreau.

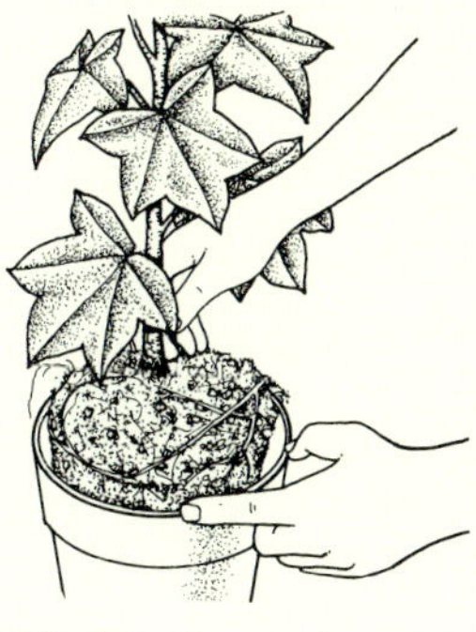

4 - Sortir la plante en la soulevant par la base de la tige.

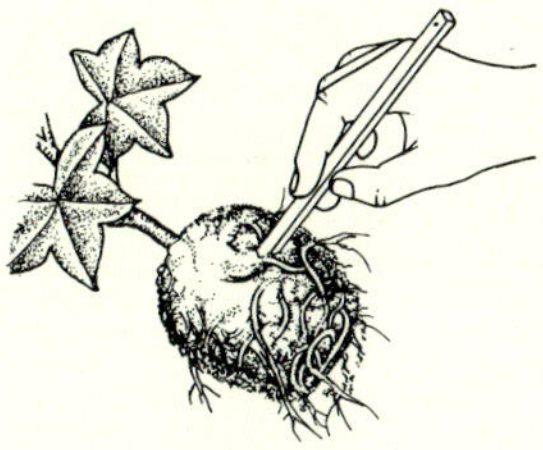

5 - La coucher sur une table. Avec un bâtonnet, enlever la terre sans abîmer les racines.

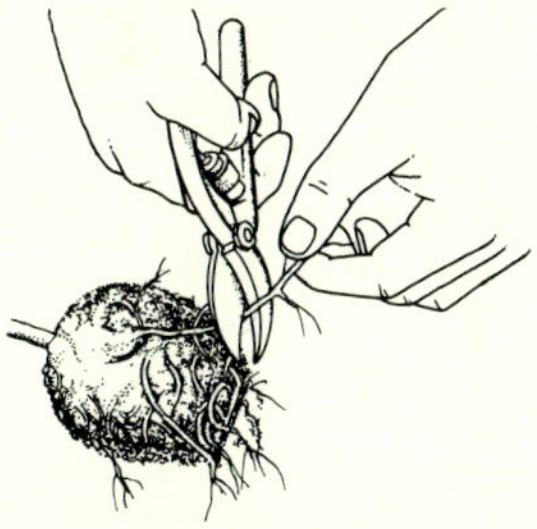

6 - Si la plante est trop grande pour le pot, tailler les racines au sécateur.

7 - Placer les racines sur le terreau du nouveau pot.

8 - Remplir de terreau frais en tassant au fur et à mesure. Couvrir toutes les racines. Laisser 2 jours à l'ombre, sans eau, pour favoriser l'enracinement.

FIGUIER PLEUREUR

Les *Ficus* ou figuiers poussent dans toutes les régions chaudes du globe. Ils font partie de la famille des moracées. Comme le genre comprend de nombreuses espèces prisées par les amateurs de plantes d'intérieur, trois sections de ce livre y sont consacrées, la première aux espèces à petites feuilles, la seconde aux espèces à grandes feuilles, la troisième aux espèces grimpantes et rampantes.

F. benjamina est sans doute la plante la mieux connue de la première série. On l'appelle figuier pleureur car ses branches s'inclinent gracieusement à mesure qu'il grandit. Comme les autres espèces à petites feuilles, il peut atteindre 5 m en intérieur. Ses feuilles, abondantes, d'un vert vif, ont à peu près 8 cm de long et 2,5 cm de large. Il aime la lumière, craint les courants d'air frais et, comme les autres *Ficus,* supporte l'air sec.

F. nitida ou *rubinginosa* a des feuilles semblables à celles de *F. benjamina* mais pousse plus droit. Son tronc rappelle celui du bouleau. *F. australis* s'étend plus en largeur. Ses feuilles ressemblent à celles de l'hévéa, mais en plus petit (10 à 12 cm de long).

F. diversifolia est une des espèces les plus rustiques du genre. Elle a de petites feuilles presque rondes disséminées le long des branches qui partent du tronc vertical. Elle produit des fruits verts qui deviennent jaune-orange avant de tomber. Quoique peu courante, ce n'est pas une plante difficile. Elle est parfois désignée sous le nom de *F. deltoidea.*

Choisir des spécimens touffus à la silhouette élégante. Ecarter ceux dont les feuilles jaunissent ou qui en sont dégarnis à la base.

Les figuiers à petites feuilles sont des plantes gracieuses et peuvent avoir des fruits quand ils sont encore jeunes.

← *Ficus diversifolia* fructifie dès qu'il a atteint 30 cm.

↓ *F. nitida* ressemble à *F. benjamina* mais pousse plus droit.

Dimensions. Tous les *Ficus* à petites feuilles atteindront 5 à 6 m au moins. Les palisser dans leur jeunesse.

Croissance. Il est difficile de généraliser. Certaines variétés peuvent croître de 45 cm par an. *F. diversifolia* pousse plus lentement.

Floraison. Sauf *F. diversifolia,* les *Ficus* ne fleurissent pas en intérieur.

Parfum. Inodore.

Lumière. Sans une bonne lumière, *F. benjamina* perd ses feuilles. Les autres sont moins exigeants. *F. diversifolia* supporte un emplacement sombre.

Température. *F. diversifolia* supporte jusqu'à 7° si l'on diminue l'eau. Les autres ont besoin d'au moins 13 à 15°. Maximum en été : 24°.

Arrosage. Pas plus de 2 fois par semaine en été et une fois tous les 7 à 10 jours en hiver. Ne pas laisser le pot tremper dans l'eau. L'excès d'eau fait jaunir et tomber les feuilles.

Engrais. Pendant la saison de croissance, ajouter de l'engrais liquide à l'eau tous les 15 jours.

Humidité. Vaporiser tous les jours à l'eau tiède.

Nettoyage. Si les vaporisations ne suffisent pas, utiliser un lustrant, mais pas plus d'une fois tous les 2 mois.

Atmosphère. Les figuiers supportent à peu près tout sauf les courants d'air.

Terre. Moitié terreau, moitié terre de bruyère.

Empotage. Pas plus d'une fois par an, au printemps. Quand la plante est adulte, il suffit de renouveler le terreau de surface au printemps.

Taille. Si la plante devient envahissante, tailler au printemps, au moment où elle repart. Saupoudrer les coupures au charbon de bois pour les empêcher de couler. *F. benjamina* et *F. nitida* ont des racines aériennes qu'il ne faut jamais couper.

Multiplication. Par boutures de tiges. Pour certaines espèces (telle *F. australis*), également par marcottage.

Longévité. Toutes ces plantes peuvent vivre très longtemps.

Sociabilité. Tous les *Ficus* se mélangent bien aux autres plantes, mais les grands spécimens présentent mieux seuls.

Facilités/difficultés. Une fois adaptés à une maison (il leur faut 3 mois), tous les *Ficus* sont faciles.

Changer la terre de surface

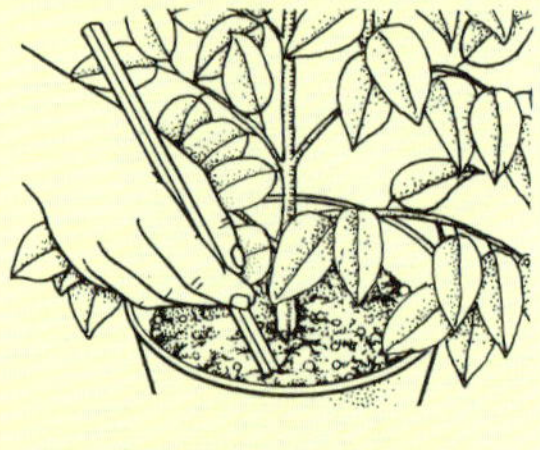

1 - Quand la plante a plus de 1 m, ne plus rempoter. Arroser, puis enlever 2 cm de terreau sans abîmer les racines.

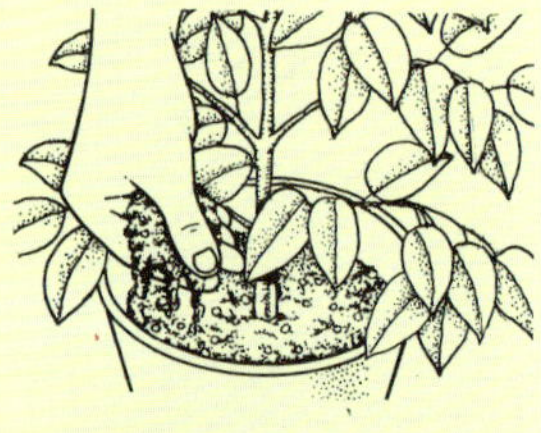

2 - Remplir de mélange frais.

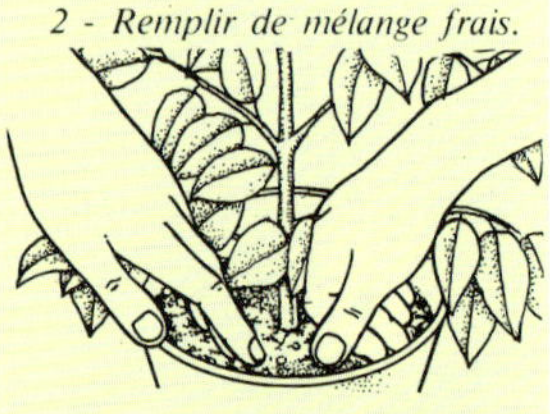

3 - Bien tasser. Couvrir toutes les racines.

4 - Laisser 2 jours à l'ombre, sans eau, pour favoriser l'enracinement

Arrosage

1 - Tâter le terreau. S'il est friable et léger, la plante a besoin d'eau.

2 - Arroser, avec de l'eau de pluie si possible. Vider la soucoupe au bout de 15 minutes.

→ *F. benjamina.* Les branches des très grands spécimens pendent comme celles du saule pleureur.

↓ Le feuillage de *F. australis.*

S.O.S.

1 - Les feuilles tombent. *Manque de lumière ou courants d'air. Trouver un endroit mieux éclairé et protégé.*

2 - Feuilles décolorées, insectes écailleux bruns sous les feuilles et sur les tiges. *Cochenilles. Les enlever avec un tampon imbibé d'alcool dénaturé ou pulvériser un insecticide systémique.*

3 - Les feuilles jaunissent. *Trop d'eau. Laisser sécher jusqu'à ce que la plante se remette. Ensuite arroser moins souvent.*

4 - Feuilles jaunies, filaments en dessous. *Araignées rouges. Pulvériser du derris, du malathion ou un insecticide systémique. Augmenter l'humidité.*

Palissage

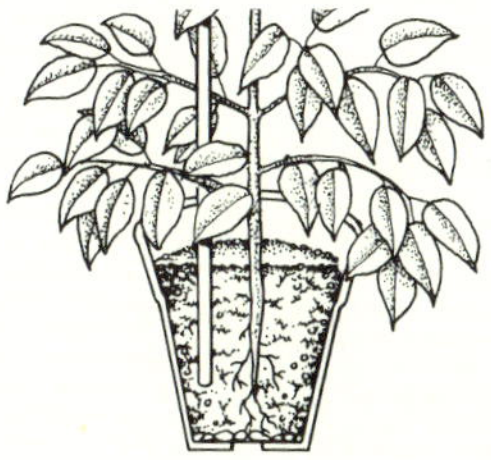

1 - Enfoncer le tuteur jusqu'aux 2/3 du pot, à quelques cm de la tige principale.

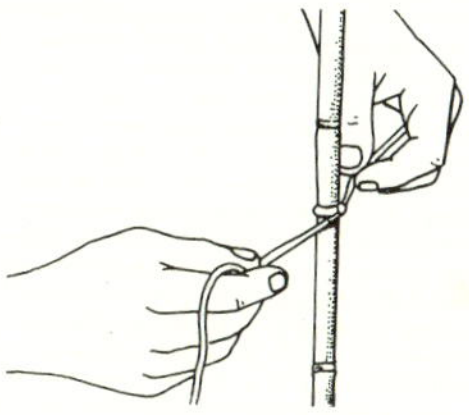

2 - Nouer fermement un bout de ficelle de 25 cm au tuteur.

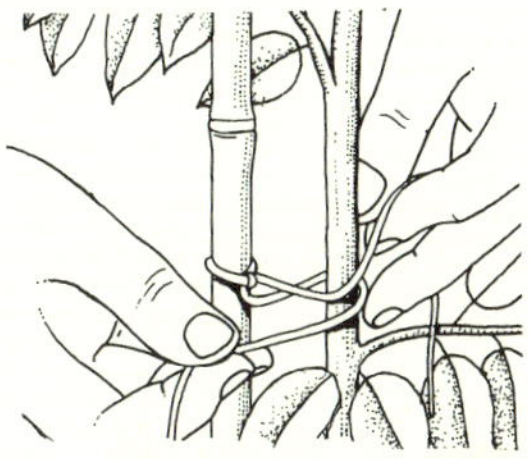

3 - Passer la ficelle autour de la tige.

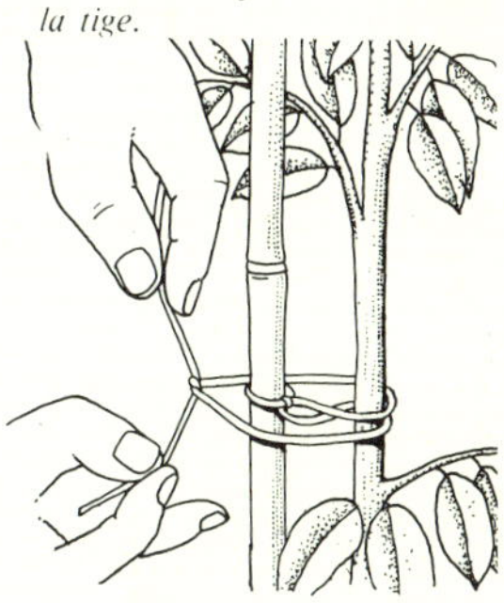

4 - L'attacher par un nœud au tuteur. Recommencer à intervalles réguliers en remontant le long de la tige.

Bouturage

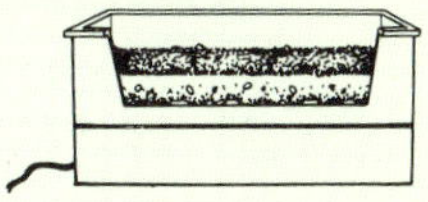

1 - Préparer un germoir avec un mélange de tourbe et de sable à parts égales.

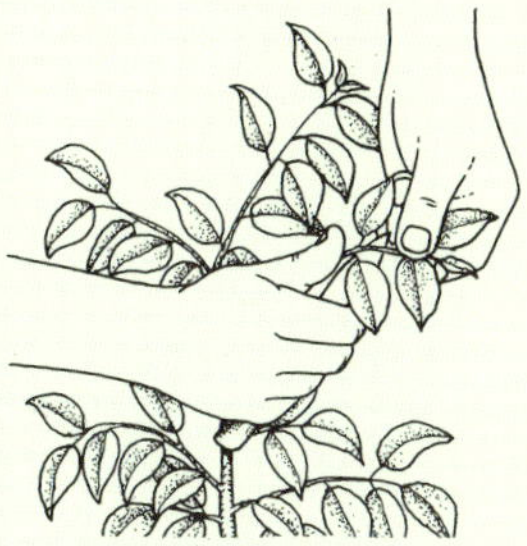

2 - Choisir des tiges avec au moins 2 paires de feuilles saines et un bourgeon. Couper au-dessous de la 2e paire. Longueur des boutures : 8 à 10 cm.

3 - Tailler la tige juste au-dessous d'une feuille.

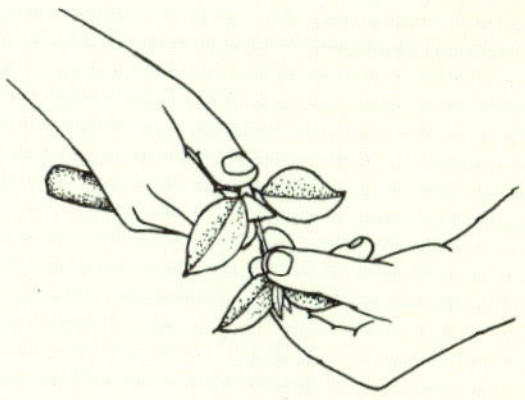

4 - Enlever la paire de feuilles du bas.

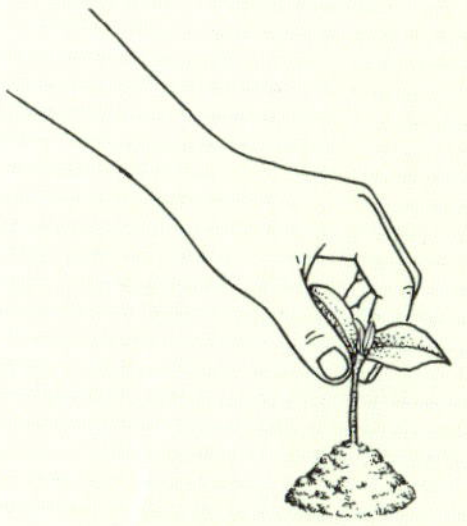

5 - Tremper la coupe dans de la poudre radiculaire aux hormones. Secouer l'excédent.

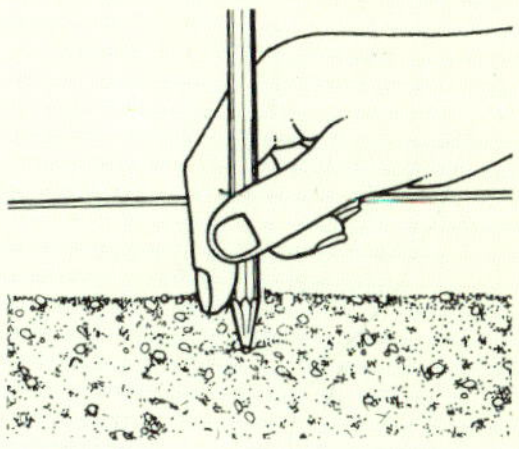

6 - Avec un crayon ou un bâtonnet, faire de petits trous dans le terreau.

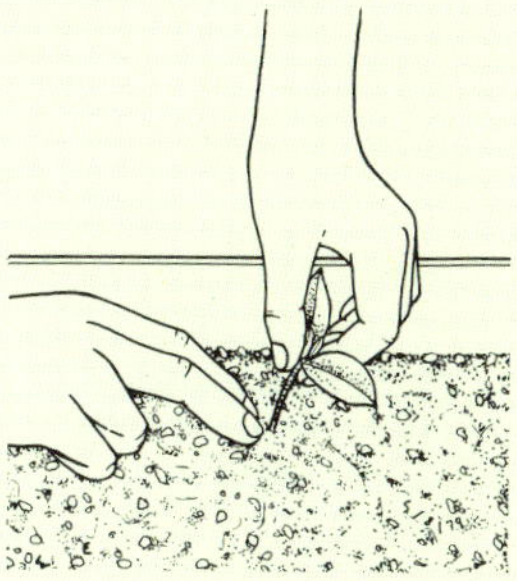

7 - Y installer les boutures : les feuilles au ras du sol, le bout de la tige au fond du trou.

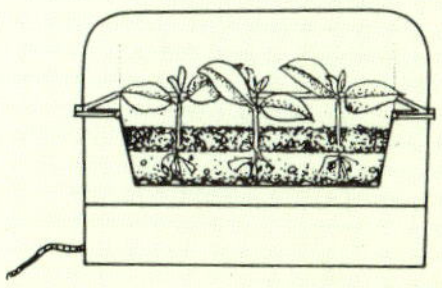

8 - Bien arroser. Couvrir. Découvrir 5 minutes par jour pour empêcher la pourriture et s'assurer que le terreau ne sèche pas. Température : 24°. Enlever le couvercle après 21 jours. Quand les boutures poussent bien, les empoter dans du mélange frais.

Vaporisation

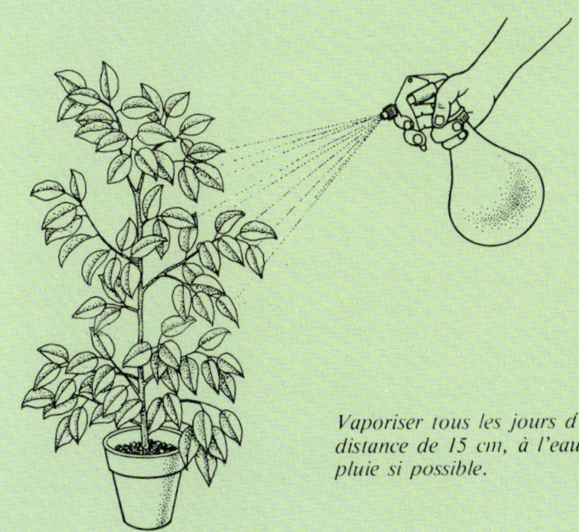

Vaporiser tous les jours d'une distance de 15 cm, à l'eau de pluie si possible.

CAOUTCHOUC OU GOMMIER

F. elastica est sans doute la mieux connue des plantes d'intérieur. Elle est originaire de l'Inde où elle atteint, dans la nature, 30 m de haut. Le genre comprend quelque six cents espèces, dont le figuier à figues comestibles, répandues dans les régions chaudes du globe.

Les variétés les plus courantes sont *F. elastica* « Decora » et *F. elastica* « Robusta ». Avec leurs grandes feuilles épaisses, d'un vert foncé, ce sont des plantes idéales pour la maison. Les nouvelles feuilles sortent d'un fourreau rouge pointu. Elles ont une jolie teinte bronzée et verdissent par la suite. Les caoutchoucs deviennent vite de grandes arbres ramifiés. Ils ont une tendance naturelle à perdre une partie de leurs feuilles inférieures en vieillissant.

Deux autres espèces sont prisées : *F. lyrata* (ou *F. pandurata*) et *F. benghalensis. F. lyrata* est la plus imposante, surtout à la maturité. Ses feuilles, en forme de violon, ont 30 cm de long et 23 de large. Elle n'est pas difficile et se ramifie bien, mais elle demande plus de soins et pousse moins vite que *F. elastica.* Il faut bien la palisser dans sa jeunesse.

F. benghalensis a des feuilles velues, un peu plus petites que celles de *F. elastica.* Elle pousse vite, se ramifie bien et a tôt fait d'envahir une petite pièce.

On trouve aussi des variétés panachées, les mieux connues étant *F. doescheri* et *F. schryveriana*. Les feuilles de *F. doescheri* ont de jolis motifs roses sur fond vert, celles de *F. schryveriana* sont vertes et crème. Tous deux poussent plus lentement que les formes vertes et ont besoin d'une bonne lumière pour conserver leurs coloris.

Choisir des spécimens au feuillage sain, bien coloré et bien fourni.

Les caoutchoucs à grandes feuilles ont généralement besoin de tuteurs.

← Les feuilles velues de *Ficus benghalensis.*

↓ *Ficus lyrata* est une plante imposante. Ses feuilles ont la forme d'un violon.

Dimensions. Les plantes sont généralement vendues quand elles ont 45 cm de haut et 5 à 8 feuilles. On peut aussi trouver des sujets adultes de 1 m. En intérieur, les caoutchoucs peuvent atteindre 10 m.

Croissance. *F. elastica* et *F. benghalensis :* 60 cm à 1 m par an, *F. lyrata* et les variétés panachées : 30 cm.

Floraison. Seuls les vieux sujets très grands fleurissent et donnent des fruits qui ressemblent à des figues.

Parfum. Inodore.

Lumière. Les caoutchoucs supportent les faibles éclairements, mais poussent plus vite sous une bonne lumière.

Température. Minimum en hiver : 15°. Maximum en été : 29°.

Arrosage. Arroser généreusement en été (au moins 2 fois par semaine) et parcimonieusement en hiver (pas plus d'une fois par semaine).

Engrais. En été, ajouter de l'engrais liquide à l'eau tous les 15 jours.

Humidité. Les caoutchoucs supportent le chauffage central, mais il faut les vaporiser au moins une fois par semaine et éponger leurs feuilles au moins une fois par mois.

Nettoyage. Nettoyer à la main les espèces à feuilles lisses, celles à feuilles velues avec une brosse douce. *F. elastica* peut être lustrée tous les 2 mois. Pas de lustrant pour les autres.

Atmosphère. Ces plantes aiment être aérées mais sans courants d'air.

Terre. Moitié terreau, moitié terre de bruyère. Un bon drainage est essentiel.

Empotage. Rempoter au printemps quand la plante est trop grande pour son pot ou quand le terreau ne retient plus l'eau ce qui indique qu'il est usé.

Taille. Inutile sauf pour limiter la croissance. Bien palisser les jeunes plantes. Si la plante est blessée, un épais liquide laiteux s'écoulera de la blessure : la recouvrir avec de la vaseline ou un pansement.

Multiplication. Au printemps ou au début de l'été, par marcottage ou boutures de sections de tiges. Chaque section de 8 cm doit porter une feuille. Placer dans un germoir à 25°.

Longévité. Bien soignées, ces plantes vivront des années. Un excès d'eau peut les faire mourir en 6 mois.

Sociabilité. Les caoutchoucs sont trop grands pour les cultures mixtes.

Facilités/difficultés. Plantes faciles, mais attention aux excès d'eau, surtout en hiver.

Multiplication

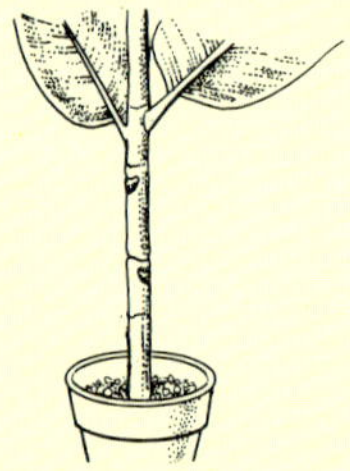

1 - On peut rajeunir une plante qui a perdu ses feuilles inférieures en marcottant sa tige.

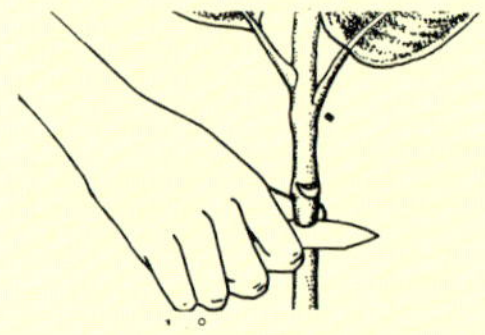

2 - Entailler superficiellement la tige de bas en haut sous une feuille ou la marque d'une ancienne feuille.

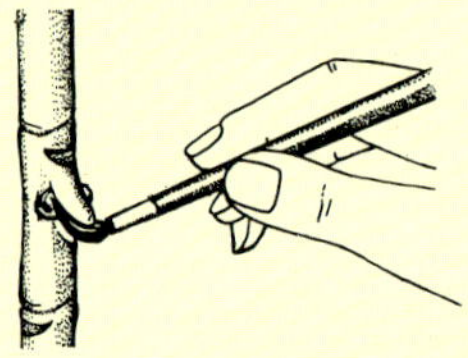

3 - Placer un caillou dans l'entaille pour la garder ouverte et la saupoudrer de poudre radiculaire aux hormones.

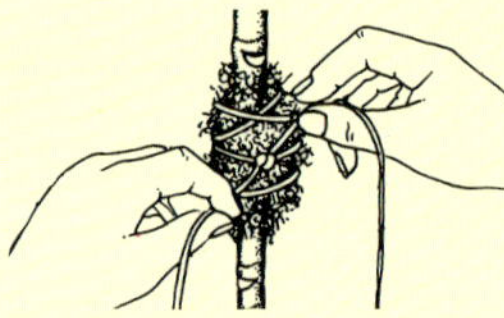

4 - L'envelopper de mousse humide et ficeler.

5 - Entourer la mousse de polyéthylène. Attacher des 2 côtés.

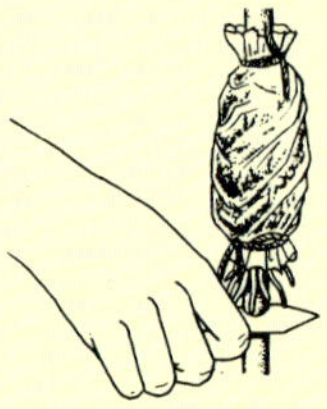

6 - Quand des racines apparaissent à travers la mousse, préparer un pot. Couper la tige sous l'enveloppement. Enlever le polyéthylène et la mousse et empoter la plante normalement. La souche, de son côté, peut reprendre si l'on enduit la coupure de vaseline.

Parmi les caoutchoucs, on trouve de jolies variétés panachées.

↑ Jeune pousse de *Ficus schryveriana.*

→ Bel exemplaire de *F. e.* « Robusta ».

↓ Une feuille de *Ficus doescheri.*

S.O.S.

1 - Les feuilles pendent mollement. *Urgent besoin d'eau. Tremper dans un seau, puis laisser égoutter.*

2 - Les feuilles du bas jaunissent et tombent, surtout en hiver. *Trop d'eau. Laisser sécher. Ensuite, arroser moins souvent.*

3 - Feuilles pâles, nouvelles pousses petites et difformes. *La plante a besoin d'engrais ou d'être rempotée.*

4 - Brusque chute de feuilles, d'autres ont des taches brunes. *Trop froid. Trouver un endroit plus chaud.*

5 - Plaques blanches laineuses sur les feuilles. *Cochenilles. Les enlever avec un tampon imbibé d'alcool dénaturé ou pulvériser du malathion ou un insecticide systémique.*

6 - Feuilles constellées de points jaunes, filaments en dessous. *Araignées rouges. Pulvériser du derris, du malathion ou un insecticide systémique. Augmenter l'humidité.*

7 - Insectes écailleux bruns sous les feuilles et sur les tiges. *Autre espèce de cochenilles. Les enlever avec un tampon imbibé d'alcool dénaturé ou pulvériser un insecticide systémique.*

Empotage

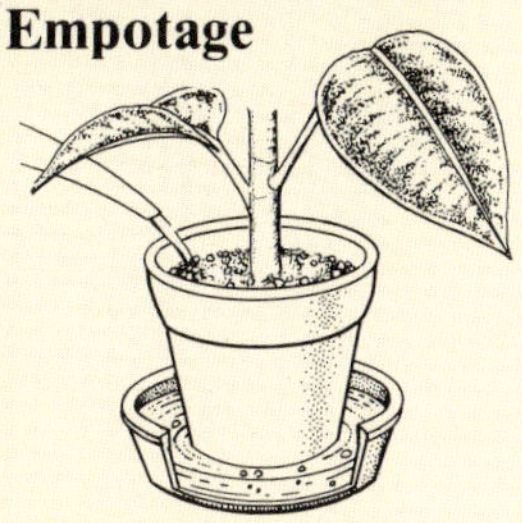

1 - Rempoter au printemps si les nouvelles feuilles sont petites et pâles. Les racines peuvent alors passer par le trou du pot. Bien arroser.

2 - Préparer un pot de la taille supérieure avec un bon drainage et un mélange moitié terreau, moitié terre de bruyère.

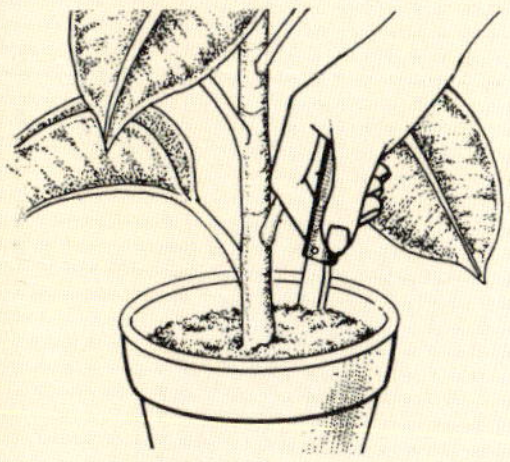

3 - Dégager la terre en passant une lame sur le pourtour du vieux pot.

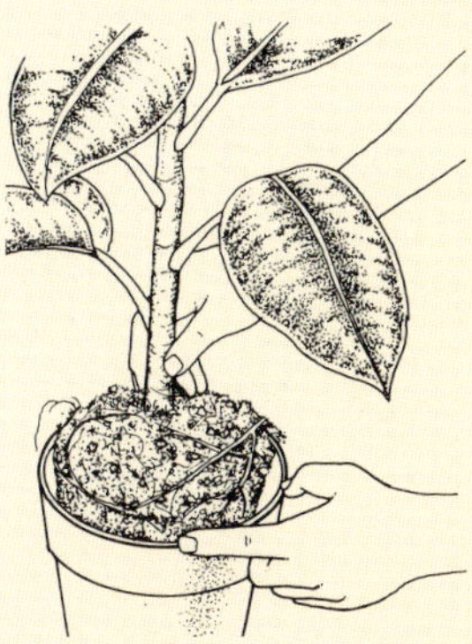

4 - Soulever la plante par la base de la tige.

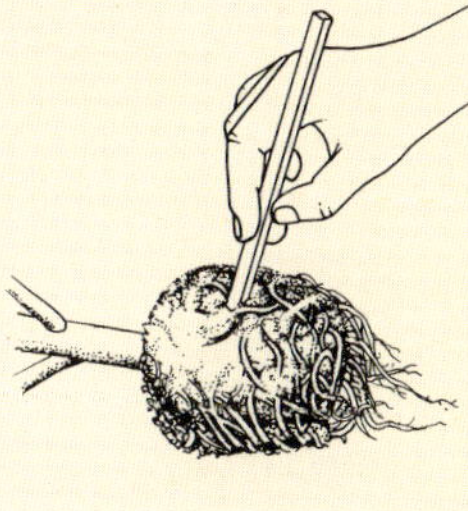

5 - La coucher sur une table. Enlever la terre sans abîmer les racines.

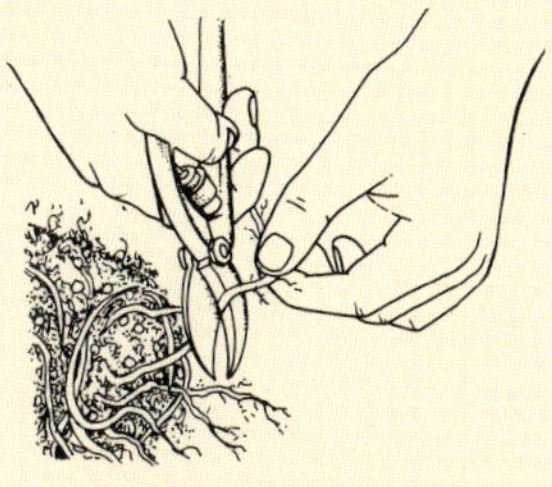

6 - Si la plante est trop grande pour le pot, couper les racines trop longues.

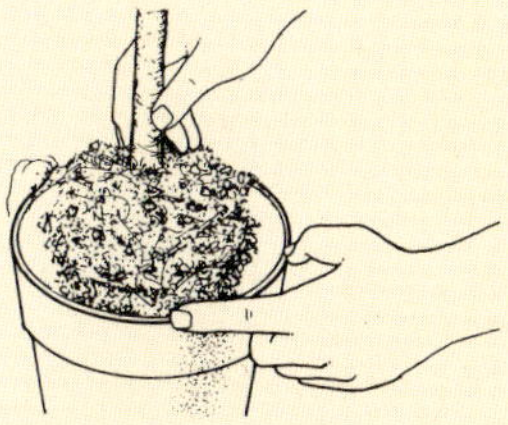

7 - Placer les racines sur le terreau du nouveau pot.

8 - Remplir de mélange frais. Couvrir toutes les racines en tassant. Laisser 2 jours à l'ombre sans eau, pour favoriser l'enracinement.

Palissage

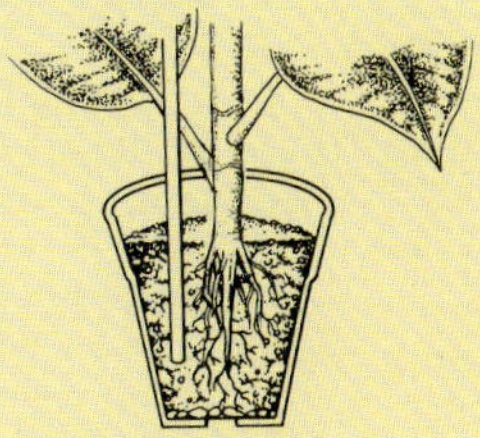

1 - Enfoncer le tuteur jusqu'aux 2/3 du pot, à quelques cm de la tige principale.

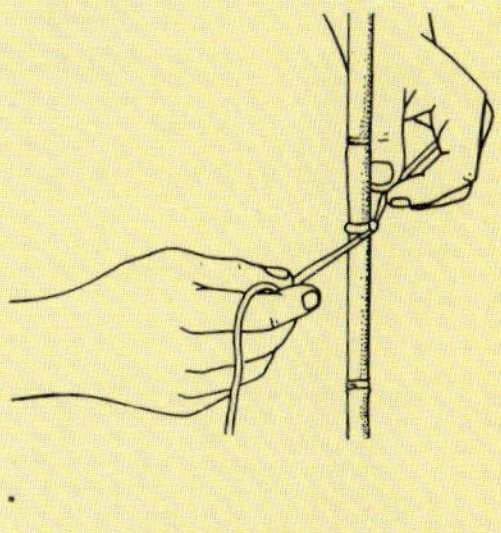

2 - Nouer fermement un bout de ficelle de 25 cm au tuteur.

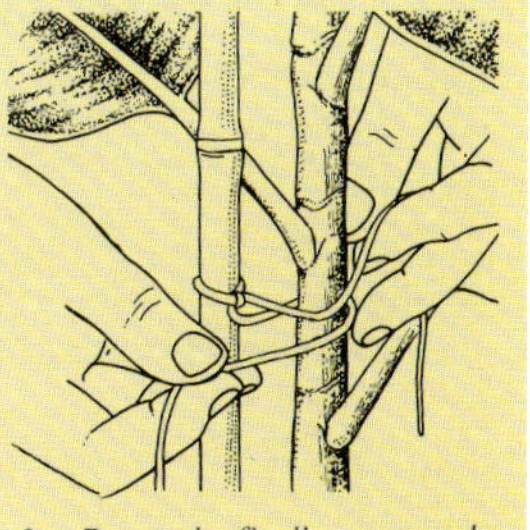

3 - Passer la ficelle autour de la tige.

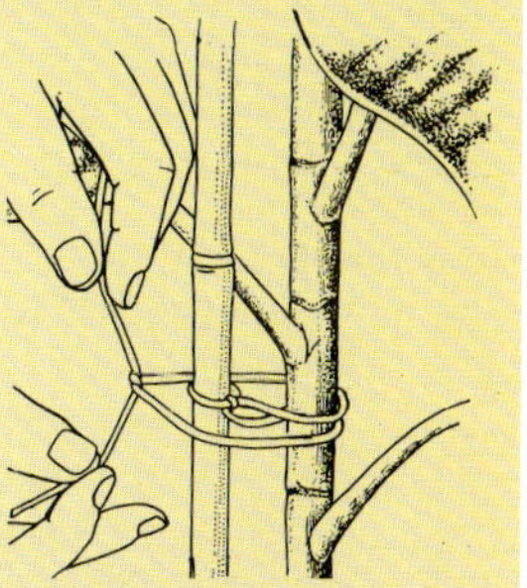

4 - L'attacher par un nœud au tuteur. Recommencer à intervalles réguliers en remontant le long de la tige.

FIGUIER RAMPANT OU CAOUTCHOUC RAMPANT

La troisième section consacrée aux *Ficus* concerne deux espèces grimpantes ou rampantes dont la première, *F. pumila,* est très populaire.
F. pumila (qui veut dire « petit »), connu aussi sous le nom de *F. repens* (qui veut dire « rampant »), a de petites feuilles presque rondes d'à peu près 1 cm de diamètre, portées par des tiges qui se promènent en tous sens. Si on lui permet de grimper, il aura vite fait de tapisser tout un côté d'une serre. Il couvrira aussi volontiers un tuteur ou un treillage. Il apprécie les milieux ombragés et humides. La sécheresse le tue instantanément. Il pousse bien dans un panier suspendu (à condition d'être bien arrosé) et l'atmosphère humide des cultures en bocal lui convient. Il vit à l'état sauvage en Chine et au Japon et fut introduit en Europe en 1721. Il en existe une variété panachée.
F. radicans « Variegata » est aussi un grimpant. Ses feuilles panachées sont plus grandes (jusqu'à 5 cm) et pointues. Il vient des Indes et fut introduit chez nous 150 ans après *F. pumila.* Lui aussi demande une atmosphère humide, mais il lui faut plus de lumière pour conserver ses couleurs.
Choisir des sujets buissonnants au feuillage dense et frais, sans une seule feuille fanée.

↓ *Ficus radicans* « Variegata » pousse plus lentement que la forme verte et n'est pas aussi répandue.

→ *Ficus pumila* est le plus populaire des figuiers rampants. Il vivra longtemps pourvu qu'il ne sèche pas. On peut, à sa guise, en faire un rampant ou un grimpant.

Dimensions. Etant des grimpantes, elles sont capables de couvrir de grandes surfaces. Palissées à un tuteur, elles peuvent atteindre 1,20 m de haut.

Croissance. *F. pumila* peut produire plusieurs ramifications de 30 à 45 cm par an. Ses feuilles deviennent plus grandes et allongées avec l'âge. Les tiges de *F. radicans* augmentent d'une quinzaine de centimètres par an.

Floraison. En principe, aucune des deux ne fleurit dans une maison, mais cela peut se produire dans une serre au cours de l'été.

Parfum. Inodore.

Lumière. *F. pumila* aime l'ombre et n'apprécie pas le soleil direct. *F. radicans* « Variegata » demande un peu plus de lumière.

Température. *F. pumila* supporte jusqu'à 7°. *F. radicans* préfère 12°. Aucune des deux n'est incommodée par la chaleur en été pourvu qu'on ne les laisse pas sécher.

Arrosage. Toutes deux demandent à être bien arrosées, 2 à 3 fois par semaine en été et 1 fois en hiver si la température est au-dessous de 10°.

Engrais. En période de croissance, ajouter de l'engrais à l'eau tous les 15 jours.

Humidité. Vaporiser tous les jours en été et tous les 2 jours en hiver. Vaporiser tous les jours en hiver si le chauffage central marche à fond.

Nettoyage. Les vaporisations suffisent. Pas de lustrant.

Atmosphère. Ces plantes n'aiment pas la chaleur sèche.

Terre. Moitié terreau, moitié terre de bruyère.

Empotage. Rempoter les jeunes plantes chaque printemps. Ensuite renouveler seulement le terreau de surface au printemps.

Taille. Tailler au printemps si la plante présente un aspect désordonné et pour favoriser le buissonnement.

Multiplication. Par boutures de tiges au printemps. *F. radicans* « Variegata » peut aussi être reproduite par marcottage. Préparer un petit pot avec drainage et un mélange de terreau et de sable à parts égales. Choisir une tige latérale saine et, tout en la laissant attachée à la tige-mère, la fixer au terreau du petit pot au niveau de l'articulation d'une feuille. Des racines se formeront en ce point, ainsi que de nouvelles feuilles. Quand la jeune plante sera bien développée, la séparer de la plante-mère d'un coup de ciseaux.

Longévité. Ces plantes peuvent vivre longtemps si on leur assure l'humidité qu'elles exigent.

Sociabilité. Les deux espèces prospèrent en culture mixte, dans une jardinière, un terrarium ou un bocal.

Facilités/difficultés. Plantes faciles si on les traite comme il faut.

Empotage

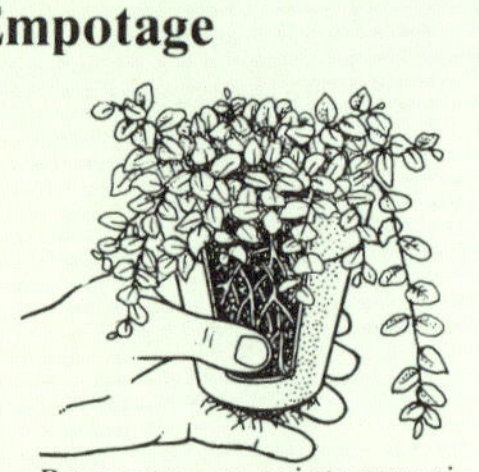

1 - Rempoter au printemps si le terreau ne retient plus l'eau, si les racines sont serrées, s'il n'y a pas de nouvelles feuilles. Bien arroser.

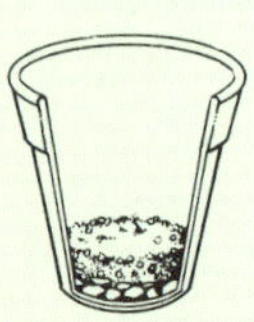

2 - Préparer un pot plus grand avec couche de drainage et un mélange moitié terreau, moitié terre de bruyère.

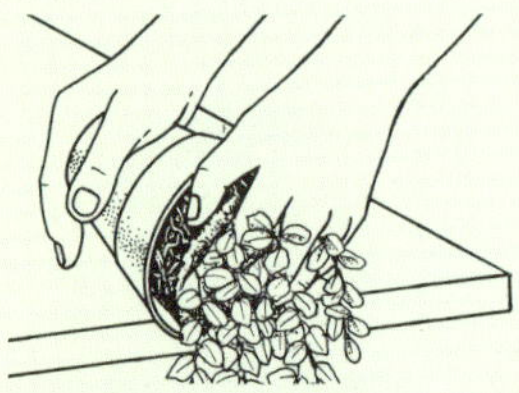

3 - Tenir le pot d'une main en maintenant la terre de l'autre. Tapoter le bord du pot : plante et terreau sortiront d'un bloc.

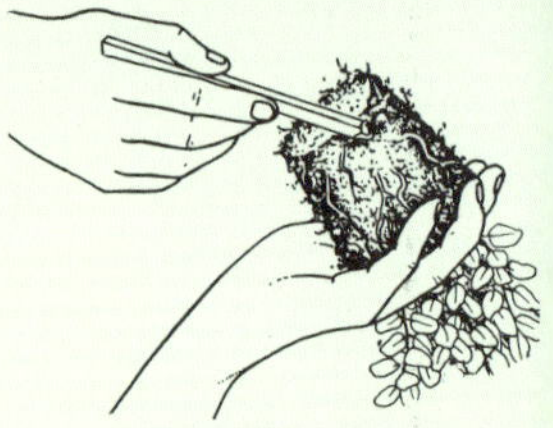

4 - Avec un crayon ou un bâtonnet, enlever la terre sans abîmer les racines.

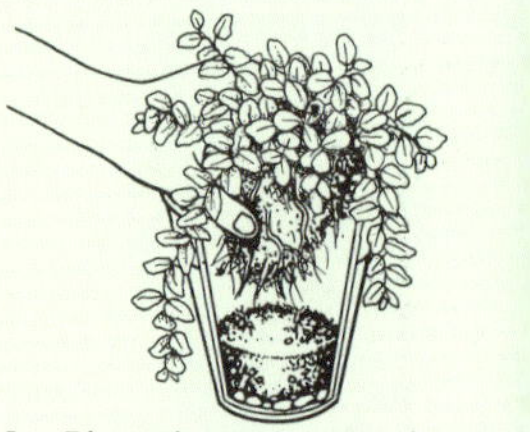

5 - Placer les racines sur le terreau du nouveau pot.

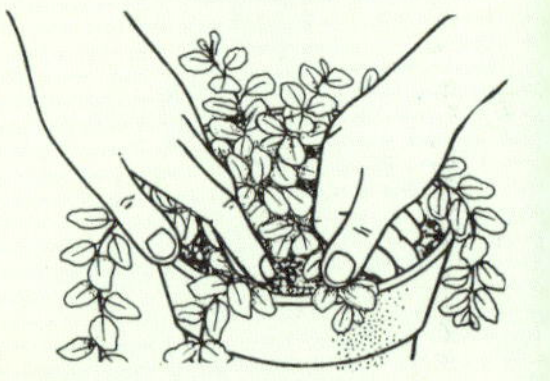

6 - Remplir de mélange frais. Couvrir toutes les racines. Bien tasser. Laisser 2 jours à l'ombre, sans eau, pour favoriser l'enracinement.

S.O.S.

1 - Les feuilles jaunissent et tombent. *Plante saturée d'eau. Laisser sécher jusqu'à ce qu'elle se remette. Ensuite, arroser moins souvent.*

2 - Plaques blanches laineuses sur les feuilles. *Cochenilles. Les enlever avec un tampon imbibé d'alcool dénaturé ou pulvériser du malathion ou un insecticide systémique.*

1

2
3
4
5

3 - Feuilles desséchées. *Manque d'eau. Tremper dans un seau d'eau. Arroser plus souvent. Trop sèche, la plante mourra.*

4 - Feuilles décolorées, insectes écailleux bruns sous les feuilles et sur les tiges. *Autre espèce de cochenilles. Les enlever avec un tampon imbibé d'alcool dénaturé ou pulvériser un insecticide systémique.*

5 - Feuilles jaunes, filaments en dessous. *Araignées rouges. Pulvériser du derris, du malathion ou un insecticide systémique. Augmenter l'humidité en vaporisant tous les jours.*

Palissage

1 - Préparer un pot avec drainage et couche de terreau humide.

2 - Placer un tuteur gainé de mousse au milieu du pot et ajouter un peu de terreau pour le maintenir debout.

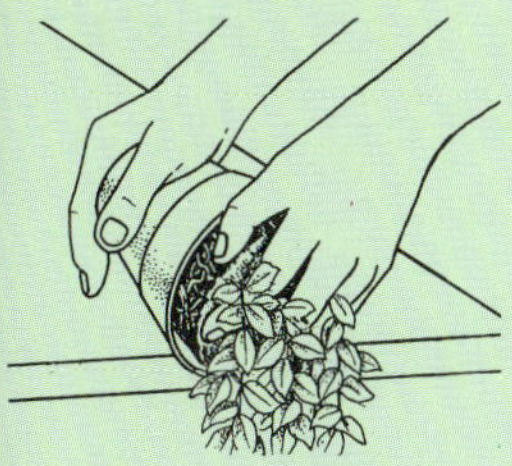

3 - Dépoter la plante.

4 - L'installer dans le nouveau pot à côté du tuteur.

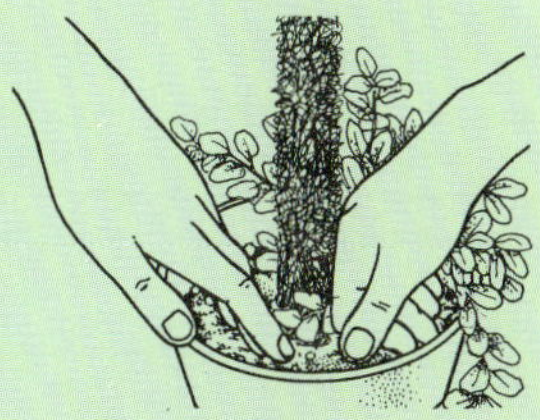

5 - Remplir avec du terreau frais. Couvrir toutes les racines. Bien tasser.

6 - Attacher la plante au tuteur avec de la ficelle ou du raphia.

Bouturage

1 - Prélever des pointes de tiges de 10 cm au printemps. Préparer un pot ou un germoir, avec drainage et un mélange de sable et de terreau tourbeux à parts égales.

2 - Choisir des tiges avec au moins 2 paires de feuilles saines et un bourgeon. Comme les feuilles sont petites et serrées, il en faudra peut-être plus de 2 paires. Couper au-dessus d'une paire.

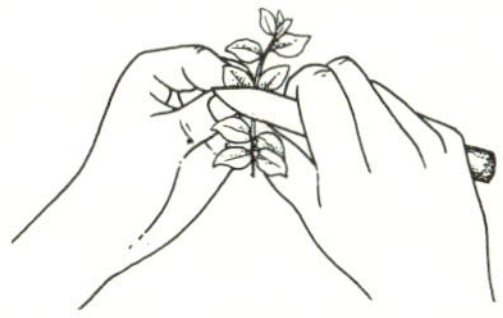

3 - Tailler la tige juste au-dessous d'une feuille.

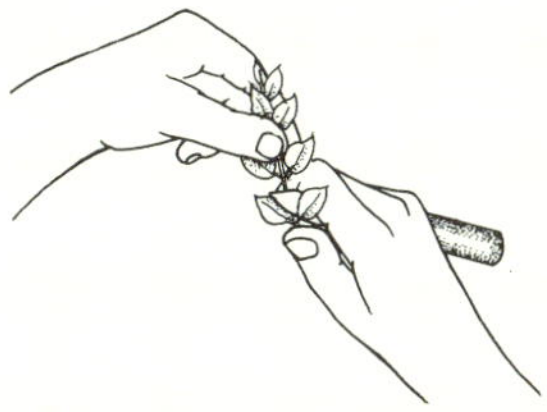

4 - Enlever la paire de feuilles du bas.

5 - Tremper la coupe dans de la poudre radiculaire aux hormones. Secouer l'excédent.

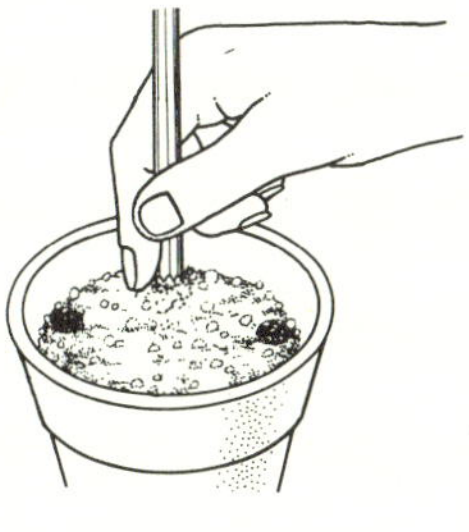

6 - Faire de petits trous dans la terre le long du pot.

7 - Y installer les boutures, les feuilles au ras du sol, le bout de la tige au fond du trou.

8 - Bien arroser. Recouvrir d'un sac en polyéthylène soutenu par un arceau. Découvrir 5 minutes tous les jours. Le terreau ne doit pas sécher. Température : 16 à 18°. Enlever le sac après 21 jours. Quand les boutures poussent bien, les rempoter dans du mélange frais.

FITTONIA DE VERSCHAFFELT

Les fittonias sont de belles plantes rampantes très appréciées du spécialiste, appartenant à la famille des acanthacées. Ils doivent leur nom à Elizabeth et Sara Fitton, auteurs du livre *Conversations on Botany*. Originaires du Pérou, ils ont été introduits en Europe en 1867.

Ce sont des plantes assez difficiles à soigner, car elles requièrent impérativement une atmosphère chaude et beaucoup d'humidité. Bien que se développant dans des bocaux ou des terrariums, elles s'épanouissent au mieux dans des serres bien chauffées, ne faisant que de courts séjours dans les appartements. Elles se développent fort bien à l'ombre et grimpent même le long des murs humides. Un bon arrosage est la clé du succès. Ne jamais les laisser se dessécher.

Fittonia argyroneura, aux feuilles vert olive nervurées de blanc, est probablement la plus délicate des deux espèces commercialisées. Il en existe une variété miniaturisée qui est sans doute plus répandue que l'espèce originale.

Fittonia verschaffeltii, du nom d'un Belge également spécialiste en camellias, a des feuilles similaires, de 8 à 10 cm de long, légèrement plus foncées, à nervures rouge carmin.

Choisir des plantes buissonnantes dépourvues de feuilles frisées ou mortes. Arriver à les conserver en bonne santé, c'est pouvoir se vanter d'être un spécialiste en plantes d'appartement.

Le fittonia est une plante en vogue, délicate en raison de son besoin d'humidité.

→ *Fittonia verschaffeltii.*

← Cultivées surtout pour leur feuillage, les 2 espèces produisent de petites fleurs.

↓ Variété miniaturisée de *Fittonia argyroneura.*

Dimensions. Vendus en pots de 9 cm, ils atteindront de 25 à 30 cm de large.

Croissance. Généralement de 8 à 10 cm par an.

Floraison. Inflorescences vertes émergeant verticalement du feuillage durant l'été. Les plantes étant cultivées pour leur feuillage, on enlèvera les fleurs pour optimaliser les feuilles.

Parfum. Inodore.

Lumière. Amis de l'ombre. Souffrent d'un excès de lumière, même indirecte.

Température. Jamais moins de 18°, mieux vaut 21°. Peuvent supporter jusqu'à 27° en été avec un taux d'humidité élevé.

Arrosage. En été, maintenir la terre humide par un arrosage 2 à 3 fois par semaine. Réduire de moitié en hiver, tout en veillant à ne pas laisser la terre se dessécher. Utiliser de préférence de l'eau douce ou de pluie.

Engrais. En été, ajouter tous les 15 jours à l'eau d'arrosage la moitié de la dose d'engrais liquide recommandée.

Humidité. Les fittonias requièrent une atmosphère humide. Vaporiser tous les jours à l'eau tiède.

Nettoyage. La vaporisation quotidienne devrait suffire. Pas de lustrant.

Atmosphère. Plantes très sensibles aux courants d'air et aux gaz polluants.

Terre. Mélange composé de 3/4 de terre de bruyère et de 1/4 de terreau.

Empotage. Une fois par an, au printemps. Veiller à un bon drainage. Utiliser des pots peu profonds, l'enracinement étant superficiel.

Taille. Enlever les pousses éparses au début de l'été. Pincer les pointes de végétation des jeunes boutures 2 à 3 fois pour qu'elles buissonnent mieux.

Multiplication. Au printemps, placer les boutures de tige dans un germoir, à 24°. Les plantes plus matures et épanouies peuvent être divisées en été. Toutefois, les jeunes plantes sont plus attrayantes et il vaut mieux faire des boutures au moins tous les 2 ans.

Longévité. Les experts arrivent à faire vivre la plante longtemps ; si vous n'êtes pas un expert, comptez de 4 à 6 mois.

Sociabilité. Prospèrent bien dans des bocaux ou des terrariums, associés à *Pilea, Cryptanthus, Hedera* et à de petites fougères.

Facilités/difficultés. Uniquement pour l'amateur très doué.

Empotage

1 - Rempoter au printemps, si la plante déborde le pot et en l'absence de nouvelles pousses. Bien arroser.

2 - Préparer un pot plus grand avec un drainage et un mélange composé de 3/4 de terre de bruyère et de 1/4 de terreau humide.

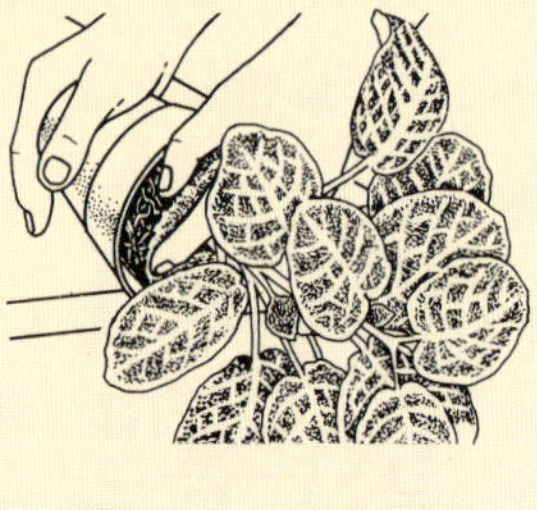

3 - Tenir le pot d'une main en maintenant le terreau. Tapoter le bord : la plante et le terreau sortiront.

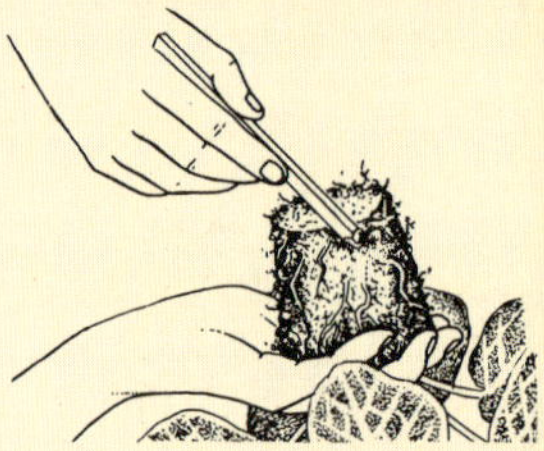

4 - Avec un crayon ou un bâtonnet, enlever la terre sans abîmer les racines.

5 - Placer les racines sur le terreau du nouveau pot.

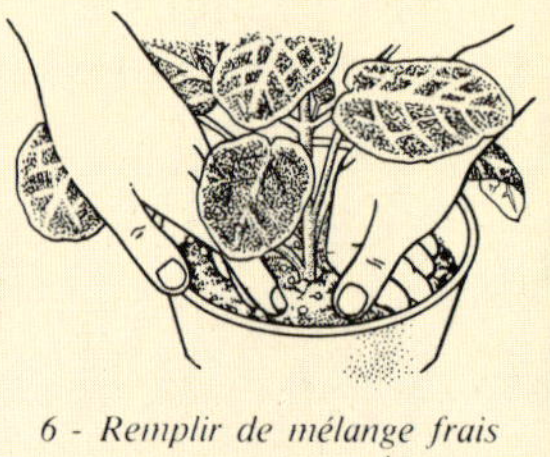

6 - Remplir de mélange frais en recouvrant toutes les racines. Bien tasser. Placer à l'ombre, sans eau, 2 jours durant, pour favoriser l'enracinement.

S.O.S.

1

1 - Feuilles ratatinées. *Plante trop sèche et/ou exposée à la lumière solaire directe. Tremper immédiatement et laisser égoutter. Placer dans un endroit peu éclairé. Ne jamais laisser dessécher.*

2

2 - Feuilles ternes, ratatinées sur les bords. *Manque d'humidité. Vaporiser chaque jour et placer dans un pot rempli de tourbe humide.*

3

3 - Les feuilles tombent. Pas de nouvelles pousses. *Trop froid. Placer dans un lieu plus chaud, à l'abri des courants d'air.*

4

4 - Les feuilles inférieures jaunissent. *Trop d'eau. S'assurer que la plante ne baigne pas dans l'eau et que celle-ci s'écoule bien. Laisser sécher et reprendre. Ensuite, arroser moins souvent.*

5

5 - Feuilles déformées et gluantes, insectes verts. *Pucerons. Pulvériser du pyrèthre ou un insecticide systémique.*

Humidité

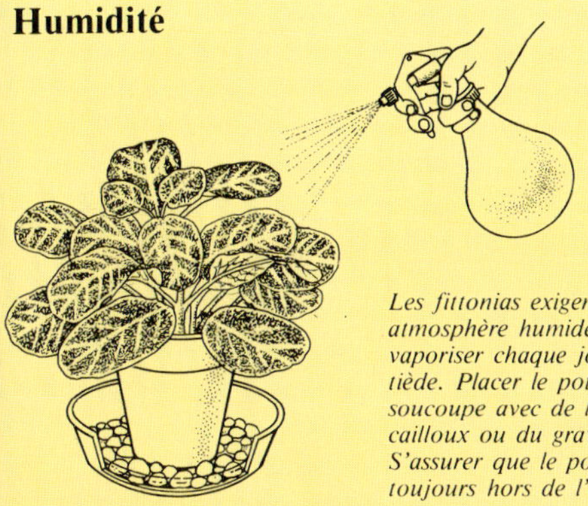

Les fittonias exigent une atmosphère humide. Les vaporiser chaque jour à l'eau tiède. Placer le pot dans une soucoupe avec de l'eau, des cailloux ou du gravier. S'assurer que le pot est toujours hors de l'eau.

Division des racines

Diviser les grandes plantes bien développées au début de l'été.

1 - Préparer 2 pots avec un drainage et du terreau. Bien arroser.

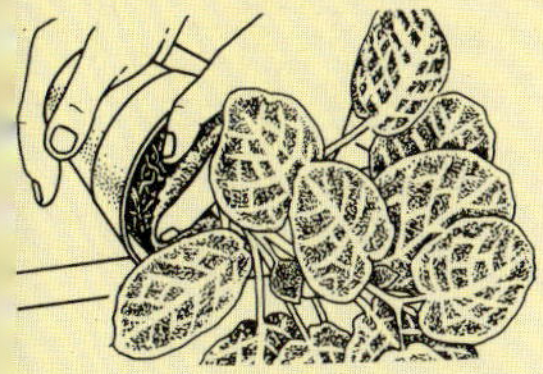

2 - Retirer la plante du pot et enlever doucement le terreau.

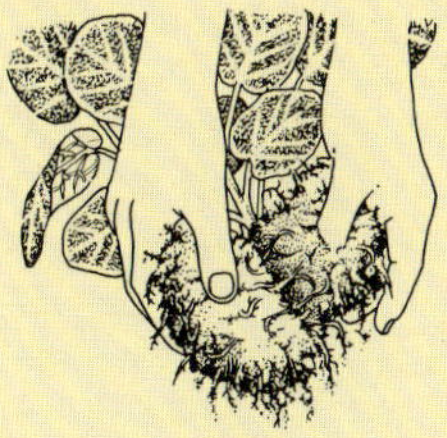

3 - Séparer délicatement à la main les racines et les tiges.

4 - Rempoter les 2 parties de la façon habituelle.

Bouturage

1 - Prélever les boutures de tige au printemps. Préparer un germoir ou un pot avec une couche moitié sable, moitié terreau frais. Le germoir est préférable, mais en maintenant les boutures humides et à bonne température, on peut s'en passer.

2 - Choisir des rejetons ou des extrémités de tige ayant au moins 2 paires de feuilles saines et une pointe de végétation. Couper sous la 2e paire de feuilles, près de la tige principale. Longueur : 8 -10 cm.

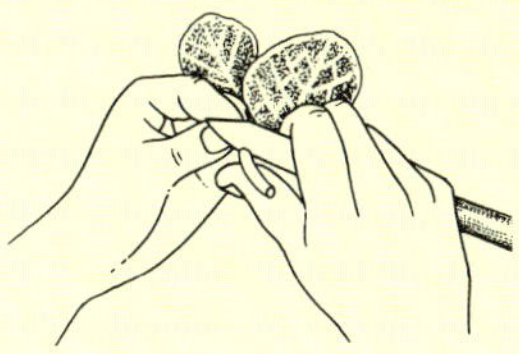

3 - Tailler la tige juste sous une feuille.

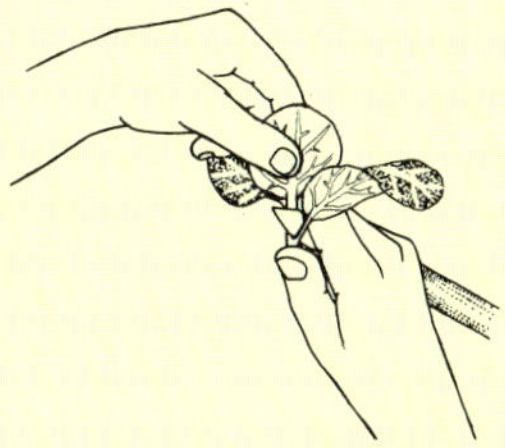

4 - Enlever la paire de feuilles inférieure.

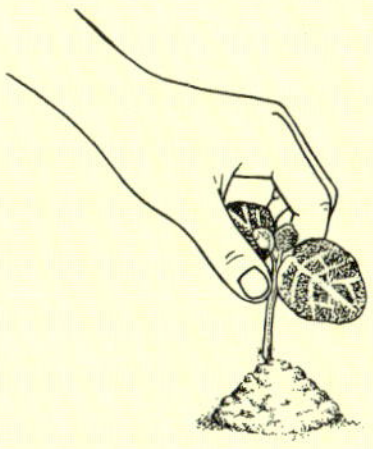

5 - Tremper la coupe dans de la poudre radiculaire aux hormones. Secouer l'excédent.

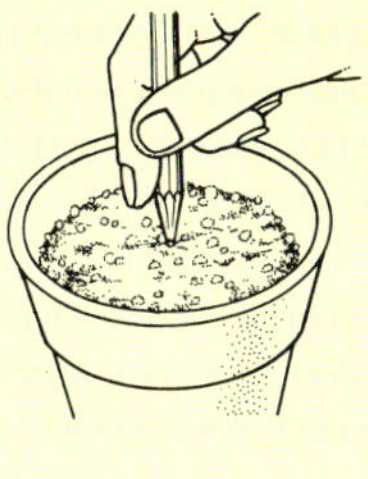

6 - Avec un crayon ou un bâtonnet, faire un petit trou dans le terreau.

7 - Introduire la bouture, l'extrémité de la tige au fond, les feuilles au ras du sol.

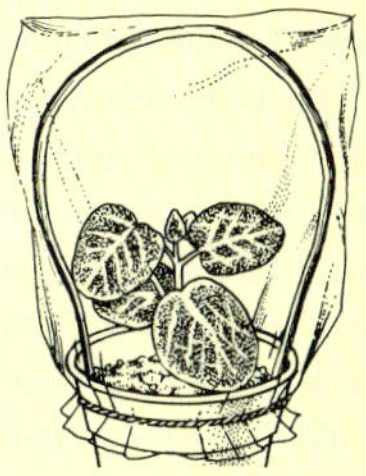

8 - Bien arroser et recouvrir de polyéthylène soutenu par du fil de fer. Retirer la protection 5 minutes par jour ; ne pas laisser le terreau se dessécher. Garder à 24°. Enlever la protection après 21 jours, et si la bouture a bien pris, rempoter dans du mélange frais.

GARDÉNIA JASMINOÏDE

C'est la plante qui produit les superbes fleurs blanches, très prisées autrefois pour parer la boutonnière des hommes, les bouquets de mariées et les jeunes filles à leur première sortie dans le monde. Les fleurs doubles, odoriférantes, sont toujours en grande vogue.

Malheureusement les gardénias, en raison de la température et de l'humidité qu'ils requièrent, s'acclimatent difficilement dans une maison. Ils sont surtout cultivés en serre. Toutefois, on peut les garder à la maison une ou deux semaines, puis les remettre en serre. Le gardénia doit son nom au Dr Alexander Garden, éminent botaniste, qui a vécu à Charleston, en Caroline, à la fin du XVIIIe siècle. Cette plante appartient à la famille des rubiacées. Les soixante espèces de cet arbuste à feuilles persistantes poussent à l'état sauvage en Afrique et en Asie. On ne cultive guère que *Gardenia jasminoides,* originaire du Japon et de Chine, implanté en Europe en 1754. Ses feuilles brillantes sont d'un vert foncé, allongées et étroites, de 10 cm de long sur 2 ou 3 cm de large environ. La variété sauvage est uniflore tandis que la variété cultivée est double et comporte plusieurs rangées de pétales. *Gardenia jasminoides* « Veitchiana » est la seule variété qui fleurisse en hiver.

Les gardénias sont commercialisés dès leur floraison. Choisir une plante aux feuilles vertes, très brillantes, aux formes bien équilibrées, encore en boutons.

↓ Différentes variétés de cette plante existent, telle *Gardenia jasminoides* « Rothmanii ».

→ *Gardenia jasminoides* a un superbe parfum enivrant et lourd. Vit difficilement à la maison. Prospère mieux en serre. Fleurs d'un blanc pur, virant au jaune crème en vieillissant.

Dimensions. Normalement achetés sous forme d'arbrisseaux de 30 cm sur 30 cm, atteignant en pot 1,20 m de haut sur 1 m de large.

Croissance. Pas plus de 15 cm par an.

Floraison. Les fleurs cireuses s'épanouissent de mai à septembre. Elles apparaissent successivement, il n'y a pas de période de floraison proprement dite. Les fleurs sont très facilement meurtries, aussi exigent-elles une manipulation délicate. Elles ont tendance à jaunir en vieillissant. *G.j.* « Veitchiana » fleurit en hiver.

Parfum. Très agréable et lourd, analogue à celui du jasmin.

Lumière. Ont grand besoin de lumière, mais doivent être protégées de l'exposition directe au soleil au cœur de l'été.

Température. Peuvent supporter des températures de 10° en hiver, mais requièrent de 15 à 18° en été pour avoir une bonne floraison. Température maximale : 24° en été avec une forte teneur en humidité. *G.j.* « Veitchiana » exige en hiver une température de 18 à 22°.

Arrosage. Exigent un abondant arrosage à l'eau de pluie, 3 fois par semaine en été. En hiver, 1 fois par semaine suffit, avec de l'eau de pluie ou de l'eau non calcaire tiède.

Engrais. En période de floraison, ajouter tous les 15 jours la moitié de la dose d'engrais liquide recommandée.

Humidité. Vaporisation régulière avec de l'eau de pluie tiède toute l'année (de préférence chaque jour). Eviter de vaporiser les fleurs car on risque ainsi de les meurtrir ou de les décolorer. En serre, mouiller le sol pour obtenir un taux d'humidité élevé.

Nettoyage. La vaporisation suffira à maintenir la plante propre ; sinon, utiliser tous les 2 mois un lustrant. Eviter de vaporiser les fleurs.

Atmosphère. Bien ventiler, éviter les courants d'air et les gaz polluants.

Terre. Terreau frais.

Empotage. Au printemps, selon le développement de la plante ; inutile de la rempoter tous les ans, sauf si elle a trop grandi dans son pot d'origine.

Taille. Enlever les pousses éparses en mars pour assurer un bel aspect. Les plantes bien développées seront pincées après floraison ; quant aux plantes jeunes, pincer les pointes de végétation en été pour favoriser le buissonnement.

Multiplication. Se fait par bouture de jeunes tiges à la fin de l'hiver et au début du printemps. Les placer dans une serre ou sous feuille de polyéthylène en utilisant du terreau frais.

Longévité. Leur floraison étant plus riche durant leur jeune âge, ne pas les conserver plus de 3 ou 4 ans et assurer la relève.

Sociabilité. Le séjour à la maison ne leur convenant pas, il vaut mieux les cultiver séparément.

Facilités/difficultés. Assez facile dans une serre, difficile à la maison.

Empotage

1 - Rempoter au printemps, si la plante est trop lourde du haut et que les racines soient visibles. Ne pas déranger durant la croissance. Bien arroser.

2 - Préparer un pot plus grand avec un drainage et une couche de terreau frais.

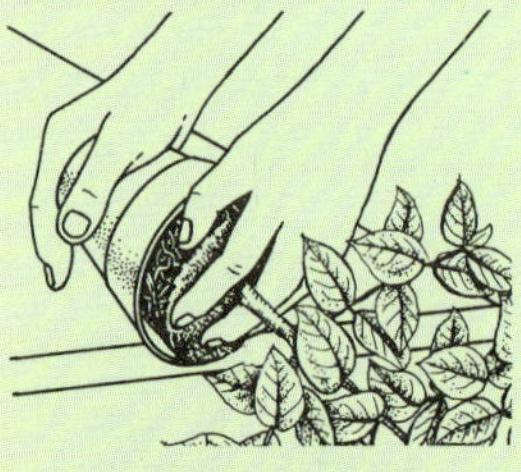

3 - Tenir le pot d'une main en maintenant le terreau. Tapoter le bord du pot en le penchant : plante et terreau sortiront d'un bloc.

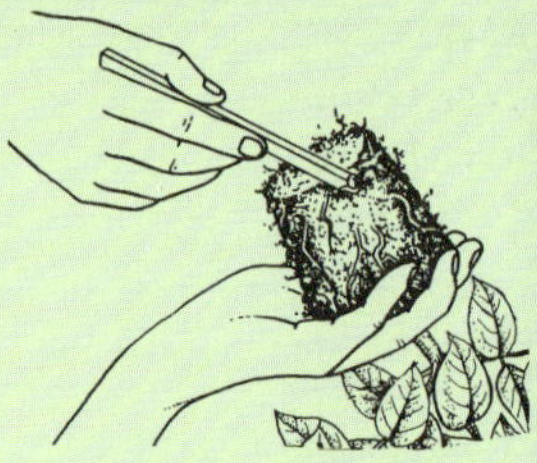

4 - Avec un bâtonnet ou un crayon, dégager la terre sans endommager les racines.

5 - Placer les racines sur le terreau du nouveau pot.

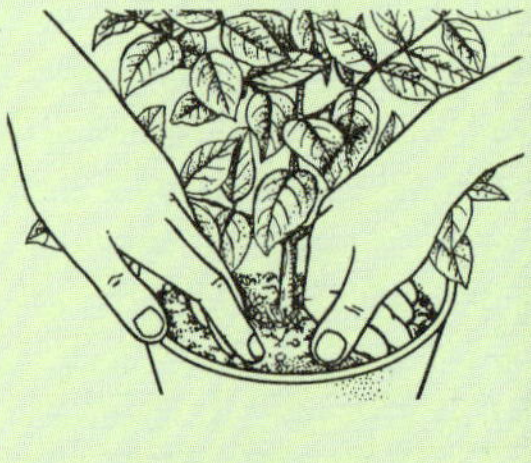

6 - Remplir de terreau frais. Bien recouvrir toutes les racines. Bien tasser. Placer 2 jours à l'ombre, sans eau, pour favoriser l'enracinement.

S.O.S.

1

1 - Les boutons floraux tombent avant d'éclore. *Manque d'humidité. Placer sur des cailloux humides ; vaporiser chaque jour à l'eau douce.*

2 - Fleurs décolorées. *Marbrures dues à une vaporisation par le haut. Ne pas vaporiser.*

2

3 - Plaques laineuses blanches sur les feuilles. *Cochenilles. Les enlever avec un tampon imbibé d'alcool dénaturé ou pulvériser du malathion ou un insecticide systémique.*

4 - Les jeunes feuilles jaunissent, les nervures restent vertes. *Chlorose due à l'eau calcaire. Arroser une fois avec du sel de fer, puis avec de l'eau non calcaire.*

3

4

5 - Feuilles jaunies, avec filaments en dessous. *Araignées rouges. Pulvériser du derris, du malathion ou un insecticide systémique. Accroître le taux d'humidité.*

6 - Feuilles pâles ou jaunes. *Manque de lumière. Placer dans un lieu mieux éclairé.*

7 - Feuilles décolorées, insectes marron. *Cochenilles. Les enlever avec un tampon imbibé d'alcool dénaturé ou pulvériser un insecticide systémique.*

5

6

7

Bouturage

1 - Prélever les boutures à la fin de l'hiver ou au début du printemps. Si possible, utiliser un germoir chauffé ; sinon, remplir un pot d'une couche de drainage et d'un mélange moitié sable, moitié tourbe.

2 - Choisir des rejetons ou des boutures ayant au moins 2 paires de feuilles saines et un bourgeon. Tailler sous la 2e paire de feuilles, près de la tige principale. Longueur des boutures : 8 à 10 cm.

3 - Tailler les boutures juste sous une feuille.

4 - Enlever la paire de feuilles inférieure.

5 - Enfoncer la coupe dans de la poudre radiculaire aux hormones. Secouer l'excédent.

6 - Faire de petits trous dans le terreau avec un bâtonnet ou un crayon.

7 - Introduire les boutures, l'extrémité de la tige au fond du trou, les feuilles au ras du sol.

8 - Bien arroser et recouvrir de polyéthylène soutenu par un arceau. Retirer 5 minutes par jour ; ne pas laisser le terreau se dessécher. Température : 18 à 21°. Enlever après 21 jours et, si les boutures ont bien pris, rempoter dans du terreau frais.

Taille

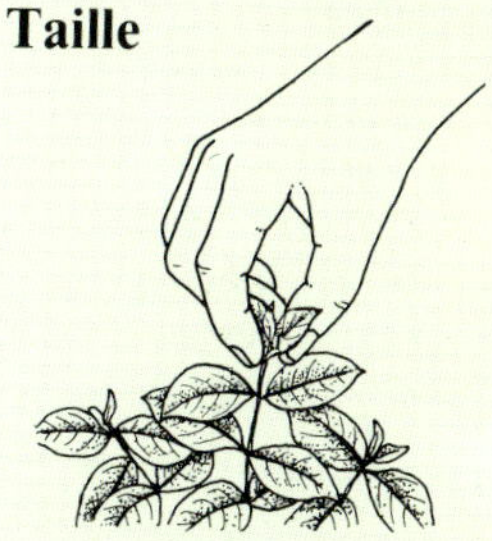

Pincer les pointes de végétation des jeunes plantes pour les rendre plus buissonnantes.

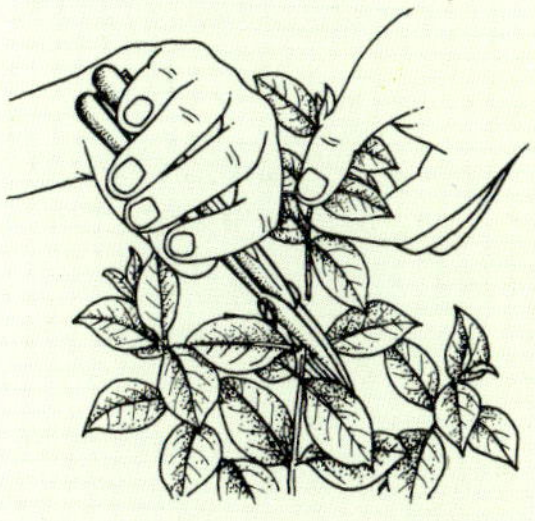

En mars, couper les pousses éparses juste au-dessus d'un pétiole.

Humidité

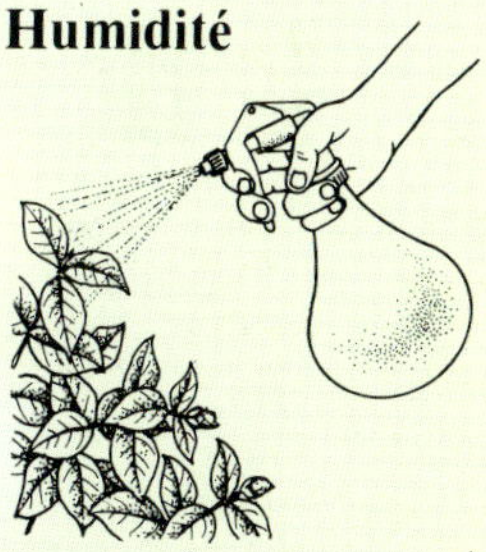

Vaporiser chaque jour avec de l'eau de pluie tiède, sans mouiller les boutons ni les fleurs.

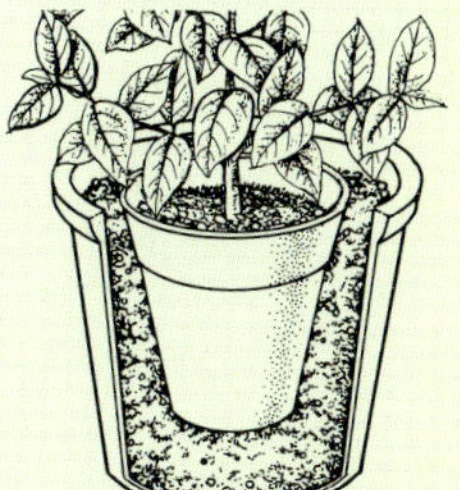

Placer le pot dans un second, garni de tourbe humide.

GUZMANIA MINEUR

Le *Guzmania* est un autre membre de la famille des broméliacées. Il en existe environ quatre-vingts à quatre-vingt-dix espèces, originaires des Indes occidentales et du Sud-Ouest de l'Amérique du Sud. Ils doivent leur nom à A. Guzman, botaniste espagnol, et ont été introduits en Europe au début du XIXe siècle.

Comme beaucoup de broméliacées ce sont des épiphytes : ils vivent sur les branches d'autres plantes mais non à leurs dépens. Dans les intérieurs, ils poussent dans des pots. Toutefois, certaines variétés prospèrent mieux en étant fixées sur des morceaux d'écorce ou de bois, les racines enveloppées de mousse de sphaigne comme dans leur habitat naturel.

Les guzmanias, tout comme leur proche parent le *Tillandsia,* sont des broméliacées de taille moyenne mais pourvus de superbes bractées entourant leurs petites fleurs. Ces bractées étoilées, orange vif ou rouges, conservent longtemps leurs belles teintes. Les véritables fleurs, blanches ou jaunes, sont insignifiantes et se fanent rapidement.

Les guzmanias sont d'un entretien facile et d'une beauté frappante : bien que pouvant être cultivés isolément, ils sont mieux mis en valeur associés à d'autres plantes dans des jardinières ou des bacs à fleurs. Comme les autres broméliacées, ces plantes meurent après la floraison, mais il est facile de les multiplier au moyen des rejetons apparaissant sur leur tige durant cette période.

Choisir des plantes aux feuilles saines, vert clair, aux bractées rouges. Les pointes des feuilles ne doivent jamais être brunies.

Les guzmanias sont des bromélias dont les bractées brillantes subsistent jusqu'à 2 mois. Les véritables fleurs sont petites et rarement visibles.

→ *Guzmania minor* (l'espèce la plus courante).

↓ *Guzmania lingulata.*

Dimensions. Cela dépend des variétés, mais la plupart de ces plantes a une hauteur de 30 à 40 cm, y compris l'épi floral, et un diamètre de 25 cm.

Croissance. Durant la floraison, la plante produit de 2 à 3 rejetons. Le cycle complet depuis la plantation jusqu'à la floraison peut prendre 2 ans.

Floraison. Normalement en été, mais peuvent avoir un épi floral en tout temps. Alors que les bractées ont longue vie, les fleurs meurent au bout de 24 heures environ.

Parfum. Inodore.

Lumière. Aiment la grande lumière, cependant il faut les protéger en été des rayons solaires du milieu de la journée.

Température. De 15 à 18° en hiver et de 18 à 24° en été. A température plus basse, la plante risque de pourrir à sa base. En été, elle supporte jusqu'à 27° avec un taux d'humidité élevé.

Arrosage. Garder très humide, arroser 2 à 3 fois par semaine l'été, une fois par semaine l'hiver, à l'eau de pluie de préférence. Conserver 2 ou 3 cm d'eau dans la rosette.

Engrais. Pas nécessaire.

Humidité. En été, si possible, vaporiser chaque jour.

Nettoyage. Pas vraiment nécessaire si l'on vaporise régulièrement. Pas de lustrant pour feuilles.

Atmosphère. Surtout sensible aux courants d'air froid.

Terre. Mélange composé de 3/4 de terre de bruyère et de 1/4 de terreau.

Empotage. Les jeunes plantes ne devraient pas nécessiter plus d'un rempotage après avoir été séparées de la plante-mère. Le pot est en fait un moyen de tenir fermement la plante à la verticale car les guzmanias ont de très petites racines.

Taille. Pas nécessaire, si ce n'est pour enlever les feuilles fanées.

Multiplication. Par rejetons produits pendant la floraison de la plante. Attendre que ces rejetons soient bien développés et possèdent des racines indépendantes avant de les enlever. La plante aura alors commencé à dépérir. Le printemps est le meilleur moment pour ce travail. On n'a pas besoin d'un germoir. Empoter les rejetons à la température ambiante.

Longévité. 2 à 3 ans, en fonction de la rapidité de la croissance.

Sociabilité. Se trouvent bien au milieu de toutes les plantes vertes à condition que le récipient soit bien éclairé.

Facilités/difficultés. Comme tous les bromélias, ils ne nécessitent qu'un minimum de soins.

Sur un morceau d'écorce

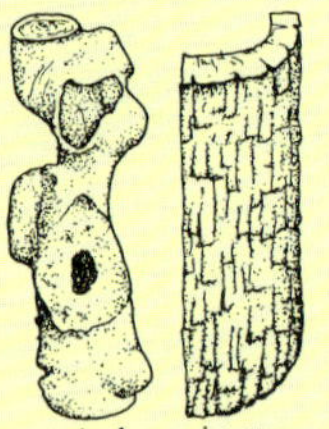

Les guzmanias se plaisent sur de l'écorce ou du bois.

1 - Choisir un morceau de liège, une branche ou un morceau de bois de forme appropriée.

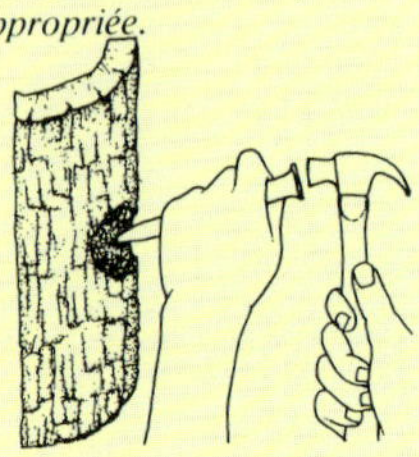

2 - Si le bois n'a pas de cavité naturelle, tailler au ciseau un petit creux.

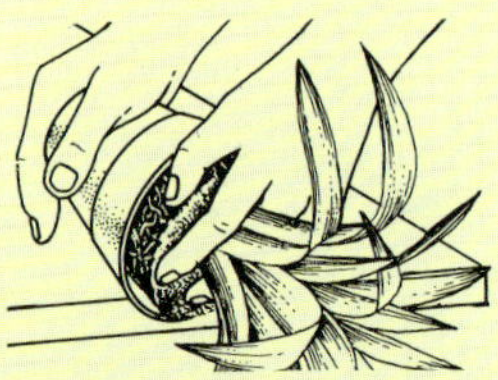

3 - Retirer la plante du pot, en laissant le terreau autour de la motte.

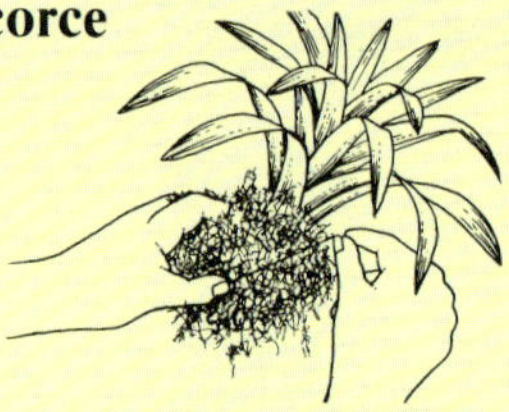

4 - Envelopper les racines de sphaigne humide et lier avec du fil de fer plastifié.

5 - Maintenir la mousse et la motte fermement contre le bois ou l'écorce, et attacher avec le fil de fer.

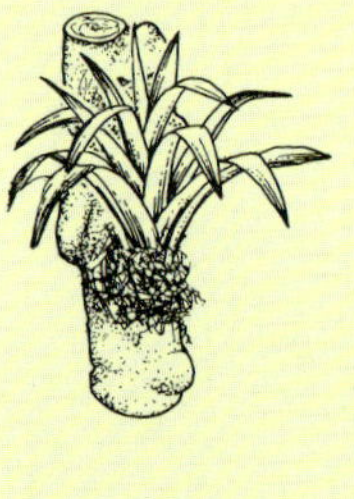

6 - Fixer l'écorce au mur ou la soutenir verticalement. Humidifier la motte et vaporiser régulièrement.

S.O.S.

1

2

1 - Feuilles inférieures brunies et desséchées. *Manque d'eau. Veiller à ce que la terre soit humide, mais sans excès.*

2 - La plante meurt après la floraison. *Processus normal. Si la température n'est pas trop basse, des rejetons devraient apparaître.*

3 - Extrémités des feuilles brunies. *Manque d'humidité. Vaporiser chaque jour et placer dans un second pot garni de tourbe humide.*

4 - Feuilles tordues et gluantes. *Pucerons. Pulvériser du pyrèthre ou un insecticide systémique.*

3

4

5

5 - La plante noircit et pourrit à sa base. *Surarrosage. La laisser sécher. Rétablissement peu probable.*

Humidité

Placer le pot dans une soucoupe contenant de l'eau, des cailloux ou du gravier. Le pot ne doit pas tremper dans l'eau.

Vaporisation

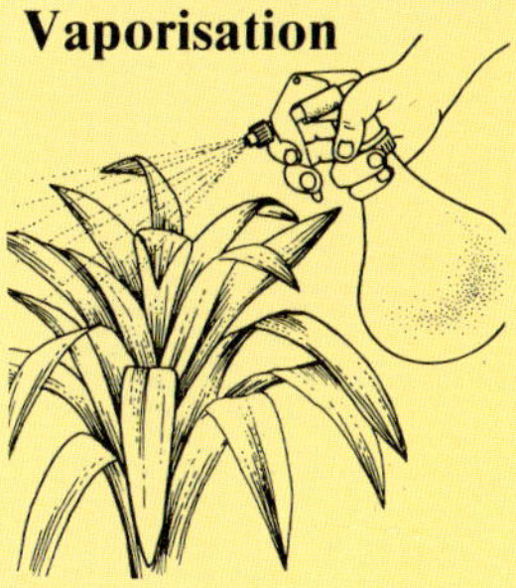

Vaporiser journellement, si possible avec de l'eau de pluie, à environ 15 cm des feuilles.

Arrosage

Veiller à ce que le centre de la rosette contienne toujours 2 ou 3 cm d'eau. La vider et la remplir d'eau de pluie toutes les 3 semaines.

Enlever la tige florale

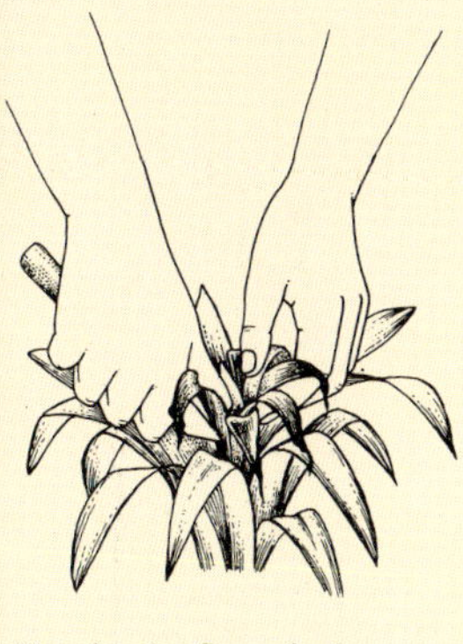

Une fois les fleurs fanées, couper la tige à sa base.

Nettoyage des feuilles

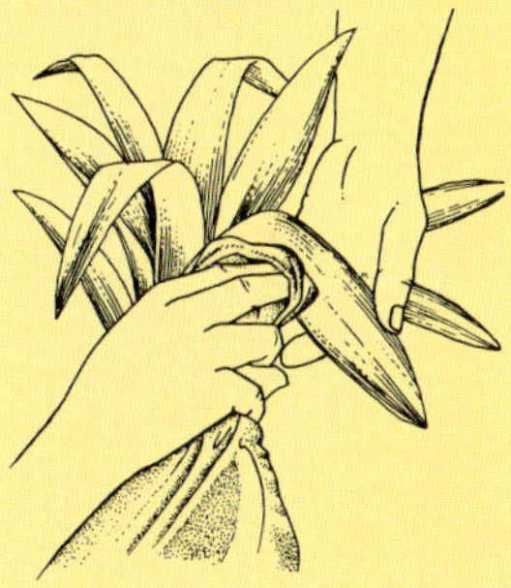

Dépoussiérer les feuilles avec un linge doux ou une éponge imbibés d'eau tiède, en soutenant la feuille. Ne pas utiliser de lustrant.

Enlever les feuilles mortes

Dès qu'une feuille morte est desséchée, la couper avec des ciseaux juste au-dessus de la partie saine.

Rejetons

1 - Attendre que les fleurs et les feuilles soient mortes avant de retirer les rejetons, qui doivent avoir la moitié de la taille de la plante.

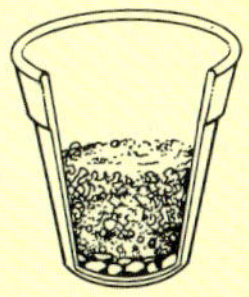

2 - Préparer un petit pot. Couche de drainage et mélange de tourbe et terreau à parts égales.

3 - Dégager la plante du pot, retirer rejetons et racines avec un couteau bien aiguisé.

4 - Un rejeton doit avoir ses propres racines ; sinon, il ne peut se développer.

5 - Empoter dans le nouveau pot. Bien arroser et recouvrir de polyéthylène pendant quelques jours afin d'augmenter l'humidité.

GYNURA SARMENTEUX

Cette plante, en fait, ressemble à une ortie sophistiquée. Ses feuilles ont la même forme ; elles sont violet vif et leur surface est veloutée. Les tiges sont également couvertes de poils fins de la même teinte et contribuent à la somptuosité de cette plante.

Les gynuras appartiennent à la famille des composacées (ou composées). Il en existe quelque vingt espèces connues, originaires de l'Inde et de l'Extrême-Orient. Leur nom est dérivé des mots grecs *gyne,* signifiant « femelle », et *aura,* signifiant « queue », faisant allusion à leur stigmate long et rèche.

Les gynuras sont cultivés uniquement pour leurs feuilles. En effet, leurs fleurs orange, qui ressemblent à celles du séneçon, sont insignifiantes et doivent être supprimées dès leur éclosion ; sinon, la plante s'altérera très rapidement. En outre, ces fleurs dégagent une odeur plutôt désagréable. C'est une des rares plantes pouvant pousser en plein soleil toute l'année. Ces plantes prennent racine facilement à partir de boutures. Après deux ans eviron, elles deviennent très désordonnées et il vaut mieux alors s'en défaire et les remplacer. Les deux espèces communément commercialisées sont *G. aurantiaca,* plante touffue aux tiges verticales, et *G. sarmentosa* qui est, au contraire, basse et très ramassée. On peut la qualifier de plante rampante, mais elle pourra devenir grimpante si on la tuteure. Plusieurs plantes de cette espèce placées dans de jolis paniers font le plus brillant effet.

Choisir des plantes bien touffues, aux pousses nombreuses et d'un beau violet intense. Lorsque leurs couleurs sont pâles, c'est signe qu'elles manquent de lumière. S'assurer, en les achetant, de préférence au début du printemps ou en automne, qu'elles ne sont pas en fleurs.

Dimensions. Atteint environ 45 cm.

Croissance. Assez rapide ; maturité atteinte en une saison. Nécessite un tuteur la deuxième année.

Floraison. Printemps et été. Mieux vaut enlever les fleurs, qui semblent affaiblir la plante. Si la plante a rapidement dépéri après floraison, mieux vaut s'en défaire.

Parfum. Les fleurs dégagent une odeur désagréable.

Lumière. Se plaît en pleine lumière, même en plein soleil, qui intensifie le violet des feuilles. L'hiver, éclairer au maximum.

Température. De 15 à 18° en hiver, même 13°, si l'on réduit l'apport d'eau. En été, maximum 21°.

Arrosage. Arroser abondamment en été, 2 à 3 fois par semaine ; 1 fois maximum en hiver.

Engrais. Peu de besoins. Ajouter de l'engrais liquide une fois par mois, en été seulement.

Humidité. Se plaît sur des cailloux humides (condition non indispensable).

Nettoyage. Vaporiser de temps à autre de l'eau tiède, par temps sombre lorsque le soleil ne risque pas de flétrir les feuilles. Secouer l'excédent d'eau sur les feuilles. Celles-ci étant duveteuses, ne jamais se servir de lustrant. Dépoussiérer avec une petite brosse.

Atmosphère. Se plaît l'été dans un lieu bien ventilé.

Terre. Terreau frais.

Empotage. Au début de la seconde année, dans un pot de 2 ou 3 tailles supérieures.

Taille. En mars de la seconde année, afin de donner un aspect net. Utiliser les parties coupées comme boutures.

Multiplication. Les boutures des extrémités des tiges s'enracinent facilement à raison d'une ou de trois par pot. Température : 18 à 21°.

Longévité. Plantes décoratives surtout lorsque les feuilles sont jeunes. Les remplacer tous les deux ans pour qu'elles présentent un bel aspect.

Sociabilité. On peut les faire pousser dans des jardinières où leurs feuilles pourpres forment un joli contraste avec le vert des autres plantes.

Facilités/difficultés. Facile à soigner pour un débutant à condition de pincer les boutons floraux au fur et à mesure de leur apparition.

← Les gynuras sont recouverts d'un fin duvet violet. Comme ce duvet est plus abondant sur les plantes jeunes, il est préférable d'acheter celles-ci qui, par ailleurs, sont plus touffues.

→ *Gynura sarmentosa.*

↓ *Gynura aurantiaca,* arbuste à feuilles ovales.

Empotage

1 - Rempoter les plantes jeunes quand leurs racines se sont multipliées, ainsi qu'au début de leur seconde année. Bien arroser.

2 - Préparer un pot de 2 tailles supérieures, avec couche de drainage et couche de terreau frais humide.

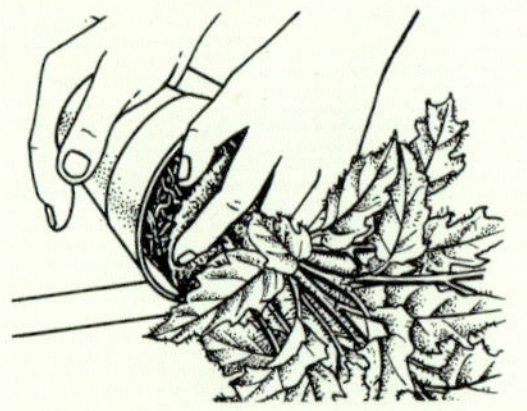

3 - Tenir l'ancien pot d'une main en maintenant le terreau de l'autre. Tapoter le bord du pot : la plante et le terreau sortiront.

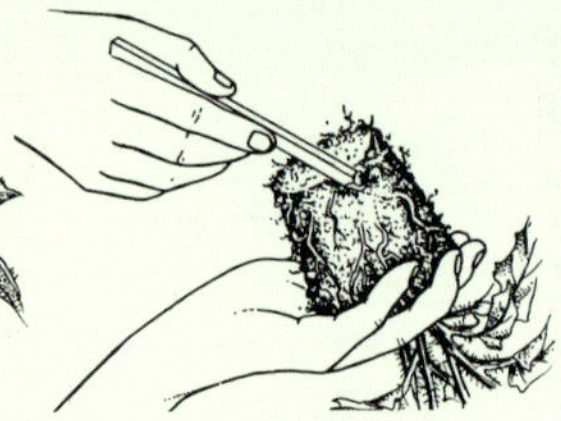

4 - Avec un crayon ou un bâtonnet, enlever la terre sans endommager les racines.

5 - Placer les racines sur le terreau du nouveau pot.

6 - Remplir de terreau frais. Recouvrir les racines. Bien tasser. Mettre deux jours à l'ombre, sans eau, pour favoriser l'enracinement.

S.O.S.

1 - Feuilles plus vertes que violettes. *Trop peu de lumière. Choisir un endroit mieux éclairé.*

2 - Taches noires sur les feuilles. *On a laissé de l'eau sur les feuilles après vaporisation. Régler le nébuliseur au plus fin et mettre la plante aussitôt à l'ombre.*

1

2

3

3 - Feuilles déformées et gluantes, insectes verts. *Pucerons. Pulvériser du pyrèthre ou un insecticide systémique.*

4 - La plante produit des fleurs orange à l'odeur désagréable. Les feuilles s'abîment. *Enlever les fleurs et tous les boutons dès leur apparition.*

4

5

5 - Plante fatiguée et broussailleuse. *La remplacer. Utiliser des rejetons.*

Bouturage

1 - Au printemps, couper des boutures pour remplacer les vieilles plantes. Préparer un pot avec une couche de drainage et un mélange de sable et de terreau frais.

2 - Choisir un rejeton ou un bout de tige ayant au moins 2 paires de feuilles saines et un bourgeon. Couper sous la 2ᵉ paire de feuilles près de la tige principale ; longueur des boutures : 8 à 10 cm.

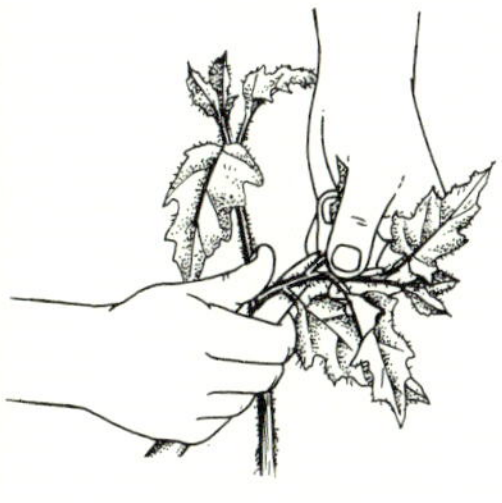

3 - Préparer les boutures en taillant la tige juste en dessous d'une feuille.

4 - Couper la paire de feuilles la plus basse.

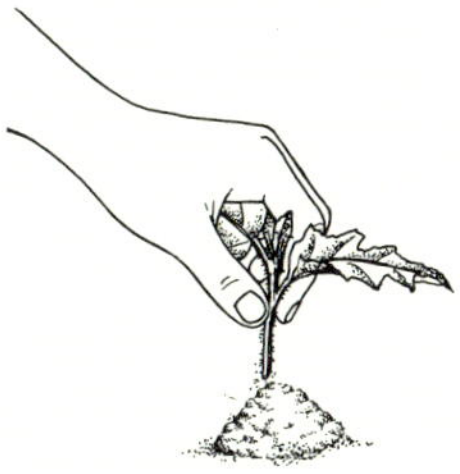

5 - Tremper la coupe dans de la poudre radiculaire aux hormones. Secouer l'excédent.

6 - Avec un bâtonnet ou un crayon, faire de petits trous dans le terreau.

7 - Introduire la bouture, l'extrémité de la tige au fond du trou, les feuilles au ras du terreau.

8 - Bien arroser et recouvrir de polyéthylène soutenu par du fil de fer. Découvrir 5 minutes par jour ; ne jamais laisser le terreau se dessécher. Température : 18 à 21°. Retirer la protection au bout de 21 jours et, si les boutures ont bien pris, rempoter dans du terreau frais.

Palissage

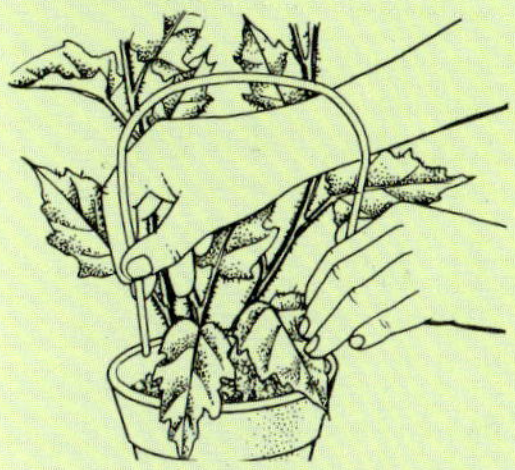

1 - Enfoncer une extrémité de l'arceau en fil de fer ou en bambou au bord du pot aux 2/3 de sa profondeur.

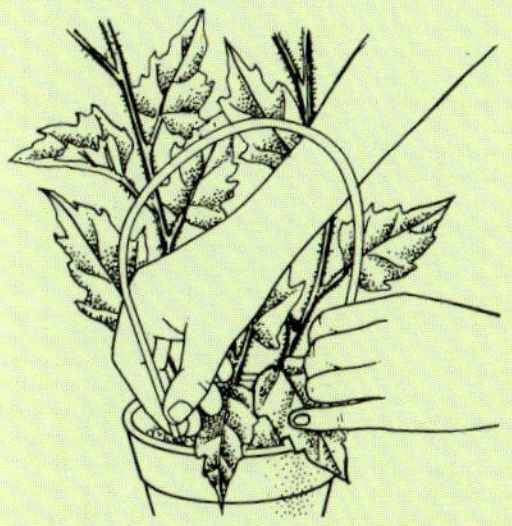

2 - Ployer l'arceau et enfoncer l'autre extrémité dans le terreau.

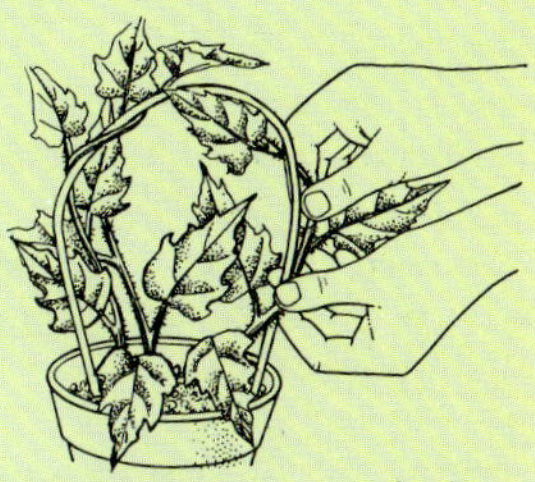

3 - Enrouler avec soin la tige de la plante sur l'arceau.

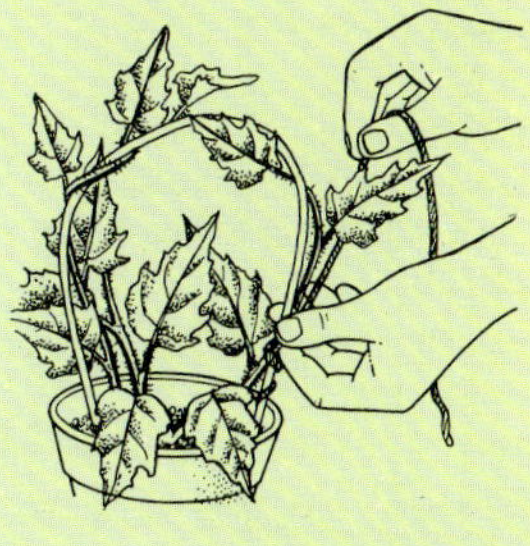

4 - S'il y a lieu, attacher une ficelle au bas de l'arceau et l'enrouler tout le long de la tige.

Enlever les fleurs

En été, de petites fleurs peuvent apparaître ; les pincer pour favoriser la croissance des feuilles.
Les fleurs dégagent une odeur déplaisante.

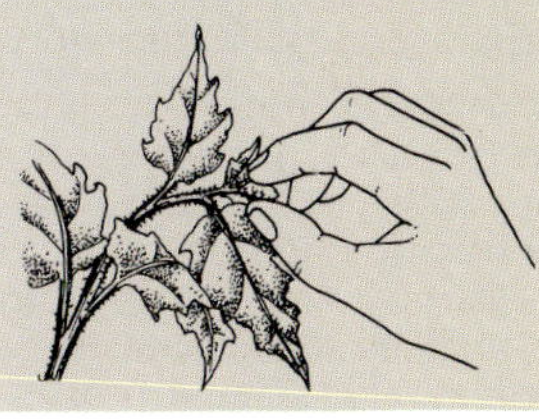

LIERRE

Le lierre commun, *Hedera helix,* est l'une des rares plantes originaires d'Europe cultivées en tant que plante d'appartement. Il n'en existe que sept espèces connues, dont deux seulement sont habituellement cultivées pour devenir des plantes d'appartement : *Hedera helix* dont les variétés sont innombrables, et *H. canariensis,* le lierre des Canaries.
De nouvelles variétés de *H. helix,* comportant des feuilles de dimensions, formes et teintes différentes, sont continuellement créées. Elles croissent toutes fort bien à la maison, même en des lieux peu éclairés mais leurs couleurs s'atténuent parfois si l'obscurité est trop grande. Il est essentiel de se rappeler que si les lierres se plaisent dans une atmosphère humide et doivent être vaporisés régulièrement, il faut cependant éviter l'excès d'arrosage, surtout en hiver. Une atmosphère très chaude et sèche ne leur convient guère, ce qui n'est pas étonnant puisque toutes les variétés de *H. helix* sont rustiques et il faudrait un hiver particulièrement rigoureux pour que même *H. canariensis* ne survécût pas.
Si vous désirez mettre au jardin du lierre cultivé à l'intérieur, le début de l'été est le meilleur moment pour qu'il s'acclimate aux conditions extérieures. Si vous le sortez en plein hiver, il périra aux premières gelées.
La plupart des lierres se ramifient d'eux-mêmes ; autrement dit, si la pointe de végétation disparaît, il en apparaîtra deux ou trois autres plus bas sur la tige. C'est pourquoi les lierres correctement taillés deviennent de belles plantes très buissonnantes. Non taillés, ils croîtront en hauteur et de façon très désordonnée.
N'acheter que des lierres très buissonnants où de nouvelles pousses apparaissent. Choisir la forme de feuille que l'on préfère.

Dimensions. La plupart des variétés de *H. helix* sont petites, mais peuvent atteindre 60 cm de haut et 45 cm de large si on les taille. *H. canariensis* peut atteindre une hauteur de 2 m dans la maison.

Croissance. Rapide, mais on doit couper les pointes de végétation pour favoriser le buissonnement. La plante peut pousser de 30 à 45 cm par an.

Floraison. Ne fleurissent jamais dans la maison.

Parfum. Inodore.

Lumière. Ont besoin de beaucoup de lumière, mais le plein soleil peut faire pâlir les feuilles. *H. helix* peut croître dans des coins sombres. *H. canariensis* requiert toujours beaucoup de lumière.

Température. Plante très tolérante. En hiver, la température doit être 7° minimum ; au-dessus de 15°, maximum souhaité, vaporisé journellement.

Arrosage. Ne pas surarroser. En été, une ou deux fois par semaine, selon le temps, et en hiver une fois au plus.

Engrais. Durant les mois d'été, donner de l'engrais liquide tous les 15 jours.

Humidité. Vaporiser avec de l'eau tiède une ou deux fois par semaine ou poser la plante sur une soucoupe garnie de cailloux humides.

Nettoyage. Vaporiser peut être utile. Essuyer en tout cas avec un linge humide, toutes les 2 à 3 semaines. Les feuilles n'aiment pas la poussière, on peut utiliser un lustrant tous les 2 mois au plus.

Atmosphère. Supportent bien les fumées de toutes sortes.

Terre. Terreau frais.

Empotage. Surtout au printemps, bien que les jeunes plantes puissent requérir deux rempotages par an. Si le pot qui les contient est grand, se contenter de renouveler le terreau de surface au printemps.

Taille. Tailler pour donner une belle apparence à la plante et la rendre plus buissonnante. A cet effet, pincer les principaux rejetons.

Multiplication. Facile. Prendre des boutures de tige de 8 à 10 cm de long ; en mettre 2 ou 3 dans des pots placés dans un germoir ou sous un sac de polyéthylène à 15°, de préférence au printemps ou au début de l'été. Les rejetons poussent bien dans l'eau et on peut aussi multiplier les plantes par marcottage.

Longévité. Grande. Si la plante grandit trop ou a un aspect désordonné, la mettre au jardin au début de l'été pour qu'elle ait le temps de s'acclimater.

Sociabilité. S'associent avec la plupart des plantes, mais ne pas les placer dans des jardins en bonbonne ou en bocal, car ils pourraient étouffer toutes les autres.

Facilités/difficultés. Très facile ; plante idéale pour les débutants.

Empotage

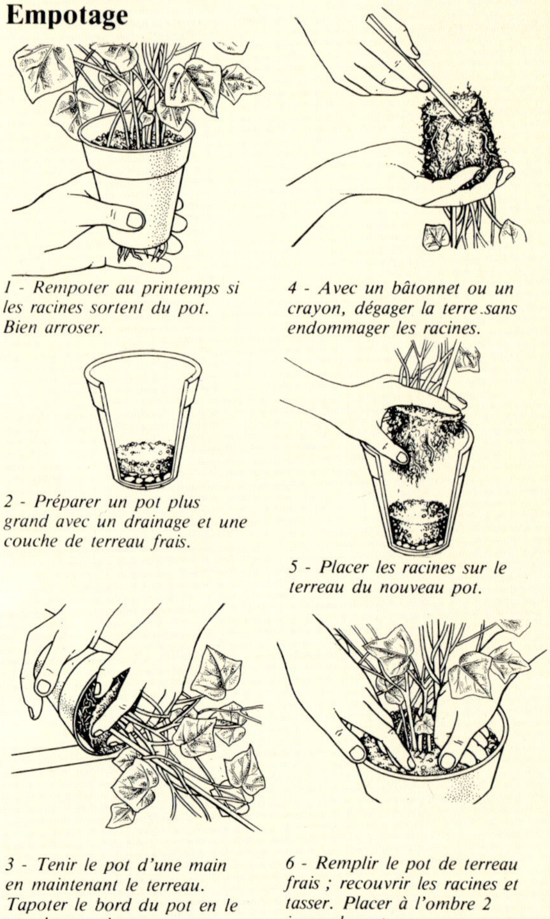

1 - Rempoter au printemps si les racines sortent du pot. Bien arroser.

2 - Préparer un pot plus grand avec un drainage et une couche de terreau frais.

3 - Tenir le pot d'une main en maintenant le terreau. Tapoter le bord du pot en le penchant : plante et terreau sortiront d'un bloc.

4 - Avec un bâtonnet ou un crayon, dégager la terre sans endommager les racines.

5 - Placer les racines sur le terreau du nouveau pot.

6 - Remplir le pot de terreau frais ; recouvrir les racines et tasser. Placer à l'ombre 2 jours durant, sans eau, pour favoriser l'enracinement.

On peut cultiver le lierre aussi bien à l'extérieur qu'à l'intérieur. A l'intérieur, le maintenir au frais, sinon craindre l'araignée rouge. Les mutations du lierre se font facilement, aussi en existe-t-il des dizaines de variétés.

← *Hedera helix* «Lutzii ».

↙ *Hedera helix* « Little Diamond ».

↙↙ *Hedera helix* « Chigaco ».

→ *Hedera canariensis,* aux larges feuilles.

↓ Tous les lierres grimpent au moyen de vrilles ou de rejetons provenant de leurs tiges.

S.O.S.

1 - Les variétés panachées verdissent. *Suralimentation et trop peu de lumière. Supprimer l'engrais et placer en un lieu mieux éclairé.*

2 - Les feuilles pâlissent en été. *Trop de soleil, trouver un emplacement plus protégé.*

3 - Les feuilles noircissent. *Surarrosage. Laisser sécher. Arroser moins souvent.*

4 - Les feuilles se dessèchent. *Air trop chaud et trop sec. Abaisser la température et vaporiser chaque jour.*

5 - Feuilles jaunies, avec filaments en dessous. *Araignées rouges. Les lierres y sont très sensibles. Pulvériser du derris, du malathion ou un insecticide systémique. Abaisser la température et vaporiser chaque jour.*

6 - Meurtrissures argentées sur les feuilles. *Thrips. Pulvériser du pyrèthre.*

7 - Feuilles déformées et gluantes, insectes verts. *Pucerons. Pulvériser du pyrèthre ou un insecticide systémique.*

8 - Feuilles décolorées, insectes marron. *Cochenilles. Les enlever avec un tampon imbibé d'alcool dénaturé ou pulvériser un insecticide systémique.*

9 - Noir sur les feuilles. *Dû généralement à une attaque de pucerons ou de cochenilles. Détruire les parasites et essuyer.*

Nettoyage

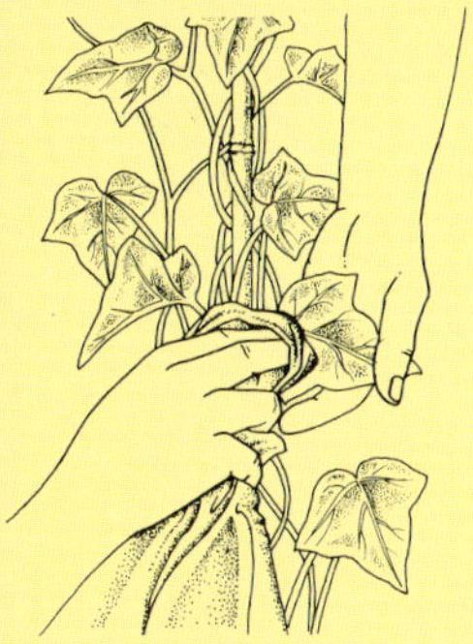

Avec un linge doux ou une éponge imbibée d'eau tiède, essuyer la feuille en la soutenant de l'autre main.

Vaporisation

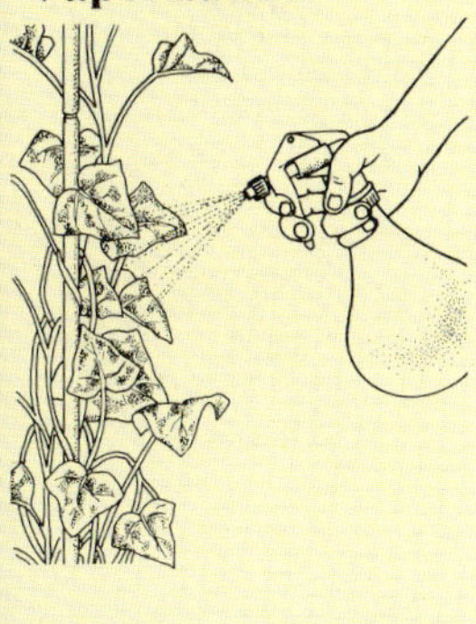

2 fois par semaine avec de l'eau tiède ; indispensable pour éviter une attaque par l'araignée rouge.

Palissage

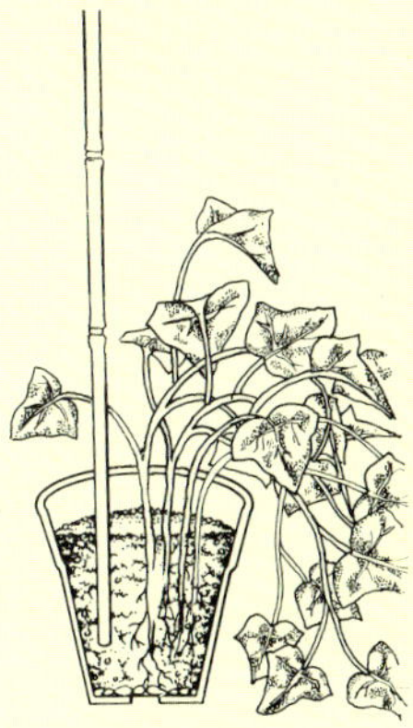

1 - Enfoncer le bambou à quelques centimètres de la tige principale jusqu'aux 2/3 de la hauteur du pot.

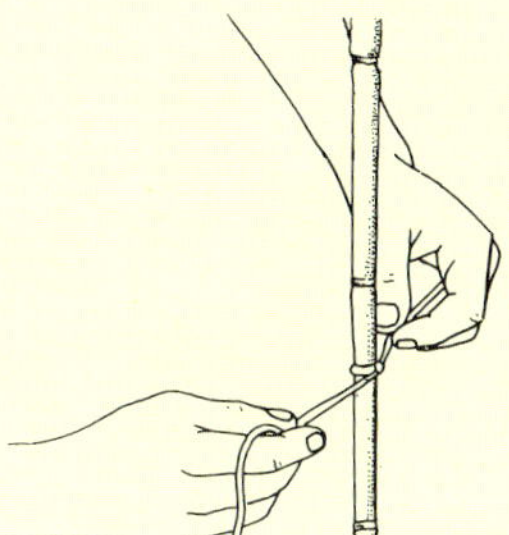

2 - Fixer une ficelle de 25 cm de long sur le bambou du côté de la tige.

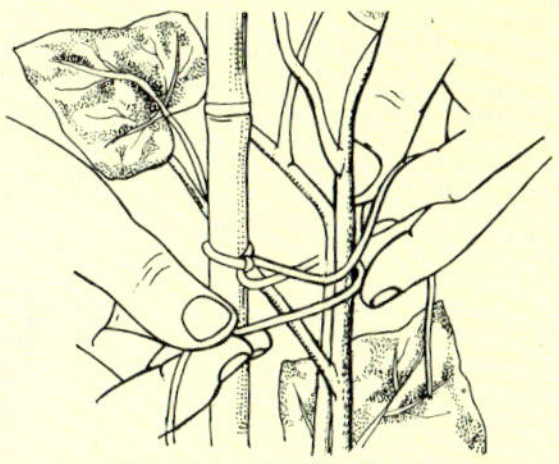

3 - Enrouler la ficelle autour de la tige.

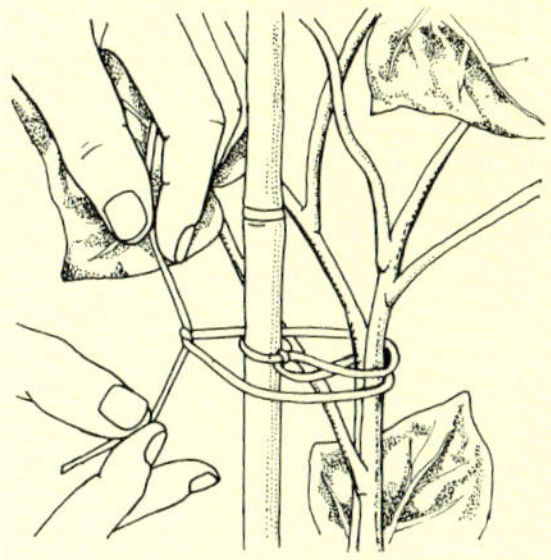

4 - Faire un nœud serré autour du bambou. Répéter à intervalles réguliers le long de la tige.

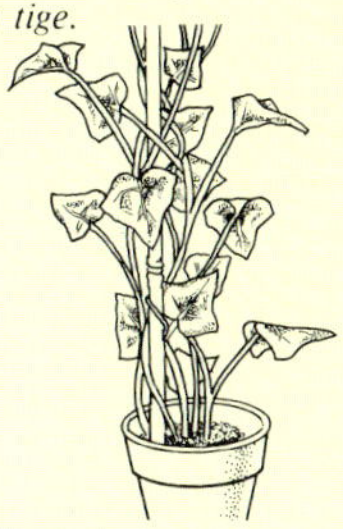

5 - Si H. canariensis *est bien palissé, il pourra atteindre 2 m de hauteur.*

Multiplication

1 - Préparer un pot avec drainage et une couche mi-terreau, mi-sable.

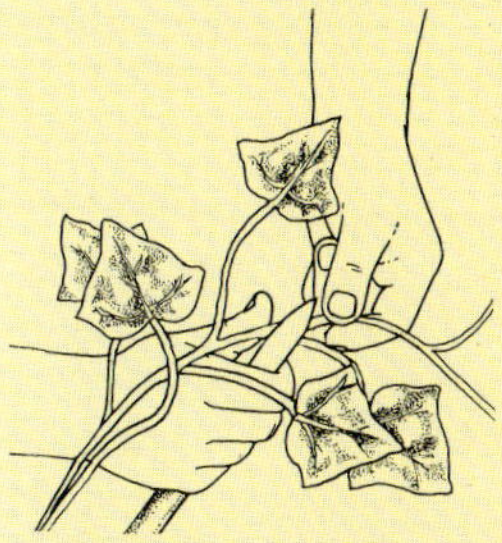

2 - Choisir une tige robuste et inciser l'épiderme de la partie inférieure, sous l'aisselle d'une feuille.

3 - Ployer la tige pour que la partie coupée repose sur le terreau du nouveau pot. La maintenir en place avec un caillou ou la fixer tout près du sol.

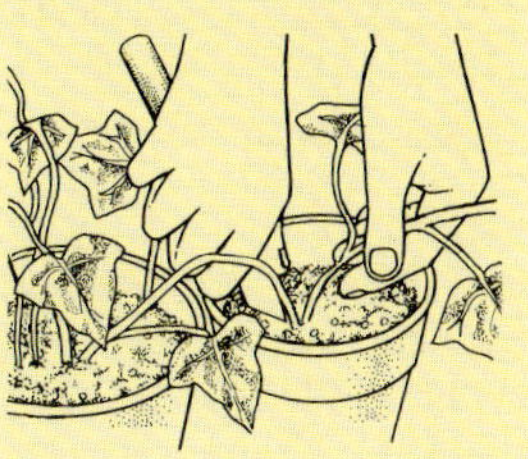

4 - Des racines vont apparaître à la bouture. Dès qu'elles sont bien formées, couper la tige et l'empoter séparément.

HIBISCUS ROSE DE CHINE

Hibiscus est un genre comprenant quelque cent cinquante espèces de la famille des malvacées. Ce sont des arbres ou des arbustes subtropicaux dont les variétés sont répandues dans le monde entier. Dans leur habitat naturel, ils sont souvent plantés en haies car ils sont très buissonnants. Presque tous ont de belles fleurs dont l'existence est malheureusement brève. *H. rosa-sinensis* est la variété la plus appréciée en tant que plante d'appartement.

Hibiscus a été introduit en Europe en 1731. On en connaît au moins trois variétés, mais de nombreuses autres sont actuellement en voie de création. Les couleurs de leurs fleurs sont toujours vives, les plus fréquentes étant le rouge, le jaune et l'orange. Les branches de *H. mutabilis,* originaire d'Asie, sont grosses, rudes et duveteuses. Les feuilles sont larges, leurs pétioles peuvent atteindre une longueur de 20 cm ; les fleurs sont blanches, ou blanches et rouges. Il peut pousser jusqu'à 4 m de hauteur environ, tout comme *H. archeri,* originaire des Antilles. Ce dernier ressemble à *H. rosa-sinensis,* mais ses feuilles sont plus grandes, ses fleurs plus petites et presque toujours rouges. Les feuilles et fleurs de *H. schizopetalus,* un hybride d'Afrique tropicale, sont plus petites et ne dépassent pas 6 cm ; elles sont rouge foncé à l'intérieur, rouge pâle à l'extérieur.

Ce sont les fleurs qui font le grand attrait des hibiscus et il est dommage qu'elles tombent alors qu'elles sont encore en boutons. On peut remédier à cet inconvénient en accroissant l'humidité. Deux nouveaux hybrides sont actuellement commercialisés (*H.* « Weekend » et *H.* « Moonlight ») qui ont été créés pour éviter la chute des boutons floraux.

Les bons spécimens de cette plante sont très branchus, leurs feuilles brillantes et ils ont de nombreux boutons floraux. S'assurer en les achetant que ceux de la partie inférieure de la plante ne sont pas tombés, dénudant ainsi des tiges peu esthétiques.

Dimensions. A généralement de 30 à 40 cm à l'achat ; pourra atteindre de 1,20 à 1,50 m dans un pot.

Croissance. Peut doubler de taille en une saison.

Floraison. De la fin du printemps à la fin de l'automne sans interruption. Le nombre de fleurs, dont la durée de vie est de 36 heures, dépend de la taille de la plante.

Parfum. Pas de parfum accusé.

Lumière. Abondante, mais sans exposition directe au soleil. Parfaite plante de serre. Dans la maison, la placer près d'une fenêtre exposée au nord.

Température. De 18 à 21° durant la période de croissance. Au-dessous de 10° en hiver, les feuilles tomberont. En été, maximum 27°.

Arrosage. Au moins 2 fois par semaine durant la période de croissance, plus par temps chaud et sec. Ne pas saturer d'eau le terreau, les racines pourriraient. En hiver, arroser une fois par semaine surtout s'il fait froid, lorsque le terreau est sec à la surface.

Engrais. Durant la croissance, ajouter de l'engrais liquide à l'eau tous les 15 jours.

Humidité. Taux élevé en été, avec une vaporisation quotidienne ; sinon, les bourgeons tombent. En hiver, avec le chauffage central, vaporiser tous les 2 jours.

Nettoyage. La vaporisation assurera la propreté des feuilles ; si elles s'empoussièrent, les nettoyer soigneusement à la main.

Atmosphère. Bien ventiler en été, éviter les gaz polluants.

Terre. Les plantes se plaisent bien dans un mélange composé à parts égales de terreau et de terre de bruyère.

Empotage. De préférence au printemps, directement après la taille, quand la plante commence à croître. Elle fleurira mieux dans un pot relativement petit pour elle.

Taille. Tailler vigoureusement chaque printemps pour lui donner une forme ramassée avec de nombreux boutons floraux. Rabattre durant la période de croissance si la plante est toute en tiges.

Multiplication. Par boutures, bien que, avec des plantes développées, le marcottage soit possible ; les boutures prises au printemps devraient fleurir la même année. Les planter à une température de 18°.

Longévité. Indéfinie, si la plante est bien taillée, tous les 3 ou 4 ans en moyenne.

Sociabilité. L'associer à des plantes qui, en raison de la disposition de leurs feuilles, mettent ses fleurs brillantes en valeur. *Rhoicissus,* les philodendrons et les dracaenas verts s'y prêtent bien.

Facilités/difficultés. Plante facile à cultiver. Ne pas trop l'arroser.

Les hibiscus ont des fleurs simples ↓ ou doubles ↑

↑ Les nouveaux hybrides aux feuilles plus arrondies ne perdent pas leurs bourgeons

→ *Hibiscus rosa-sinensis* bien développé.

Empotage

1 - Au printemps, lorsque la plante commence à croître et devient trop lourde pour le pot. Les jeunes feuilles peuvent paraître pâles. Bien arroser.

2 - Préparer un pot plus grand avec un drainage et une couche moitié terreau, moitié terre de bruyère.

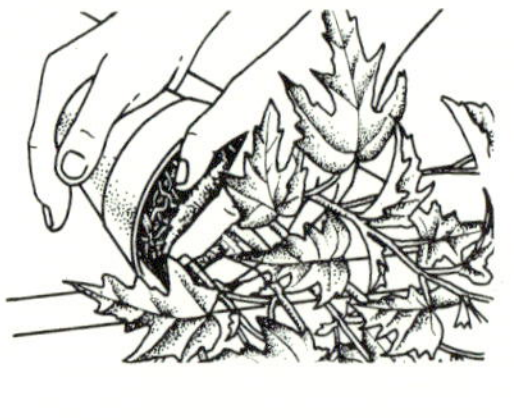

3 - Tenir le pot d'une main en maintenant le terreau de l'autre. Tapoter le bord du pot : plante et terreau sortiront d'un bloc.

4 - Avec un crayon ou un bâtonnet, dégager la terre sans endommager les racines.

5 - Placer les racines sur le terreau du nouveau pot.

6 - Remplir de mélange frais. Bien recouvrir les racines. Tasser et placer la plante 2 jours à l'ombre, sans eau, pour favoriser l'enracinement.

S.O.S.

1

1 - Les feuilles tombent. *En été, plante trop arrosée. La laisser sécher et récupérer. Placer dans un endroit plus aéré. Moins arroser. En hiver, trop froid et courants d'air glacé. Mettre dans un endroit plus chaud et arroser moins.*

2

2 - Les boutons tombent. *Pas assez humide. Vaporiser chaque jour de l'eau douce. Elever légèrement la température.*

3 - Nouvelles feuilles rabougries ; pas de fleurs. *Manque d'engrais.*

3

4

4 - Feuilles déformées et couvertes d'insectes verts. *Pucerons. Pulvériser du pyrèthre.*

5 - La plante flétrit. *Trop chaud, trop sec. Arroser et vaporiser.*

5

Bouturage

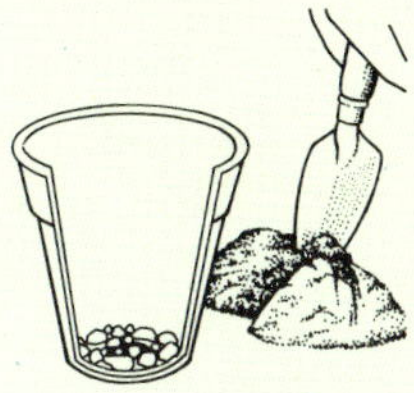

1 - Faire les boutures au printemps. Préparer un pot avec drainage et une couche mi-sable mi-terreau frais.

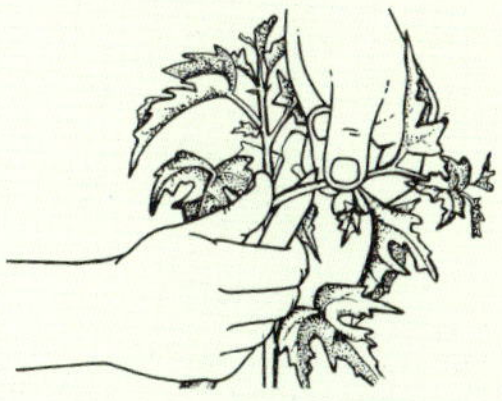

2 - Choisir un rejeton ou une extrémité de tige avec 2 paires de feuilles saines et un bourgeon. Couper sous la 2ᵉ paire, près de la tige principale. Longueur : 8 à 10 cm.

3 - Tailler la tige sous une feuille.

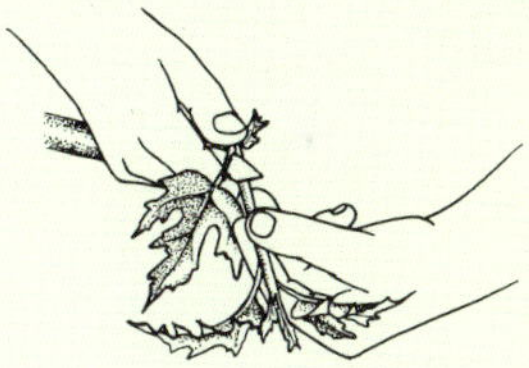

4 - Enlever la dernière paire de feuilles.

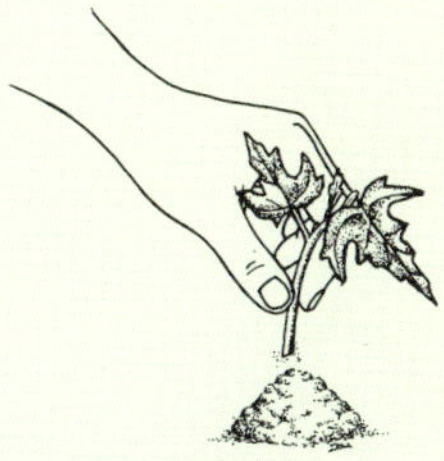

5 - Plonger la coupe dans de la poudre radiculaire aux hormones. Secouer l'excédent.

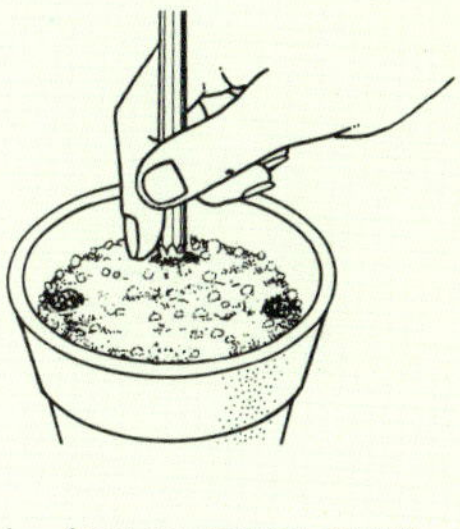

6 - Avec un crayon ou un bâtonnet, faire de petits trous dans le terreau.

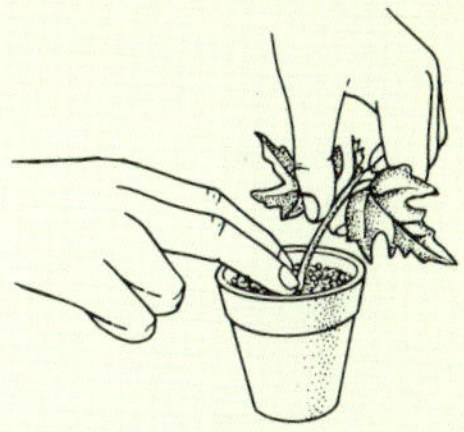

7 - Introduire les boutures, l'extrémité de la tige au fond du trou, les feuilles au ras du sol.

8 - Bien arroser et recouvrir avec du polyéthylène soutenu par du fil de fer. Le retirer 5 minutes par jour, veiller à ce que le terreau ne se dessèche pas. Garder à 18°.

9 - Retirer la protection au bout de 21 jours si les boutures poussent bien. Rempoter dans du mélange frais.

Humidité

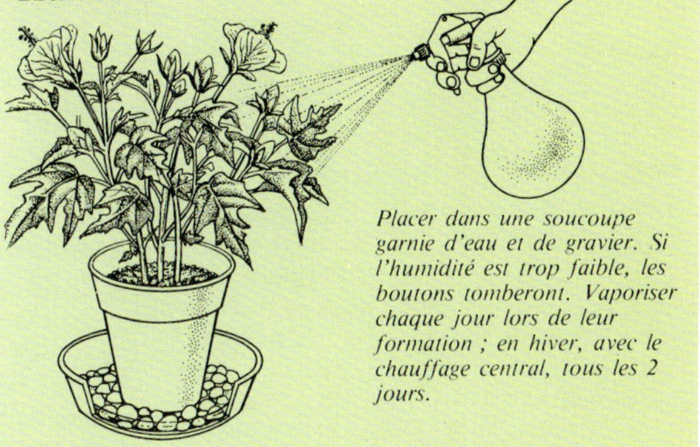

Placer dans une soucoupe garnie d'eau et de gravier. Si l'humidité est trop faible, les boutons tomberont. Vaporiser chaque jour lors de leur formation ; en hiver, avec le chauffage central, tous les 2 jours.

Taille

1 - Tailler au printemps pour avoir une plante ramassée.

2 - Couper en sifflet, au sécateur, au-dessus d'un bourgeon ou d'un rejeton latéral.

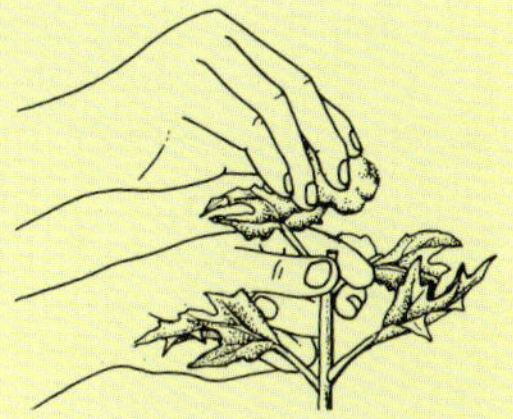

3 - Saupoudrer légèrement de soufre. Si la sève s'écoule, tamponner avec de l'ouate enduite de vaseline.

4 - La plante croîtra plus joliment et buissonnera mieux.

HOYA CHARNU OU FLEUR DE CIRE

Cette plante grimpante tire son nom d'un Anglais, Thomas Hoy, qui était à la fin du XVIIIe siècle le jardinier en chef du duc de Northumberland dans son château de Syon House, en Angleterre. Les hoyas appartiennent à la famille des asclépiadacées ; il en existe quelque soixante-dix espèces connues. Ces plantes sont originaires de l'Extrême-Orient et de l'Australie tropicale. Elles sont communément connues sous le nom de « fleurs de cire » à cause de la texture cireuse de leurs fleurs et feuilles. Deux espèces seulement sont couramment commercialisées, *H. carnosa* étant la plus commune du fait de sa conservation facile. On pourra faire grimper cette espèce au mur auquel elle s'accrochera sans aucun support artificiel. Les feuilles sont opposées et charnues, ovales, d'environ 5 cm de long et 2 ou 3 cm de large. Les inflorescences pluriflores comportent de 12 à 15 fleurs étoilées de couleur chair et dont le centre est rouge. Une bonne plante est littéralement couverte de fleurs. Il existe aussi une jolie variété diaprée tout aussi facile à cultiver mais dont la floraison est moins abondante et moins fréquente. Lorsque la plante est arrivée à maturité, on voit apparaître des rejetons sans feuilles atteignant 45 cm de longueur. Ne pas les enlever : les feuilles viendront plus tard.

H. bella est plus délicate. Ses feuilles sont beaucoup plus petites, ses tiges, plus petites aussi, sont pendantes et c'est pourquoi on la cultivera avantageusement dans un panier suspendu. Les fleurs sont analogues à celles de *H. carnosa,* sauf que les fleurs sont très blanches et à centre rouge.

On doit acheter des hoyas dont les feuilles sont fermes, charnues et qui comportent des rejetons. On les commercialise montés sur des bâtonnets ou du fil de fer, mais rarement en fleurs.

Dimensions. *H. carnosa* pourra atteindre une grande taille, à condition d'avoir et un tuteur et du temps. Peut atteindre 1,20 m de haut et 45 cm de large. *H. bella* n'atteint que 30 cm de haut et 20 cm de diamètre. Dans une serre, *H. carnosa* peut arriver à 5 m.

Croissance. *H. carnosa* peut croître de 45 cm ou plus par an, *H. bella* de 12 à 15 cm seulement.

Floraison. Durant tout l'été, avec une forte poussée en juin, parfois suivie d'une seconde, moins importante, en septembre. Ne jamais enlever les pédoncules des fleurs mortes, car c'est là qu'aura lieu la prochaine éclosion de fleurs. Ne pas déplacer la plante, sous peine de faire tomber les boutons floraux.

Parfum. Parfum léger, mais caractéristique. Les fleurs sécrètent un liquide mielleux.

Lumière. Assurer un bon éclairage en les protégeant du soleil de midi qui peut marbrer les feuilles.

Température. *H. carnosa* tolère 10° en hiver et peut survivre à 8°. *H. bella* requiert un maximum hivernal de 16° et ne saurait supporter moins de 10°. Température maximale pour les deux : 24°.

Arrosage. Pas de surarrosage. A moins de forte chaleur, arroser une fois par semaine en été, une fois par quinzaine en hiver, de préférence avec de l'eau de pluie.

Engrais. Toutes les 3 à 4 semaines, ajouter à l'eau d'arrosage la moitié de la dose d'engrais liquide recommandée.

Humidité. Vaporiser à l'eau tiède tous les 15 jours. Ne pas vaporiser les fleurs. Se plaît sur des cailloux humides. Vaporiser moins au cours de la période de dormance hivernale.

Nettoyage. La vaporisation devrait les maintenir propres, mais on peut les épousseter avec un linge humide. Ne pas employer de produit lustrant.

Atmosphère. Eviter les courants d'air.

Terre. Moitié terreau, moitié terre de bruyère. Des morceaux de poterie au fond du pot favorisent la formation de fleurs.

Empotage. Pas plus d'un rempotage tous les 2 à 3 ans, la plante fleurira mieux si elle est à l'étroit dans son pot. Veiller à un bon drainage. Préfère les pots de terre.

Taille. Se contenter d'enlever les feuilles flétries.

Multiplication. Enraciner les boutures au printemps dans un mélange de sable et de tourbe. Saupoudrer leur base avec une hormone d'enracinement et les abriter, à 21°, sous du polyéthylène. On peut aussi les marcotter. Travaux difficiles pour l'amateur.

Longévité. *H. carnosa* vit très longtemps, *H. bella* seulement 2 ou 3 ans.

Sociabilité. Mieux vaut les cultiver tout seuls, car à cause de leur façon de se développer elles ne se mêlent pas bien aux autres plantes.

Facilités/difficultés. *H. carnosa* convient aux débutants, *H. bella* aux amateurs plus expérimentés.

Empotage

1 - Rempoter à la fin du printemps si les racines sortent du fond du pot et en l'absence de nouvelles pousses.

2 - Préparer un pot plus grand avec un drainage et un mélange moitié terreau, moitié terre de bruyère. De la brique concassée placée au fond facilite la floraison.

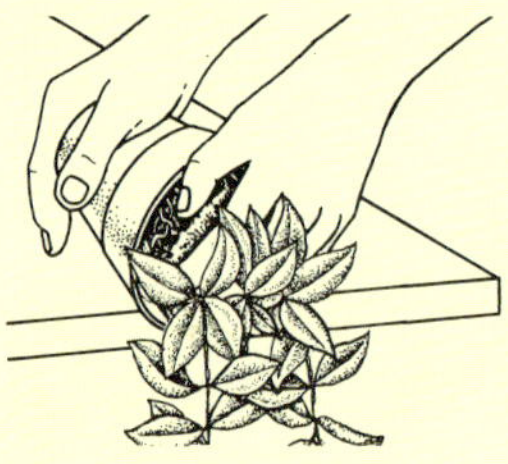

3 - Tenir le pot d'une main en maintenant le terreau. Tapoter le bord du pot en le penchant : plante et terreau sortiront d'un bloc.

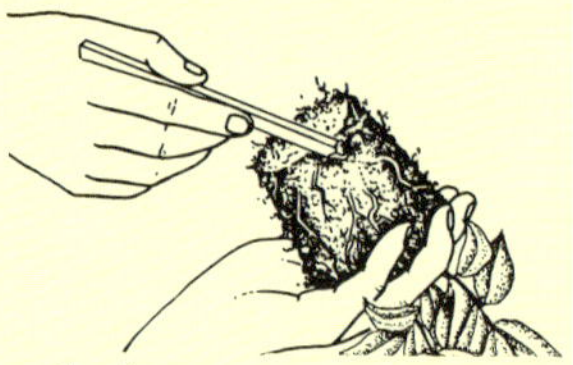

4 - Avec un crayon ou un bâtonnet enlever la terre sans endommager les racines.

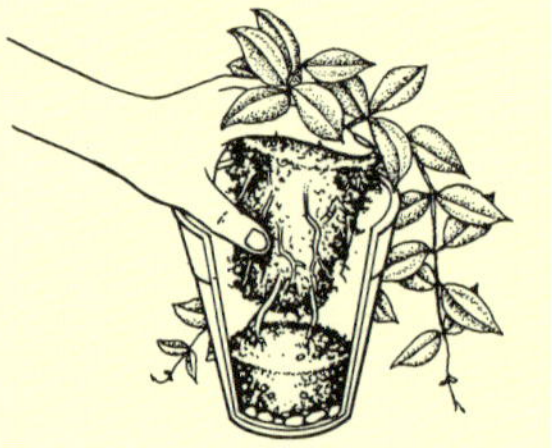

5 - Placer les racines sur le terreau du nouveau pot.

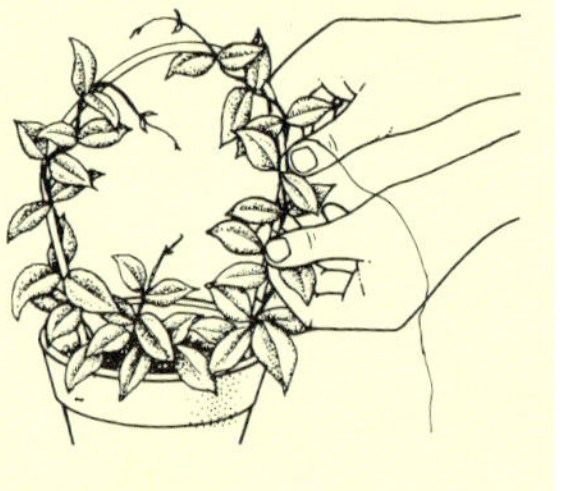

6 - Remplir de terreau frais en recouvrant bien les racines. Tasser. Laisser la plante 2 jours à l'ombre, sans eau, pour favoriser l'enracinement. Remettre l'arceau en place.

← Les fleurs cireuses de *Hoya bella.* Les fleurs étant pendantes, mieux vaut suspendre la plante.

← Les feuilles de *Hoya bella* sont plus petites que celles de *Hoya carnosa,* et la plante est un peu plus fragile.

→*Hoya carnosa* « Variegata » est une jolie plante grimpante. Palisser les jeunes plants à leurs tuteurs ; par la suite ils s'y fixent d'eux-mêmes. Feuilles charnues ; éviter donc un arrosage trop abondant.

S.O.S.

1 - Les feuilles jaunissent et pourrissent. *Surarrosage. Laisser la plante sécher et se remettre ; puis arroser moins souvent.*

2 - Feuilles brunies et roussies. *Trop de lumière solaire directe. Placer plus à l'ombre.*

3 - Plaques laineuses blanches sur les feuilles. *Cochenilles. Les enlever avec un tampon imbibé d'alcool dénaturé ou pulvériser du malathion ou un insecticide systémique.*

4 - Feuilles sèches et recroquevillées. *Air trop chaud et sec. Arroser et vaporiser.*

5 - Pousses nouvelles petites, absence de fleurs. *Manque d'engrais.*

6 - Les boutons tombent. *On a trop déplacé la plante. Ne plus la bouger jusqu'à la formation de nouveaux bourgeons.*

Bouturage

1 - Prélever les boutures de tige au printemps. Préparer un pot avec un drainage et un mélange moitié sable, moitié tourbe.

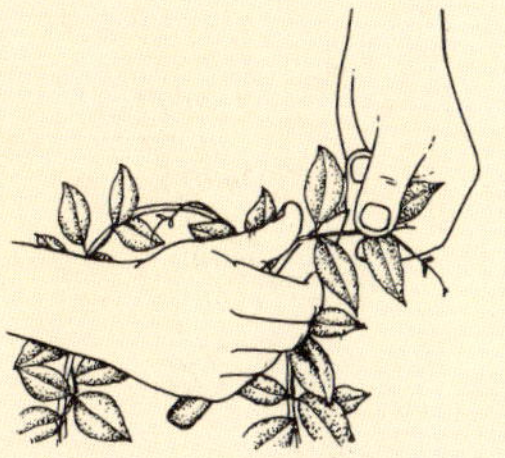

2 - Choisir une pousse ou une extrémité de tige ayant au moins 2 paires de feuilles saines et un bourgeon. Couper au ras de la 2ᵉ paire de feuilles. Longueur des boutures : 8 à 10 cm.

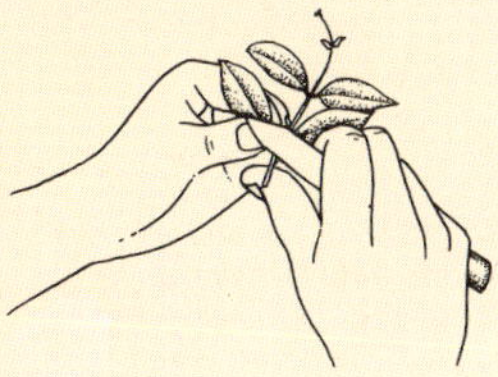

3 - Tailler la tige juste au-dessous d'une feuille.

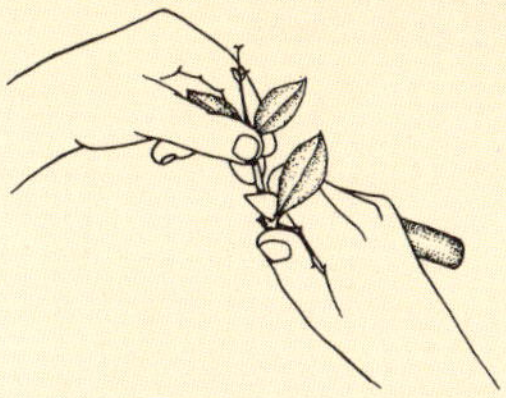

4 - Enlever la paire de feuilles inférieure.

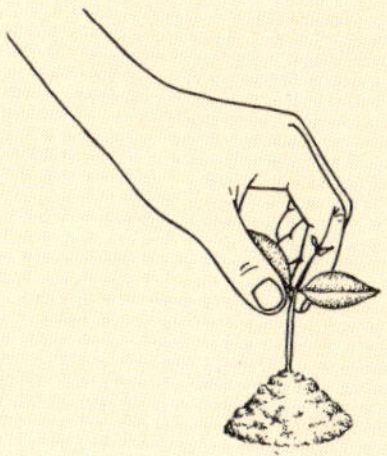

5 - Tremper la coupe dans de la poudre radiculaire aux hormones. Secouer l'excédent.

6 - Avec un crayon ou un bâtonnet, faire de petits trous dans la terre.

7 - Y installer la bouture, l'extrémité de la tige au fond du trou, les feuilles au ras du sol.

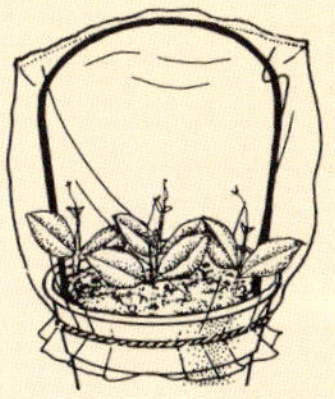

8 - Bien arroser et recouvrir de polyéthylène soutenu par du fil de fer. Découvrir 5 minutes par jour et veiller à l'humidité du terreau. Maintenir à 21°. Retirer la protection au bout de 3 semaines et, lorsque les boutures ont bien pris, rempoter dans du terreau frais.

Palissage

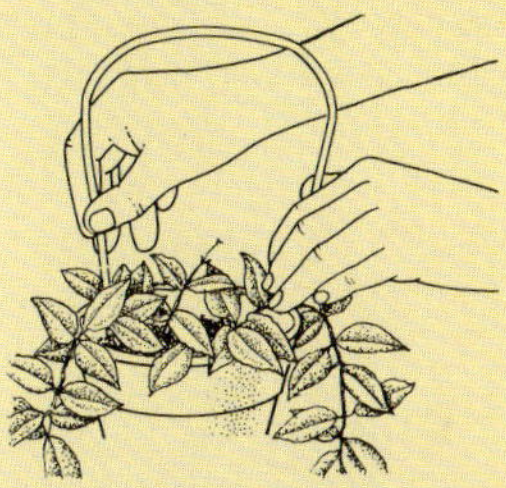

1 - Enfoncer une extrémité d'un arceau en fil de fer ou en bambou souple dans le terreau au bord du pot, jusqu'aux 2/3 de sa hauteur.

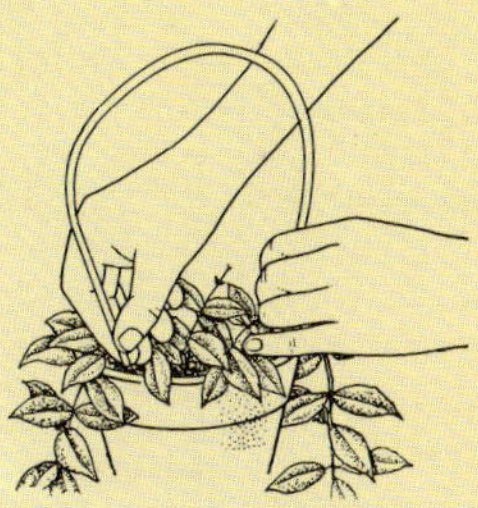

2 - Ployer l'arceau et enfoncer l'autre extrémité dans le terreau.

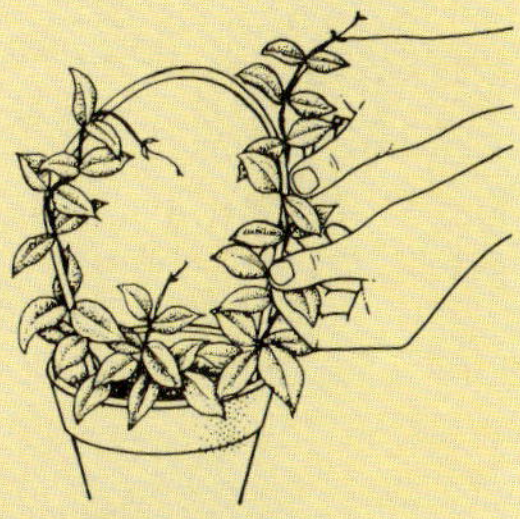

3 - Enrouler la tige autour de l'arceau sans meurtrir ni la tige ni les feuilles.

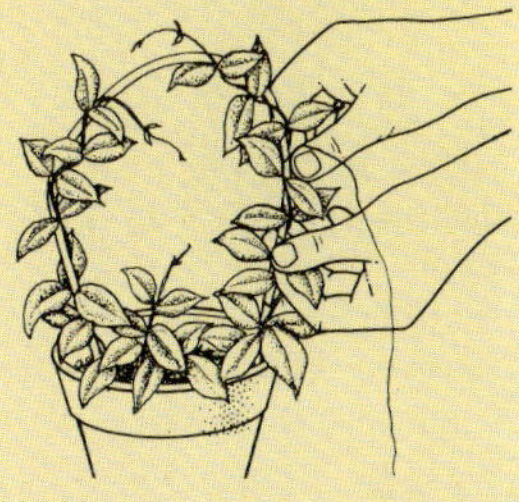

4 - Si besoin est, attacher une ficelle au bas de l'arceau. Fixer la tige au fur et à mesure.

Vaporisation

Vaporiser avec de l'eau tiède tous les 15 jours pour nettoyer les feuilles et les humidifier. Veiller à ne pas mouiller les fleurs.

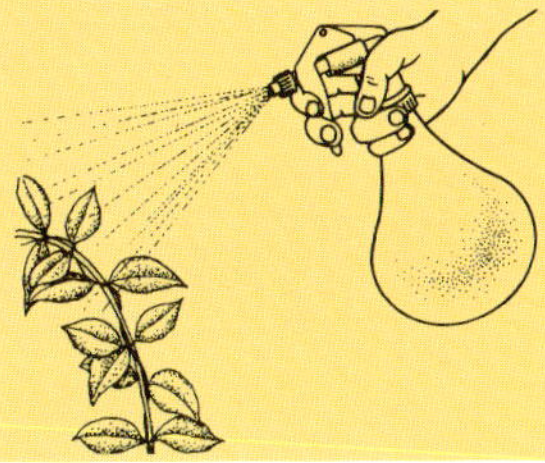

HORTENSIA CULTIVÉ

← On peut faire bleuir les fleurs d'*Hydrangea macrophylla* en ajoutant de l'alun à l'eau d'arrosage.

→ Les tiges florales des jeunes hortensias, lourdes de fleurs, doivent être tuteurées. Les fleurs, à l'origine, sont vert pâle, puis se colorent.

↓ L'élégante variété « Lanarth White ».

Un hortensia ne vit pas longtemps dans une maison. Pourtant, offert au printemps ou en été, ce sera un cadeau longtemps apprécié : en effet, après les premiers mois passés à l'intérieur, il pourra fleurir des années au jardin. En le plaçant dans un endroit frais au cours de sa période de dormance, on peut le conserver en pot et il fleurira l'année suivante.

On discute encore de la famille botanique de l'hortensia, les uns le classant parmi les saxifragacées, les autres parmi les hydrangéacées. *Hydrangea macrophylla* est l'espèce cultivée en tant que plante d'intérieur. Elle est originaire du Japon et a été introduite en Europe en 1790. La plupart des fleurs sont stériles, ne produisent donc pas de graines mais possèdent les magnifiques inflorescences admirées de tous. Cette plante est très tolérante mais devient flasque lorsqu'elle manque d'eau. Il suffit de l'arroser pour qu'elle reprenne vie ; la priver d'eau trop souvent lui est nuisible, et parfois même fatal.

Les fleurs de l'hortensia sont roses, mais si l'on ajoute de l'alun (sulfate d'aluminium) à l'eau d'arrosage, elles prendront de ravissantes teintes bleues. Elles redeviendront rapidement roses en l'absence du produit chimique. Il existe aussi une variété à fleurs blanches comme neige. Les nouvelles variétés « Lace Cap » sont particulièrement attrayantes, les blanches surtout. Leur inflorescence est moins arrondie là où les fleurettes externes éclosent alors que les internes, encore en boutons, donnent à l'ensemble une apparence fine, légère comme de la dentelle.

Les hortensias sont généralement commercialisés lorsque leurs boutons floraux montrent à peine leur couleur. En les achetant, s'assurer que la plante a une forme agréable, qu'aucune tige n'est cassée et que les feuilles sont bien vertes.

Dimensions. En pots, ils atteindront 60 cm de haut et de large. Mais dans un jardin, ils pourront atteindre 1 m sur 1 m.

Croissance. Le boutures prélevées au printemps fleuriront l'année suivante.

Floraison. Dans la maison, de début avril à début juin ; de juin à août au jardin.

Parfum. Inodore.

Lumière. Beaucoup, sinon les feuilles jaunissent ; pas d'exposition directe au soleil, sinon la plante risque de se dessécher.

Température. Température ambiante lors de la floraison. En hiver, durant leur dormance, assurer une température de 7°, en février 13° afin qu'ils croissent au printemps et fleurissent au début de l'été. Température estivale : 18° maximum.

Arrosage. Bien arroser durant la croissance et la floraison. Dans la maison, il est bon de baigner la plante 10 minutes tous les 2 jours, ou plus souvent si elle semble se flétrir. En hiver, durant la dormance n'arroser que tous les 10 jours. Pour les variétés bleues, utiliser de l'eau non calcaire.

Engrais. Ajouter de l'engrais liquide à l'eau une fois par semaine pendant la croissance et la floraison.

Humidité. Vaporiser chaque jour en été, en particulier durant la croissance.

Nettoyage. La vaporisation devrait suffire. Ne pas utiliser de produit lustrant.

Atmosphère. Durant la floraison, à l'intérieur, ils sont très tolérants.

Terre. De la terre de bruyère. Son acidité avive les couleurs.

Empotage. Rempoter après floraison. Vérifier le drainage, car bien qu'ils soient avides d'humidité, ils n'aiment pas baigner dans l'eau. Pour les plantes plus développées, se contenter de remplacer la terre du dessus.

Taille. Que la plante soit en pot ou à l'extérieur, la tailler après floraison. Ne laisser subsister que 2 paires de feuilles nouvelles, facilement reconnaissables par leur couleur verte, tachetée, alors que les anciennes sont fibreuses.

Multiplication. Les 10 à 15 cm de l'extrémité coupée peuvent servir de boutures. Les enfoncer dans du sable mélangé à un peu de tourbe ou dans de la terre de bruyère ; maintenir l'humidité à une température de 13 à 16°.

Longévité. En pot elle est de 3 à 4 ans. Il est recommandé d'avoir plusieurs plantes d'âges différents pour assurer la relève. Au jardin, elles vivent très longtemps.

Sociabilité. Le mieux est de les cultiver à part, quoiqu'on puisse provisoirement les placer dans un bac de plantes vertes pour y jeter une note de couleur.

Facilités/difficultés. Si on les rentre à l'occasion et qu'on les remette au jardin en été, ils sont de culture facile. Supportent mal un séjour permanent à la maison.

Empotage

1 - Rempoter à la fin de la floraison. Bien arroser.

2 - Préparer un pot d'une taille supérieure avec un drainage et une couche de terre de bruyère humide. Les variétés bleues ont besoin d'un terreau frais.

3 - Tenir le pot d'une main en maintenant le terreau de l'autre. Tapoter le bord du pot : plante et terreau sortiront d'un bloc.

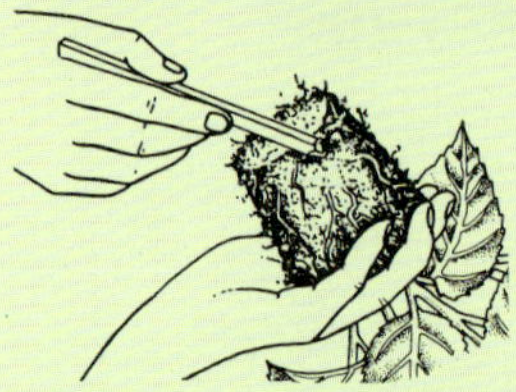

4 - Avec un crayon ou un bâtonnet, dégager la terre sans endommager les racines.

5 - Placer les racines sur le terreau du nouveau pot.

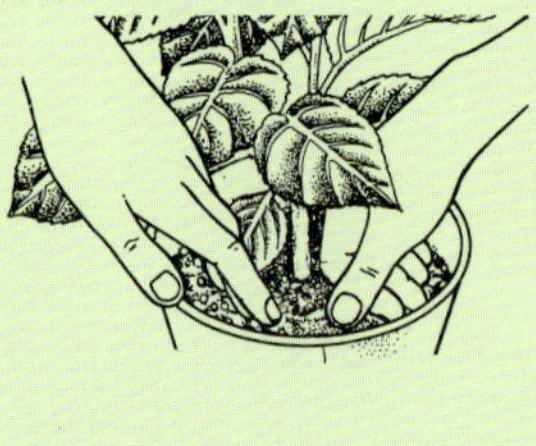

6 - Remplir de terreau frais en recouvrant les racines. Bien tasser. Placer à l'ombre, sans eau, pendant 2 jours pour favoriser l'enracinement.

S.O.S.

1 - Fleurs et feuilles s'inclinent et flétrissent. *La plante a un besoin urgent d'eau. La plonger dans un seau d'eau pendant 30 minutes, laisser égoutter, puis la placer dans un endroit peu éclairé.*

2 - Feuilles jaunies. *Manque de lumière. Placer dans un lieu mieux éclairé.*

3 - Les jeunes pousses jaunissent, les nervures des plus âgées sont très saillantes. *Chlorose due au calcaire de l'eau. Arroser une fois avec du sel de fer, puis seulement avec de l'eau non calcaire ou de pluie.*

4 - Pas de nouvelles pousses au printemps ou après floraison. *Terre épuisée. La plante a besoin d'un rempotage ou d'un apport d'engrais.*

5 - Les fleurs bleues redeviennent roses. *Si l'on aime les fleurs bleues, les arroser avec du sulfate d'aluminium (alun) vendu comme colorant pour hortensia ou un produit bleuissant.*

6 - Feuilles tachées de brun. *Infection due à des cryptogames. Saupoudrer les zones atteintes de fleur de soufre ou pulvériser un fongicide systémique.*

7 - Feuilles jaunies, filaments en dessous. *Araignées rouges. Pulvériser du derris, du malathion ou un insecticide systémique. Accroître le taux d'humidité.*

8 - Jeunes feuilles déformées et gluantes, couvertes d'insectes verts. *Pucerons. Pulvériser du pyrèthre ou un insecticide systémique.*

Bouturage

1 - Prélever les boutures après floraison ; on peut utiliser les produits de la taille. Remplir le pot d'un drainage et d'une couche de terreau frais ou de tourbe.

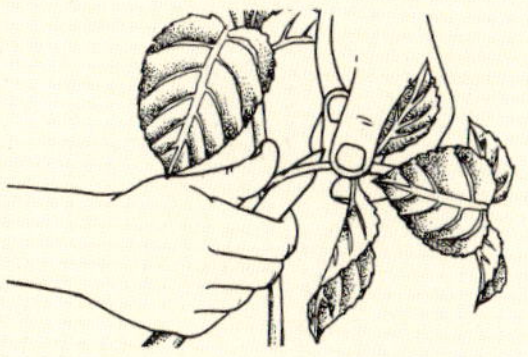

2 - Choisir un rejeton ou une tige ayant au moins 2 paires de feuilles saines et une pointe de végétation. Couper sous la 2e paire de feuilles, près de la tige principale. Longueur des boutures : 10 à 15 cm.

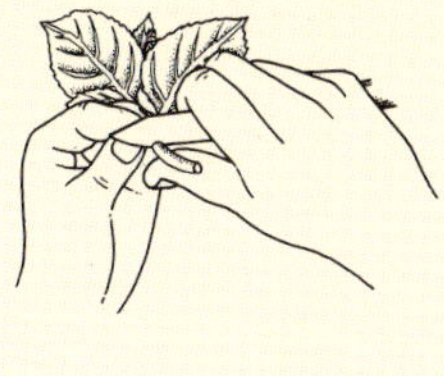

3 - Tailler la tige juste sous une feuille.

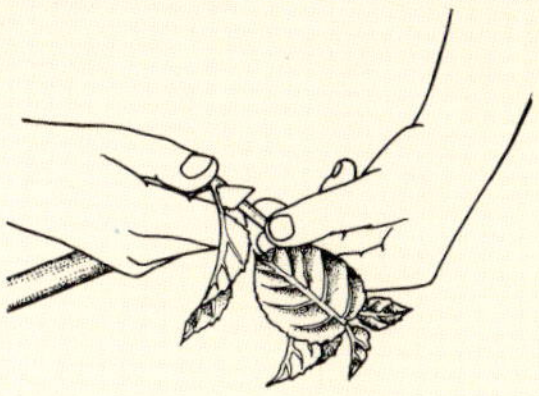

4 - Enlever la paire de feuilles inférieure.

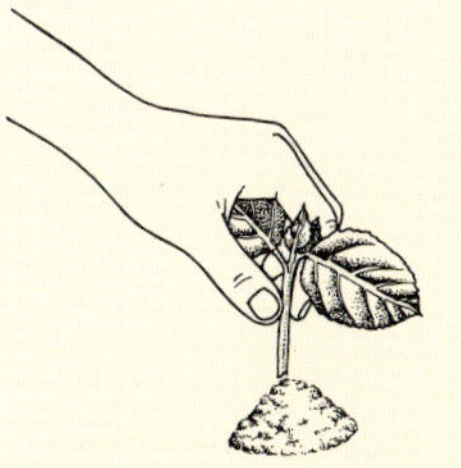

5 - Tremper la coupe dans de la poudre radiculaire aux hormones. Secouer l'excédent.

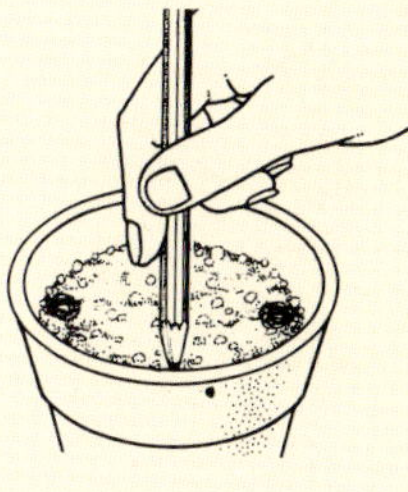

6 - Avec un bâtonnet ou un crayon, faire de petits trous dans le terreau sur le bord du pot.

7 - Introduire les boutures, l'extrémité de la tige au fond du trou et les feuilles au ras du sol.

8 - Bien arroser et couvrir avec du polyéthylène soutenu par du fil de fer. Retirer la protection 5 minutes par jour ; ne pas laisser le terreau se dessécher. Enlever la protection après 21 jours et, quand les boutures auront pris, rempoter dans du terreau frais ou de la tourbe.

Arrosage

L'hortensia a besoin de beaucoup d'eau et s'affaisse quand il en manque. L'arroser à temps.

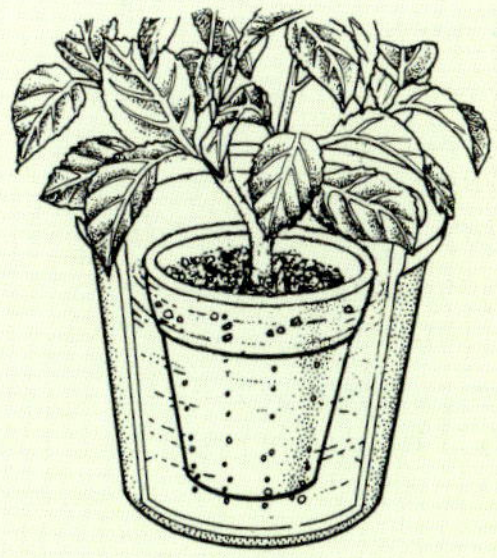

Placer la plante pendant 30 minutes dans un seau rempli d'eau jusqu'au bord du pot, puis laisser égoutter.

Taille

Si l'on conserve la plante une deuxième année à l'intérieur, ne laisser que deux paires de feuilles sur chaque tige après floraison.

HYPŒSTES SANGUINOLENT

Les deux magnifiques espèces de *Hypoestes* sont très recherchées des collectionneurs. Jadis, on les considérait comme des plantes de serre nécessitant une température élevée. Toutefois, comme pour bien d'autres plantes d'intérieur, on a créé des variétés croissant bien à des températures plus basses.

Les hypœstes appartiennent à la famille des acanthacées et sont originaires de Madagascar. Ils furent importés en Europe en 1874. Il en existe quelque quarante variétés en horticulture, la majorité en Afrique du Sud. *Hypoestes sanguinolenta* est la plus connue de ces plantes. Ses feuilles sont oblongues et duveteuses, d'une longueur de 5 à 8 cm, et ponctuées de nervures et de marbrures roses. Ses fleurs délicates, violettes et blanches, n'apparaissent qu'à la maturité ; la plante est surtout cultivée pour ses feuilles.

H. aristata est plus grande, d'une hauteur de 60 cm environ ; ses feuilles sont plus grandes, plus pointues, vert pâle et s'épanouissent le long de la tige. Ses fleurs sont violet vif, avec une « gorge » duveteuse.

On peut obtenir *H. sanguinolenta* à partir des graines commercialisées. On peut normalement se procurer les plantes à partir de la fin du printemps. Les choisir bien buissonnantes, avec des tachetures bien marquées. La durée de vie des deux variétés est plutôt courte et il vaut mieux les multiplier annuellement.

← L'épi floral d'*Hypoestes aristata,* espèce rare dont les feuilles ne sont pas diaprées.

→ et ↓ *Hypoestes sanguinolenta.* De nombreuses pousses latérales apparaissent. On peut donc la tailler pour qu'elle buissonne davantage.

Dimensions. *H. sanguinolenta* ne dépasse pas 30 cm de hauteur. *H. aristata* atteint 60 cm. Bien cultivées, ces plantes buissonneront abondamment.

Croissance. Les deux espèces atteindront leur taille maximale en une saison.

Floraison. Milieu de l'été. Fleurs mauves, violacées chez *H. aristata,* mais toujours insignifiantes par rapport aux feuilles.

Parfum. Inodore.

Lumière. Grand besoin de lumière ; l'idéal est de les placer devant une fenêtre exposée au nord ou à l'est, à l'abri de la lumière directe du soleil. *H. sanguinolenta* peut perdre, par manque de lumière, une partie de sa panachure.

Température. De 18 à 21° tant l'été que l'hiver. Supporte en été un maximum de 24°, à condition d'être bien ventilé.

Arrosage. Bien arroser ; en été, environ tous les 2 jours ; une fois par semaine devrait suffire en hiver.

Engrais. En été, ajouter à l'eau tous les 15 jours la moitié de la dose d'engrais liquide recommandée.

Humidité. Maintenir la plante toujours très humide en la plaçant dans une soucoupe garnie de cailloux mouillés. Procédé plus souhaitable que la vaporisation.

Nettoyage. Epousseter soigneusement avec un linge doux. Ne pas utiliser de lustrant.

Atmosphère. Ne supporte ni la fumée ni les gaz polluants ni un air trop sec. L'aérer modérément en évitant les courants d'air.

Terre. Terreau frais.

Empotage. Une fois l'an au printemps, si on le garde d'année en année.

Taille. Inutile, à moins de conserver la plante une deuxième année ; en ce cas, la réduire de moitié au début du printemps.

Multiplication. Prélever des boutures de 5 à 8 cm de long au printemps ; les placer dans un germoir chauffé par le bas ou dans un sac de polyéthylène. Température idéale : 21°. On peut aussi les multiplier par semis au printemps à 21° au moins. Pincer les jeunes plantes par deux fois pour favoriser le buissonnement.

Longévité. Ces plantes peuvent prendre un aspect désordonné et échevelé ; il vaut donc mieux les multiplier chaque printemps. Elles sont bien plus belles quand elles sont jeunes.

Sociabilité. En raison des soins que ces plantes exigent, les mettre à part.

Facilités/difficultés. Plutôt difficiles.

Empotage

1 - Rempoter au printemps quand la plante est trop lourde du haut et que les racines apparaissent sous le pot. Bien arroser.

2 - Préparer un pot plus grand avec un drainage et une couche de terreau frais humide.

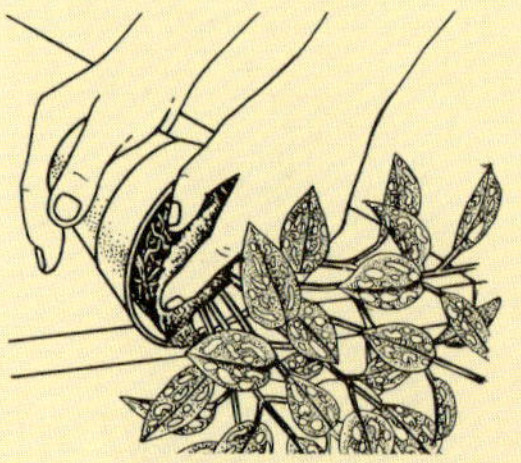

3 - Tenir le pot d'une main en maintenant le terreau de l'autre. Tapoter le bord du pot : la plante et le terreau se dégageront.

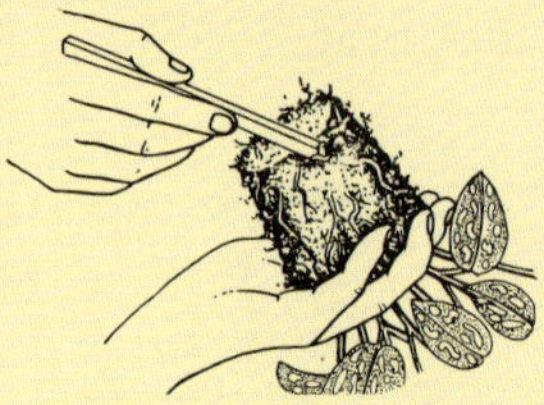

4 - Avec un crayon ou un bâtonnet, enlever la terre sans endommager les racines.

5 - Placer les racines sur le terreau du nouveau pot.

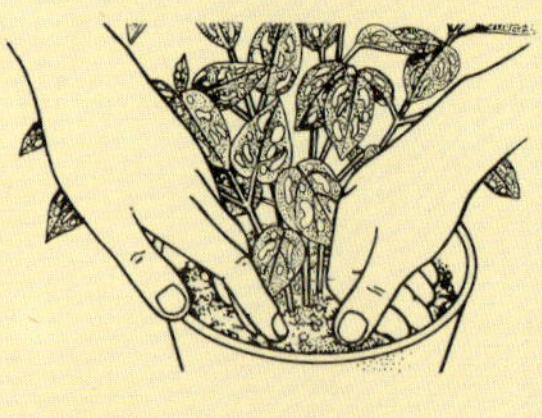

6 - Remplir de terreau frais en recouvrant les racines. Bien tasser. Mettre à l'ombre pendant 2 jours, sans eau, pour favoriser l'enracinement.

S.O.S.

1 - Les plantes sont languissantes. *Trop froid et/ou trop humide. Les laisser sécher dans un endroit plus chaud ; une fois rétablies, les arroser moins souvent.*

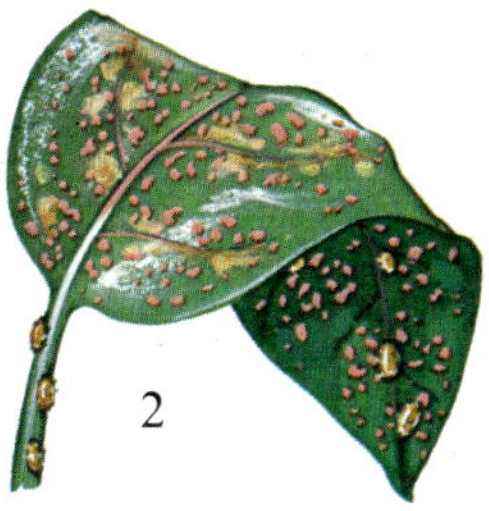

2 - Feuilles décolorées, insectes marron sous les feuilles et sur les tiges. *Cochenilles. Parasite répandu. Les enlever avec un tampon imbibé d'alcool dénaturé ou pulvériser un insecticide systémique.*

Culture en semis

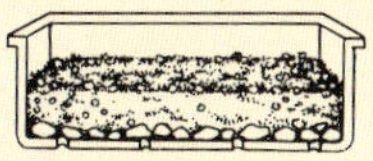

Semer au printemps.

1 - Préparer dans un bac à semis ou un germoir un drainage et du terreau spécial pour semis.

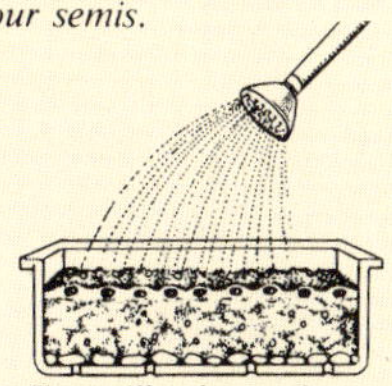

2 - Eparpiller les graines très uniformément et ajouter une couche de terreau de même épaisseur. Bien arroser.

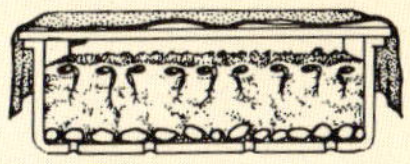

3 - Mettre sous verre et placer à l'ombre ou recouvrir d'un tissu sombre. Ne pas laisser le terreau se dessécher ; retourner le verre chaque jour. Garder à 21°.

4 - Dès germination, retirer le verre et exposer à la lumière.

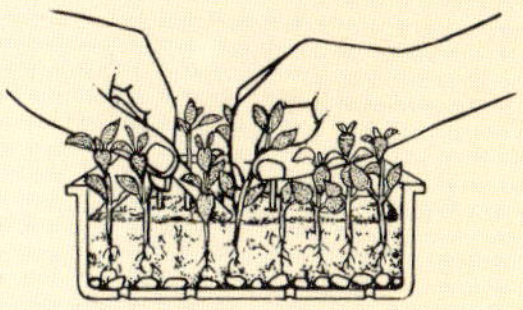

5 - Dès que l'on peut manipuler les pousses, éliminer les plus faibles en laissant 2 à 3 cm entre les plants.

6 - Si ces derniers se développent bien, les empoter séparément.

Pincement

Pincer les pointes de végétation lorsque les boutures auront 2 paires de feuilles et environ 12 cm de haut.

Humidité

Placer le pot dans une soucoupe, avec eau, cailloux ou gravier. Le fond du pot doit être hors de l'eau.

Arrosage

Arroser par le haut, avec de l'eau de pluie si possible. Vider la soucoupe au bout de 15 minutes.

Bouturage

1 - L'hypœstes prend un aspect désordonné au bout d'un an ; prélever alors des boutures. Préparer un pot avec un drainage et un mélange moitié tourbe, moitié sable.

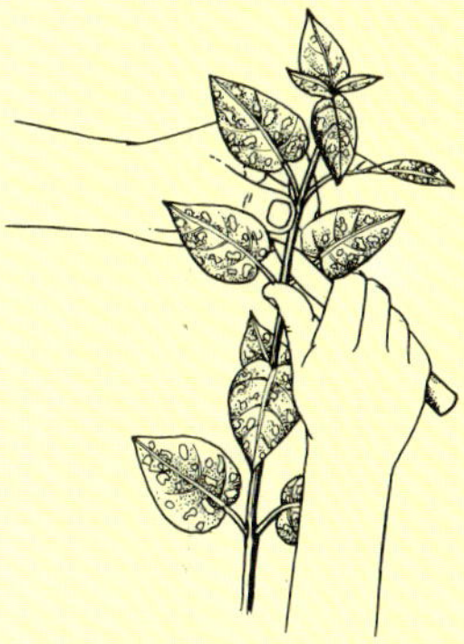

2 - Choisir un rejeton ou un bout de tige avec au moins 2 paires de feuilles saines et une pointe de végétation. Couper sous la seconde paire de feuilles.

3 - Préparer les boutures en taillant la tige juste sous une feuille.

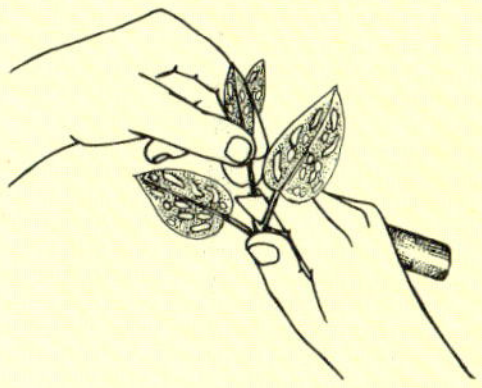

4 - Enlever la dernière paire de feuilles.

5 - Tremper la coupe dans de la poudre radiculaire aux hormones. Secouer l'excédent.

6 - Avec un crayon ou un bâtonnet, faire de petits trous dans le terreau.

7 - Planter les boutures, l'extrémité de la tige au fond du trou, les feuilles au ras du sol. Bien arroser, recouvrir de polyéthylène soutenu par du fil de fer. Retirer la protection 5 minutes par jour. Ne pas laisser le terreau se dessécher. Température : 21°.

8 - Retirer la protection au bout de 21 jours ; si les boutures ont bien pris, rempoter dans du terreau frais, 3 boutures par pot.

BALSAMINE SULTAN

L'omniprésente « impatiente » est idéale pour le débutant. Elle supporte les plus mauvais traitements sans protestation et, dans le pire des cas, il suffit de la couper et d'enraciner les boutures ainsi obtenues pour que tout recommence.

On les appelle impatientes parce que leurs gousses éclatent en éparpillant leurs graines partout. Elles appartiennent à la famille des balsamines ; il en existe quelque cinq cents espèces dont la plupart sont annuelles ou bisannuelles et proviennent de l'Afrique ou de l'Asie subtropicales.

Les espèces couramment commercialisées sont *Impatiens sultanii* et *I. holstii,* toutes deux originaires de Zanzibar. Les fleurs sont plates et de couleurs vives. Si on leur donne suffisamment de lumière, ces plantes prospéreront superbement. Elles pousseront à l'extérieur en été et peuvent être dépotées comme la balsamine semi-rustique dont elles sont très proches parentes.

Les hybrides de Nouvelle-Guinée ont fait récemment leur apparition. Les fleurs de ces plantes sont un peu plus grandes, et leur feuillage est vert bronze, veiné de rouge ou diapré de vert et de jaune. Pour conserver leurs caractéristiques, ces plantes doivent être multipliées par bouturage. Elles sont plus délicates que les variétés originales et sont strictement des plantes d'intérieur.

Le feuillage de la dernière espèce courante, *I. petersiana,* est brun-rouge et ses fleurs sont écarlates. Bien cultivées, ces plantes font un effet remarquable. Toutes ces variétés se multiplient aisément et contribuent à égayer un intérieur.

N'acheter au printemps et en été que des plantes touffues tout juste au début de leur floraison. S'assurer qu'elles sont exemptes de pucerons. Choisir des plantes dont les feuilles ont de belles couleurs.

↑ Un des hybrides d'*Impatiens* de Nouvelle-Guinée.

↓ *Impatiens sultanii* « Variegata ».

→ Un spécimen d'*Impatiens sultanii* très fleuri.

Dimensions. Taille normale : 40 cm mais elles peuvent aisément atteindre le double. Toutefois, comme chez beaucoup d'espèces, ce sont les petites plantes qui sont les plus belles et qui fleurissent le plus.

Croissance. Elles poussent vite et grandissent facilement de 25 cm en un an.

Floraison. Tout l'été et jusqu'en automne. Eboutonner les jeunes plantes ; la période de floraison en sera prolongée et la première floraison plus abondante.

Parfum. Inodores. Elles plaisent en raison de leurs belles couleurs.

Lumière. Aiment la pleine lumière, supportant même l'exposition directe au soleil.

Température. 18 à 21° en hiver, mais survivent entre 13 et 15°. Si elles ne sont pas mises en terre entre juin et septembre, la température ambiante dans la maison ne devrait pas dépasser 18°.

Arrosage. Arroser abondamment en été, 2 ou 3 fois par semaine tous les 10 jours en hiver ; la terre doit être assez sèche. Ces plantes, qui sont des plantes grasses, peuvent pourrir quand elles ne croissent pas activement.

Engrais. On a avantage à leur donner beaucoup d'engrais liquide, ajouté à l'eau d'arrosage, au moins une fois par semaine.

Humidité. Ne pas vaporiser les feuilles, ce qui pourrait faire apparaître soit des cryptogames soit la pourriture ; cela altère aussi les fleurs.

Nettoyage. Dépoussiérer de temps à autre avec un linge doux ou un plumeau. Ne pas utiliser de lustrant.

Atmosphère. Cette plante résiste à tout ce que l'homme peut supporter.

Terre. Un bon terreau frais ou de la terre de bruyère.

Empotage. Une fois par an ; la plante fleurit mieux quand elle est à l'étroit dans le pot.

Taille. Tailler les plantes pendant leur période de croissance, ne laisser que 8 cm.

Multiplication. Au printemps, placer les boutures de tige de 8 à 10 cm de long soit dans l'eau, soit dans la terre. A l'exception des hybrides de Nouvelle-Guinée, on peut également les multiplier par semis au printemps, à une température de 16 à 18°.

Longévité. Grande. Toutefois, comme la plante prend un aspect désordonné, mieux vaut la multiplier chaque année. Elle a une apparence plus nette et fleurit mieux quand elle est jeune.

Sociabilité. Comme la plante a tendance à s'étaler, mieux vaut la cultiver à part. On peut toutefois, momentanément, l'associer à d'autres plantes dans un bac, sous réserve de lui assurer un bon éclairage.

Facilités/difficultés. Une bonne plante pour débutants.

Empotage

1 - Rempoter au printemps si les racines sortent, si les feuilles sont pâles et que la plante paraisse lourde. Bien arroser.

2 - Préparer un pot plus grand avec un drainage et une couche de terreau frais humide.

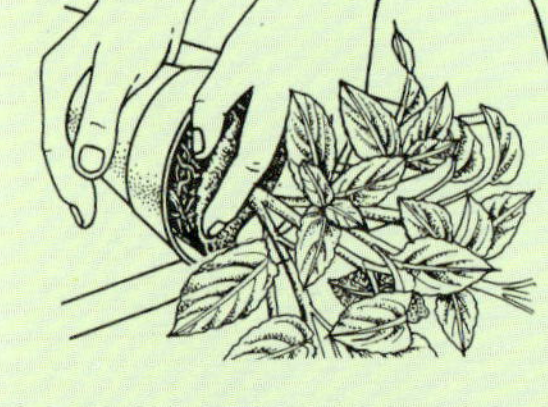

3 - Tenir le pot d'une main, l'autre maintenant le terreau. Tapoter le bord du pot : la plante et le terreau se dégageront.

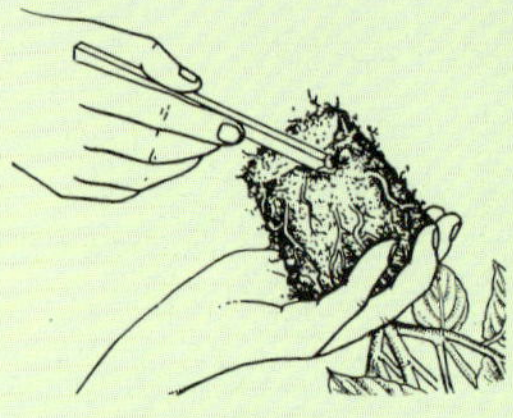

4 - Avec un crayon ou un bâtonnet, dégager la terre sans endommager les racines.

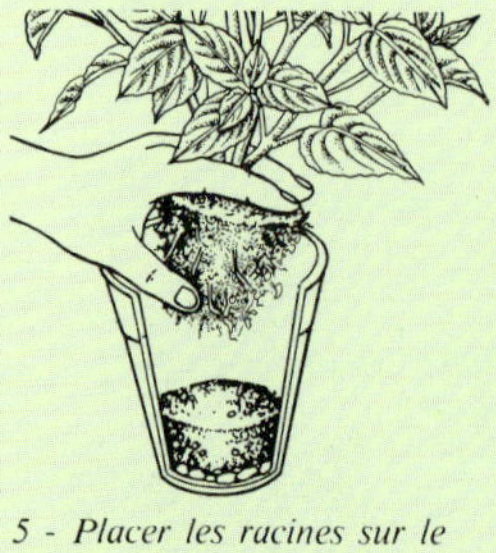

5 - Placer les racines sur le terreau du nouveau pot.

6 - Remplir de terreau frais en couvrant bien les racines. Bien tasser. Mettre 2 jours à l'ombre, sans eau, pour favoriser l'enracinement.

S.O.S.

1 - Absence de fleurs. *Manque de lumière. Placer dans un endroit plus clair.*

2 - Les feuilles tombent. *Trop froid. Mettre plus au chaud.*

3 - Champignons sur feuilles ou tiges. *Manque de lumière et de chaleur. Agir en conséquence. Pulvériser un fongicide systémique.*

4 - Insectes blancs sous les feuilles ; s'envolent dès qu'on touche la plante. *Mouches blanches. Pulvériser du derris ou un insecticide à base de resmethrin.*

5 - Feuilles déformées et gluantes, couvertes d'insectes verts. *Pucerons. Pulvériser du pyrèthre ou un insecticide systémique.*

6 - Dépôts noirâtres sur les feuilles. *Fumagine, champignons se nourrissant du miellat des pucerons. Les détruire et essuyer la moisissure.*

7 - Les feuilles pâlissent, filaments sur l'envers. *Araignées rouges. Pulvériser du malathion ou un insecticide systémique. Accroître l'humidité.*

Arrosage

1 - Tâter le terreau : s'il est léger et friable, la plante manque d'eau.

2 - Arroser par le haut, avec de l'eau de pluie si possible. Vider la soucoupe au bout de 15 minutes. Arroser abondamment en été, moins souvent en hiver.

Multiplication dans l'eau

Prélever les boutures au printemps, avant floraison.

1 - Mettre 3 ou 4 petits morceaux de charbon de bois dans un récipient en verre peu profond. Remplir d'eau aux 2/3.

2 - Couvrir avec du papier aluminium, maintenu par un élastique ou une ficelle. Faire de petits trous avec un crayon ou un bâtonnet.

3 - Prélever sur la plante un rejeton d'environ 8 cm.

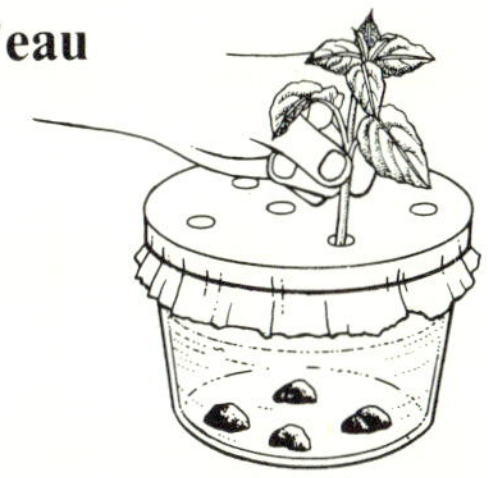

4 - Enfoncer successivement les tiges à travers le papier et les plonger dans l'eau.

5 - Quand les boutures présentent des racines, les retirer de l'eau et empoter dans de petits pots. Ne pas abîmer les racines.

6 - Bien arroser et couvrir avec du polyéthylène durant quelques jours pour accroître l'humidité.

Culture en semis

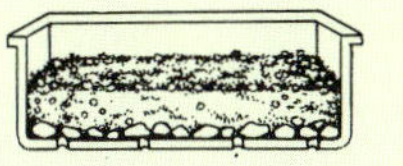

1 - Préparer un germoir avec un drainage et du terreau pour semis. Semer au printemps.

2 - Semer les graines très uniformément et ajouter une couche de terreau de l'épaisseur du semis. Bien arroser.

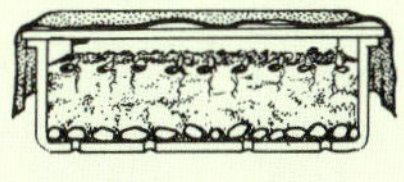

3 - Mettre sous verre et placer à l'ombre ou recouvrir d'un tissu foncé. Ne pas laisser le terreau se dessécher. Retourner le verre chaque jour. Température : 16 à 18°.

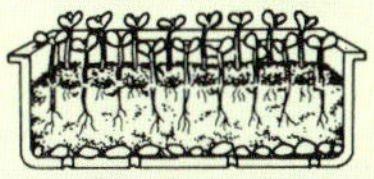

4 - Dès que les graines ont germé, retirer le verre et exposer à la lumière.

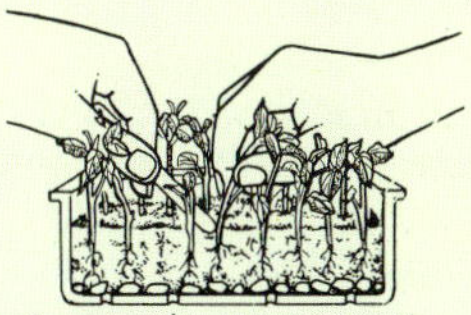

5 - Lorsque les pousses sont assez grandes pour être manipulées, retirer les plus faibles de façon qu'elles soient espacées de 2 ou 3 cm.

6 - Une fois que les plantes se développent bien, les empoter séparément.

JASMIN FLORIFÈRE

Jasminum polyanthum est une fleur d'hiver à cultiver en serre. Il peut cependant faire un bref séjour à la maison quand il est en fleurs. Son parfum, très lourd, constitue un de ses grands attraits. Grimpeur vigoureux, il est normalement cultivé et commercialisé, monté sur un arceau de fil de fer d'environ 40 cm de haut. Planté en serre dans une plate-bande et palissé sur un treillis, il recouvrira rapidement un mur. Planté en pot, il vaut mieux le mettre à l'extérieur en été afin de lui assurer une bonne ventilation et le placer en plein soleil pour permettre aux rejetons d'aoûter en vue d'une belle floraison l'hiver suivant. On le rentre au début de l'automne.

Les jasmins appartiennent à la famille des oléacées. Le nom est d'origine persane et a été latinisé ultérieurement. Il en existe une vingtaine d'espèces, toute originaires des régions tempérées ou subtropicales. *Jasminum officinale* fleurit en été et se plaît à l'extérieur. *J. polyanthum,* plante d'intérieur, est lui, originaire de Chine et a été introduit en Europe en 1891.

Acheter une plante au feuillage brillant, d'un beau vert et sans aucune feuille brune ; s'assurer que les boutons floraux sont bien constitués, certains d'entre eux laissant apparaître tout juste un peu de blanc. Si la floraison est avancée et que des fleurs tombent, c'est que la plante a été stockée longtemps. Si les boutons floraux ont bruni, la plante a été soumise à trop de chaleur et de sécheresse dans le magasin et les boutons risquent de ne pas éclore.

Jasminum polyanthum *est généralement commercialisé à la fin de l'hiver ou au début du printemps, époque où les fleurs blanches et parfumées sont rares.*

↓ Les fleurs, d'un blanc pur, très parfumées, brunissent en se fanant. Elles durent bien plus longtemps à une température fraîche.

→ Plante abondamment fleurie. Généralement, les jasmins sont vendus palissés sur un arceau supportant le poids des fleurs.

Dimensions. Plante grimpante pouvant atteindre 4,50 m de hauteur. On la palisse généralement autour d'un arceau de 40 cm de hauteur ou sur un bambou de 1 m.

Croissance. De longs rejetons apparaîtront très rapidement. Des boutures prélevées au printemps seront prêtes à fleurir 10 mois plus tard.

Floraison. De superbes grappes de fleurs blanches apparaissent de janvier à mars.

Parfum. Odeur pénétrante, caractéristique des jasmins.

Lumière. Beaucoup de lumière ; redoute, à la maison, l'exposition directe au soleil d'été. Se développe mieux en serre. Le prendre dans la maison quand il est sur le point de fleurir.

Température. En hiver, une trop grande chaleur est nuisible, les feuilles se dessèchent et les boutons ne s'ouvrent pas ; maintenir cette plante à 13° ; en été, elle supporte 15 à 21° au maximum, à condition d'être bien aérée.

Arrosage. En hiver et pendant la floraison, tous les 4 à 5 jours. En été, durant la croissance, tous les 2 jours.

Engrais. Durant la croissance, ajouter tous les 15 jours de l'engrais liquide à l'eau d'arrosage.

Humidité. Vaporiser, surtout quand la plante est dans la maison ; éviter de mouiller les fleurs, ce qui les meurtrirait.

Nettoyage. La vaporisation devrait suffire ; ne pas utiliser de lustrant pour feuilles.

Atmosphère. Ne se plaisent pas dans l'atmosphère sèche du chauffage central et requièrent beaucoup d'air en été.

Terre. Terreau frais.

Empotage. Au printemps, après la floraison.

Taille. Les tailler après la floraison et lors du rempotage. Couper les pousses principales de 15 à 30 cm selon leur longueur. Eboutonner une fois par mois, du printemps jusqu'en octobre, pour que le plante buissonne mieux et soit plus touffue.

Multiplication. En général, par boutures de tige, prélevées, au printemps, pour assurer une floraison précoce, en automne pour une floraison tardive. Requièrent 16°. Dès enracinement des boutures, après 3 à 4 semaines, les empoter à raison de 3 à 4 par pot. Ainsi la plante buissonnera mieux. Enfoncer un arceau ou un bambou dans le pot pour permettre à la plante de grimper.

Longévité. En l'absence de serre ou de jardin d'hiver, mieux vaut s'en défaire après floraison. En serre, leur longévité est indéfinie. Les multiplier néanmoins de temps à autre car les vieilles plantes deviennent ligneuses.

Sociabilité. Mieux vaut les cultiver à part.

Facilités/difficultés. Disposant d'une serre, on peut, avec un peu d'expérience, les conserver facilement d'une année sur l'autre. Sinon, la réussite est très problématique.

Empotage

1 - Rempoter au printemps après la floraison, lorsque la plante ne pousse pas et que les racines sortent du pot. Retirer arceaux et bambous et bien arroser.

2 - Préparer un pot plus grand avec un drainage et une couche de terreau frais humide.

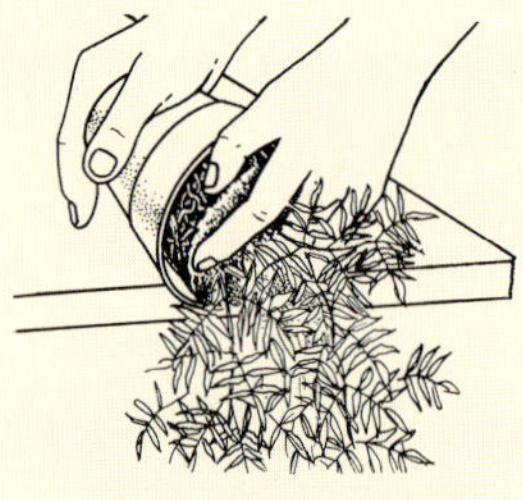

3 - Tenir le pot d'une main et maintenir le terreau de l'autre. Tapoter le bord du pot : la plante et le terreau sortiront.

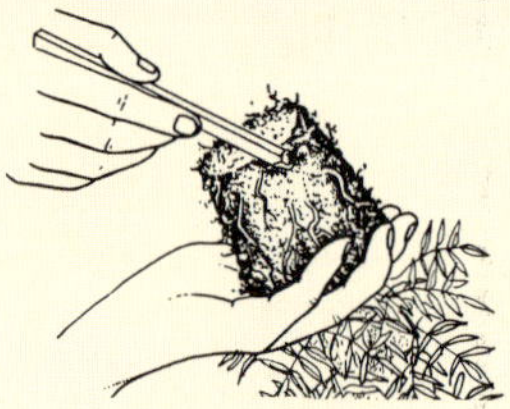

4 - Avec un crayon ou un bâtonnet, enlever la terre sans endommager les racines.

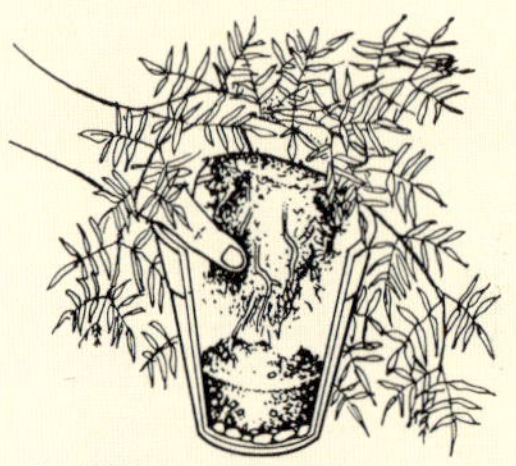

5 - Placer les racines sur le terreau du nouveau pot.

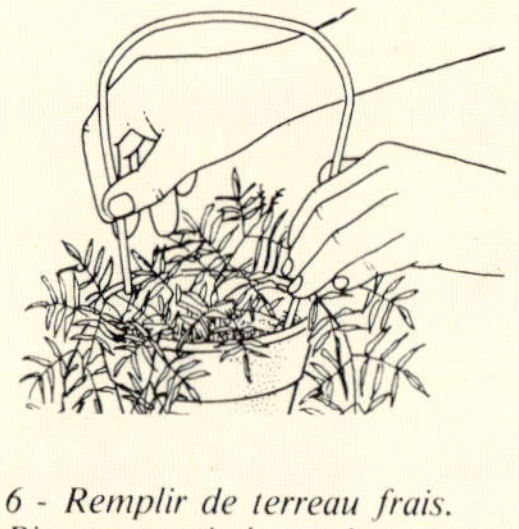

6 - Remplir de terreau frais. Bien recouvrir les racines. Bien tasser. Mettre à l'ombre, sans eau, 2 jours durant, pour favoriser l'enracinement. Remettre l'arceau.

S.O.S.

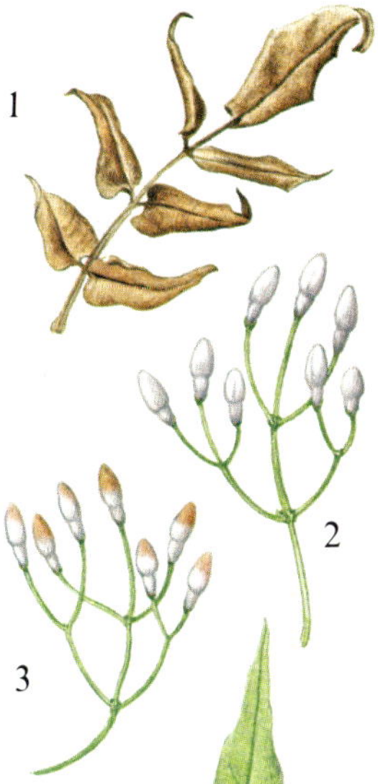

1 - Feuilles desséchées. *Terreau trop sec et/ou trop de soleil direct. Contrôler l'arrosage, mettre dans un endroit plus abrité ou ombrager le toit de la serre.*

2 - Les boutons ne s'ouvrent pas. *Lumière insuffisante : en donner davantage.*

3 - Les boutons brunissent. *Atmosphère trop chaude et trop sèche. Placer dans un lieu plus frais et accroître le taux d'humidité.*

4 - Feuilles pâles avec filaments sur l'envers. *Araignées rouges. Pulvériser du derris, du malathion ou un insecticide systémique. Accroître l'humidité.*

5 - Feuilles déformées et gluantes, couvertes d'insectes verts. *Pucerons. Pulvériser du pyrèthre ou un insecticide systémique.*

Bouturage

1 - Prélever les boutures au printemps après la floraison. Préparer un pot avec un drainage et une couche de terreau moitié tourbe et moitié sable.

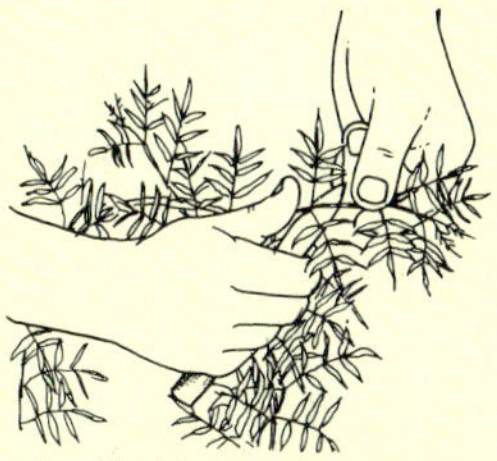

2 - Choisir un rejeton ou une extrémité de tige ayant au moins 2 paires de feuilles saines et une pointe de végétation. Couper sous la 2ᵉ paire, près de la tige principale. Longueur : 8 à 10 cm.

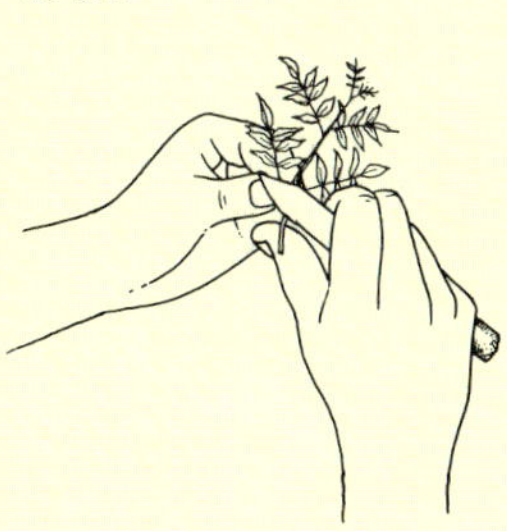

3 - Tailler la tige juste sous une feuille.

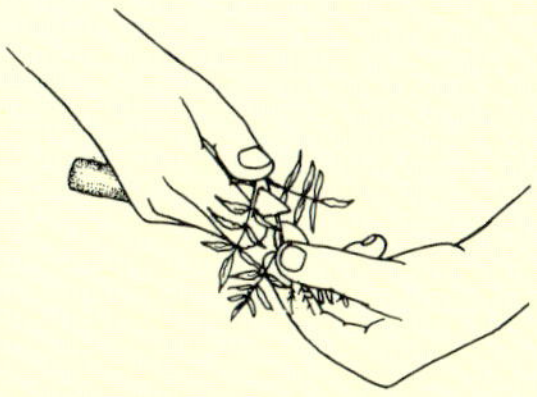

4 - Retirer la dernière paire de feuilles.

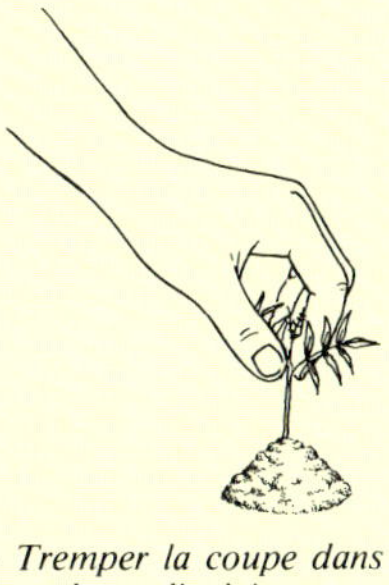

5 - Tremper la coupe dans de la poudre radiculaire aux hormones. Secouer l'excédent.

6 - Avec un crayon ou un bâtonnet, faire de petits trous dans le terreau.

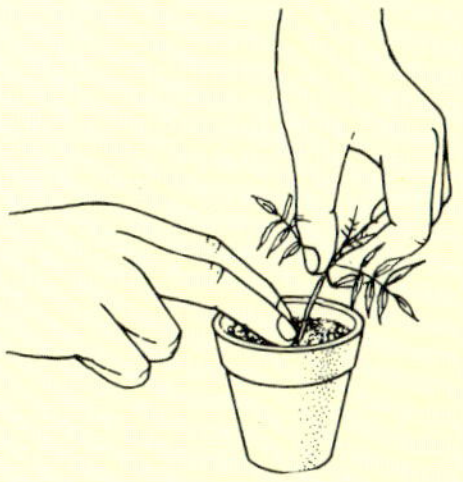

7 - Enfoncer la bouture, l'extrémité dans le fond du trou, les feuilles au ras du sol.

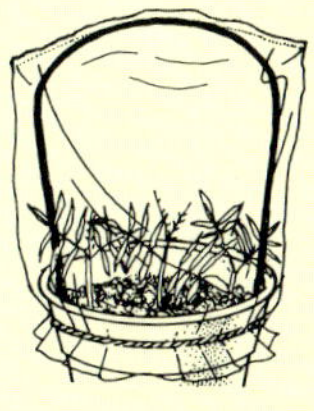

8 - Bien arroser, recouvrir de polyéthylène, supporté par du fil de fer. Retirer la protection 5 minutes par jour ; le terreau doit rester humide. Maintenir à 16°. Retirer la protection après 21 jours et si les boutures ont pris, rempoter dans du terreau frais.

Palissage

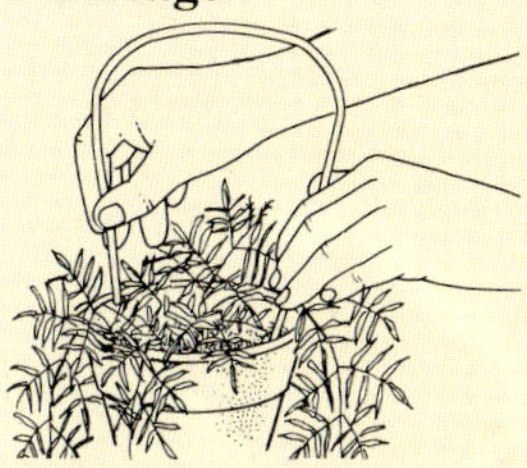

1 - Enfoncer une des extrémités de l'arceau en fil de fer ou en bambou souple jusqu'aux 2/3 de la hauteur du pot.

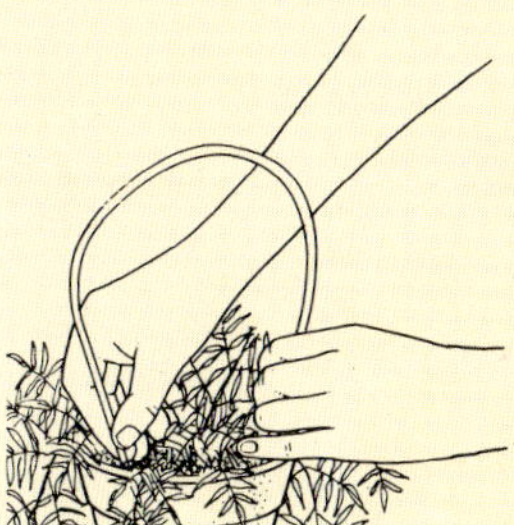

2 - Ployer l'arceau et enfoncer l'autre extrémité.

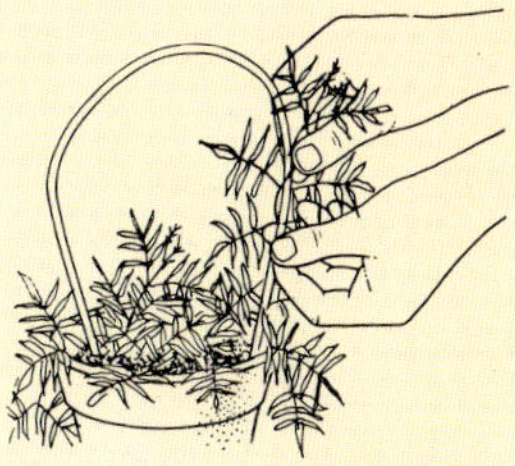

3 - Enrouler délicatement la tige sur l'arceau, sans abîmer les feuilles ou la tige.

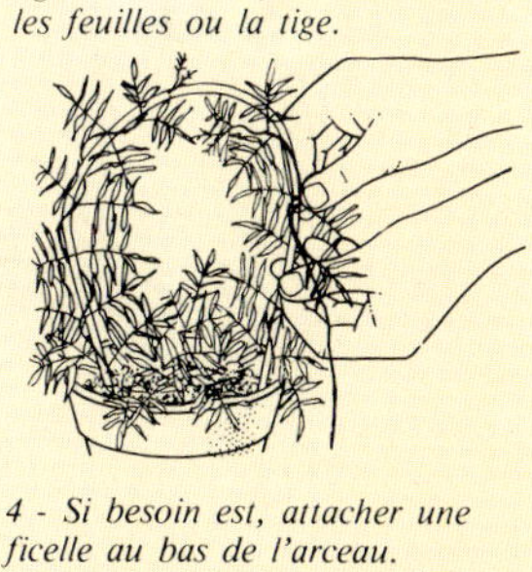

4 - Si besoin est, attacher une ficelle au bas de l'arceau. L'enrouler à la fois autour de l'arceau et de la tige. La plante se développera sur tout le pourtour de l'arceau et recommencera même son parcours en sens inverse.

Vaporisation

Vaporiser avec de l'eau à 15 cm des feuilles, deux fois par semaine en été, une fois en hiver. Eviter de mouiller les fleurs.

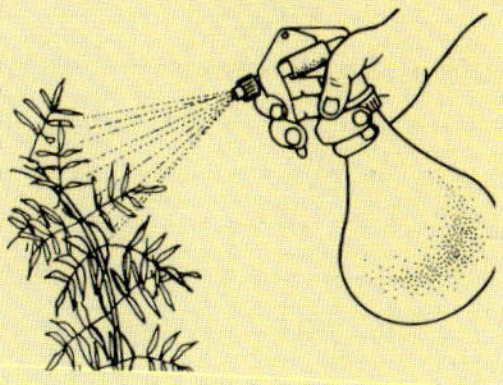

KALANCHOE DE MADAGASCAR

Le kalanchoe fleurira tout l'hiver avec un minimum de soins. Ses couleurs sont vives à une époque de l'année où règne la grisaille. Ce sont des plantes grasses appartenant à la famille des crassulacées. Leur nom est d'origine chinoise mais elles sont répandues en Afrique, Arabie, Inde et Malaisie. En règle générale, on les conserve une année et s'en sépare après la floraison. Il est cependant possible de les garder année après année bien qu'au bout de la première, elles présentent un aspect quelque peu désordonné. Elles sont faciles à multiplier et assureront ainsi une succession continue de plantes robustes.
Les arroser avec beaucoup de soin, surtout en hiver, car si la température baisse, la plante peut commencer à pourrir et devient la proie du mildiou. En ce cas, couper immédiatement et détruire les parties attaquées.
Les kalanchoes ont beaucoup plu aux horticulteurs et il en a été obtenu des variétés naines très attrayantes, rouges, orange et roses. Ce sont toutes des hybrides de *K. blossfeldiana,* initialement originaire de Madagascar. En les semant à différentes périodes, les horticulteurs peuvent les offrir en fleurs toute l'année.
Examiner attentivement les fleurs des plantes avant tout achat. La moitié seulement devrait être tout à fait colorée. Si certaines fleurs sont fanées, attention : cela signifie que la première pousse florale, la plus belle, a déjà eu lieu. S'assurer qu'il n'y a aucune trace de mildiou sur les feuilles car c'est là le premier signe de pourriture.

Les hybrides de Kalanchoe blossfeldiana *fleurissent toute l'année en diverses couleurs. Ces plantes conviennent très bien pour des appuis de fenêtre bien ensoleillés. C'est une plante grasse, ne pas surarroser.*

Dimensions. Elevé normalement dans un pot de 9 cm, un bon spécimen a environ 12 cm de haut et autant de large.

Croissance. Les semis de mars et les boutures prélevées en mai fleuriront en novembre et décembre de la même année.

Floraison. Tout l'hiver, de novembre à mars, selon l'époque des semis ou du bouturage.

Parfum. Inodore.

Lumière. Maximale durant l'hiver, de préférence devant une fenêtre exposée au sud. En été, préserver la plante du soleil de midi.

Température. Une température de 10 à 15° en hiver est idéale. Placer la plante loin des radiateurs ou des sources de chaleur si la température de la pièce est plus élevée. En été, température maximale : 27°.

Arrosage. Délicat, la plante risque de pourrir. N'arroser que si la terre est vraiment sèche, soit tous les 10 à 15 jours en hiver et tous les 5 à 6 jours en été. Si les feuilles pendent, cesser l'arrosage : la plante a déjà eu trop d'eau.

Engrais. Ajouter de l'engrais liquide à l'eau d'arrosage une fois par mois, lorsque la plante croît et fleurit.

Humidité. Ne pas vaporiser. Si l'air est très sec, placer le pot dans un plus grand rempli de tourbe humide. Les kalanchoes supportent mieux l'air sec que la plupart des plantes d'appartement.

Nettoyage. Essuyer les feuilles avec un linge humide tous les 15 jours. S'abstenir de lustrant.

Atmosphère. Eviter les gaz polluants et les radiateurs.

Terre. Terreau frais.

Empotage. Au printemps, de suite après la floraison.

Taille. Enlever les tiges florales mortes et les feuilles malades.

Multiplication. Généralement par semis, de mai à avril, à 21°. On peut aussi faire des boutures de tige de mai à juin. Les jeunes pousses pouvant servir de boutures se développent après qu'on a enlevé les tiges de fleurs mortes.

Longévité. On croit généralement que cette plante est annuelle et bonne à jeter après la floraison. Mais on peut aisément la faire fleurir une deuxième fois, après quoi elle perd sa vigueur et devient très désordonnée. Mieux vaut recommencer avec des plants ou des semis.

Sociabilité. Cette plante se plaît bien parmi d'autres plantes d'appartement. La retirer une fois la floraison terminée.

Facilités/difficultés. Facile.

Empotage

1 - Rempoter au printemps, après la floraison. Bien arroser d'abord.

2 - Préparer un pot plus grand avec un drainage et une couche de terreau frais humide.

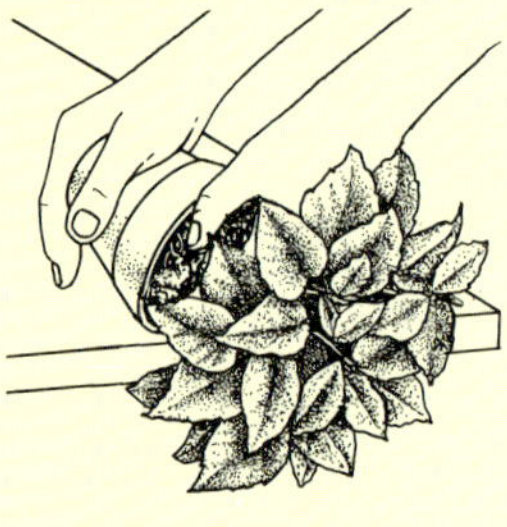

3 - Tenir le pot d'une main en maintenant le terreau de l'autre. Tapoter le bord du pot : la plante et le terreau sortiront.

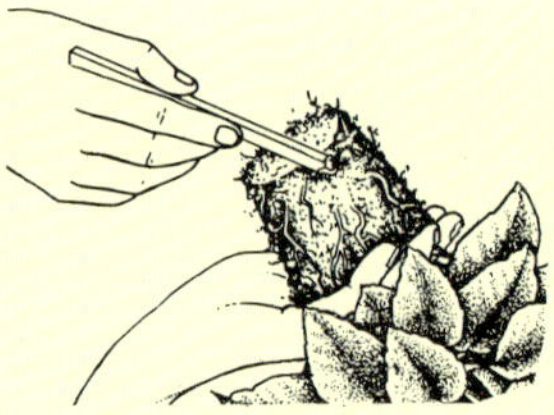

4 - Avec un crayon ou un bâtonnet, dégager la terre sans abîmer les racines.

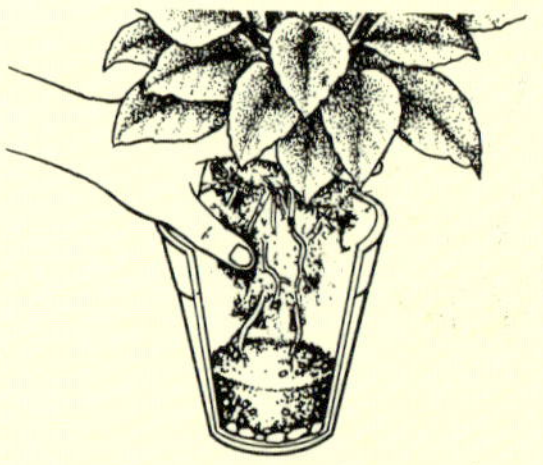

5 - Placer les racines sur le terreau du nouveau pot.

6 - Remplir de terreau frais en recouvrant bien les racines. Bien tasser. Mettre 2 jours à l'ombre, sans eau, pour favoriser l'enracinement.

S.O.S.

1

1 - Plaques mildiousées et noircies sur les feuilles. *Mildiou. Pulvériser de la fleur de soufre ; mieux aérer. Ne pas laisser de l'eau sur les feuilles.*

2

2 - Les feuilles pendent, en hiver surtout. *Surarrosage. Laisser la plante sécher, puis arroser moins souvent.*

3 - Après la floraison, les feuilles nouvelles sont petites. *La plante a besoin d'être rempotée.*

3

Bouturage

1 - Au printemps de nouvelles pousses apparaissent ; elles peuvent servir de boutures. Préparer un petit pot avec un drainage et un mélange de sable et de terreau frais.

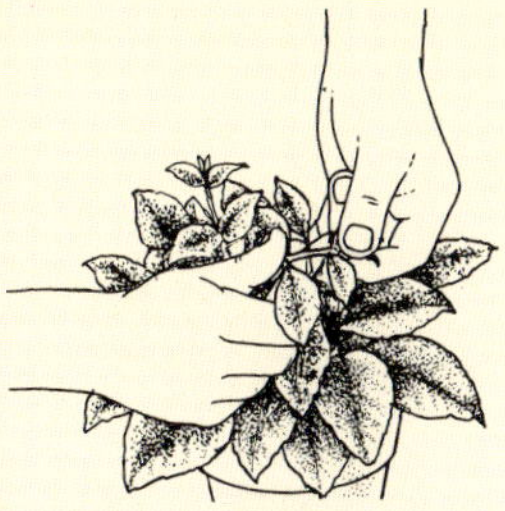

2 - Choisir des pousses ou des extrémités de tige ayant au moins 2 paires de feuilles saines et une pointe de végétation. Couper sous la seconde paire de feuilles. Longueur : 8 à 10 cm

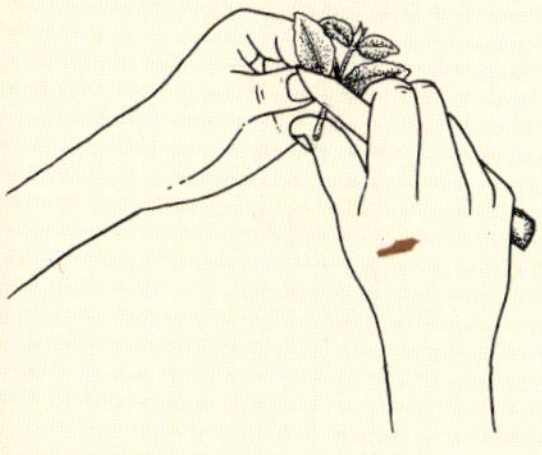

3 - Tailler la tige juste au-dessous d'une feuille.

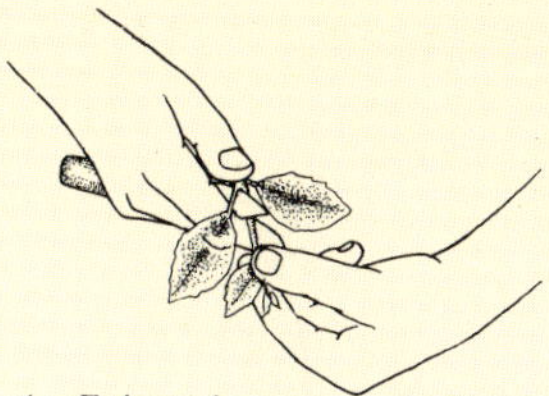

4 - Enlever la paire de feuilles inférieure.

5 - Tremper la coupe dans de la poudre radiculaire aux hormones. Secouer l'excédent.

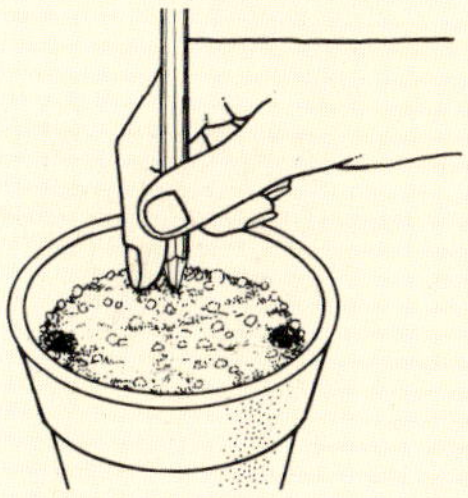

6 - Avec un crayon ou un bâtonnet, faire autour du pot de petits trous dans le terreau.

7 - Enfoncer la bouture de façon que son extrémité touche le fond du trou, les feuilles au ras du sol.

8 - Bien arroser et conserver à 21°. Les pousses ayant bien pris, les rempoter dans du terreau frais.

Buissonnement

La plante buissonnera mieux si les pointes de végétation sont pincées à l'extrémité des tiges principales.

Enlever les fleurs fanées

Après floraison, couper la tige florale juste au-dessus de la 1re paire de feuilles.

Arrosage

1 - Ne jamais surarroser les kalanchoes. Attendre que le terreau soit sec avant de donner de l'eau. Ne pas arroser si les feuilles pendent : la plante a déjà trop d'eau.

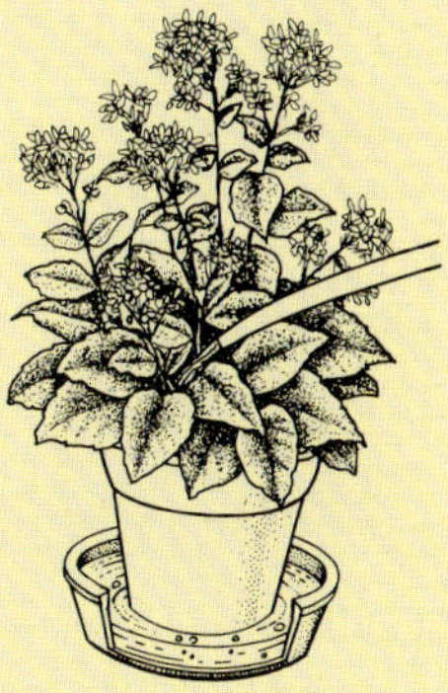

2 - Arroser par le haut, avec de l'eau de pluie si possible. Vider la soucoupe après 15 minutes.

KENTIA

De tous les palmiers, le kentia est probablement le plus répandu en tant que plante d'intérieur. C'est le palmier des jardins d'hiver des palaces, des grands transatlantiques d'autrefois et de l'ère victorienne. Ils sont résistants, et leurs longues feuilles gracieusement arquées à leur sortie du milieu de la plante leur confèrent une élégance toute particulière. On cultive plusieurs plantes dans un seul pot de façon à obtenir un palmier buissonnant et touffu à tous les niveaux.
Ils n'ont qu'un seul habitat indigène : les îles Lord Howe, dans le Pacifique, d'où leur autre nom de genre : *Howea*.
Il en existe deux espèces cultivées : *K. forsteriana,* de loin la plus répandue, l'autre étant *K. belmoreana.* Cette dernière n'est pas aussi robuste, elle est de plus grande taille et préfère des températures plus élevées. Ses feuilles sont plus étroites. La croissance des deux espèces est lente, d'où un prix élevé.
On peut les acquérir (c'est le moyen le moins coûteux) sous forme de plantes isolées d'une hauteur de 30 cm à plus de 1 m. Plusieurs plantes empotées ensemble, même de petite taille, coûtent fort cher, et le prix d'un important groupe de 2,50 m de haut est généralement très élevé.
Choisir les kentias selon la beauté de leur forme. Ils doivent avoir des pousses nouvelles sans que ni les anciennes palmes, ni les extrémités des folioles soient brunies. Se méfier des palmiers à l'apparence jaunâtre et au feuillage maigre. Il s'agit là du palmier jaune, *Areca lutescens,* qui coûte moitié moins cher et dont l'apparence est semblable lorsqu'il est jeune. Bien que gracieux et croissant vite, il finit en vieillissant par différer grandement des kentias.

Les kentias sont d'élégants palmiers très recherchés, mais coûteux.

→ *Kentia forsteriana,* l'espèce la plus courante. Ici, plusieurs plantes ont été empotées ensemble.

← ↓ *Kentia belmoreana.*

Dimensions. Les plantes adultes atteindront 3 à 4 m dans la maison, mais sous les tropiques, des spécimens de *K. belmoreana* de 11 m ne sont pas rares ; *K. forsteriana* est un peu plus petit.

Croissance. Très lente en appartement : une ou deux palmes seulement par an ; un peu plus rapide en serre.

Floraison. Nulle.

Parfum. Inodore.

Lumière. La plante croît mieux bien éclairée mais peut supporter des lieux sombres ou ombragés.

Température. *K. forsteriana* survit bien à 10° en hiver, mais préfère 16°. *K. belmoreana* exige un minimum de 16 à 18° en hiver, et un maximum de 24° en été.

Arrosage. En hiver, garder simplement la plante humide : arroser tous les 10 à 15 jours ; au moins 2 fois par semaine en été.

Engrais. En été, ajouter tous les 15 jours de l'engrais liquide à l'eau d'arrosage.

Humidité. Vaporiser 2 fois par semaine en été, une fois en hiver. De temps à autre, en été, mettre dehors sous la pluie.

Nettoyage. La vaporisation devrait suffire ; néanmoins on a avantage à essuyer les palmes avec un linge humide tous les quelques mois. Ne pas se servir de lustrant qui brunirait les feuilles.

Atmosphère. Très tolérante. Toutefois un séjour prolongé dans une petite pièce mal ventilée ou exposée aux courants d'air, ne lui plaît guère.

Terre. Un mélange composé à parts égales de terreau frais et de terre de bruyère.

Empotage. Une fois par an, au printemps, pour les jeunes plantes. Changer la terre de surface des plantes adultes mises en pots ou dans des bacs. Toujours choisir des pots très profonds pour les palmiers.

Taille. Enlever les palmes mortes qui peuvent se trouver à la base de la plante. Si les extrémités des palmes sont brunes, c'est que l'air est trop sec. Couper les parties mortes et retailler les palmes en pointe sans toucher à leurs parties saines.

Multiplication. A partir de semis frais importés ; tâche réservée aux spécialistes, qui se fait à 27°.

Longévité. Très grande, à condition de ne pas surarroser la plante en hiver, sinon elle pourrit rapidement et meurt.

Sociabilité. Bien qu'elles ressortent davantage isolément, ces plantes forment un bel arrière-plan dans un bac ou une jardinière.

Facilités/difficultés. Plante très facile.

Empotage

1 - Rempoter les jeunes plantes au printemps quand les racines sortent du pot et en l'absence de palmes nouvelles. Bien arroser.

2 - Préparer un pot plus grand avec drainage et une couche de mélange moitié terreau frais, moitié terre de bruyère.

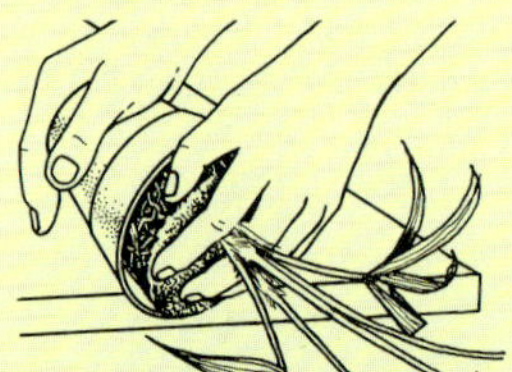

3 - Tenir le pot d'une main, l'autre maintenant le terreau. Tapoter le pot : la plante et le terreau en sortiront. Avec un crayon ou un bâtonnet, enlever la terre sans endommager les racines.

4 - Placer les racines sur le terreau du nouveau pot.

5 - Remplir avec du mélange frais en recouvrant toutes les racines.

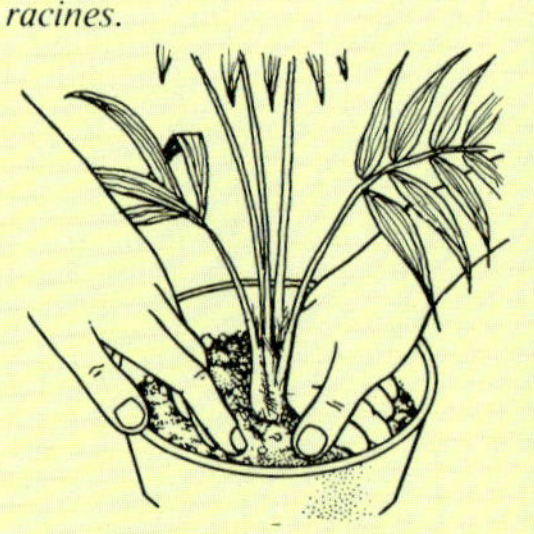

6 - Bien tasser. Mettre 2 jours à l'ombre, sans eau, pour favoriser l'enracinement.

S.O.S.

1 - Les pointes des palmes brunissent. *Air trop sec, souvent dû au chauffage central. Vaporiser souvent ou poser le pot sur un lit de cailloux humides. Ne pas exposer aux courants d'air.*

2 - La palme entière brunit. *Plante desséchée ; l'air est trop sec et trop chaud. Enlever les palmes brunies. Vérifier l'arrosage, mettre au frais et accroître l'humidité.*

3 - La plante noircit et pourrit à sa base. *Surarrosage. Généralement fatal, mais parfois la plante récupère si on la laisse sécher.*

4 - Pas de nouvelles pousses au printemps. *Nécessité de rempoter et de mettre de l'engrais, la terre étant épuisée.*

5 - Insectes blancs ou bruns sur l'envers des palmes et sur les tiges. *Cochenilles. Les enlever une à une avec un tampon imbibé d'alcool dénaturé ou pulvériser un insecticide systémique.*

6 - Les palmes semblent jaunies et présentent des filaments sur l'envers. *Araignées rouges. Pulvériser du derris, du malathion, ou un insecticide systémique. Accroître l'humidité.*

7 - Meurtrissures argentées sur les palmes, insectes volants gris/noirs. *Thrips. Pulvériser un insecticide systémique.*

Changer la terre de surface

1 - Au printemps, renouveler sur 2 ou 3 cm le terreau des plantes dans les grands bacs. Utiliser un bâtonnet ou un déplantoir sans abîmer les racines.

2 - Remplir d'un mélange de terreau et de terre de bruyère.

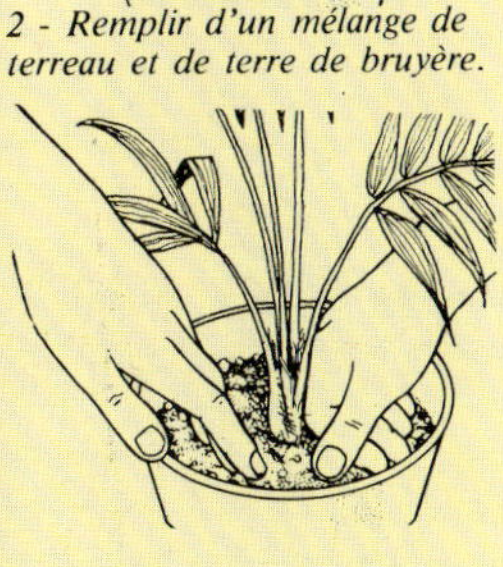

3 - Bien tasser en s'assurant que les racines sont bien recouvertes. Mettre à l'ombre, sans eau, durant 2 jours, pour favoriser l'enracinement.

Culture en semis

Travail délicat à moins de disposer d'un germoir ou d'un bac spécial permettant d'assurer aux graines la chaleur et l'humidité dont elles ont besoin.

1 - Préparer un germoir ou un bac avec une couche de drainage et du terreau pour semis.

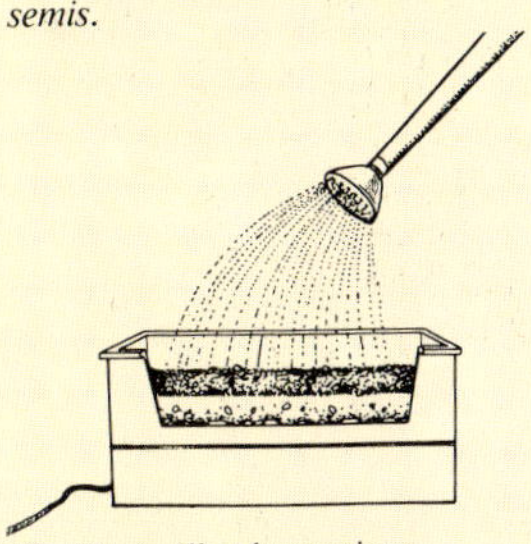

2 - Eparpiller les graines régulièrement ; ajouter une mince couche de terreau, pas plus épaisse que la couche de semis. Bien arroser.

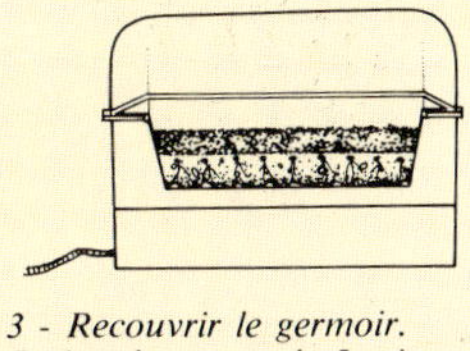

3 - Recouvrir le germoir. Retirer le couvercle 5 minutes par jour pour éviter la pourriture. Garder le terreau humide. Température : 27°.

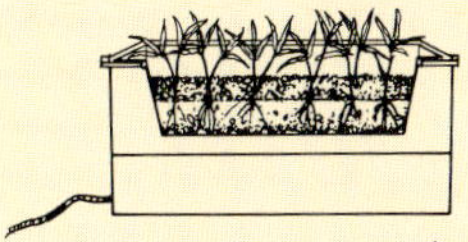

4 - Retirer le couvercle après germination des semis.

5 - Dès que les plants pourront être manipulés, éliminer les plus faibles, laisser un intervalle de 2 ou 3 cm entre ceux qui restent.

6 - Lorsque les plants restants poussent bien, les empoter séparément dans de petits pots.

Nettoyage

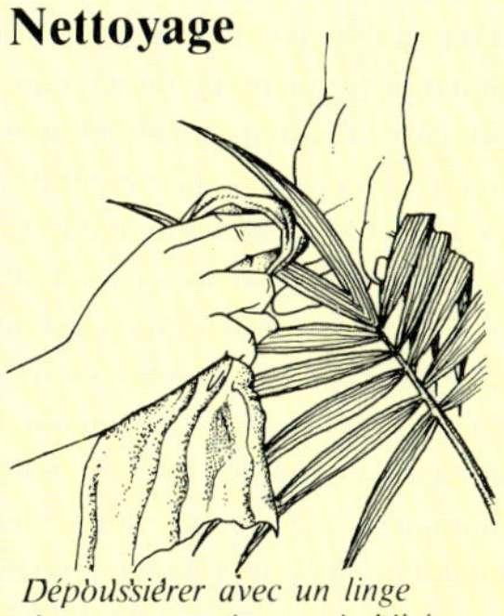

Dépoussiérer avec un linge doux ou une éponge imbibés d'eau tiède. Soutenir la palme de l'autre main. Ne pas utiliser de lustrant.

Vaporisation

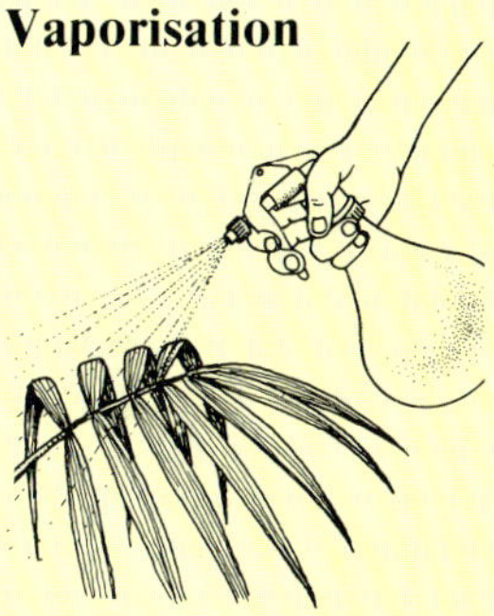

Vaporiser de l'eau 2 fois par semaine l'été, une fois l'hiver.

Taille des palmes

Couper aussi près que possible de la tige principale, les palmes mortes du bas. Si les

pointes des palmes sont brunes et sèches, les couper avec des ciseaux juste au-dessus de la partie saine.

MARANTA ET CALATHEA

De toutes les plantes d'intérieur cultivées pour leur feuillage, les marantas et leurs proches parents, les calatheas, comptent parmi les plus ornementales et les plus spectaculaires. Chaque feuille paraît avoir été peinte à la main de façon différente pour chaque variété. Les calatheas et les marantas appartiennent à la famille des marantacées. Considérés autrefois comme deux genres différents, ils sont aujourd'hui souvent confondus. Les marantas ont généralement une forme très ramassée, les calatheas se redressent davantage mais les deux noms sont souvent utilisés sans distinction.

Les marantas tirent leur nom de Bartolomeo Maranti, botaniste vénitien célèbre au milieu du XVIe siècle. Il en existe quelque quatorze espèces, originaires des régions tropicales de l'Amérique latine. Les calatheas, dont le nom vient du grec *kalathos,* qui signifie panier, sont plus nombreux, comprenant une centaine d'espèces, qui proviennent des régions ci-dessus et des Antilles.

Les deux variétés les plus répandues sont *Maranta leuconeura* « Kerchoveana » qui combine le vert et le noir, et *M. leuconeura* « Erythrophylla » ou « Tricolor », avec des nervures vertes et rouges.

Les calatheas les plus répandus comprennent *C. mackoyana,* la plante-paon, dont les feuilles ovales, très droites, sont légèrement colorées en plusieurs tons de vert, alors que ses tiges sont brunes. Les feuilles de *Calathea* (ou *Maranta*) *insignis* sont plus pointues, mais leurs combinaisons de couleurs non moins belles.

N'acheter des plantes de la famille des marantacées que si leurs couleurs sont très vives, si leur apparence est vigoureuse et si aucune de leurs feuilles n'est fanée.

Les marantas sont splendidement marbrés, différemment selon les variétés.

← *Maranta leuconeura* « Kerchoveana ».

→ *Calathea* (ou *Maranta*) *mackoyana.*

↓ *Maranta leuconeura* « Erythrophylla »

Dimensions. Palissés sur un treillage, les marantas peuvent atteindre 45 cm de diamètre et une hauteur équivalente. Les calatheas parviennent à 1 m de hauteur.

Croissance. A la maison, la feuillaison est de 5 à 6 feuilles par an.

Floraison. Une seule fleur blanche, en été. Plante surtout cultivée pour la beauté de son feuillage.

Parfum. Inodore.

Lumière. Ils n'aiment pas trop la lumière ; ne jamais les placer devant une fenêtre au midi ou à l'ouest. En hiver, toutefois, les exposer à une lumière plus intense.

Température. Quoiqu'ils puissent supporter une température de 10° avec un faible apport d'eau, ils se plaisent mieux à 16° et peuvent même résister à 27 ou 29° si leur taux d'humidité est accru.

Arrosage. Le terreau doit être meuble et humide en tout temps. Arroser 2 à 3 fois par semaine en été, une fois en hiver. Si la température tombe à 10°, arroser tous les 10 jours.

Engrais. Durant la croissance, ajouter tous les 15 jours, à l'eau d'arrosage, la moitié de la dose d'engrais liquide recommandée.

Humidité. Ces plantes ont besoin d'une forte humidité. Vaporiser journellement en été et placer le pot sur des cailloux humides. En hiver, vaporiser une ou deux fois par semaine.

Nettoyage. La vaporisation devrait assurer la propreté des plantes ; sinon essuyer délicatement les feuilles avec un linge doux et humide. S'abstenir de tout lustrant.

Atmosphère. Les préserver des courants d'air et des gaz polluants.

Terre. Un mélange moitié terreau, moitié terre de bruyère.

Empotage. Généralement, une fois par an, au printemps. Veiller à un bon drainage ; ne pas trop tasser le terreau.

Taille. Enlever les pousses désordonnées et les feuilles desséchées ou meurtries.

Multiplication. Diviser délicatement les racines et les tiges au printemps lors du rempotage.

Longévité. Plante assez difficile mais qui peut durer des années si elle est bien soignée. Mieux vaut la diviser tous les 3 ans pour maintenir sa vigueur.

Sociabilité. Se plaisent dans les bacs avec d'autres plantes qui leur fournissent de l'humidité, notamment avec toutes les plantes à feuilles vertes tels que *Ficus,* philodendrons, dracaenas, etc.

Facilités/difficultés. Plante réservée à l'amateur averti des soins à donner aux plantes d'appartement.

Empotage

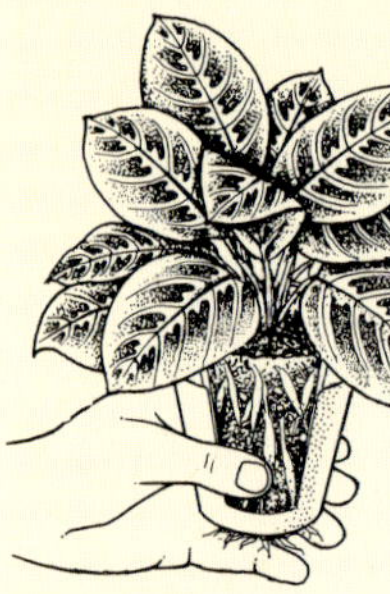

1 - Rempoter au printemps lorsque la plante est trop touffue et ne croît plus. Bien arroser.

2 - Préparer un pot plus grand avec un drainage et un mélange de terreau et terre de bruyère humide.

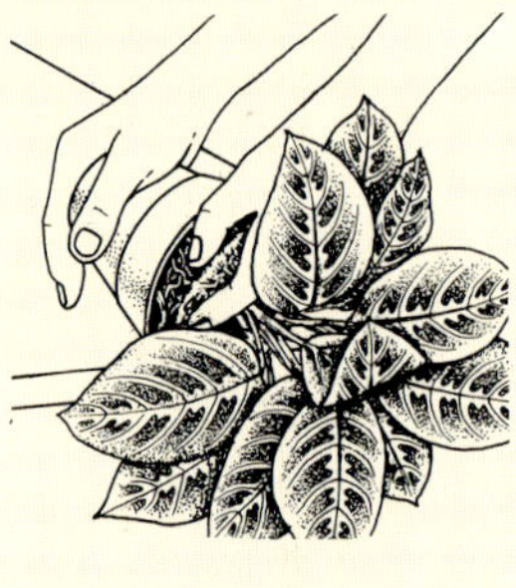

3 - Tenir le pot d'une main en maintenant le terreau de l'autre. Tapoter le pot : la plante et le terreau s'en dégageront.

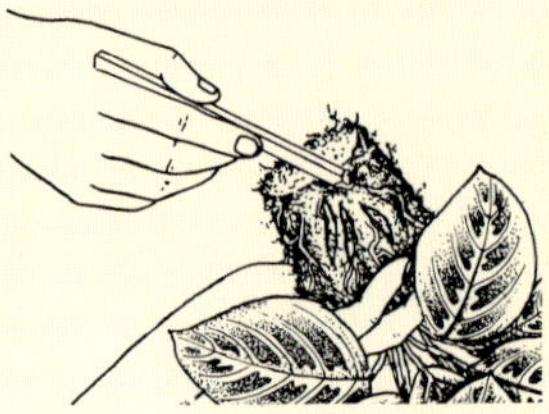

4 - Avec un crayon ou un bâtonnet, enlever la terre sans endommager les racines.

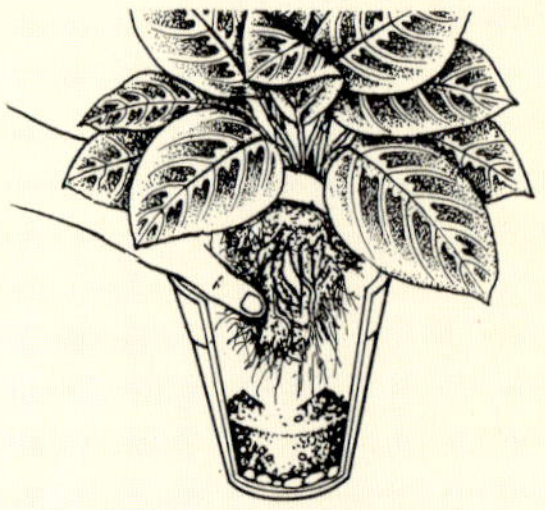

5 - Placer les racines sur le terreau du nouveau pot.

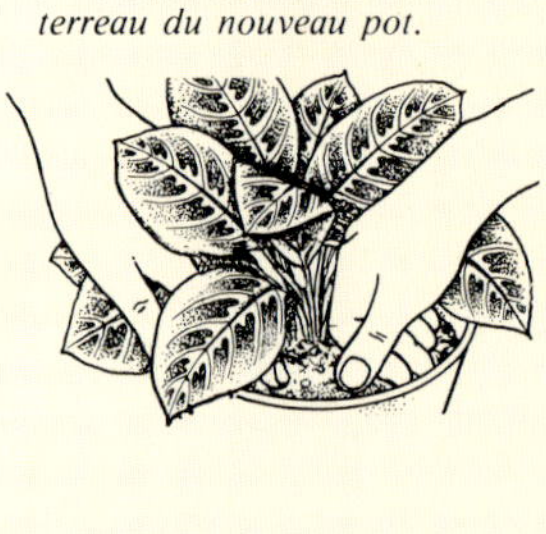

6 - Remplir de terreau frais en recouvrant bien les racines, mais sans trop tasser. Mettre à l'ombre 2 jours, sans arroser, pour favoriser l'enracinement.

S.O.S.

1 - Les feuilles s'enroulent et se fanent. *Trop sec et trop froid. Accroître la température et augmenter peu à peu l'arrosage. Mettre la plante à l'abri des courants d'air.*

2 - Les feuilles pâlissent. *Trop de soleil direct. Placer la plante dans un endroit un peu abrité. Si la pâleur persiste, donner de l'engrais une fois par semaine durant la période de croissance.*

3 - Feuilles flétries, filaments sur l'envers. *Araignées rouges. Pulvériser du derris, du malathion ou un insecticide systémique. Accroître l'humidité.*

Division des racines

Au début du printemps, diviser les vieilles plantes.

1 - Préparer 2 pots avec une couche de drainage et du terreau.

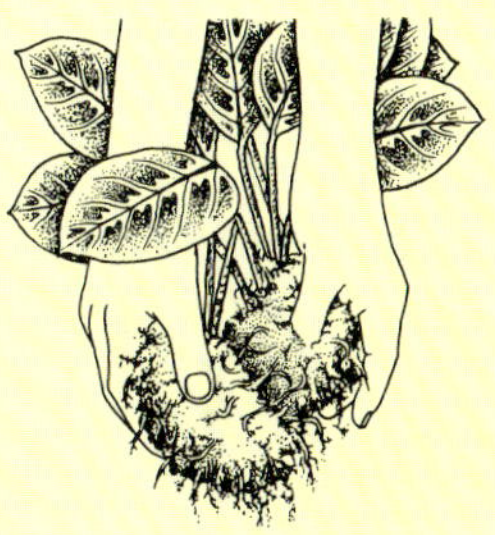

3 - Séparer doucement à la main les racines et les tiges.

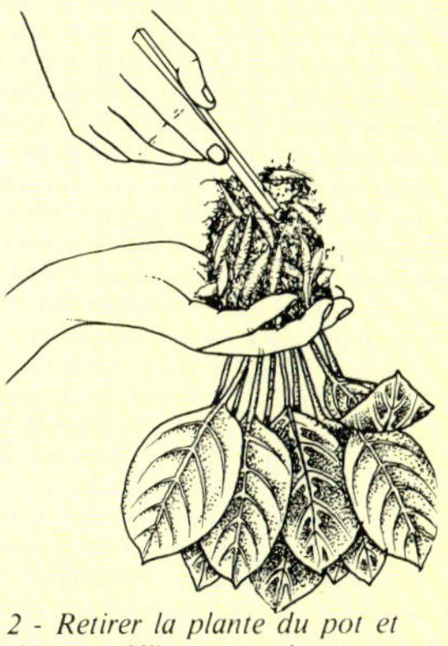

2 - Retirer la plante du pot et dégager délicatement le terreau.

4 - Rempoter les deux parties comme à l'accoutumée.

Taille

Enlever les pousses anarchiques pour favoriser une forte croissance au centre.

Enlever les feuilles mortes

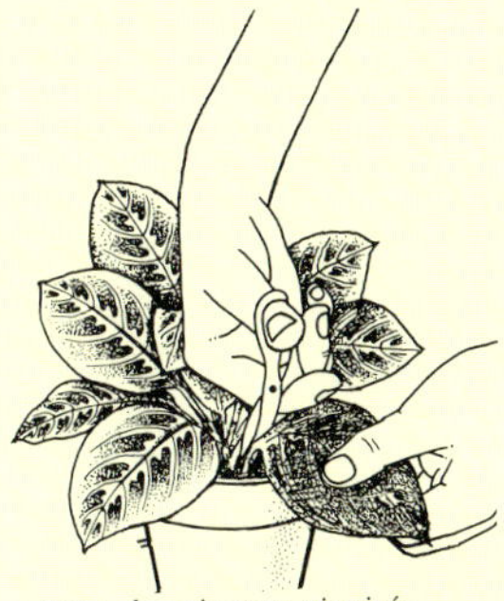

Avec des ciseaux aiguisés, couper la feuille tout à fait desséchée à la base.

Nettoyage des feuilles

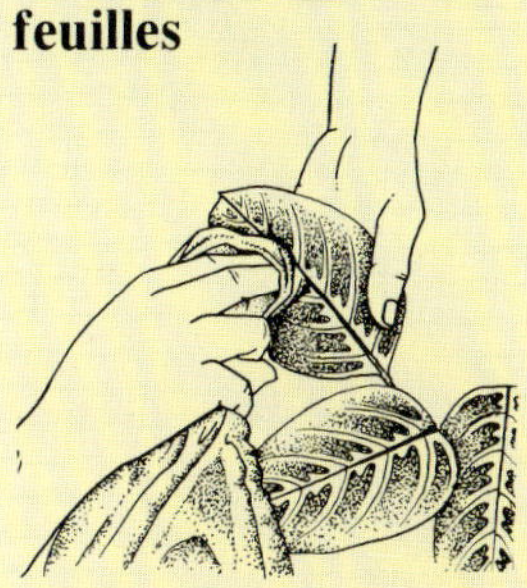

Avec un linge doux et une éponge trempée dans de l'eau tiède, nettoyer la feuille en la soutenant de l'autre main. Jamais de lustrant.

Humidité

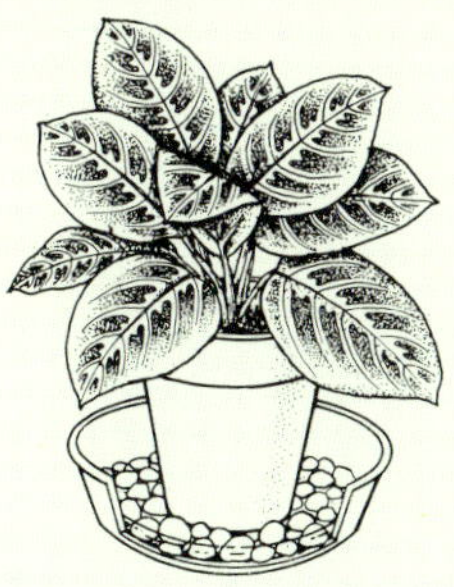

Placer le pot dans une soucoupe avec de l'eau, du gravier et des cailloux ; la base du pot doit être hors de l'eau.

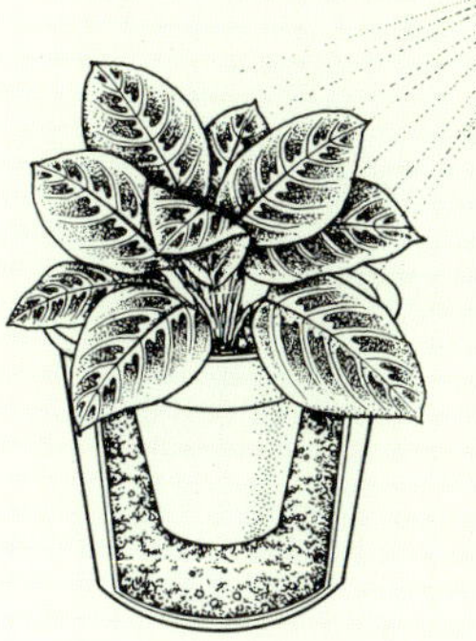

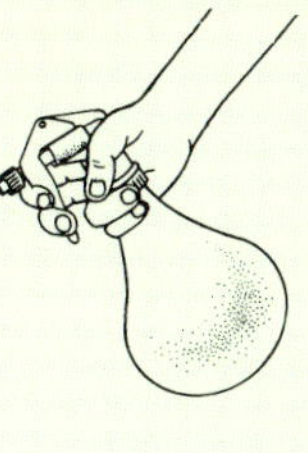

Les marantas et les calatheas ont besoin de beaucoup d'humidité. Vaporiser tous les jours en été, une ou deux fois par semaine en hiver.
Placer le pot dans un second récipient garni de tourbe humide.

Arrosage

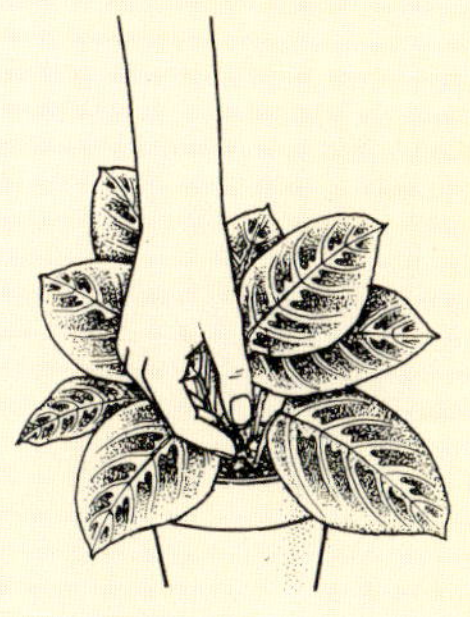

1 - Tâter le terreau. S'il est meuble et friable, la plante a besoin d'eau.

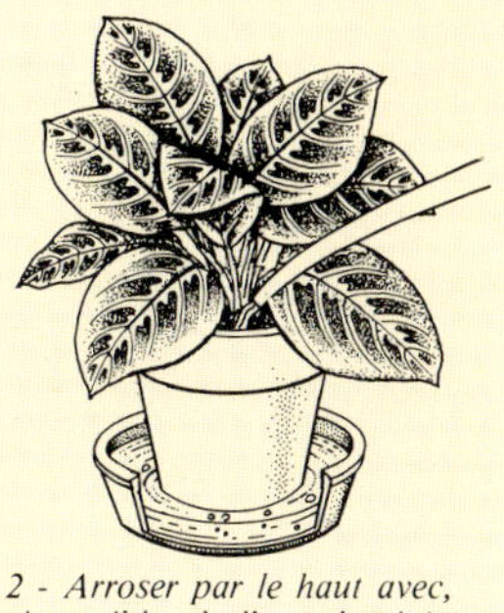

2 - Arroser par le haut avec, si possible, de l'eau de pluie. Au bout de 15 minutes, vider la soucoupe.

MONSTERA DÉLICIEUX OU FAUX PHILODENDRON

Bien cultivé, le monstera est une plante des plus élégantes. En appartement, il atteint facilement, quoique lentement, une hauteur de 2,30 m. Appartenant à la famille des aracées (ou arums), il est très proche des philodendrons et fait partie des quelque trente espèces de plantes tropicales à feuilles persistantes, originaires des Antilles et de l'Amérique centrale. L'un de ses noms vulgaires, arbre à pain du Mexique, vient de sa gousse qui contient une pulpe comestible enrobant les graines.

Les feuilles peuvent atteindre 60 cm de largeur. Elles sont profondément découpées et trouées, signe que des vents forts règnent dans son pays d'origine. En effet, les trous laissent passer le vent sans obstacle, ce qui évite aux feuilles d'être mises à mal.

C'est une plante rampante, et un fort tuteur est nécessaire si on veut la faire grimper. Elle produit normalement des racines aériennes qui, dans la nature, la tiennent en place. On ne doit pas les enlever, car elles embellissent la plante et souvent s'agrippent au tuteur, moussu ou non.

Alors que le monstera nécessite peu d'entretien à la maison, il lui faut beaucoup de place. Il ne faudrait pas le confondre avec *Philodendron pertusum,* qui a des feuilles analogues mais plus petites et qui pousse beaucoup plus vite.

A l'achat, il faut s'assurer du parfait état des feuilles qui doivent être d'un beau vert profond. On distingue les feuilles fendues naturellement des feuilles endommagées par le fait que ces dernières sont desséchées et brunies autour de la déchirure. Les jeunes feuilles sont d'un joli vert pâle.

↓ Le faux philodendron est une plante d'intérieur des plus en vogue. Ses superbes feuilles sont naturellement trouées et fendues.

→ Ce spécimen de *Monstera deliciosa* a des feuilles d'âges différents. Les inférieures, plus jeunes, sont cordiformes, les plus âgées coupées aux angles. Seule la feuille supérieure est complètement trouée.

Dimensions. Bien que normalement achetée en pot de 12 cm et de 45 à 60 cm de haut, cette plante grandira petit à petit. Les feuilles atteindront 45 cm de largeur, et la plante pourra atteindre 2,30 m de hauteur au bout de nombreuses années.

Croissance. Lente. Plante qui ne produit qu'une ou deux feuilles par an maximum.

Floraison. En été, on verra apparaître sur une plante adulte une fleur jaunâtre rapidement suivie d'un fruit comestible une fois bien mûr.

Parfum. Inodore.

Lumière. Supporte les lieux sombres, d'où sa vogue comme plante d'intérieur. La préserver des rayons directs du soleil, en particulier durant l'été.

Température. En hiver, un minimum de 13°, mais elle supporte 10° avec un apport d'eau réduit. En été, elle se plaît bien jusqu'à 24°.

Arrosage. Elle n'aime pas être surarrosée et il vaut mieux la laisser sécher entre deux arrosages, auxquels on procède selon l'état de la terre. En général, en été, un arrosage par semaine ; en hiver, une fois par quinzaine.

Engrais. En été, durant la croissance de la plante, ajouter toutes les 3 semaines de l'engrais à l'eau d'arrosage.

Humidité. Comme toutes les plantes de la jungle, elle a besoin de beaucoup d'humidité. Vaporiser régulièrement à l'eau douce et placer le pot sur des cailloux humides ou dans un second pot plus grand garni de tourbe humide.

Nettoyage. Avec un linge humide, en soutenant la feuille de l'autre main. On peut employer un lustrant pour feuilles tous les 2 mois, la plante acquerrant ainsi un aspect luisant.

Atmosphère. Très tolérante. Convient bien pour bureaux et salles d'exposition.

Terre. Préfère les mélanges moitié terreau, moitié terre de bruyère, permettant un bon écoulement de l'eau.

Empotage. Une fois l'an au printemps. Si la plante a atteint la taille voulue, renouveler seulement le terreau de surface. La tuteurer.

Taille. Non indispensable. Si la plante grandit trop, on peut couper la partie supérieure, l'enraciner, et de nouvelles pousses apparaîtront.

Multiplication. Au début de l'été, dans un germoir entre 24 et 27°, en bouturant les extrémités des tiges. Des boutures d'entre-nœuds peuvent également être utilisées, mais elles croissent plus lentement, à 34°. Les boutures d'extrémités de tiges s'enracinent aussi placées dans l'eau.

Longévité. Plante très durable nécessitant peu de soins.

Sociabilité. Les monsteras encore jeunes se plaisent avec toutes les plantes vertes et à feuillage coloré. Une fois adultes, mieux vaut les cultiver seuls.

Facilités/difficultés. Plante parfaite pour les débutants.

Humidité

Placer le pot dans une soucoupe remplie d'eau et de cailloux. La base du pot doit être hors de l'eau,

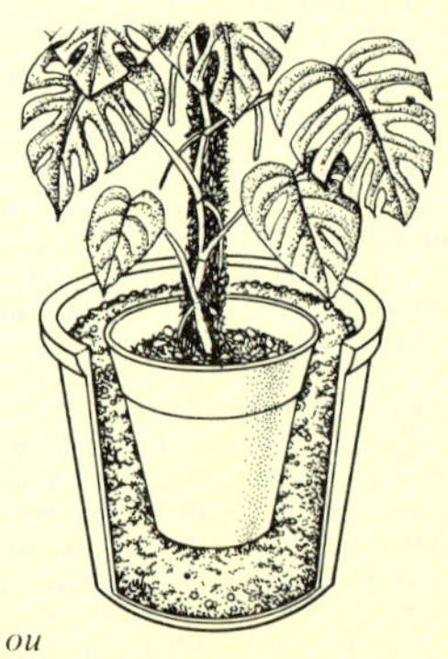

ou placer le pot dans un second, garni de tourbe humide.

Vaporisation

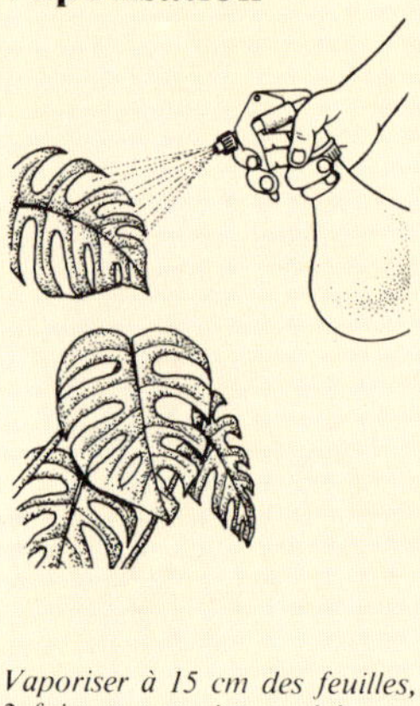

Vaporiser à 15 cm des feuilles, 2 fois par semaine en été, une fois en hiver.

Nettoyage

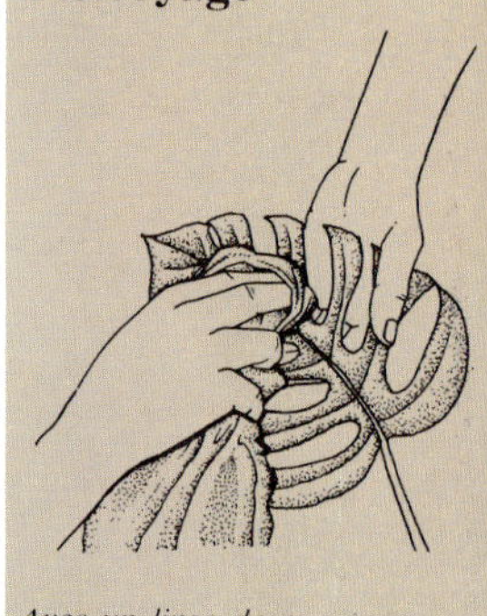

Avec un linge doux ou une éponge imbibée d'eau tiède, dépoussiérer en soutenant la feuille de l'autre main. On peut utiliser un lustrant une fois tous les 2 mois.

S.O.S.

1 - Taches noires sur les feuilles. *Trop froid. Placer plus au chaud.*

2 - Les feuilles inférieures jaunissent, puis brunissent, surtout en hiver. *Surarrosage. Laisser la plante sécher jusqu'à ce qu'elle récupère, puis arroser moins souvent.*

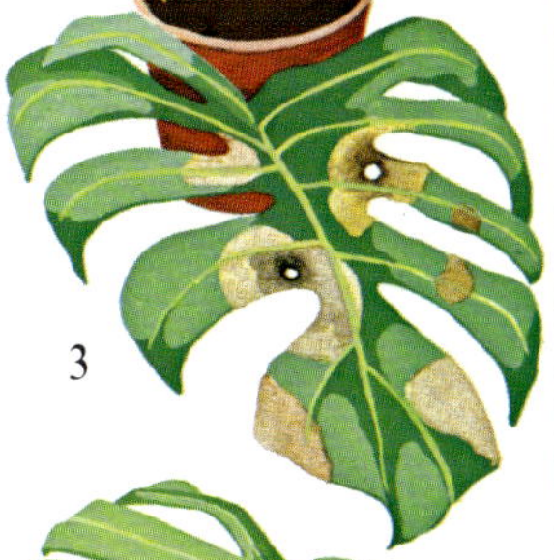

3 - Feuilles pâles et percées de trous ronds dans les parties roussies. *Trop grande exposition au soleil. Mettre dans un endroit semi-abrité.*

4 - Feuilles pâles. *Sous-alimentation. Mettre de l'engrais durant la période de croissance.*

5 - Feuilles pâles avec des filaments sur l'envers. *Araignées rouges. Pulvériser du derris, du malathion ou un insecticide systémique. Accroître l'humidité.*

Changer la terre de surface

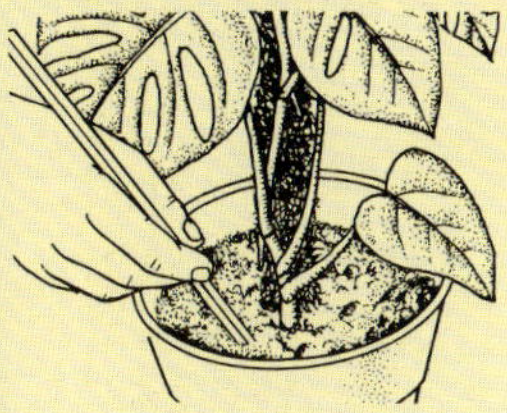

1 - Si la plante a plus de 1 m de haut, ne pas rempoter. Arroser. Retirer 2 ou 3 cm de l'ancien terreau. Ne pas endommager les racines.

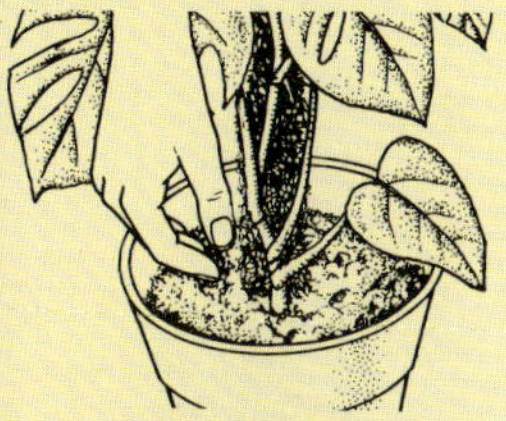

2 - Remplir de terreau frais.

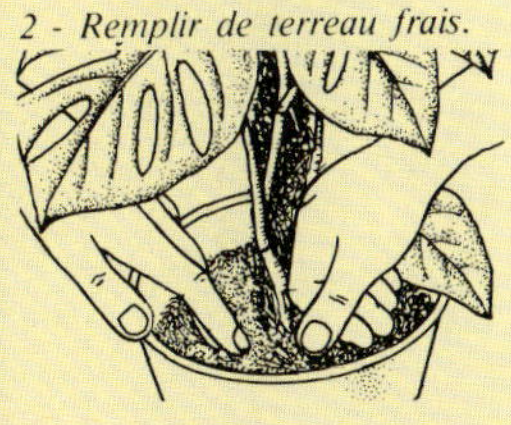

3 - Bien tasser tout autour en recouvrant toutes les racines. Laisser à l'ombre, sans eau, pendant 2 jours, pour favoriser l'enracinement.

Tuteurage

1 - Préparer un nouveaut pot avec drainage et une couche d'un mélange moitié terreau, moitié terre de bruyère.

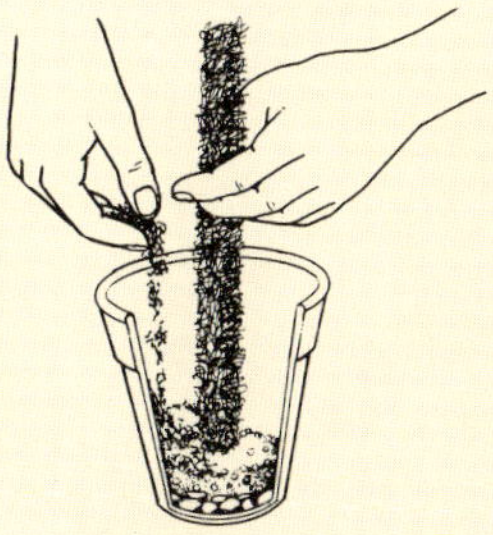

2 - Enfoncer le bâton moussu et ajouter un peu de terreau autour pour le consolider.

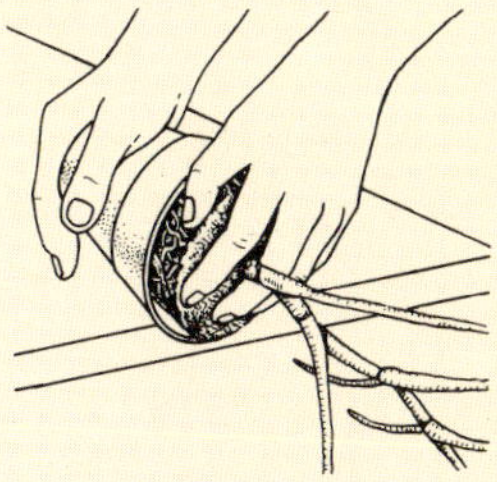

3 - Retirer la plante du pot.

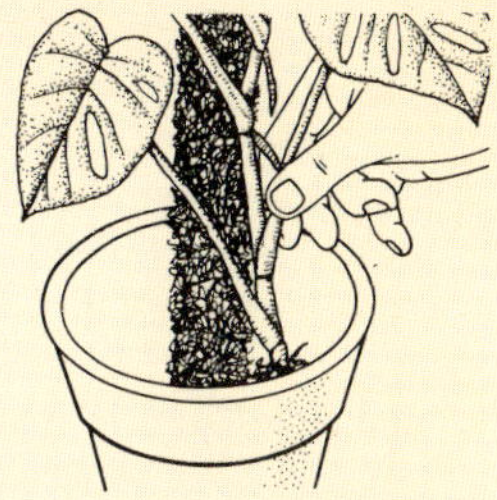

4 - Mettre la plante dans le pot à côté du bâton moussu.

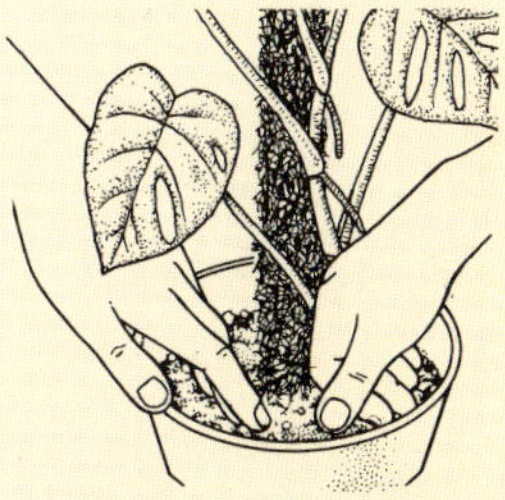

5 - Remplir de terreau frais, en couvrant bien les racines. Bien tasser.

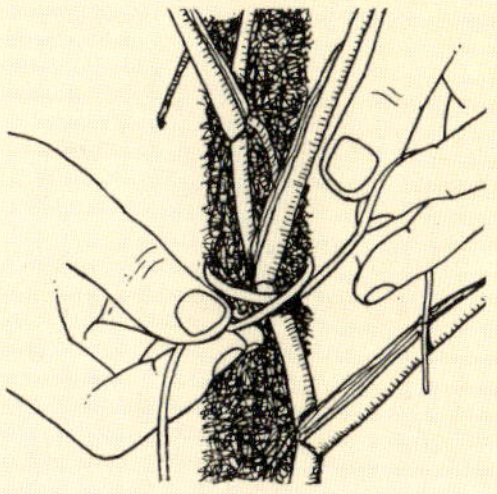

6 - Attacher la tige à intervalles réguliers avec du raphia ou de la ficelle.

Multiplication dans l'eau

Prélever des boutures au début de l'été.
1 - Mettre 3 ou 4 bouts de charbon de bois dans un bocal peu profond rempli d'eau aux 2/3.

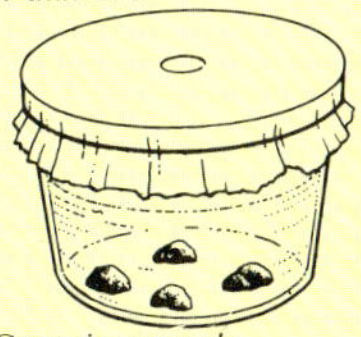

2 - Couvrir avec de l'aluminium ménager fixé avec un élastique ou une ficelle. Percer un trou dans l'aluminium.

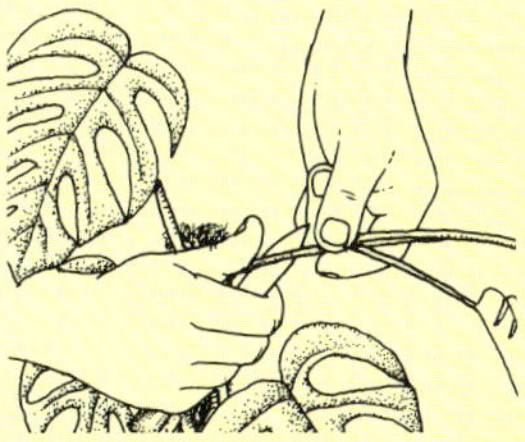

3 - Couper l'extrémité de la tige avec 2 feuilles juste au-dessus de la 3ᵉ feuille et tailler la bouture juste sous la 2ᵉ feuille.

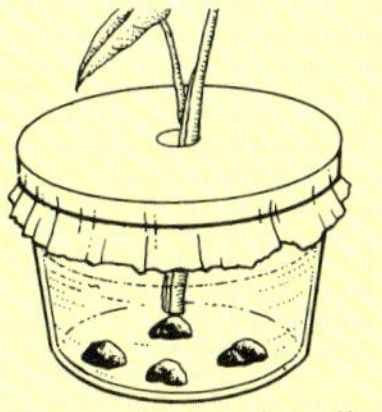

4 - Plonger la tige dans l'eau à travers l'aluminium ; garder au chaud : 24 à 27°

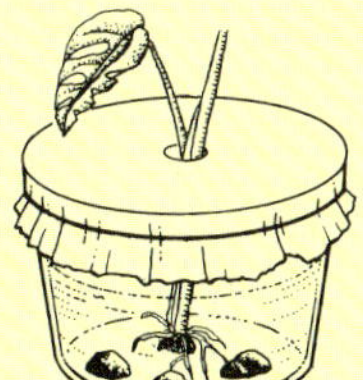

5 - Dès formation des nouvelles racines, empoter les boutures.

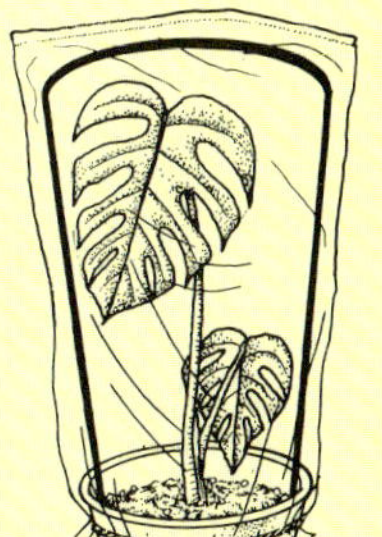

6 - Arroser. Recouvrir de polyéthylène pendant quelques jours pour accroître l'humidité.

BANANIER NAIN

Cette plante est cultivée depuis l'antiquité et, incidemment, montre bien l'étendue de l'Empire romain puisqu'elle a été introduite en Europe par des légionnaires revenant au foyer. Elle tire son nom de Antonius Musa, médecin d'Octave Auguste, premier empereur de Rome, 62 à 14 avant J.-C. Elle appartient à la famille des musacées, comprenant une quarantaine d'espèces répandues dans les tropiques. Dans la nature, ce sont de grands arbres aux feuilles démesurées, cultivés pour leurs fruits qui constituent un aliment très important. Les espèces petites étaient fort appréciées pour les jardins d'hiver de l'époque victorienne.

Le bananier nain est une plante très accommodante, aimant la chaleur pourvu que ses racines et l'air ambiant soient humides. Elle poussera aussi à la maison à une température minimale de 15°. Toutefois, ses feuilles, qui peuvent atteindre 1 m de long et 30 cm de large, sont très fragiles. Leur éviter les chocs car elles se fendent facilement le long de leurs nervures.

On ne cultive couramment qu'une seule espèce en tant que plante d'intérieur, *Musa cavendishii,* le bananier nain des Canaries. Originaire de Chine, introduit en Europe en 1829, son fruit est comestible et il est cultivé sur une grande échelle aux Canaries et en Floride. On peut cultiver cette espèce à la maison mais elle a besoin de beaucoup de lumière. L'hydroculture est possible mais il vaut mieux la multiplier à partir d'un sujet adulte planté en terre plutôt que baignant dans l'eau.

Etant donné que son fruit est sans pépins, on doit la multiplier par des rejetons enracinés. Les plantes qui vivent grâce à leurs propres racines, auront une hauteur minimale de 60 cm et sont fort coûteuses. Les plantes plus petites provenant de graines appartiennent à d'autres espèces. Choisir une plante comportant de jeunes pousses, dont les feuilles sont intactes et non brunies sur les bords. La transporter avec grand soin.

Dimensions. 1,50 m à 2 m de haut. Les feuilles peuvent atteindre 1 m de long et 30 cm de large.

Croissance. De 60 cm à 1 m par an.

Floraison. Juin et juillet. Fleurs petites ; une plante adulte fructifie.

Parfum. Inodore.

Lumière. Ces plantes ont besoin de beaucoup de lumière ; elles ne craignent pas l'exposition directe au soleil à condition d'avoir assez d'eau, sinon, elles roussiront.

Température. A température ambiante, mais ne jamais placer la plante dans une pièce à moins de 15°.

Arrosage. Arroser abondamment en été, 2 à 3 fois par semaine ; en hiver tous les 10 jours.

Engrais. Engrais liquide tous les 15 jours.

Humidité. Placer le pot sur des cailloux humides et vaporiser une ou deux fois par semaine. Si la plante est exposée au soleil, enlever délicatement l'eau excédentaire.

Nettoyage. Par vaporisation ou époussetage. A noter que les feuilles sont minces et très cassantes. S'abstenir de lustrant.

Atmosphère. Aiment une bonne aération, un air confiné leur est néfaste.

Terre. Un mélange contenant 1 part de terre à cactées, 2 parts de terreau et 2 parts de tourbe.

Empotage. Tous les printemps. Dès que la plante est trop grande pour être rempotée, remplacer la couche de surface.

Taille. Inutile, sauf pour enlever les feuilles mortes au bas de la plante et les vieilles tiges qui ont fructifié et qui sont mortes.

Multiplication. *M. cavendishii* n'a pas de graines et ne peut être multipliée que par des rejetons prélevés sur la plante-mère au printemps et empotés par forte humidité et à une température de 18 à 21°. Certaines variétés peuvent être multipliées par semis au printemps à une tempéraure de 21 à 27°. Plonger les graines 72 heures dans l'eau avant de les semer.

Longévité. 4 à 5 ans. Si la plante fructifie, la tige portant les fruits mourra généralement après apparition de 2 ou 3 rejetons assurant sa multiplication.

Sociabilité. En raison de ses feuilles larges et pendantes, mieux vaut la faire pousser seule. On peut toutefois la placer dans une serre de grandes dimensions où toute association de plantes tropicales est possible.

Facilités/difficultés. Avec un minimum de soins, cette plante se développera bien à l'intérieur, à condition d'avoir assez d'espace.

← Les feuilles de toutes les espèces de *Musa* sont délicates et facilement déchirées.

→ *Musa cavendishii.* Cette espèce fructifie et peut atteindre 2 m.

↓ *Musa ensete* « Rubra » peut être multipliée par des semis ; elle ne fructifie que rarement à la maison.

Humidité

Le bananier nain peut supporter une forte température s'il a toute l'humidité requise.

Mettre le pot dans un plus grand, garni de tourbe humide, ou placer le pot sur une soucoupe avec eau, cailloux ou graviers ; la base du pot doit être hors de l'eau.

Nettoyage des feuilles

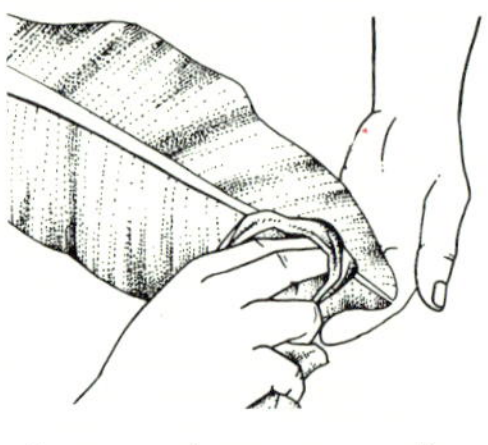

Avec une éponge ou un linge doux imbibé d'eau tiède, dépoussiérer en soutenant la feuille de l'autre main. Ces feuilles sont très fragiles. S'abstenir de lustrant.

Vaporisation

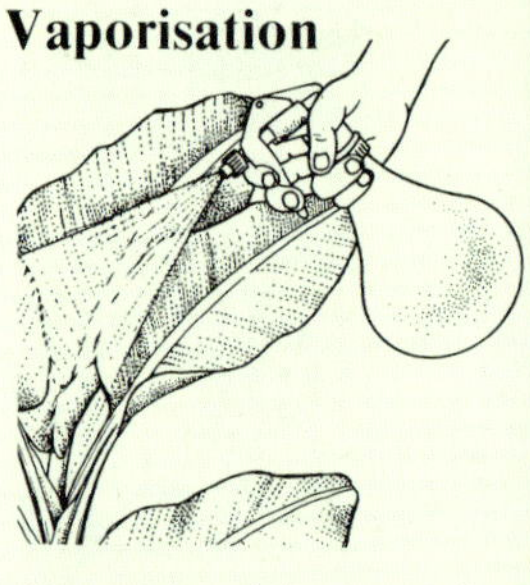

Une ou deux fois par semaine. Ne pas exposer les feuilles mouillées directement au soleil ; secouer doucement l'eau excédentaire.

S.O.S.

1 - Les bords des feuilles brunissent et sèchent. *Air et terreau trop secs. Arroser plus et accroître l'humidité.*

2 - Pourriture gluante sur les tiges et le stipe. *Trop d'eau et/ou vaporisation par temps froid. Pulvériser du soufre et accroître la température.*

3 - Pas de nouvelles pousses au printemps. *Terreau épuisé. Rempoter et alimenter régulièrement.*

4 - Feuilles déformées et déchirées. *Manque de soin ou arrosage trop puissant par le haut. Mettre la plante à l'abri des chocs. Enlever les lambeaux dès apparition de nouvelles feuilles.*

5 - Plaques laineuses blanches, surtout aux aisselles des plus vieilles feuilles. *Cochenilles. Les enlever une à une avec un tampon imbibé d'alcool dénaturé ou pulvériser du malathion ou un insecticide systémique.*

Changer la terre de surface

1 - Rempoter les jeunes plantes tous les printemps. Si elles sont grandes, retirer seulement 2 ou 3 cm de terre de surface. D'abord bien arroser.

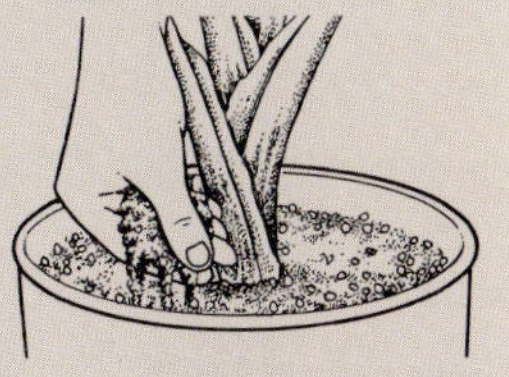

2 - Remplir de mélange frais.

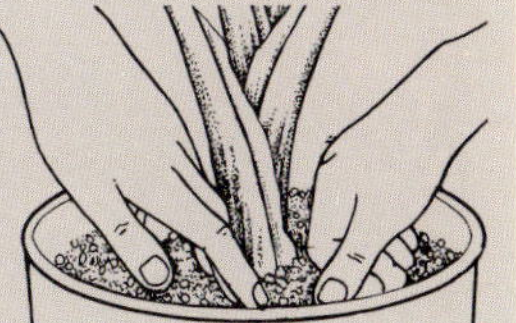

3 - Tasser fermement tout autour en couvrant bien les racines.

4 - Laisser à l'ombre, sans eau, pendant 2 jours, pour favoriser l'enracinement.

Culture en semis

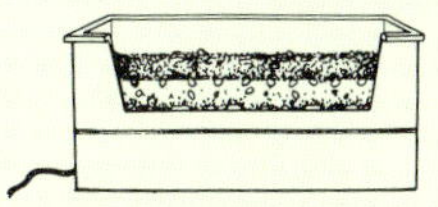

1 - On peut multiplier certaines espèces par semis. Plonger les semences 72 heures dans l'eau. Préparer un germoir avec un drainage et une couche de terreau pour semis.

2 - Semer les graines avec régularité et ajouter une mince couche de terreau, égale à la profondeur du semis. Bien arroser.

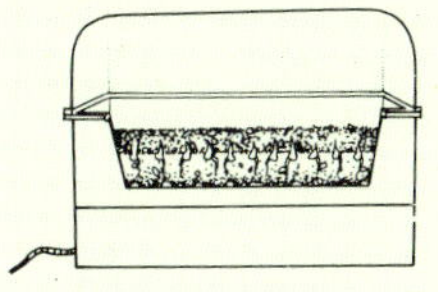

3 - Couvrir le germoir. Retirer le couvercle 5 minutes par jour pour éviter la pourriture. Le terreau ne doit pas se dessécher. Maintenir une température de 21 à 27°.

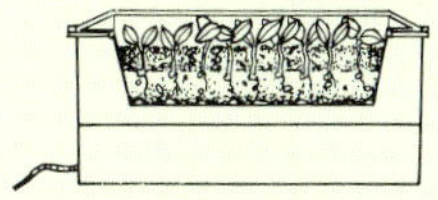

4 - Les graines ayant germé, retirer le couvercle.

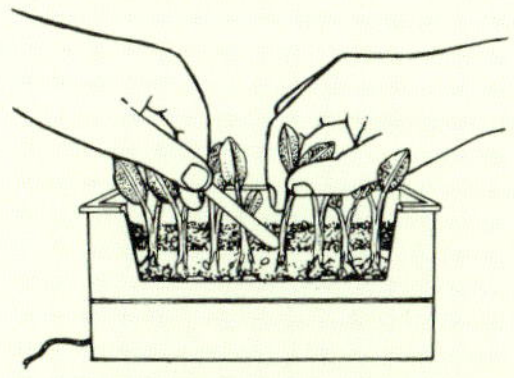

5 - Dès que les pousses peuvent être maniées, enlever les plus faibles en laissant 2 ou 3 cm entre les plants.

6 - Une fois qu'ils poussent bien, les empoter séparément dans de petits pots.

Multiplication par rejetons

Lorsque Musa cavendishii *a atteint environ 2 m de haut, des rejetons peuvent apparaître à sa base.*

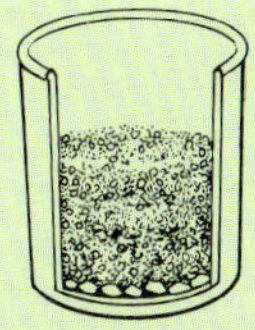

1 - Préparer un nouveau pot avec un drainage et du terreau.

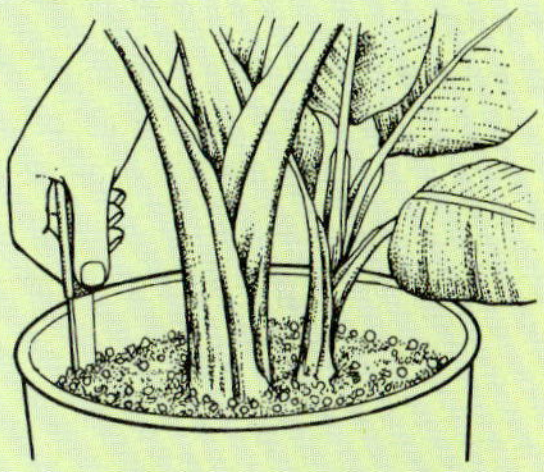

2 - Dégager le terreau au couteau sur tout le pourtour du pot. Retirer la plante, la maintenant fermement à la base et soutenant la partie supérieure.

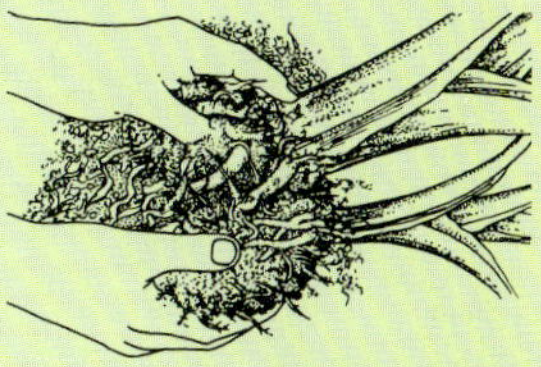

3 - Délicatement, séparer racines et tiges à la main. Les rejetons auront des racines.

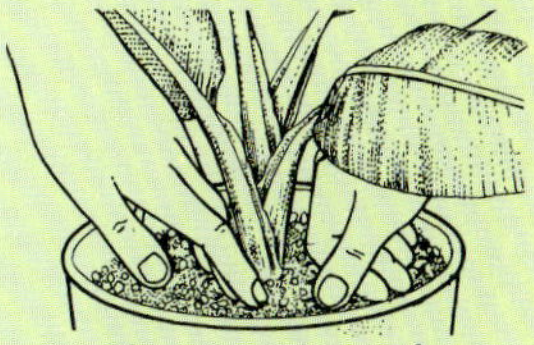

4 - Placer les rejetons dans un nouveau pot, en tassant le terreau. Arroser et couvrir de polyéthylène pour accroître l'humidité.

NEOREGELIA DE CAROLINE

Quel dommage que les botanistes n'aient pas su se mettre d'accord sur le nom de ce très remarquable bromélia ! A l'origine, il existait deux genres, *Nidularium,* signifiant « nid d'oiseau », et *Aregalia,* du nom d'un célèbre botaniste russe, E.A. von Regal, qui vivait à St-Pétersbourg au XIXe siècle. Ces deux genres, bien que différant quelque peu, surtout par leurs fleurs, ont été amalgamés sous le nom de *Neoregelia,* ce qui n'empêche pas de les trouver sous les deux appellations chez les fleuristes.

Ce sont tous de bonnes plantes d'intérieur. Ils se prêtent particulièrement à la compagnie d'autres plantes, placées dans des jardinières ou des bacs. Presque toutes originaires de la jungle brésilienne, elles furent introduites en Europe en tant que plantes d'intérieur au milieu du XIXe siècle. Elles sont caractérisées par leurs feuilles rigides lancéolées, rayonnant autour de la rosette au fond de laquelle apparaissent de petites fleurs généralement carmin. On doit tenir le centre de la rosette plein d'eau car c'est d'elle que la plante se nourrit principalement, et non du terreau. Les fleurs elles-mêmes sont insignifiantes mais, à leur apparition, les feuilles entourant la rosette deviennent érubescentes et demeurent rouge vif très longtemps.

La plus frappante de ces plantes est *Neoregelia carolinae tricolor,* car, outre un centre rouge vif, elle a des feuilles radiales vertes rayées de jaune. Une nouvelle variété a été récemment commercialisée, *N. c. tricolor* « Perfecta », dont les couleurs sont encore plus vives. Les feuilles de *N. c.* « Marechalli » sont vertes, et son centre cramoisi peut s'étendre sur presque la moitié de la plante. *N. spectabilis* est moins connue ; seules les extrémités de ses feuilles sont colorées de rouge.

A l'achat, s'assurer que les feuilles sont jeunes et brillantes. Aucune trace de vieilles fleurs ne doit subsister au centre de la rosette.

Dimensions. *N. carolinae tricolor* est la plus grande des neoregelias ; son diamètre atteint facilement 60 cm alors que celui des autres est normalement de 40 à 45 cm.

Croissance. Lente à la maison ; 2 à 3 ans pour passer de l'état de plant à celui de plante fleurie.

Floraison. Généralement en été mais peut fleurir toute l'année. La couleur rouge est plus persistante que les fleurs elles-mêmes.

Parfum. Inodore.

Lumière. Aime la pleine lumière ; ses couleurs sont plus vives si elle est exposée modérément au soleil. En été, éviter le soleil de midi.

Température. Mieux vaut lui assurer toute l'année une température de 15°, mais elle supporte 13° en hiver, et 21° en été.

Arrosage. La rosette doit toujours contenir de l'eau. Changer l'eau une fois par semaine environ si possible. En hiver, cette eau suffit ; ne pas arroser le terreau. En été, bien l'arroser une fois par semaine, deux fois s'il fait très chaud.

Engrais. En été, ajouter tous les 15 jours à l'eau de la rosette la moitié de la dose d'engrais liquide recommandée.

Humidité. Vaporiser hebdomadairement.

Nettoyage. On peut essuyer les feuilles avec un linge humide, mais attention, elles sont dentelées et l'on se blesse facilement. Pas de lustrant.

Atmosphère. Plante tolérante, mais à tenir éloignée des sources de chaleur.

Terre. Terreau frais.

Empotage. De préférence en mai. Leurs racines étant courtes, elles ne seront pas à l'étroit dans leur pot, mais il faut les rempoter car les feuilles, en s'étalant, risquent de déséquilibrer celui-ci.

Taille. Couper les feuilles meurtries ou fanées.

Multiplication. Par graines achetées et semées dans un germoir à 24°, ou par rejetons poussant après floraison autour de la plante-mère. Ne pas enlever les rejetons avant qu'ils n'aient atteint la moitié de la taille de la plante-mère. Empoter dans un terreau très sableux et dans une atmosphère humide ; rempoter 3 mois plus tard dans un pot de 12 cm.

Longévité. La durée de vie des neoregelia est de 2 à 3 ans.

Sociabilité. Bien que pouvant être cultivées à part, les neoregelias font bel effet plantées dans des jardinières avec d'autres plantes, telles que *Ficus,* philodendrons et dracaenas.

Facilités/difficultés. Plante facile à cultiver pour le débutant ayant quelque expérience.

Contrairement à la plupart des bromélias, les neoregelias fleurissent bien au fond de leur rosette.

→ *Nidularium (Neoregelia) carolinae* « Marechalli ».

← Jeune spécimen de *Neoregelia carolinae tricolor.*

↓ Plante plus âgée de la même espèce, à fleurs carmin.

Empotage

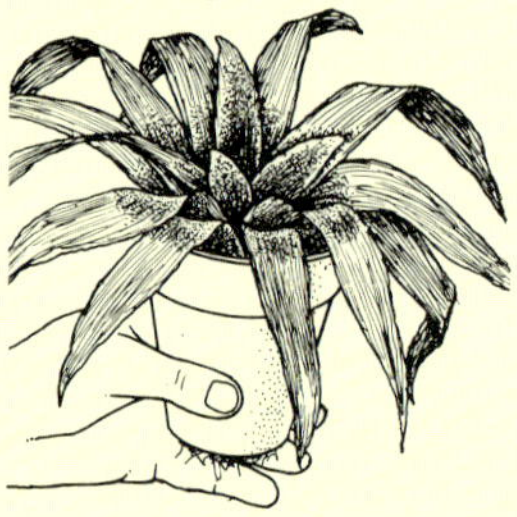

1 - Après un bon arrosage, rempoter à la fin du printemps si la plante est mal proportionnée.

2 - Préparer un pot plus grand avec drainage et du terreau frais.

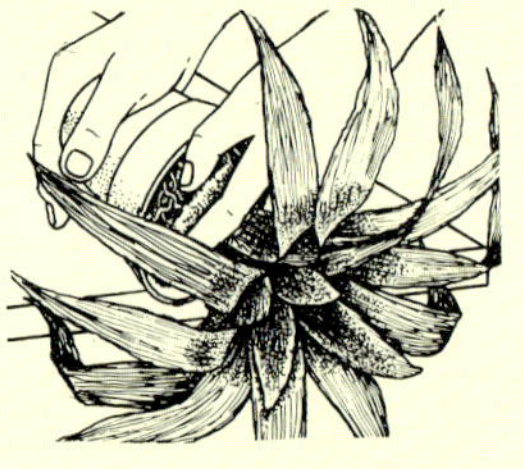

3 - Tenir le pot d'une main, l'autre maintenant le terreau. Tapoter le bord du pot : la plante et le terreau sortiront.

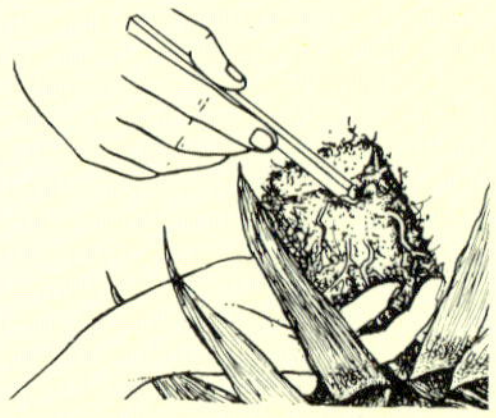

4 - Avec un bâtonnet ou un crayon, enlever la terre sans endommager les racines.

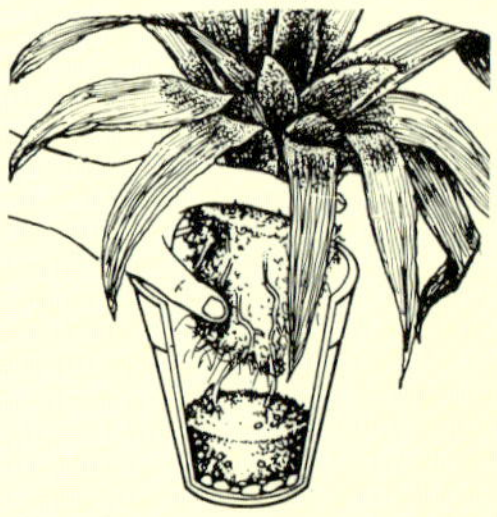

5 - Placer les racines sur le terreau du nouveau pot.

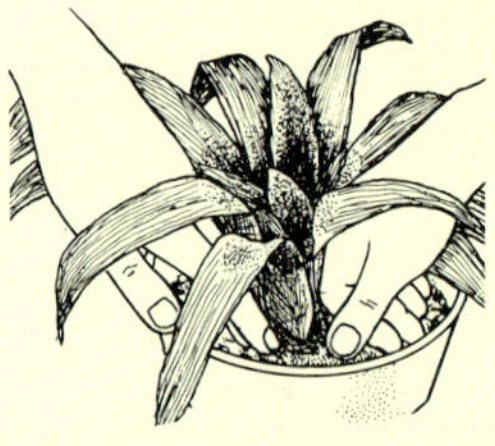

6 - Remplir de terreau frais, en recouvrant toutes les racines. Bien tasser. Mettre à l'ombre, pendant 2 jours, sans eau, pour favoriser l'enracinement.

S.O.S.

1 - La plante est ratatinée. *Trop sec. Remplir la rosette d'eau et arroser.*

2 - Envers des feuilles couvert d'insectes écailleux bruns. *Cochenilles. Les enlever une à une avec un tampon imbibé d'alcool dénaturé ou pulvériser un insecticide systémique.*

3 - Les feuilles pâlissent. *Manque de lumière. Exposer la plante aux rayons solaires.*

4 - La base de la rosette pourrit. *Terre trop humide par température trop basse. Issue généralement fatale. Laisser sécher ; si la plante reprend, la tenir plus au chaud.*

Rejetons

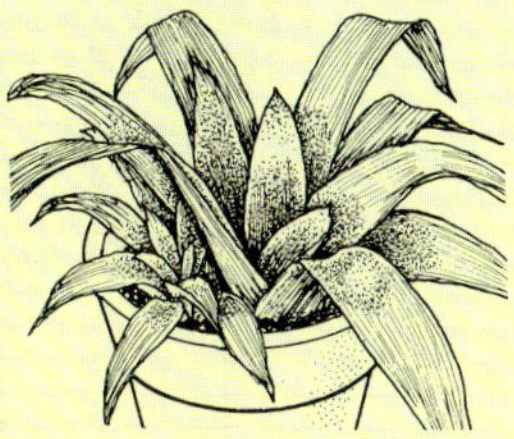

1 - Ne pas les enlever avant que les fleurs et les feuilles ne soient mortes et qu'ils aient la moitié de la taille de la plante-mère.

2 - Préparer un petit pot avec un drainage et une couche de sable et de tourbe humides.

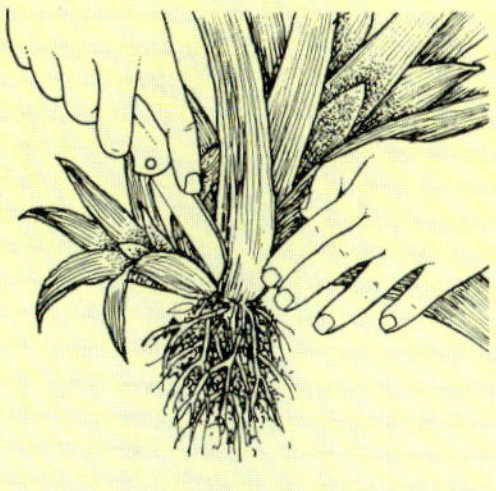

3 - Dégager la plante du pot, séparer les rejetons avec leurs racines de la plante-mère à l'aide d'un couteau aiguisé.

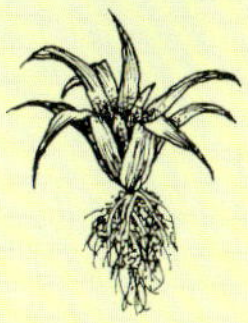

4 - Le rejeton doit avoir ses propres racines, sinon il ne poussera pas.

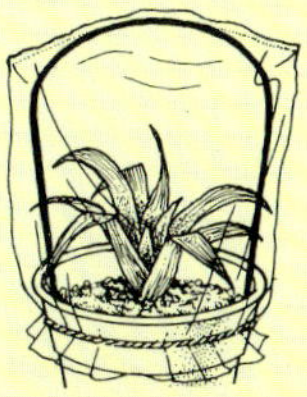

5 - Empoter le rejeton. Bien tasser le terreau tout autour. Bien arroser et couvrir pendant quelques jours avec du polyéthylène pour accroître l'humidité.

6 - Le rejeton fleurira au bout de 2 ou 3 ans.

Arrosage

Maintenir le niveau d'eau de la rosette à 2 ou 3 cm environ. La vider et la remplir chaque semaine, si possible avec de l'eau de pluie.

Vaporisation

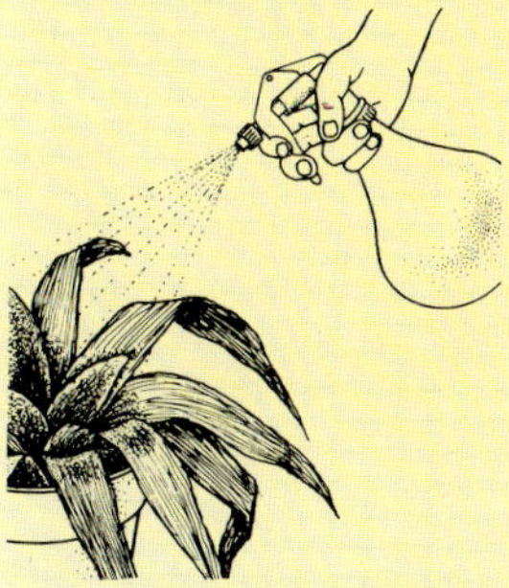

Vaporiser hebdomadairement à 15 cm des feuilles avec, si possible, de l'eau de pluie.

Sur un morceau d'écorce

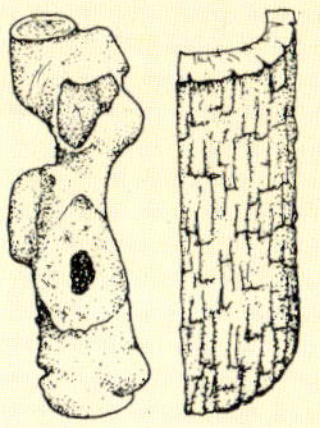

Les racines des neoregelias étant courtes, elles sont alimentées par l'eau que contient leur rosette. La plante présente bien sur un morceau d'écorce ou de bois.

1 - Choisir un morceau d'écorce de liège ou de bois approprié.

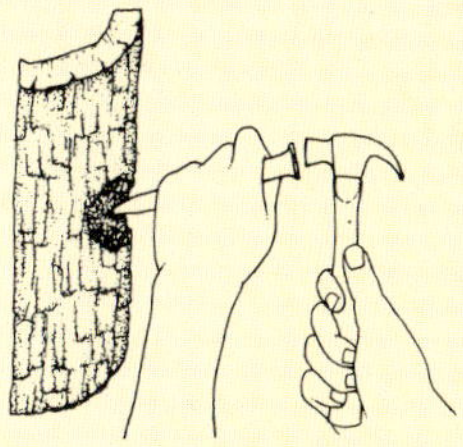

2 - A défaut de trou, en creuser un avec un ciseau pour y loger la plante.

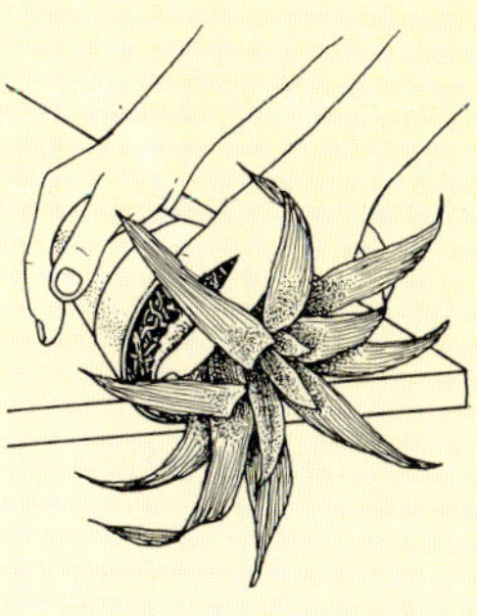

3 - Dégager la plante du pot en maintenant le terreau autour de la motte.

4 - Envelopper les racines de sphaigne humide et attacher avec du fil de fer plastifié.

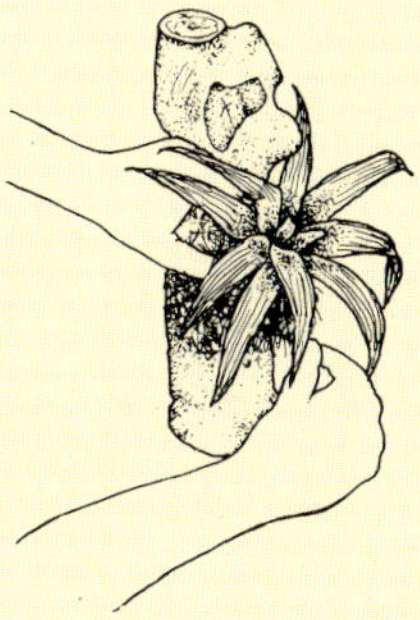

5 - Appuyer la mousse et la motte fermement contre le bois ou l'écorce. Attacher avec du fil de fer.

6 - Fixer l'écorce au mur et soutenir la plante verticalement. Toujours garnir la rosette d'eau. Vaporiser régulièrement et maintenir la motte humide.

NEPHROLEPIS ÉLEVÉ

Les fougères se prêtent bien à la culture chez soi car elles s'accommodent de l'ombre. Toutefois, elles exigent beaucoup d'humidité, et dans les maisons à chauffage central, une ventilation efficace est essentielle. Le genre *Nephrolepis* ne fait pas exception à ces conditons mais c'est une plante plutôt résistante et très attrayante. Appartenant à la famille des polypodiacées, son nom vient du grec « nephros » et « lepis », signifiant respectivement rein et échelle, appellation probablement due à la forme de ses petites feuilles.

Il en existe quelque trente-cinq espèces connues, répandues partout sous les tropiques. A l'époque victorienne, on appréciait beaucoup, tout comme les décorateurs de nos jours, les fougères du genre *Nephrolepis* pour leurs gracieuses frondes retombantes. En effet, elles s'harmonisent fort bien tant avec les styles anciens que modernes. Elles prospèrent en pots ou suspendues dans des paniers, sous réserve d'un arrosage abondant et fréquent et d'une forte humidité.

On en cultive plusieurs espèces, nécessitant toutes les mêmes soins. *Nephrolepis exaltata* est probablement la plus connue ; les variétés « Rooseveltii », « Plumosa » et « Bostoniensis » sont les plus courantes, sans omettre *N. cordifolia,* aux frondes verticales.

A l'achat, veiller à ce qu'elles soient d'un vert brillant, sans frondes tordues, tombantes ou desséchées au milieu de la plante, là où les nouvelles pousses apparaissent d'abord.

Il existe beaucoup de variétés de Nephrolepis. *Certaines sont plus résistantes que d'autres, mais toutes requièrent de l'humidité.*

↑ *Nephrolepis* « Rooseveltii ».

↖ Une fronde de *Nephrolepis gloriosa.*

← Feuille de *Nephrolepis exaltata.*

→ *Nephrolepis exaltata.*

Dimensions. Normalement plantées en pots de 12 cm, leurs frondes atteignent de 45 à 50 cm de longueur et, à maturité, jusqu'à 75 cm.

Croissance. Double de taille en un an.

Floraison. Comme toutes les fougères, ce sont des plantes sans fleurs. A l'envers des frondes, des spores assurant la reproduction apparaissent, en général au printemps ou en été.

Parfum. Inodore.

Lumière. Supporte l'ombre, mais non l'exposition directe au soleil d'été.

Température. En hiver, l'idéal est une température de 14 à 15° ; elle survit à 12° dans une terre sèche, arrosée une fois par semaine. En été, de 18 à 21°. Elle n'apprécie pas les températures de plus 24° à moins d'avoir une très forte humidité.

Arrosage. Sauf à basse température, bien l'arroser avec, si possible, de l'eau de pluie deux ou trois fois par semaine en été et au moins une fois en hiver.

Engrais. En été, ajouter de l'engrais à l'eau d'arrosage tous les 15 jours.

Humidité. Vaporiser tous les jours, si possible avec de l'eau non calcaire. Si la plante est en pot, la placer sur des cailloux humides. Si la plante est suspendue, vaporisation quotidienne indispensable.

Nettoyage. La vaporisation devrait suffire ; ne jamais utiliser de lustrant.

Atmosphère. Ni trop chaude, ni trop sèche. Lui éviter les gaz polluants et les courants d'air qui peuvent la faire mourir.

Terre. Un mélange moitié terre de bruyère, moitié terreau.

Empotage. Chaque printemps, de préférence dans des pots de plastique qui retiennent mieux l'humidité que ceux en terre.

Taille. Se contenter de couper les frondes mortes.

Multiplication. Au printemps, empoter les pousses qui se forment sur les stolons dans le cœur de la plante. Généralement, elles ont formé des racines sur le côté du pot. Inutile de se servir d'un germoir.

Longévité. Se garde généralement d'une année à l'autre, mais peut mourir subitement sans raison apparente. Une atmosphère sèche abrège son existence.

Sociabilité. Les sujets petits ou de taille moyenne se combinent bien dans des bacs de plantes diverses. Les grandes plantes adultes constituent de bons spécimens.

Facilités/difficultés. Quoique facile à cultiver, elle prospère mieux si on la soigne avec attention.

Jardinière de fougères

Les nephrolepis se plaisent ensemble ou réunis avec d'autres fougères dans un grand récipient. Bien les arroser.

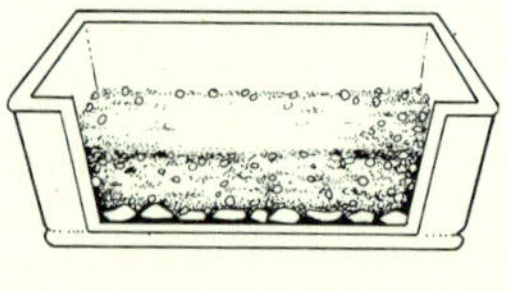

1 - Préparer un bac avec un drainage et un mélange moitié terreau, moitié terre de bruyère. Si le pot n'a pas de trou de drainage, ajouter du charbon de bois et de la sphaigne. Le premier empêchera l'eau de stagner, et la mousse absorbera l'eau excédentaire.

2 - Sortir les plantes et dégager les racines de la terre.

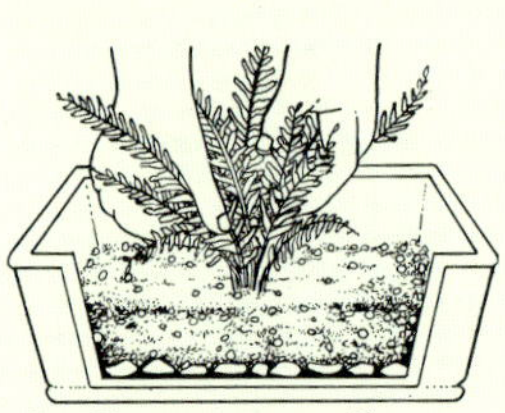

3 - Placer une première fougère dans le bac et recouvrir les racines de terreau.

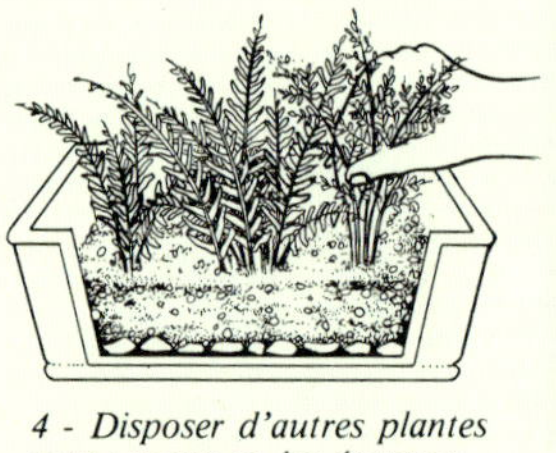

4 - Disposer d'autres plantes tout autour en les écartant suffisamment pour assurer leur croissance.

5 - Ajouter du terreau pour couvrir les racines et maintenir les plantes droites, mais sans trop tasser.

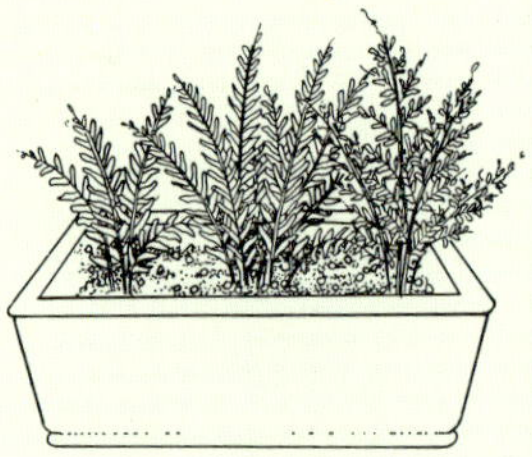

6 - Mettre à l'ombre, pendant 2 jours, sans eau, puis arroser normalement.

S.O.S.

1

1 - Les feuilles deviennent cassantes et tombent. *La plante est desséchée et/ou l'air trop sec. La plonger dans un seau d'eau ; laisser égoutter, puis la mettre dans un second pot garni de tourbe humide. Vaporiser chaque jour. Si le feuillage ne reprend pas, le couper à 5 cm ; vaporiser chaque jour les tiges jusqu'à apparition de nouvelles frondes.*

2

3

2 - Les feuilles se fanent mais la plante n'est pas desséchée. *On a peut-être utilisé du lustrant. Tailler. Protéger la plante contre les courants d'air et les gaz polluants.*

3 - Plante pâlie ; absence de pousses nouvelles. *A besoin d'un rempotage ou d'engrais.*

Arrosage

1 - Tâter le terreau. S'il est meuble et granuleux, arroser aussitôt. Il ne doit pas se dessécher.

2 - Arroser par le haut, avec de l'eau de pluie si possible ; vider la soucoupe au bout de 15 minutes.

Humidité

Mettre le pot dans une soucoupe avec de l'eau, des cailloux ou du gravier ; s'assurer que la base du pot est hors de l'eau.

Ou placer le pot dans un récipient plus grand rempli de tourbe humide.

Vaporisation

On doit vaporiser tous les jours les fougères Nephrolepis *suspendues. Même pour les plantes en pots, on a avantage à le faire régulièrement, si possible à l'eau non calcaire.*

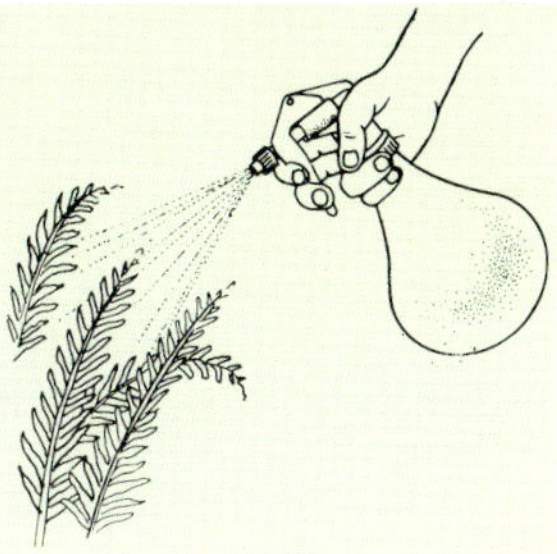

Empotage

1 - Au printemps, lorsque la tête de la plante est trop lourde, que ses frondes pâlissent et que peu de pousses se développent. Bien arroser.

2 - Préparer un pot plus grand, avec un drainage et une couche de terreau et de terre de bruyère humide. Préférer les pots en plastique, ils retiennent l'humidité.

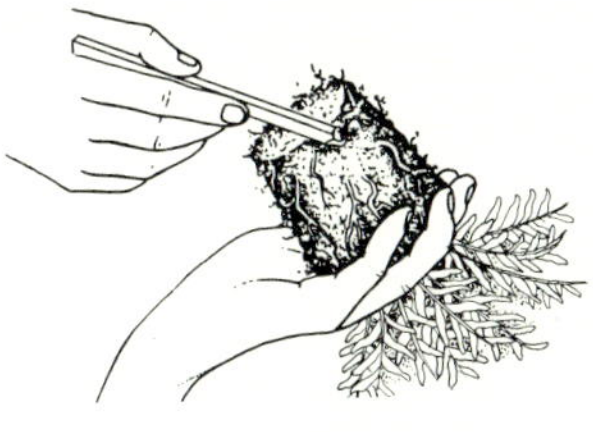

4 - Avec un bâtonnet ou un crayon, enlever la terre sans endommager les racines.

5 - Placer les racines sur le terreau du nouveau pot.

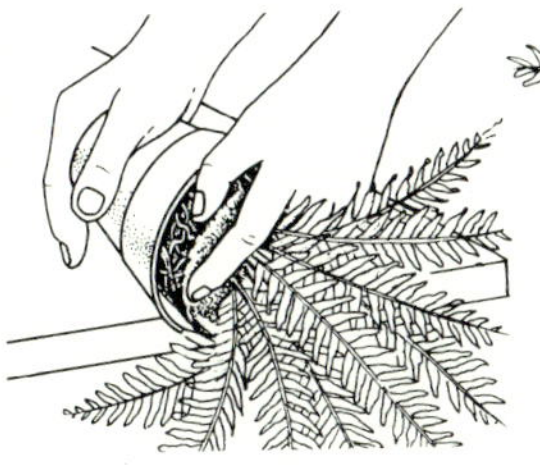

3 - Tenir le pot d'une main, l'autre maintenant le terreau. Tapoter le bord du pot : la plante et le terreau sortiront.

6 - Remplir de terreau frais en recouvrant les racines sans trop tasser. Mettre à l'ombre 2 jours, sans eau, pour favoriser l'enracinement.

Multiplication par pousses

1 - Au printemps, de jeunes pousses croissent sur les stolons.

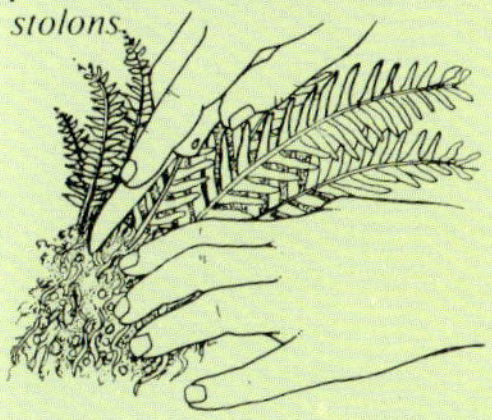

2 - Retirer la plante du pot et séparer les pousses avec un couteau aiguisé ; elles auront déjà des racines.

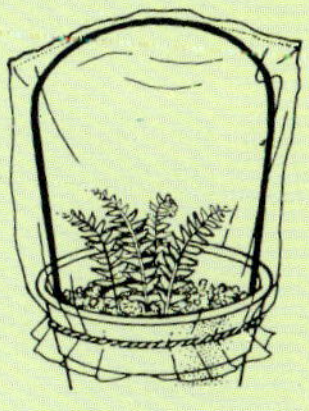

3 - Empoter, bien arroser et couvrir pendant quelques jours de polyéthylène. Maintenir à 13°. Bien humidifier.

LAURIER-ROSE

Cette plante subtropicale se plaît au soleil où elle pousse souvent à l'état sauvage sur les côtes méditerranéennes. On la trouve aussi en Asie subtropicale et au Japon. Elle appartient à la famille des apocynacées et a été introduite en Europe en 1596.

Ces plantes sont très séduisantes avec leurs magnifiques fleurs blanches où se mêlent des tons délicats de rose, pourpre et orange. Les fleurs sont simples ou doubles. Le feuillage, rappelant celui du saule, est vert ou agréablement panaché. Les feuilles sont lancéolées et opposées. La plante est toxique, l'ingestion de ses feuilles pouvant faire mourir des animaux et celle des fleurs, l'homme. Les lauriers-roses sont appréciés de tous : car peu de plantes d'intérieur aiment comme eux la chaleur et la lumière et ne craignent pas les courants d'air. Ces plantes sont commercialisées en fleurs à partir de juin. On peut alors choisir la couleur souhaitée sans préciser une souche particulière. Les lauriers-roses panachés, aux feuilles bordées de jaune et aux fleurs roses, sont connus sous le nom de *Nerium oleander* « Variegata ».

Tout comme les géraniums (méditerranéens, eux aussi), on peut, en été, les mettre en plein air. Dans les régions tempérées où il ne gèle pas, on peut les planter contre un mur exposé au midi. En hiver, il faut les recouvrir de paille ou de polyéthylène pour le cas où la température descendrait trop.

Toujours choisir une plante avec beaucoup de boutons non ouverts, car la vie des fleurs est brève. S'assurer qu'elle est exempte d'insectes nuisibles car les lauriers-roses sont souvent attaqués par la cochenille et d'autres parasites.

Dimensions. Deviendra un arbuste de 2 à 5 m de haut et jusqu'à 6 m de large. En pot, cette plante ne dépasse cependant guère 45 cm.

Croissance. Assez rapide, de 25 à 30 cm par an.

Floraison. Tout l'été. Les fleurs ont besoin de lumière et de chaleur pour éclore ; aussi les boutons de l'automne ne s'ouvriront-ils que s'il fait vraiment chaud.

Parfum. Inodore.

Lumière. En toute saison, beaucoup de lumière. L'été, il fleurira dehors. Il se trouve mieux dans une serre que dans une maison. Il aime le plein soleil.

Température. A moins de lui assurer une excellente ventilation, ne pas dépasser 16°. En hiver, pas au-dessous de 5°. Déteste le chauffage central.

Arrosage. Arroser presque chaque jour en été. En hiver, tous les 10 jours. Préférer l'eau de pluie. L'eau doit être tiède, sinon les fleurs ne s'épanouiront pas.

Engrais. En été, durant la période de croissance, ajouter tous les 15 jours de l'engrais liquide à l'eau.

Humidité. On peut vaporiser une fois par mois, mais ce n'est pas indispensable.

Nettoyage. Les feuilles longues et étroites se salissent peu. On peut les essuyer mais une vaporisation à l'eau tiède est probablement plus facile. Pas de lustrant. Les feuilles sont mates et ont un peu la texture du cuir.

Atmosphère. Aime l'air et une bonne ventilation.

Terre. Terreau frais.

Empotage. Se plaît dans de grands pots ou des bacs, mais ne pas la rempoter trop souvent, tous les 2 ou 3 ans au plus, en mars.

Taille. Rabattre sans merci après la floraison pour faire buissonner la plante. On peut également enlever les pousses latérales sous les boutons floraux pour faciliter la formation de ces derniers.

Multiplication. Par boutures de tiges prélevées au printemps, que l'on peut cultiver soit dans la terre, soit dans de l'eau chaude ; elles poussent plus vite au chaud, et, si on les prélève au printemps, elles fleuriront la même année. Toutefois, elles prendront même en juillet et août, à 16° ou 18°. Les semis peuvent se faire en avril, à une température de 18 à 21°.

Longévité. Très longue si la plante est bien arrosée, bien alimentée et protégée du gel.

Sociabilité. Cette plante aime la solitude, elle apprécie les déplacements d'air autour d'elle.

Facilités/difficultés. Facile si l'on dispose d'une pièce ensoleillée ou d'un patio. En revanche, le chauffage central ou un faible éclairement l'empêcheront de fleurir.

Nerium oleander *est une plante méditerranéenne qui requiert le plein soleil en été et un air frais en hiver. A l'état sauvage, elle pousse le long des criques sur les coteaux ensoleillés où elle trouve l'humidité dont elle a besoin.*

→ Jeune plante. La couleur rose est la plus courante.

↓ Fleur et boutons.

Empotage

1 - Au printemps, tous les 2 à 3 ans, si la plante est trop lourde, la croissance arrêtée, et que les racines sortent du pot. Bien arroser.

2 - Préparer un pot plus grand avec un drainage et une couche de terreau frais.

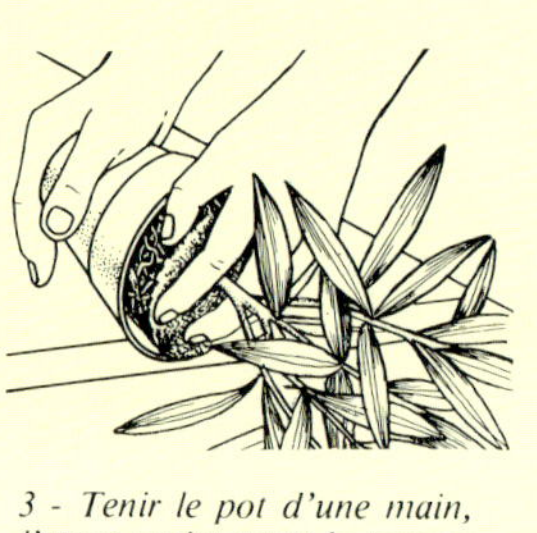

3 - Tenir le pot d'une main, l'autre maintenant le terreau. Tapoter le bord du pot : la plante et le terreau s'en dégageront.

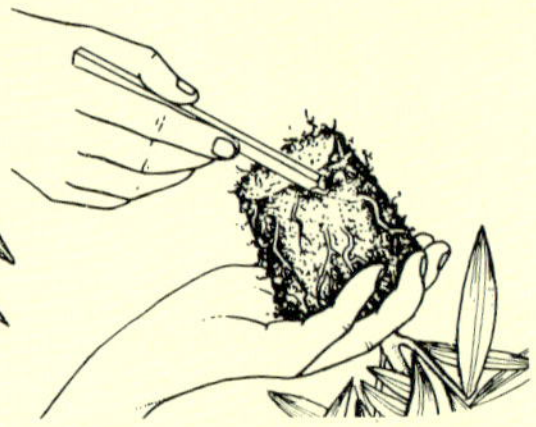

4 - Avec un bâtonnet ou un crayon, enlever la terre sans endommager les racines.

5 - Placer les racines sur le terreau du nouveau pot.

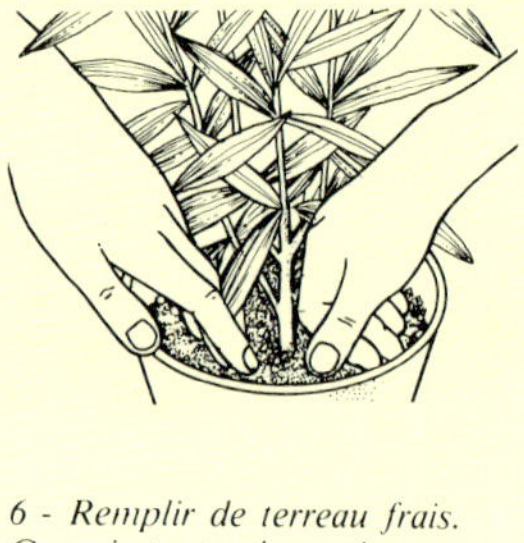

6 - Remplir de terreau frais. Couvrir toutes les racines. Bien tasser. Placer 2 jours à l'ombre, sans eau, pour favoriser l'enracinement.

S.O.S.

1 - Les boutons floraux restent fermés. *Trop froid. Accroître la chaleur et toujours arroser à l'eau tiède.*

2 - Tout en étant saine, la plante ne donne ni fleurs ni boutons. *Manque de soleil. Placer en pleine lumière ou mettre dehors au soleil tout l'été.*

3 - Plante étique, ne fleurissant pas. *A souffert du chauffage central. Trouver un endroit plus aéré.*

4 - Taches blanches et laineuses sur les feuilles. *Cochenilles. Les enlever avec un tampon imbibé d'alcool dénaturé ou pulvériser du malathion ou un insecticide systémique.*

5 - Insectes écailleux bruns sous les feuilles et sur les tiges. *Autre espèce de cochenilles. Les enlever avec un tampon imbibé d'alcool dénaturé ou pulvériser un insecticide systémique.*

Multiplication dans l'eau

Les boutures prélevées au début du printemps fleuriront la même année.

1 - Mettre du charbon de bois dans un bocal rempli aux 2/3 d'eau tiède.

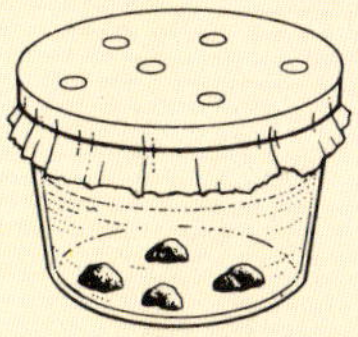

2 - Couvrir avec du papier aluminium fixé par un élastique. Percer plusieurs petits trous avec un crayon ou un bâtonnet.

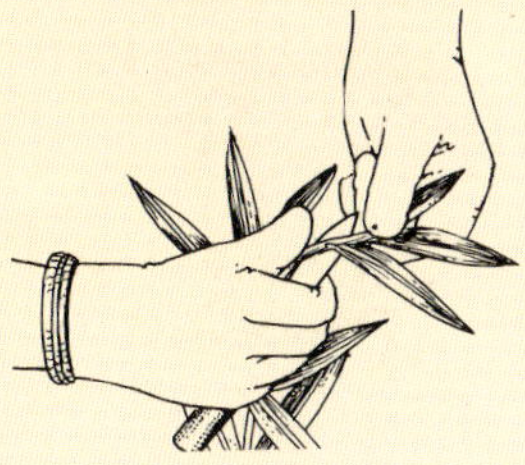

3 - Prélever une pousse de 7 cm environ, Porter des gants, la plante est toxique.

4 - Introduire les tiges par les trous dans l'eau ; maintenir à une température de 16 à 18°.

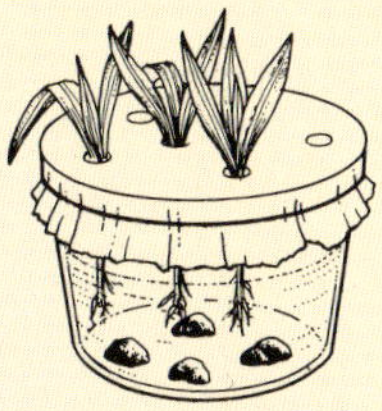

5 - Retirer les pousses dès qu'elles auront produit des racines. Empoter dans de petits pots. Attention : les racines sont fragiles.

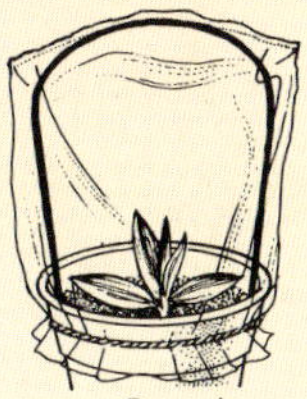

6 - Arroser. Couvrir avec du polyéthylène durant quelques jours pour accroître l'humidité.

Taille

1 - Après floraison, rabattre les tiges principales et les pousses latérales à 10 cm.

2 - Couper en biais au sécateur au ras d'un bouton ou d'une pousse latérale. La plante étant toxique, mettre des gants.

3 - Lorsque les boutons floraux sont formés, couper les pousses latérales en dessous, ce qui favorisera l'éclosion. Les pousses serviront de boutures.

Enlever les fleurs fanées

Dès que l'inflorescence est fanée, la couper au ras de la première feuille.

Vaporisation

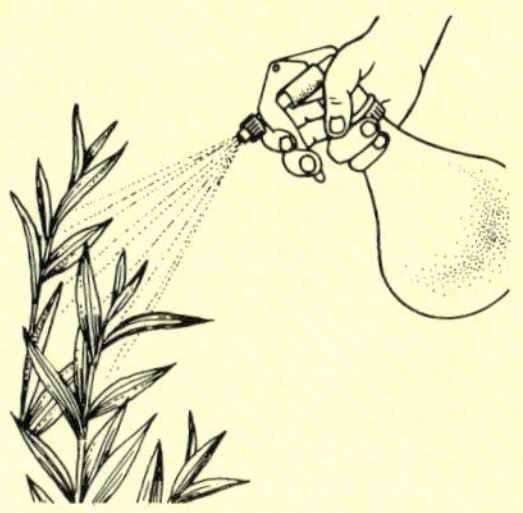

Une fois par semaine, à l'eau tiède, pour maintenir la propreté des feuilles.

Arrosage

Arroser par le haut, avec de l'eau de pluie si possible. Vider la soucoupe après 15 minutes. Utiliser toujours de l'eau tiède.

PACHYSTACHYS JAUNE

Cette plante a récemment refait surface. Elle est originaire de l'Amérique centrale et appartient à la famille des acanthacées. Bien connue des amateurs de plantes au XIXe siècle, elle a passé de vogue vers 1900 et est réapparue vers 1970. C'est une proche parente du genre *Beloperone* et de *Jacobinia* et, d'ailleurs, souvent confondue avec ce dernier qui se cultive moins facilement. Sa ressemblance avec *Beloperone* lui a valu le nom de « plante aux crevettes jaunes ».

Les feuilles sont vert foncé, ovales, pointues et légèrement bosselées le long des nervures. La plante est caractérisée par des épis de bractées d'un jaune vif qui se détachent brillamment des feuilles, contraste peu courant parmi les plantes d'intérieur. Les vraies fleurs, des languettes blanches, émergent des bractées au fur et à mesure de la croissance de ces dernières.

Pachystachys est une plante que l'on croit généralement inutile de garder après sa floraison. Or, on peut parfaitement la conserver de nombreuses années, surtout si elle est rabattue au printemps.

Choisir un spécimen dont les feuilles sont fermes et descendent jusqu'au bas de la tige car les feuilles inférieures de cette plante ont tendance à tomber. Les bractées des fleurs doivent être bien fermées et ne laisser voir aucune languette blanche.

Pachystachys lutea *a des épis de bractées jaunes ressemblant beaucoup à celles de* Beloperone *; toutefois, elles ne s'inclinent pas.*

→ Une plante touffue. *Pachystachys* a besoin d'être taillée si l'on veut garder la plante une deuxième année.

↓ Les vraies fleurs sont blanches et émergent successivement des bractées.

Dimensions. On les cultive au mieux jusqu'à une hauteur de 13 à 15 cm et 10 à 13 cm de diamètre. Trop grandes, elles prennent un aspect hirsute.

Croissance. Lente, 8 à 10 cm par an. Les couper court pour qu'elles fleurissent bien.

Floraison. Tout l'été. Les bractées ont une longue vie.

Parfum. Inodore.

Lumière. Supportent le plein soleil en été ; en hiver, les écarter de la fenêtre.

Température. Température ambiante maximale en été 21° ; durant leur dormance, en hiver, au minimum 7°. Dans ce cas, les feuilles tomberont temporairement.

Arrosage. En été, elles aiment l'humidité, mais il faut un bon drainage pour que le terreau ne soit pas saturé d'eau. En hiver, les maintenir légèrement humides, arroser tous les 15 jours. Ne jamais laisser sécher.

Engrais. En été, ajouter de l'engrais toutes les 3 semaines à l'eau d'arrosage. Pas d'engrais en hiver.

Humidité. Elles se plaisent posées sur des cailloux humides ou entourées de tourbe. Ne pas vaporiser pendant la floraison : cela abîmerait les bractées.

Nettoyage. Dépoussiérer avec une brosse douce si nécessaire. Pas de lustrant.

Atmosphère. Plantes très tolérantes. Eviter les courants d'air.

Terre. Un mélange composé de 1/3 de terreau et de 2/3 de terre de bruyère.

Empotage. Rempoter les plantes adultes chaque printemps pour renouveler la terre épuisée. Toujours veiller à un bon drainage.

Taille. Rabattre au printemps pour donner à la plante un aspect net ; si elle est très hirsute, ne lui laisser que 5cm pour qu'elle reparte de plus belle.

Multiplication. Prélever les boutures de tiges de 8 à 10 cm au printemps. Les placer dans un germoir ou couvrir le pot de polyéthylène. Température : 18° à 21°. Utiliser du sable additionné de tourbe.

Longévité. Assez grande, mais il vaut mieux, comme pour beaucoup de petites plantes arborescentes, multiplier les plantes jeunes tous les 2 ans.

Sociabilité. Plante qui se plaît avec d'autres dans des jardinières. mais non à l'ombre ; sinon, les bractées pourraient pâlir.

Facilités/difficultés. Plantes assez faciles à cultiver à condition toutefois que l'on ait déjà quelque expérience.

Empotage

1 - Rempoter au printemps si les feuilles sont pâles et s'il n'y en a pas de nouvelles. Bien arroser.

2 - Préparer un pot plus grand avec un drainage et un mélange de terreau et de terre de bruyère.

4 - Avec un bâtonnet ou un crayon, enlever la terre sans abîmer les racines.

5 - Placer les racines sur le terreau du nouveau pot.

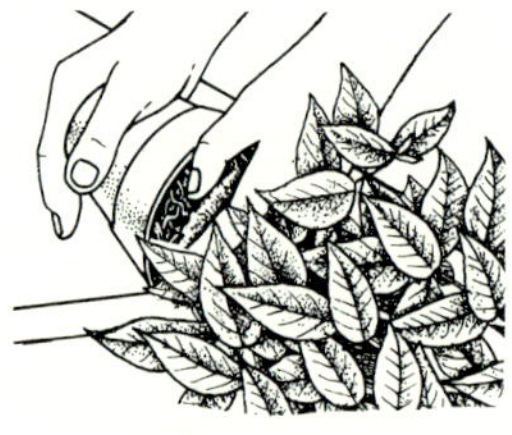

3 - Tenir le pot d'une main, l'autre maintenant le terreau. Tapoter le bord du pot : la plante et le terreau se dégageront.

6 - Remplir de terreau frais. Couvrir toutes les racines. Bien tasser. Placer 2 jours à l'ombre, sans eau, pour favoriser l'enracinement.

S.O.S.

1

3

2

4

1 - Les fleurs pourrissent et tombent. *La plante manque d'air ou on l'a vaporisée. Humidifier en plaçant le pot sur un lit de cailloux mouillés ou en l'entourant de tourbe. Ne plus vaporiser. Assurer une bonne ventilation.*

2 - Feuilles vert pâle et ternes. *Terre épuisée ; mettre de l'engrais et, au besoin, rempoter.*

3 - Les feuilles pendent et tombent. *Plante desséchée. Tremper le pot, laisser égoutter. Ensuite, arroser moins souvent.*

4 - Feuilles ternes et pendantes. Les feuilles du bas tombent. *Trop froid et/ou saturée d'eau. Trouver un endroit plus chaud, arroser moins souvent.*

Humidité

Placer le pot sur des cailloux trempant dans l'eau d'une soucoupe. La base du pot doit être hors de l'eau.

Taille

Au printemps, rabattre les pachystachys de moitié pour qu'ils deviennent bien touffus.

Arrosage

1 - Tâter le terreau. S'il est meuble et friable, la plante a besoin d'eau.

2 - Arroser par le haut, si possible avec de l'eau de pluie. Vider la soucoupe au bout de 15 minutes.

Bouturage

1 - Préparer un pot avec un drainage et un mélange moitié sable, moitié tourbe.

2 - Choisir une pousse ou une tige ayant au moins 2 paires de feuilles saines et un bourgeon. Couper sous la 2e paire de feuilles. Longueur des boutures : 8 à 10 cm.

3 - Tailler la tige juste au-dessous d'une feuille.

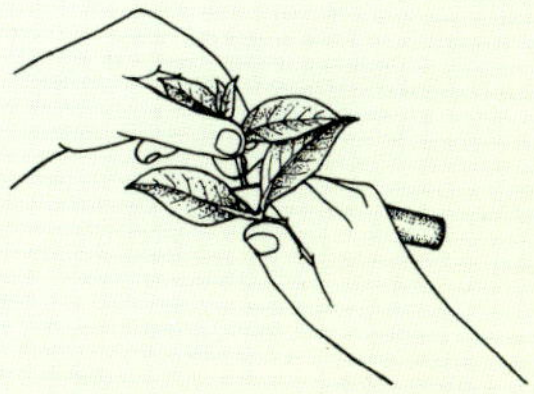

4 - Enlever la paire de feuilles du bas.

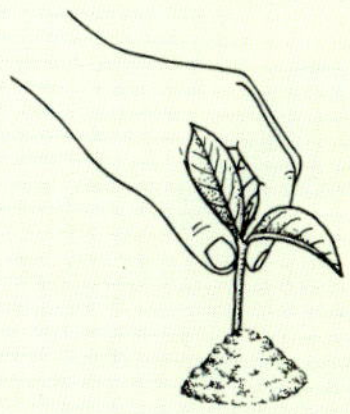

5 - Plonger la coupe dans de la poudre radiculaire aux hormones. Secouer l'excédent.

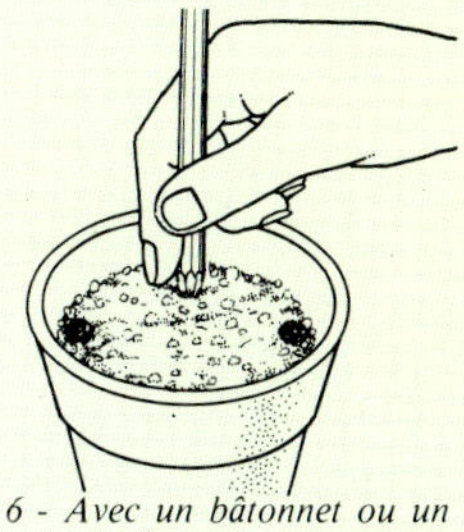

6 - Avec un bâtonnet ou un crayon, faire de petits trous dans le terreau.

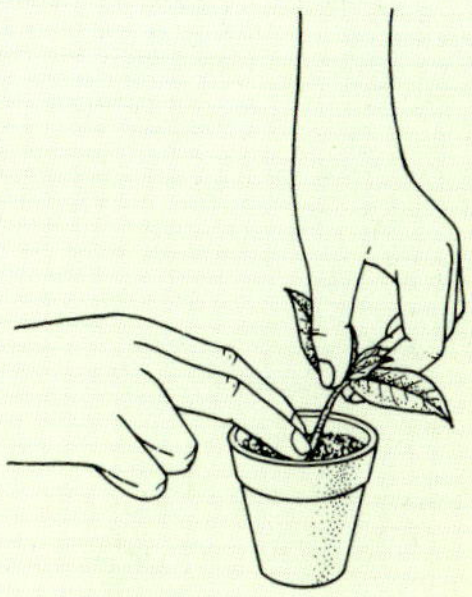

7 - Introduire la bouture, le bout de la tige au fond du trou, les feuilles au ras du sol.

8 - Bien arroser et recouvrir de polyéthylène soutenu par du fil de fer. Découvrir 5 minutes par jour et ne jamais laisser sécher le terreau. Température : 18-21°. Enlever la protection au bout de 21 jours, et si les boutures ont pris, rempoter dans du terreau frais.

FLEUR DE LA PASSION

Classifier *Passiflora caerulea,* la fleur de la Passion, parmi les plantes d'intérieur, n'est pas tout à fait juste. En effet, sa durée de vie serait réduite si elle devait pousser en permanence à la maison. En fait, c'est une plante de serre où l'humidité qu'elle requiert est facilement assurée. Elle pousse rapidement et nécessite un treillage sur lequel elle pourra grimper. Bien soignée, elle fleurira abondamment et peut-être même fructifiera.

Ce sont des missionnaires qui lui ont donné son nom vulgaire lors de sa découverte dans l'Amérique du Sud tropicale au début du XVIIIe siècle. Ils eurent l'impression que cette fleur étrange était une image de la crucifixion : les cinq anthères représentent les cinq blessures faites au Christ sur la croix, le triple style les trois clous, le réceptacle le montant vertical de la croix, la couronne extérieure la couronne d'épines et les cinq sépales et pétales réunis les dix apôtres (Pierre et Judas étant exclus).

Les espèces de la fleur de la Passion sont nombreuses et proviennent toutes d'Amérique du Sud. Elles appartiennent à la famille des passifloracées. *Passiflora caerulea* est la seule espèce normalement cultivée à la maison. Les fleurs sont violet ou parfois roses ou rouges. Il vaut mieux la cultiver en pot, même en serre, car la croissance des racines en est réduite et la floraison accrue d'autant. La durée de vie des fleurs ne dépasse guère vingt-quatre heures.

Normalement, les plantes sont vendues montées sur un arceau en fil de fer. En l'achetant, s'assurer qu'il y a de nombreux boutons floraux et qu'ils ne sont pas seulement les téguments des fleurs fanées. Ne pas acheter une plante étiolée au feuillage terne ni une plante luxuriante qui n'a pas de boutons floraux.

← *Passiflora coccinea* pousse mieux dans une serre.

→ *Passiflora caerulea,* plante grimpante montée sur arceau.

↓ La fleur très complexe de *Passiflora caerulea* qui, pour certains, symbolise la crucifixion, d'où son nom vulgaire.

Dimensions. Palissées à un treillis, elles atteignent facilement 3 m de haut et 2 m de large.

Croissance. De nombreuses pousses apparaissent annuellement, pouvant facilement atteindre 2 à 2,5 m de long.

Floraison. Tout l'été. Les plantes adultes produisent en plein été de petits fruits jaunes.

Parfum. Inodore.

Lumière. Comme elles ont un grand besoin de lumière, on ne peut les garder constamment à la maison. Les cultiver dans une serre ou un jardin d'hiver.

Température. Dans les climats ensoleillés où il ne gèle pas, elles peuvent se cultiver en plein air, à l'abri d'un mur. A la maison, pendant leur période de dormance, en hiver, leur assurer 5°. En été, la température ambiante leur convient. N'aiment pas l'air chaud et sec. Si on les garde à l'intérieur l'été, à la température normale de la pièce, assurer une bonne ventilation. Elles n'aiment pas beaucoup plus de 21°.

Arrosage. Arroser abondamment, au moins tous les 2 jours en été, mais en hiver, durant leur dormance, seulement tous les 7 à 10 jours.

Engrais. Pendant la croissance, ajouter à l'eau d'arrosage une fois par semaine la moitié de la dose d'engrais recommandée.

Humidité. En été, vaporiser à l'eau tiède 2 à 3 fois par semaine, à l'abri du soleil.

Nettoyage. La vaporisation devrait suffire. Ne jamais se servir de lustrant.

Atmosphère. Elles ont besoin de l'atmosphère humide d'une serre ou d'un jardin d'hiver et n'apprécient guère l'air sec de la maison ; bien les ventiler.

Terre. Terreau frais.

Empotage. Elles fleurissent mieux si l'on réduit les racines. Au début, pendant un an ou deux, rempoter au printemps ; par la suite, renouveler le terreau de surface au printemps.

Taille. Au printemps, rabattre les pousses principales d'un tiers de leur longueur.

Multiplication. Faire des boutures de jeunes tiges.

Longévité. Bien soignées, elles vivront des années.

Sociabilité. Comme ce sont des plantes rampantes il vaut mieux les cultiver à part, car elles étoufferaient vite les plantes voisines.

Facilités/difficultés. Leur culture ne présente aucune difficulté dans une serre ou un jardin d'hiver.

Changer la terre de surface

1 - Les 2 premières années, rempoter au printemps. Ensuite, enlever la terre sur 2 ou 3 cm de profondeur sans abîmer les racines. D'abord bien arroser.

2 - Remplir de terreau frais humide.

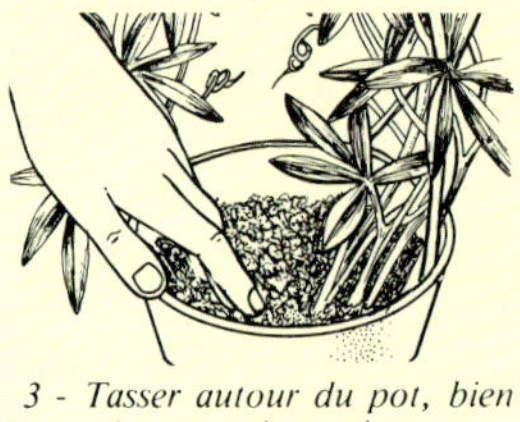

3 - Tasser autour du pot, bien couvrir toutes les racines.

4 - Mettre 2 jours à l'ombre, sans eau, pour favoriser l'enracinement.

Taille

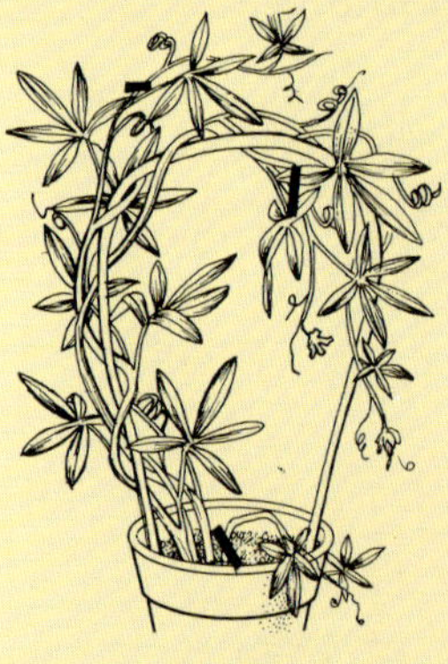

Au printemps, couper les pousses étiques et rabattre les pousses latérales à 15 cm. Couper juste au-dessus d'un pétiole ou d'un bourgeon.

Vaporisation

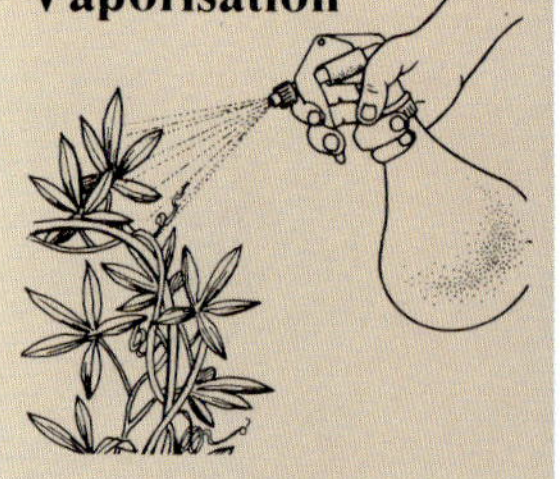

2 à 3 fois par semaine, à l'eau tiède. Ne pas exposer les feuilles mouillées au soleil.

S.O.S.

1 - Feuilles trop sèches en été. *Manque d'eau. Arroser plus souvent.*

2 - Absence de fleurs. *Manque de lumière. Trouver un endroit mieux éclairé.*

3 - Absence de fleurs, mais feuilles abondantes. *Suralimentation. Ne plus donner d'engrais jusqu'à ce que la plante fleurisse. Ne pas rempoter ; elle fleurira mieux si elle est à l'étroit dans son pot.*

4 - Feuilles déformées et gluantes, insectes verts. *Pucerons. Pulvériser du pyrèthre ou un insecticide systémique.*

Bouturage

1 - Au printemps, les jeunes pousses peuvent servir de boutures. Préparer de petits pots avec un drainage et un mélange de sable et de terreau frais.

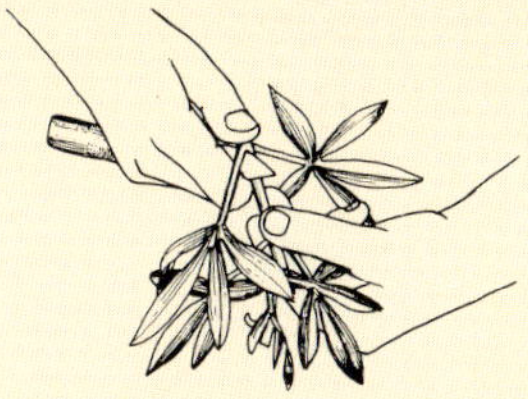

2 - Choisir des pousses ayant au moins 2 paires de feuilles saines et un bourgeon. Couper sous la seconde paire de feuilles. Longueur : 15 cm.

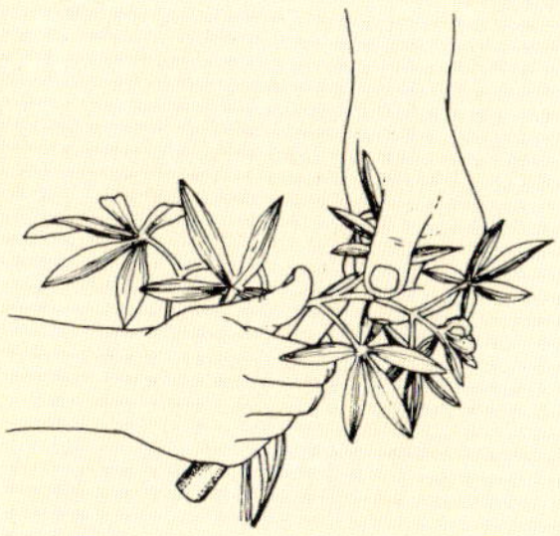

3 - Tailler la tige juste au-dessous d'une feuille.

4 - Enlever la dernière paire de feuilles.

5 - Tremper la coupe dans de la poudre radiculaire aux hormones. Secouer l'excédent.

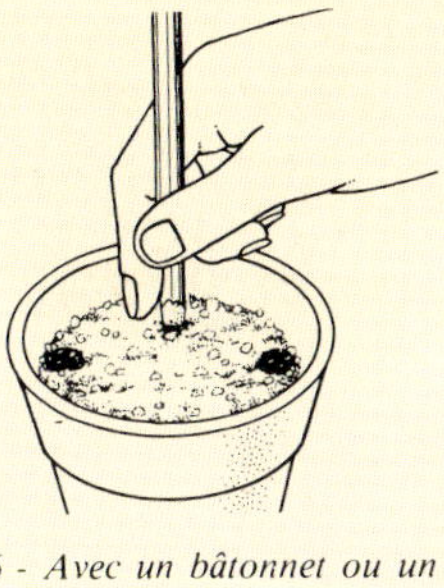

6 - Avec un bâtonnet ou un crayon, faire de petits trous dans le terreau.

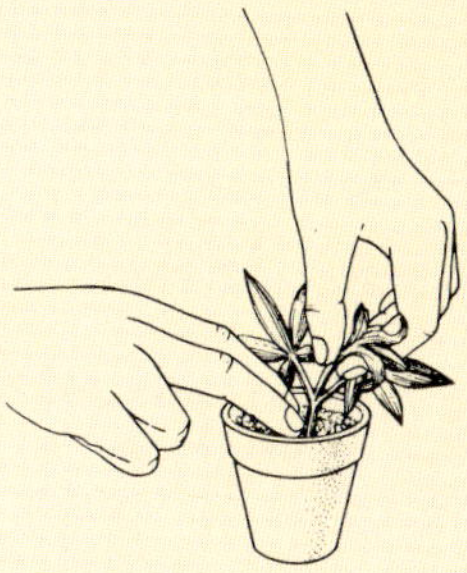

7 - Introduire les boutures, l'extrémité de la tige au fond du trou, les feuilles au ras du sol.

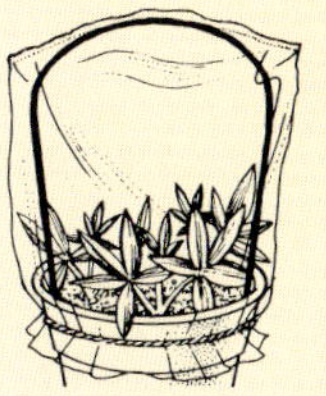

8 - Bien arroser et couvrir de polyéthylène, soutenu par du fil de fer. Découvrir 5 minutes par jour. Ne jamais laisser la terre se dessécher. Maintenir à 21°. Enlever la protection après 21 jours, et si les boutures ont bien pris, rempoter dans du terreau frais.

Palissage

1 - Enfoncer une des extrémités d'un bambou souple ou d'un arceau dans le terreau jusqu'aux 2/3 du pot.

2 - Ployer l'arceau et enfoncer son autre extrémité.

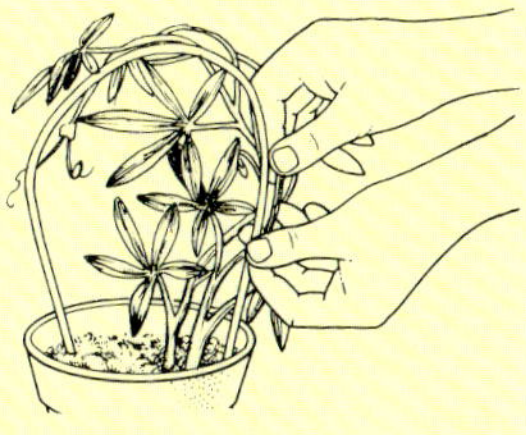

3 - Enrouler doucement la tige de la plante autour de l'arceau.

4 - S'il y a lieu, attacher une ficelle au bas de l'arceau et l'enrouler progressivement autour de la tige.

5 - La plante croîtra le long de l'arceau et peut revenir à son point de départ.

Arrosage

1 - Tâter le terreau. S'il est léger et friable, la plante manque d'eau.

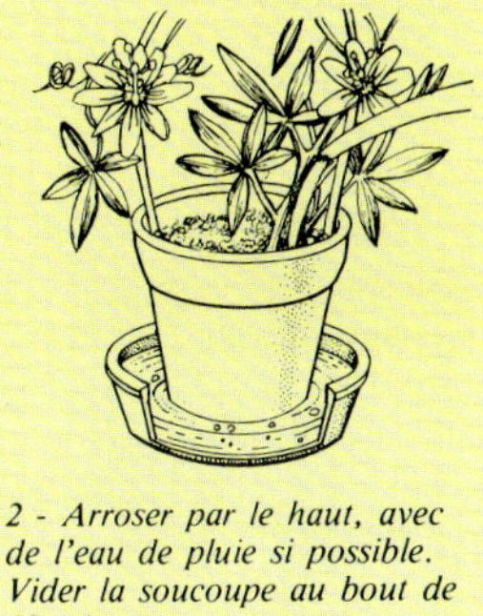

2 - Arroser par le haut, avec de l'eau de pluie si possible. Vider la soucoupe au bout de 15 minutes.

GÉRANIUM OU PÉLARGONIUM

Le nom de pélargonium est peu familier au novice, car ces plantes sont plus connues sont le nom de géraniums. Les vrais géraniums, ceux des botanistes, appartiennent à la même famille, les géraniacées. Le genre *Pelargonium*, celui qui nous occupe ici, comprend quelque deux cent trente espèces et tire son nom du mot grec « *pelargos* », signifiant cigogne, du fait que son fruit ressemble à un bec de cicogne.

Au XIXe siècle, les expositions de pélargoniums furent très courues. Nombre d'hybrides apparurent puis disparurent. Leurs cultivars sont aujourd'hui très nombreux, et sous réserve d'un bon ensoleillement (les géraniums se plaisent beaucoup en plein soleil), ils réussissent bien à la maison. On en cultive quatre groupes principaux, presque tous des hybrides mis au point au cours des ans. Des variétés cultivées en tant que plantes d'intérieur, le géranium « royal » est la plus estimée. Ses premiers parents étaient probablement *P. grandiflorum.*

Le géranium commun, cultivé pour les plates-bandes, est le géranium zonal, probablement dû à un croisement de *P. zonale* et *P. inquinans,* son nom faisant allusion aux plages brunes de ses feuilles. La gamme de ses couleurs est très étendue, et l'on a commercialisé récemment des variétés doubles très attrayantes pour la maison.

Les géraniums-lierres sont en grande vogue pour orner les balcons et les paniers suspendus. On peut aussi les faire grimper sur un tuteur ou un petit treillage placé sur un appui de fenêtre. Leur premier parent était *P. peltatum.* Les pélargoniums aux feuilles fines comme de la dentelle et qui embaument, mais dont les fleurs sont insignifiantes, font florès actuellement.

Acheter des pélargoniums touffus, dont les articulations des feuilles sont très rapprochées. Ne pas acheter des plantes trop élancées ou à feuilles jaunies.

Dimensions. Ils atteignent une hauteur moyenne de 45 cm. En grandissant davantage, ils deviennent anarchiques et fleurissent moins ; il vaut mieux les multiplier pour obtenir des plantes jeunes.

Croissance. En moyenne, 20 à 30 cm par an.

Floraison. Tout l'été.

Parfum. Les fleurs n'en ont aucun, mais les feuilles exhalent l'odeur caractéristique des géraniums. Froissées, elles dégagent une forte odeur âcre.

Lumière. Les mettre en pleine lumière.

Température. En été, température ambiante maximale de 24° ; en hiver, pas plus de 13 à 16°.

Arrosage. Arroser abondamment 2 à 3 fois par semaine en été. En hiver, ils peuvent rester pratiquement secs. N'arroser qu'au-dessus de 16°.

Engrais. En été, ajouter à l'eau de l'engrais liquide tous les 15 jours.

Humidité. Ne pas les vaporiser, car ils pourriraient. Ils aiment un air sec.

Nettoyage. S'ils sont trop poussiéreux, se servir d'un plumeau. Jamais de lustrant.

Atmosphère. Ils ont grand besoin d'air, surtout en été.

Terre. Terreau frais.

Empotage. Ils fleurissent mieux s'ils sont à l'étroit dans leur pot. Une fois qu'ils ont atteint 25 cm, ne plus les rempoter.

Taille. Rabattre au printemps. Enlever à la main les feuilles et fleurs mortes près de la tige principale.

Multiplication. Soit par boutures de tiges prélevées à la fin de l'été ou au début du printemps, soit par semis. Germoir inutile. Vu le prix élevé du combustible nécessaire à leur conservation en hiver, on les multiplie couramment par semis. Semées au printemps, les graines germent facilement dans un terreau sableux, entre 16 et 18°.

Longévité. Peuvent vivre longtemps. Cependant ne pas les garder plus de 2 ans, car les géraniums deviennent très ligneux, fleurissent moins ou n'ont que des fleurs rabougries.

Sociabilité. On peut temporairement les placer dans des jardinières avec d'autres plantes, mais en raison de leur grand besoin de lumière et d'aération, mieux vaut les cultiver à part.

Facilités/difficultés. Culture facile, surtout devant une fenêtre.

↓ ↑ Les superbes fleurs des hybrides du géranium royal.

→ Les géraniums communs sont tous des plantes méditerranéennes prospérant dans des terres pauvres, en plein soleil. Cultivés autrefois à partir de boutures, ils le sont actuellement aussi par semis. Bien que commercialisés plus tard dans la saison, ces sujets-là sont plus sains et moins chers. La photo représente l'hybride « Sprinter », obtenu par semis.

Empotage

1 - Rempoter au printemps et en été lorsque l'eau traverse le pot et que la plante est très fleurie alors qu'elle n'a que peu de feuilles nouvelles. Bien arroser.

2 - Préparer un pot plus grand avec un drainage et une couche de terreau frais humide.

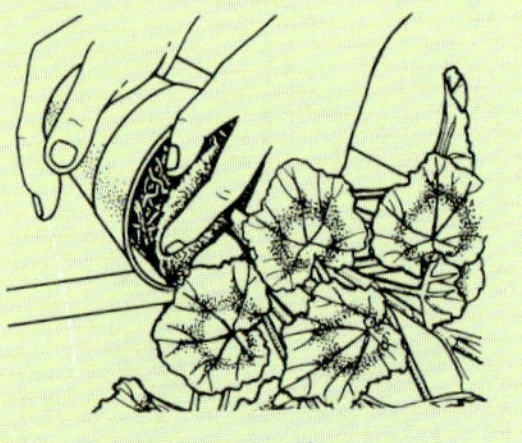

3 - Tenir le pot d'une main, en maintenant le terreau avec l'autre. Tapoter le bord du pot : la plante et le terreau se dégageront.

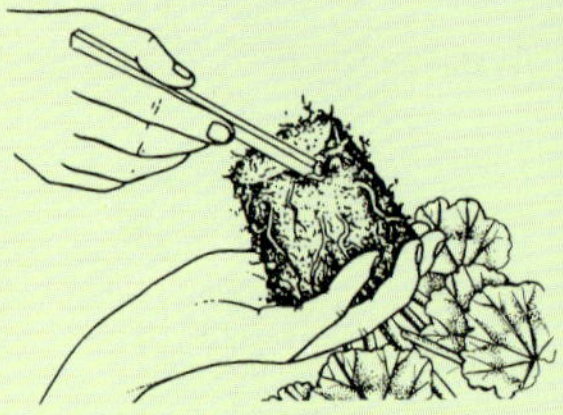

4 - Avec un bâtonnet ou un crayon, enlever la terre sans abîmer les racines.

5 - Placer les racines sur le terreau du nouveau pot.

6 - Remplir de terreau frais. Couvrir toutes les racines. Bien tasser. Mettre 2 jours à l'ombre, sans eau, pour faciliter l'enracinement.

S.O.S.

1 - Abondance de feuilles saines, mais peu de fleurs. *Suralimentation. Ne plus donner d'engrais. Utiliser un terreau moins riche, surtout moins azoté.*

2 - Croissance étique, feuilles espacées. *Manque de lumière. Trouver un endroit plus éclairé ; en été mettre en plein air si possible.*

3 - La base de la tige noircit et pourrit. *Pied noir du géranium. Maladie cryptogamique due à un surarrosage et une température trop basse. Généralement fatale.*

4 - A la base de la plante, masse de pousses feuillues, déformées. *Galle de la feuille. Maladie bactérienne fatale. Détruire la plante ; ne pas en tirer de boutures.*

5 - Des insectes blancs s'envolent de la plante dès qu'on la touche. *Mouches blanches. Pulvériser un insecticide à base de resmethrin.*

6 - Les feuilles inférieures jaunissent, se tachent de brun. *Terre trop sèche. Arroser plus. Aérer davantage.*

7 - Anneaux concentriques jaune pâle, feuilles déformées. *Maladie virale, fatale. Détruire la plante ; ne pas en tirer de boutures.*

8 - Feuillage et tiges se teintent de rouge. *Température nocturne trop basse. Trouver un endroit plus chaud.*

Bouturage

1 - Préparer un pot ou un germoir avec un drainage et un mélange moitié sable, moitié tourbe.

2 — Choisir une pousse ou une tige ayant au moins 2 paires de feuilles saines et un bourgeon. Couper sous la 2ᵉ paire de feuilles, près de la tige. Longueur : 8 à 10 cm.

3 - Tailler la tige juste au-dessous d'une feuille.

4 - Enlever la paire de feuilles inférieure.

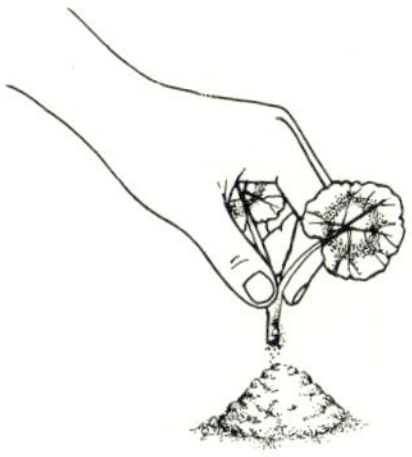

5 - Tremper la coupe dans de la poudre radiculaire aux hormones. Secouer l'excédent.

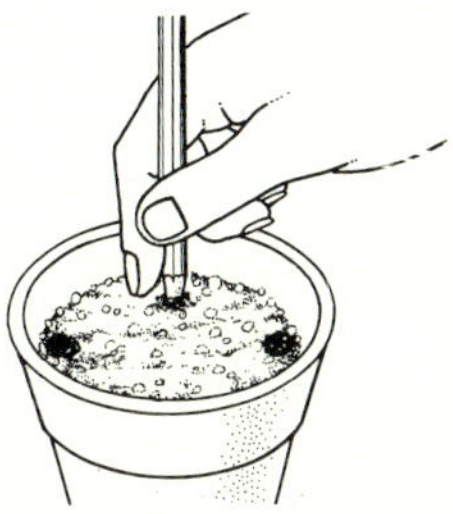

6 - Avec un bâtonnet ou un crayon, faire de petits trous dans le terreau.

7 - Introduire les boutures, l'extrémité de la tige au fond du trou, les feuilles au ras du sol.

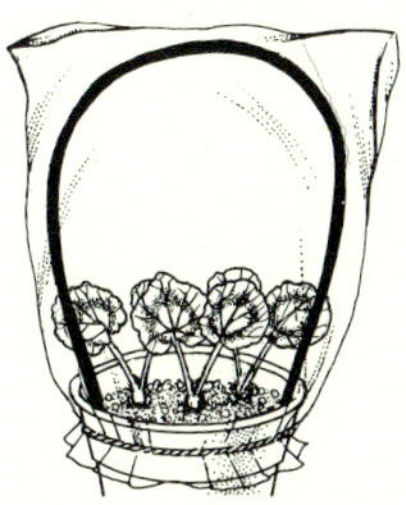

8 - Bien arroser et recouvrir de polyéthylène soutenu par du fil de fer. Découvrir 5 minutes par jour. Le terreau doit rester humide. Température : 13 à 16°. Enlever la protection après 21 jours. Si les boutures ont bien pris, rempoter dans du terreau frais.

Taille

Au printemps, rabattre les plantes d'un tiers ou de la moitié. Pulvériser les coupures avec du soufre fongicide.

Arrosage

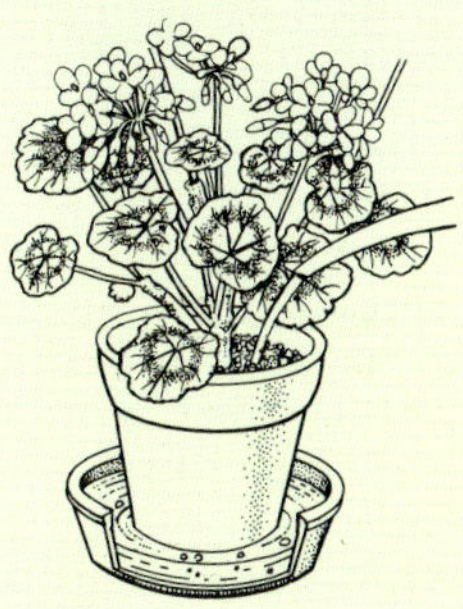

1 - Tâter le terreau ; s'il est léger et friable, la plante a besoin d'eau.

2 - Arroser par le haut. Vider la soucoupe au bout de 15 minutes.

PÉPÉROMIA À FEUILLES DE MAGNOLIA

Les pépéromias constituent un groupe de petites plantes ne dépassant pas 20 cm. Ils jouissent d'une assez grande faveur bien qu'ils ne soient pas faciles à conserver en bon état d'année en année. A l'origine plante de serre, on le cultive actuellement à des températures bien plus basses. Ils appartiennent à la famille des pipéracées (poivriers), leur nom signifiant « apparentés au poivrier ». Il en existe quelque quatre cents espèces, presque toutes originaires d'Amérique latine. Ces plantes aiment l'ombre et, à l'état sauvage, se trouvent fréquemment au pied des arbres ou sous forme d'épiphytes. Toutes les variétés cultivées en Europe ont des feuilles charnues et, dans l'ensemble, se distinguent aisément les unes des autres. Les feuilles de *P. magnoliaefolia* « Variegata » sont vert et crème. Cette plante est touffue. Les feuilles de *P. hederifolia* sont gris pâle et légèrement bosselées, celles de *P. caperata* vert foncé et gaufrées, celles de *P. scandens* « Variegata » petites, vert et crème. Cette plante rampante sera à sa place dans un panier suspendu. Les feuilles de *P. obtusifolia* sont un peu plus grandes que celles des autres, vertes, lisses et charnues. Enfin, *P. sandersii* ou, comme on l'appelle parfois, *P. argyreia,* est la plus remarquable d'entre elles, du fait de ses feuilles vertes, lisses, rayées d'argent, et de ses tiges rouges.
Aucune de ces plantes n'est facile à conserver longtemps, mais elles valent la peine que l'on se donne.
Choisir des plantes touffues, aux marques bien accusées. S'assurer que les feuilles et tiges, très fragiles, sont intactes et que la base des tiges est exempte de pourriture.

La plupart des pépéromias ont des feuilles charnues et certains d'entre eux fleurissent.

→ *Peperomia magnoliaefolia* « Variegata ».

← *Peperomia hederifolia.*

↓ *Peperomia caperata.*

Ces deux variétés, comme *Saintpaulia,* se multiplient par boutures de feuilles et de tiges.

↓ Une variété nouvelle : *Peperomia* « Aztec Gold ».

Dimensions. Petites plantes ne dépassant pas 20 cm de haut et 25 de large.

Croissance. Au début assez rapide : de 10 à 13 cm l'an, en hauteur et en diamètre.

Floraison. L'été. Fleurs blanches en épis verticaux allongés, semblables à des queues de souris, contrastant bien avec la forme des feuilles.

Parfum. Inodore.

Lumière. Jamais de lumière directe, qui ternit les feuilles ; il faut néanmoins éviter les coins vraiment sombres. Dans les bacs, ils profitent de l'ombre de leurs voisins.

Température. De 15 à 18° en hiver, pouvant tomber à 10°, avec un apport d'eau réduit. En été, 24° au maximum.

Arrosage. Peu arroser, tous les 10 jours en été, et tous les 15 à 18 jours en hiver, avec de l'eau non calcaire. Un surarrosage fait pourrir les feuilles.

Engrais. En été, ajouter à l'eau d'arrosage tous les 15 jours la moitié de la dose d'engrais recommandée.

Humidité. Ils aiment l'humidité, surtout par temps chaud. Mettre le pot sur des cailloux humides ou dans un second pot rempli de tourbe humide. Ils se plaisent dans l'atmosphère embuée d'une cuisine.

Nettoyage. Les feuilles étant fragiles, ne pas les essuyer. Vaporiser à l'eau tiède. Jamais de lustrant.

Atmosphère. A part les courants d'air en hiver, résistent presque à tout.

Terre. Un mélange moitié terreau, moitié tourbe.

Empotage. Au printemps de préférence, mais dans des pots ou récipients peu profonds, car l'enracinement est peu important.

Taille. Enlever seulement les feuilles abîmées ou malades.

Multiplication. Au printemps, par boutures de tiges de 2 ou 3 cm de long. On peut se servir d'un germoir.

Longévité. Après un ou deux ans, ils prennent un aspect désordonné ; aussi vaut-il mieux repartir avec des plants multipliés récemment.

Sociabilité. Ils bénéficient de l'humidité produite par d'autres plantes et s'associent bien aux lierres, dracaenas, philodendrons, caoutchoucs, etc.

Facilités/difficultés. Ces plantes peuvent vivre plusieurs années mais nécessitent pas mal d'expérience.

Bouturage 1

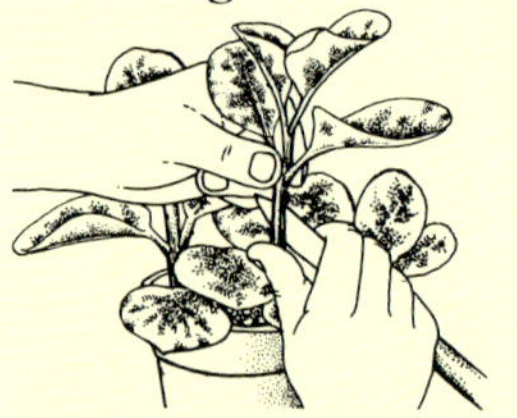

On peut multiplier P. magnoliaefolia *au printemps par boutures de tige.*

1 - Choisir une pousse ou une extrémité de tige ayant au moins 2 paires de feuilles saines et un bourgeon. Couper sous la seconde paire de feuilles.

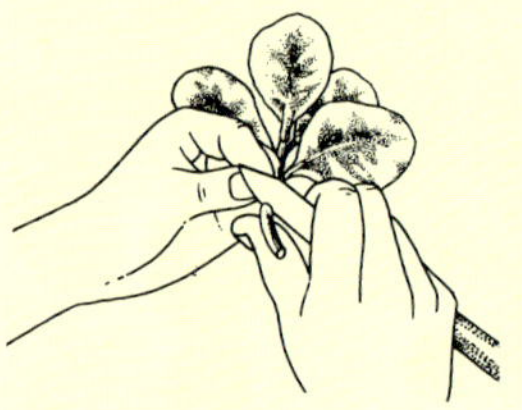

2 - Tailler la tige juste au-dessous d'une feuille.

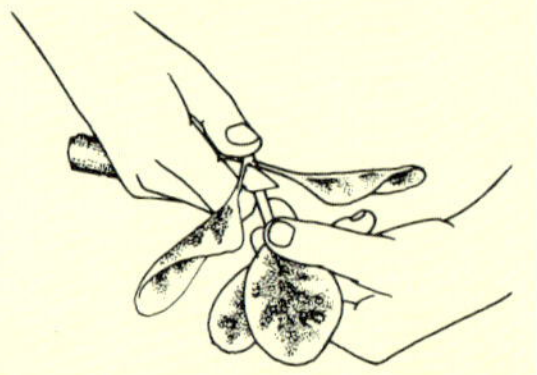

3 - Enlever la paire de feuilles inférieure.

4 - Tremper la coupe dans de la poudre radiculaire aux hormones, et la planter dans un pot rempli à moitié de sable, à moitié d'humus, l'extrémité de la tige au fond du trou, la feuille inférieure au ras du sol.

5 - Bien arroser et couvrir avec du polyéthylène soutenu par du fil de fer. Découvrir 5 minutes par jour ; ne pas laisser sécher le mélange. Température : 18°. Au bout de 21 jours, enlever la protection. Si les boutures poussent bien, rempoter dans un mélange moité terreau, moitié tourbe.

Humidité

Tous les pépéromias aiment l'humidité, surtout si la température est élevée. Mettre le pot dans une soucoupe, sur un lit de cailloux mouillés. Le pot doit rester hors de l'eau.

S.O.S.

1 - Feuilles ternes et pâles. *Trop de soleil direct. Trouver un endroit avec lumière indirecte.*

2 - Les feuilles tombent. *Trop froid. Trouver un endroit plus chaud.*

3 - La base des tiges et une partie des feuilles noircissent et pourrissent. *Surarrosage. Laisser la plante sécher et récupérer. Enlever les parties malades, saupoudrer de soufre. A l'avenir, laisser la plante sécher entre deux arrosages.*

4 - Feuilles cloquées. *Plante saturée d'eau. S'assurer que le pot ne baigne pas dans l'eau et que celle-ci s'écoule bien. Laisser sécher et récupérer. Ensuite arroser moins souvent.*

5 - Feuilles jaunies, filaments en dessous. *Araignées rouges. Pulvériser du derris, du malathion ou un insecticide systémique. Accroître l'humidité.*

Bouturage 2

1 - P. caperata *et* hederifolia *sont multipliées par boutures de feuille et de tige. Préparer un pot avec un drainage et une couche moitié sable, moitié humus.*

2 - Choisir une plante ayant plusieurs tiges et feuilles saines et couper une feuille avec un couteau aiguisé au ras du terreau.

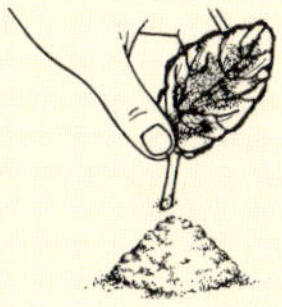

3 - Tremper la coupe dans de la poudre radiculaire aux hormones. Secouer l'excédent.

4 - Faire de petits trous dans le terreau sur le pourtour du pot.

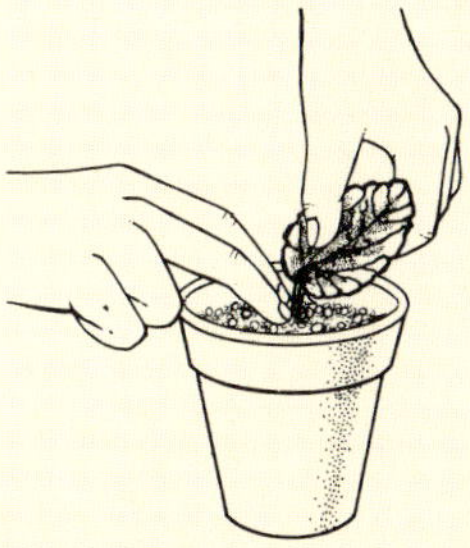

5 - Introduire la tige jusqu'à la base de la feuille, le bout de la tige touchant le fond du trou. Tasser le terreau. Faire de même pour les autres boutures.

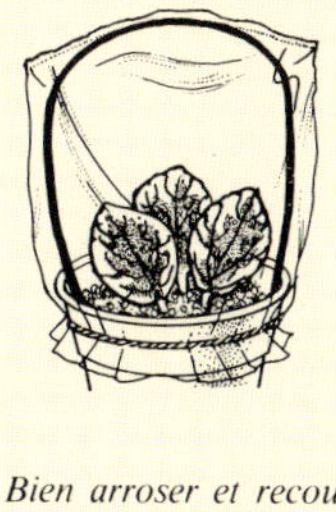

6 - Bien arroser et recouvrir de polyéthylène, soutenu par du fil de fer. Le terreau doit rester humide. Découvrir 5 minutes par jour pour éviter la pourriture. Maintenir à 18°.

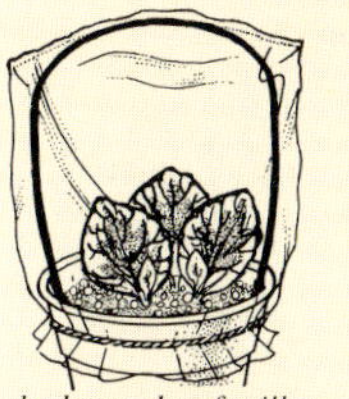

7 - A la base des feuilles apparaissent de nouvelles plantes. Quand elles poussent bien, préparer de petits pots.

8 - Détacher délicatement la nouvelle plante de la vieille feuille, sans abîmer les racines fragiles.

9 - Rempoter les nouvelles plantes. Arroser et laisser à l'ombre pendant 2 jours.

Empotage

1 - Rempoter au printemps, lorsque la tête de la plante est trop lourde. Bien arroser au préalable.

2 - Préparer un pot plus grand avec un drainage et une couche humide moitié terreau, moitié tourbe.

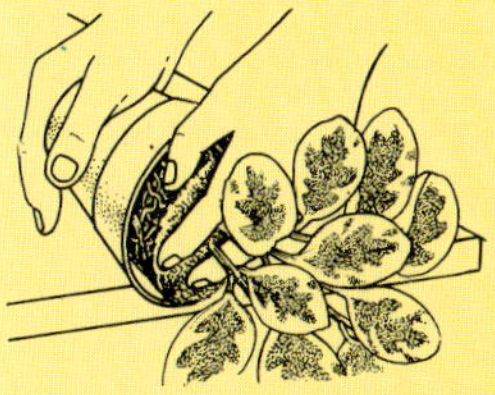

3 - Tenir le pot d'une main, l'autre maintenant le terreau. Tapoter le bord du pot : la plante et le terreau se dégageront.

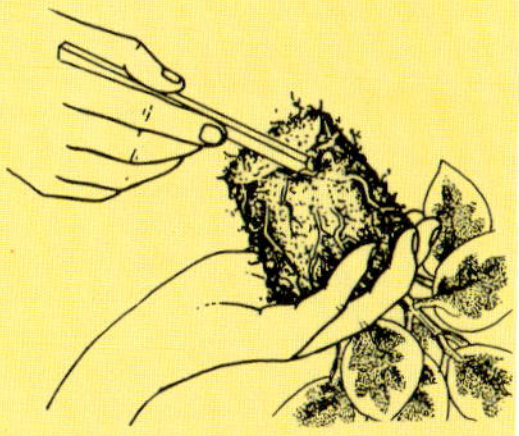

4 - Avec un crayon ou un bâtonnet, enlever la terre sans abîmer les racines.

5 - Placer les racines sur le terreau du nouveau pot.

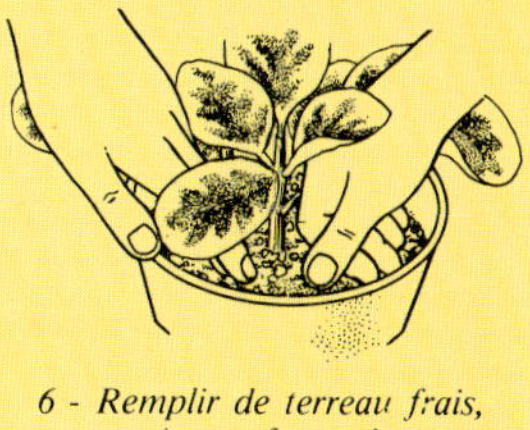

6 - Remplir de terreau frais, en tassant au fur et à mesure. Recouvrir toutes les racines. Mettre 2 jours à l'ombre, sans eau, pour favoriser l'enracinement.

PHILODENDRON BIPENNÉ

Les philodendrons constituent un groupe de plantes parmi les plus faciles à cultiver chez soi. Ils résistent mieux encore au manque de soins que les caoutchoucs et offrent, en décoration, des possibilités plus variées. Leurs cultivars sont très nombreux et ont été divisés ici en deux groupes : les arbustes et les grimpantes. Les plantes décrites ci-dessous sont les plus petites : ce sont des arbustes.

Les philodendrons appartiennent à la famille des arums (aracées). Il en existe quelque cent vingt espèces, et de nombreux hybrides sont commercialisés. Leur nom vient du grec *phileo*, « aimer », et *dendron,* « arbre ». Ils proviennent surtout d'Amérique centrale.

Philodendron bipinnatifidum est une belle plante basse, originaire du Brésil. Le terme *bipinnatifidum* vient d'un mot latin signifiant « plume » et fait allusion à la façon dont les feuilles sont fendues le long des bords. Ces feuilles peuvent atteindre une longueur de 60 cm et une largeur de 40 cm, mais les plantes courantes n'ont guère que la moitié de ces dimensions.

Philodendron callinofolium est beaucoup plus touffu, ses feuilles, étroites, sont vert vif et les pétioles semblent enflés. *Philodendron* « Black Prince », autre plante très attrayante, est une nouvelle variété aux belles feuilles très sombres, contrastant avec celles des plantes plus vertes. *Philodendron wendlandii* est plus rare. La longueur de ses feuilles lancéolées peut atteindre 35 cm ; elles poussent en un cercle presque parfait à partir du centre de la plante.

En achetant un philodendron, choisir un sujet aux feuilles fortes, intactes, de belle teinte et qui laisse voir des pousses nouvelles.

← *Philodendron* « Black Prince », aux belles feuilles sombres.

→ *Philodendron bipinnatifidum,* le plus courant des philodendrons en buisson. Ses racines aériennes doivent être ramenées dans le pot.

↓ *Philodendron callinofolium*

Dimensions. Bien soignés, ils peuvent atteindre 1 m de haut ; certaines variétés aux feuilles larges peuvent mesurer jusqu'à 1 m de large.

Croissance. Rapide au printemps et en été. Le nombre des feuilles peut doubler en une année.

Floraison. Fleurs sans grande beauté, qui n'éclosent que sur des plantes très âgées.

Parfum. Inodore.

Lumière. Ils préfèrent une bonne lumière (pas de soleil direct), mais supportent des coins assez sombres.

Température. 12 à 18°, et 24° en été, avec une forte humidité.

Arrosage. Arroser régulièrement par le haut, 2 fois par semaine pendant la période de croissance, une fois par semaine ou moins en hiver.

Engrais. Durant la période de croissance, ajouter tous les 15 jours de l'engrais liquide à l'eau d'arrosage.

Humidité. Vaporiser à l'eau tiède 2 fois par semaine

Nettoyage. Dépoussiérer à l'eau tiède. Utiliser du lustrant tous les 2 mois au plus.

Atmosphère. Ils se développent au mieux dans un bac, mélangés à d'autres plantes, où se crée ainsi un microclimat. Ils supportent les gaz polluants, la fumée et les courants d'air.

Terre. Un mélange de terreau et de tourbe à parts égales.

Empotage. L'effectuer quand la tête de la plante est trop lourde. Une fois adulte, la laisser dans un grand pot (18 cm) dont on renouvellera simplement tous les ans la couche de surface.

Taille. Enlever au fur et à mesure les feuilles abîmées ou disgracieuses.

Multiplication. Généralement à partir de graines provenant des tropiques. Température : 24 à 27°. Au début de l'été, après complet développement des feuilles, on peut essayer de prélever les jeunes pousses naissant à l'articulation de la feuille. Bouturage difficile.

Longévité. 4 à 5 ans. A la maison, après un certain temps, la plante risque de prendre un aspect très désordonné.

Sociabilité. S'accommodent bien de la présence de toute autre plante verte : aralias-lierres, *Ficus,* dieffenbachias, etc.

Facilités/difficultés. Groupe de plantes convenant bien au débutant.

Culture en semis

On peut, dans un germoir, faire pousser plusieurs plantes à partir de graines.

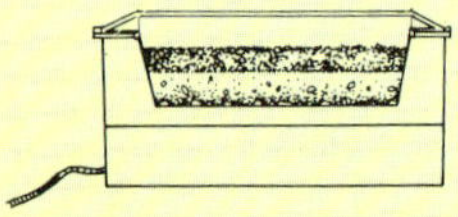

1 - Préparer un germoir avec une couche de drainage et du terreau pour semis.

2 - Eparpiller les graines et ajouter une mince couche de terreau, de la même épaisseur que celle du semis. Bien arroser.

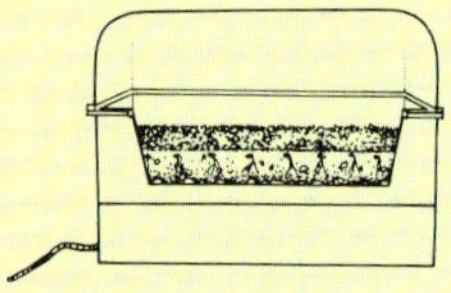

3 - Recouvrir. Enlever le couvercle 5 minutes par jour pour éviter la pourriture. Le terreau doit rester bien humide. Température : 24 à 27°.

4 - Retirer le couvercle après germination.

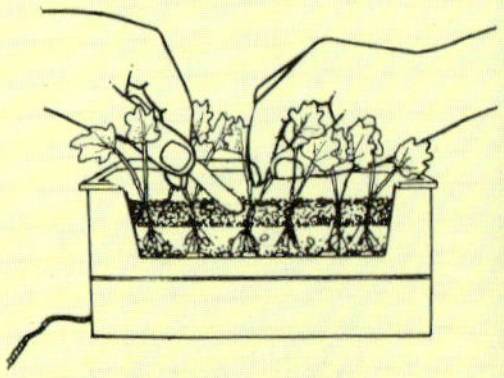

5 - Dès que les pousses peuvent être manipulées, éliminer les plus faibles en espaçant les autres de 2 à 3 cm.

6 - Quand les jeunes plantes poussent bien, empoter séparément dans de petits pots.

S.O.S.

1 - Feuilles pendantes mais plante par ailleurs saine. *Manque d'eau. Tremper dans un seau et laisser égoutter.*

2 - Croissance arrêtée, feuillage terne. *Trop froid. Trouver un endroit plus chaud.*

3 - Les feuilles inférieures jaunissent et tombent. *Trop d'eau. Laisser sécher et récupérer. Ensuite, arroser moins souvent, surtout en hiver.*

4 - Feuilles décolorées, absence de nouvelles pousses au printemps. *Terre épuisée. Rempoter ou nourrir régulièrement.*

5 - Taches brunes ou noires sur le bord des feuilles. *Brûlure. Vérifier qu'en hiver, les feuilles ne touchent pas une fenêtre. Ne pas laisser d'eau sur des feuilles exposées au soleil. Eloigner la plante des ampoules électriques sauf si elles sont fluorescentes.*

Changer la terre de surface

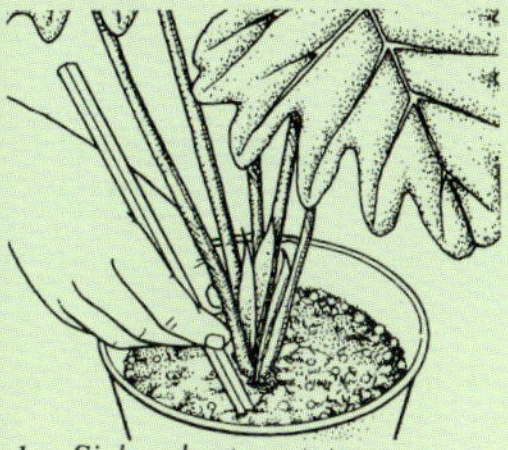

1 - Si la plante est trop grande pour être facilement rempotée, enlever au printemps la couche de surface. Bien arroser.

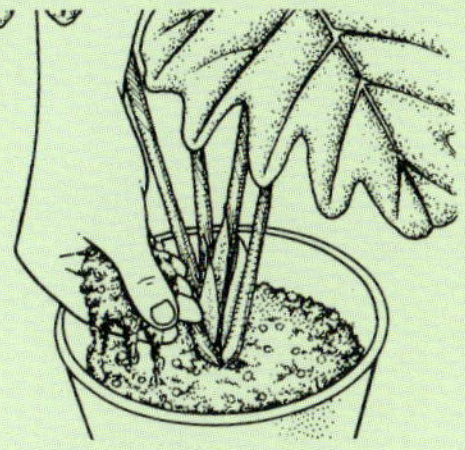

2 - Remplir le pot d'un mélange de terreau et de tourbe humides.

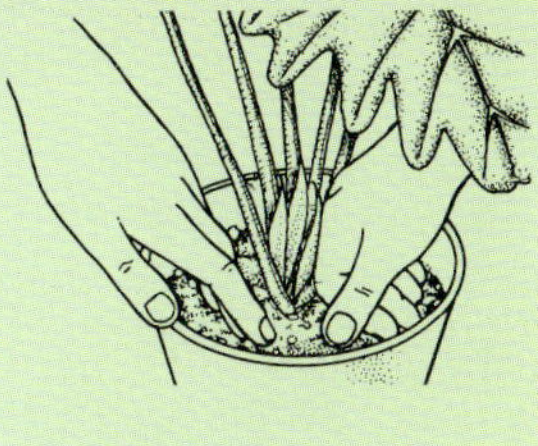

3 - Bien tasser tout autour. Bien recouvrir toutes les racines.

4 - Mettre 2 jours à l'ombre, sans eau, pour favoriser l'enracinement.

Tuteurage

Les pétioles des grandes plantes nécessitent un tuteur si elles retombent au-delà du pot.

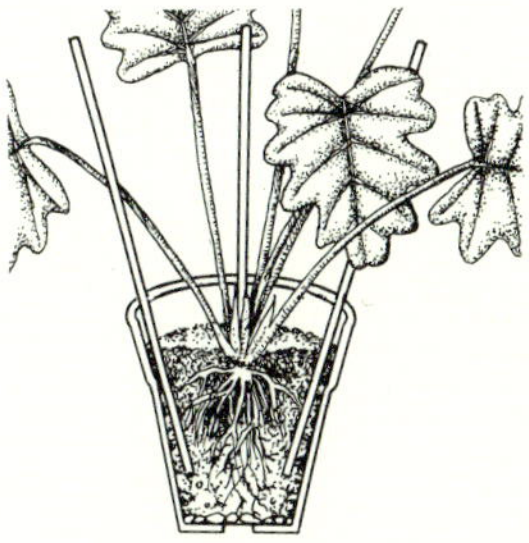

1 - Enfoncer doucement le bambou à quelques centimètres de la tige concernée jusqu'aux 2/3 de la hauteur du pot.

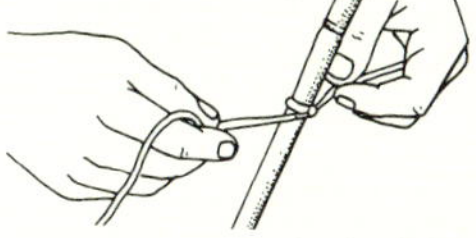

2 - Nouer une ficelle de 25 cm autour du bambou du côté de la tige.

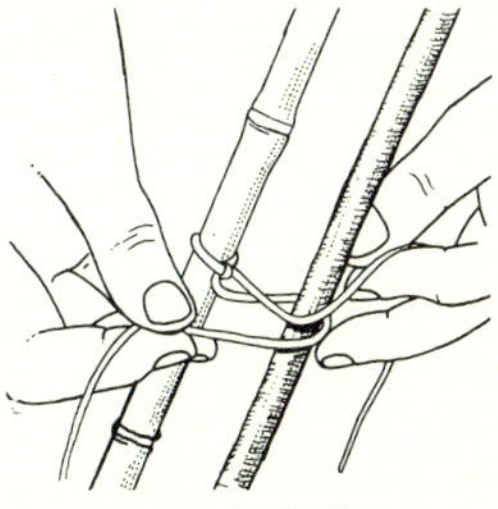

3 - Enrouler la ficelle autour de la tige.

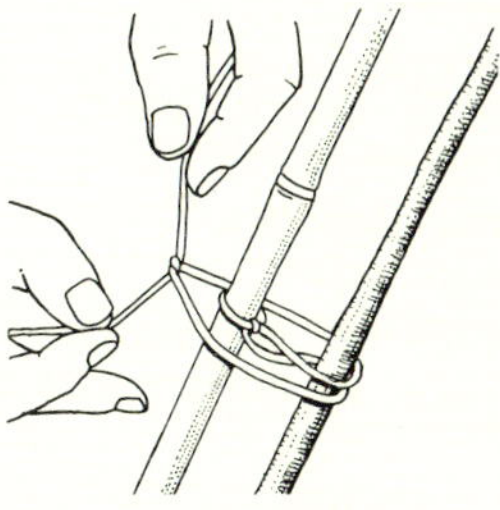

4 - Attacher solidement.

Nettoyage

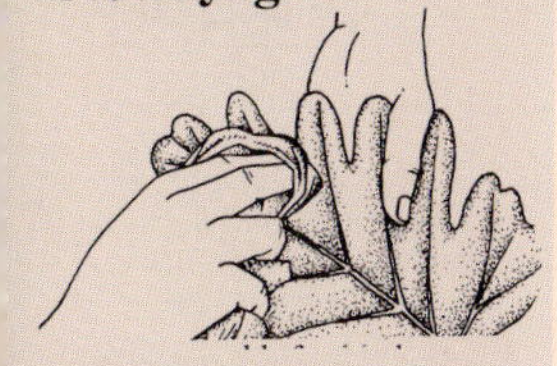

Avec une éponge ou un linge doux imbibé d'eau tiède essuyer les feuilles en les soutenant de l'autre main.

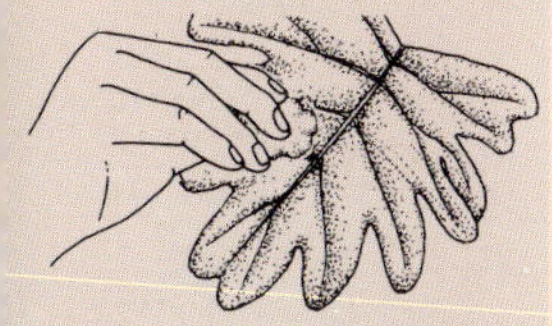

Une fois tous les 2 mois, au plus, une application de lustrant pour feuilles.

Multiplication

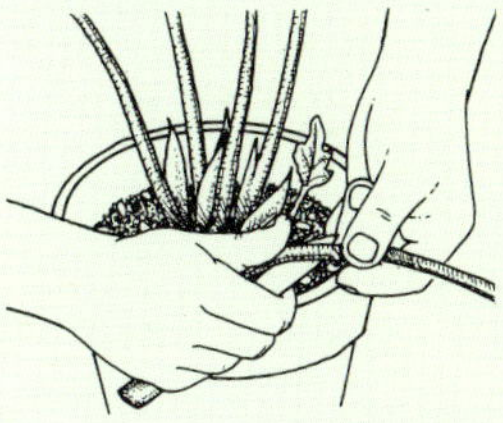

1 - Les pousses se développant à la base des feuilles peuvent servir de boutures, à condition d'avoir un bourgeon, une petite feuille émergeant de sa gaine. Couper le pétiole sous la nouvelle pousse. Préparer un pot avec un mélange moitié tourbe, moitié sable.

2 - Tremper la coupe dans de la poudre radiculaire aux hormones. Secouer l'excédent.

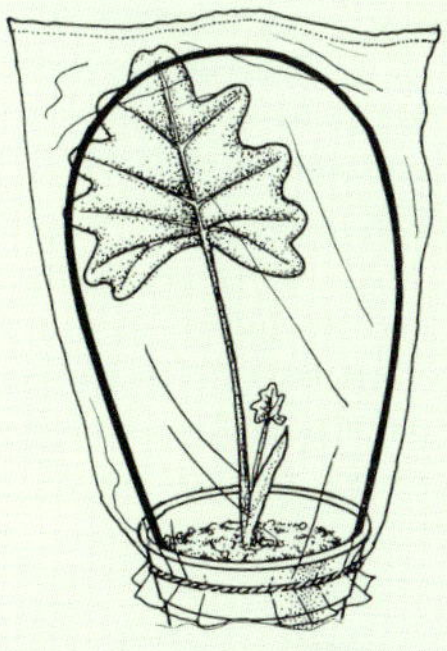

3 - Faire un petit trou dans le terreau et planter la bouture.

4 - Bien arroser et couvrir de polyéthylène. Découvrir 5 minutes par jour ; le terreau doit rester humide. Température : 24°. Retirer le sac après 21 jours ; si la bouture pousse bien, la rempoter dans du terreau frais.

PHILODENDRON GRIMPANT

Les philodendrons grimpants sont beaucoup plus nombreux et plus répandus que les philodendrons en buisson. Dans leur habitat, en Amérique centrale, les philodendrons grimpants croissent rapidement. Ils fleuriront plus facilement à la maison que les philodendrons en buisson. Leurs fleurs sont typiquement aroïdées, avec spathe et spadice un peu comme une lychnide des prés.

Ces plantes grimpantes nécessitent évidemment un tuteur en bambou ou un tuteur moussu ; ce dernier est préférable, les racines aériennes qui poussent sur de nombreux philodendrons pouvant s'y accrocher aisément.

Philodendron scandens aux petites feuilles en forme de cœur est le plus connu. Il pousse vigoureusement et couvre rapidement un treillage placé à l'arrière du pot. On peut aussi en faire une plante rampante, qui produit un très bel effet suspendue dans un panier d'où jaillissent de longues tiges pendantes.

Après *Philodendron scandens,* les philodendrons les plus répandus sont *P. erubescens, P.* « Emerald Queen », *P.* « Red Emerald », *P. tuxla* et un nouveau cultivar, *P.* « Emerald Prince ». Leurs feuilles sont beaucoup plus larges, parfois d'un beau vert brillant, parfois brun-rouge. Poussant généralement assez vite, ils conviennent fort bien à l'ornement des halls et des bureaux. *P. pertusum* rappelle *Monstera deliciosa* en miniature.

Il existe encore nombre de philodendrons prospérant bien à la maison. *P. melanochrysum* ressemble à *P. scandens,* mais ses feuilles sont veloutées et d'un noir verdâtre. *P. ilsemanii* est une plante de collection, mais de croissance lente. Ses feuilles ressemblent à celles de *P. erubescens* mais sont légèrement panachées. Les feuilles de *P. elegans,* autre philodendron poussant lentement, sont profondément dentelées.

Choisir des philodendrons vigoureux, dont les feuilles ont une belle couleur. Insuffisamment alimentées, les plantes étiolées ne reprendront jamais vraiment bien. Elles nécessitent un tuteur, généralement un bâton moussu. Ecarter les plantes aux feuilles inférieures jaunies.

Dimensions. La plupart des philodendrons grimpants deviennent de grandes plantes à l'aspect parfois anarchique. On peut faire revenir les pousses à leur point de départ. Courber une tige doucement et lentement en accrochant pendant 2 ou 3 jours un poids léger à la partie à plier.

Croissance. Chaque tige peut croître de 60 cm à 1 m par an.

Floraison. Si les plantes cultivées à la maison fleurissent, ce qui est rare, c'est au printemps et en été.

Parfum. Inodore.

Lumière. Ils poussent mieux quand ils sont bien éclairés (mais pas de soleil direct). Cependant ils supportent des coins assez sombres.

Température. 12 à 18°, 24° au maximum en été.

Arrosage. Arroser régulièrement par le haut, 2 fois par semaine durant la période de croissance, moins en hiver.

Engrais. Durant la croissance, ajouter à l'eau de l'engrais liquide tous les 15 jours.

Humidité. Vaporiser 2 fois par semaine à l'eau tiède.

Nettoyage. Essuyer les feuilles à l'eau tiède. Lustrant tous les 2 mois.

Atmosphère. Plantes très tolérantes.

Terre. Un mélange moitié terreau, moitié tourbe.

Empotage. Tous les ans pour les jeunes plantes. Dans le cas des grandes plantes, renouveler le terreau de surface et augmenter l'apport d'engrais.

Taille. Avec un couteau bien aiguisé, couper juste à l'aisselle de la feuille si la plante est trop désordonnée. En pinçant les pointes de végétation, on provoquera un meilleur buissonnement.

Multiplication. Soit par graines provenant des tropiques ou, plus généralement, par boutures de tiges.

Longévité. Ils devraient vivre 4 ou 5 ans, mais après un certain temps, ils peuvent devenir trop envahissants.

Sociabilité. Ils se plaisent dans des bacs avec la plupart des plantes vertes : aralias-lierres, *Ficus,* dieffenbachias.

Facilités/difficultés. Plante convenant bien aux débutants.

Tuteurage

1 - Enfoncer doucement le bambou à quelques centimètres de la tige principale jusqu'aux 2/3 de la hauteur du pot.

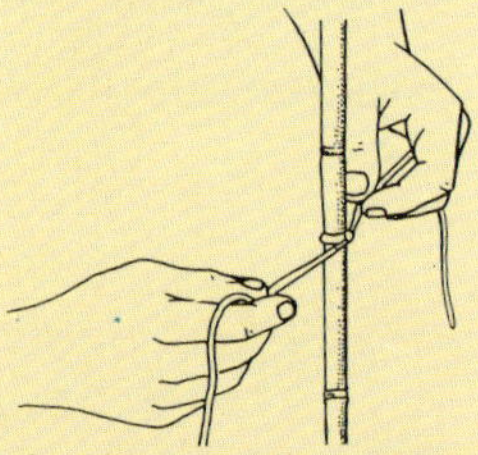

2 - Nouer une ficelle de 20 à 25 cm autour du bambou.

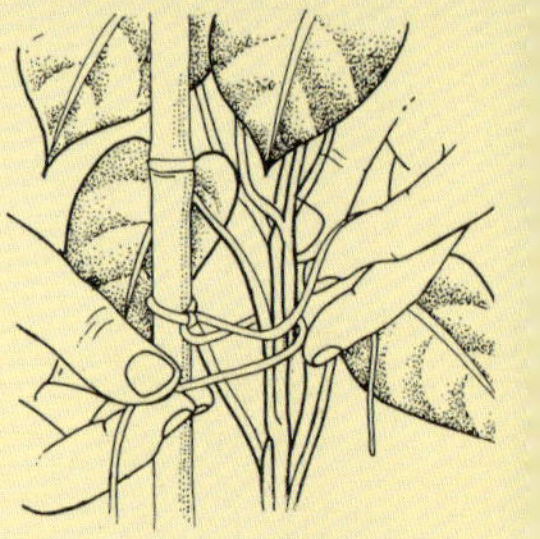

3 - Enrouler la ficelle autour de la tige (voir dessin).

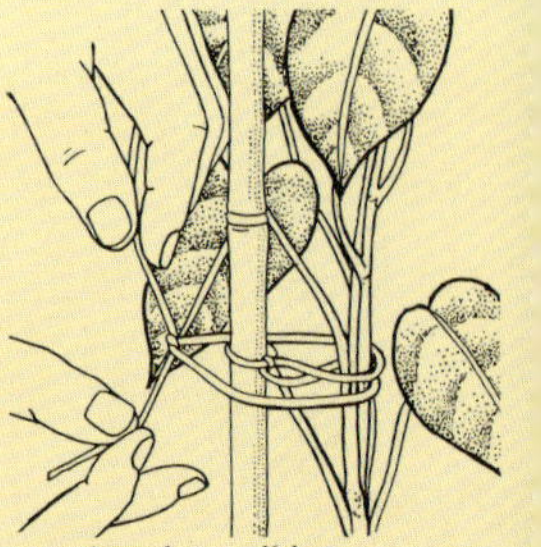

4 - Attacher solidement. Recommencer tout le long de la tige.

Nettoyage et vaporisation

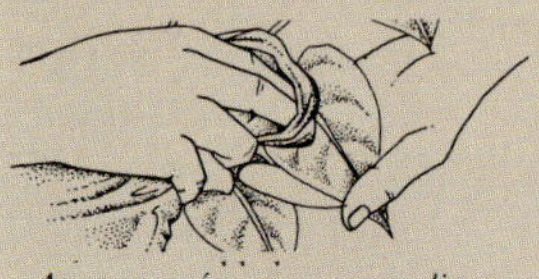

Avec une éponge ou un linge doux imbibé d'eau tiède, essuyer les feuilles d'une main en les soutenant de l'autre.

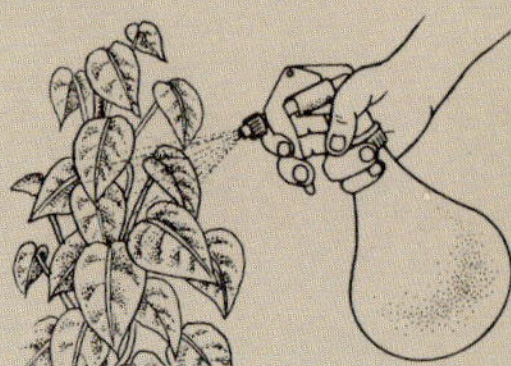

Vaporiser finement 2 fois par semaine.

Les philodendrons grimpants comptent parmi les plantes d'intérieur les plus robustes et les plus faciles. Ils ont tous besoin d'un tuteur.

← ← *Philodendron pertusum* ressemble à *Monstera deliciosa.*

← *Philodendron « Emerald Queen ».*

← *Philodendron tuxla.*

→ *Philodendron scandens.* Produit un excellent effet suspendu dans un panier.

S.O.S.

2

1

1 - Feuilles pendantes, mais plante par ailleurs saine. *Manque d'eau. Tremper dans un seau et laisser égoutter.*

2 - Croissance arrêtée, feuillage terne. *Trop froid. Trouver un endroit plus chaud.*

3 - Feuilles décolorées et, au printemps, absence de nouvelles pousses. *Terre épuisée. Rempoter ou alimenter régulièrement.*

3

4

5

4 - Les feuilles inférieures jaunissent et tombent. *Surarrosage. Laisser sécher et récupérer. Ensuite arroser moins souvent, surtout en hiver.*

5 - Taches brunes ou noires sur les feuilles ou sur leur bord. *Brûlure. Vérifier qu'en hiver la feuille ne touche pas de fenêtre. Ne pas laisser d'eau sur les feuilles en plein soleil. Eloigner des ampoules électriques, sauf si elles sont fluorescentes.*

Empotage

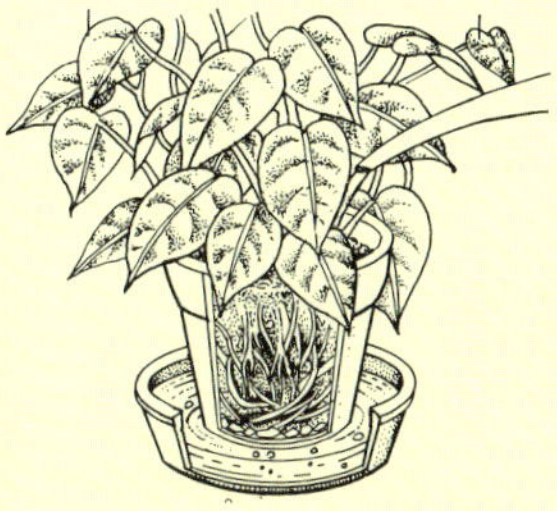

1 - Rempoter au printemps lorsque les racines émergent du fond du pot et que les feuilles sont pâles. Bien arroser et retirer le tuteur.

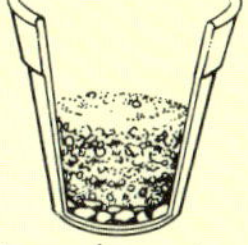

2 - Préparer un pot avec drainage et mélange humide moitié terreau, moitié tourbe. Si l'on utilise le même pot, bien le laver.

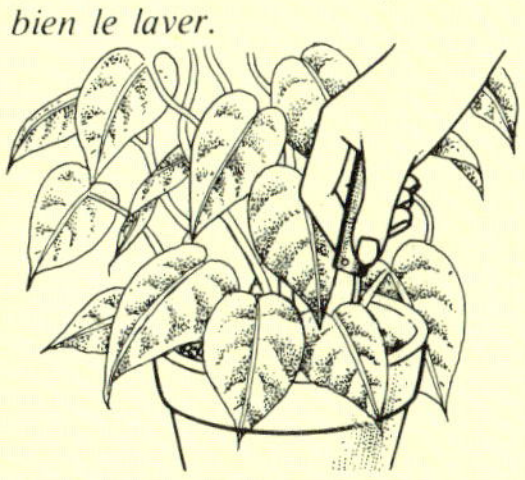

3 - Dégager la terre avec un couteau sur le pourtour du pot.

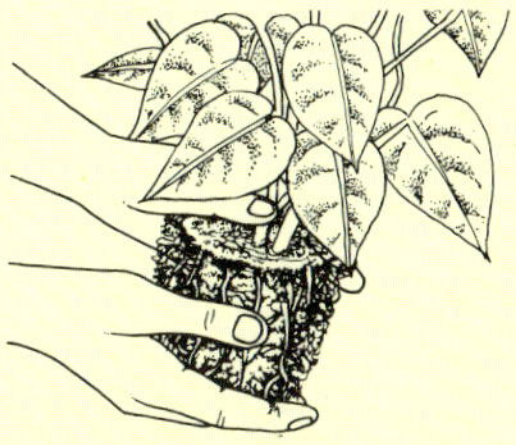

4 - Retirer la plante en la soutenant bien.

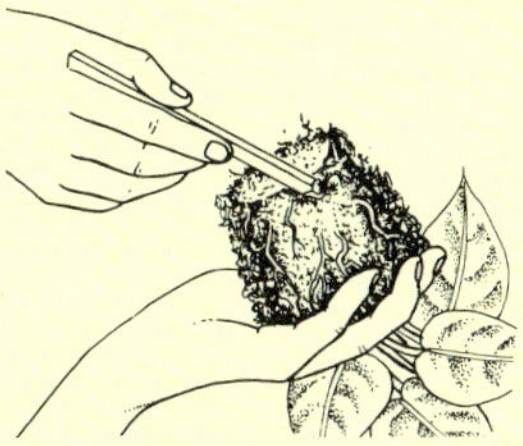

5 - Avec un crayon ou un bâtonnet, enlever la terre sans abîmer les racines.

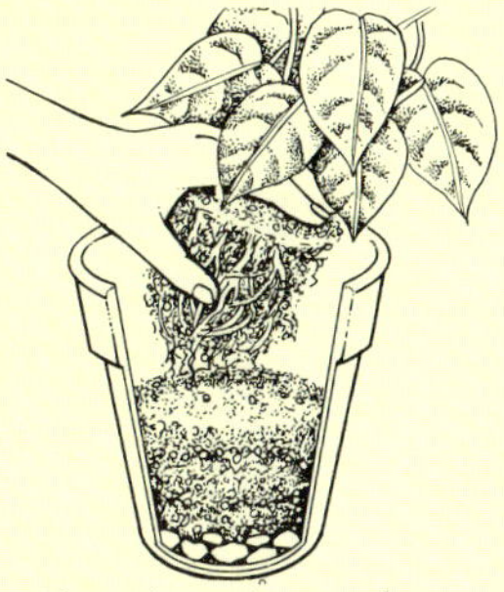

6 - Placer les racines sur le terreau du nouveau pot.

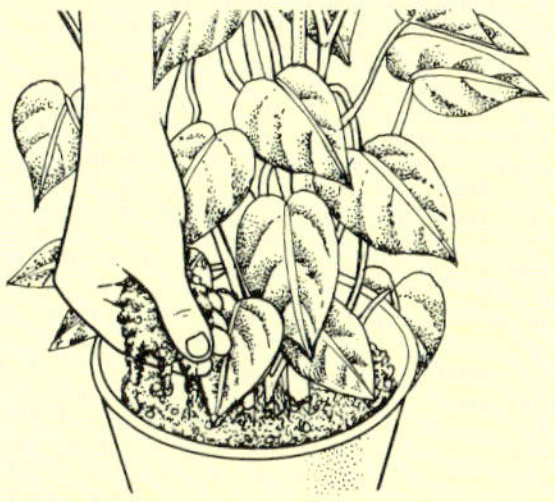

7 - Remplir de terreau frais.

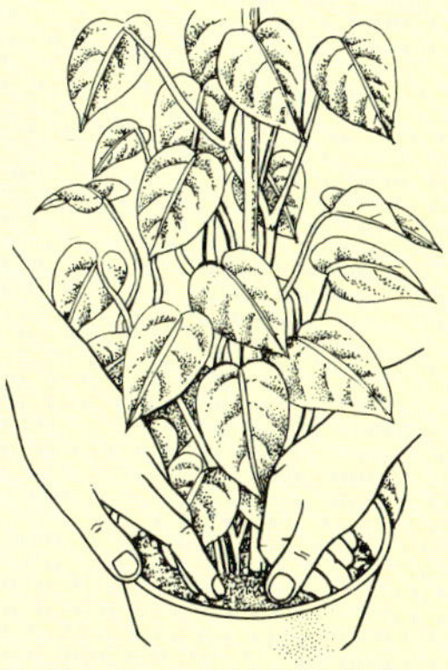

8 - Bien tasser tout autour en recouvrant toutes les racines.

9 - Remettre le bambou en place en veillant à ne pas abîmer les racines. Attacher la plante au bambou.

10 - Mettre 2 jours à l'ombre, sans eau, pour favoriser l'enracinement.

Bouturage

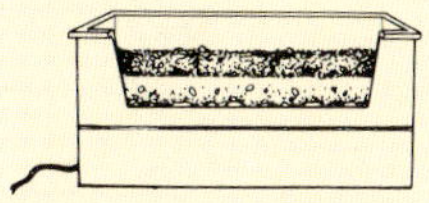

Prélever les boutures au début de l'été.

1 - Préparer un pot ou un germoir avec un drainage et un mélange de sable et de terreau.

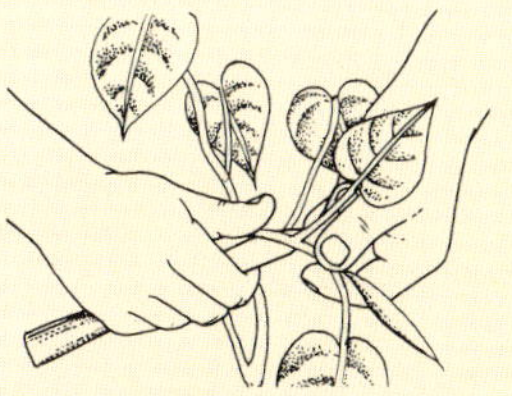

2 - Choisir une pousse ou une extrémité de tige ayant au moins 2 paires de feuilles saines et un bourgeon. Couper sous la deuxième feuille.

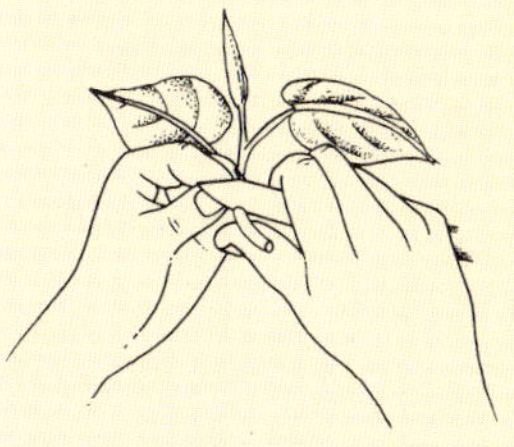

3 - Tailler la tige au-dessous d'une feuille.

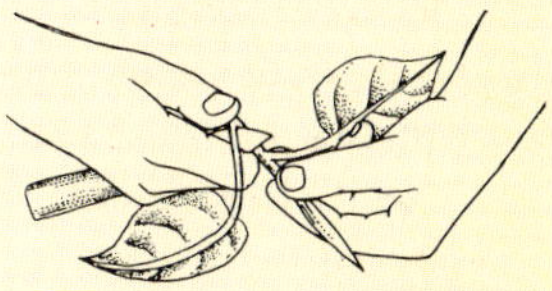

4 - Enlever la feuille du bas.

5 - Faire de petits trous dans le terreau avec un bâtonnet. Tremper la coupe dans de la poudre radiculaire aux hormones et planter la tige, la dernière feuille au ras du sol, l'extrémité de la tige au fond du trou.

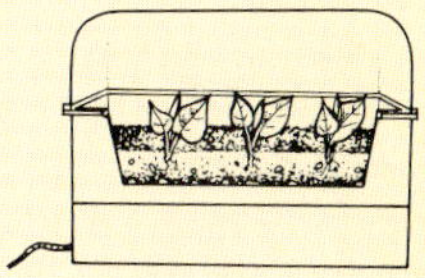

6 - Bien arroser et mettre le couvercle. Découvrir 5 minutes par jour ; veiller à l'humidité du terreau. Température : 21 à 24°.

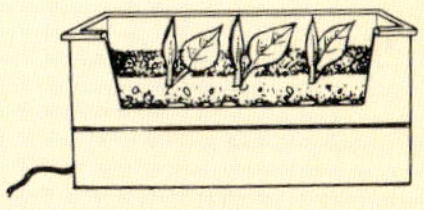

7 - Retirer le couvercle après 21 jours. Quand les boutures poussent bien, rempoter dans un terreau frais.

PALMIER DES CANARIES

Phoenix était le nom grec signifiant dattier. Les dattiers appartiennent à la famille des palmiers et le genre comprend une dizaine d'espèces originaires d'Afrique tropicale et d'Asie.

P. canariensis provient des Canaries d'où il a été importé en 1888. Il peut atteindre 6 m de haut ; ses palmes, raides et piquantes, peuvent sérieusement écorcher la peau. Il convient donc à une grande maison. Plante très élégante, elle peut constituer le centre d'intérêt d'un solarium ou d'un jardin d'intérieur, ou encore d'une terrasse pendant les mois d'été. Il ressemble étroitement à *P. dactylifera,* le vrai dattier. Celui-ci est encore plus grand mais les palmes ont moins de folioles.

Il existe un dattier nain, *P. roebelinii,* qui est plus buissonnant et dont les limbes sont moins raides. Sa hauteur ne dépasse pas 1,50 m.

Ce dernier mis à part, ces palmiers ne conviennent à la maison que lorsqu'ils sont jeunes. En effet, tant *P. canariensis* que *P. dactylifera* deviennent des arbres avec un vrai tronc. Leur lente croissance fait cependant reculer le moment où leur taille devient excessive. Le chauffage central ne leur convient guère, car ils ont besoin de fraîcheur en hiver et de beaucoup d'air en été. Dans les maisons ainsi chauffées, de nouvelles palmes apparaîtront néanmoins tout au long de l'année, mais celles du bas meurent rapidement. Cela affaiblit la plante et la rend plus sensible aux attaques des cochenilles.

Choisir un dattier montrant de nouvelles pousses et ayant une belle forme. Les feuilles inférieures ne doivent être ni brunies ni desséchées.

Les dattiers sont de très belles plantes qui se cultivent facilement, à condition qu'elles aient de la fraîcheur en hiver.

↑ *Phoenix roebelinii,* le dattier nain trapu.

← Il produit des rejetons à son pied. On le multiplie par division.

→ *Phoenix canariensis.*

Dimensions. *P. canariensis* peut atteindre 6 m de haut et s'étaler sur 2,80 m. *P. roebelinii* atteint un maximum de 2 m de haut et un diamètre de 1 m.

Croissance. Lente : de 15 à 25 cm par an.

Floraison. Ne fleurit pas à la maison.

Parfum. Inodore.

Lumière. Lorsqu'ils sont jeunes, ne pas les exposer directement au soleil. Tout en poussant mieux sous une lumière indirecte, ces plantes supportent assez bien les coins sombres.

Température. 10° en hiver. En été, mettre toutes les espèces en un lieu chaud, en plein air. Si ce n'est pas possible, leur assurer 21° et une bonne ventilation.

Arrosage. Arroser abondamment 2 ou 3 fois par semaine en été, une fois par semaine au printemps et en automne, tous les 15 jours en hiver quand la plante est en état de semi-dormance. Arroser à l'eau tiède.

Engrais. En été, ajouter à l'eau tous les 15 jours de l'engrais liquide.

Humidité. Vaporiser les feuilles une fois par semaine, sauf durant la période de semi-dormance.

Nettoyage. Se servir d'un vaporisateur ou d'un plumeau. Pas de lustrant.

Atmosphère. Bien aérée, la plante est très résistante.

Terre. Un mélange moitié terreau, moitié terre à cactées.

Empotage. Une fois par an, au printemps. Si la plante est importante, la placer dans un bac dont on renouvellera le terreau de surface au printemps. Tous les palmiers se plaisent mieux dans des récipients profonds, un peu étroits. Attention : les folioles sont très piquantes.

Taille. Enlever les palmes desséchées du bas.

Multiplication. Par semis au printemps. 2 mois peuvent s'écouler avant l'apparition des plants. Une atmosphère humide de 24° est indispensable. On peut obtenir *P. dactylifera* à partir des noyaux de la datte comestible. *P. roebelinii* se multiplie par rejetons.

Longévité. Au moins 8 ou 9 ans. Après, le palmier deviendra probablement trop envahissant.

Sociabilité. Mieux vaut le cultiver seul.

Facilités/difficultés. Plante facile.

Culture en semis

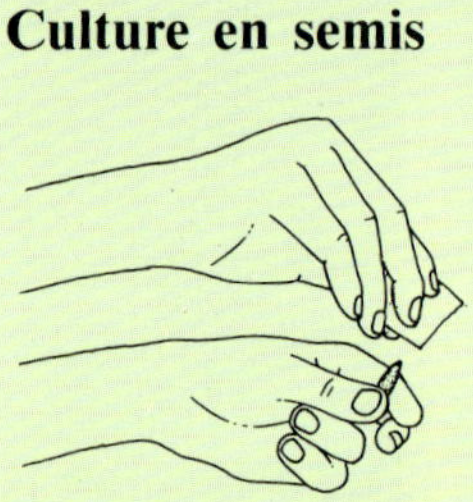

1 - P. canariensis peut être multiplié par des noyaux dans un germoir. La germination se produit au bout de 2 mois. Passés au papier émeri, les noyaux absorberont mieux l'humidité. Faire un essai avec des dattes fraîches (P. dactylifera). A défaut de germoir, les placer dans un lieu chaud et humide et les recouvrir de polyéthylène.

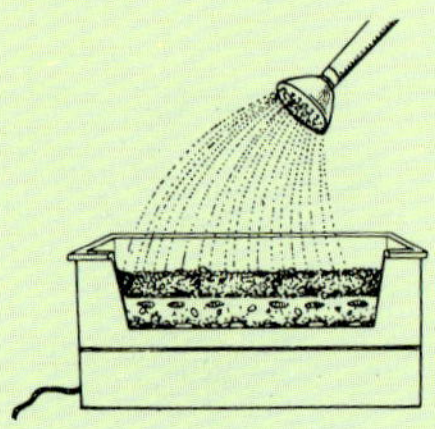

2 - Préparer un germoir avec un drainage et une couche de terreau pour semis. Bien arroser.

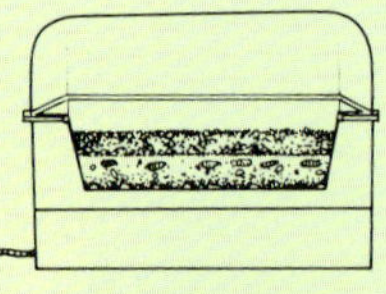

3 - Couvrir. Retirer le couvercle 5 minutes par jour pour éviter la pourriture. Le terreau ne doit pas sécher. Maintenir à 24°.

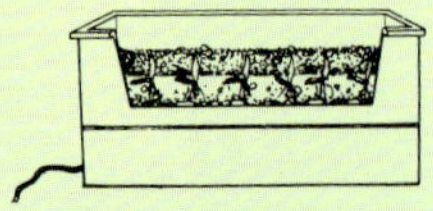

4 - Dès la germination, exposer à la lumière et retirer la protection.

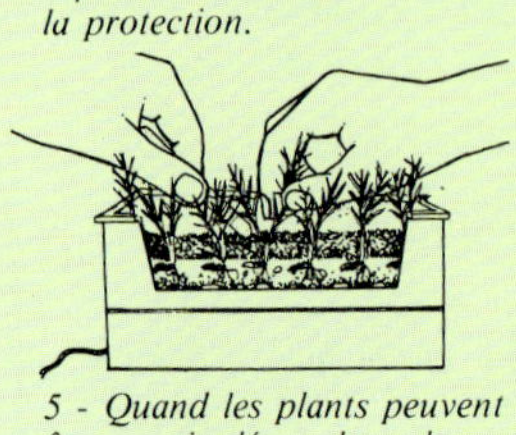

5 - Quand les plants peuvent être manipulés, enlever les plus faibles, en espaçant les autres de 2 ou 3 cm.

6 - Quand ils pousseront bien, les empoter séparément dans de petits pots.

S.O.S.

1 - Les palmes inférieures brunissent et sèchent. *Air trop sec et trop chaud. En hiver, mettre dans une pièce non chauffée. En été, mieux aérer.*

2 - Les jeunes palmes brunissent. *Brûlées par le soleil de midi en été. Mettre la plante à l'abri, ne pas vaporiser au soleil.*

3 - Au printemps la plante ne pousse pas. *Terreau épuisé. Rempoter ou donner de l'engrais chaque semaine.*

4 - Plaques blanches laineuses sur les folioles. *Cochenilles. Les enlever avec un tampon imbibé d'alcool dénaturé ou pulvériser du malathion ou un insecticide systémique.*

5 - Les folioles se ratatinent, brunissent et se ferment. *Trop sec. Arroser abondamment, et plus souvent par la suite.*

Empotage

1 - Rempoter au printemps si l'eau traverse le pot et si la plante ne croît plus. Bien arroser.

2 - Préparer un nouveau pot avec un drainage et une couche moitié terreau, moitié terre à cactées humide. On peut se servir du même pot, bien lavé.

3 - Avec un couteau, dégager le terreau autour du pot.

4 - Retirer la plante en la soutenant par sa base tout en supportant ses rameaux.

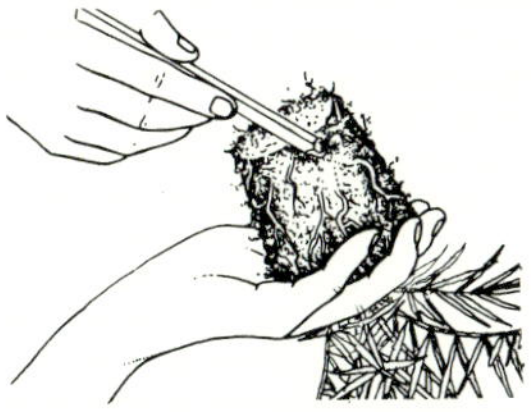

5 - Avec un crayon ou un bâtonnet, enlever la terre sans abîmer les racines.

6 - Placer les racines sur le terreau du nouveau pot.

7 - Remplir de mélange frais. Bien couvrir toutes les racines.

8 - Bien tasser. Mettre 2 jours à l'ombre, sans eau, pour favoriser l'enracinement.

Multiplication

1 - P. roebelinii produit des rejetons près de la plante-mère, que l'on peut séparer pour multiplier la plante.

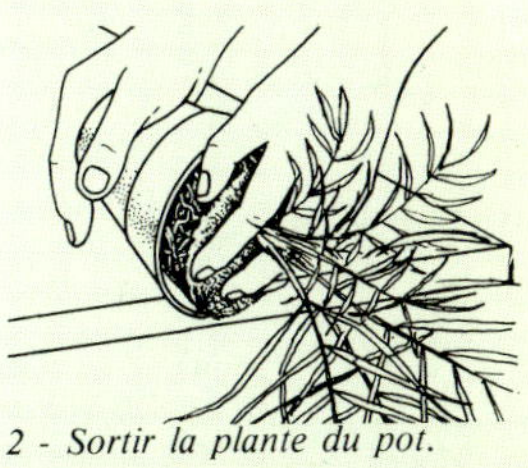

2 - Sortir la plante du pot.

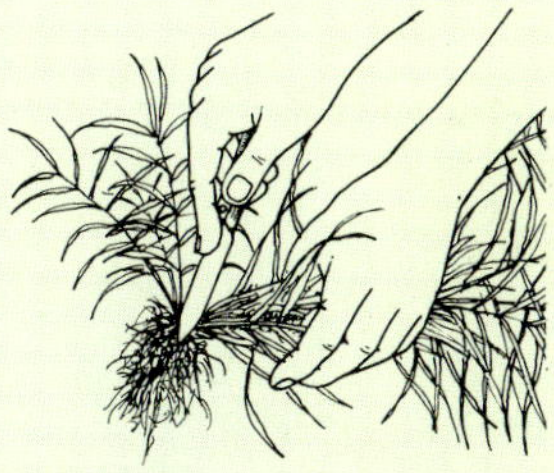

3 - Avec un bon couteau, séparer le rejeton de la plante-mère.

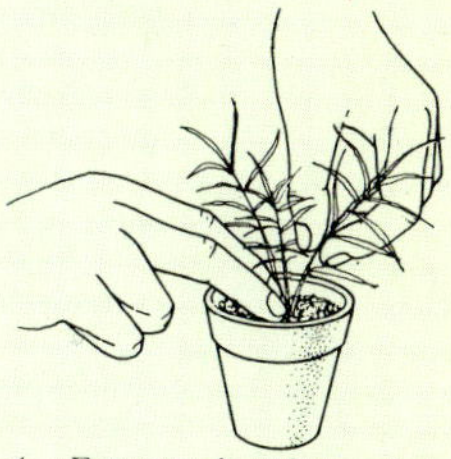

4 - Empoter le rejeton dans un mélange moitié terreau, moitié terre à cactées. Couvrir toutes les racines. Bien arroser.

Tailler les feuilles

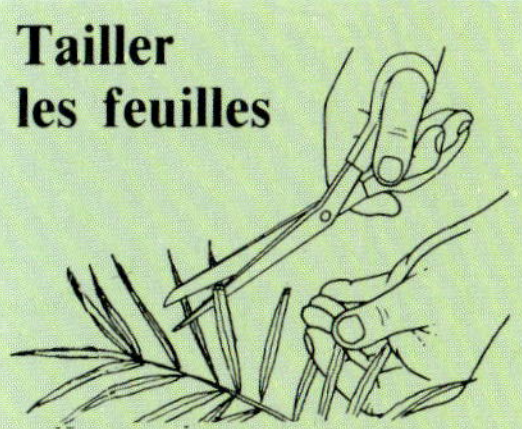

Si les pointes des folioles sont brunes et sèches, les couper avec des ciseaux au ras de la partie saine.

Vaporisation

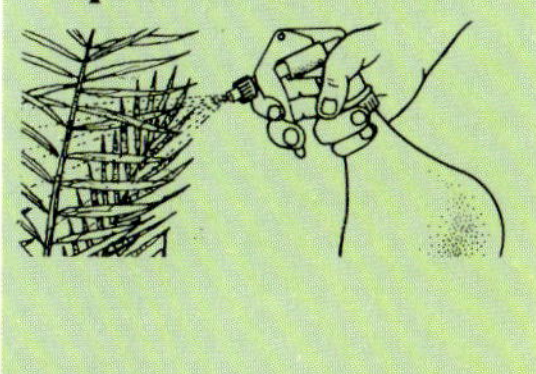

Vaporiser finement une fois par semaine à 15 cm des feuilles, sauf lorsque la plante est en dormance.

PILEA DE CADIÈRE

Les pileas appartiennent à la famille des orties ou urticacées dont le membre cultivé le plus connu est le houblon. Il en existe quelque 200 espèces, la plupart tropicales. Ils sont inconnus en Australie. Ce sont d'excellentes plantes d'intérieur si on les soigne correctement. Le mieux est de les multiplier tous les deux ans car ils sont plus beaux quand ils sont encore jeunes et touffus.

Pilea cadierii est l'espèce la plus répandue, parfois appelée la plante aluminium du fait des tachetures argentées et brillantes de ses feuilles vertes et ovales. Elle a été importée d'Indochine en 1938. Comme pour tous les pileas, il vaut mieux pincer les pousses nouvelles pour que la plante reste bien touffue. Il existe aussi une variété naine, *P. cadierii* « Nana ».

Les feuilles de *P. involucrata* ou *P. spruceana* sont vert-bronze foncé, avec de jolies taches argentées. C'est une petite plante touffue, qui se combine bien avec d'autres plantes. Elle est originaire du Pérou et du Venezuela, où elle a été découverte en 1895. *Pilea mollis* « Moon Valley » est un autre cultivar, plus difficile à cultiver, mais dont les très jolies feuilles ressemblent à celles du coleus.

P. muscosa, aux feuilles évoquant celles des fougères, est de culture très facile ; elle n'est pas aussi attrayante que les précédentes et se trouve rarement sur le marché. Son nom vulgaire est « herbe au feu d'artifice ». En effet, si on la secoue lorsqu'elle est en fleurs, ses têtes explosent, faisant jaillir un nuage de pollen. Elle a été importée d'Amérique tropicale dès 1793.

Choisir une plante bien touffue, de jolies proportions, et pas trop montée en tiges.

↑ *Pilea mollis* « Moon Valley ».

↓ Pincer les pointes de végétation de *Pilea cadierii* pour favoriser le buissonnement.

↑ Il suffit de toucher les têtes florales jaunes de *Pilea muscosa* pour qu'elles explosent en faisant jaillir leur pollen.

→ *Pilea cadierii.*

Dimensions. Plantes au mieux de leur forme quand elles sont petites. La plus grande, *P. cadierii,* a 38 cm de haut et 30 cm de large ; les autres variétés ne dépassent jamais la moitié de ces dimensions.

Croissance. Les boutures prélevées au printemps arrivent à maturité le même été.

Floraison. Fleurs insignifiantes, souvent cachées dans les feuilles. Semblables à celles des orties, elles se développent tout au long de l'été.

Parfum. Inodore.

Lumière. Se plaisent devant une fenêtre ensoleillée à l'abri du soleil de midi. La lumière fait bien apparaître les taches sur les feuilles. En hiver, celles-ci ne doivent jamais toucher une vitre : le froid les ferait noircir.

Température. Supporte jusqu'à 10° en hiver, mais croît mieux à 15°, jusqu'à 21° au maximum en été.

Arrosage. Bien arroser 2 à 3 fois par semaine en été, en hiver une fois. Ne jamais laisser le terreau se dessécher.

Engrais. En été, pendant la croissance, ajouter de l'engrais liquide tous les 15 jours à l'eau d'arrosage.

Humidité. En été, vaporiser à l'eau douce, mais jamais sous le soleil qui roussirait les feuilles.

Nettoyage. Si la vaporisation n'a pas suffi, essuyer les variétés aux feuilles plates avec un linge humide. Pour les variétés gaufrées, se servir d'un pinceau souple. Jamais de lustrant.

Atmosphère. Eviter les gaz, le chauffage central, les courants d'air, mais il leur faut une bonne aération.

Terre. Un mélange moitié terreau, moitié tourbe.

Empotage. Au printemps, après la dormance et la taille.

Taille. Les pileas montent facilement en tiges ; les rabattre au printemps à 8 ou 10 cm. Pincer les pointes de végétation toutes les 2 à 3 semaines. Ainsi, les pousses latérales se développent, et la plante devient plus touffue.

Multiplication. Prélever les boutures de tiges au printemps lors de la taille.

Longévité. Bien que pouvant vivre des années, les pileas deviennent très désordonnés ; aussi vaut-il mieux les multiplier tous les 2 ans.

Sociabilité. Ils se plaisent dans les jardinières, avec des lierres, bégonias, *Chamaedorea* et d'autres petites plantes d'appartement.

Facilités/difficultés. Plantes assez faciles.

Empotage

1 - Rempoter au printemps, quand la plante est trop lourde et ne pousse plus. Les feuilles pâlissent et les racines sortent du pot. Bien arroser.

2 - Préparer un pot plus grand avec un drainage et un mélange de terreau et de tourbe à parts égales.

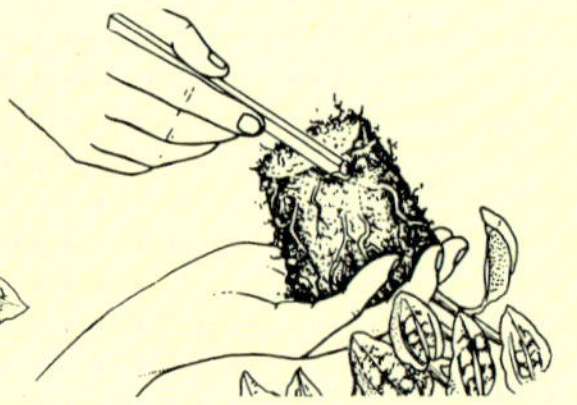

4 - Avec un crayon ou un bâtonnet, dégager la terre sans abîmer les racines.

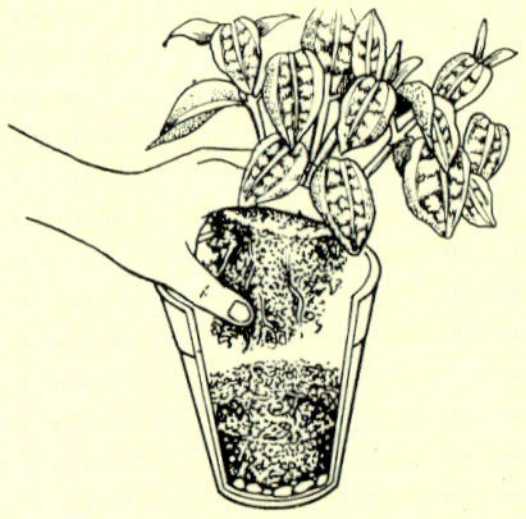

5 - Placer les racines sur le terreau du nouveau pot.

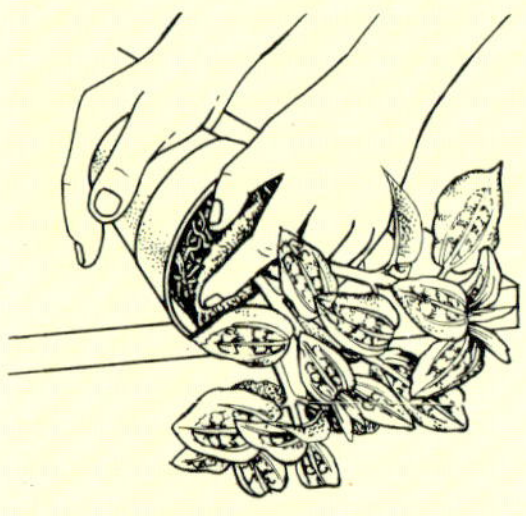

3 - Tenir le pot d'une main, l'autre maintenant le terreau. Tapoter le bord du pot. La plante et le terreau se dégageront.

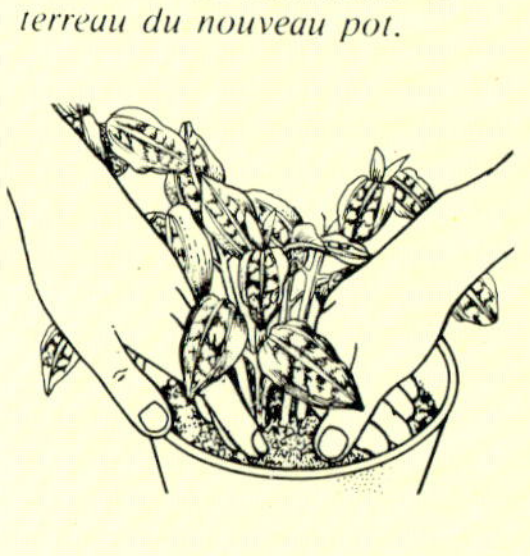

6 - Remplir de mélange frais. Couvrir toutes les racines. Bien tasser. Mettre 2 jours à l'ombre, sans eau, pour favoriser l'enracinement.

S.O.S.

1 - Les feuilles noircissent et tombent, surtout en hiver. *Trop froid. Trouver un endroit plus chaud.*

2 - Les feuilles pendent. *Trop sec. Arroser plus souvent.*

3 - Feuilles trop espacées, tiges trop longues. *Manque de lumière. Trouver un endroit mieux éclairé et pincer les pointes de végétation pour favoriser le buissonnement.*

4 - Feuilles déformées et gluantes, insectes verts. *Pucerons. Pulvériser du pyrèthre ou un insecticide systémique.*

Arrosage

1 - Tâter le terreau. S'il est meuble et friable, la plante a besoin d'eau.

2 - Arroser par le haut, avec de l'eau de pluie si possible. Vider la soucoupe au bout de 15 minutes.

Bouturage

1 - Les pousses du printemps peuvent servir de boutures. Préparer de petits pots avec un drainage et un mélange de tourbe et de sable.

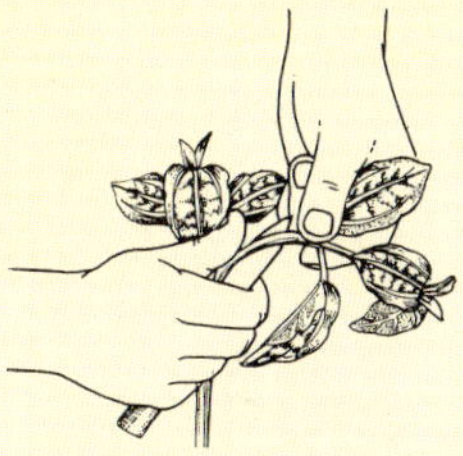

2 - Choisir une pousse ou une extrémité de tige ayant au moins 2 paires de feuilles saines et un bourgeon. Couper sous la 2e paire de feuilles, près de la tige principale. Longueur : 8 à 10 cm.

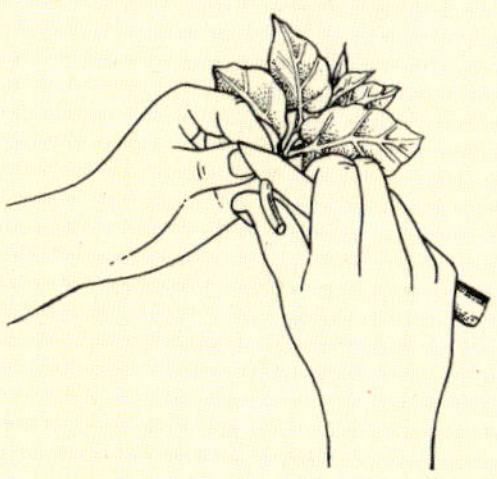

3 - Tailler la tige juste au-dessous d'une feuille.

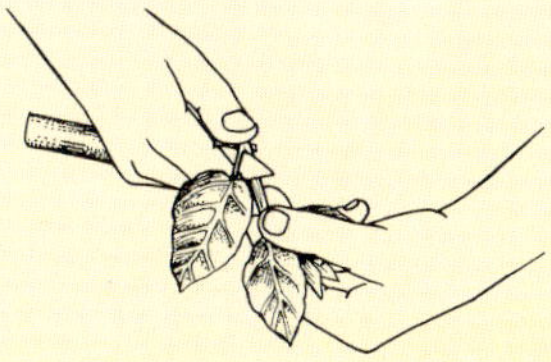

4 - Enlever la paire de feuilles inférieure.

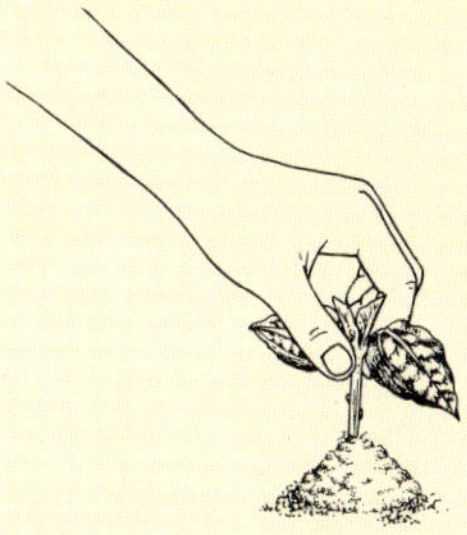

5 - Tremper la coupe dans de la poudre radiculaire aux hormones. Secouer l'excédent.

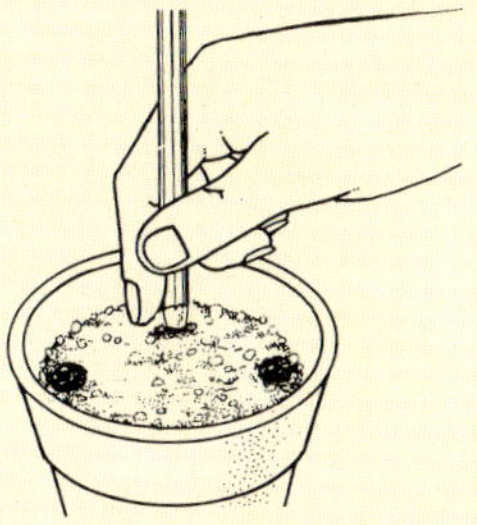

6 - Avec un bâtonnet, faire de petits trous dans le terreau.

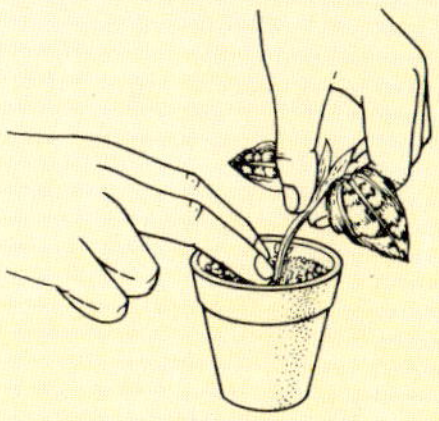

7 - Introduire la bouture, la tige au fond du trou, les feuilles au ras du sol.

8 - Bien arroser et recouvrir de polyéthylène, soutenu par du fil de fer. Découvrir 5 minutes par jour. Veiller à l'humidité du terreau. Température : 18°.

9 - Retirer la protection après 21 jours. Quand les boutures poussent bien, rempoter dans du terreau frais.

Vaporisation

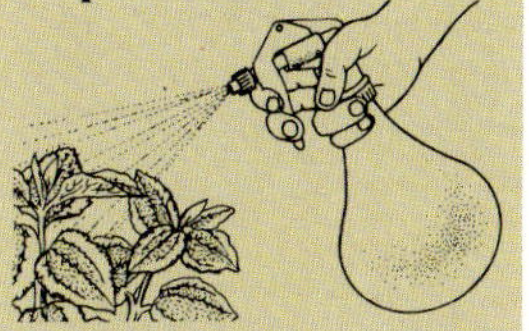

Vaporiser quotidiennement, avec de l'eau de pluie si possible, à 15 cm des feuilles.

Nettoyage

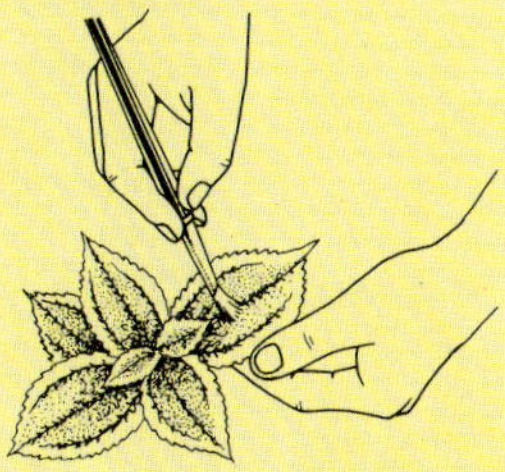

Nettoyer les feuilles gaufrées avec un pinceau sec et souple.

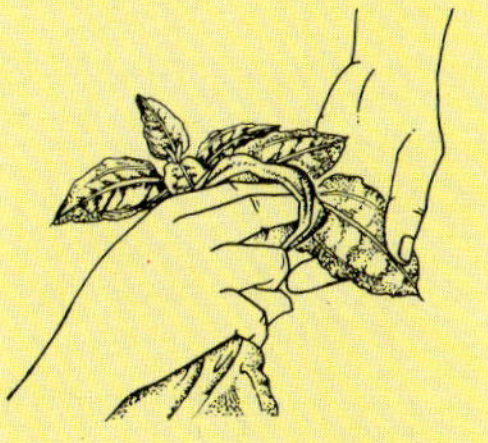

Essuyer les plantes à feuilles plates avec un linge doux humide en les soutenant.

Taille

1 - Si l'on pince les pointes de végétation, la plante buissonnera davantage.

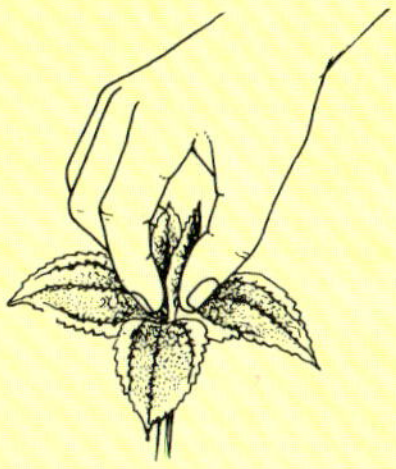

2 - Pincer les extrémités avec les doigts. De nouvelles pousses émergeront des pousses latérales.

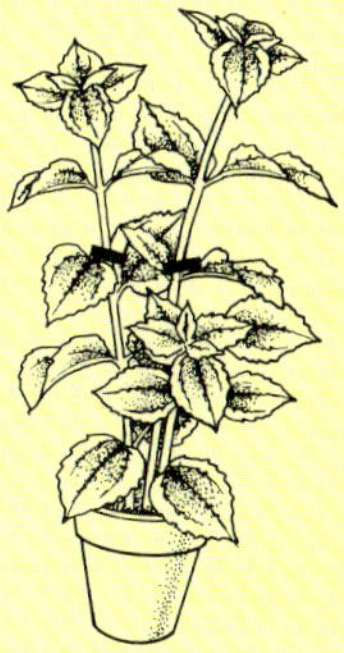

Une plante trop grande et désordonnée doit être taillée. Au printemps, la rabattre de moitié.

PLATYCERIUM OU CORNE D'ÉLAN

Le platycerium est probablement la plus magnifique et la plus extraordinaire de toutes les fougères. Son nom provient de deux mots grecs, *platys* signifiant « large », et *keras,* « corne ». Tout comme son nom latin, son nom vulgaire décrit bien son apparence hors du commun.
Elle appartient à la famille des polypodiacées. Il en existe sept espèces connues, toutes originaires du Sud-Est asiatique ou d'Australie, et dont deux seulement sont cultivées couramment. Ce sont des épiphytes qui réussissent fort bien en tant que plantes d'intérieur. La plus connue et la plus répandue des deux, *Platycerium alcicorne* (ou *bifurcatum*) vient d'Australie et a été introduite en Europe en 1808. On peut la mettre dans un panier suspendu, sur un morceau de bois ou de liège ou en pot. Comme chez tous les platyceriums, les feuilles du centre sont stériles. Elles poussent verticalement en se recouvrant les unes les autres et soutiennent la plante. Les frondes sont longues et sporifères. Elles poussent dans tous les sens et confèrent à la plante son aspect si frappant. Les cornes d'élan nécessitent peu de soins et, contrairement aux autres épiphytes, supportent bien un air sec.
L'autre variété destinée à la maison, *P. grande* « Queen Wilhelmina », se cultive moins facilement et exige des températures plus élevées. Elle est plus petite et fait donc moins d'effet. Les feuilles du centre de cette variété finissent, en grandissant, par envelopper complètement le côté du pot, qu'elles semblent avaler.
Choisir un platycerium aux feuilles intactes et bien duveteuses. Ne pas s'inquiéter si quelques feuilles du centre sont brunes et parcheminées : c'est normal.

Comme Nephrolepis, *on peut mettre* Platycerium *dans un panier suspendu. Cette plante supporte mieux l'air sec que les autres fougères et notamment le chauffage central.*

→ *Platycerium alcicorne.* Met en évidence ses frondes vertes et fertiles, ainsi que les feuilles stériles et brunes d'où elles émergent.

↓ *Platycerium grande* « Queen Wilhelmina ».

Dimensions. En général, ces plantes ont environ 25 cm de hauteur et de longues feuilles de 50 à 60 cm.

Croissance. Lente, 2 à 3 feuilles par an.

Floraison. Cette plante étant une fougère, elle n'est pas florifère.

Parfum. Inodore.

Lumière. Peut supporter la pénombre mais préfère la lumière et le soleil.

Température. Un minimum de 15° en hiver. *P. grande* préfère 18°. En été, 18 à 21°, 24° au maximum.

Arrosage. La laisser sécher entre 2 arrosages (toutes les semaines en été et tous les 10 jours en hiver). Le mieux est de baigner *Platycerium* tout entier durant 15 minutes puis de le laisser égoutter avant de le remettre en place.

Engrais. Une fois par mois, ajouter de l'engrais liquide à l'eau.

Humidité. Une vaporisation une ou deux fois par semaine est souhaitable.

Nettoyage. Ne pas essuyer les feuilles car on enlèverait ainsi le duvet qui leur permet de résister à l'air sec. Les vaporisations ou le bain devraient maintenir la plante propre. Jamais de lustrant.

Atmosphère. Plantes très tolérantes.

Terre. Pour la croissance en pot ou dans un panier, utiliser un mélange moitié terre de bruyère, moitié tourbe ; si la plante est fixée sur du bois, ajouter un volume égal de tourbe. Veiller à un très bon drainage.

Empotage. Ne rempoter la plante adulte que si l'on veut changer de récipient, par exemple la faire passer du pot dans un panier ou sur de l'écorce.

Taille. Pas réellement nécessaire ; n'enlever les vieilles feuilles extérieures que si elles sont prêtes à tomber.

Multiplication. Par spores, mais c'est là un travail de professionnel. La plante produit parfois des rejetons que l'on peut empoter séparément ; ne les enlever que s'ils ont déjà des racines.

Longévité. Très grande.

Sociabilité. Mieux vaut la cultiver à part.

Facilités/difficultés. Plante facile.

Multiplication par rejetons

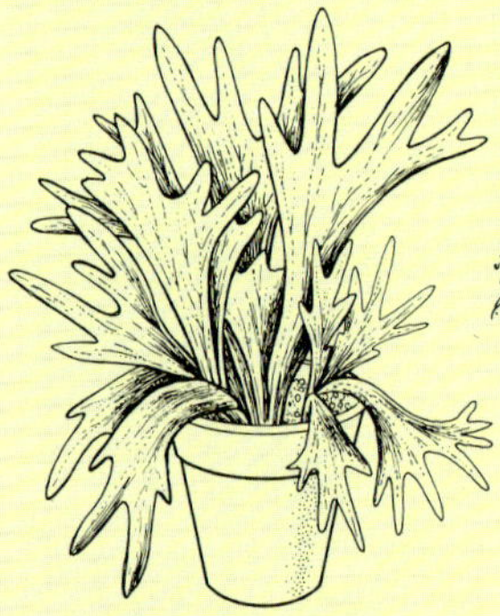

1 - Les platyceriums produisent des rejetons à leur base que l'on peut prélever pour les empoter séparément.

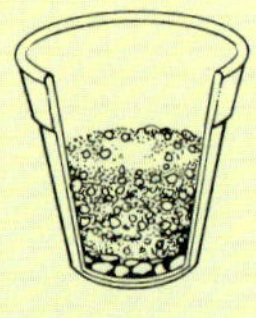

2 - Préparer un pot avec un drainage et un mélange moitié terre de bruyère, moitié tourbe. Sortir la plante du pot.

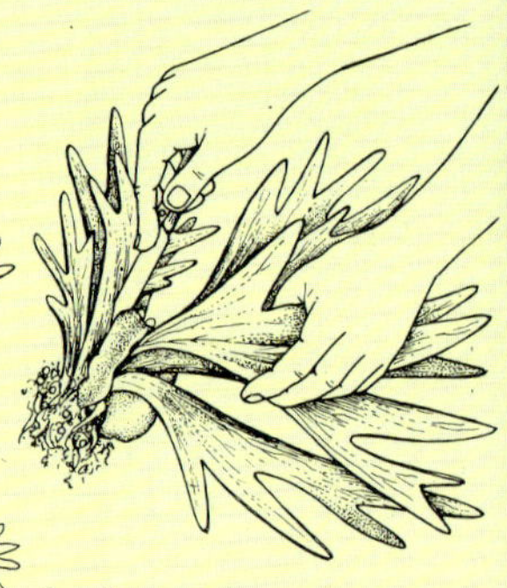

3 - Avec un bon couteau, séparer le rejeton de la plante-mère.

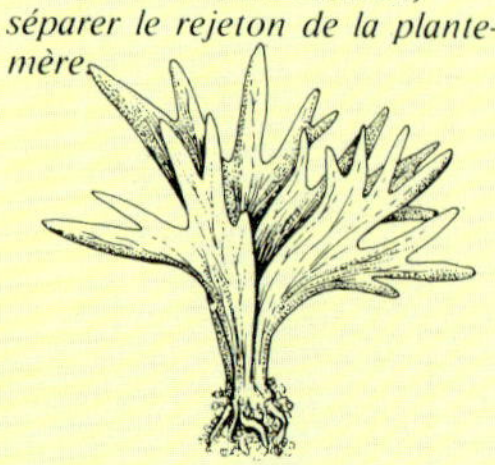

4 - Le rejeton doit avoir ses propres racines, sinon il ne croîtra pas.

5 - Arroser et couvrir de polyéthylène pendant quelques jours pour accroître l'humidité.

S.O.S.

1 - Frondes flasques. *Trop sec. Tremper dans un seau d'eau, puis arroser plus souvent.*

2 - Les frondes vertes pourrissent et tombent. *Trop humide et/ou trop froid. Arroser moins souvent, accroître la température.*

3 - Insectes écailleux bruns. *Cochenilles. Les enlever une à une avec un tampon imbibé d'alcool dénaturé. Ne pas utiliser d'insecticide.*

Enlever les frondes mortes

Couper les frondes jaunies à leur base. N'enlever les feuilles du centre que si elles sont près de tomber.

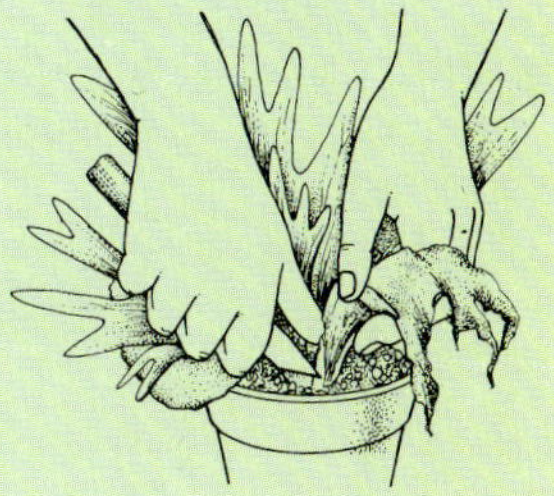

Arrosage

Bien laisser sécher la plante entre deux arrosages, puis la baigner. Au bout de 15 minutes, laisser égoutter.

Vaporisation

Vaporiser une fois ou deux par semaine, surtout si la plante est suspendue ou fixée à une écorce.

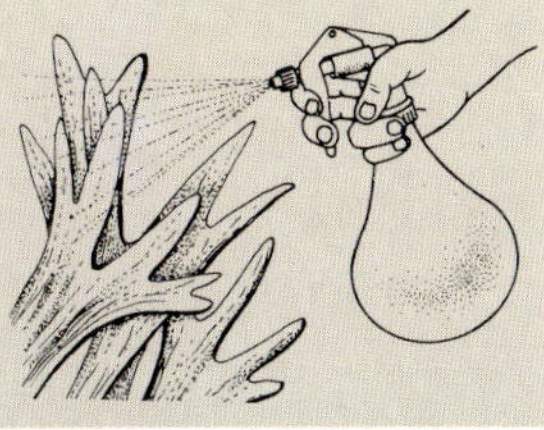

Jardinière de fougères

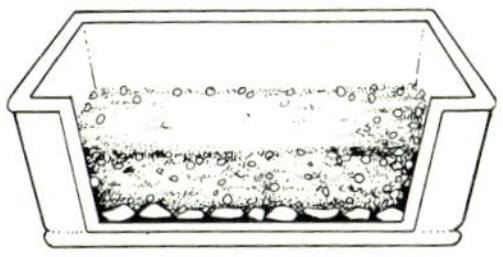

1 - 2 ou 3 platyceriums plantés ensemble dans un récipient suspendu font très bel effet. Garnir le récipient d'une couche de drainage et d'un mélange moitié terre de bruyère, moitié tourbe. S'il n'y a pas de drainage, ajouter un peu de charbon de bois pour éviter le croupissement de l'eau.

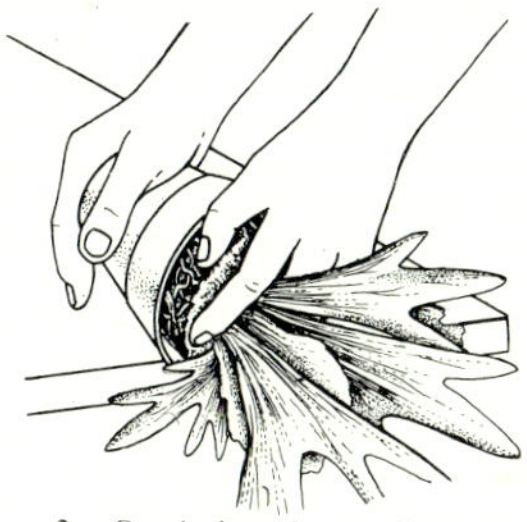

2 - Sortir les plantes des pots.

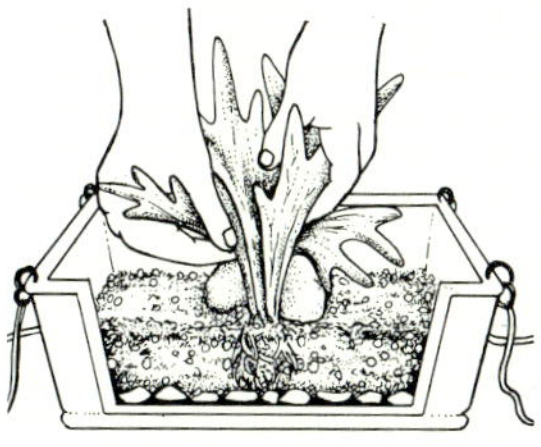

3 - Mettre la 1re plante en place et ajouter du mélange pour la maintenir.

4 - Ajouter les autres plantes de sorte que leurs frondes débordent le pot. Laisser assez de place pour permettre aux racines de se développer. Ajouter du mélange.

5 - Suspendre le récipient solidement, car il sera lourd.

Sur un morceau d'écorce

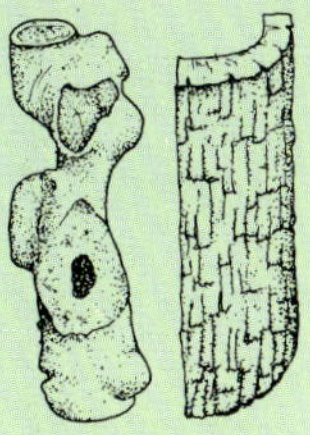

1 - Choisir un morceau de liège approprié, une branche ou un morceau de bois.

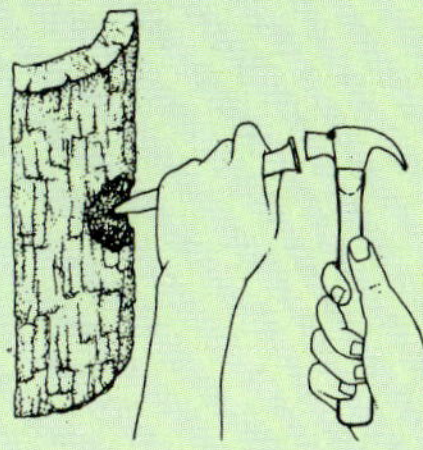

2 - A défaut de creux naturel, en pratiquer un avec un ciseau, pour y loger la plante.

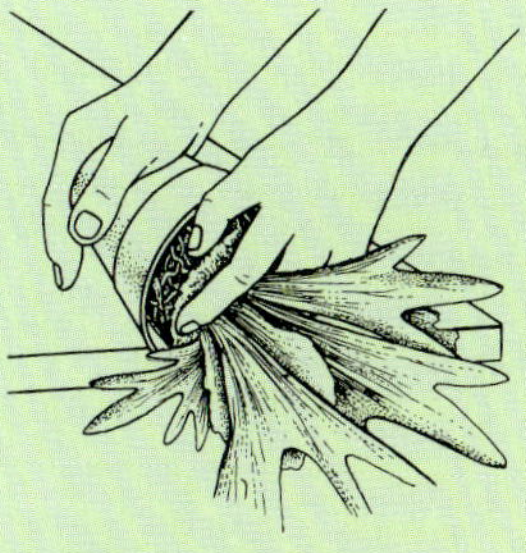

3 - Retirer la plante du pot en gardant le terreau autour de la motte.

4 - Envelopper les racines de mousse de sphaigne humide et fixer le tout par du fil de fer.

5 - Maintenir le tout fermement contre le bois et attacher avec du fil de fer. Garder la motte humide. Vaporiser régulièrement.

FOUGÈRE RUBANNÉE OU PTERIS TREMBLE

Les fougères *Pteris* sont l'un des plus grands groupes de la famille des polypodiacées. Il en existe environ deux cent cinquante espèces réparties dans les zones tempérées et subtropicales. Certaines des variétés cultivées en intérieur sont originaires d'Australie et de Nouvelle-Zélande.

Bien qu'elles soient parmi les plus grandes des fougères, elles nécessitent peu de soins et résistent fort bien à l'air sec des maisons modernes, mais n'en préfèrent pas moins une atmosphère plus humide. Une seule règle essentielle à observer : ne jamais laisser sécher le terreau. La plupart des variétés se plaisent à l'ombre mais s'accommodent de la lumière, pourvu que ce ne soit pas un ensoleillement direct.

La plus grande des trois variétés cultivées, *Pteris tremula,* a des frondes larges, ressemblant à celles de la fougère arborescente. Elles sont assez fragiles et se cassent net si on ne fait pas très attention. Les décorateurs d'intérieur ont un faible pour *P. multifida* « Major », fougère résistant même à de mauvais traitements, et dont la forme est bien ramassée. Certaines des nombreuses variétés de *P. cretica* sont panachées. Celle-ci n'est pas aussi robuste que *P. multifida* mais vaut la peine d'être cultivée. Elle est très répandue. Certaines de ses variétés ont des frondes cristées et ont été cultivées à l'origine pour les fleuristes qui l'utilisaient comme feuillage coupé. Ces variétés sont connues sous le nom collectif de *P. cretica* « Wimsettii ». Les variétés d'une autre espèce, *P. ensiformis,* sont diaprées de blanc. Ce sont des fougères argentées dont la plus commune est *P. ensiformis* « Victoriae ».

Choisir des fougères dont les frondes sont visiblement saines, ne comportant ni tiges cassées, ni frondes brunies au centre de la plante.

La majorité des pteris sont des fougères résistantes, qui peuvent supporter un air sec.

→ *Pteris tremula,* l'espèce la plus volumineuse cultivée à l'intérieur.

← *Pteris multifida* « Major », plus petite et plus buissonnante que *Pteris cretica* ↓.

Dimensions. Dans un pot de 12 cm, cette plante atteindra 38 cm de haut et 25 cm de large, selon les variétés. *P. tremula* atteindra jusqu'à 40-50 cm, exceptionnellement jusqu'à 1,20 m.

Croissance. Elle double de taille en une saison de croissance.

Floraison. Etant des fougères, les pteris n'ont pas de fleurs.

Parfum. Inodore.

Lumière. Ne pas les exposer directement au soleil qui roussirait leurs frondes. Les mettre à l'ombre.

Température. En hiver, de 10 à 13° ; en été à la température ambiante, 21° au maximum, à moins d'accroître l'humidité.

Arrosage. Bien arroser, avec de l'eau non calcaire si possible, jusqu'à une fois par jour durant les grandes chaleurs, 2 à 3 fois par semaine en hiver. Le terreau doit toujours rester humide.

Engrais. Tous les 15 jours en été et une fois par mois en hiver, ajouter la moitié de la dose d'engrais recommandée à l'eau d'arrosage.

Humidité. Forte tout au long de l'année. Vaporiser chaque jour à l'eau tiède, poser le pot sur des cailloux humides ou dans un autre pot garni de tourbe.

Nettoyage. La vaporisation devrait suffire. Ne jamais utiliser de lustrant.

Atmosphère. Eviter air sec et chaleur.

Terre. Un mélange moitié terreau, moitié tourbe.

Empotage. De préférence chaque printemps.

Taille. Enlever les frondes desséchées. Si toute la plante est desséchée, couper toutes les frondes et vaporiser quotidiennement avec de l'eau tiède. De nouvelles frondes devraient rapidement apparaître.

Multiplication. Lors du rempotage au printemps, on peut diviser une grosse plante en plusieurs petites. Les horticulteurs assurent la multiplication par les spores produites en automne. Semer en mars, à 13°. Quelquefois les spores des plantes cultivées à la maison se sèment toutes seules et de jeunes fougères peuvent apparaître parmi d'autres plantes placées dans des bacs ou des pots.

Longévité. Bien soignées, elles peuvent durer plusieurs années.

Sociabilité. La plupart des fougères réussiront bien avec d'autres plantes, car elles bénéficient de leur humidité supplémentaire. Ne pas les exposer au soleil.

Facilités/difficultés. En principe, ce sont des plantes faciles, mais il faut bien les arroser.

Arrosage

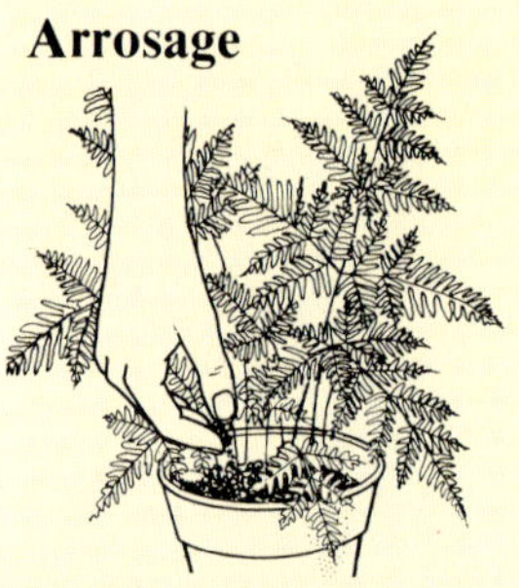

1 - Tâter le terreau. Il doit être humide. S'il est meuble et friable, la plante manque d'eau.

2 - Arroser par le haut, avec de l'eau de pluie si possible. Vider la soucoupe au bout de 15 minutes.

Humidité

Pteris *a besoin de beaucoup d'humidité en toute saison. Mettre le pot sur un lit de cailloux mouillés ; la base du pot doit être hors de l'eau.*

ou

Placer le pot dans un récipient

plus grand, garni de tourbe humide.

S.O.S.

1 - Les frondes pâlissent, les bouts sont ratatinés. *Trop de lumière. Trouver un endroit plus abrité.*

2 - Frondes desséchées, parcheminées et brunies. *Trop sec. Tremper dans un seau d'eau, ensuite arroser et vaporiser plus souvent. Si les frondes ne se remettent pas, couper et vaporiser chaque jour.*

3 - Insectes écailleux bruns sous les feuilles et sur les tiges. *Cochenilles. Les enlever avec un tampon imbibé d'alcool dénaturé et pulvériser un produit à base de nicotine. Sil y a d'autres insectes, pulvériser de la nicotine, jamais du malathion.*

Jardinière de fougères

1 - Bien arroser. Garnir le récipient d'un drainage et d'un mélange moitié terreau, moitié tourbe humide. Si le récipient n'a pas de trou de drainage, ajouter du charbon de bois et de la tourbe.

2 - Sortir les plantes des pots et retirer la terre des racines.

3 - Mettre la première fougère en place.

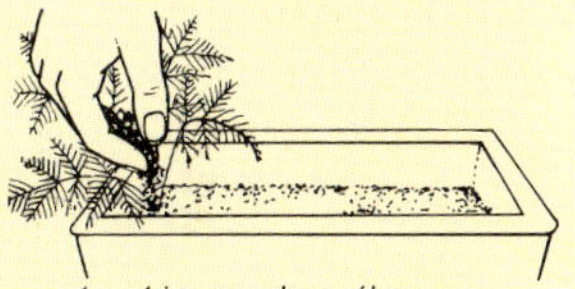

4 - Ajouter du mélange pour couvrir les racines.

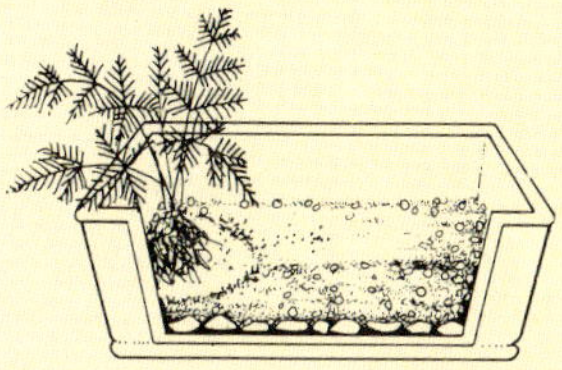

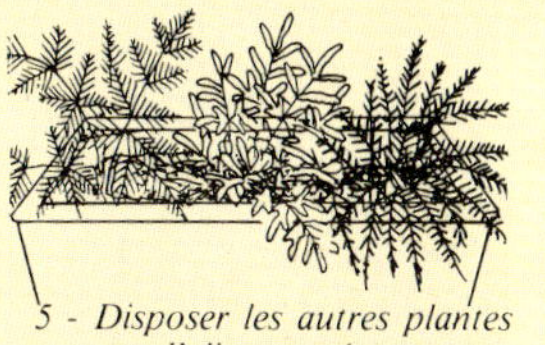

5 - Disposer les autres plantes autour d'elle en prévoyant l'espace nécessaire à leur développement. Laisser 2 jours à l'ombre, sans eau.

Empotage

1 - Rempoter au printemps lorsque la plante est trop lourde et ne grandit pas. Bien arroser d'abord.

2 - Préparer un pot plus grand, avec drainage et un mélange moitié terreau, moitié tourbe.

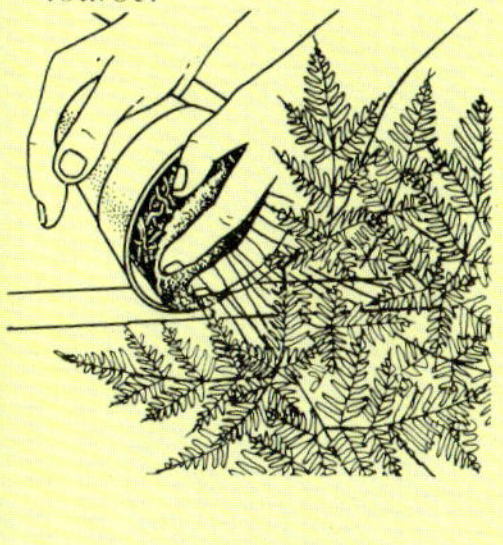

3 - Tenir le pot d'une main, retenir le terreau de l'autre. Tapoter le bord du pot ; la plante et le terreau sortiront.

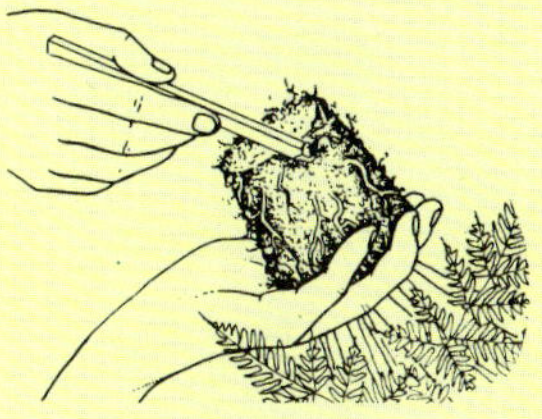

4 - Avec un crayon ou un bâtonnet, enlever la terre sans abîmer les racines.

5 - Placer les racines sur le terreau du nouveau pot.

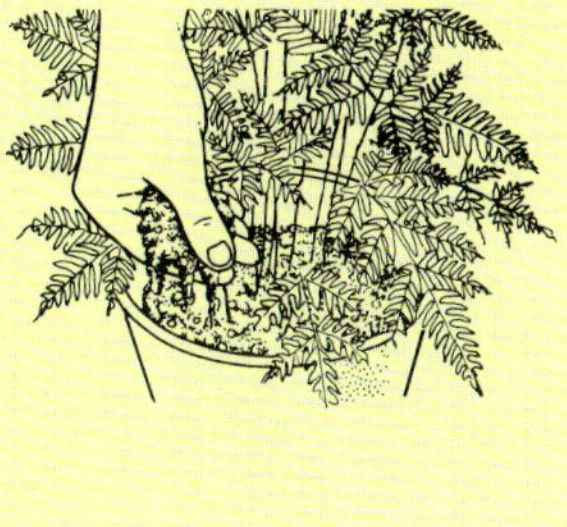

6 - Remplir de mélange frais. Bien couvrir les racines sans trop tasser. Mettre 2 jours à l'ombre, sans eau, pour favoriser l'enracinement.

Vaporisation

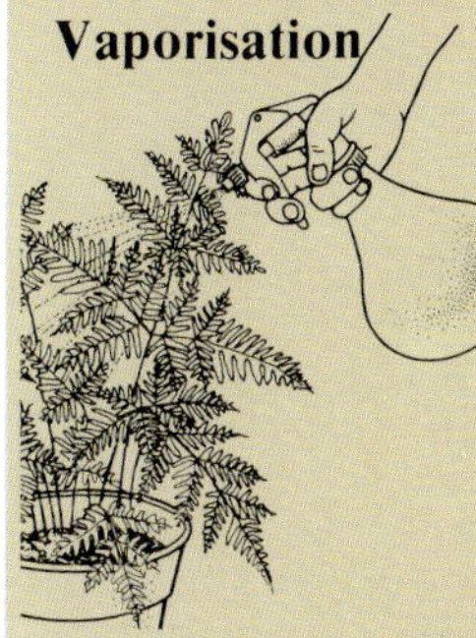

Vaporiser finement tous les jours, avec de l'eau de pluie si possible, d'une distance de 15 cm. Utiliser de l'eau tiède.

Taille

Couper aussi près du sol que possible les frondes cassées et celles qui sont brunes.

Division des racines

Diviser les grandes plantes au début du printemps.

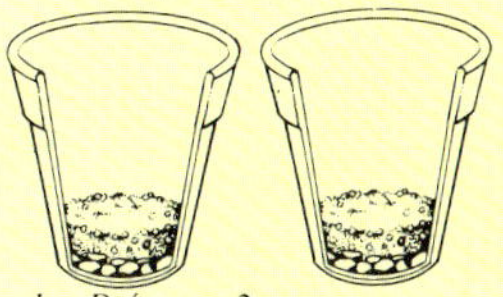

1 - Préparer 2 pots avec drainage et couche de mélange.

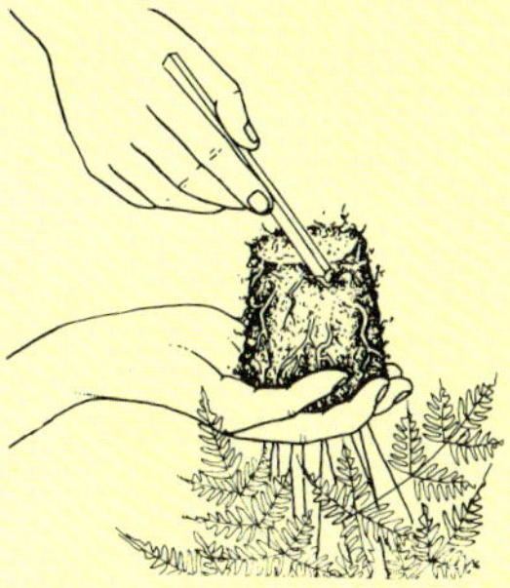

2 - Sortir la plante et enlever soigneusement la terre.

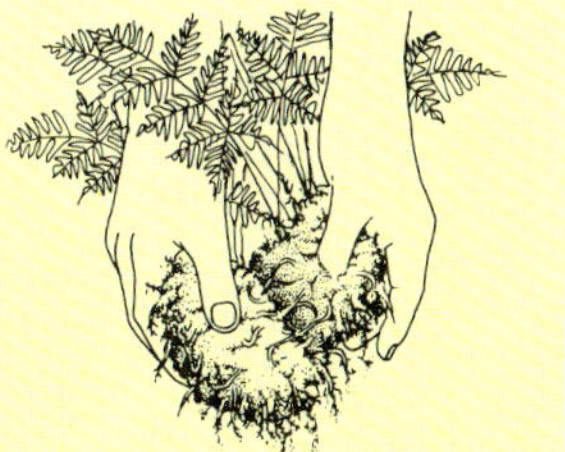

3 - Séparer délicatement les racines et les tiges. Les grosses plantes peuvent être divisées en 5 ou 6 parties.

4 - Rempoter les diverses parties comme à l'accoutumée.

VIGNE ROYALE

Appartenant à la famille des vignes, cette plante grimpante réussit fort bien à la maison. Son pays d'origine est le Natal, d'où elle nous est parvenue en 1947. Ayant connu un immense succès, elle est, avec les caoutchoucs et les lierres, la plus vendue des plantes d'intérieur. Elle est parente de la famille des *Cissus.*

Elle est très tolérante et prospère particulièrement bien à la lumière indirecte. Elle grimpe bien et peut même servir à diviser une pièce. Ses feuilles vert foncé sont dentelées et ont environ 5 cm de long. Elles sont disposées trois par trois et quand elles sont jeunes, elles sont d'un joli vert bronze. La plante demande un arrosage abondant en été, mais très réduit en hiver. Comme pour nombre de plantes grimpantes, les paniers suspendus conviennent très bien, surtout si l'on pince les jeunes pousses pour que la plante forme une masse très touffue autour du panier. Il faut toujours utiliser des sujets jeunes pour les paniers, car les tiges des plantes plus âgées tendent à devenir ligneuses et risquent de se casser, donnant ainsi au panier un aspect plutôt pauvre. Palissée sur un treillage ou des bambous en pyramide, *Rhoicissus* fait également belle impression.

L'espèce couramment cultivée est *R. rhomboidea.* Toutefois, une nouvelle variété vient d'apparaître, *R. rhomboidea* « Ellen Danica ». Ses feuilles, plus longues et plus divisées, la rendent très séduisante. Elle demande beaucoup de soins et le surarrosage en hiver lui est néfaste.

On trouve parfois une autre vigne royale, *R. capensis,* elle aussi originaire d'Afrique du Sud. Son feuillage ressemble beaucoup à celui de la vraie vigne. Il lui faut moins de chaleur, plus d'humidité qu'à *R. rhomboidea* mais pour le reste, les soins qu'elle exige sont les mêmes.

Toujours choisir des spécimens aux formes ramassées, comportant de nombreuses pousses. Les feuilles ne doivent être ni cassantes, ni flasques.

Dimensions. Plante pouvant atteindre 3 à 3,50 m de haut.

Croissance. 60 cm à 1 m par an.

Floraison. Ne fleurissent pas normalement en intérieur.

Parfum. Inodore.

Lumière. Plante qui se plaît face au nord ou à l'est, sans soleil direct.

Température. 13 à 15° en hiver ; la température ambiante en été (15 à 21°), 24° au maximum.

Arrosage. 2 fois par semaine en été, mais vérifier l'humidité de la terre avant chaque arrosage. Trop d'eau, même en été, peut faire pourrir les feuilles. En hiver, arroser tous les 15 jours, en vérifiant toujours l'humidité.

Engrais. En été, ajouter tous les 15 jours de l'engrais liquide à l'eau.

Humidité. Vaporisation hebdomadaire à l'eau de pluie en été. Poser le pot sur des cailloux humides.

Nettoyage. La vaporisation devrait suffire. On peut utiliser un lustrant, mais pas plus d'une fois tous les 2 mois.

Atmosphère. Supporte pratiquement tout, y compris les gaz polluants.

Terre. Terreau frais.

Empotage. Une ou deux fois par an suivant la croissance. Quand la plante a atteint la taille désirée, se contenter de l'alimenter et de renouveler le terreau de surface.

Taille. Pincer de temps à autre les principales pousses pendant la période de croissance afin que la plante reste touffue. Si elle monte tout en tiges, la rabattre à 25 cm du pot et la laisser repousser.

Multiplication. Par bouturage de jeunes tiges.

Longévité. Au moins 5 à 6 ans.

Sociabilité. Elle s'accommode de la présence de la plupart des plantes vertes, sous réserve d'un arrosage approprié. Excellentes plantes d'arrière-plan.

Facilités/difficultés. Plante relativement facile et tolérante.

Rhoicissus *est une plante très appréciée et un bon grimpant.*

→ Un bon spécimen de *Rhoicissus rhomboidea* développera des pousses en de nombreux points.

← *Rhoicissus* grimpe au moyen de ses vrilles.

↓ La variété relativement nouvelle *Rhoicissus rhomboidea* « Ellen Danica ».

Tuteurage

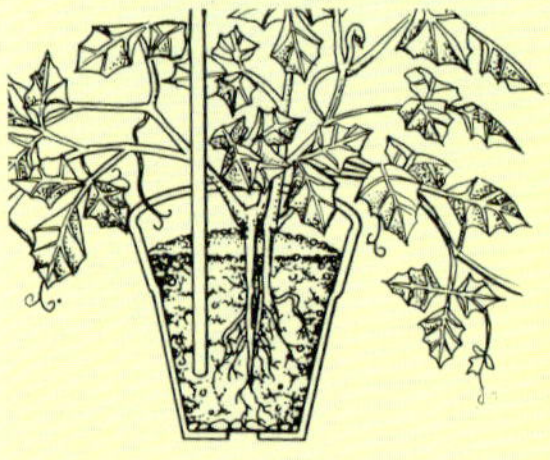

1 - Enfoncer doucement le bambou à quelques centimètres de la tige principale, jusqu'aux 2/3 de la hauteur du pot.

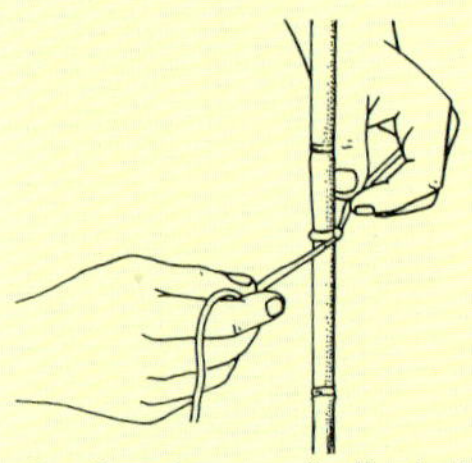

2 - Prendre une ficelle de 20 à 25 cm de long, la nouer solidement autour du bambou, côté tige.

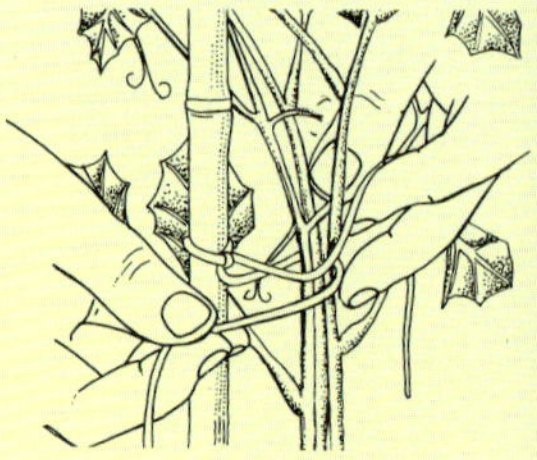

3 - Enrouler la ficelle autour de la tige (voir dessin).

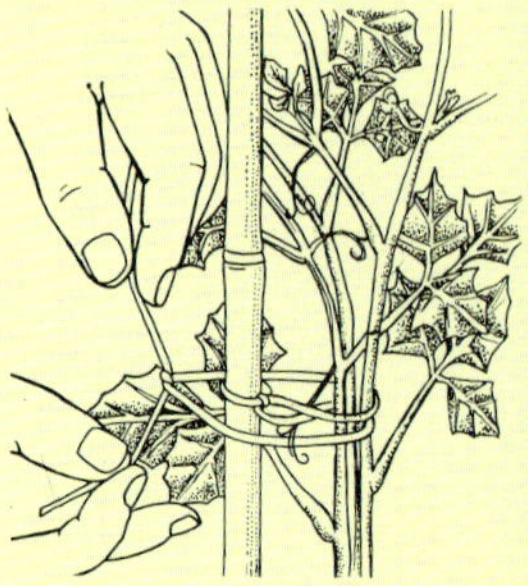

4 - Faire des nœuds solides à intervalles réguliers le long de la tige.

Buissonnement

Les jeunes plantes devraient être « arrêtées » pour favoriser le buissonnement.
Pincer la pointe de végétation à l'extrémité de la tige.

S.O.S.

1 - Feuilles ternes, elles pendent et tombent. *Surarrosage. Laisser sécher et récupérer, puis arroser moins souvent. Vérifier que la température n'est pas trop basse.*

2 - Les feuilles se recroquevillent, sèchent et tombent. *Chose normale pour quelques feuilles du bas. Les enlever. Si les autres sont atteintes, la plante a séché ou souffre d'une atmosphère chaude et sèche. Arroser et accroître l'humidité.*

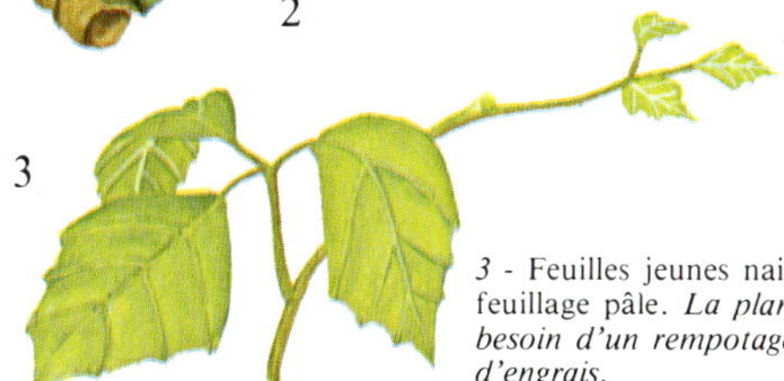

3 - Feuilles jeunes naines, feuillage pâle. *La plante a besoin d'un rempotage ou d'engrais.*

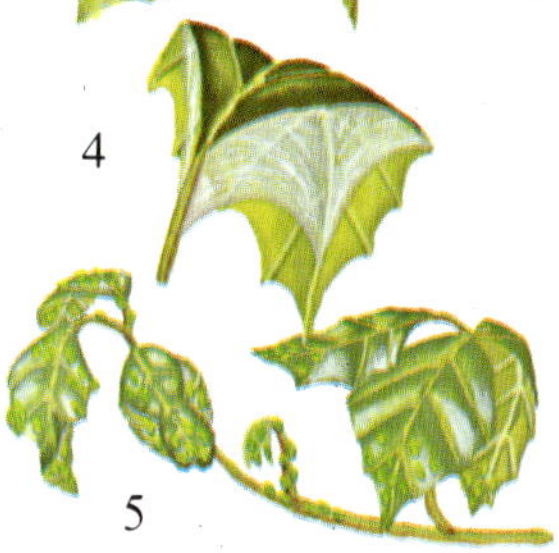

4 - Feuilles jaunies, filaments en dessous. *Araignées rouges. Pulvériser du derris, du malathion ou un insecticide systémique.*

5 - Jeunes feuilles déformées et gluantes, insectes verts. *Pucerons. Pulvériser du pyrèthre ou un insecticide systémique.*

Bouturage

1 - Au printemps, les nouvelles pousses peuvent servir de boutures. Garnir un petit pot d'un drainage et d'un mélange de sable et de terreau frais.

2 - Choisir des extrémités de pousses ou de tiges ayant au moins 2 paires de feuilles saines et une pointe de végétation ; couper au-dessous d'un pétiole.

3 - Tailler l'extrémité de la tige sous la feuille.

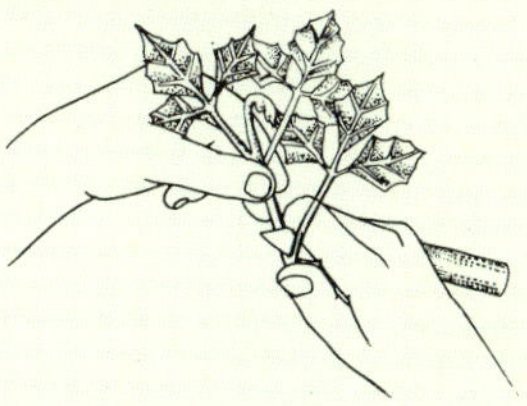

4 - Enlever la feuille inférieure.

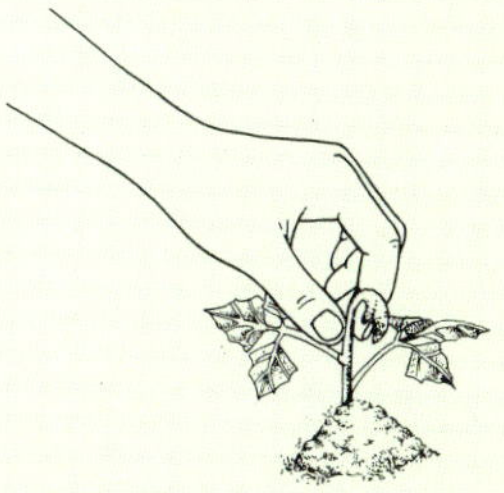

5 - Tremper la coupe dans de la poudre radiculaire aux hormones. Secouer l'excédent.

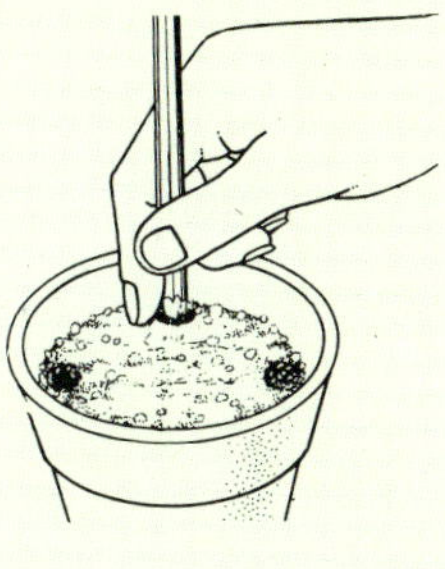

6 - Avec un bâtonnet, faire de petits trous dans le terreau.

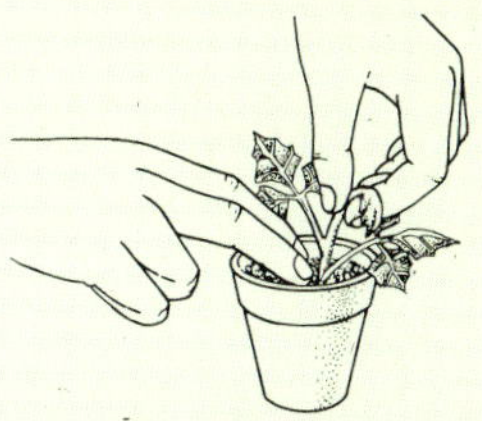

7 - Introduire la bouture, l'extrémité de la tige au fond du trou, la dernière feuille au ras du sol.

8 - Bien arroser et recouvrir de polyéthylène. Découvrir 5 minutes par jour, ne jamais laisser le terreau se dessécher. Température : 18°.

9 - Découvrir après 21 jours ; quand les boutures poussent bien, rempoter dans du terreau frais.

Empotage

1 - Rempoter au printemps, si les feuilles sont pâles ou jaunies et que la plante pousse mal. Bien arroser et garnir un pot d'un drainage et d'une couche de terreau frais humide.

2 - Avec un couteau, dégager le terreau du bord du pot.

3 - Sortir la plante, en la tenant fermement par la base de la tige.

4 - Poser la plante sur une table et, avec un bâtonnet ou un crayon, enlever la terre sans abîmer les racines.

5 - Placer les racines sur le terreau du nouveau pot.

6 - Remplir de terreau frais en le tassant. Couvrir toutes les racines. Placer 2 jours à l'ombre, sans eau, pour favoriser l'enracinement.

VIOLETTE D'USAMBARA OU SYMPHONIE EN BLEU

Saintpaulia, appartenant à la famille des gesnériacées et parent des gloxinias, n'a aucun rapport avec la violette d'Europe. Il doit son nom au baron Walter von Saint Paul St Claire, qui le découvrit, à la fin du XIXe siècle, dans les montagnes d'Usambara, en Afrique du Sud. On l'a d'abord cultivé avec succès en Amérique. C'est une des plus répandues des plantes d'appartement. On la trouve chez les fleuristes toute l'année. La plante d'origine est *Saintpaulia ionantha,* de teinte violette, mais les horticulteurs ont tout mis en œuvre pour produire des cultivars de couleurs variées dont les fleurs ne tombent pas. La souche appelée « Rhapsodie » est protégée par des brevets qui régissent strictement sa commercialisation. Le violet demeure la couleur la plus demandée, mais on peut trouver des variétés aux couleurs mauve, rouge, blanche, rose et lilas, et aussi à fleurs doubles. Beaucoup de ces variétés produisent des fleurs toute l'année. On peut obtenir une floraison plus importante en mettant les plantes en dormance pendant six semaines à une température plus basse que la normale (12 à 15°) et en ne les arrosant qu'une fois par semaine. Ce régime, applicable toute l'année, provoque la formation de nombreux boutons floraux.

Choisir une plante comportant de nombreux boutons. S'assurer qu'il n'y a pas signe de pourriture et que les feuilles sont vert foncé et très brillantes. Ne pas acheter de plantes dont les feuilles sont déformées ou tachetées car elles proviennent probablement d'une souche atteinte de maladies virales. Ne pas s'attendre à voir les plantes à fleurs blanches, d'ailleurs assez rares, conserver cette teinte : leurs pétales commenceront sans doute à se colorer sur les bords. En hiver, les envelopper soigneusement avant de les emporter chez soi, car elles sont très sensibles au froid.

Saintpaulia ionantha, *la violette d'Usambara, existe à présent en différentes couleurs et diverses formes.*

↑ La variété blanche est rare.

↗↙ Dans d'autres couleurs, on trouve des fleurs simples ou doubles.

↑ Les pétales de certains cultivars sont joliment gaufrés.

→ L'espèce d'origine de *Saintpaulia* est d'un violet profond. Les feuilles de ce spécimen sont saines et intactes.

Dimensions. Environ 10 cm de haut et de 12 à 15 cm de large. En mettant plusieurs plantes dans un pot de 15 cm, on a l'impression d'avoir affaire à une seule plante.

Croissance. Assez rapide. Les boutures faites au printemps fleurissent en automne.

Floraison. Toute l'année, mais la majorité des fleurs sont estivales.

Parfum. Inodore.

Lumière. Placer dans un lieu bien éclairé. Se plaît devant les fenêtres. Sauf en hiver, protéger la plante du plein soleil.

Température. 12° au minimum en hiver, mais se porte mieux à 15°.

Arrosage. Arroser par le bas pour être sûr que les feuilles et le cœur ne sont pas mouillés. Vider l'excédent d'eau. Arroser 2 fois par semaine durant toute l'année, mais ne jamais détremper le terreau. Si les feuilles sont mouillées, elles risquent de moisir ou d'être brûlées par le soleil.

Engrais. Ajouter de l'engrais liquide à l'eau toutes les 3 ou 4 semaines en été.

Humidité. A besoin d'une atmosphère humide, mais ne jamais vaporiser. Placer le pot sur des cailloux humides ou dans un pot plus grand garni de tourbe humide ou de mousse.

Nettoyage. Nettoyer avec un pinceau sec et souple. Jamais de lustrant.

Atmosphère. Se plaît dans l'air embué des cuisines et des salles de bain. N'aime pas les courants d'air et les gaz polluants.

Terre. La tourbe lui convient.

Empotage. Rempoter quand les feuilles sont plus petites et s'entassent, en principe tous les 2 ans. Prendre un pot légèrement plus grand ; la plante fleurit mieux quand elle est un peu à l'étroit. Les racines étant peu profondes, choisir un pot peu profond.

Taille. Inutile. Enlever les feuilles abîmées et les fleurs mortes et décolorées.

Multiplication. Par boutures de feuilles placées dans du terreau ou dans l'eau. Prélevées à la fin du printemps, elles fleuriront 6 mois plus tard et correspondront aux caractéristiques de la plante-mère. On peut aussi les multiplier par semis mais les graines sont souvent de qualité variable. La germination se fait entre 18 et 21°.

Longévité. Bien qu'elles puissent durer indéfiniment, il vaut mieux les multiplier tous les 12 à 18 mois pour obtenir de belles fleurs et des souches saines.

Sociabilité. Le mieux est de cultiver les saintpaulias à part, mais ils accompagneront bien les petites fougères ou les tradescantias.

Facilités/difficultés. Plante agréable. Peu exigeante, mais apprécie les soins.

Arrosage

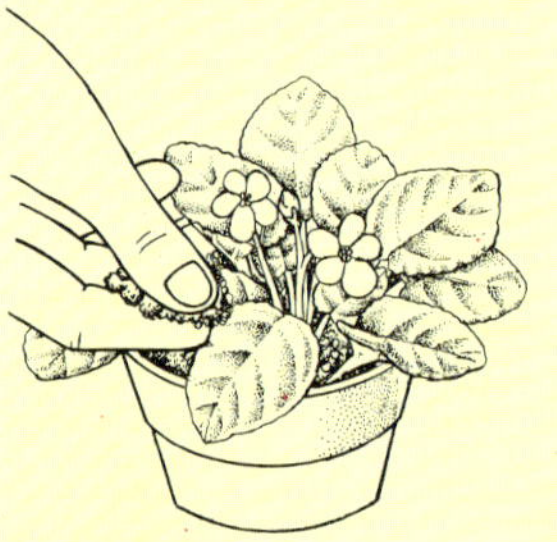

1 - Tâter le terreau ; s'il est meuble et friable, arroser.

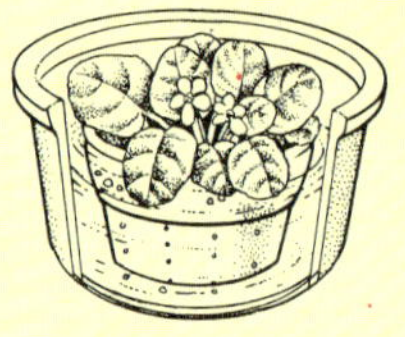

2 - Laisser tremper le pot à ras bord dans un récipient rempli d'eau. Au bout de 15 minutes laisser égoutter. Ne jamais mouiller les feuilles.

Humidité

La violette d'Usambara a besoin d'humidité, mais ne doit pas être vaporisée. Placer le pot sur une soucoupe avec de l'eau et des cailloux, en le maintenant hors de l'eau.

Nettoyage

Passer délicatement les feuilles au pinceau sec et souple. Ne jamais se servir d'eau ou de lustrant.

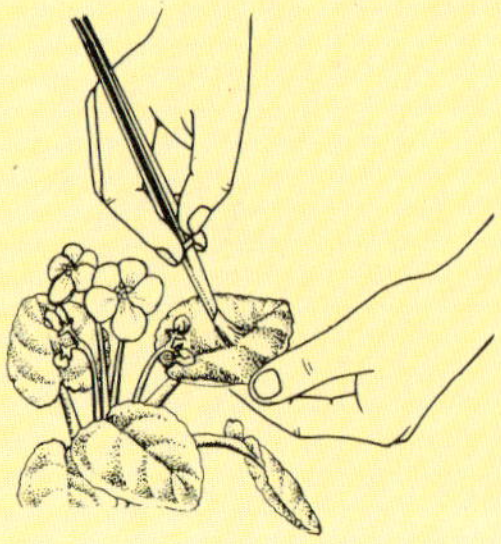

S.O.S.

1 - Fleurs et feuilles pourrissent. *Trop d'eau ou arrosage par le haut. Laisser sécher et récupérer, puis arroser moins souvent, toujours par en dessous.*

2 - Les feuilles pâlissent. *A besoin d'engrais ou reçoit trop de soleil direct. Alimenter ou trouver un endroit plus abrité.*

3 - Feuilles racornies ou flasques et déshydratées. *A besoin d'eau.*

4 - Feuilles petites et très serrées. *A besoin d'un rempotage.*

5 - Plante saine, croissant bien, mais sans fleurs. *Ajouter un peu de superphosphate à l'eau.*

6 - Fleurs très étiques et rares. *Peut se produire après une abondante floraison. Enlever toutes les tiges florales et tous les boutons de fleurs. Bien alimenter.*

Empotage

1 - Rempoter au printemps tous les 2 ans lorsque le feuillage est touffu et que les jeunes feuilles sont petites et pâles. Bien arroser.

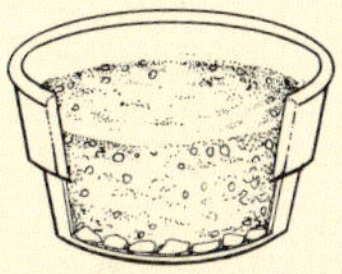

2 - Préparer un pot plus grand avec drainage et couche de tourbe humide.

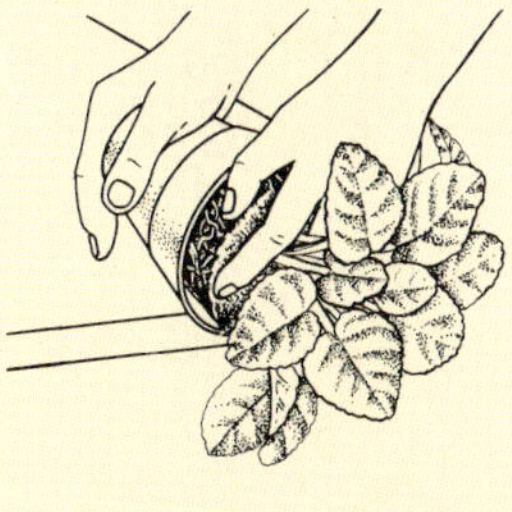

3 - Tenir le pot d'une main, en maintenant le terreau de l'autre. Tapoter le pot : plante et terre sortiront.

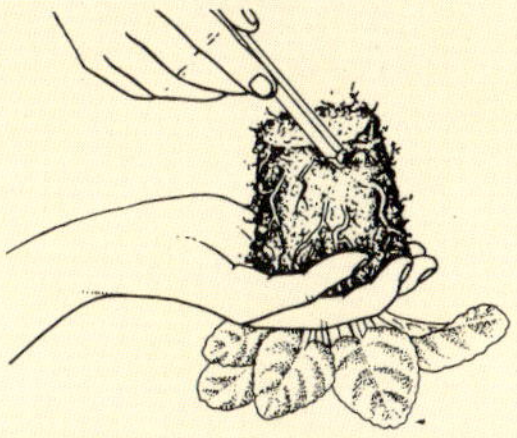

4 - Avec un crayon ou un bâtonnet, enlever la terre sans abîmer les racines.

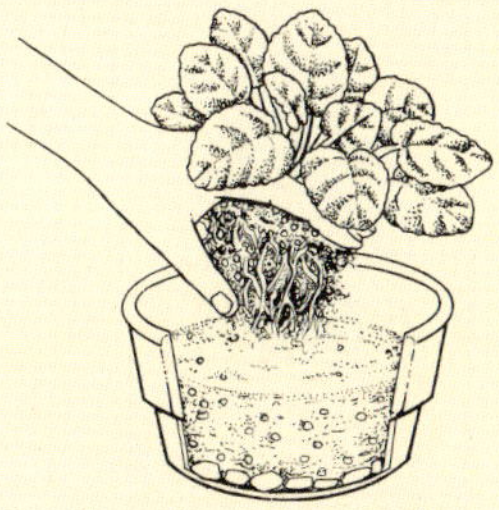

5 - Placer les racines sur la terre du nouveau pot.

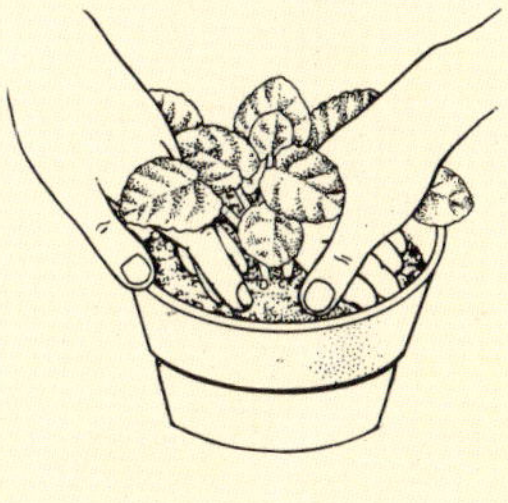

6 - Remplir de tourbe. Recouvrir toutes les racines. Bien tasser. Placer 2 jours à l'ombre, sans eau, pour favoriser l'enracinement.

Bouturage

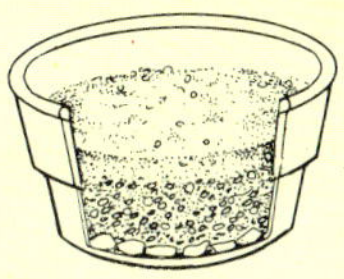

1 - Garnir un récipient d'une couche de drainage, d'une couche de terreau et de 2 à 3 cm de sable.

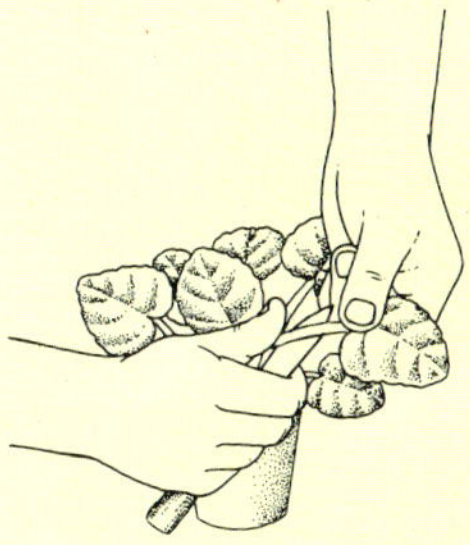

2 - A la fin du printemps, prélever une feuille avec sa tige. Couper près du sol pour avoir une bonne longueur.

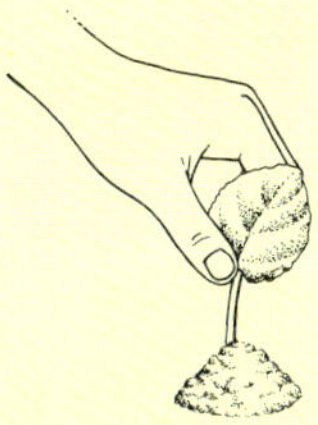

3 - Plonger la coupe dans de la poudre radiculaire aux hormones. Secouer l'excédent.

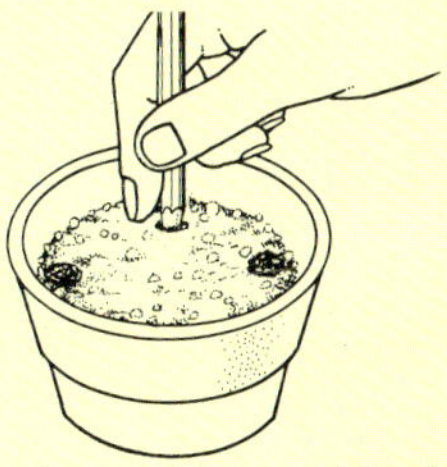

4 - Avec un bâtonnet, faire de petits trous dans le sable tout autour du pot.

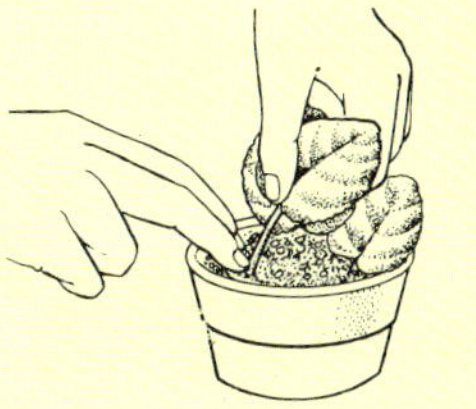

5 - Enfoncer la tige jusqu'au limbe au fond du trou. Tasser le sable autour de la bouture. Faire de même pour les autres boutures.

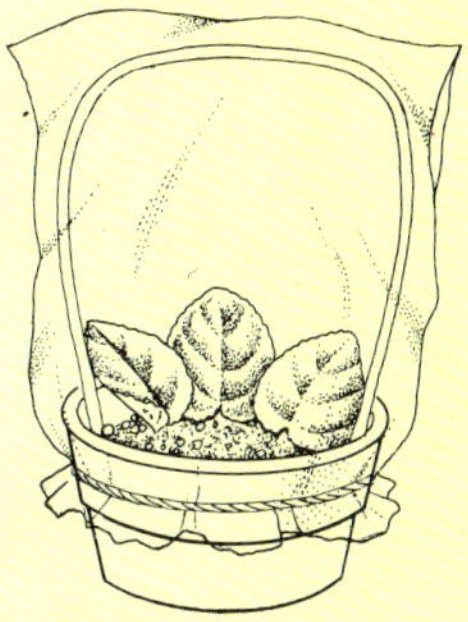

6 - Bien arroser et recouvrir de polyéthylène soutenu par du fil de fer. Découvrir 5 minutes par jour, veiller à l'humidité du terreau. Maintenir à 21°. Les nouvelles plantes se formeront à la base des vieilles feuilles. Quand elles pousseront bien, préparer de petits pots.

7 - Détacher délicatement la nouvelle plante, sans abîmer les racines fragiles.

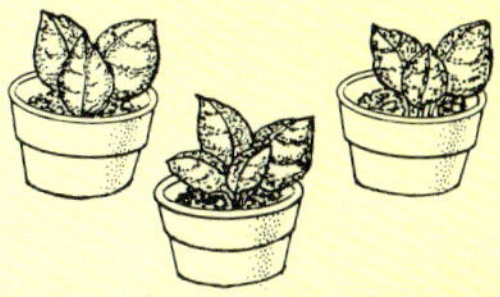

8 - Rempoter les nouvelles plantes. Arroser et les mettre 2 jours à l'ombre.

SANSEVIÈRE

Sansevieria appartient à la famille des liliacées. Son nom tire son origine d'un prince du XVIIIe siècle, Raimondo di Sangro, de San Severo, en Italie. Elle nous est venue d'Afrique occidentale et est cultivée en tant que plante d'intérieur depuis des siècles. Des quelque cinquante espèces connues, on n'en cultive guère que cinq ou six sur le plan commercial et en tant que plantes d'intérieur.

Pourvu qu'elles ne soient pas trop arrosées, les sansevières prospèrent pratiquement dans n'importe quelles conditions. Les feuilles de *Sansevieria trifasciata* « Variegata », parfois dénommée « Laurentii », ont la forme d'un glaive et sont bordées de jaune. Leur longueur peut atteindre 1 m. La variété toute verte, bien que moins frappante, a son charme propre. *S. futura* en est un cultivar récent. Ses feuilles sont toujours pointues, mais plus courtes et charnues. Cette plante supporte un peu mieux un arrosage excessif. Enfin, *S. hahnii* et *S. hahnii* « Variegata » ont des feuilles groupées en rosette ressemblant à celles de l'aloès.

Le grand épi floral jaune de la sansevière porte de minuscules fleurs étoilées et jaillit directement du sol à côté des feuilles.

Bien qu'un surarrosage lui soit contraire lorsqu'elle est plantée en terre, l'hydroculture réussit fort bien.

Choisir une plante dont les feuilles sont exemptes de parties mortes et les bords des feuilles intacts. S'assurer que la plante est solidement enracinée, car ces plantes ont tendance à manquer de stabilité et peuvent facilement tomber si leur enracinement laisse à désirer.

Dimensions. Les feuilles atteignent jusqu'à 1 m. Toutefois, les plantes cultivées à la maison ne dépassent guère 30 à 45 cm, avec 5 à 12 feuilles par pot.

Croissance. 2 ou 3 feuilles par an pour une plante de taille moyenne.

Floraison. La sansevière peut produire des tiges florales toute l'année, mais plus probablement en été ; la hampe atteint la moitié de la longueur des feuilles et porte de petites fleurs étoilées. La couper après floraison.

Parfum. Les fleurs exhalent un parfum délicat.

Lumière. Elle préfère le plein soleil, mais supporte des coins assez sombres.

Température. Supporte 10° en hiver mais ne croîtra qu'à une température de 16° au moins ; maximum 24° en été.

Arrosage. Ne pas surarroser, sinon la plante mourra. Arroser tous les 7 à 10 jours en été, tous les 21 jours en hiver.

Engrais. En été, ajouter de l'engrais liquide à l'eau tous les 21 jours.

Humidité. La sansevière aime un air sec.

Nettoyage. Si les feuilles sont poussiéreuses, les essuyer avec un linge humide. Pas de lustrant.

Atmosphère. Plante très tolérante, mais ne pas la placer près d'un feu de cheminée ou un chauffage à gaz.

Terre. Un mélange moitié terre de bruyère, moitié tourbe. Veiller à un bon drainage et un enracinement solide.

Empotage. Pousse le mieux à l'étroit dans son pot ; aussi, ne rempoter que tous les 2 ans au maximum.

Taille. Enlever les feuilles malades ou détériorées.

Multiplication. Pour conserver leurs couleurs, on doit diviser les plantes diaprées au printemps. On peut aussi les multiplier par boutures de feuilles, en été. Couper une feuille en morceaux de 8 cm, les faire sécher et les enfoncer dans du sable à 21°. Elles s'enracineront au bout d'un mois, mais les nouvelles feuilles seront uniquement vertes.

Longévité. Très grande, sauf en cas de surarrosage.

Sociabilité. Vu son faible besoin en eau, il est difficile de l'associer. Pourtant la forme et la couleur de ses feuilles forment un joli contraste avec les autres plantes. Voir la façon de procéder p. 161.

Facilités/difficultés. Plante très facile, à condition de ne pas surraroser.

Empotage

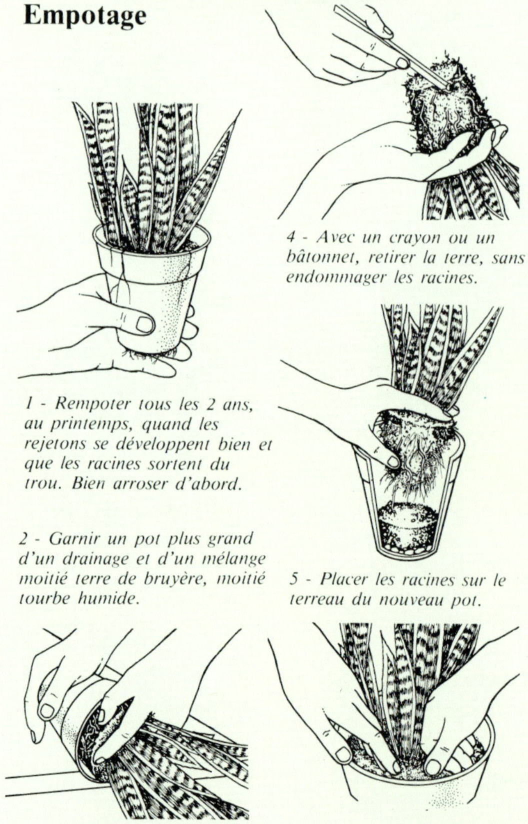

1 - Rempoter tous les 2 ans, au printemps, quand les rejetons se développent bien et que les racines sortent du trou. Bien arroser d'abord.

2 - Garnir un pot plus grand d'un drainage et d'un mélange moitié terre de bruyère, moitié tourbe humide.

3 - Tenir le pot d'une main, en maintenant le terreau de l'autre. Tapoter le pot, la plante et le terreau sortiront.

4 - Avec un crayon ou un bâtonnet, retirer la terre, sans endommager les racines.

5 - Placer les racines sur le terreau du nouveau pot.

6 - Remplir de mélange frais. Couvrir toutes les racines. Bien tasser. Placer 2 jours à l'ombre, sans eau, pour favoriser l'enracinement.

← ← *Sansevieria* « Laurentii » aux feuilles vertes.

← Certaines sansevières fleurissent occasionnellement.

↙ *Sansevieria hahnii* est une des espèces rares à rosette.

→ *Sansevieria trifasciata* « Laurentii », la variété la plus courante.

↓ L'aspect sculptural de *Sansevieria futura.*

S.O.S.

1 - La base des feuilles pourrit. *Surarrosage, surtout en hiver. Réduire l'apport d'eau et ne jamais en laisser au cœur de la plante.*

2 - Bords des feuilles abîmées. *La plante, instable dans le pot, est tombée. Placer le pot dans un récipient plus grand. Peut-être a-t-elle été en contact avec une fenêtre et meurtrie par le froid. La déplacer.*

3 - Plaques brunes sur les feuilles. *Surarrosage. Tout en ne laissant pas la plante se dessécher, l'arroser moins souvent.*

4 - Feuilles pâles. *Manque de lumière. Mieux exposer.*

5 - Plaques blanches laineuses sur les feuilles. *Cochenilles. Les enlever avec un tampon imbibé d'alcool dénaturé ou pulvériser du malathion ou un insecticide systémique.*

Bouturage

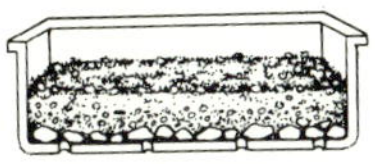

1 - Préparer un germoir avec drainage, une couche de terreau et 1 cm de sable.

2 - Choisir une feuille saine, la couper à la base.

3 - Placer la feuille sur une surface dure et la couper en sections de 8 cm. Entailler les bords du côté de la base de la feuille utilisée.

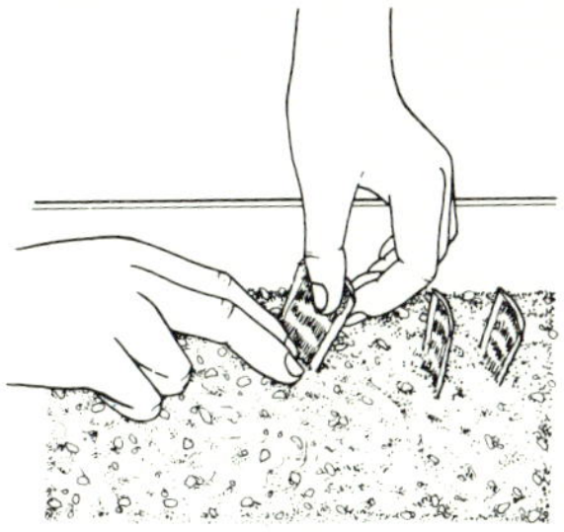

4 - Enfoncer chaque morceau à moitié dans le sable en s'assurant que la partie couverte est celle qui a été entaillée.

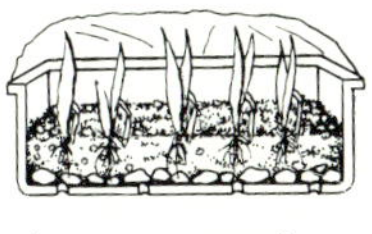

5 - Arroser et couvrir. Découvrir 5 minutes par jour pour éviter la pourriture ; veiller à l'humidité du terreau. Maintenir à 21°. Racines et feuilles se développeront sur les sections coupées.

6 - Quand les plants auront 2 ou 3 feuilles, les sortir du terreau et les dégager délicatement de l'ancienne feuille. Empoter séparément.

Nettoyage

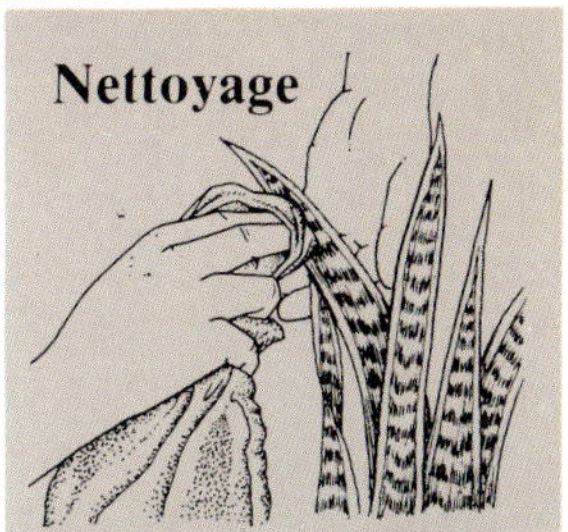

Dépoussiérer les feuilles avec une éponge ou un linge doux imbibé d'eau tiède. Soutenir la feuille. Pas de lustrant.

Arrosage

Ne jamais surarroser une sansevière, sinon elle pourrira à sa base. Laisser sécher entre 2 arrosages. Vider la soucoupe après 15 minutes.

Division des racines

Le bouturage des feuilles fait perdre à S. laurentii *sa diaprure. Mais la plante produit des rejetons que l'on peut diviser au printemps.*

1 - Garnir 2 pots d'un drainage et d'une couche d'un mélange moitié terre de bruyère, moitié tourbe.

2 - Sortir la plante et retirer délicatement la terre.

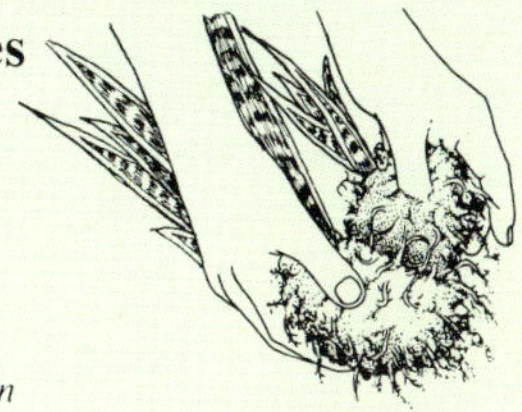

3 - Séparer délicatement les tiges et les racines.

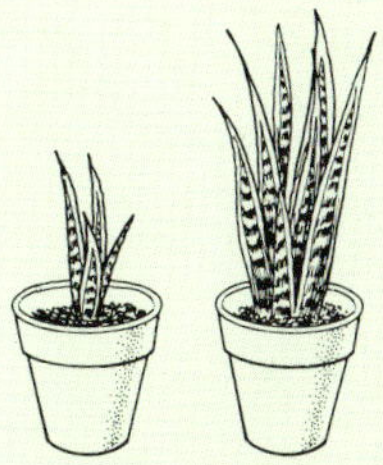

4 - Rempoter les deux parties comme à l'accoutumée.

Plantes variées dans un bac

1 - On peut associer les sansevières à d'autres plantes dans un bac mais comme elles demandent moins d'eau, elles doivent être isolées du terreau environnant.

2 - Placer le pot dans un second pot garni de sable sec.

3 - Placer les deux pots dans la jardinière. Cacher le pot dans le terreau.

4 - Ainsi, la plante est isolée des autres et peut être arrosée à part.

SAXIFRAGE SARMENTEUSE

Le genre saxifrage évoque toujours les Alpes et les jardins de rocaille, mais il en est une espèce qui constitue une plante d'intérieur peu exigeante et de bel aspect. C'est *Saxifraga stolonifera* ou, plus couramment, *S. sarmentosa.* Elle est très stolonifère et produit de jeunes plantes tout comme le fraisier. Elle est chinoise d'origine et a été introduite en Europe en 1815. Elle est quasiment rustique et supportera aisément une température de 7°.

Les stolons poussent en été en telle abondance qu'ils rendent la plante particulièrement séduisante. Les jeunes plantes pendent telle une fine dentelle et sont le mieux mises en valeur dans un panier suspendu. Les feuilles sont rondes, veinées de blanc et forment une très jolie rosette. La saxifrage fleurit à profusion. Ses fleurs sont blanches et ressemblent à celles de la saxifrage des jardins, « London Pride ». C'est une plante qui recouvre facilement toute surface dénudée telle qu'elle peut se présenter dans un grand bac.

Il existe aussi une variété très attrayante, quoique un peu plus fragile, *S. stolonifera* « Tricolor », dont les feuilles sont vertes, rouges et crème. Elle requiert, en hiver, une température plus élevée (10°) et produit moins de stolons. On se la procure assez difficilement.

Choisir une saxifrage aux rosettes bien formées et sur le point de produire des stolons et de jeunes plantes.

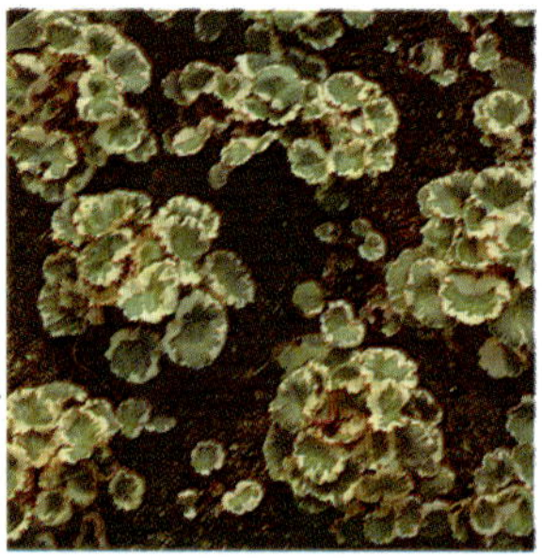

← Les feuilles de *Saxifraga stolonifera* « Tricolor » sont teintées de rose.

→ *Saxifraga sarmentosa* convient bien aux paniers suspendus. Les premières plantules commencent à apparaître sur cette plante.

↓ Les gracieuses fleurs de *Saxifraga sarmentosa.*

Dimensions. Les rosettes ont un diamètre de 10 à 12 cm. On peut empoter plusieurs pieds dans un pot si l'on veut obtenir une plante de belle taille.

Croissance. Une jeune plante atteint la taille de floraison en une seule saison.

Floraison. De petites fleurs blanches à centre jaune, fines comme de la dentelle, éclosent en juin.

Parfum. Inodore.

Lumière. La plante se plaît devant une fenêtre, protégée de la lumière directe du soleil de midi en plein été.

Température. Les saxifrages aiment la fraîcheur et ne supportent pas le chauffage central poussé. En hiver, elles tolèrent 7° ; en été, 13 à 16°, 18° au maximum.

Arrosage. S'assurer d'un bon drainage et arroser au moins 3 fois par semaine en été. En hiver, laisser sécher la plante entre deux arrosages. Tâter la terre pour vérifier l'humidité ; un arrosage hebdomadaire devrait suffire.

Engrais. En été, ajouter la moitié de la dose d'engrais recommandée à l'eau d'arrosage une fois par mois.

Humidité. L'humidité a moins d'importance pour la saxifrage que pour la plupart des plantes d'intérieur. Une vaporisation occasionnelle en été est recommandée.

Nettoyage. La vaporisation devrait suffire. Comme les feuilles sont légèrement duveteuses, ne jamais utiliser de lustrant.

Atmosphère. Plante tolérante, mais elle n'aime pas une atmosphère très chaude et sèche. Bien aérer.

Terre. Un mélange moitié terre de bruyère, moitié tourbe.

Empotage. Une fois l'an, au printemps.

Taille. Se contenter d'enlever les feuilles mortes.

Multiplication. Par plantules, au printemps. La température ambiante suffit.

Longévité. Plante plus vigoureuse et de plus bel aspect quand elle est jeune. La multiplier tous les 2 ans et jeter la vieille plante. Autrement, elle vivra indéfiniment, perdant toutefois sa netteté et sa vigueur en vieillissant.

Sociabilité. On peut la cultiver seule pour en faire une plante retombante ou la mettre au premier plan dans un bac de plantes diverses plus grandes.

Facilités/difficultés. Plante convenant bien au débutant, mais ne pas dépasser les températures hivernales indiquées.

Multiplication

1 - Garnir un petit pot d'un mélange moitié sable, moitié terreau frais.

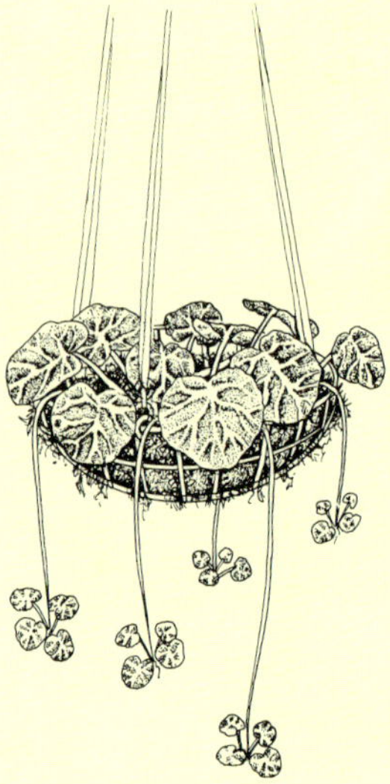

Saxifraga sarmentosa *produit de petites plantules au bout de ses stolons, longues tiges rampantes, ou, si la plante est suspendue, joliment pendantes. Les plantules développent de petites racines et dès qu'elles sont bien enracinées dans leur propre terre, elles peuvent être séparées de la plante-mère.*

2 - Placer le pot tout près de la plante-mère et mettre la plantule au centre. Tasser le terreau tout autour. Bien arroser, garder humide.

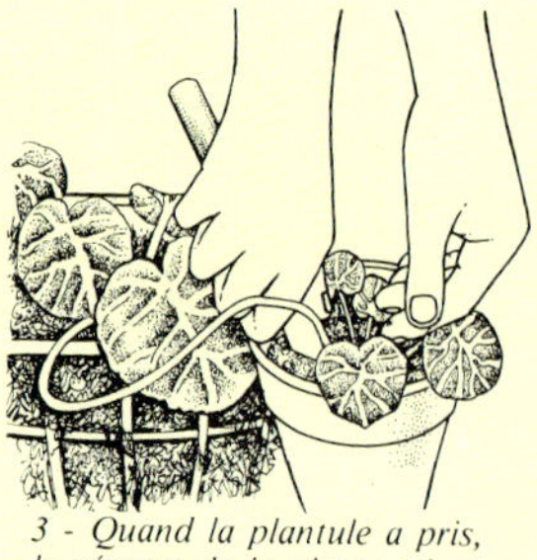

3 - Quand la plantule a pris, la séparer de la plante-mère.

S.O.S.

1 - Feuilles déformées et gluantes, insectes verts. *Pucerons. Plante très sensible. Pulvériser chaque mois du pyrèthre ou un insecticide systémique.*

2 - Feuilles mortes ou desséchées à la base de la rosette. *Plante trop âgée. La multiplier par stolons et jeter l'ancienne.*

3 - Absence de stolons. *Manque d'engrais. Examiner les racines pour voir s'il y a lieu de rempoter.*

4 - Croissance tout en tiges ; rosette lâche plutôt que serrée. *Trop chaud. Trouver un emplacement plus frais et plus aéré.*

Nettoyage

En été, vaporiser une fois tous les 15 jours pour garder les feuilles propres. Ne pas utiliser de lustrant.

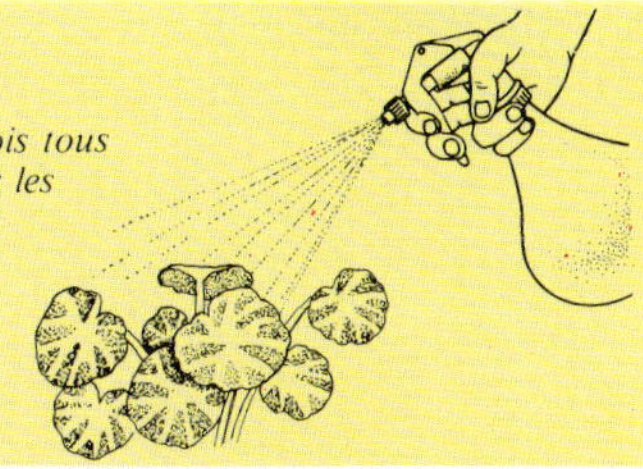

Empotage

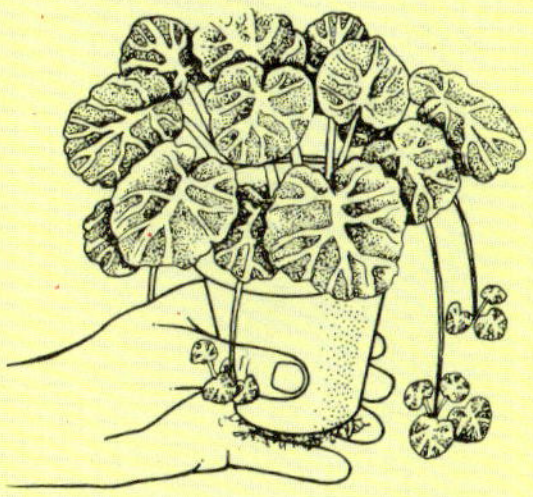

1 - Rempoter au printemps si les feuilles ont vieilli, qu'il n'y ait pas de nouvelles pousses et que les racines sortent du trou. Bien arroser.

2 - Garnir un pot plus grand d'un drainage et d'un mélange moitié terre de bruyère, moitié tourbe humide.

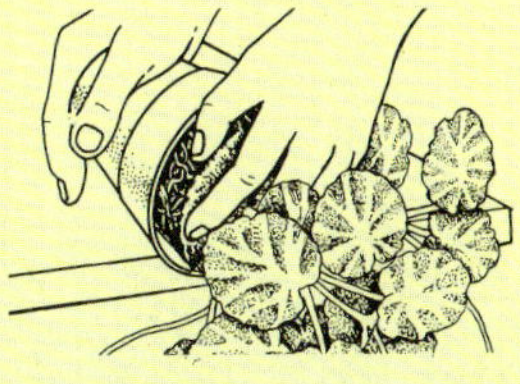

3 - Tenir le pot d'une main, l'autre maintenant le terreau. Tapoter le bord du pot, la plante et le terreau se dégageront.

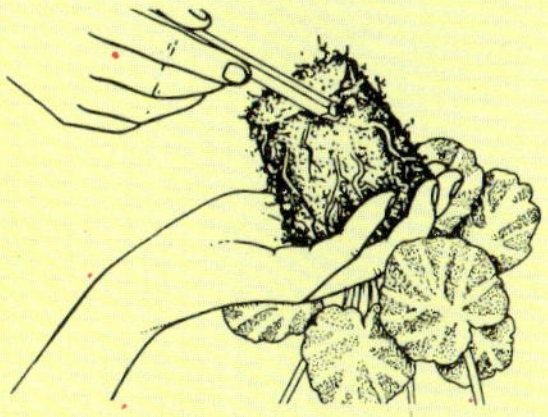

4 - Avec un crayon ou un bâtonnet, retirer la terre sans abîmer les racines.

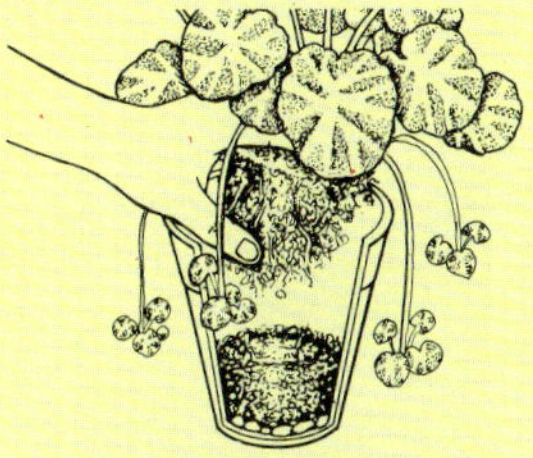

5 - Placer les racines sur la terre du nouveau pot.

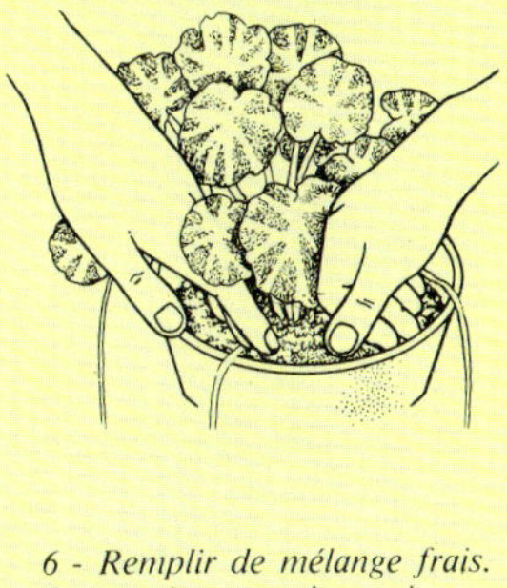

6 - Remplir de mélange frais. Recouvrir toutes les racines. Bien tasser. Mettre 2 jours à l'ombre, sans eau, pour favoriser l'enracinement.

Arrosage

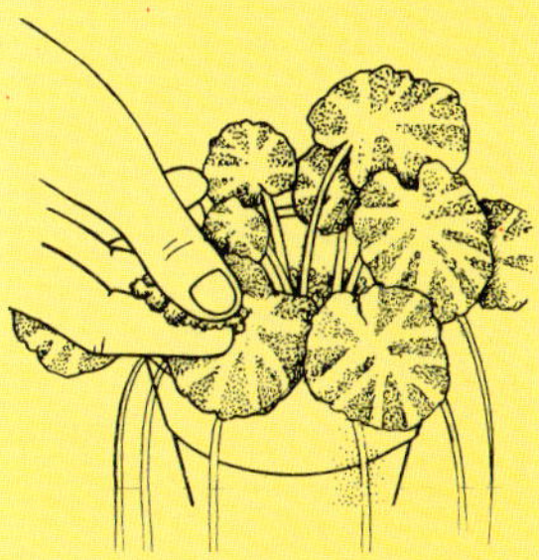

1 - Tâter le terreau. S'il est léger et friable, la plante a besoin d'eau.

2 - Arroser par le haut, avec de l'eau de pluie si possible. Vider la soucoupe au bout de 15 minutes.

En hiver, laisser sécher la plante entre 2 arrosages. Veiller à l'humidité des plantes suspendues.

Panier suspendu

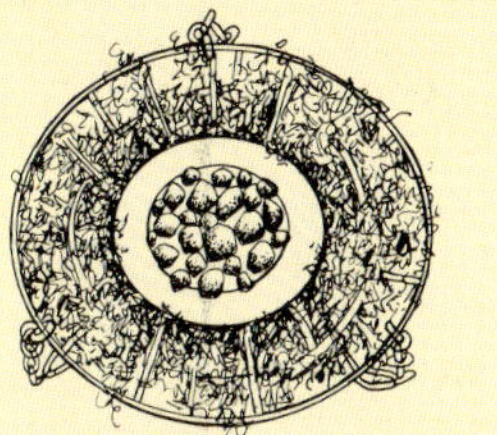

1 - Garnir de mousse un panier en fil de fer et y placer une soucoupe avec du charbon de bois.

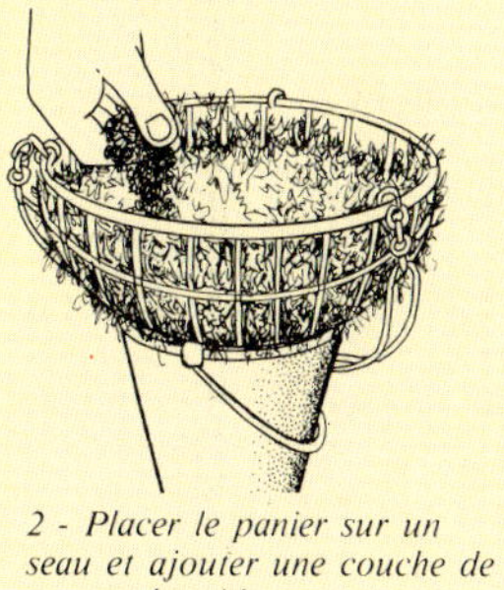

2 - Placer le panier sur un seau et ajouter une couche de terreau humide.

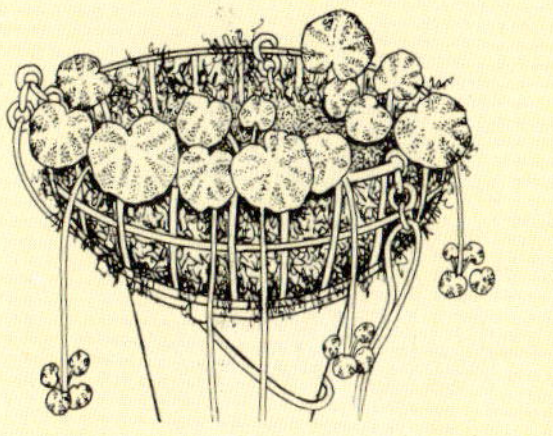

3 - Disposer les plantes tout autour du pot, de façon que les stolons pendent.

4 - Remplir de terreau et tasser autour des racines.

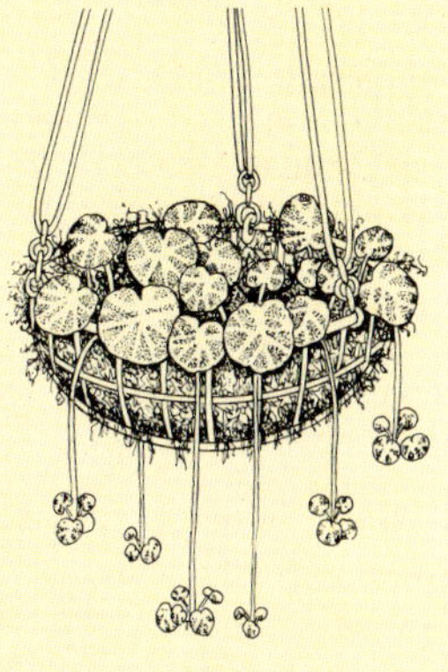

5 - Bien arroser et accrocher solidement le panier. Suspendues à l'extérieur, les plantes sèchent facilement. Si l'on plante dans une poterie ou un récipient étanche, s'assurer qu'il y a un trou d'écoulement au fond.

SCHEFFLERA OU ARBRE PARAPLUIE

Originaire d'Australie et de Nouvelle-Zélande, ce n'est que récemment que les horticulteurs s'y sont intéressés. C'est une excellente plante d'intérieur qui supporte des températures assez basses et peu de lumière. Cependant, cultivée correctement, elle devient une plante des plus élégantes, atteignant 2,40 m de haut et 1,20 à 1,40 m de large. On l'appelle souvent arbre-parapluie à cause de la configuration de son feuillage. Elle appartient à la famille des araliacées et tire son nom d'un botaniste de Dantzig, J.C. Scheffler. Elle est également connue sous le nom de *Heptapleurum* ou *Brassaia.*

Schefflera actinophylla est l'espèce la plus courante. Au début de sa croissance, elle a un air de « vilain petit canard », car les feuilles sont disproportionnées par rapport à la tige. C'est en dépassant les 60 cm qu'elle trouve son équilibre. Jeune, le limbe ne comporte que trois folioles et ce n'est qu'une fois adulte qu'il en comprend cinq. Récemment une petite espèce, *Schefflera arboricola,* a été introduite. Elle a 2 variétés : *S. arboricola* « Hong Kong » et *S. arboricola* « Geisha Girl ». Elles sont toutes deux très semblables, leurs bouquets compacts de feuilles poussant sur des tiges bien droites. L'hydroculture convient tant à *S. actinophylla* qu'à *S. arboricola.*

Choisir des spécimens aux feuilles bien vertes et lustrées ayant l'aspect d'un cuir brillant. En achetant *S. actinophylla* s'assurer que la plante a une forme harmonieuse.

Dimensions. *S. actinophylla* est une grande plante pouvant atteindre 2,50 m de hauteur et 1,20 à 1,40 m de large. *S. arboricola* atteint 1,20 m de haut et 60 cm de large.

Croissance. Plante assez vigoureuse, croissant facilement de 30 cm en un été.

Floraison. Il est très rare de voir les petites fleurs vertes sur une plante cultivée en pot.

Parfum. Inodore.

Lumière. Aime la lumière, mais non l'exposition directe au soleil en été ; cette plante arrive à s'adapter à un coin sombre.

Température. En hiver, non inférieure à 12° et ne dépassant pas 18°. En été, la température ambiante ou le plein air leur convient. Maximum : 21°.

Arrosage. Plante qui a besoin d'eau ; l'arroser 2 à 3 fois par semaine en été et une fois en hiver.

Engrais. En été, ajouter tous les 15 jours la moitié de la dose recommandée d'engrais liquide à l'eau d'arrosage.

Humidité. Vaporiser à l'eau de pluie 2 à 3 fois par semaine.

Nettoyage. Si la vaporisation ne suffit pas, essuyer les feuilles avec un linge humide ou se servir de lustrant une fois tous les 2 mois au plus.

Atmosphère. Plante qui supporte et les courants d'air et les fumées diverses, à condition d'être bien aérée.

Terre. Un mélange moitié terreau, moitié terre de bruyère.

Empotage. Tous les deux ans au plus. Il vaut mieux renouveler la terre de surface chaque printemps chez les grandes plantes.

Taille. *S. actinophylla* étant à tige unique, il est inutile de tailler. On ne doit tailler *S. arboricola* que si elle est trop importante et devient désordonnée. Rabattre les extrémités, la plante se ramifiera.

Multiplication. En général par semis, à une température de 21 à 24°. L'hydroculture convient aux boutures.

Longévité. Avec un peu de soin, cette plante vivra très longtemps.

Sociabilité. Quand le schefflera est encore de taille réduite, on peut l'associer à d'autres plantes. Cultivé isolément, une fois adulte, c'est une plante vraiment superbe. *S. actinophylla* requiert beaucoup d'espace.

Facilités/difficultés. Plante facile à cultiver dont l'épanouissement procure une vraie joie.

Les schefflera supportent les coins ombragés.

← *Schefflera arboricola* a des feuilles à 9 folioles. Cette variété pousse en hauteur, non en largeur.

→ Un jeune spécimen de *Schefflera actinophylla.*

↓ On met souvent 2 ou 3 sujets par pot pour obtenir une plante plus touffue.

Empotage

1 - Rempoter tous les 2 ans au printemps, quand les racines sortent du trou, les feuilles sont pâles et la plante ne pousse plus. Garnir un pot plus grand avec un drainage et un mélange moitié terreau, moitié terre de bruyère humide. Bien arroser.

2 - Dégager la terre tout autour avec un couteau.

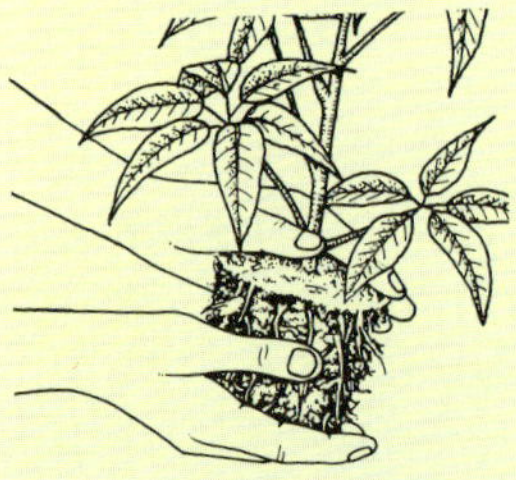

3 - Retirer la plante du pot en la tenant fermement par la base de la tige.

4 - Poser la plante sur une table ; avec un bâtonnet, enlever la terre sans abîmer les racines.

5 - Placer les racines sur le terreau du nouveau pot.

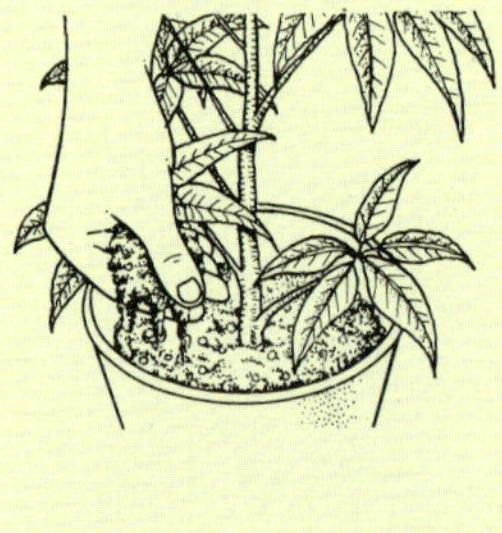

6 - Remplir de mélange frais. Tasser. Recouvrir toutes les racines. Mettre 2 jours à l'ombre sans eau, pour favoriser l'enracinement.

S.O.S.

3

1

1 - Insectes écailleux bruns sur les tiges, les pétioles et sous les feuilles. *Cochenilles. Les enlever avec un tampon imbibé d'alcool dénaturé ou pulvériser un insecticide systémique.*

3 - La plante monte en tiges, feuilles très espacées. *Trop chaud. Trouver un endroit plus frais. Mieux éclairer.*

4 - Les feuilles tournent au vert pâle ou même au jaune. *Manque d'engrais.*

2 - Plaques laineuses blanches sur les feuilles. *Cochenilles. Les enlever avec un tampon imbibé d'alcool dénaturé ou pulvériser du malathion ou un insecticide systémique.*

4

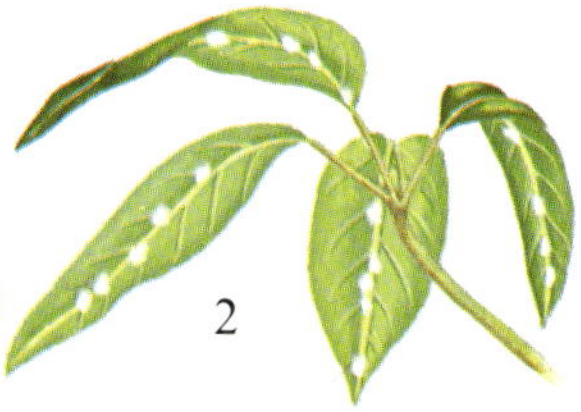

2

5

5 - Feuilles jaunies, filaments en dessous. *Araignées rouges. Pulvériser du derris, du malathion ou un insecticide systémique. Accroître l'humidité.*

6 - Les feuilles n'ont que peu de folioles. *Phénomène normal pour une plante jeune.*

7 - Feuilles déformées et gluantes, insectes verts. *Pucerons. Pulvériser du pyrèthre ou un insecticide systémique.*

6

7

Culture en semis

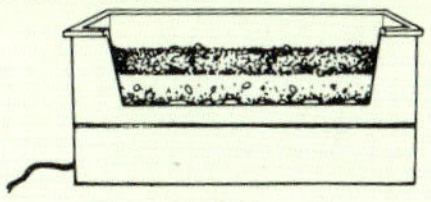

Les deux plantes peuvent être multipliées par semis dans un germoir.

1 - Garnir le germoir de terreau pour semis.

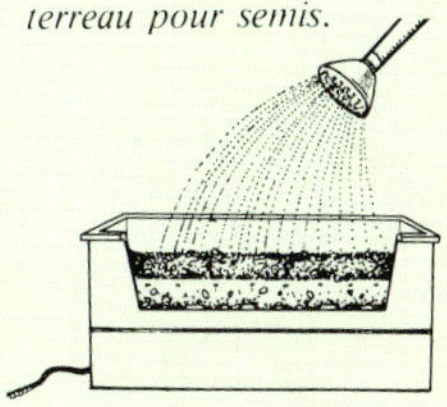

2 - Semer uniformément. Ajouter une mince couche de terreau, de même épaisseur que le semis. Bien arroser.

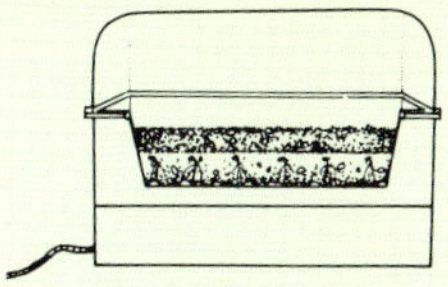

3 - Couvrir le germoir. Le découvrir 5 minutes par jour, pour éviter la pourriture ; s'assurer que le terreau reste humide. Maintenir à une température de 21-24°.

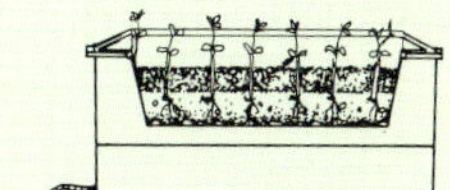

4 - Dès germination, retirer le couvercle et exposer les jeunes pousses à la lumière.

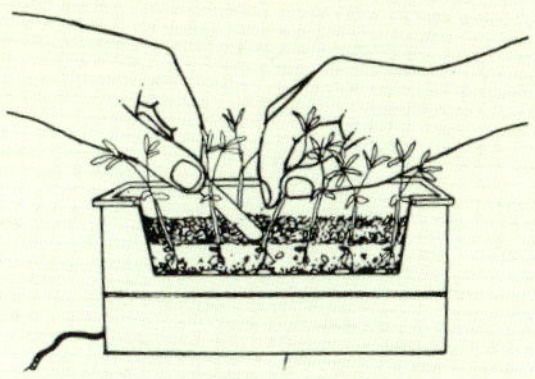

5 - Lorsque les pousses sont assez grandes pour être manipulées, éliminer les plus faibles, en espaçant de 2 à 3 cm.

6 - Dès que celles qui restent poussent bien, les empoter séparément.

Vaporisation

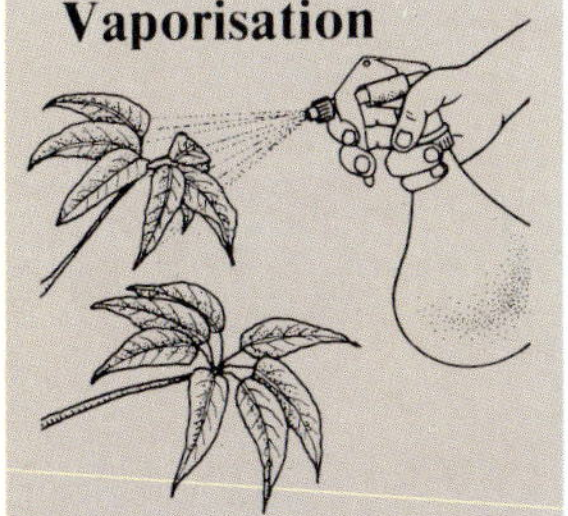

Vaporiser à l'eau de pluie 2 à 3 fois par semaine.

Nettoyage

Avec une éponge ou un linge doux imbibé d'eau tiède, essuyer les feuilles en les soutenant de l'autre main.

Tous les 2 mois utiliser un lustrant.

Tuteurage

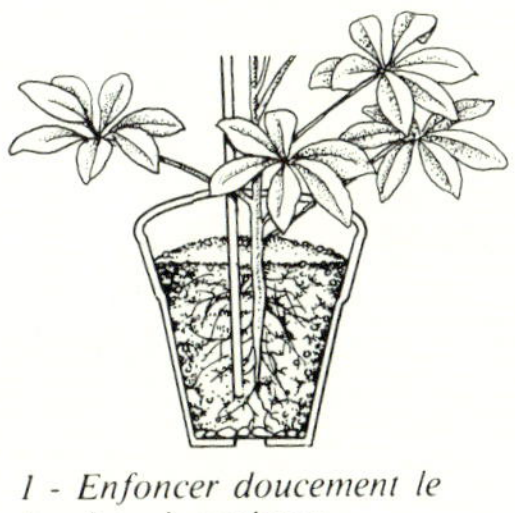

1 - Enfoncer doucement le bambou à quelques centimètres de la tige principale, jusqu'aux 2/3 de la hauteur du pot.

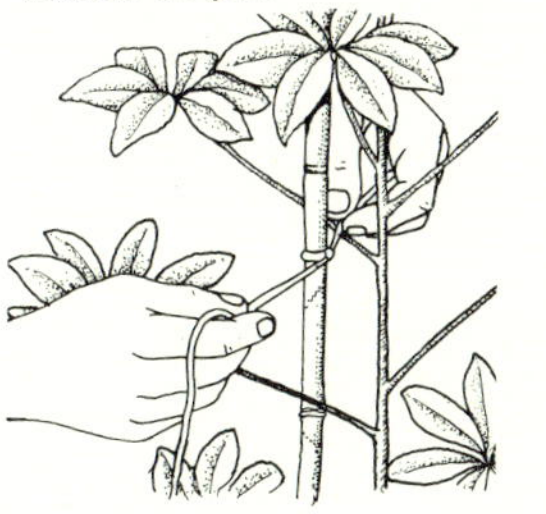

2 - Prendre une ficelle de 20 à 25 cm de long et l'attacher solidement au bambou côté tige.

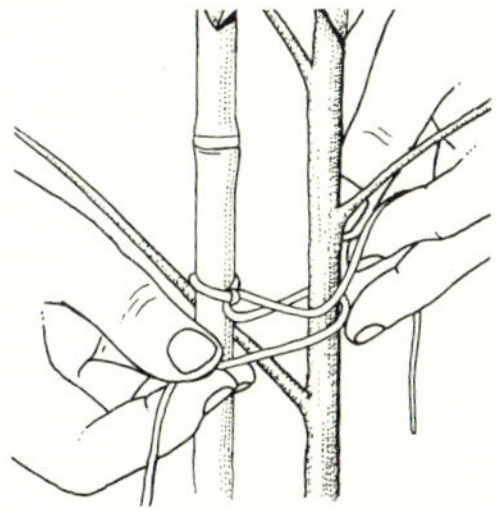

3 - Nouer la ficelle autour de la tige (voir dessin).

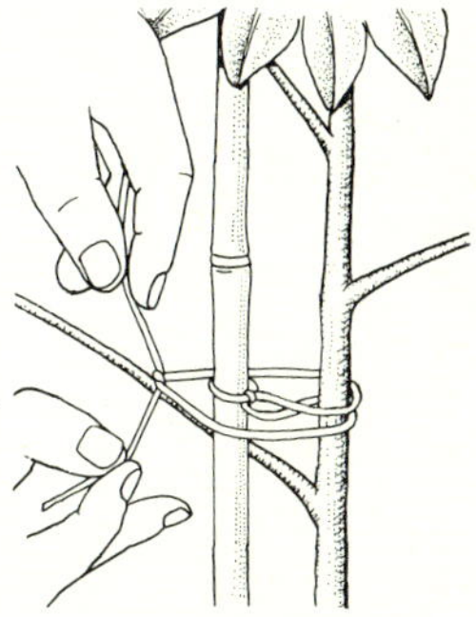

4 - Faire un nœud solide. Répéter à intervalles réguliers le long de la tige.

ARBRE-LIERRE DORÉ

Scindapsus appartient à la famille des aracées ou arums. Son nom vient d'un mot grec signifiant « analogue au lierre ». Il en existe une vingtaine d'espèces connues, toutes grimpantes et dont les racines aériennes s'agrippent dès qu'elles trouvent un support. Ils ressemblent beaucoup aux philodendrons à petites feuilles, auxquels ils sont en fait apparentés.
L'espèce la plus courante, *Scindapsus aureus,* est originaire des îles Salomon. Ses feuilles en forme de cœur grandissent en même temps que la plante, doublant de taille à maturité. Elles sont joliment tachées de jaune sur fond vert pâle et, suffisamment exposées à la lumière, conservent cette panachure sans difficulté. Ces plantes n'aiment pas trop l'humidité dont un excès fait apparaître des taches brunâtres sur les feuilles. Néanmoins, l'hydroculture leur convient fort bien.
Il existe une variété, *S. aureus* « Marble Queen », dont les feuilles presque blanches sont tachetées de vert. Sa croissance est plus lente ; elle est plus délicate que *S. aureus,* demande une température plus élevée et plus de soins. Comme toutes les plantes grimpantes, celles-ci deviendront facilement rampantes et sont à leur avantage dans des paniers suspendus.
Choisir un spécimen de *Scindapsus* aux feuilles joliment tachetées, assez serrées, formant un sujet bien touffu. Certains horticulteurs appellent cette plante *Pothos* ou *Rhaphidophora.*

Dimensions. La plante est normalement vendue en pots de 12 à 18 cm, haute de 60 cm à 1,20 m, palissée à un bambou. Comme c'est une plante grimpante elle finira par atteindre au moins 4,50 m.

Croissance. A la maison, chaque pousse principale croîtra de 30 à 45 cm par an.

Floraison. Cultivée à l'intérieur, elle ne fleurit pas.

Parfum. Inodore.

Lumière. Bien que supportant la pénombre, sa panachure est plus accusée si elle est bien éclairée, sans toutefois être exposée au soleil de midi.

Température. Cette plante exige une température minimale de 13° en hiver et de 18 à 21° en été, 24° au maximum.

Arrosage. Eviter de surarroser ; laisser sécher entre deux arrosages, tous les 4 à 5 jours en été et 7 à 8 jours en hiver. N'arroser qu'en fonction de la sécheresse du terreau.

Engrais. Une fois par mois, toute l'année, ajouter la moitié de la dose d'engrais recommandée à l'eau d'arrosage.

Humidité. En été, vaporiser à l'eau tiède 2 à 3 fois par semaine. En hiver, essuyer les feuilles avec un linge humide tous les 15 jours.

Nettoyage. Essuyer les feuilles avec un linge humide, la plante sera propre et l'humidité accrue. Ne pas se servir de lustrant, elle ne le supporte pas.

Atmosphère. Eviter les courants d'air et les gaz polluants.

Terre. Terreau frais.

Empotage. Rempoter tout au plus tous les 2 ans. S'assurer d'un bon drainage.

Taille. Tailler au printemps si la plante devient trop importante. Si l'on désire voir la plante buissonner abondamment, rabattre de moitié ses principales pousses en avril ou mai.

Multiplication. On peut cultiver les boutures d'extrémités de tige au printemps dans la terre ou dans l'eau, à condition que la température soit de 18 à 21°.

Longévité. Avec un peu de soins, cette plante vivra de nombreuses années.

Sociabilité. Sous réserve d'un bon drainage, *Scindapsus* s'accommode bien de la présence d'autres plantes vertes dans un bac, mais il a évidemment besoin d'un tuteur.

Facilités/difficultés. Plante relativement facile à cultiver si l'on possède un peu d'expérience.

Empotage

1 - Au printemps, au plus tous les 2 ans. Les racines sortant du pot et le petit nombre de pousses nouvelles indiquent que la terre est épuisée. Bien arroser d'abord.

2 - Garnir un pot plus grand d'un drainage et d'une couche de terreau frais humide.

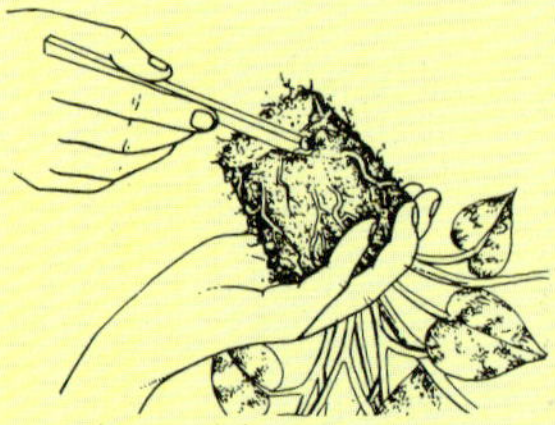

4 - Avec un crayon ou un bâtonnet, retirer la terre sans abîmer les racines.

5 - Placer les racines sur le terreau du nouveau pot.

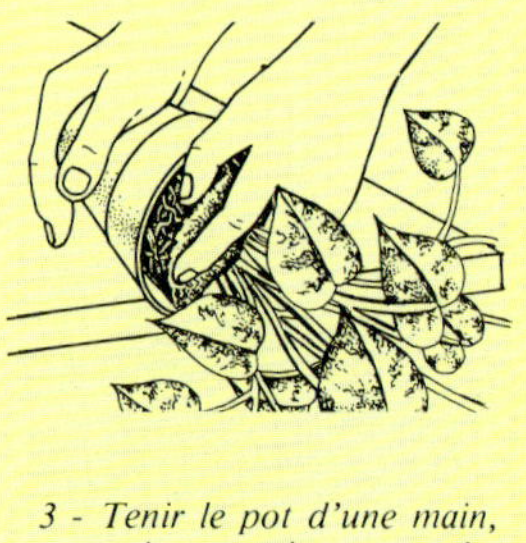

3 - Tenir le pot d'une main, en maintenant le terreau de l'autre. Tapoter le bord du pot : la plante et le terreau sortiront.

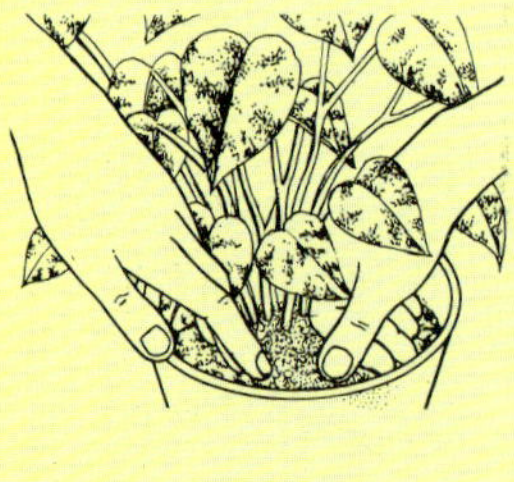

6 - Remplir de terreau frais. Recouvrir toutes les racines. Bien tasser. Mettre 2 jours à l'ombre, sans eau, pour favoriser l'enracinement.

Scindapsus ressemble au lierre, mais ses feuilles sont plus tendres et il requiert plus de chaleur, plus de lumière et moins d'eau.

← Les feuilles de *Scindapsus* sont en forme de cœur et grandissent beaucoup avant d'atteindre l'état adulte.

← *Scindapsus aureus* « Marble Queen » est très panaché. Certaines de ses feuilles peuvent cependant être complètement blanches.

→ *Scindapsus aureus.* Ici plusieurs boutures ont été palissées ensemble à un bâton moussu. Cette plante peut aussi garnir un panier suspendu. Dans ce cas, les tiges retombantes peuvent toucher terre.

S.O.S.

1 - Les feuilles pâlissent. *Exposition trop directe au soleil. Placer plus à l'abri.*

2 - Taches brunes et bords des feuilles noircis. *Excès de froid et/ou d'humidité. Trouver un endroit plus chaud, arroser moins.*

3 - Les feuilles redeviennent vertes. *Manque de lumière. Mieux éclairer.*

4 - Feuilles jaunies, filaments en dessous. *Araignées rouges. Pulvériser du derris, du malathion ou un insecticide systémique. Accroître l'humidité.*

Taille

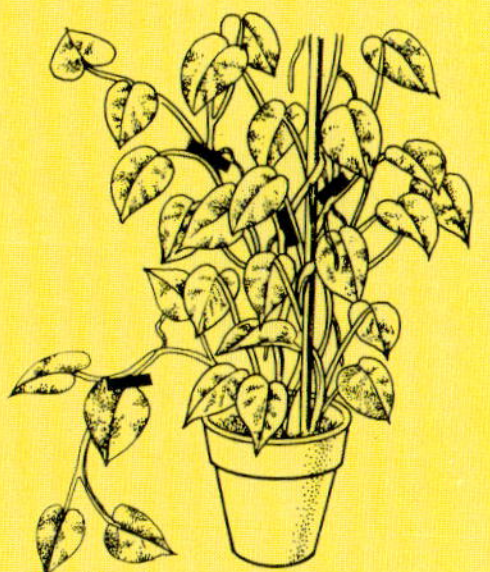

A la fin du printemps, rabattre les plantes trop hautes de moitié.

Arrosage

Ne jamais surarroser Scindapsus. *Laisser la plante sécher entre 2 arrosages. Vérifier l'état du terreau. Vider la soucoupe au bout de 15 minutes.*

Bouturage

Prélever les boutures au printemps et les mettre, de préférence, dans un germoir pour assurer l'humidité requise ; sinon les recouvrir de polyéthylène.

1 - Garnir un pot ou un germoir d'un drainage et d'un mélange de sable et de terreau frais.

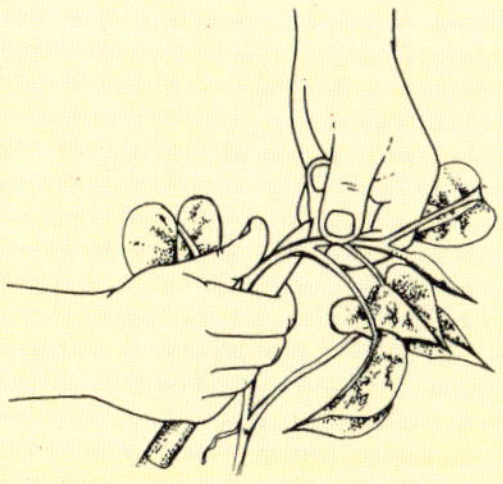

2 - Couper l'extrémité d'une pousse ou d'une tige ayant au moins 2 paires de feuilles saines et une pointe de végétation.

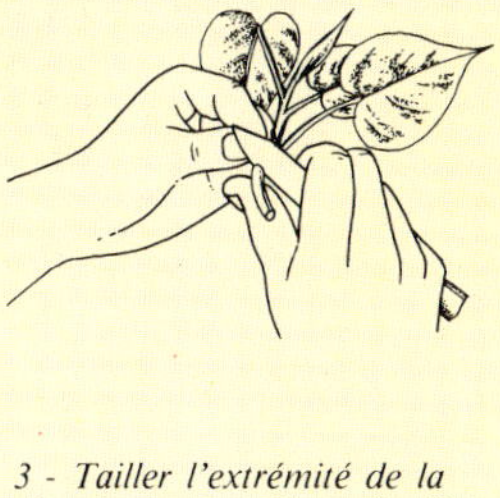

3 - Tailler l'extrémité de la tige au-dessous d'une feuille.

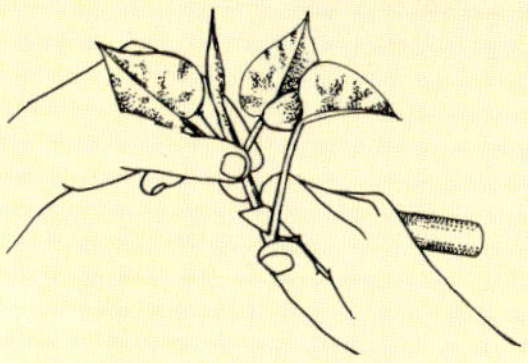

4 - Enlever la feuille inférieure.

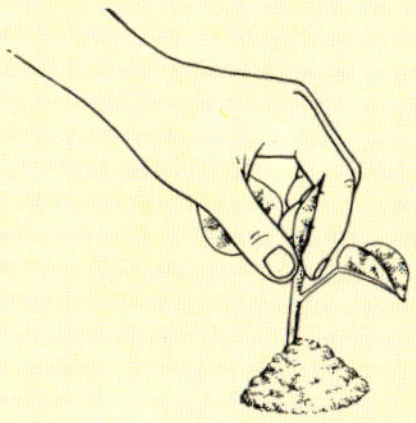

5 - Tremper la coupe dans de la poudre radiculaire aux hormones. Secouer l'excédent.

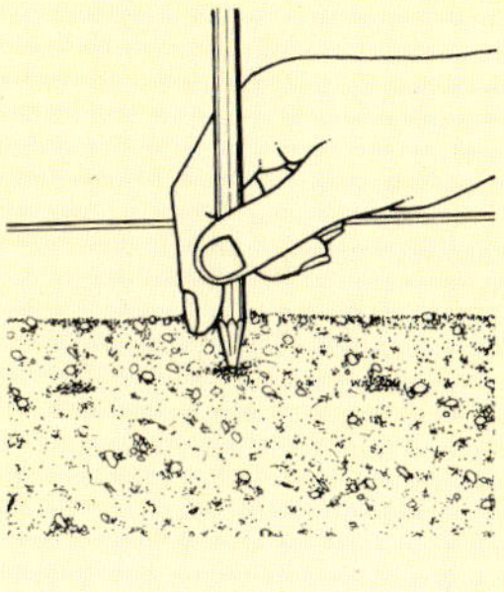

6 - Avec un bâtonnet, faire dans le terreau de petits trous.

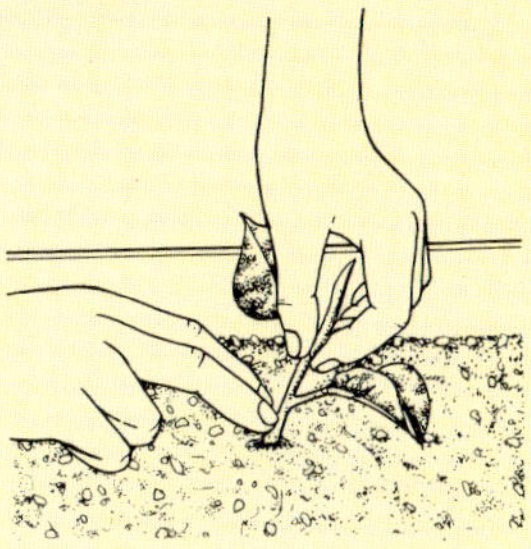

7 - Introduire la bouture, la tige au fond du trou, la feuille au ras du sol.

8 - Bien arroser et couvrir. Retirer le couvercle 5 minutes par jour et veiller à l'humidité du terreau. Température : 18 à 21°.

9 - Découvrir au bout de 21 jours ; lorsque les boutures ont bien pris, rempoter dans du terreau frais.

Tuteurage

1 - Garnir un nouveau pot d'un drainage et d'une couche de terreau humide.

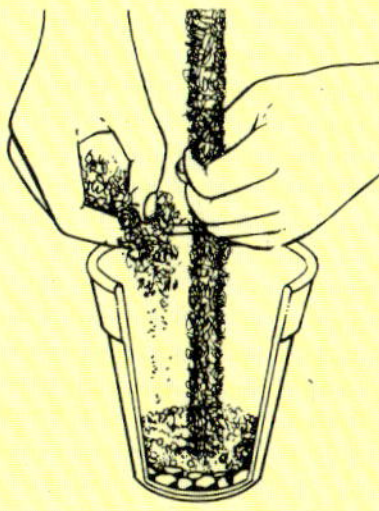

2 - Mettre le bâton moussu en place en tassant le terreau autour pour le consolider.

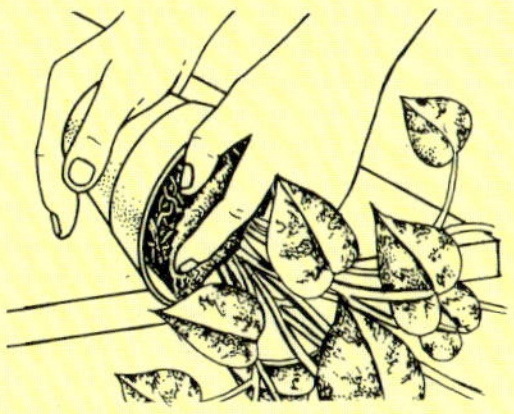

3 - Sortir la plante du pot.

4 - Placer la plante à côté du bâton moussu.

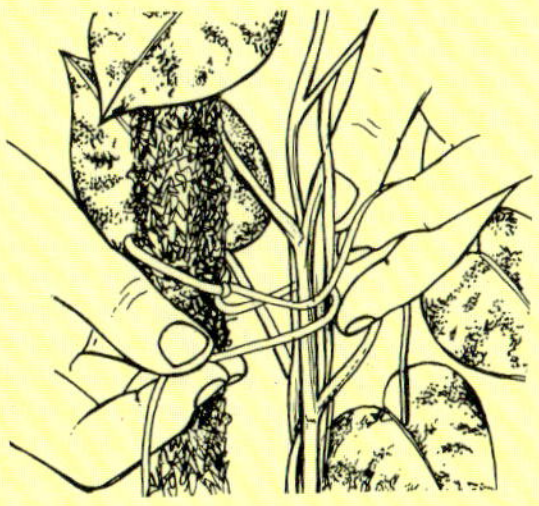

5 - A intervalles réguliers, attacher avec du raphia la tige au bâton moussu.

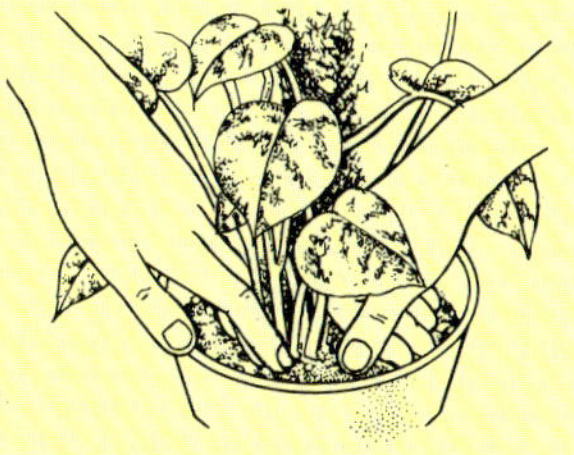

6 - Remplir le pot de terreau frais en recouvrant les racines. Bien tasser.

GLOXINIA

Cette plante est connue de tous sous le nom de gloxinia mais son nom botanique est *Sinningia speciosa hybrida.* Elle est originaire du Brésil et appartient à la famille des gesnériacées, comprenant de nombreuses espèces.

Le nom de gloxinia lui a été donné en l'honneur de Benjamin Pierre Gloxin, célèbre écrivain botaniste de la fin du XVIIIe siècle, et le nom du genre en l'honneur de Wilhelm Sinning, jardinier en chef de l'Université de Bonn au milieu du XIXe siècle. Celui-ci a participé à des travaux sur l'hybridation et la sélection, recherches qui ont abouti à la création de l'une des plus belles plantes d'intérieur à floraison estivale.

Les fleurs de la plante d'origine étaient tombantes, de couleur carmin et ressemblaient assez à celles de la digitale. Celles des hybrides modernes croissent sur de courtes tiges ; elles sont verticales, et ont la forme d'une cloche ; la gamme de leurs brillantes couleurs va du blanc au rouge, en passant par les tons roses et mauves. Certaines variétés ont des pétales gaufrés, bordés de blanc. Les feuilles sont grandes, plates et veloutées.

On cultive les gloxinias au printemps, à partir de graines ou de rhizomes. Acheter les plantes comportant de nombreux boutons floraux. Les feuilles doivent être intactes et d'un beau vert profond. Les plantes pâles ont été insuffisamment alimentées. S'assurer qu'elles sont exemptes de toute pourriture. Les transporter avec le plus grand soin car leurs feuilles charnues se fendent très facilement.

Les gloxinias devraient produire de nombreuses fleurs.

← Le cœur de la plante doit être riche en boutons lorsque la première fleur éclôt.

→ Un superbe gloxinia, au feuillage d'un beau vert foncé.

↓ Les fleurs, tout comme les feuilles, sont duveteuses. Ne jamais mouiller les fleurs.

Dimensions. Quand le gloxinia est en fleurs, il a une hauteur de 30 cm, alors que le feuillage atteint normalement 35 à 40 cm de diamètre.

Croissance. Les graines semées au début de l'année fleuriront le même été. Les rhizomes germeront et fleuriront en 5 mois.

Floraison. En décalant les semis et la plantation des rhizomes, on obtiendra une succession de plantes de mai à septembre. La plante fleurit généralement en une seule fois.

Parfum. Inodore.

Lumière. Le gloxinia a besoin de beaucoup de lumière, mais le protéger du soleil de midi en été.

Température. Température ambiante de 15 à 21° en été ; en hiver, les rhizomes en dormance doivent être conservés secs et à l'abri du gel. Au début du printemps, ils ne pousseront pas à moins de 21°. Maximum en été : 24°.

Arrosage. Bien arroser, 2 à 3 fois par semaine en été. Arroser par en dessous pour ne mouiller ni les feuilles ni les fleurs. Diminuer peu à peu en automne quand la plante se met en dormance et que ses feuilles meurent. Lorsqu'elle est fanée, ne plus arroser.

Engrais. Durant la floraison ajouter de l'engrais liquide à l'eau chaque semaine.

Humidité. Les jeunes plantes apprécient une vaporisation matinale à l'eau tiède ; ne pas mouiller les fleurs ni laisser l'eau séjourner sur la plante. Placer le pot sur de la tourbe humide.

Nettoyage. La vaporisation suffira ; ne jamais utiliser de lustrant.

Atmosphère. Pas de courants d'air.

Terre. Tourbe.

Empotage. Les jeunes plantes issues des semis ou des boutures doivent être rempotées 2 ou 3 fois durant la période de croissance. Les vieux rhizomes ne seront empotés qu'une fois, en février ou mars, au début de leur croissance, le haut du tubercule au ras du terreau.

Taille. Il suffit d'enlever les feuilles abîmées et les fleurs fanées.

Multiplication. Par semis au début du printemps à une température de 21°. Ne pas trop arroser. Bien ventiler. On peut prélever des boutures d'extrémités de tige de 5 à 7 cm sur de vieux tubercules. On peut aussi diviser ces tubercules en morceaux, chacun ayant sa pointe de végétation. Les boutures de feuilles se font en été. Toutes les boutures s'enracineront à 21°.

Longévité. Les rhizomes vivront année après année, mais après 2 à 3 ans, ils perdent de leur vigueur.

Sociabilité. Mieux vaut cultiver les gloxinias à part.

Facilités/difficultés. Avec un peu de soin, ce sont des plantes que l'on conserve facilement au moins une saison.

Empotage

1 - Empoter les rhizomes dormants lorsqu'ils commencent à germer. Rempoter les jeunes plantes 2 à 3 fois durant leur croissance, dès que les racines remplissent le pot. Bien arroser d'abord.

2 - Garnir un pot d'un drainage et d'une couche de tourbe humide.

3 - Tenir le pot d'une main en maintenant la terre de l'autre. Tapoter le bord du pot : la plante et la terre sortiront.

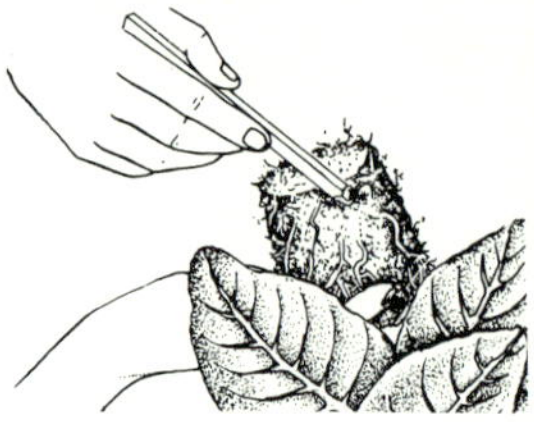

4 - Avec un crayon ou un bâtonnet, enlever la terre sans abîmer les racines.

5 - Placer les racines sur la terre du nouveau pot.

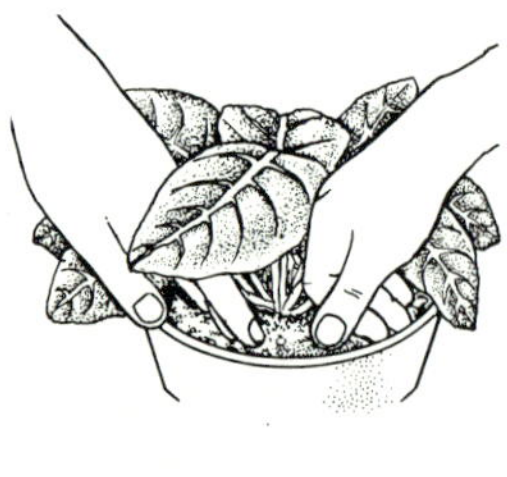

6 - Remplir de tourbe fraîche, le haut des tubercules à ras du sol. Laisser 2 jours à l'ombre, sans eau, pour favoriser l'enracinement.

S.O.S.

1 - Feuilles vert pâle. *A besoin d'engrais.*

2 - Anneaux bruns sur les feuilles. *Mosaïque de la tomate. Pas de remède : détruire la plante.*

3 - Feuilles déformées et gluantes, insectes verts. *Pucerons. Pulvériser du pyrèthre ou un insecticide systémique.*

4 - Les feuilles se recourbent. *Trop de soleil. Trouver un endroit semi-ombragé.*

5 - Tiges et boutons pourrissent. *Trop froid, eau séjournant sur la plante après arrosage. Trouver un endroit plus chaud et éviter que les feuilles et les boutons ne restent mouillés.*

6 - Fleurs tachées. *Altérées par l'eau. Ne pas vaporiser les fleurs.*

Division

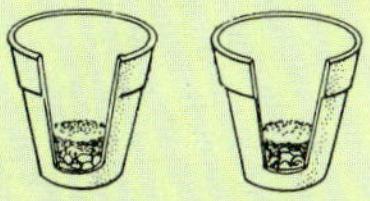

1 - On peut diviser les rhizomes au printemps quand ils commencent à bourgeonner. Garnir 2 pots d'un drainage, de tourbe et de 2 à 3 cm de sable.

2 - Retirer la plante du pot.

3 - Enlever délicatement la terre.

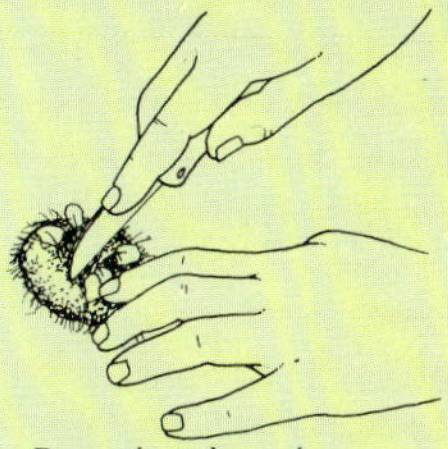

4 - Poser le tubercule sur une surface rigide et le couper en deux avec un couteau bien aiguisé. Chaque moitié doit avoir une pousse.

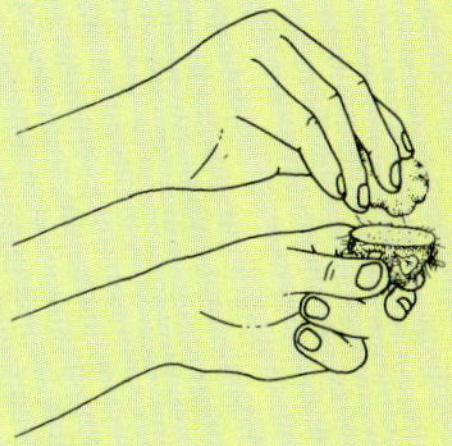

5 - Saupoudrer les coupes de soufre pour éviter une infection cryptogamique.

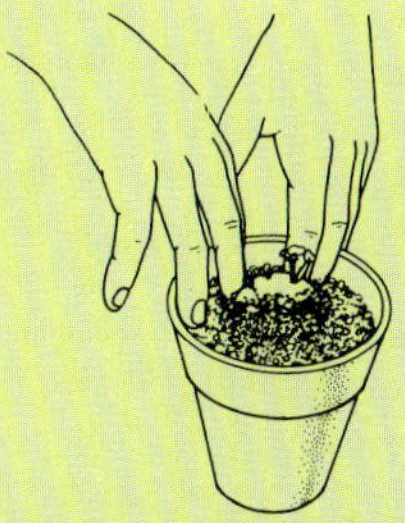

6 - Empoter chaque morceau séparément, le haut du tubercule au ras du sol.

Bouturage

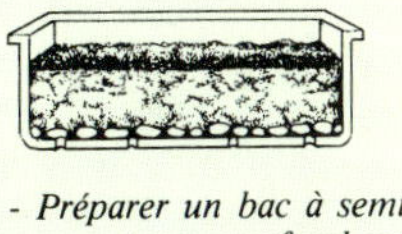

1 - Préparer un bac à semis ou un pot peu profond avec drainage, tourbe et 1 cm de sable. Couper des morceaux de fil de fer plastifié de 2 à 3 cm.

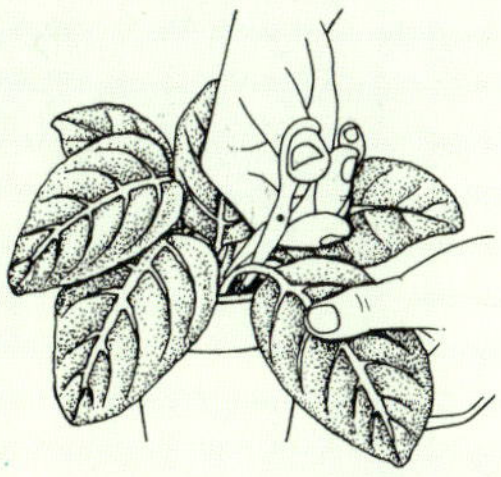

2 - Couper une feuille saine à sa base. Enlever le pétiole.

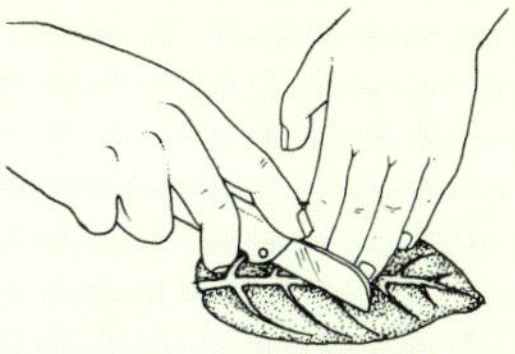

3 - Poser la feuille à l'envers. Inciser les nervures épaisses au-dessous de leur jonction.

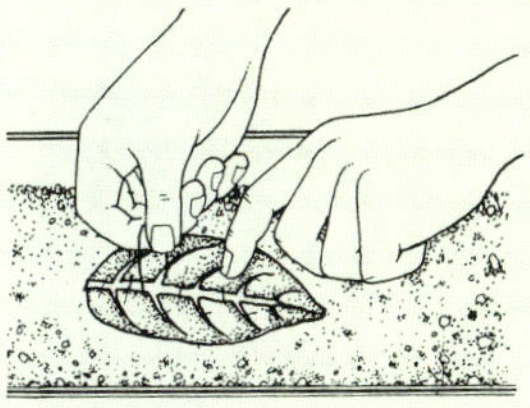

4 - Poser la feuille sur le sable. La fixer en plusieurs endroits avec du fil de fer. Les nervures doivent être plaquées contre le sable.

5 - Bien arroser et maintenir à 21°. Couvrir avec une plaque de verre ou du polyéthylène. Ne jamais laisser la terre sécher. De nouvelles plantes pousseront sur les nervures coupées.

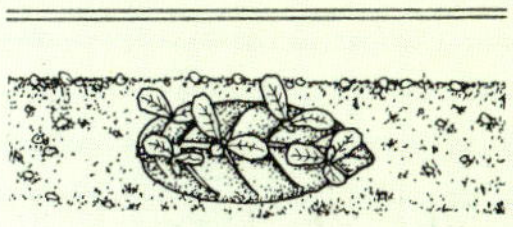

6 - Lorsque les pousses ont 2 ou 3 feuilles, les retirer du sable, les séparer délicatement de l'ancienne feuille et les empoter séparément dans de petits pots.

Humidité

Essentielle pour Sinningia.

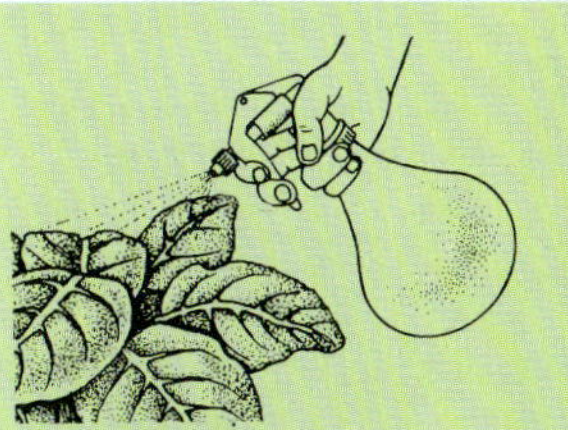

Vaporiser chaque jour à l'eau tiède, sans mouiller les fleurs

Placer le pot dans une soucoupe sur un lit de cailloux mouillés. S'assurer que la base du pot est hors de l'eau.

ou placer le pot dans un autre garni de tourbe humide.

POMMIER D'AMOUR

Les solanums constituent un vaste genre comprenant environ neuf cents espèces de la famille des solanacées. Ils sont originaires de nombreuses régions tropicales et tempérées du monde. La plus connue des espèces de cette famille n'est autre que *Solanum tuberosum,* notre pomme de terre. En tant que plantes d'intérieur, on ne cultive que deux espèces de cette famille, *Capsicum annuum* (voir page 52) et *Solanum capsicastrum,* connu sous le nom de pommier d'amour. Importée du Brésil au XVIIe siècle, cette plante est très en vogue et s'achète généralement en automne lorsqu'elle a fructifié. Elle prospère bien à la maison mais requiert beaucoup d'humidité. Par conséquent, il faut vaporiser régulièrement. Tout comme *Capsicum,* elle est à son avantage à l'automne sur des balcons ou des appuis de fenêtres. Si l'hiver n'est pas trop rude, elle durera jusqu'à Noël.

Il en a été obtenu des cultivars particulièrement intéressants. Ceux-ci sont plus touffus, fructifient mieux et leurs fruits ne tombent pas prématurément comme ceux des anciennes souches. Leurs baies ne sont pas comestibles. Bien que leur ingestion ne soit pas mortelle, elles peuvent provoquer des troubles gastriques, surtout chez les enfants.

Choisir des plantes aux feuilles bien vertes et dont les fruits commencent tout juste à jaunir ou à prendre une teinte orangée.

Le pommier d'amour produit des baies dont la couleur vire du vert au jaune, puis à l'orange. Choisir une plante au feuillage vert foncé.

↓ Les baies durent plusieurs semaines sur la plante. Ne pas les consommer, elles sont toxiques.

→ Un spécimen de *Solanum capsicastrum* couvert de baies.

Dimensions. Le pommier d'amour est généralement vendu lorsqu'il a entre 30 et 40 cm de haut. Les sujets plus petits sont dans des pots de 9 cm et les plus grands dans des pots de 13 cm. Si on les garde deux ans, ils grandiront quelque peu.

Croissance. Multipliées par semis, ces plantes atteindront 40 cm en un an.

Floraison. La plante fleurit en juin et juillet, mais se remarque surtout par ses belles baies orange, qui se colorent à partir d'octobre.

Parfum. Les fleurs n'en ont aucun, mais le feuillage dégage une odeur piquante.

Lumière. Pour durer, il leur faut beaucoup de lumière.

Température. 13° est la meilleure température en hiver. En été, le plein air est préférable. La température en intérieur ne doit pas dépasser 18°.

Arrosage. Arroser abondamment, tous les 2 jours durant la croissance. En hiver, ne jamais laisser la terre se dessécher. 2 à 3 arrosages par semaine suffiront. Si l'on doit conserver la plante une 2e année, l'arroser seulement une fois par quinzaine lors de sa dormance et après la taille.

Engrais. En été, lors de sa croissance, ajouter de l'engrais liquide à l'eau tous les 15 jours.

Humidité. Il aime une atmosphère humide ; le vaporiser tous les jours avec de l'eau douce quand il est à l'intérieur.

Nettoyage. La vaporisation devrait suffire ; ne jamais se servir de lustrant.

Atmosphère. Plante assez tolérante si l'air n'est pas trop sec et que la ventilation soit bonne.

Terre. Terreau frais.

Empotage. Si la plante est multipliée par semis, la rempoter 2 fois suivant sa croissance. Si on la conserve une seconde année, il vaut mieux la rempoter au printemps après la taille.

Taille. Seulement si l'on conserve la plante une deuxième année. La rabattre de moitié en avril ou mai et la laisser en plein air jusqu'au plein été. Mieux vaut restreindre sa croissance en septembre en pinçant les extrémités non fleuries afin qu'elle soit plus touffue.

Multiplication. Germe facilement à partir de graines semées en mars à environ 16°.

Longévité. Normalement, on les considère comme des plantes que l'on ne conserve qu'un an. Toutefois, à condition de disposer de la place nécessaire, on peut aisément les garder 2 ans. Après, elle deviennent très ligneuses et ont moins de chance de fleurir et de fructifier.

Sociabilité. Généralement on les cultive à part, mais on peut les planter temporairement parmi d'autres plantes d'intérieur dans des bacs.

Facilités/difficultés. Plante assez facile si on lui procure beaucoup de lumière et d'humidité.

Empotage

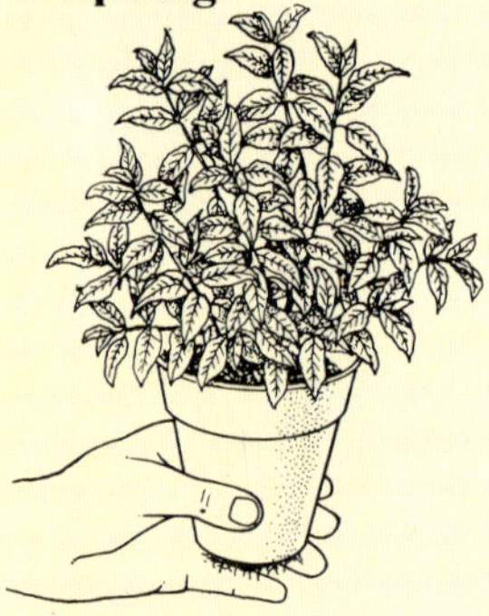

1 - Rempoter les plantes issues de graines tout l'été, dès que les racines remplissent le pot ; la seconde année, rempoter au printemps après la taille. Bien arroser.

2 - Garnir un pot plus grand d'un drainage et d'une couche de terreau frais humide.

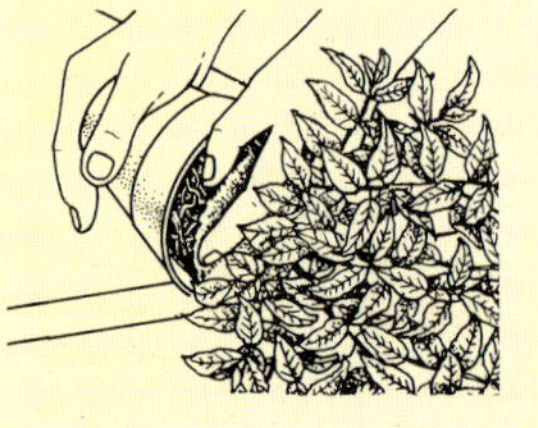

3 - Tenir le pot d'une main, en maintenant le terreau de l'autre. Tapoter le bord du pot : la plante et le terreau sortiront.

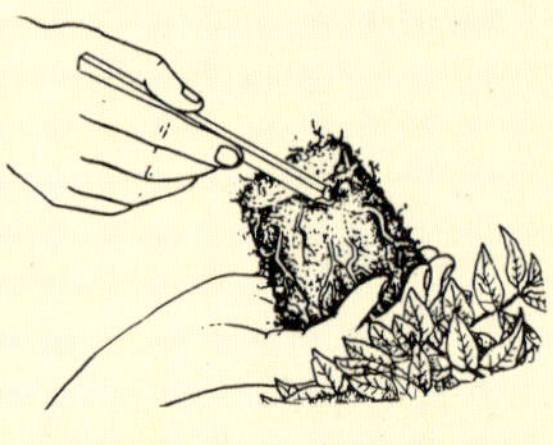

4 - Avec un crayon ou un bâtonnet, enlever la terre sans abîmer les racines.

5 - Placer les racines sur le terreau du nouveau pot.

6 - Remplir de terreau frais. Recouvrir toutes les racines. Bien tasser. Mettre 2 jours à l'ombre, sans eau, pour favoriser l'enracinement.

S.O.S.

1 - Feuillage flasque, les baies commencent à tomber. *Trop sec. Tremper immédiatement et laisser égoutter.*

2 - Faible croissance, feuilles très espacées. *Manque de lumière. Mieux éclairer.*

1

2

3 - Jeunes pousses couvertes de champignons gris. *Moisissures cryptogamiques. Trouver un endroit plus chaud, améliorer l'aération. Pulvériser un insecticide systémique.*

3

4 - Feuillage pâle et feuilles inférieures jaunes, tachées de brun. *Manque de magnésium. Donner régulièrement un engrais liquide contenant du magnésium, tel que celui qu'on donne aux tomates.*

5

6

4

7

5 - Feuillage peu coloré. *Manque d'engrais. Rempoter ou alimenter toutes les semaines.*

6 - Feuilles jaunies, filaments en dessous. *Araignées rouges. Pulvériser du derris ou un insecticide systémique. Accroître l'humidité.*

7 - Feuilles tachées d'anneaux concentriques jaunes. *Mosaïque de la tomate. Pas de remède, détruire la plante.*

8

8 - La plante fleurit, mais les fleurs ne fructifient pas. *A l'avenir, pulvériser d'eau tiède les fleurs écloses.*

Culture en semis

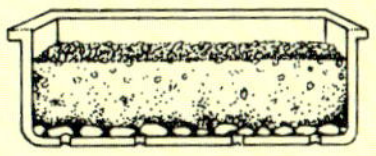

1 - Solanum peut être multiplié par semis au printemps. Garnir un germoir d'un drainage et d'un tereau spécial pour semis.

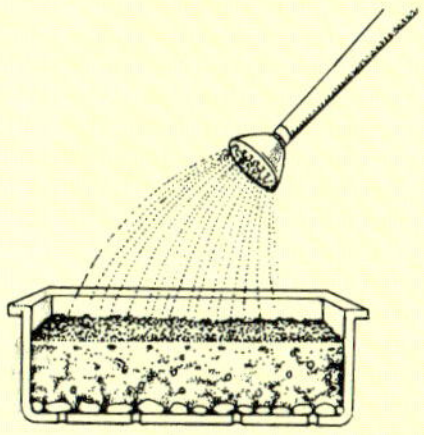

2 - Semer les graines uniformément ; ajouter une couche de terreau de l'épaisseur du semis. Bien arroser.

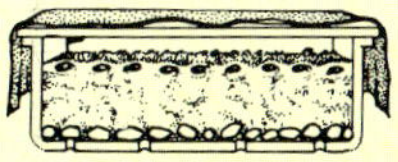

3 - Recouvrir d'une plaque de verre et mettre à l'ombre ou recouvrir d'un tissu opaque. Veiller à l'humidité du terreau. Retourner le verre chaque jour. Température : 16°.

4 - Lorsque les graines germent, retirer le verre et exposer à la lumière.

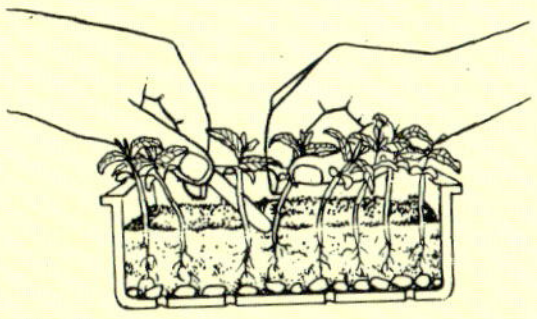

5 - Lorsque les pousses sont assez grandes pour être manipulées, éliminer les plus faibles et espacer les autres de 2 ou 3 cm.

6 - Lorsque les plantes ont bien pris, empoter séparément dans de petits pots.

Buissonnement

Pincer les pointes de végétation des jeunes plantes pour faire buissonner.

Taille

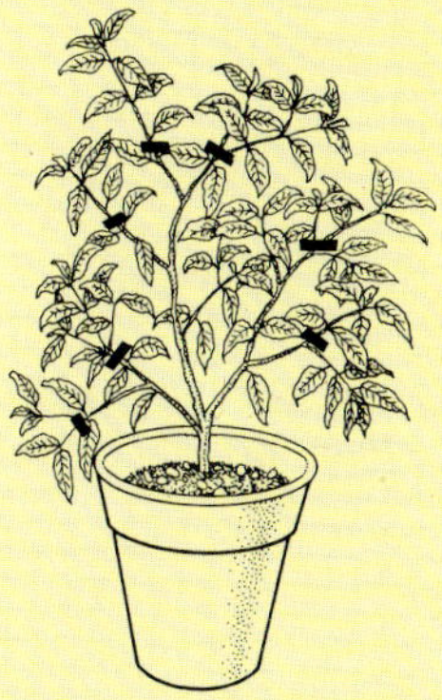

Si l'on garde la plante une 2e année, la rabattre de moitié à la fin du printemps.

Vaporisation

Vaporiser chaque jour à l'eau tiède quand la plante est à la maison, également durant la floraison pour favoriser la fructification.

Arrosage

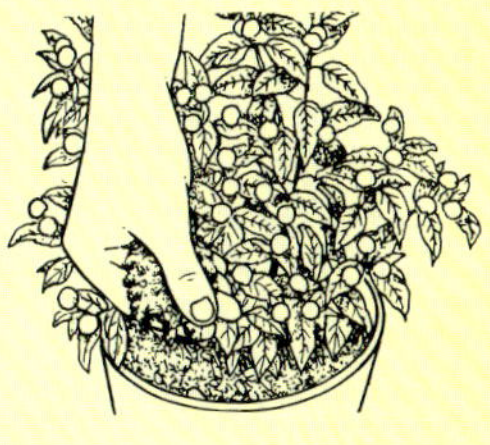

1 - Tâter le terreau. S'il est meuble et friable, la plante a besoin d'eau.

2 - Arroser par le haut, avec de l'eau de pluie si possible. Vider la soucoupe après 15 minutes.

TILLEUL D'APPARTEMENT

Sparmannia, appartenant à la famille des tiliacées (ou tilleuls), est une très belle plante d'intérieur qui mérite d'être cultivée davantage. Elle est déjà très appréciée en Europe, en Allemagne surtout. Ailleurs, on la trouve parfois assez difficilement.

Il en existe quatre espèces connues, originaires d'Afrique du Sud où elles deviennent des arbres de 4 m de haut. La plante tire son nom du Dr Ardens Sparmann (1748-1820), qui accompagna le capitaine Cook lors de son second voyage. On l'appelle communément tilleul d'appartement. Seule *Sparmannia africana* est cultivée en tant que plante d'intérieur.

En pleine lumière, la plante pousse rapidement, même à la maison. Les feuilles, très semblables à celles du tilleul commun, sont velues et, de ce fait, assez difficiles à tenir propres. Le meilleur moyen pour y parvenir consiste à sortir la plante en été sous une pluie légère, procédé qui manifestement lui plaît beaucoup. Lorsqu'elle atteint 90 cm ou davantage, elle porte un bouquet de fleurs blanches, simples, dont les étamines pourprées sont sensibles au toucher au point que la moindre brise suffit pour qu'elles s'ouvrent. Les plantes de grande taille sont touffues, et il vaut mieux les cultiver à part afin de leur assurer une bonne aération.

A l'achat, au printemps ou au début de l'été, le feuillage doit avoir une belle teinte vert tilleul sans aucun signe de jaunissement aux feuilles inférieures. S'assurer qu'aucune branche n'est cassée car les nouvelles pousses sont très fragiles et facilement endommagées.

← *Sparmannia* appartient à la famille des tilleuls ; son feuillage est toutefois duveteux et doux au toucher.

→ L'élégance de *Sparmannia africana* est particulièrement frappante sous un soleil tamisé.

↓ Bien éclairées, les plantes fleurissent.

Dimensions. Dans une serre, la plante peut facilement atteindre 4 m de haut ou davantage. Dans un pot ou un bac, on peut limiter la hauteur à 2 m en taillant.

Croissance. Très rapide : de 45 à 60 cm par an.

Floraison. Les fleurs n'apparaîtront (en mai ou en juin) que sur les plantes adultes ayant au moins 1 m de haut.

Parfum. Leur parfum évanescent ressemble un peu à celui du tilleul commun.

Lumière. Le feuillage jaunit en l'absence d'une lumière suffisante. Eviter l'exposition en plein soleil qui pourrait roussir les feuilles délicates.

Température. Supporte et même apprécie une température assez basse en hiver : 7° au minimum, température à laquelle la plante doit rester relativement sèche et n'être arrosée qu'une fois tous les 10 jours. En été, ne pas dépasser 21°.

Arrosage. Arroser abondamment en été, au moins tous les 2 jours, moins en hiver et en fonction de la température. Normalement, à une température ambiante, une fois par semaine devrait suffire.

Engrais. En été, ajouter à l'eau d'arrosage de l'engrais liquide tous les 15 jours.

Humidité. En été, une vaporisation 2 à 3 fois par semaine lui réussit fort bien.

Nettoyage. Malaisé, car les feuilles sont duveteuses, les jeunes tiges fragiles et très cassantes. Pour dépoussiérer, se servir d'un plumeau ou d'un pinceau souple dont on effleure à peine les feuilles. En été, mettre en plein air sous une pluie légère. Ne jamais se servir de lustrant.

Atmosphère. Plante assez tolérante. Il faut éviter les courants d'air, mais bien aérer en été.

Terre. Utiliser un mélange moitié terreau, moitié tourbe.

Empotage. La 1re année, il faudra probablement rempoter 2 ou 3 fois. Après, une seule fois au printemps devrait suffire. Si la plante est à l'étroit dans son pot, elle fleurira plus tôt.

Taille. Une taille faite au printemps confère à la plante un aspect soigné ; si elle pousse trop en hauteur, la rabattre fortement après la floraison.

Multiplication. Les jeunes boutures de tiges prennent facilement racine au printemps dans un mélange de tourbe et de sable. Se prête également à l'hydroculture.

Longévité. Avec un minimum de soins, la plante vivra des années.

Sociabilité. Plante qui fait bel effet en association avec d'autres, la couleur vert tilleul de ses feuilles contrastant avec le vert foncé de *Ficus* et des philodendrons. Une telle combinaison nécessite évidemment un récipient de grande taille. Si le sujet est important, mieux vaut le cultiver à part.

Facilités/difficultés. Culture facile, mais les connaissances et l'expérience assureront des résultats encore meilleurs.

Nettoyage

Epousseter doucement les feuilles avec un pinceau souple et sec ; ne jamais utiliser d'eau ni de lustrant.

En été, mettre la plante dehors sous une pluie légère pour dépoussiérer ses feuilles.

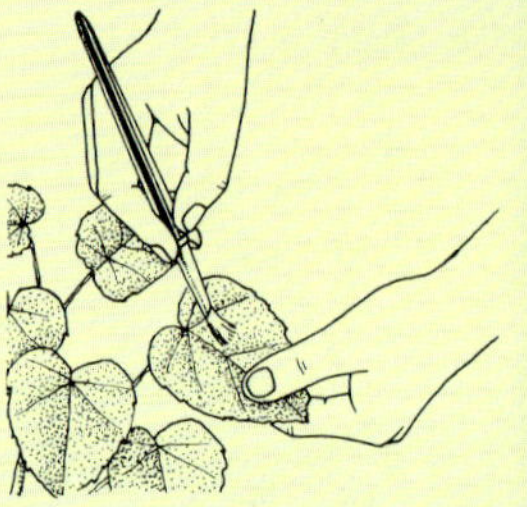

Taille

Au printemps, pour empêcher une croissance excessive.

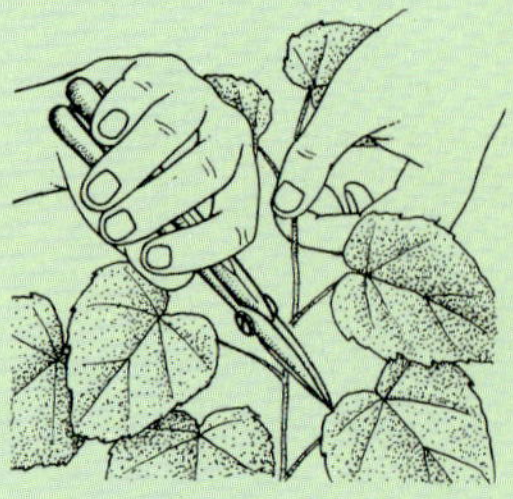

Couper en biseau juste au-dessus d'une feuille ou d'une pousse latérale.

Vaporisation

2 ou 3 fois par semaine en été.

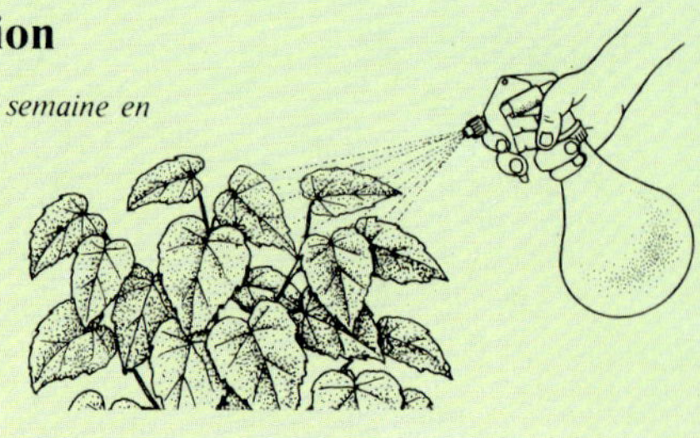

S.O.S.

1 - Toutes les feuilles pendent. *Trop sec. Tremper. Ne jamais laisser se dessécher.*

2 - Feuilles jaunies, plante toute en tiges. *Trop sombre. Trouver l'endroit le mieux éclairé possible sans soleil direct.*

3 - Taches brunes sur les feuilles qui semblent brûlées. *Soleil direct. Protéger du soleil de midi.*

4 - Plaques laineuses blanches sur les feuilles. *Cochenilles. Les enlever avec un tampon imbibé d'alcool dénaturé ou pulvériser un insecticide systémique.*

Bouturage

1 - Au printemps les boutures prendront racine dans du terreau ou dans l'eau. Garnir un pot d'un drainage et d'un mélange mi-sable, mi-tourbe.

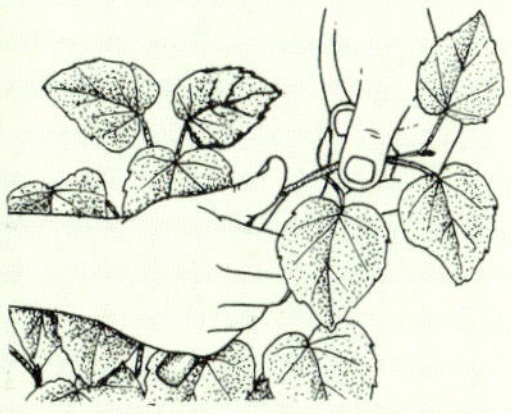

2 - Couper une pousse ou une extrémité de tige ayant au moins 2 paires de feuilles saines et une pointe de végétation.

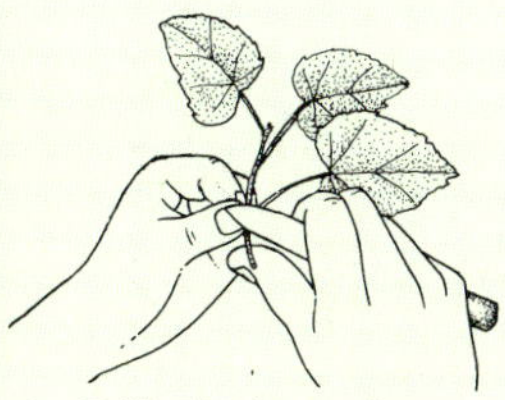

3 - Tailler la tige au-dessous d'une feuille.

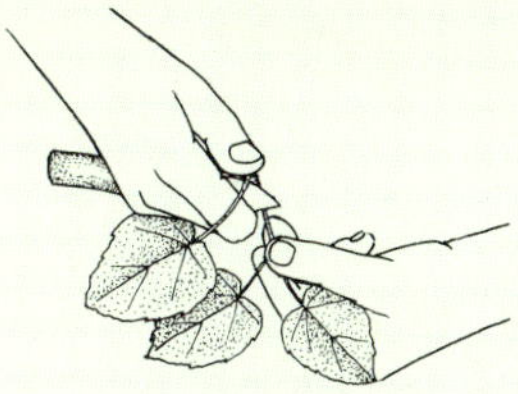

4 - Enlever la feuille du bas.

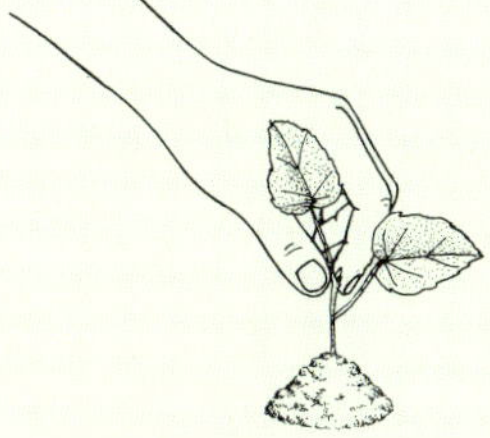

5 - Plonger la coupe dans de la poudre radiculaire aux hormones. Secouer l'excédent.

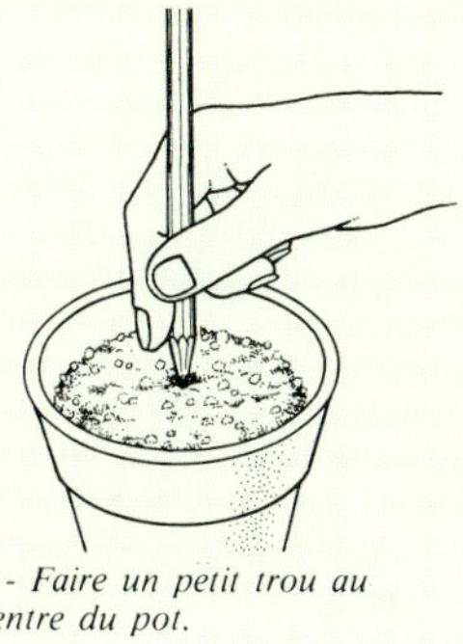

6 - Faire un petit trou au centre du pot.

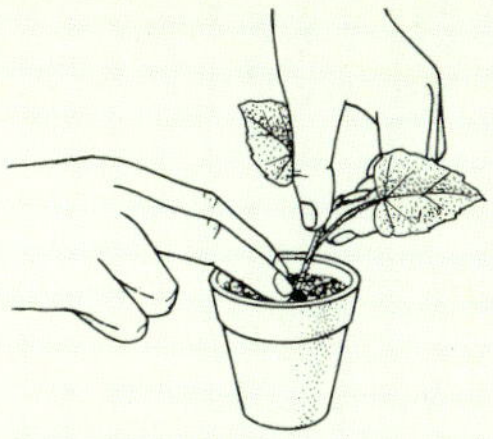

7 - Enfoncer jusqu'au pétiole inférieur, l'extrémité de la tige touchant le fond du trou.

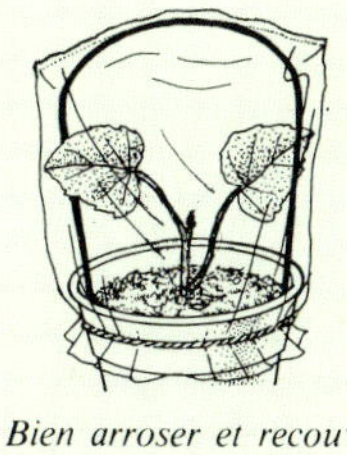

8 - Bien arroser et recouvrir de polyéthylène soutenu par du fil de fer. Découvrir 5 minutes par jour et ne jamais laisser le terreau se dessécher. Maintenir à 16°.

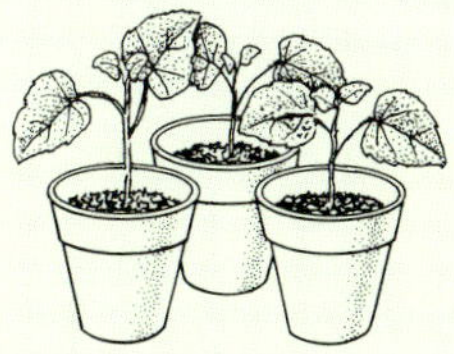

9 - Retirer le sac après 21 jours. Quand la bouture pousse bien, rempoter dans du mélange mi-terreau, mi-tourbe.

Empotage

1 - Rempoter au printemps lorsque la plante ne pousse pas et que ses feuilles commencent à jaunir. Bien arroser d'abord.

2 - Garnir un pot plus grand d'un drainage et d'un mélange humide moitié terreau, moitié tourbe. Si l'on utilise le même pot, bien le laver au préalable.

3 - Avec un couteau, dégager le terreau tout autour du pot.

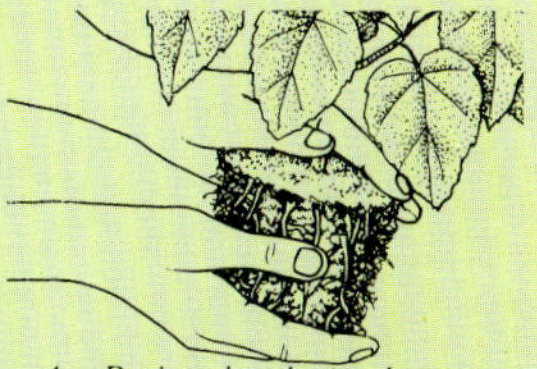

4 - Retirer la plante du pot en soutenant la base de la tige et en maintenant la partie supérieure.

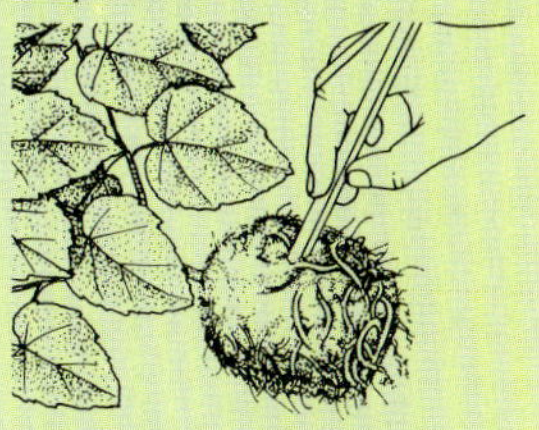

5 - Poser la plante sur la table. Avec un bâtonnet, retirer le terreau sans abîmer les racines.

6 - Placer les racines sur le terreau du nouveau pot.

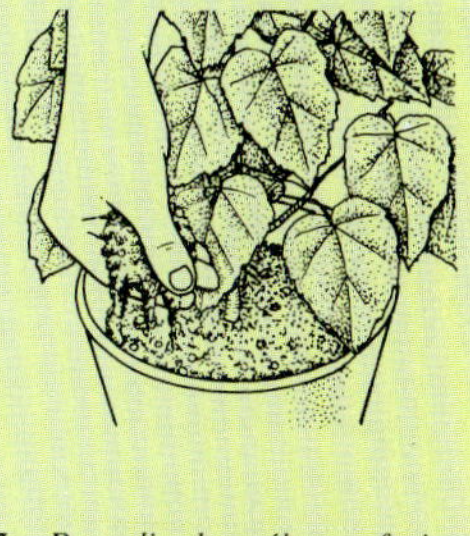

7 - Remplir de mélange frais. Bien tasser. Recouvrir toutes les racines. Mettre 2 jours à l'ombre, sans eau, pour favoriser l'enracinement.

SPATHIPHYLLUM DE WALLI

Spathiphyllum est l'une des rares plantes d'intérieur ayant à la fois de superbes feuilles et une délicate floraison tout l'été. Elle appartient à la famille des aracées. Il en existe vingt-sept espèces connues, la plupart provenant d'Amérique tropicale ; au moins une vient de Malaisie. Le nom est dû à une spathe qui, en apparaissant, a tout l'air d'une feuille. Son entretien à la maison n'est pas trop difficile et procure une vive satisfaction lorsqu'on arrive à la faire fleurir. L'hydroculture lui convient.
Spathiphyllum wallisii, originaire de Colombie, est l'espèce la plus couramment cultivée. Les feuilles lancéolées, vert vif, jaillissent gracieusement du centre de la plante. Une longue tige porte les fleurs blanches. Leur spathe et le spadice central les font ressembler à un anthurium. Elles durent longtemps, virant graduellement au vert avant de mourir. Il en existe un hybride, *S.* « Mauna Loa », qui atteint près d'un mètre.
Les spathiphyllums sont apparentés aux anthuriums mais se cultivent plus facilement. Comme chez ces derniers, on peut couper leurs fleurs pour orner la maison. Si l'on dispose d'une serre humide, on peut les cultiver sous les tablettes où ils fleuriront bien.
Choisir une plante ayant soit une fleur soit un bouton floral et dont les feuilles sont d'un beau vert brillant.

Les spathiphyllums sont avides d'eau et d'un peu de chaleur. Dans ces conditions, ils fleurissent presque sans arrêt.

← La fleur consiste en une large spathe et un spadice central étroit.

→ *Spathiphyllum wallisii.*

↓ *Spathiphyllum* « Mauna Loa », un cultivar de grande taille.

Dimensions. *S. wallisii* atteint 30 cm de haut mais peut avoir une largeur de 1 m. Les feuilles et les fleurs de *S.* « Mauna Loa » sont plus grandes et la plante peut atteindre 1 m de haut.

Croissance. Double de taille en une seule saison de croissance.

Floraison. Les fleurs éclosent les unes après les autres tout au long de l'été. Plus la plante est grande, plus elle est florifère. Il arrive qu'elle fleurisse en hiver, si l'humidité est très élevée.

Parfum. Inodore.

Lumière. En hiver lui donner un maximum de lumière. En été, cette plante préfère être abritée du soleil direct. *S.* « Mauna Loa » requiert plus de lumière que *S. wallisii.*

Température. En hiver, préfère de 16 à 18° mais résiste à 13° pour de courtes périodes. En été, une température de 18 à 21° et de 27° au maximum, avec une forte humidité.

Arrosage. Plante avide d'eau en toutes saisons. L'arroser 2 à 3 fois par semaine en été et une fois en hiver. Se prête bien à l'hydroculture.

Engrais. Ajouter à l'eau de l'engrais liquide tous les 15 jours durant la croissance et la floraison en été.

Humidité. On a avantage à lui assurer une forte humidité toute l'année. La vaporiser ; placer le pot sur des cailloux mouillés ou dans un récipient plus grand garni de tourbe humide.

Nettoyage. Essuyer les feuilles avec un linge humide pour leur conserver leur brillant. Ne pas se servir de lustrant.

Atmosphère. Les courants d'air et les gaz polluants leur sont nuisibles.

Terre. Se plaît bien dans un terreau frais riche.

Empotage. De préférence tous les ans au printemps. Veiller à un bon drainage.

Taille. Pas vraiment nécessaire ; enlever les feuilles et les fleurs mortes.

Multiplication. Par semis, dans un germoir, avec une forte humidité et une température d'environ 21° ; mieux vaut néanmoins la multiplier par division des racines au printemps. Maintenir les parties divisées à 21° dans un lieu sombre jusqu'au moment où elles reprennent leur croissance.

Longévité. Très grande ; une division tous les 3 ou 4 ans assurera la vigueur.

Sociabilité. L'humidité d'autres plantes cultivées dans le même récipient leur convient. Toutes les plantes à feuillage vert conviennent.

Facilités/difficultés. Plante facile à cultiver avec quelques connaissances de base.

Empotage

1 - Rempoter au printemps lorsque des racines émergent du fond du pot et à la surface. Bien arroser.

2 - Garnir un pot plus grand d'une couche de drainage et de terreau frais.

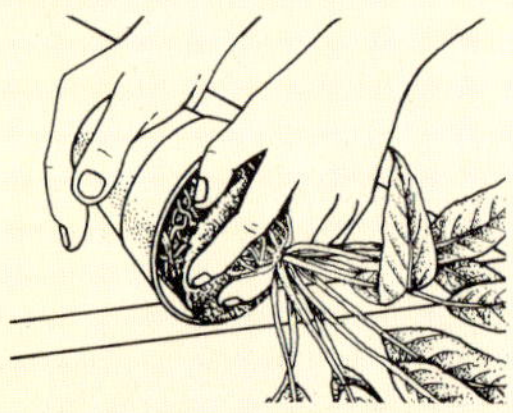

3 - Tenir le pot d'une main, en maintenant le terreau de l'autre. Tapoter le bord du pot. La plante et le terreau sortiront.

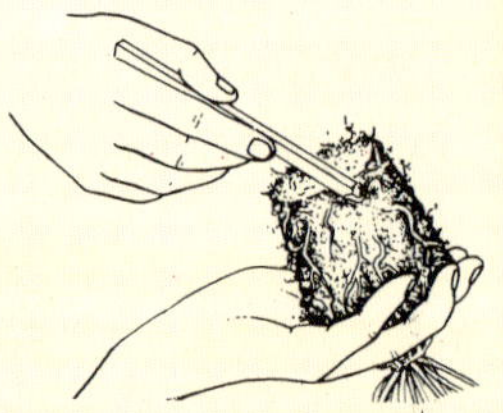

4 - Avec un crayon ou un bâtonnet, enlever la terre sans abîmer les racines.

5 - Placer les racines sur le terreau du nouveau pot.

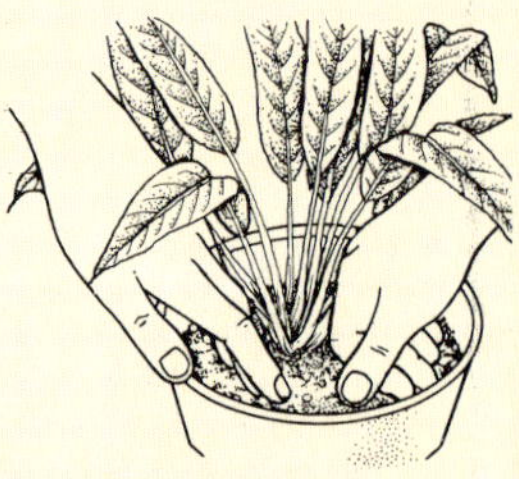

6 - Remplir de terreau frais. Recouvrir toutes les racines. Bien tasser. Mettre 2 jours à l'ombre sans eau pour favoriser l'enracinement.

S.O.S.

1

2

1 - Feuilles flasques. *Plante desséchée. La faire tremper dans un seau d'eau. A l'avenir, arroser plus souvent.*

2 - Absence de fleurs. *Manque d'engrais. Examiner les racines pour voir si la plante a aussi besoin d'être rempotée. Accroître l'humidité. Une plante très grande peut aussi avoir besoin d'être divisée.*

3 - Feuilles légèrement jaunies. *Trop de lumière directe. Trouver un endroit un peu abrité de la lumière.*

3

4 - Feuilles jaunies, filaments en dessous. *Araignées rouges. Pulvériser du derris, du malathion ou un insecticide systémique. Accroître l'humidité.*

5 - Feuilles déformées et gluantes. Insectes verts. *Pucerons. Pulvériser du pyrèthre ou un insecticide systémique.*

4

5

Division des racines

Diviser les grandes plantes au printemps.

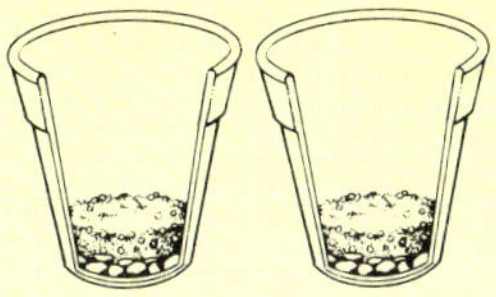

1 - Garnir 2 pots d'un drainage et d'une couche de terreau.

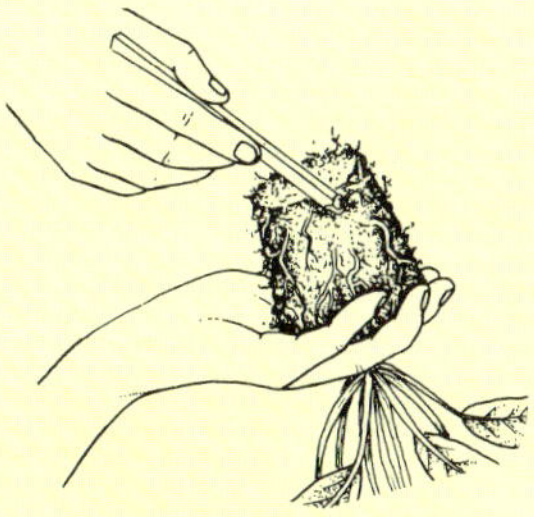

2 - Retirer la plante du pot et enlever doucement le terreau.

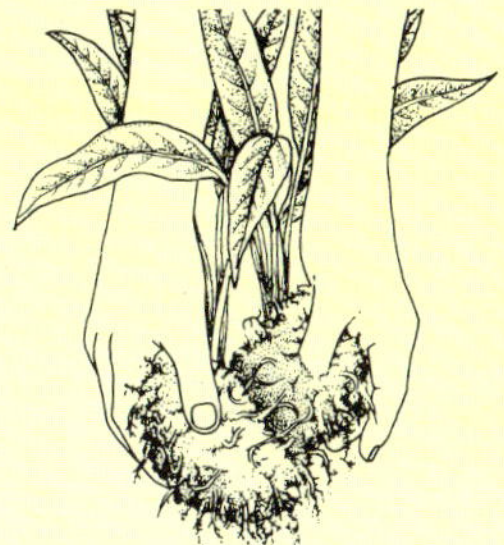

3 - Séparer doucement à la main les racines et les tiges.

4 - Rempoter les deux parties comme à l'accoutumée.

Enlever la tige florale

Lorsque les fleurs sont fanées, couper la tige à la base avec de bons ciseaux ou un sécateur.

Humidité

Trois méthodes pour fournir l'humidité nécessaire à cette plante.

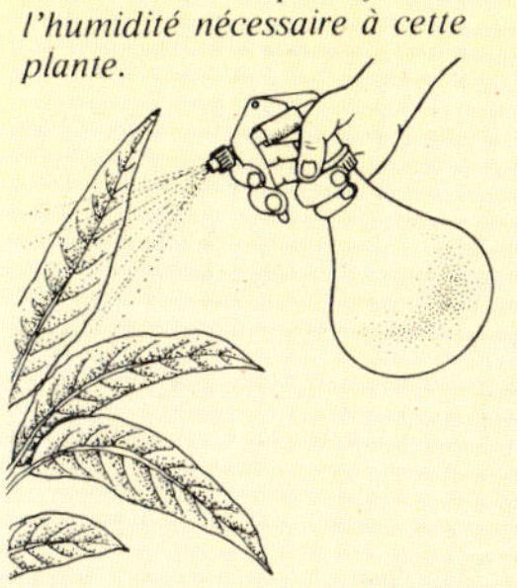

Vaporiser tous les jours, avec de l'eau de pluie si possible, à 15 cm des feuilles.

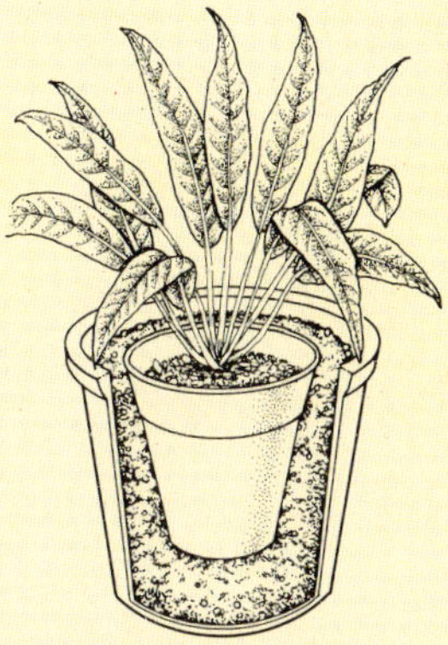

Placer le pot dans un autre récipient garni de tourbe humide

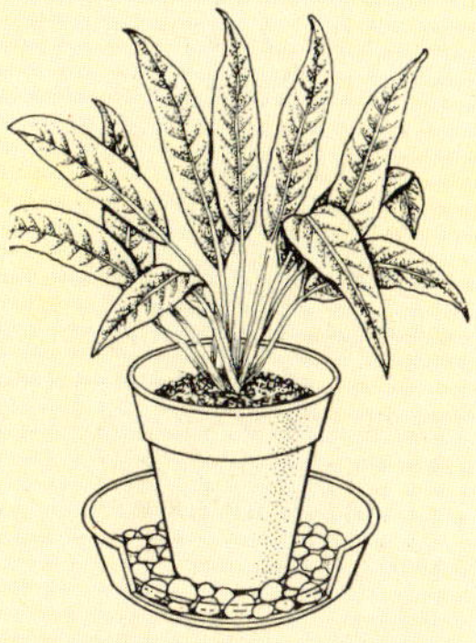

ou placer le pot sur une soucoupe avec de l'eau et des cailloux, le pot étant hors de l'eau.

Enlever les feuilles mortes

Lorsqu'une feuille morte est sèche, la couper avec de bons ciseaux au ras du sol.

Nettoyage

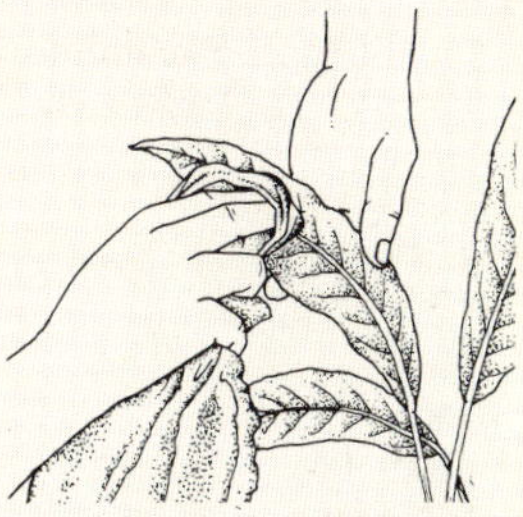

Dépoussiérer avec une éponge ou un linge imbibé d'eau tiède. Soutenir la feuille de l'autre main. Ne jamais se servir de lustrant.

Arrosage

Tâter le terreau. S'il est meuble et friable, la plante a besoin d'eau. Arroser par le haut, avec de l'eau de pluie si possible. Vider la soucoupe au bout de 15 minutes.

JASMIN DE MADAGASCAR

Stephanotis signifie en grec « propre à faire des couronnes ». Cette plante appartient à la famille des asclépiadacées. Il en existe une quinzaine d'espèces grimpantes, à feuilles persistantes, originaires de Madagascar, de Malaisie, de Chine méridionale et du Pérou. On ne cultive à proprement parler qu'une seule espèce en tant que plante d'intérieur. Il s'agit de *Stephanotis floribunda,* qui nous vint de Madagascar en 1839, et qui est communément connue sous le nom de jasmin de Madagascar.

La forte lumière, indispensable à cette plante, ne facilite guère sa culture à la maison. En fait, une serre lui convient mieux. Là, elle sera pleinement en valeur, rampant le long des chevrons du toit, laissant pendre gracieusement ses ravissantes fleurs blanches. Néanmoins, on peut la cultiver avec succès en pot, palissée sur un arceau, ou encore placée devant une fenêtre où, bien exposée à la lumière, elle fleurira joliment.

Ses fleurs cireuses, au parfum capiteux, qui font de ravissants bouquets pour les jeunes mariées de l'été, sont son principal attrait. Sans elles, ce serait une plante quelconque.

Choisir une plante au feuillage sain, bien vert. Elle devrait posséder deux ou trois grappes de boutons floraux comprenant une ou deux fleurs sur le point d'éclore. Rejeter toute plante dont plusieurs boutons floraux sont tombés.

Stephanotis floribunda, *plante grimpante très parfumée, se cultive le mieux en serre.*

→ *Stephanotis* est vendue palissée à un arceau ou le long d'un bambou. Si l'on veut replanter le sujet en serre et que l'on détache la tige, celle-ci peut avoir déjà plus de 1 m de long.

↓ Fleurs cireuses, en grappes le long des tiges.

Dimensions. Si l'on cultive la plante en pot, on a intérêt à palisser les principales pousses sur un bambou le long duquel la plante s'enroulera dans les deux sens. Les tiges peuvent atteindre 6 m de long et plus.

Croissance. Les pousses croîtront facilement de 60 cm en une saison.

Floraison. Mai et juin sont les mois où la floraison est le plus intense, mais la plante produit des fleurs tout l'été. Empotée, ne pas la déplacer, sinon les boutons floraux risquent de tomber.

Parfum. Délicieux parfum, évoquant celui du lis.

Lumière. Il lui faut beaucoup de lumière ; la placer de préférence dans une serre, sinon, devant une fenêtre en la protégeant en été de l'action directe du soleil de midi.

Température. En été, 15° au minimum, mais mieux vaut 18°. En hiver, 13° est l'idéal. Maximum en été : 24°.

Arrosage. Arroser 2 ou 3 fois par semaine en été, une fois en hiver, avec de l'eau tiède, non calcaire si possible.

Engrais. Au printemps et en été, lorsque la plante croît et fleurit, ajouter tous les 15 jours à l'eau d'arrosage la moitié de la dose recommandée d'engrais liquide.

Humidité. Vaporiser tous les jours en été avec de l'eau tiède, non calcaire, en évitant de mouiller les fleurs. Placer le pot sur des cailloux humides pour assurer à la plante une humidité constante.

Nettoyage. La vaporisation devrait suffire, mais on peut également essuyer les feuilles avec un linge humide ; ne jamais employer de lustrant.

Atmosphère. Ces plantes doivent être bien aérées ; leur éviter les courants d'air et les gaz polluants.

Terre. Un mélange composé de terreau et de tourbe à parts égales.

Empotage. Rempoter une plante jeune 2 fois par an ; à partir de la 3e année, tous les printemps. Si la plante est trop lourde pour être déplacée, se contenter de renouveler le terreau de surface.

Taille. Tailler, de préférence au printemps, les principales pousses qui deviennent trop anarchiques ou perdent leurs feuilles. On peut rabattre en même temps les pousses latérales à 8 cm. Eliminer les pousses chétives.

Multiplication. Prélever au printemps des boutures de tiges latérales sur le bois de l'année précédente ; les planter à 21° dans un germoir ou un pot recouvert de polyéthylène. La formation des racines peut prendre 6 semaines.

Longévité. Bien soignée, la plante vivra de nombreuses années.

Sociabilité. Cette plante ayant grand besoin de lumière et grimpant vigoureusement, il vaut mieux la cultiver à part.

Facilités/difficultés. Ce n'est pas une plante pour débutants.

Palissage

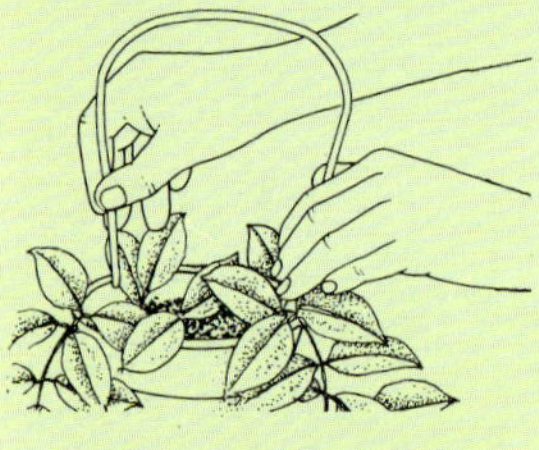

1 - Enfoncer l'extrémité d'un bambou souple ou d'un arceau en fil de fer jusqu'aux 2/3 de la hauteur du pot.

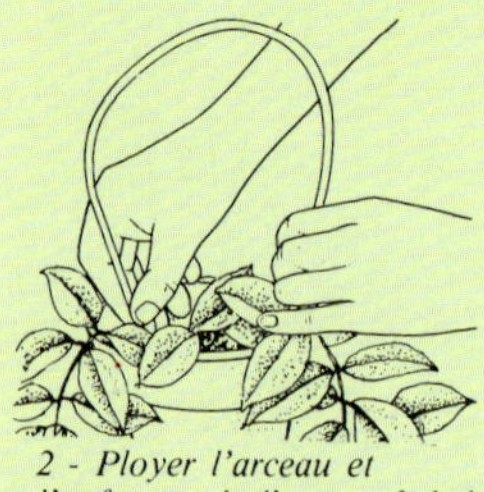

2 - Ployer l'arceau et l'enfoncer de l'autre côté du pot.

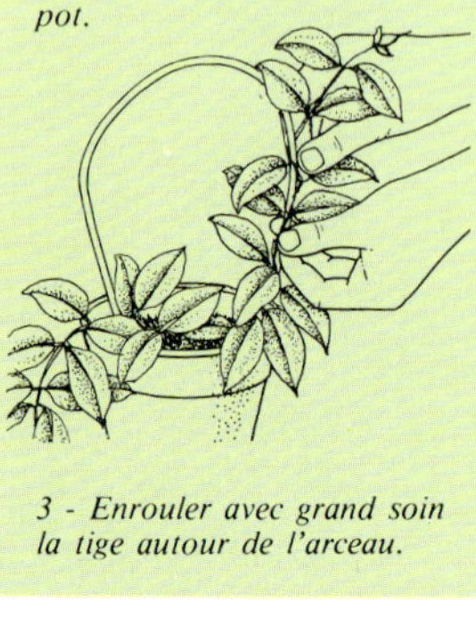

3 - Enrouler avec grand soin la tige autour de l'arceau.

4 - Si besoin est, attacher une ficelle au bas de l'arceau et l'enrouler au fur et à mesure autour de la tige.

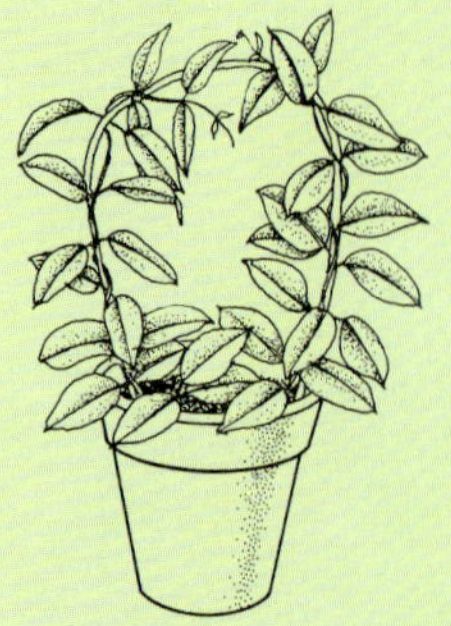

5 - La plante grimpera le long de l'arceau et, bien palissée, reviendra à son point de départ.

S.O.S.

1 - Les jeunes feuilles jaunissent. *Chlorose due au calcaire de l'eau. Arroser une fois avec du sel de fer, ensuite seulement avec de l'eau non calcaire.*

2 - Les boutons floraux sèchent. *Manque d'eau. Arroser plus souvent.*

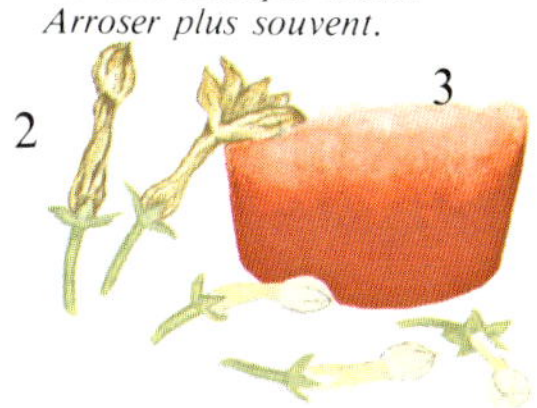

3 - Les boutons floraux tombent. *On a déplacé la plante ou tourné le pot. Ne plus y toucher.*

4 - Les feuilles jaunissent. *Manque de lumière. Trouver un endroit mieux éclairé.*

Stephanotis floribunda *risque d'être attaquée par des insectes.*

5 - Insectes écailleux bruns sur les tiges et sous les feuilles. *Cochenilles.*

6 - Les feuilles jaunissent légèrement, filaments en dessous. *Araignées rouges.*

7 - Plaques laineuses blanches sur tiges et feuilles. *Cochenilles.*

Pour combattre ces attaques, pulvériser chaque mois du malathion. On peut aussi enlever les cochenilles une à une avec un tampon imbibé d'alcool dénaturé. La plante résistera mieux aux insectes si elle passe l'hiver à une température de 13°.

Bouturage

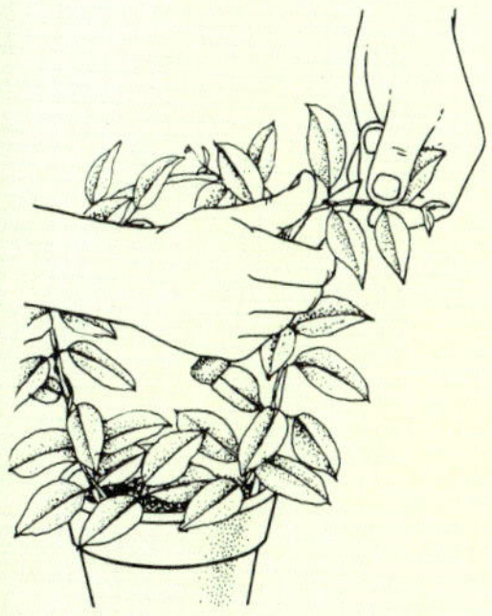

1 - Prélever les boutures au printemps, sur les tiges de l'année précédente. Garnir un pot d'un drainage et d'un mélange moitié tourbe, moitié sable ou de terreau frais.

2 - Choisir une pousse ou une extrémité de tige ayant au moins 2 paires de feuilles saines et un bourgeon. Couper sous la 2e paire de feuilles. Longueur des boutures : de 8 à 10 cm.

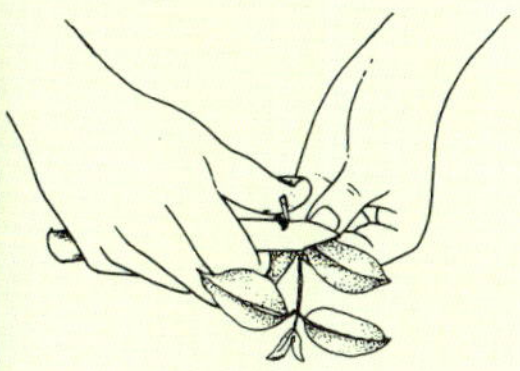

3 - Tailler la tige juste au-dessous d'une feuille.

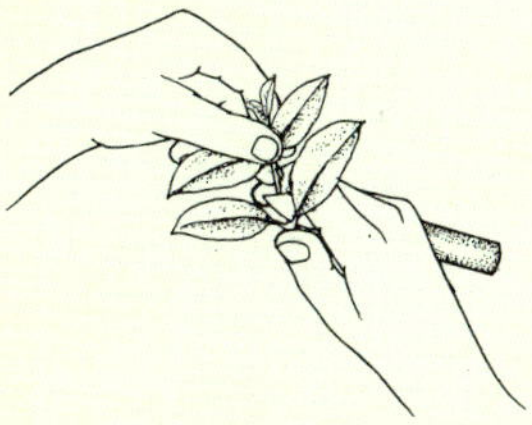

4 - Enlever la paire de feuilles inférieure.

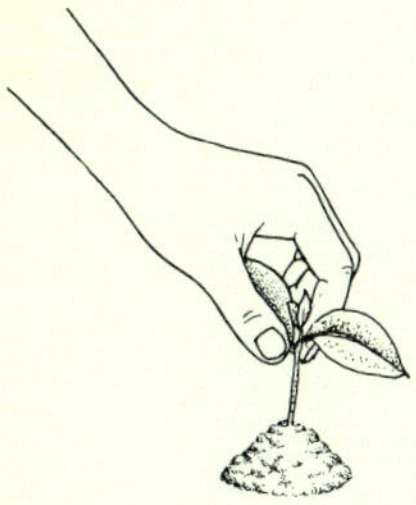

5 - Tremper la coupe dans de la poudre radiculaire aux hormones. Secouer l'excédent.

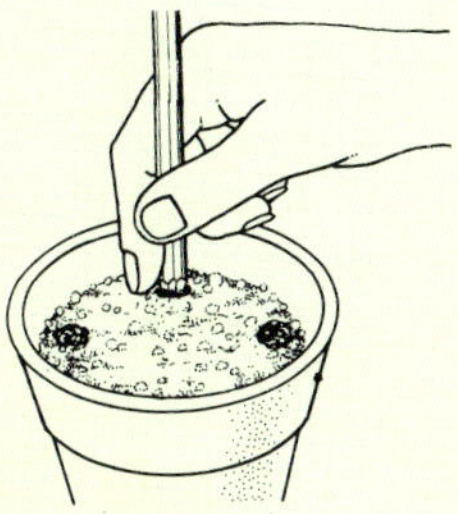

6 - Avec un bâtonnet, faire de petits trous dans le terreau autour du pot.

7 - Introduire la bouture, l'extrémité de la tige au fond du trou, les feuilles au ras du sol.

8 - Bien arroser ; recouvrir de polyéthylène. Découvrir 5 minutes par jour. Veiller à l'humidité du terreau. Maintenir à 21°. Enlever le sac après 21 jours. Quand les boutures poussent bien, rempoter dans du mélange frais.

Empotage

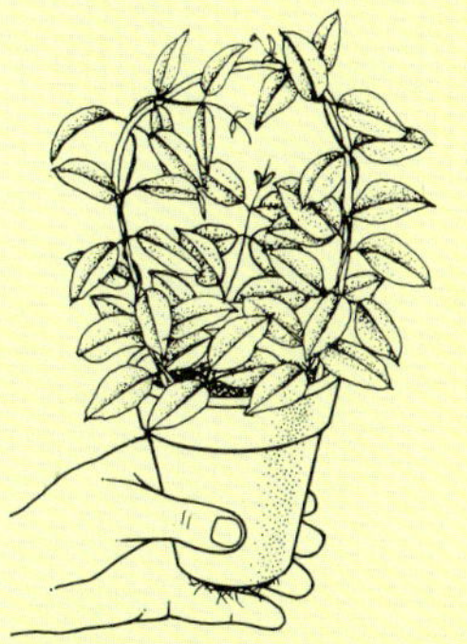

1 - Rempoter au printemps si les racines sortent par le trou et que la plante ne pousse plus. Bien arroser et retirer le bambou ou l'arceau.

2 - Garnir un pot plus grand d'un drainage et d'un mélange humide moitié terreau, moitié tourbe.

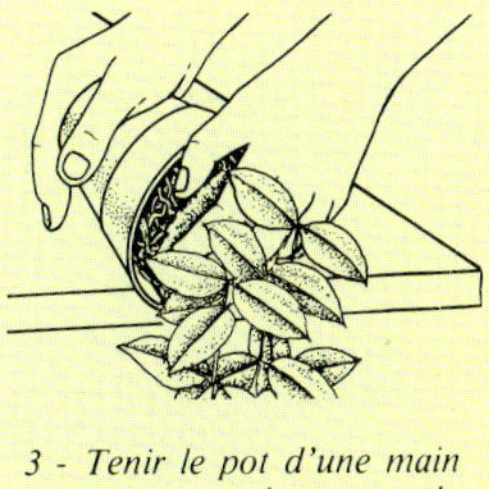

3 - Tenir le pot d'une main en maintenant le terreau de l'autre. Tapoter le bord du pot : la plante et le terreau sortiront.

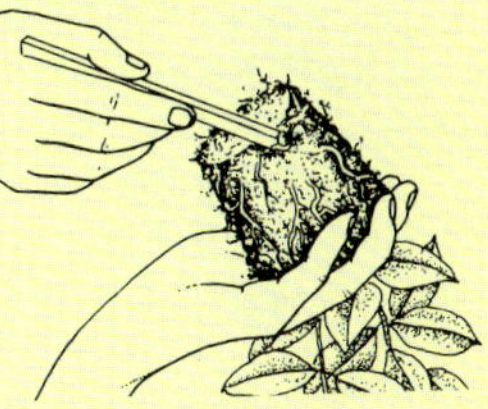

4 - Avec un crayon ou un bâtonnet, enlever la terre sans abîmer les racines.

5 - Placer les racines sur le terreau du nouveau pot.

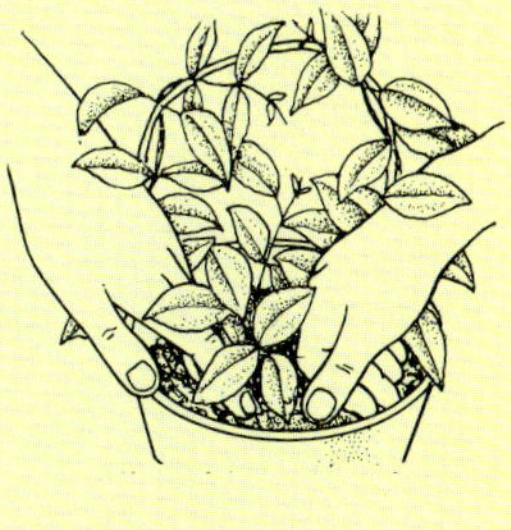

6 - Remplir de mélange frais. Bien recouvrir les racines. Bien tasser. Remettre l'arceau en place. Mettre 2 jours à l'ombre, sans eau, pour favoriser l'enracinement.

STREPTOCARPUS

Il y a quelques années, *Streptocarpus* ne se trouvait qu'avec de jolies petites fleurs mauves. Les horticulteurs ont finalement accordé plus d'attention à cette charmante plante, fort négligée jusqu'alors, et on la trouve maintenant avec des fleurs plus grandes dans toute une gamme de coloris pastel. Ils ont aussi amélioré les larges feuilles qui se cassaient facilement, surtout lors du transport.
Streptocarpus appartient à la famille des gesnériacées. Il existe quelque quatre-vingts espèces de *Streptocarpus* originaires d'Afrique tropicale et du Sud, de Birmanie, Madagascar et Thaïlande. Le streptocarpus hybride moderne, commercialisé en tant que plante d'intérieur, est originaire d'Afrique du Sud. Il fut importé en Europe au cours de la seconde moitié du XIXe siècle. Certaines espèces n'ont été découvertes qu'en 1940.
Les floraisons se succèdent de la fin du printemps au début de l'été. Les plantes prospèrent 2 ou 3 ans, après quoi elles prennent un air assez piteux et sont passablement désordonnées. On les multiplie par semis et les boutures de feuilles s'enracinent facilement, ce qui permet de remplacer les anciennes plantes par de nouvelles lorsque celles-là ont perdu leur vitalité.

Les streptocarpus hybrides sont proches parents des violettes d'Usambara et des gloxinias. Ils sont le plus souvent mauves ↖

mais parfois roses ↗

→ *Streptocarpus* « Meissen's White ».

Parmi les nouveaux hybrides, signalons l'hybride « Wiesmoor » ↓.

Dimensions. Plante aux feuilles longues de 15 à 18 cm ou plus, se développant en général sur les côtés opposés. Les tiges florales dépassent les racines de la plante de 20 cm.

Croissance. En une saison, elle passe de l'état de graine ou de bouture à celui de la floraison.

Floraison. Les épis floraux se succèdent de la fin du printemps jusqu'à la fin de l'été.

Parfum. Inodore. Les insectes pollinisateurs sont attirés par ses couleurs.

Lumière. La plante a besoin de lumière. Le mieux est de la placer devant une fenêtre exposée au nord ou à l'est ; toutefois, la préserver du soleil de midi en été.

Température. En hiver, un minimum de 15° est idéal. Si la température descend en dessous, moins arroser la plante qui deviendra alors presque dormante. En été une température de 18 à 21° est l'idéal, 24° le maximum.

Arrosage. Arroser 2 ou 3 fois par semaine en été, mais toujours maintenir le pot hors de l'eau, sinon la plante pourrira. En hiver, n'arroser qu'une fois par semaine, ou même moins si la température tombe en dessous de 15°. Utiliser de l'eau tiède adoucie.

Engrais. Une fois par mois, ajouter à l'eau d'arrosage la moitié de la dose recommandée d'engrais liquide.

Humidité. Plante qui aime l'humidité si le drainage est bon. Placer le pot sur des cailloux mouillés ou dans un second récipient garni de tourbe humide pour assurer une humidité constante.

Nettoyage. Peu aisé, les feuilles étant très fragiles. Le mieux est de les effleurer avec un plumeau ou un pinceau souple. Ne jamais se servir de lustrant.

Atmosphère. Demande une bonne aération, mais à l'abri des courants d'air. Ne supporte pas les gaz polluants ni la fumée de tabac.

Terre. Utiliser un mélange moitié terreau, moitié tourbe, qui assure un bon drainage.

Empotage. Tous les printemps, même si le rempotage se fait dans un pot de même taille.

Taille. Enlever les feuilles brisées, déchirées ou malades et les épis floraux dès que les fleurs sont tombées.

Multiplication. Multiplication par semis à 18°. Les boutures de feuilles prélevées en été et fichées dans du sable produiront de bonnes plantes. Il faut attendre environ 4 semaines pour voir apparaître la jeune pousse.

Longévité. S'il est possible de conserver ces plantes des années, mieux vaut pourtant les multiplier au bout de 2 ou 3 saisons et les remplacer par des sujets plus jeunes.

Sociabilité. On peut placer le streptocarpus dans des jardinières mixtes, mais il sera plus à son avantage soit isolé, soit associé à d'autres streptocarpus aux couleurs différentes.

Facilités/difficultés. Cette plante est facile à cultiver à condition de bien moduler l'arrosage en hiver.

Empotage

1 - Au printemps, pour renouveler la terre si les jeunes feuilles sont petites. On peut utiliser un pot de même taille. Bien arroser.

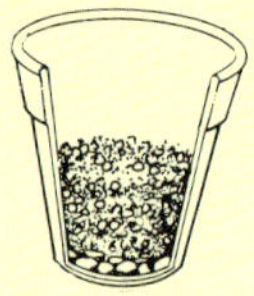

2 - Garnir un pot d'un drainage et d'un mélange humide moitié terreau, moitié tourbe.

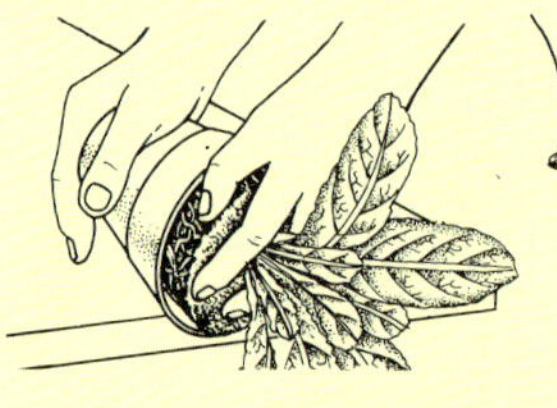

3 - Tenir le pot d'une main, maintenir le terreau de l'autre. Tapoter le bord du pot, la plante et le terreau sortiront.

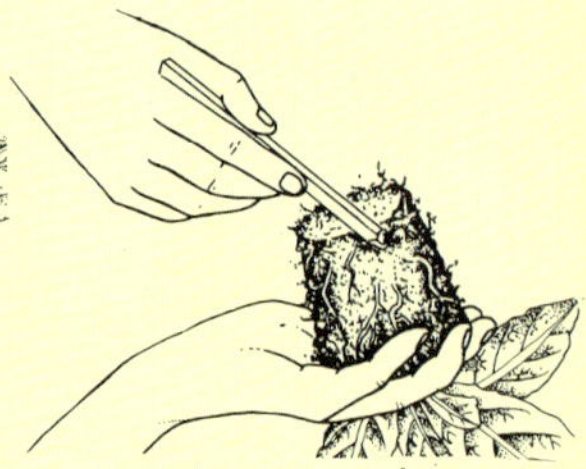

4 - Avec un crayon ou un bâtonnet, retirer la terre sans abîmer les racines.

5 - Placer les racines sur le terreau du nouveau pot.

6 - Remplir de mélange frais. Recouvrir toutes les racines. Bien tasser. Mettre 2 jours à l'ombre, sans eau, pour favoriser l'enracinement.

S.O.S.

1 - Les feuilles pourrissent en hiver. *Température trop basse, sol trop humide. Trouver un endroit plus chaud. Réduire l'arrosage. Pulvériser du soufre.*

2 - Les feuilles se ratatinent. *Manque d'eau. Arroser plus souvent.*

3 - Tiges florales couvertes d'insectes verts gluants. *Pucerons. Pulvériser du pyrèthre ou un insecticide systémique.*

Culture en semis

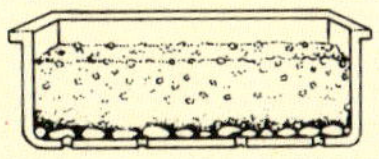

1 - Garnir un germoir d'un drainage et d'une couche de terreau pour semis.

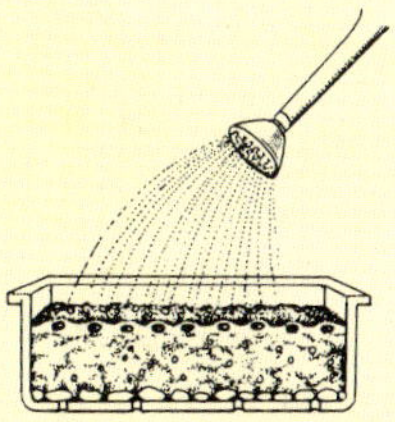

2 - Semer uniformément les graines ; ajouter une couche de terreau de même épaisseur que le semis. Bien arroser.

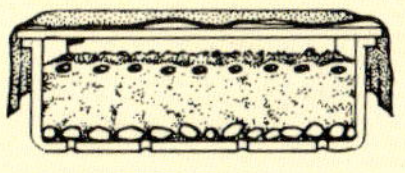

3 - Recouvrir d'une vitre et mettre à l'ombre ou recouvrir d'un tissu opaque. Veiller à l'humidité du terreau. Retourner la vitre chaque jour. Maintenir à 18°.

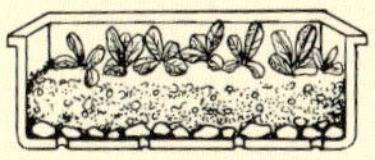

4 - Dès la germination, retirer la plaque de verre et exposer à la lumière.

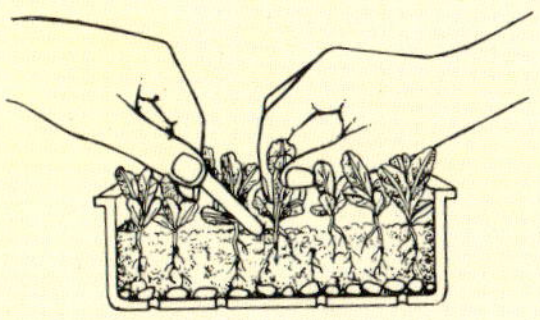

5 - Lorsque les pousses peuvent être manipulées, éliminer les plus faibles, en espaçant les autres de 2 ou 3 cm.

6 - Lorsque les jeunes plantes poussent bien, empoter séparément dans de petits pots.

Humidité

Placer le pot dans une soucoupe avec de l'eau et des cailloux, le pot étant toujours hors de l'eau.

Nettoyage

Essuyer légèrement les feuilles avec un pinceau souple et sec. Ne jamais se servir d'eau ni de lustrant.

Bouturage

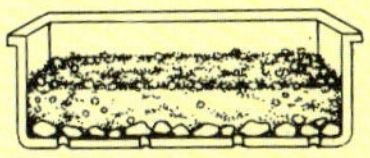

1 - Garnir un germoir avec un drainage, du terreau et 2 ou 3 cm de sable.

2 - Choisir une feuille saine et la couper à sa base.

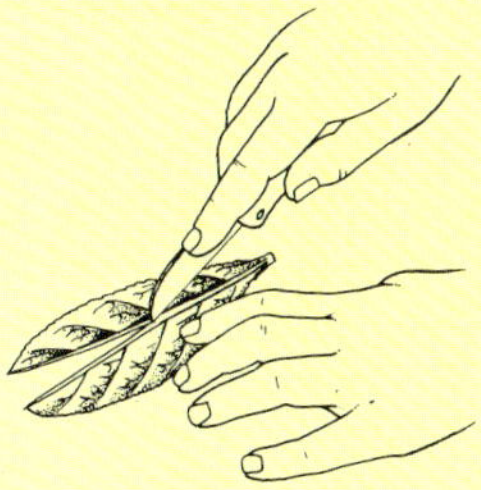

3 - Placer la feuille à l'envers sur une surface rigide et la fendre le long de sa nervure centrale.

4 - Tremper la coupe dans de la poudre radiculaire aux hormones. Secouer l'excédent.

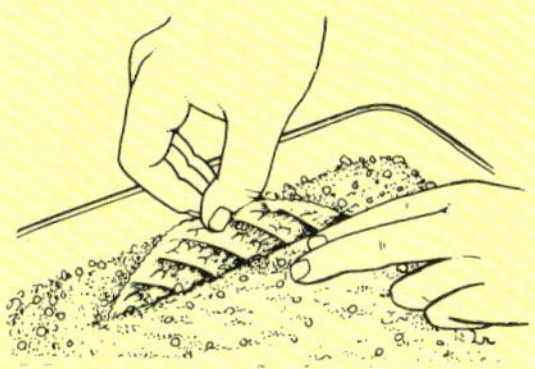

5 - Faire un sillon dans le sable, y insérer la feuille, le côté nervuré vers le bas. Tasser le sable tout autour.

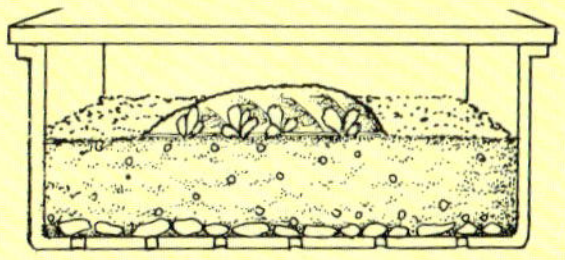

6 - Couvrir avec du verre ou du polyéthylène ; maintenir à 15°. Veiller à l'humidité du terreau. Les nouvelles plantes pousseront le long de la nervure centrale, là où les nervures latérales la rejoignent.

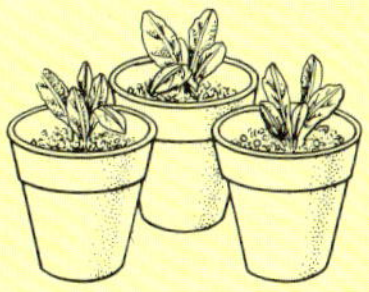

7 - Dès l'apparition de 2 ou 3 feuilles, retirer les plantes du sable, les séparer de la feuille et les empoter séparément dans de petits pots.

Enlever les fleurs

Enlever les feuilles mortes quand elles sont jaunes et desséchées. Couper les tiges florales à leur base.

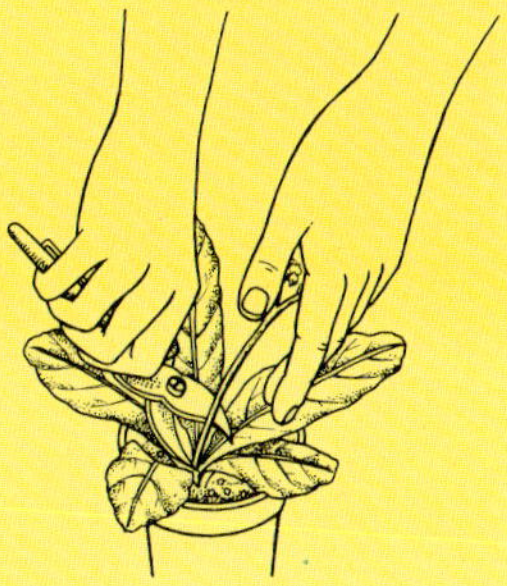

SYNGONIUM DE VELLOZ

Nous devons beaucoup à la famille des aracées (ou arums) car, ainsi que l'on a pu le voir, nombreuses sont les plantes d'intérieur lui appartenant. En voici une autre, *Syngonium,* originaire de l'Amérique latine tropicale et comportant une quinzaine d'espèces.

Les syngoniums sont très proches des philodendrons, les soins à leur donner sont pratiquement les mêmes bien que les syngoniums soient un peu plus exigeants. Ce sont surtout des plantes grimpantes ; ils prospéreront mieux si on leur fournit un bâton moussu ou un bambou. Certaines variétés sont panachées mais les autres poussent plus vite et demandent moins de soins.

Deux espèces sont couramment cultivées, *Syngonium podophyllum* étant probablement la plus touffue des deux. Les deux variétés panachées, *S. podophyllum* « Albolineatum » et « Emerald Green » sont celles que l'on trouve habituellement chez les fleuristes. La deuxième espèce, *S. vellozianum,* est elle aussi grimpante et ses feuilles sont plus attrayantes et plus brillantes. L'hydroculture leur convient mais il faut surveiller leur nutrition de près car, si les substances nutritives contenues dans l'eau viennent à manquer, les feuilles s'altèrent rapidement.

Choisir un syngonium aux feuilles intactes et brillantes. Des feuilles pâles sont signe d'une nutrition insuffisante en pépinière. S'assurer que la plante est bien tuteurée et qu'elle n'est pas à l'étroit dans son pot. Elle pousse si rapidement que, parfois, un rempotage immédiat est nécessaire. On les dénomme occasionnellement *Nepthytis.*

Dimensions. On les achète, en général, dans des pots de 12 à 15 cm. Plantées dans un récipient plus grand, ces plantes atteignent 1,50 m, la dimension maximale à laquelle on peut les garder chez soi à moins qu'on ait de la place pour un très vaste récipient.

Croissance. Environ 30 cm ou 6 ou 7 nouvelles feuilles annuellement.

Floraison. Ne fleurissent pas en pot.

Parfum. Inodore.

Lumière. Aiment assez la lumière, mais pas le soleil direct en été. Les variétés aux feuilles foncées s'accommodent de moins de lumière.

Température. La plante ne survivra que si on lui offre un minimum de 15° en hiver ; 18 à 21° en été, 24° au maximum.

Arrosage. Arroser abondamment 2 à 3 fois par semaine en été ; moins en hiver, une fois par semaine, ou même moins en fonction de la température. Tâter le terreau pour juger de sa sécheresse. Utiliser de l'eau tiède si possible.

Engrais. Ajouter à l'eau la moitié de la dose d'engrais liquide recommandée toutes les 3 semaines en été.

Humidité. Ces plantes aiment et exigent une atmosphère humide. Si possible, les vaporiser chaque jour en été, et en toute saison poser le pot sur des cailloux mouillés ou dans un second pot garni de tourbe.

Nettoyage. La vaporisation devrait suffire, sinon essuyer les feuilles délicatement avec un linge humide. Pas de lustrant.

Atmosphère. Ces plantes sont assez tolérantes, mais ne supportent ni les courants d'air froid en hiver ni une atmosphère très sèche.

Terre. Un mélange composé de terreau et de tourbe à parts égales.

Empotage. En principe, tous les printemps, 2 fois par an si leur croissance est très rapide.

Taille. Si la plante prend un aspect désordonné, on peut au printemps la rabattre à une hauteur de 15 à 25 cm, et de nouvelles pousses ne tarderont pas à apparaître.

Multiplication. Multiplier par boutures d'extrémités de tiges de 13 à 15 cm.

Longévité. Quelques soins permettent de les garder des années.

Sociabilité. L'humidité créée par le voisinage d'autres plantes, tels que philodendrons, aralias et lierres, leur convient fort bien.

Facilités/difficultés. Plante relativement facile à cultiver, mais nécessitant néanmoins quelque expérience.

Empotage

1 - Rempoter au printemps lorsque la plante devient trop importante et que les racines émergent du fond du pot. Bien arroser au préalable.

2 - Garnir un pot plus grand d'un drainage et d'un mélange humide de terreau et de tourbe à parts égales.

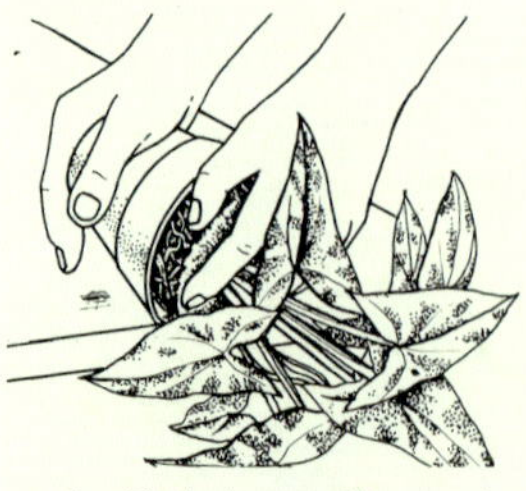

3 - Tenir le pot d'une main, en maintenant le terreau de l'autre. Tapoter le bord du pot : la plante et le terreau sortiront.

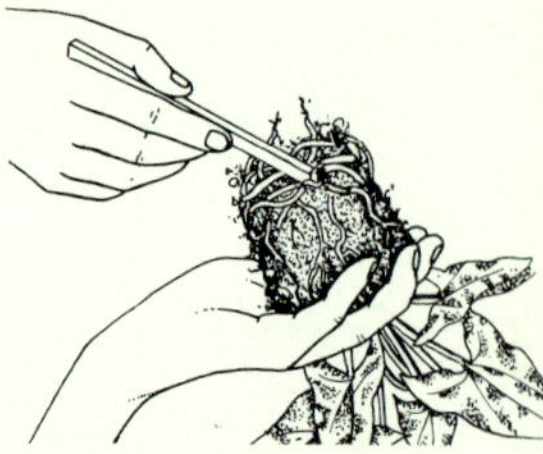

4 - Avec un crayon ou un bâtonnet, enlever la terre sans abîmer les racines.

5 - Placer les racines sur le terreau du nouveau pot.

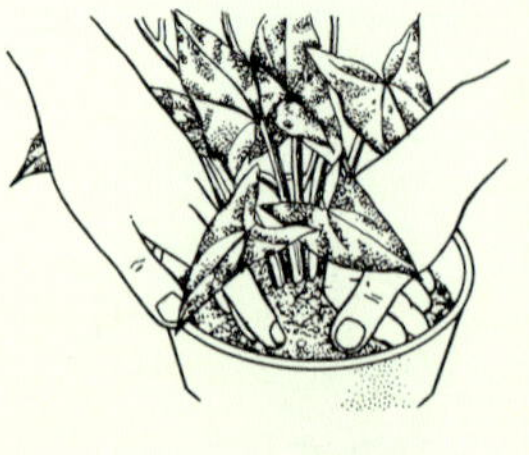

6 - Remplir de mélange frais. Recouvrir toutes les racines. Bien tasser. Mettre 2 jours à l'ombre, sans eau, pour favoriser l'enracinement.

Les syngoniums sont des plantes grimpantes très vigoureuses.

← La forme caractéristique des feuilles de *Syngonium*.

↙ *Syngonium podophyllum* « Emerald Green ».

→ Le syngonium nécessite un rempotage fréquent et un tuteurage.

↓ *Syngonium podophyllum* « Albolineatum ».

S.O.S.

1

1 - Les tiges sont longues et désordonnées, les feuilles trop espacées. *Trop sombre. Trouver un endroit mieux éclairé.*

2 - Les feuilles pâlissent. *Manque d'engrais. Vérifier les racines : il faut peut-être rempoter.*

3 - Feuilles jaune pâle, filaments en dessous. *Araignées rouges. Pulvériser tous les mois un insecticide à base de malathion ou du derris. Maintenir une forte humidité.*

Humidité

Les syngoniums ont en toute saison besoin d'humidité. Vaporiser tous les jours.

Placer le pot dans une soucoupe sur un lit de cailloux mouillés. La base du pot ne doit pas toucher l'eau.

Arrosage

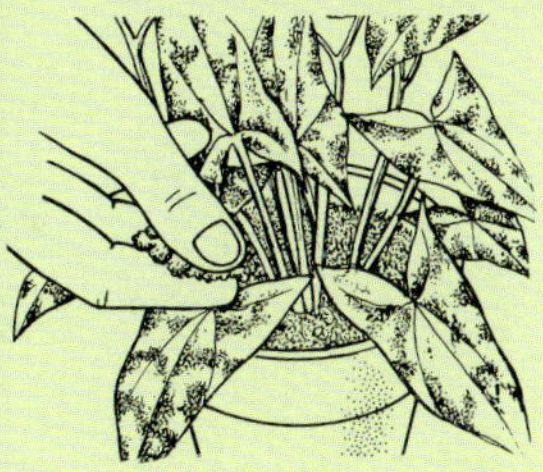

1 - Tâter le terreau. S'il est meuble et friable, la plante a besoin d'eau. Utiliser de l'eau tiède.

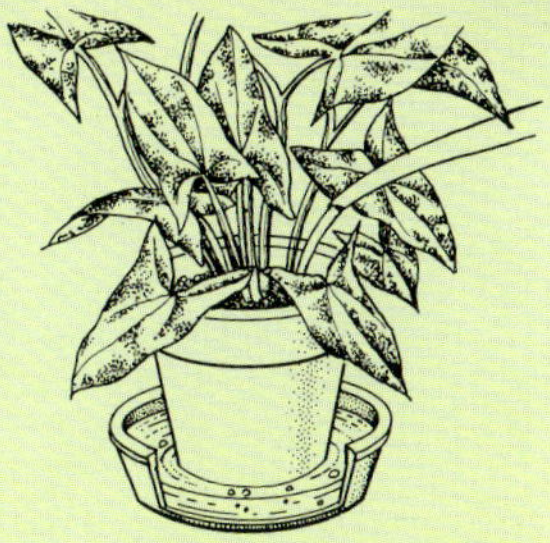

2 - Arroser par le haut, avec de l'eau de pluie si possible. Vider la soucoupe au bout de 15 minutes.

Tuteurage

1 - Garnir un pot avec un drainage et un mélange de terreau et de tourbe humides.

2 - Enfoncer le bâton moussu dans le pot et le consolider avec du terreau.

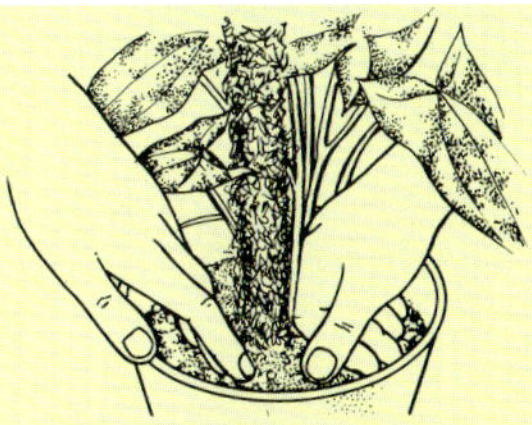

4 - Remplir le pot de mélange frais en le tassant bien.

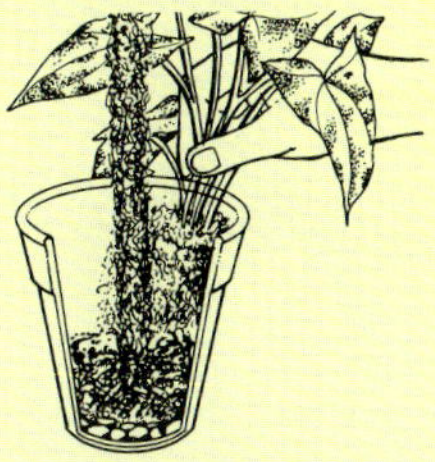

3 - Placer la plante dans le pot à côté du bâton moussu.

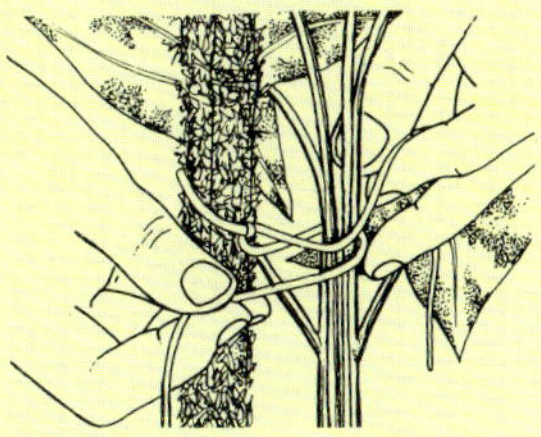

5 - Attacher la tige avec du raphia ou de la ficelle, à intervalles réguliers.

Bouturage

1 - Prélever au printemps des boutures de 13 à 15 cm. Préparer un pot ou un germoir avec un drainage et un mélange moitié tourbe, moitié sable.

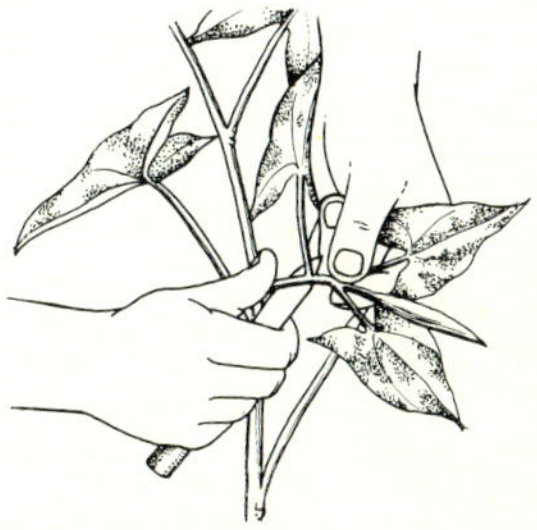

2 - Choisir une pousse ou une extrémité de tige ayant au moins 2 paires de feuilles saines et une pointe de végétation ; couper sous la seconde feuille, près de la tige principale.

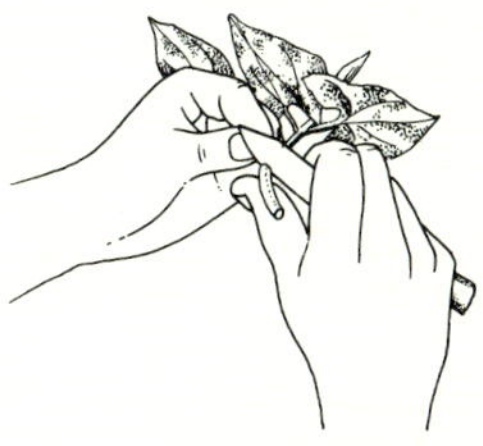

3 - Tailler la tige juste au-dessous d'une feuille.

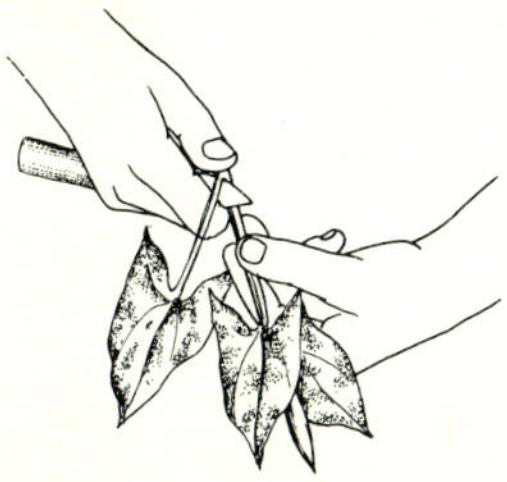

4 - Enlever la feuille du bas.

5 - Tremper la coupe dans de la poudre radiculaire aux hormones. Secouer l'excédent.

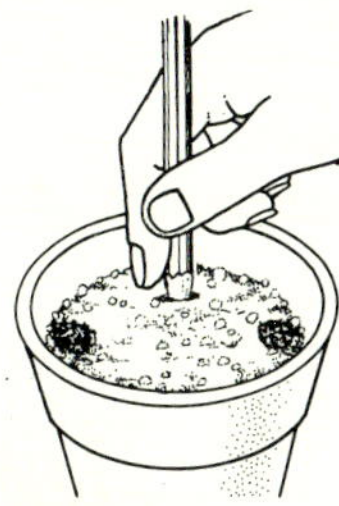

6 - Avec un bâtonnet, faire de petits trous dans le terreau tout autour du pot.

7 - Enfoncer la tige au ras du limbe. Elle doit toucher le fond du trou.

8 - Bien arroser et recouvrir d'un sac de polyéthylène, soutenu par du fil de fer. Découvrir 5 minutes par jour ; veiller à l'humidité du terreau. Température : 18°.

9 - Retirer le sac après 21 jours. Lorsque les boutures poussent bien, rempoter.

MISÈRE OU ÉPHÉMÈRE

Très facile d'entretien et donnant d'excellents résultats, *Tradescantia* est la plante idéale pour débutant. Son nom provient du célèbre jardinier de Charles Ier, John Tradescant. La plante appartient à la famille des commelynacées. Il en existe une centaine d'espèces, originaires des Amériques. Certaines d'entre elles sont cultivées au jardin, mais les variétés grimpantes ou rampantes sont de celles dont aucun amateur de plantes d'intérieur ne peut se passer. Leurs noms vulgaires, misère ou éphémère, proviennent sans doute de ce qu'elles poussent et se reproduisent très facilement. C'est la raison pour laquelle il vaut mieux les remplacer chaque année par de jeunes boutures, sinon elles prennent un aspect tout échevelé. C'est une plante idéale pour les paniers suspendus.

La variété la plus courante, cultivée à la maison, *Tradescantia fluminensis* « Variegata », se présente sous divers aspects, rayée de jaune, d'argent ou de gris sur un fond vert. Les feuilles de certaines variétés sont délicatement teintées d'un rose du plus heureux effet. Il arrive que les feuilles verdissent. Il faut alors les éliminer immédiatement, sinon la plante redeviendra toute verte.

T. blossfeldiana est une plus petite espèce, aux feuilles mauves et velues. Elle est plus délicate et sa croissance plus lente. Les amateurs de plantes au feuillage argenté apprécieront une espèce velue, *T. sillamontana,* aux tiges bien droites et duveteuses et aux fleurs rouges éclosant tout l'été.

Zebrina pendula est très proche, sur le plan botanique, de *Tradescantia.* Comme cette dernière, elle fleurit, mais ses fleurs sont petites et plutôt insignifiantes. Elle préfère une température légèrement plus élevée.

Choisir une plante touffue et au feuillage bien panaché exempt de feuilles malades ou pourries. Eliminer toute plante revenant au vert.

↑ ↗ *Zebrina pendula* est proche parente de *Tradescantia.* Bien éclairée, elle se teintera de rose violacé.

→ *Tradescantia blossfeldiana* « Variegata ».

↓ *Tradescantia fluminensis* « Quicksilver ».

Dimensions. Plante normalement cultivée en pot de 8 cm où elle produit des pousses de 30 cm de long, mais aussi dans des récipients suspendus.

Croissance. Grandit facilement de 25 à 30 cm en une saison.

Floraison. En été, de petites fleurs blanches éclosent. Cependant, c'est généralement signe que la plante doit être rempotée ou remplacée par des boutures.

Parfum. Inodore.

Lumière. Supporte des coins assez sombres, mais la plante a alors tendance à pousser en hauteur et ses panachures s'atténueront.

Température. En hiver, un minimum de 10°, pas moins de 13° pour *Zebrina pendula.* En été, la garder à la température ambiante ou la mettre dehors. Température maximale : 18°.

Arrosage. Plante qui aime assez l'humidité, mais supporte un oubli. Deux arrosages par semaine en été, un en hiver.

Engrais. En été, ajouter tous les 15 jours de l'engrais liquide à l'eau.

Humidité. On peut placer le pot sur des cailloux mouillés, mais ce n'est pas indispensable.

Nettoyage. Vaporisation occasionnelle à l'eau tiède, pour la dépoussiérer. Pas de lustrant.

Atmosphère. Plante très tolérante.

Terre. Terreau frais.

Empotage. 4 à 5 boutures pourvues de racines par pot de 8 cm ; sauf si l'on veut obtenir une plante hors du commun, il est inutile de rempoter. Assurer la relève par de jeunes boutures dès que la plante pousse en hauteur. Les tiges des sujets âgés ont tendance à se dénuder à leur base.

Taille. Si la plante pousse trop en hauteur, la rabattre jusqu'à 2 ou 3 cm audessus du pot ; de nouvelles pousses apparaîtront, qu'on utilisera comme boutures.

Multiplication. Tous les printemps se débarrasser des vieilles plantes. Prélever des boutures de tiges de 8 cm ; les planter dans un mélange de sable et de terreau de rempotage à la température ambiante. Les boutures s'enracinent aussi facilement dans l'eau. Dès qu'elles ont des racines, les empoter à raison de 4 à 5 par pot.

Longévité. Une ou deux années au plus, après quoi mieux vaut les remplacer.

Sociabilité. Les misères s'accordent bien avec toutes les plantes, même avec les cactus.

Facilités/difficultés. Plante idéale pour les débutants qui désirent s'initier à la multiplication.

Empotage

1 - Si l'on garde la plante une seconde année, la rempoter au printemps. Rempoter les jeunes plantes quand les racines sont trop serrées.

2 - Garnir un pot plus grand d'un drainage et d'une couche de terreau frais humide. Bien arroser d'abord.

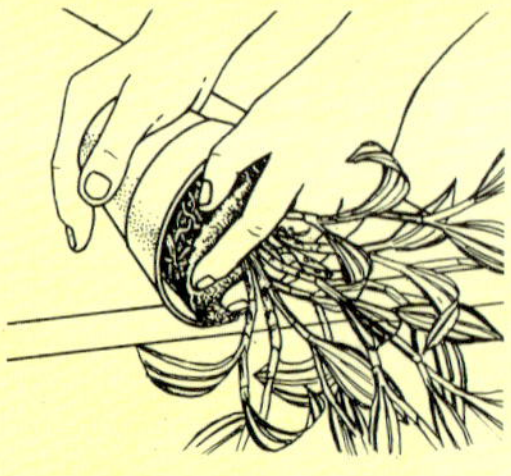

3 - Tenir le pot d'une main, en maintenant le terreau de l'autre. Tapoter le bord du pot : la plante et le terreau sortiront.

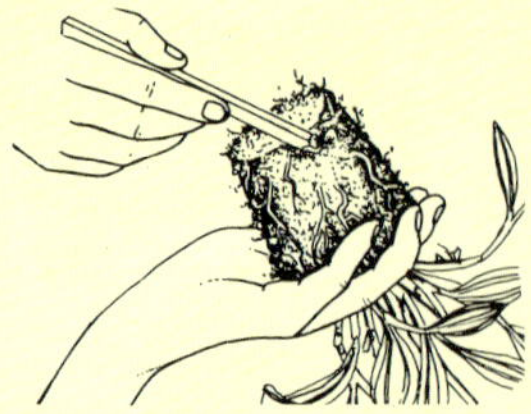

4 - Avec un crayon ou un bâtonnet, enlever la terre sans abîmer les racines.

5 - Placer les racines sur le terreau du nouveau pot.

6 - Remplir le pot de terreau frais. Recouvrir toutes les racines. Bien tasser. Mettre 2 jours à l'ombre, sans eau, pour favoriser l'enracinement.

S.O.S.

1 - Feuilles trop espacées, tiges longues et grêles. *Manque de lumière. Trouver un endroit mieux éclairé.*

2 - Tiges dénudées à leur base. *Plante trop vieille. Prélever des boutures d'extrémités de tiges ; jeter la plante.*

3 - La plante ne produit que des pousses vertes. *Trop d'engrais et manque de lumière. Mieux éclairer, ne plus alimenter, pincer les feuilles vertes.*

4 - Les feuilles brunissent. *Trop sec. Arroser plus souvent.*

5 - Le bout des feuilles brunit. *Trop de soleil direct. Changer d'emplacement.*

6 - Feuilles déformées et gluantes, insectes verts. *Pucerons. Pulvériser du pyrèthre ou un insecticide systémique.*

Multiplication dans l'eau

Si l'on garde la plante une seconde année, la rabattre pour obtenir de nouvelles pousses vigoureuses qui serviront de boutures.

1 - Mettre 3 à 4 petits morceaux de charbon de bois dans un récipient peu profond rempli d'eau aux deux tiers.

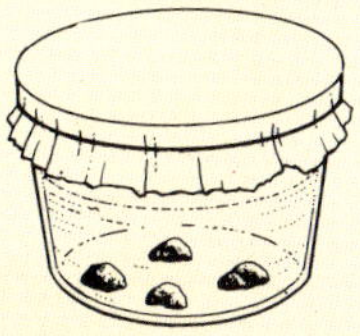

2 - Recouvrir avec une feuille d'aluminium fixée avec un élastique.

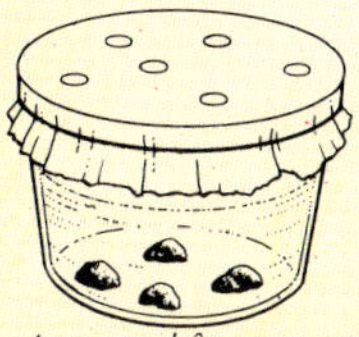

3 - Avec un bâtonnet, percer de petits trous dans l'aluminium.

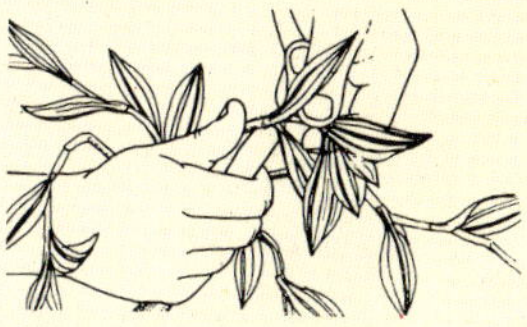

4 - Prélever une pousse de 8 cm sur la plante.

5 - Enfoncer la tige à travers le trou dans l'eau. Faire de même avec d'autres pousses. Température : 16°.

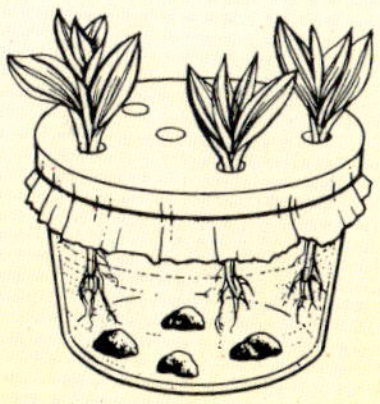

6 - Dès formation des nouvelles racines, retirer les boutures. Empoter dans de petits pots. Ne pas abîmer les racines fragiles.

Buissonnement

Pincer les extrémités des jeunes boutures pour favoriser le buissonnement.

Taille

Si une variété panachée ne produit que des feuilles vertes, les couper. Si les tiges sont vieilles et dénudées à leur base, couper les extrémités et les utiliser comme boutures.

Arrosage

1 - Tâter le terreau. S'il est meuble et friable, la plante a besoin d'eau.

2 - Arroser par le haut, avec de l'eau de pluie si possible. Vider la soucoupe au bout de 15 minutes.

Humidité et vaporisation

Les plantes suspendues se dessèchent rapidement. Bien arroser. Mettre de la tourbe humide dans le récipient extérieur.

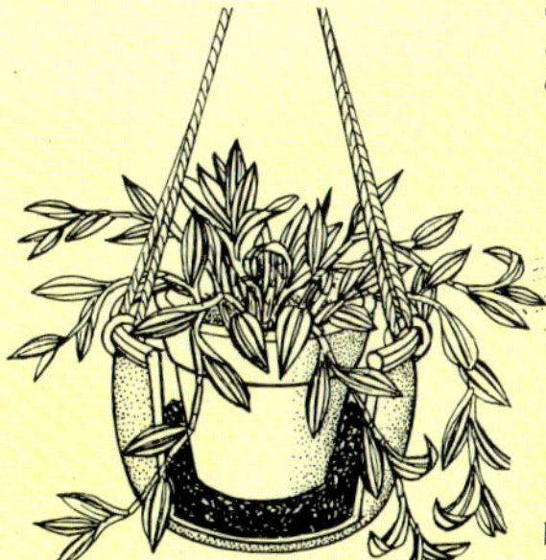

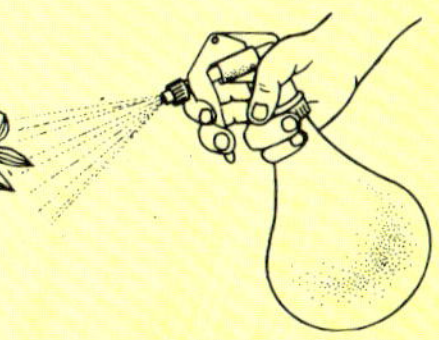

Vaporiser finement les feuilles à l'eau tiède à une distance de 15 cm. Jamais de lustrant.

VRIESIA REMARQUABLE

Le vriesia est le dernier bromélia cité dans le présent ouvrage. A sa manière, il est aussi étonnant et spectaculaire que les autres. Il tire son nom du botaniste hollandais du XIXe siècle, W.H. de Vries. Cette plante est originaire des zones tropicales de l'Amérique centrale et du Sud. Il en existe une centaine d'espèces connues.

Presque tous les vriesias ont la forme classique des bromélias et comprennent une rosette qui doit toujours être pleine d'eau et dont émerge une spathe fleurie qui, dans le cas de *V. splendens,* devient orange vif. La gaine est constituée par des bractées se chevauchant comme des tuiles et qui, souvent, s'élèvent légèrement pour laisser sortir les petites fleurs jaunes dont la forme rappelle celle d'une pince de homard. C'est à sa magnifique tige florale que la plante doit son nom. Ses feuilles, aux bords lisses, sont résistantes, vert foncé, à bandes transversales brun foncé. On cultive de nombreuses espèces uniquement pour leur feuillage, alors que d'autres ont de jolies bractées qui se ramifient, tel un candélabre. A l'état sauvage, les variétés à fleurs jaunes éclosent le jour et celles à fleurs blanches la nuit. Comme chez tous les bromélias, le pied-mère meurt après floraison, mais se reproduit par deux ou trois rejetons qui deviendront de nouvelles plantes.

Choisir une plante dont la spathe commence à émerger de la rosette et est encore de teinte pâle. Ne pas acheter de plante dont les fleurs sont visibles car elle ne durerait guère.

Dimensions. La rosette a 45 cm de large et 30 cm de haut, la tige florale pouvant atteindre 50 cm et plus. Plus la rosette est importante, plus grande sera la spathe.

Croissance. 1 à 2 ans pour passer de l'état de rejeton à celui de plante fleurie.

Floraison. Normalement, en été. Toutefois, selon l'époque du semis ou de l'empotage des rejetons, la floraison peut intervenir à tout moment.

Parfum. Inodore.

Lumière. A la lumière directe, les marques seront plus accusées et les spathes florales mieux colorées. Toutefois, éviter le soleil de midi.

Température. En hiver, 18 à 21° ; en été, température ambiante, 27° au maximum.

Arrosage. Le terreau doit toujours rester humide. Arroser 3 fois par semaine en été et une ou deux fois en hiver. Toujours remplir la rosette d'eau, sauf lorsque la spathe florale émerge, car l'eau pourrait la faire pourrir. Dès que la température en hiver risque de tomber à moins de 18°, cesser d'arroser la rosette. Toujours utiliser de l'eau tiède non calcaire.

Engrais. Ajouter tous les 15 jours la moitié de la dose d'engrais liquide recommandée à l'eau d'arrosage pendant la croissance des feuilles et/ou de l'épi floral.

Humidité. Le vriesia aime beaucoup l'humidité. Placer le pot sur une soucoupe remplie de cailloux mouillés ou dans un second récipient garni de tourbe humide.

Nettoyage. Essuyer les feuilles tous les 15 jours avec un linge humide ; s'abstenir de lustrant.

Atmosphère. Plante assez tolérante, mais ne supporte pas la chaleur dégagée par le gaz ou le charbon.

Terre. Un mélange moitié terreau, moitié tourbe convient bien aux vriesias, qui se plaisent dans un sol léger. Veiller à un bon drainage.

Empotage. Rempoter 2 fois entre l'état de rejeton et celui de plante fleurie.

Taille. Inutile ; se contenter de couper les pointes des feuilles brunies par la sécheresse. Enlever la spathe florale après floraison.

Multiplication. Par semis, mais c'est un travail s'effectuant dans l'atmosphère stérile d'un laboratoire. Les multiplier donc à partir des rejetons développés après la floraison et la mort de la plante-mère. Les détacher délicatement, avec leurs racines intactes, et les planter dans de petits pots. Les garder humides à une température de 24° maintenue durant 3 semaines au moins. Procéder à cette opération au printemps ou en été, mais pas avant que les rejetons n'aient atteint la moitié de la taille de la plante adulte.

Longévité. Etant un bromélia, cette plante a un cycle de vie déterminé depuis la séparation du rejeton jusqu'à la floraison et l'apparition de nouveaux rejetons, soit de 24 à 30 mois. Multipliée par semis, il lui faut 10 à 15 ans pour fleurir.

Sociabilité. L'humidité procurée par d'autres plantes leur convient. On peut donc associer les vriesias à toutes les plantes vertes.

Facilités/difficultés. Comme la plupart des bromélias, c'est une plante facile.

Les vriesias sont des bromélias au feuillage joliment panaché et marbré. Certains produisent des épis floraux.

← *Vriesia fenestralis* est cultivé pour son feuillage, bien qu'il produise des fleurs délicatement parfumées.

→ L'espèce la plus commune, *Vriesia splendens.*

↓ *Vriesia fosteriana.*

Arrosage

La terre des vriesias et leur rosette centrale doivent être arrosées à l'eau tiède.

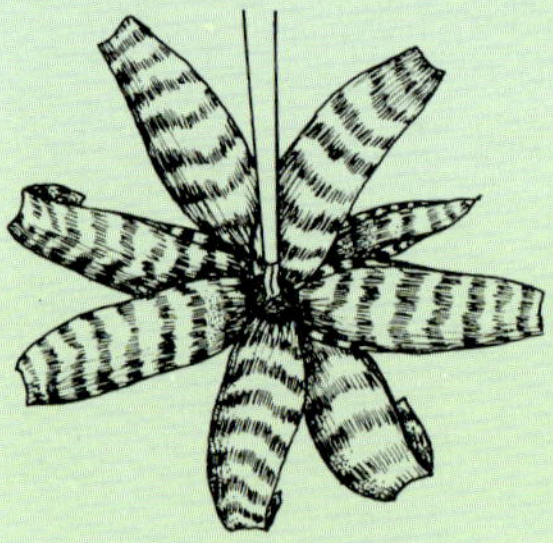

1 - Remplir la rosette centrale d'environ 2 ou 3 cm d'eau. La vider et la remplir à nouveau toutes les 3 semaines avec de l'eau de pluie.

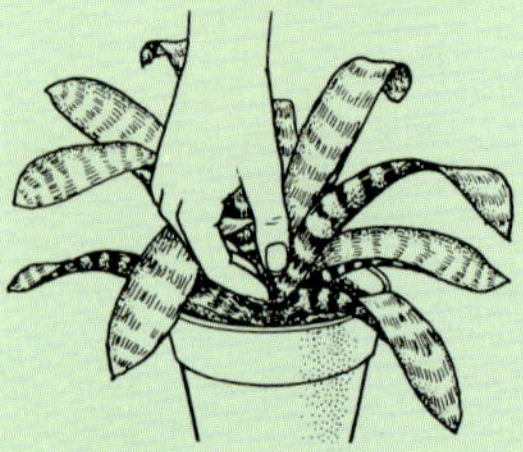

2 - Tâter le terreau. S'il est léger et friable, la plante a besoin d'eau.

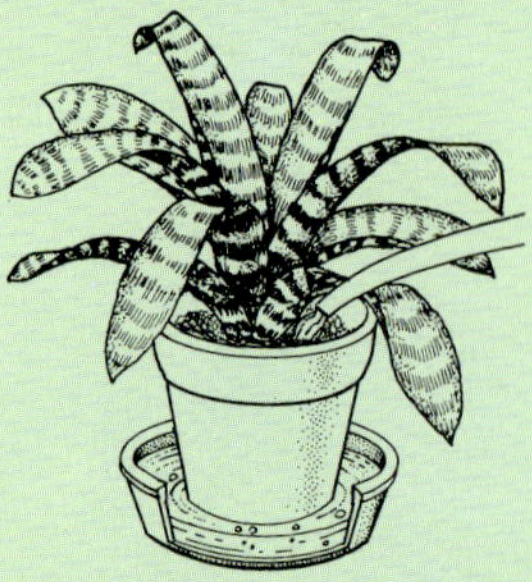

3 - Arroser par le haut avec de l'eau de pluie si possible. Vider la soucoupe au bout de 15 minutes.

Enlever la tige florale

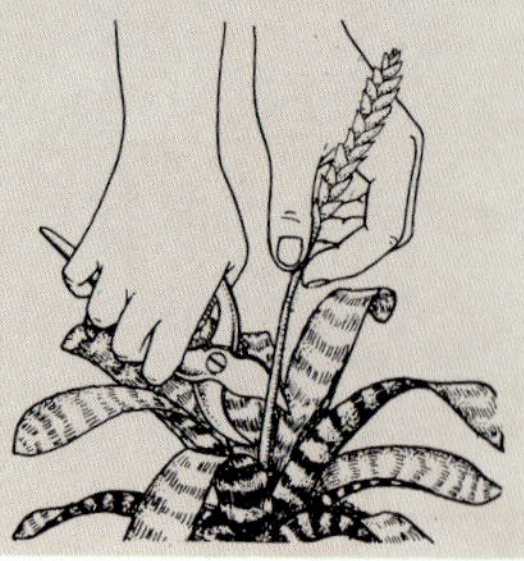

Quand les fleurs sont fanées, couper avec un sécateur la tige centrale à sa base.

S.O.S.

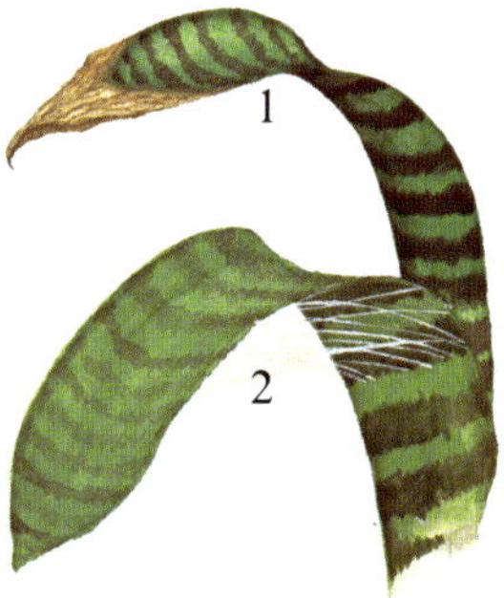

1 - Les extrémités des feuilles brunissent et sèchent. *Trop sec. Arroser davantage et vaporiser quotidiennement.*

2 - Les feuilles pâlissent, filaments en dessous. *Araignées rouges. Pulvériser du derris, du malathion ou un insecticide systémique. Accroître l'humidité.*

3 - La rosette meurt. *C'est normal après la floraison. Multiplier à partir des nouveaux rejetons.*

4 - L'épi floral émerge puis pourrit. *Trop d'eau dans la rosette centrale par une température trop basse. En général, la plante est perdue. Vider la rosette ; si la plante reprend, la mettre dans un endroit plus chaud.*

Sur un morceau d'écorce

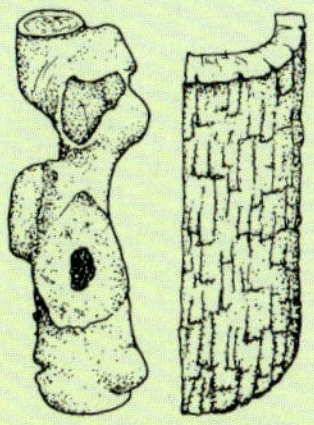

1 - Choisir un morceau d'écorce, une branche ou un morceau de bois appropriés.

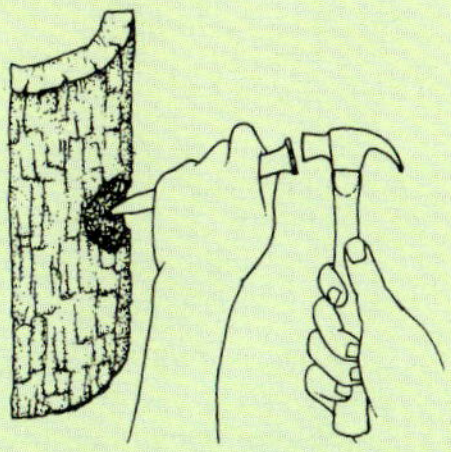

2 - S'il n'y a pas de creux naturel, en pratiquer un au ciseau.

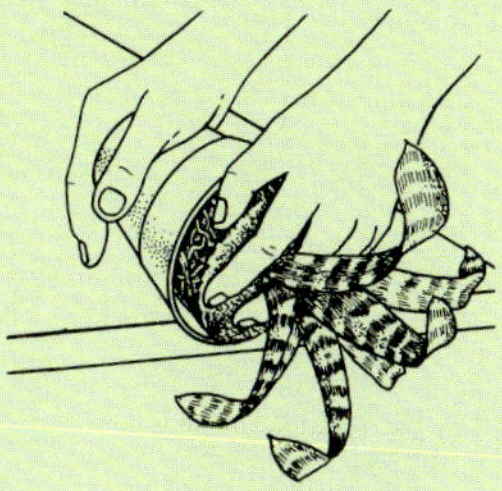

3 - Retirer la plante du pot, en maintenant le terreau autour de la motte.

4 - Envelopper les racines de sphaigne humide ; attacher avec du fil de fer plastifié.

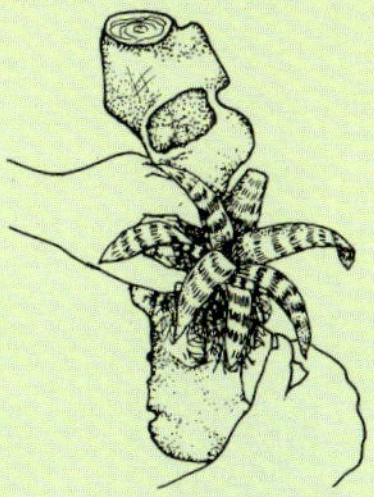

5 - Tenir la mousse et la motte fermement contre le support. Fixer avec du fil de fer.

6 - Fixer l'écorce au mur ou la maintenir bien verticalement. Remplir le centre de la rosette d'eau. Humidifier la motte et vaporiser régulièrement.

Rejetons

1 - Les feuilles commenceront à se faner, mais conserver la plante jusqu'à ce que les rejetons aient la moitié de la taille de la plante-mère.

2 - Avec un couteau, couper le rejeton avec les racines.

3 - Le rejeton doit avoir ses propres racines ; sinon il ne grandira pas.

4 - Empoter le rejeton dans un nouveau pot, en tassant le terreau tout autour. Bien arroser. Température : 24°.

Empotage

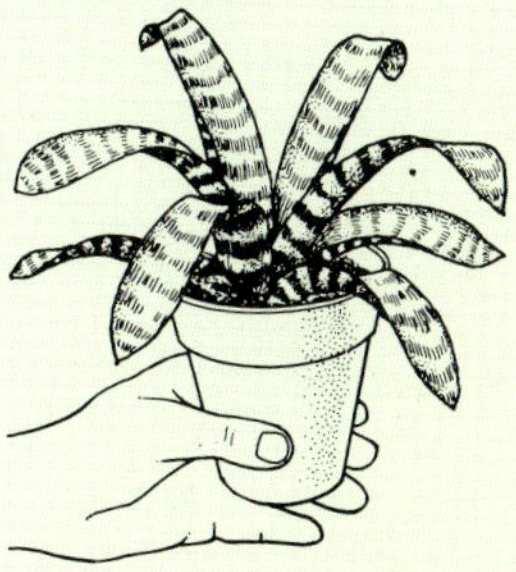

1 - Une plante achetée en fleur n'a pas besoin d'être rempotée. Mais il faut changer le pot des rejetons quand ils deviennent trop grands. Bien arroser.

2 - Garnir un pot plus grand d'un drainage et d'un mélange humide moitié terreau, moitié tourbe. Vérifier le drainage.

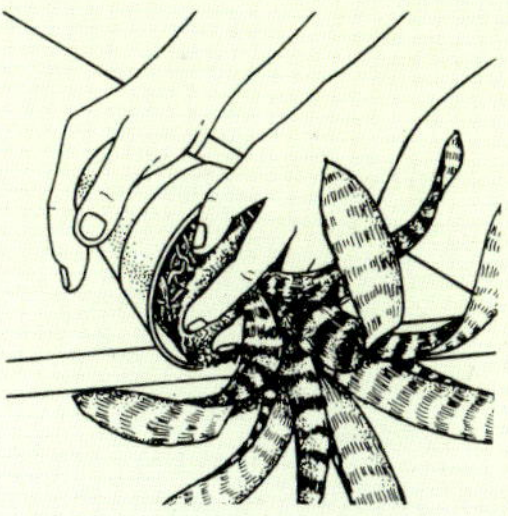

3 - Tenir le pot d'une main, en maintenant le terreau de l'autre. Tapoter le bord du pot, la plante et le terreau sortiront.

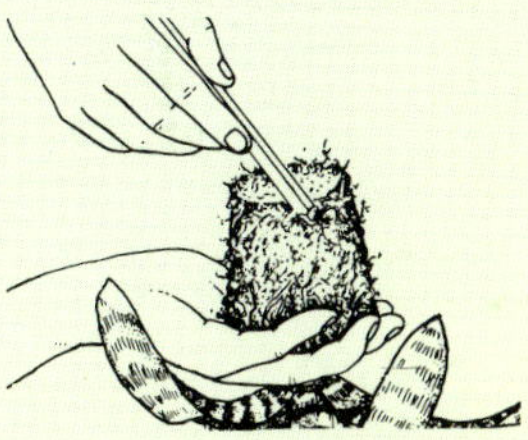

4 - Avec un crayon ou un bâtonnet, enlever la terre sans abîmer les racines.

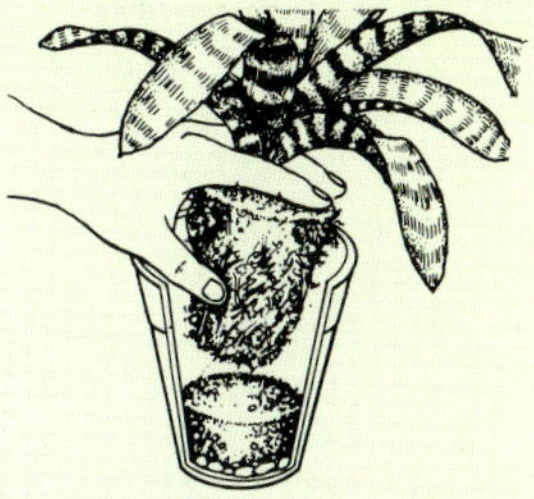

5 - Placer les racines sur le terreau du nouveau pot.

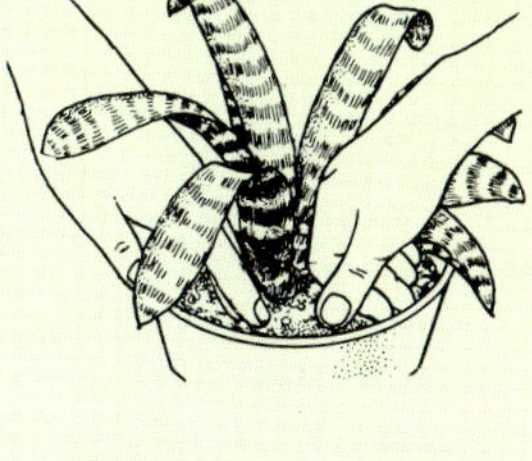

6 - Remplir de mélange frais. Recouvrir toutes les racines. Bien tasser. Mettre 2 jours à l'ombre, sans eau, pour favoriser l'enracinement.

YUCCA PIED D'ÉLÉPHANT

Il existe trente à quarante espèces connues de *Yucca,* dont l'habitat est l'Amérique du Sud. Nombre d'entre eux poussent bien en plein air dans les climats tempérés et survivent même à de fortes gelées. Ils produisent alors de superbes fleurs blanches qui, dans leur habitat naturel, sont fertilisées par un insecte particulier. Les plantes cultivées ne produisent donc pas de graines.

Seules quelques espèces prospèrent à la maison, et même celles-ci réussiront mieux en serre. Au cours des dernières années, *Yucca elephantipes,* parfois connue sous le nom de *Y. guatemalensis,* est devenue très à la mode. Les stipes mûris de ces plantes sont importés des Antilles et plantés dans une serre chauffée. Les racines poussent à la base du stipe, des feuilles en rosette apparaissent à sa cime et, parfois, en d'autres points. Ces plantes, avec leur stipe vertical, brun foncé et chapeauté de vert, sont aussi attrayantes qu'insolites. L'hydroculture leur convient fort bien. Bien que leurs feuilles soient pointues et rigides, on peut les toucher sans grand risque. Il n'en est pas de même de *Y. aloifolia.* Celle-ci est beaucoup plus grande et ses feuilles très acérées peuvent, si l'on n'y prend pas garde, blesser sérieusement.

Choisir un yucca aux rosettes assez bien développées. Ne pas l'acquérir si elles émergent tout juste. Des feuilles complètement noircies indiquent que la plante a été endommagée lors de son transport. Les stipes de *Y. elephantipes* doivent être suffisamment enracinés dans leur pot pour prévenir toute instabilité de la plante.

Les yuccas sont faciles à cultiver, mais aiment la fraîcheur en hiver.

↓ *Yucca aloifolia* est presque rustique et survit en plein air dans un endroit abrité. Attention aux feuilles, très acérées !

→ Les fleurs superbes, d'un blanc crémeux, de *Yucca aloifolia.* Avec un peu de chance, la plante fleurira tous les deux ans.

→ →On obtient des rejetons de *Yucca elephantipes* en soumettant des stipes de plantes adultes importées à une forte température.

Dimensions. *Y. elephantipes* est une plante plutôt petite, ses rosettes peuvent avoir un diamètre de 25 cm. Sa hauteur dépend de celle du stipe et varie de 15 cm à 1,20 m. *Y. aloifolia* a généralement une largeur de 60 cm à 1 m et une hauteur de 60 cm à 3 m.

Croissance. Assez lente, soit de 15 à 30 cm par an. Les stipes tronqués de *Y. elephantipes* ne croîtront plus, mais ses rosettes s'élargiront.

Floraison. Plante ne fleurissant généralement qu'en serre. Leurs épis floraux sont la caractéristique des yuccas.

Parfum. Inodore.

Lumière. Ont besoin de beaucoup de lumière. Mieux vaut les mettre en plein air en été. Plante idéale pour un patio ensoleillé.

Température. Le mieux est de leur offrir en hiver une température de 7 à 12°. En été, température ambiante ou un endroit ensoleillé en plein air.

Arrosage. En été, les arroser abondamment 2 à 3 fois par semaine, une fois tous les 10 jours en hiver.

Engrais. En été, ajouter chaque semaine à l'eau d'arrosage, la moitié de la dose recommandée d'engrais liquide.

Humidité. Vaporisation hebdomadaire en été, surtout s'ils sont à l'intérieur.

Nettoyage. Essuyer les feuilles avec un linge humide. Faire attention aux feuilles, très acérées, de *Y. aloifolia* qui peuvent blesser. S'abstenir de lustrant.

Atmosphère. Comme les yuccas n'aiment pas une trop forte chaleur sèche, il vaut mieux, en hiver, les mettre en serre.

Terre. Un mélange composé de terreau et de tourbe à parts égales.

Empotage. Une fois par an, lorsque la plante est jeune. Au bout de 3 à 4 ans, se contenter de renouveler la terre de surface. Manipuler avec précaution.

Taille. Inutile ; enlever seulement les feuilles mortes à la base de la plante.

Multiplication. De préférence au printemps, par division des racines, enracinement de rejetons ou en introduisant des morceaux de stipe dans un germoir. Température requise pour que les stipes poussent : 27°.

Longévité. Un yucca vivra de nombreuses années s'il est bien aéré et n'a pas trop chaud en hiver.

Sociabilité. Les stipes de *Y. elephantipes* se prêtent à la plantation dans des jardinières mixtes. Par contre, *Y. aloifolia* prospère mieux à part.

Facilités/difficultés. Plante pas trop difficile, mais il lui faut beaucoup de lumière.

Empotage

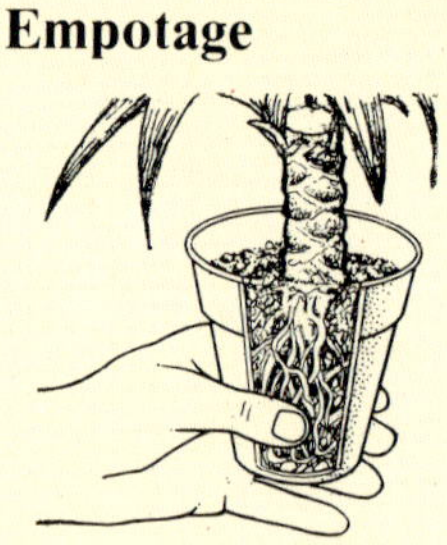

1 - Rempoter au printemps si les jeunes plantes sont trop grandes et les racines à l'étroit. Bien arroser.

2 - Garnir un pot plus grand d'un drainage et d'un mélange moitié terreau, moitié tourbe humide.

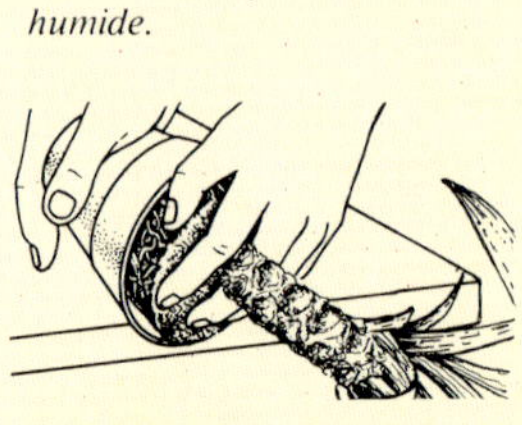

3 - Tenir le pot d'une main, en maintenant le terreau de l'autre. Tapoter le bord du pot : plante et terreau sortiront. Les feuilles de Y. aloifolia *étant très acérées, les manier avec précaution.*

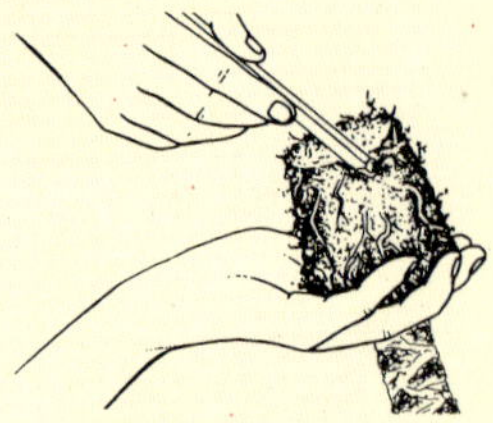

4 - Avec un crayon ou un bâtonnet, enlever la terre sans abîmer les racines.

5 - Placer les racines sur le terreau du nouveau pot.

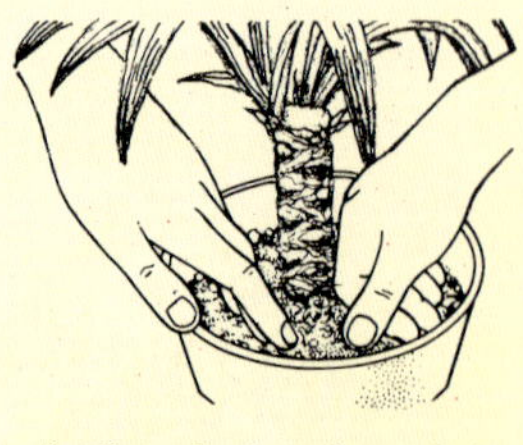

6 - Remplir de mélange frais. Recouvrir toutes les racines. Bien tasser. Laisser 2 jours à l'ombre sans eau, pour favoriser l'enracinement.

S.O.S.

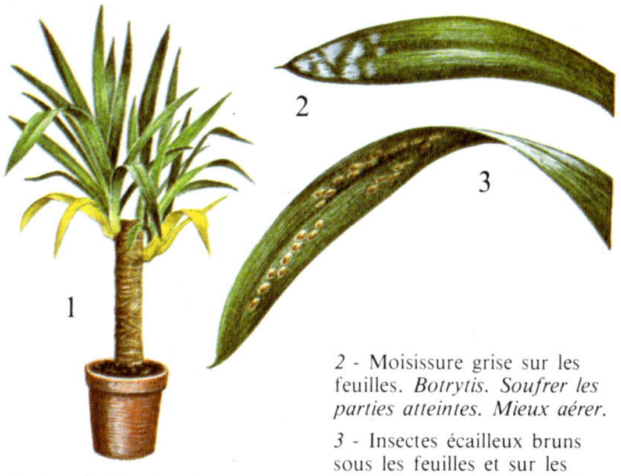

1 - Les feuilles jaunissent, d'abord celles du bas. *Manque de lumière. Enlever les feuilles décolorées, mettre dans un lieu mieux éclairé.*

2 - Moisissure grise sur les feuilles. *Botrytis. Soufrer les parties atteintes. Mieux aérer.*

3 - Insectes écailleux bruns sous les feuilles et sur les tiges. *Cochenilles. Les enlever une à une avec un tampon imbibé d'alcool dénaturé ou pulvériser un insecticide systémique.*

Vaporisation

En été, vaporiser finement une fois par semaine, à 15 cm des feuilles.

Arrosage

1 - Tâter le terreau. S'il est léger et friable, la plante a besoin d'eau. Attention aux feuilles de Y. aloifolia *!*

2 - Arroser par le haut, avec de l'eau de pluie si possible. Vider la soucoupe au bout de 15 minutes.

Changer la terre de surface

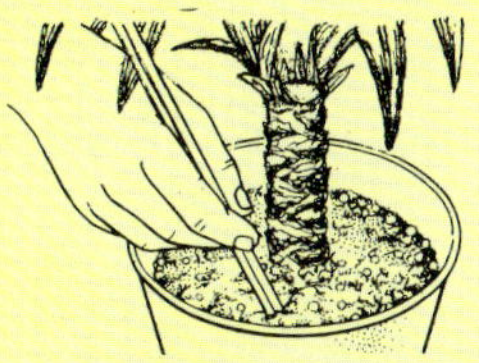

1 - Après 3 ou 4 ans, ne pas rempoter, mais au printemps, enlever 2 ou 3 cm de terre. Bien arroser.

2 - Remplir de mélange frais.

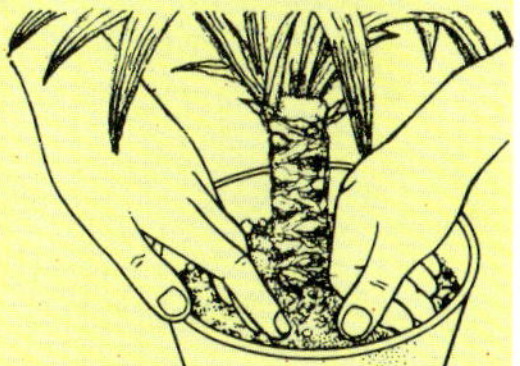

3 - Bien tasser tout autour en recouvrant toutes les racines. Mettre 2 jours à l'ombre, sans eau, pour favoriser l'enracinement.

Nettoyage

Dépoussiérer les feuilles avec une éponge ou un linge doux imbibé d'eau tiède. Bien soutenir la feuille de l'autre main. S'abstenir de lustrant. Attention aux feuilles, très acérées, de Y. aloifoila.

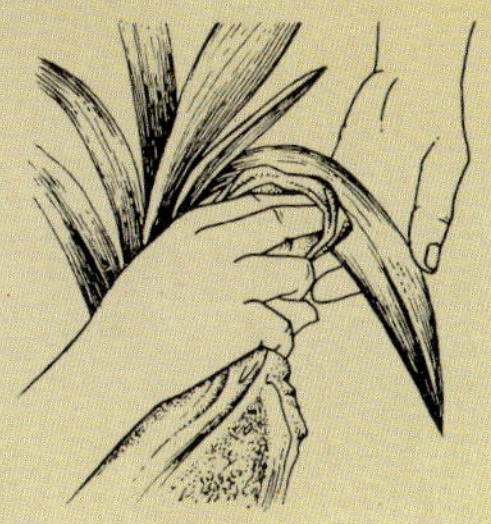

Bouturage

1 - On peut multiplier Y. elephantipes *par des tronçons de stipe. On peut les acheter ou utiliser une vieille plante. Germoir indispensable.*

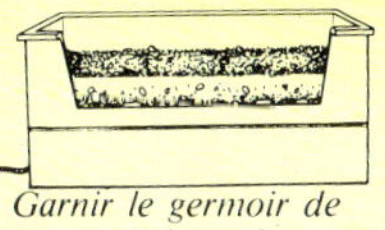

2 - Garnir le germoir de terreau moitié tourbe, moitié sable.

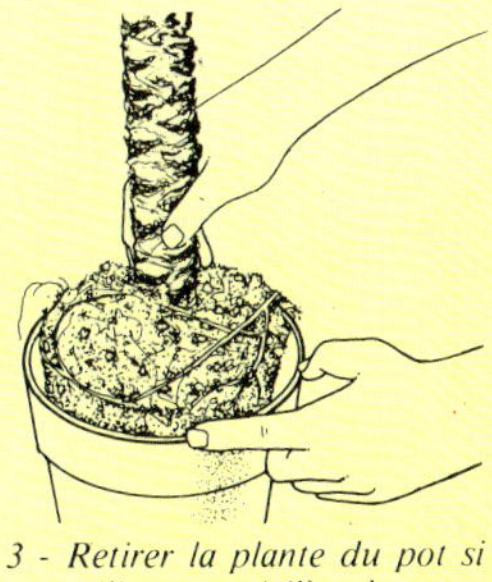

3 - Retirer la plante du pot si on utilise une vieille plante.

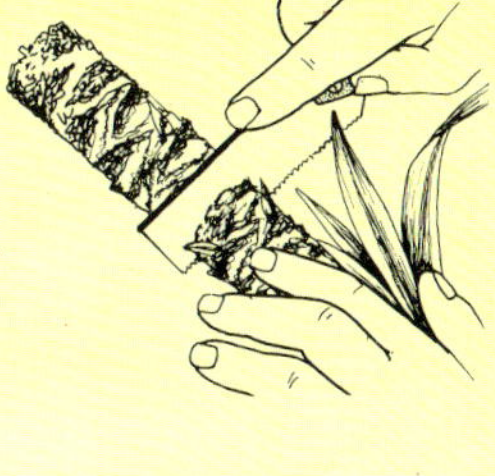

4 - Placer le stipe à plat sur une surface rigide et le scier en tronçons d'au moins 10 cm.

5 - Tremper la coupe dans de la poudre radiculaire aux hormones. Secouer l'excédent.

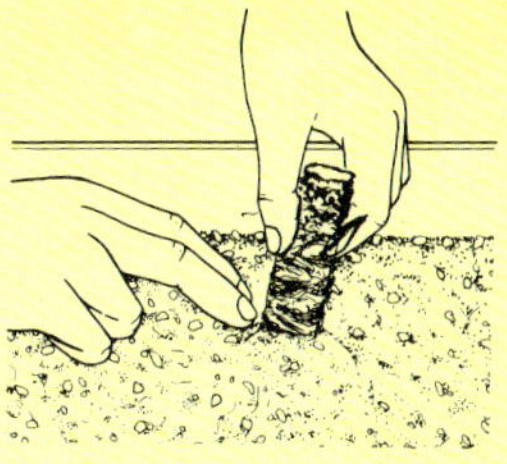

6 - Enfoncer les tronçons bien droits dans le terreau, sans qu'ils touchent le fond du germoir.

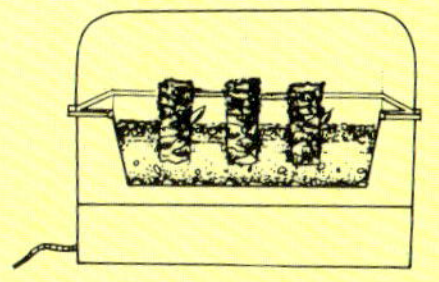

7 - Mettre le couvercle. Si les tronçons sont trop longs, recouvrir le germoir d'un sac de polyéthylène soutenu par du fil de fer. Découvrir 5 minutes par jour pour éviter la pourriture et assurer l'humidité du terreau. Maintenir à 27°.

8 - Découvrir après 21 jours. Quand les boutures poussent bien, empoter normalement.

LES CACTÉES ET LES PLANTES GRASSES

Il faudrait consacrer un livre tout entier aux cactées et aux plantes grasses. On trouvera ici les renseignements de base. Pour plus de détails, on consultera les ouvrages spécialisés.

La plupart des variétés apprécient et même exigent la chaude et sèche atmosphère des maisons à chauffage central. En été, on doit les arroser régulièrement en s'assurant que le drainage se fait bien. En hiver, il faut leur accorder une période de repos dans une atmosphère fraîche et sèche, ce qui permettra l'éclosion de leurs très belles fleurs.

Si les cactées sont des plantes grasses, toutes les plantes grasses ne sont pas des cactées. La différence botanique réside dans le fait que toutes les cactées possèdent une petite touffe de poils au bas de leurs épines. Les plantes grasses, y compris les cactées, appartiennent en majorité à deux familles, les cactacées et les crassulacées, mais il y a aussi des liliacées et des amaryllidacées. Parmi les principaux genres de cactées, citons les *Cereus,* verticaux et hauts de taille, et les mammillarias, ronds et épineux, probablement les mieux connus. Les espèces d'*Echinocactus* sont parmi les plus agressives des variétés aux formes sphériques. Les opuntias sont les figuiers de Barbarie bien connus. Ce genre sert actuellement très souvent de porte-greffe pour créer d'autres variétés. Les belles fleurs roses de *Zygocactus truncatus* éclosent en abondance en décembre et durent longtemps. Il existe bien d'autres genres, tels les aloès, les agaves et les schlumbergeras. Nombre d'entre eux fleurissent, mais, en général, leurs fleurs ne vivent pas longtemps. Chose étonnante, l'hydroculture convient à certaines cactées.

Les feuilles des plantes grasses sont charnues et couvertes d'un fin duvet gris. On en trouve de nombreuses espèces, notamment des genres *Crassula, Euphorbia, Echeveria* et *Lithops.* Beaucoup d'entre elles fleurissent. Le genre *Euphorbia* comprend aussi de nombreuses plantes d'intérieur très répandues, tels les poinsettias et les crotons. *Euphorbia splendens* est l'une des variétés de plantes grasses qui a le plus de succès.

Choisir des cactées solidement plantées dans leur pot ; sinon leurs racines peuvent être endommagées. La plante doit être exempte de toute détérioration apparente ou de tout signe de pourriture. Les feuilles des plantes grasses doivent être intactes.

← *Crassula argentea* deviendra un arbuste pouvant atteindre 1 m de haut.

↓ Les écheverias sont des plantes grasses à rosettes d'où jaillissent de grands rameaux fleuris.

Dimensions. Très variables, de la taille d'une bille à 2 m de haut.

Croissance. Lente. Certaines variétés grandissent très peu au cours d'une année. D'autres, tels les opuntias, font apparaître des « épis » de grande taille.

Floraison. Au printemps et en été. Les fleurs ne durent qu'un ou deux jours.

Parfum. Inodore.

Lumière. Beaucoup de lumière. Se plaisent devant une fenêtre en plein soleil.

Température. Supportent les plus fortes températures estivales. En hiver, les garder à une température fraîche (5° à 7° minimum) ; toutefois, dans ce cas, elles doivent être presque complètement sèches.

Arrosage. En été, arroser 2 à 3 fois par semaine ; en hiver une fois par mois.

Engrais. Tous les 15 jours en été, donner de l'engrais nitraté dilué dans de l'eau ou pulvérisé sur les feuilles.

Humidité. Elles aiment une atmosphère chaude et sèche, mais les vaporiser une fois par mois en été pour les nettoyer.

Nettoyage. Si la vaporisation ne suffit pas, se servir d'une brosse souple.

Atmosphère. Plante tolérante.

Terre. Utiliser de la terre à cactées.

Empotage. Ne pas rempoter plus que nécessaire, de préférence tous les 3 ou 4 ans. Toujours porter des gants, car les épines et les poils peuvent blesser sérieusement.

Taille. Couper toutes les parties malades et soufrer les cicatrices.

Multiplication. Par semis, boutures, division ou rejetons. La méthode employée dépend de la variété.

Longévité. Infinie à condition de ne pas surarroser en hiver.

Sociabilité. La plupart des cactées peuvent être mêlées à d'autres cactées dans des jardinières de table.

Facilités/difficultés. Plantes faciles, même pour les débutants.

Bouturage : feuilles

La plupart des cactées sont multipliées par semis au printemps à 21°. Empoter les jeunes plantes dès qu'elles sont maniables. Certaines plantes grasses, telle Crassula cooperi, *peuvent être multipliées par bouturage.*

1 - Garnir un pot d'un drainage et d'une couche de terre à cactées.

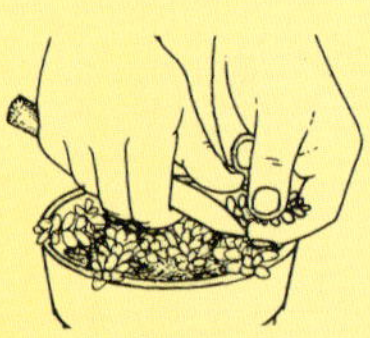

2 - Couper un brin de la plante. L'effeuiller.

3 - Enfoncer doucement chaque feuille dans le sable, la cassure vers le bas.

4 - Arroser. Ne pas couvrir le pot. Placer à l'abri du soleil, à la température ambiante. De jeunes plantes pousseront à la base de la feuille.

Plantules

Certaines plantes grasses, tel Bryophyllum, *produisent de jeunes plantes à l'extrémité de leurs feuilles. Celles-ci prendront racine pour former de nouvelles plantes.*

1 - Garnir un pot d'un drainage et d'une couche de terre à cactées.

2 - Dès apparition de petites racines sur les plantules, les séparer doucement de la feuille-mère.

3 - Planter les petites plantes dans la terre. Les arroser et mettre les pots à l'ombre à la température ambiante. Elles atteindront leur taille adulte.

↑ *Echinocactus submammulosus*. Certaines espèces de ce genre ont des épines très fines et fleurissent occasionnellement.

↑ *Zygocactus truncatus* fleurit à Noël. Il se développe bien dans les paniers suspendus.

← *Euphorbia splendens* porte des épines et des bractées pourpres. Originaire de Madagascar.

→ *Mammillaria zeilmanniana* vient du Mexique. Il fructifie parfois après la floraison.

S.O.S.

1

2

3

4

1 - Les plantes noircissent et pourrissent à leur base. *Trop d'eau. Généralement mortel. Si la pourriture est ailleurs qu'à la base, on peut exciser la partie pourrie et soufrer.*

2 - Les plantes se ratatinent et s'amollissent. *Manque d'humidité. Bien arroser et augmenter l'arrosage à l'avenir.*

3 - Les espèces à fleurs ne fleurissent pas. *Trop de chaleur en hiver.*

4 - Croissance trop faible des cactées. Les plantes grasses s'orientent vers la lumière. *Manque de lumière. Placer devant une fenêtre ensoleillée.*

5

6

5 - Plantes couvertes de plaques blanches laineuses. *Cochenilles. Pulvériser du malathion.*

6 - Les plantes se décolorent, se fanent et meurent. *Insectes sur les racines. Cochenilles. Arroser les racines abondamment avec du malathion dilué comme pour les pulvérisations.*

Bouturage : tiges

On peut multiplier les plantes grasses, telle Crassula argentea, *par boutures de tiges.*

1 - Au printemps, garnir un petit pot d'un drainage et d'une couche de terre à cactées.

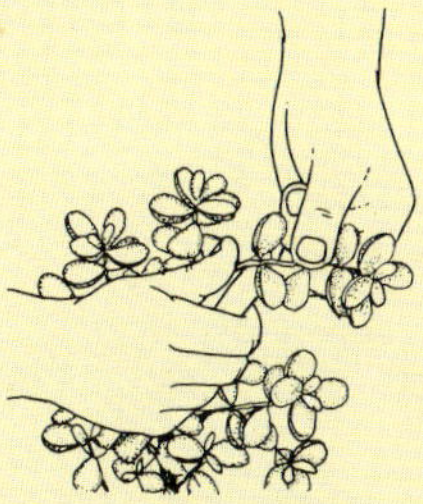

2 - Choisir des pousses ou une extrémité de tige ayant au moins 2 paires de feuilles saines et une pointe de végétation. Couper au ras d'une paire de feuilles.

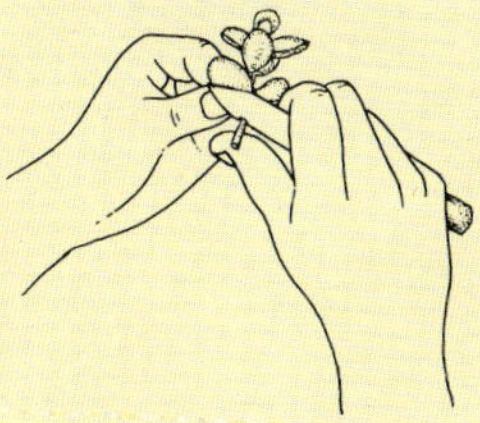

3 - Tailler la tige juste au-dessous d'une feuille.

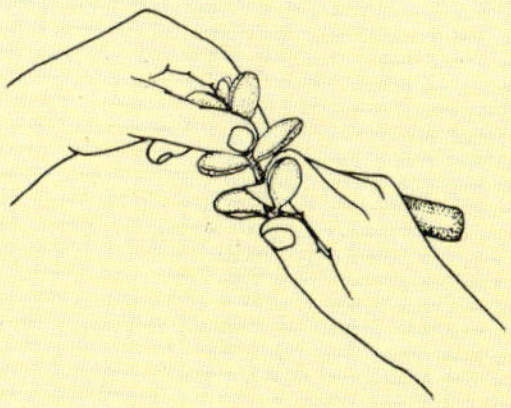

4 - Enlever la dernière paire de feuilles.

5 - Tremper la coupe dans de la poudre radiculaire aux hormones. Secouer l'excédent.

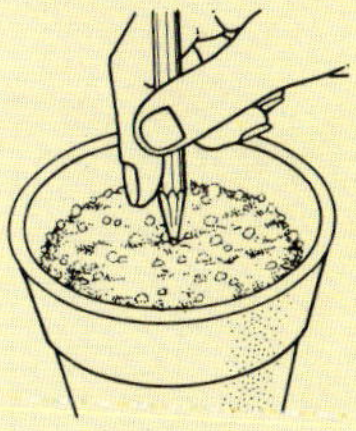

6 - Faire un petit trou dans le centre du pot.

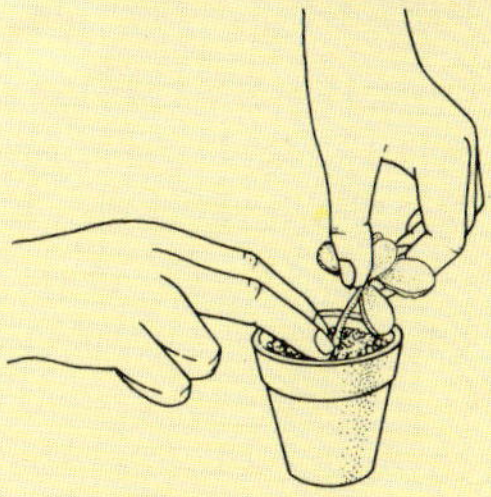

7 - Planter la bouture. L'extrémité de la tige doit toucher le fond du trou. Bien arroser ; mettre à l'abri de la lumière à la température ambiante.

8 - Les plantes grasses étant riches en eau, ne pas les recouvrir de polyéthylène pour favoriser l'enracinement, car la plante risquerait de pourrir. Si elle pourrit, prélever de nouvelles boutures et les laisser sécher pendant 3 jours avant de les planter.

9 - Une fois plantées, les jeunes plantes peuvent rester dans les petits pots jusqu'à complet enracinement.

Division

Certaines cactées, telle Mammillaria zeilmanniana, *peuvent être divisées quand plusieurs rosettes se sont développées.*

1 - Garnir un pot d'un drainage et de terre à cactées.

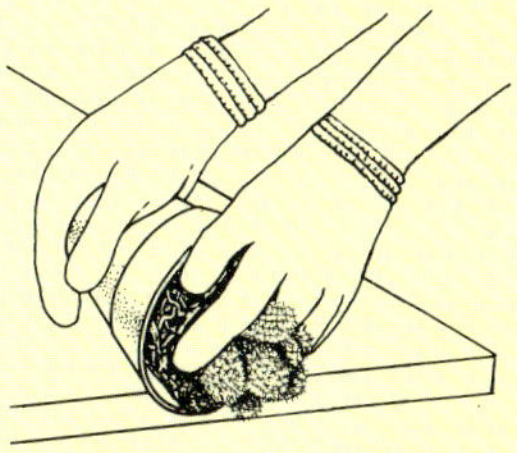

2 - Mettre des gants. Retourner le pot et le tapoter contre une surface rigide. La motte se dégagera.

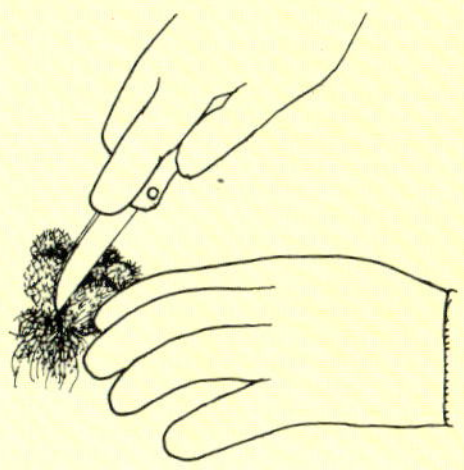

3 - Couper la plante en tronçons, chacun ayant une rosette et des racines saines.

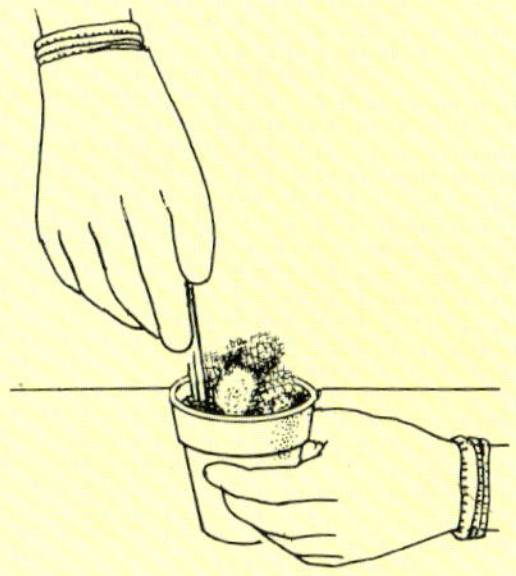

4 - Empoter la rosette pourvue de racines. Avec un crayon ou un bâtonnet, tasser la terre autour de la plante.

Les piqûres d'épines de cactées peuvent être douloureuses et irritantes. Ne manipuler ces plantes qu'avec des gants. On retire les grandes épines à la main ; les petites, ainsi que le duvet irritant, s'enlèvent uniquement par un lavage répété dans de l'eau savonneuse très chaude.

BULBES DE PRINTEMPS ET D'ÉTÉ

On peut cultiver les bulbes en pots, où ils fleuriront le moment venu, ou encore les forcer, généralement en hiver, pour avancer leur floraison. Cette dernière méthode a beaucoup de succès. En s'organisant à l'avance, on peut obtenir des floraisons successives tout l'hiver.

Forcer des bulbes n'est pas très difficile mais il faut observer certaines règles très simples. Tout d'abord, n'acheter que des bulbes de première qualité. Les bulbes de rebut ou ceux qui ont été déterrés dans le jardin ne fleuriront jamais. Ensuite, ne pas forcer les mêmes bulbes deux années de suite. La plupart doivent être mis dans un lieu sombre et froid plusieurs semaines avant d'être forcés, afin qu'ils développent un bon système radiculaire. Un placard bien aéré et non chauffé fera l'affaire ou encore les mettre en plein air dans un lieu abrité et les couvrir de sable ou de cendres. Inutile de tricher en les rentrant trop tôt au chaud. Les bulbes sécheront et ne produiront pas de fleurs.

Un bon drainage est indispensable. Si le récipient ne comporte pas de trou de drainage, s'assurer qu'il y a beaucoup de matière absorbante, de la mousse de sphaigne, par exemple, de la brique concassée et un peu de charbon de bois pour empêcher l'eau de croupir. Toujours ajouter à la terre une moitié de tourbe. Ne pas trop remplir les pots afin de laisser de la place pour l'eau d'arrosage.

Toujours arroser les bulbes au niveau de la terre et jamais par en dessus, car l'eau sur les feuilles et les fleurs peut les faire pourrir. Pour la même raison, ne pas les vaporiser. Arroser en moyenne une fois par semaine. Si les bulbes sont à l'extérieur sous abri, les arroser s'il y a lieu. Au cas où ils seraient plantés dans des récipients sans trou de drainage, on peut les incliner sur le côté après arrosage de façon que l'eau excédentaire puisse s'écouler.

La liste de bulbes ci-dessous est loin d'être complète, on peut faire des essais de toutes sortes. Dans tous les cas, donner tout le temps voulu pour laisser se développer les racines dans l'obscurité avant de forcer les bulbes à fleurir dans la chaleur. Augmenter peu à peu la chaleur et la lumière. Utiliser, au début, du papier en guise d'écran. Les garder le plus au frais possible lors de leur floraison afin de prolonger celle-ci. Se rappeler qu'ils fleurissent naturellement lorsqu'il fait encore froid.

Après la floraison, laisser sécher en un lieu frais et les planter au jardin au printemps. Ils ne fleuriront peut-être pas avant une année ou deux.

Jacinthes

De tous les bulbes cultivés en pot, les jacinthes sont les plus familiers. En décalant les époques de plantation, on obtiendra une floraison ininterrompue de Noël au printemps. En achetant en août des bulbes préparés, on aura une floraison précoce. Ces bulbes ont été soumis alternativement au chaud et au froid pour qu'ils aient l'illusion que l'été et une partie de l'hiver sont passés et qu'il est temps de fleurir. Ensuite, on voit apparaître les bulbes ordinaires, que l'on plantera de façon que leurs extrémités dépassent tout juste du terreau. Les laisser 2 mois au moins à l'ombre, puis les amener petit à petit en pleine lumière et au chaud afin de les forcer. Etiqueter et dater les pots pour savoir lequel rentrer le premier.

Jonquilles et narcisses

Elle ne fleurissent pas aussi tôt que les jacinthes, mais on les cultive de la même façon. Pour qu'elles fleurissent à foison dans le pot, étager les bulbes sur deux couches : une première, au fond du pot, recouverte de terreau au ras des bulbes, sur laquelle on place la seconde couche, les bulbes pointant tout juste à la surface de la terre. Les jonquilles « Carlton » et « Golden Harvest » ainsi que les narcisses « Géranium » et « Cragford » sont les plus faciles à cultiver.

Tulipes

Les laisser plus longtemps dans l'obscurité. Les planter entre septembre et octobre et ne les amener au chaud qu'en janvier. Choisir des variétés à tiges courtes, sinon elles poussent trop en hauteur et, de ce fait, sont instables. Les variétés doubles, précoces, « Peach Blossom » et « Orange Nassau » se prêtent bien au forçage et dégagent un délicieux parfum.

Crocus et iris réticulé

Empotés en novembre, ils fleuriront en janvier ou février. S'ils sont sous abri à l'extérieur, les entourer d'un treillis pour les protéger des souris. Planter plusieurs bulbes dans le même pot pour avoir une abondance de fleurs. Dès la fin de la floraison, les planter au jardin. Une année plus tard, les bulbes reprendront et fleuriront à l'extérieur à l'époque habituelle.

Perce-neige

Se prêtent mal au forçage. Néanmoins, si on les veut à la maison, les déterrer du jardin en janvier (sauf si la terre est gelée), les empoter, les laisser fleurir au frais, puis les replanter au jardin.

On peut empoter d'autres bulbes encore mais on doit les laisser fleurir normalement et ne pas les forcer. Les empoter dans des pots pourvus d'un bon drainage et remplis de terreau frais.

Jacinthe « Edelweiss ».

Narcisse « Carlton ».

Crocus rayé, hollandais.

Tulipe « Compostelle ».

Anémone de Caen.

Lilium auratum.

S.O.S.

1 - Jacinthes : Tige florale très courte, feuilles ne dépassant pas 5 à 8 cm. *Plantes rentrées trop tôt après leur séjour au frais. Racines mal formées. Aucun remède.*

3 - Jonquilles, narcisses, tulipes et crocus : les boutons floraux brunissent dès leur apparition. *Phénomène dû au manque d'eau. Aucun remède.*

5 - Tous bulbes : jeunes pousses recouvertes de moisissures grises. *Moisissure due au manque d'aération lors du séjour en placard. Soufrer et mieux aérer.*

2 - Jacinthes : Les fleurs brunissent par endroits et pourrissent. *La plante a souffert quand on l'a déterrée, ou l'eau a séjourné sur les épis floraux après un arrosage par le haut. Aucun remède.*

4 - Crocus et narcisses, iris et perce-neige : le feuillage croît en hauteur. Pas de fleurs. *Température trop forte pour un forçage trop rapide. Aucun remède.*

6 - Tous bulbes : l'extrémité des feuilles jaunit. *Surarrosage. Laisser sécher, puis arroser moins souvent.*

7 - Tous bulbes : les boutons floraux pourrissent. *Ils ont été mouillés. Ne vaporiser ni les fleurs ni les boutons.*

Forçage des bulbes au printemps

1 - Tremper les écailles des bulbes et exprimer l'eau excédentaire.

2 - Garnir le fond d'un bol de tourbe, de charbon de bois et d'une couche d'écailles de bulbe.

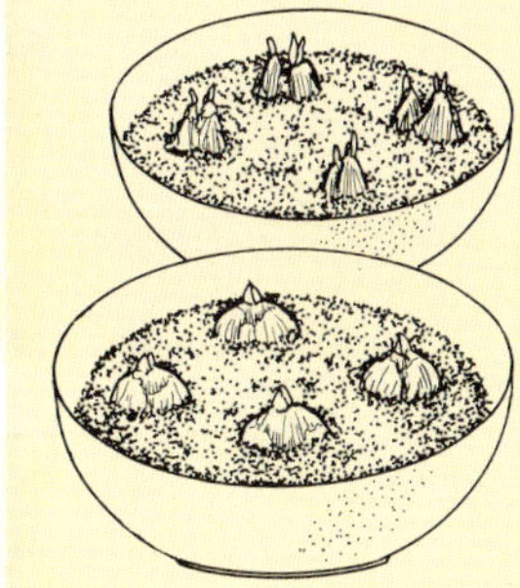

3 - Planter les jacinthes, narcisses, jonquilles de façon que l'extrémité de leurs bulbes dépasse ; les autres bulbes doivent être enterrés et recouverts de la moitié de leur épaisseur d'écailles.

4 - Mettre le bol dans un placard sombre, bien aéré, à 4° mais à l'abri du gel.

ou

5 - Creuser un trou en plein air au pied d'un mur. Y placer le bol et le recouvrir d'au moins 15 cm de sable ou de cendres pour éviter le gel.

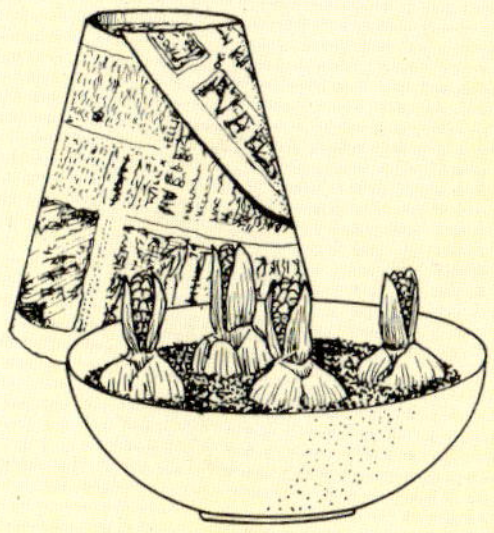

6 - Rentrer au logis lorsque les pousses sont bien visibles. Abriter pendant quelques jours avec un cône en papier pour accoutumer les bulbes à la lumière.

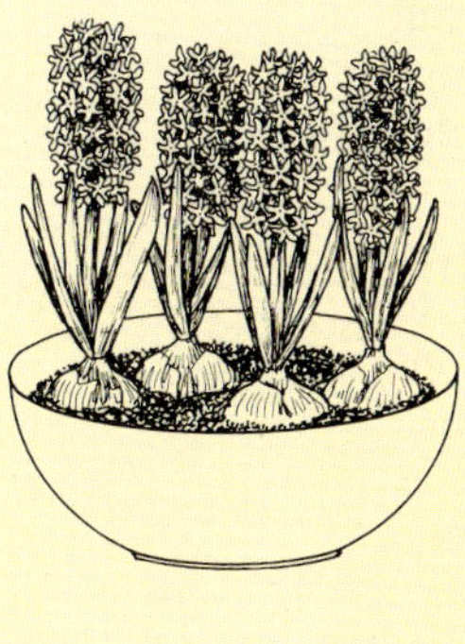

7 - A l'approche de la floraison, les placer graduellement plus au chaud.

8 - Après la floraison, enlever les inflorescences. Laisser sécher au frais, avant de les planter au jardin. On ne peut forcer les mêmes bulbes 2 années de suite.

Ils ne nécessitent pas tous une période de fraîcheur dans l'obscurité avant la floraison à la maison, mais une fois à l'intérieur ils ont tous un impérieux besoin de lumière. La fréquence de l'arrosage dépend de la température. Veiller à l'humidité du terreau durant la croissance.

Amaryllis ou hippeastrum

Achetée et plantée en automne ou en hiver, cette plante pourra fleurir au printemps ou au début de l'été. Les fleurs aux tons éclatants — rouges, roses ou toutes blanches — éclosent à l'extrémité d'une tige épaisse et charnue avant l'apparition de feuilles lancéolées. Les bulbes étant gros, les cultiver séparément. Les alimenter tous les 15 jours lors de la floraison et de la croissance des feuilles. Enlever les fleurs fanées et laisser la tige sécher. Après l'apparition des feuilles, laisser la plante sécher au frais pendant trois mois. Rempoter tous les trois ans. Ne pas planter en plein air.

Lis

La majorité des lis se cultivent en pot tout comme les amaryllis. *Lilium longiflorum, Lilium auratum* et les hybrides du milieu du siècle, tels que « Destiny » et « Enchantment », se plaisent toute l'année en pot dans un terreau frais. Toutefois, si on les plante en automne, les mettre au frais avant de les rentrer. Toujours les tuteurer. Après floraison, on peut les planter au jardin, mais auparavant, les laisser sécher dans un lieu frais.

Anémones

On peut cultiver les anémones en pots. Plantées en octobre, elles fleuriront au printemps. Les laisser en plein air jusqu'à l'apparition des boutons floraux, après quoi on peut les rentrer à la maison. Après floraison, les laisser sécher en un lieu frais et les planter au jardin.

Parasites et maladies

Les bulbes peuvent être atteints de maladies virales dont les symptômes apparaissent sur les fleurs, les feuilles et les tiges. Le feuillage des jonquilles, narcisses, jacinthes, iris et perce-neige est parfois déformé, tacheté ou rayé de jaune. Les tiges, feuilles et fleurs des tulipes peuvent avoir des taches ou des rayures brunes. Ce sont là des signes évidents de maladies virales inguérissables. On doit détruire les bulbes. Les tulipes, jacinthes, narcisses sont quelquefois attaqués par l'anguillule des tiges et des bulbes qui provoque une malformation des tiges et des feuilles et fait pourrir les bulbes. Aucun remède. Détruire les bulbes. Les insectes nuisibles les plus courants sont les pucerons qui déforment les feuilles et couvrent leurs extrémités de sécrétion gluante. Pulvériser du pyrèthre.

PLANTES ANNUELLES

Une plante annuelle est une plante qui naît d'une graine, fleurit, monte en graine et meurt au cours d'une année. Les plantes bisannuelles sont celles dont ce cycle dure deux ans.
Les plantes annuelles égaient le jardin en été et jettent une note de couleur dans les maisons. Elles sont économiques à l'achat, mais non récupérables. Presque toutes doivent être cultivées dans un lieu frais.
La culture en semis des variétés décrites ici se fait dans une serre et dans des germoirs. Ce travail peut procurer beaucoup de joies. Avec un peu de temps et de patience, on aura toute une gamme de plantes fleurissant successivement à la maison.
On peut également acheter les plantes chez les fleuristes en début de floraison. Leur feuillage doit être intact et les fleurs doivent commencer à se colorer. S'assurer qu'elles sont exemptes de tout parasite, pucerons en particulier. Les espèces décrites ci-après sont indiquées dans l'ordre où elles fleurissent et apparaissent sur le marché.

Primevères

Les quatre primevères suivantes sont, techniquement parlant, des plantes vivaces, mais en tant que plantes d'intérieur, elles sont considérées comme des plantes annuelles. *Primula acaulis (vulgaris)* est un cultivar de la primevère commune aux nombreuses couleurs. Les inflorescences de *P. malacoides,* aux teintes délicates, s'épanouissent sur des tiges dépassant le feuillage. *P. obconica,* la primevère la plus robuste, a des bouquets floraux plus grands, également dans des couleurs délicates. *P. sinensis* est une petite plante touffue aux jolies feuilles duveteuses, qui nécessite plus de soins.
Les semis doivent se faire par temps frais, de février à juin. Les plantes fleuriront au printemps suivant. Empoter les pousses dans de petits pots, après germination, dès qu'elles sont maniables. Les rempoter une première fois pendant leur croissance et une seconde fois au début de l'automne dans des pots plus grands où elles fleuriront. Garder le terreau toujours humide. Arroser en fonction de la température. Elles germent et poussent à une température de 10 à 13°. Leur fournir tous les 15 jours de l'engrais liquide dès apparition des boutons floraux. Leur éviter l'exposition directe au soleil, et, à la maison, les tenir au frais.

Cinéraires

Les cinéraires fleurissent du début à la fin du printemps et sont commercialisées quand la période de floraison des primevères est bien entamée. Leur nom latin est *Senecio cruentus,* et elles requièrent un peu plus de soins que les primevères. Les mettre également au frais. Les grandes et belles feuilles se flétrissent si elles sont exposées à un soleil trop fort. Mieux vaut mettre la plante dans une serre ombragée ou devant une fenêtre exposée au nord.
Semer les minuscules graines en juillet et août. Ne pas les couvrir de terreau. Couvrir le germoir d'une plaque de verre ou de polyéthylène. Veiller à l'humidité du terreau et retirer le couvercle dès apparition des jeunes pousses. Empoter séparément en septembre ou en octobre dès qu'elles sont maniables. Les cultiver dans une serre fraîche entre 7 et 10°. Lorsque les boutons apparaissent au printemps, élever la température à 13° pour que les plantes fleurissent. Ne pas les exposer au soleil de midi.

Calcéolaires

Ces plantes sont commercialisées peu après les cinéraires. Les recommandations les concernant sont analogues. Elles supportent un peu mieux le soleil. Afin d'éviter le mildiou, les arroser très modérément en hiver.

Schizanthes

C'est la moins connue des plantes annuelles mentionnées ici et elle mérite plus d'attention de la part des horticulteurs. La plante fleurit avec exubérance à la fin du printemps et au début de l'été. Les fleurs ressemblent à de petites orchidées. Le schizanthe, bien qu'un peu plus grand que les trois plantes précédentes (60 cm), se cultive comme elles.

Célosies

Elles sont commercialisées au début de l'été. Ce sont des plantes touffues, aux fleurs jaune d'or et rouges ressemblant à un plumeau.

Culture en semis

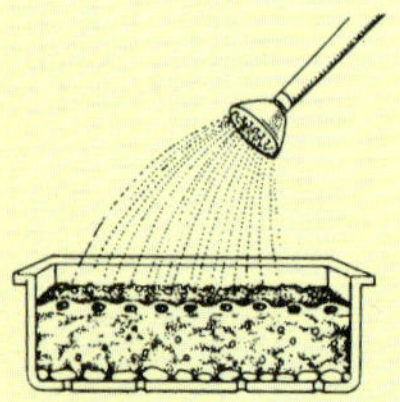

1 - Garnir un germoir d'un drainage et d'une couche de terreau pour semis. Semer les graines uniformément, ajouter une couche de terreau de la profondeur du semis. Bien arroser.

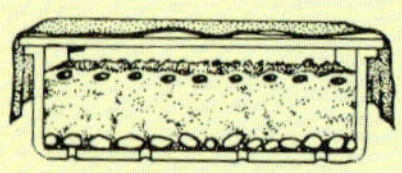

2 - Couvrir d'une plaque de verre et d'un tissu sombre ou mettre à l'ombre. Veiller à l'humidité du terreau et retourner la vitre chaque jour. Les températures requises varient suivant la plante. Suivre les instructions données sur le paquet.

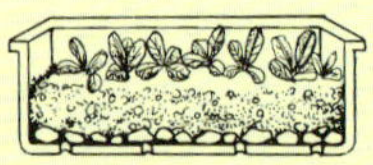

3 - Dès germination, exposer les jeunes plantes à la lumière et enlever le couvercle.

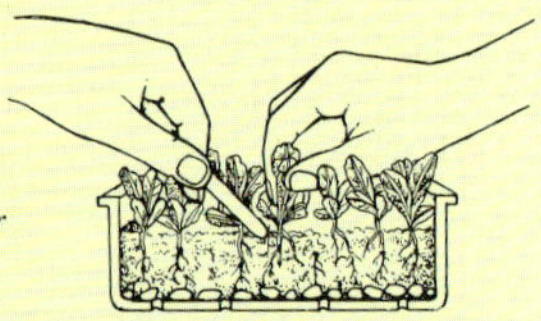

4 - Quand les pousses peuvent être manipulées, éliminer les plus faibles et espacer les autres de 2 ou 3 cm.

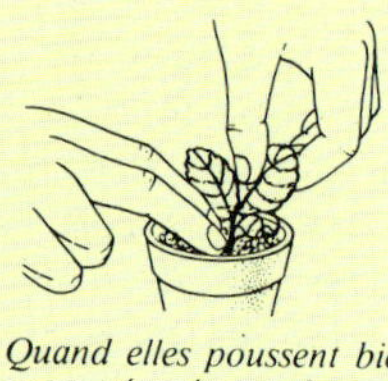

5 - Quand elles poussent bien, rempoter séparément dans de petits pots.

↑ *Primula obconica.*

↓ *Primula malacoides.*

↑ *Celosia* « Golden Feather ». Les plumes peuvent être rouges, orange ou jaunes.

↗ *Cineraria grandiflora.* Au printemps, on trouve ces fleurs en divers coloris.

→ Les chrysanthèmes sont commercialisés toute l'année. Ne les acquérir que lorsque les boutons commencent tout juste à se colorer.

S.O.S.

1

1 - Toutes les espèces : le collet et les racines noircissent, pourrissent et la plante meurt. *Surarrosage. Sans remède.*

2

2 - Les plantes languissent, sol sec. *Arroser de suite et laisser égoutter.*

3

3 - Primevères et chrysanthèmes surtout : Pourriture grise, duveteuse sur les feuilles. *Moisissures grises. Air trop froid et trop humide. Trouver un endroit plus chaud et mieux aéré. Pulvériser un fongicide systémique.*

4

4 - Cinéraires et chrysanthèmes surtout : Plaques blanches poudreuses sur les feuilles. *Mildiou. Mieux aérer. Ne pas laisser la plante se dessécher. Pulvériser un fongicide systémique.*

5

5 - Primevères, calcéolaires, schizanthes, célosies : Feuilles du bas allongées et jaunes. *Trop chaud. Trouver un endroit plus frais et mieux aéré.*

← Les fleurs insolites des calcéolaires.

↓ Les splendides fleurs de *Schizanthus* font penser à des orchidées.

Les semis se font au début du printemps entre 16 et 18°. Un seul rempotage suffit avant la floraison. Leur donner beaucoup d'humidité, d'aération et de lumière.

Chrysanthèmes

Bien que non annuels, on les traite comme tels une fois empotés. On les garde tant qu'ils ont leurs belles couleurs, ensuite on s'en défait. Les horticulteurs les commercialisent actuellement toute l'année. Cultivés à la lumière artificielle, on ajoute à leur alimentation des produits retardant la croissance afin que les plantes soient plus drues, qualité qu'elles perdront si on les plante au jardin, aussi vaut-il mieux s'en défaire. Ces plantes se vendent particulièrement bien car elles sont financièrement avantageuses. N'acheter que des plantes dont le feuillage est sain, sans feuilles jaunies ou flétries à la base ; les boutons floraux doivent être colorés et tous au même niveau, aucune tige ne dépassant les autres, quelques fleurs ayant éclos. Cela est particulièrement important à la fin de l'hiver et au printemps lorsque des plantes riches en boutons risquent de ne pas éclore à la maison. Bien les aérer. Ne pas laisser les pots baigner dans l'eau. Vaporiser occasionnellement, surtout si les plantes sont soumises au chauffage central. On prolongera la floraison en les mettant dans un lieu frais. Les chrysanthèmes les plus connus sont « Princess Anne » pour les variétés doubles et « Bonnie Lea » pour les variétés simples.

Parasites et maladies

Toutes ces espèces peuvent être attaquées par la mosaïque de la tomate qui bloque la croissance et empêche la formation des fleurs. Les feuilles sont tachetées de jaune et les nervures brunissent. Il n'y a pas de remède, il faut détruire la plante. La rouille peut atteindre les primevères, les cinéraires et les chrysanthèmes. Des taches orangées qui virent au brun, puis au noir, apparaissent à l'envers des feuilles. Pulvériser les plantes malades avec un insecticide systémique.

Les plantes annuelles sont attaquées par divers parasites. Les pucerons recouvrent les jeunes feuilles d'un exsudat visqueux qui les déforme. Pulvériser du pyrèthre ou un insecticide systémique. Les mineuses creusent des tunnels blancs dans les feuilles des cinéraires et des chrysanthèmes. Enlever les feuilles malades. Les cinéraires et les chrysanthèmes attirent les thrips, petits insectes gris qui ponctuent les feuilles et les fleurs de taches argentées. Pulvériser du malathion ou un insecticide systémique. Les calcéolaires et les chrysanthèmes peuvent être attaqués par les mouches blanches qui se posent sur l'envers des feuilles et s'envolent dès que l'on touche la plante. Pulvériser du derris ou un insecticide à base de resmethrin. Les araignées rouges attaquent les chrysanthèmes, recouvrent l'envers des feuilles de toiles et les font jaunir. Pulvériser du derris ou un insecticide systémique, et accroître l'humidité. Dans les serres, les limaces dévorent les feuilles inférieures des calcéolaires et des chrysanthèmes. Mettre un appât pour limaces sur la terre autour de la plante. Finalement, les feuilles de toutes les espèces peuvent être recouvertes d'un dépôt noir après une invasion de mouches blanches ou de pucerons. Détruire les parasites, essuyer les moisissures et pulvériser les plantes avec un fongicide systémique.

Glossaire

Anthère. Partie supérieure de l'étamine contenant les grains de pollen.

Bisannuelle. Se dit d'une plante qui accomplit son cycle végétal en deux ans, ne fleurissant qu'au bout de la deuxième année.

Bouture. Fragment d'une plante qui, placé en terre humide, peut donner une nouvelle plante.

Bractée. Feuille modifiée, située sur le pédoncule floral, quelquefois semblable à un pétale très coloré.

Bulbe. Organe souterrain, recouvert d'écailles, à partir duquel les tiges florales et les feuilles se développent, exemple : l'oignon.

Cultivar. Collection d'individus possédant les caractères distinctifs d'une plante cultivée, obtenus et multipliés par l'homme. Le cultivar porte un nom qui lui est attribué par son créateur. Forme mutante d'une plante cultivée, en opposition à la plante dans la nature.

Couronne. Appendice de la corolle, en forme de coupe ou d'entonnoir (se trouve par exemple dans la fleur du narcisse).

Dormance. Repos.

Epiphyte. Plante non parasite qui se développe sur une autre, un arbre par exemple, qui lui sert de support ; l'épiphyte se nourrit de l'air et des plantes en décomposition qui tombent sur lui.

Espèce. Ensemble d'individus possédant des caractères communs qu'ils transmettent par voie de reproduction à d'autres individus.

Famille. Groupe de genres possédant en commun certains caractères. Ex. les genres *Chlorophytum, Dracaena* et *Sansevieria* appartiennent à la famille des liliacées.

Forcer. Accélérer les processus naturels dans un milieu chaud et humide.

Fronde. Feuille des fougères portant des organes reproducteurs sur la face inférieure.

Germoir. Pot où l'on met les graines pour qu'elles germent.

Genre. Groupe de plusieurs espèces, possédant des caractères communs.

Hybride. Plante issue d'un croisement entre deux espèces (ou entre deux variétés).

Hydroculture. Culture en eau douce naturelle.

Microclimat. Conditions atmosphériques régnant dans un espace réduit, jardin en bocal, par exemple, différentes de celles de l'environnement.

Multiplication. Propagation des plantes par semis ou par voie végétative.

Plantule. Premier stade d'une plante.

Pollinisation. Transport des grains de pollen depuis l'anthère jusqu'au stigmate de la même fleur ou d'une autre fleur.

Rejeton. Nouvelle pousse née de la souche d'une plante.

Rhizome. Tige souterraine. (Les bourgeons se développent vers le haut, les racines vers le bas). Le rhizome est chargé de matières de réserve.

Rustique. Plante qui résiste au gel.

Semi-rustique. Plante qui craint le gel et doit être rentrée en hiver.

Sphaigne. Sorte de mousse qui, décomposée, forme la tourbe.

Spadice. Epi portant des fleurs mâles et femelles.

Spathe. Large bractée ou feuille modifiée entourant le spadice. Spathes et spadices caractérisent la famille des aracées.

Spore. Organe unicellulaire par lequel les fougères, les champignons et les mousses se reproduisent.

Stolon. Tige rampante et produisant des racines, qui sert à la multiplication de la plante.

Systémique. Se dit d'un pesticide absorbé sans dommage par l'hôte, mais toxique pour les parasites de cet hôte.

Tubercule. Tige souterraine renflée, par exemple chez la pomme de terre.

Variété. Groupe d'individus appartenant à une espèce donnée et présentant en commun des caractères secondaires. Une espèces peut être différenciée en plusieurs variétés.

Index

A

B

C

D

E

F

G

H

I

J

K

L

M

Conception éditoriale de l'ouvrage et rédaction des légendes :
Susan Minter, M.A., N.C.H.

Avec la collaboration de Rosemary Aldridge, Rudof Britto, Primrose Cotton, Claire Osborne et Craig Warwick.

Dessins en noir de Sandra Pond et Will Giles.

Dessins en couleurs de Sally Caldecott, Etchell/Ridyard, Pat Lenander, Nina Roberts, Amanda Severne, Shirley Tuckley, John Wilkinson.

Photographies de Jeremy Finlay, A-Z Botanical Collection, Alphabet and Image, Kenneth et Gillian Beckett,
The Harry Smith Horticultural Photographic Collection.

Plantes des Etablissements Longmans Ltd et de Pamela Job et Sabine Loeffler.